Siegfried Hablizel

Feine Saucen

Siegfried Hablizel

Feine Saucen

Über 800 köstliche Rezepte

Matthaes Verlag GmbH

ISBN 3-87516-700 7

Lektorat und Herstellung: Hans-Jürgen Fug-Möller, Hans-Peter Ritter
Illustrationen: Siegfried Hablizel

© 1999 by Matthaes Verlag GmbH, Stuttgart
Gesamtherstellung: Matthaes Druck, Stuttgart

Printed in Germany

Inhalt

Einleitung

Manchmal, wenn eine gelungene Sauce besonders gut schmeckt, kommt einem in den Sinn: „Eigentlich könnte ich auf das Fleisch verzichten und nur die Sauce mit den Nudeln genießen." Das ist das beste Kompliment an den Koch oder die Köchin. Es ist gar nicht so schwer, eine wohlschmeckende Sauce zuzubereiten: Die meisten Saucen entstehen schon beim Kochen des Hauptgerichts, gewissermaßen „nebenbei".

Johann Rottenhöfer, der Mundkoch des Königs Maximilian II. von Bayern, schreibt Mitte des 19. Jahrhunderts: „Die Saucen sind es, die einen guten Koch zuerst auszeichnen, und ich rate jedem, der sich mit Liebe der Kochkunst widmet, die größte Aufmerksamkeit besonders diesem Teil zuzuwenden. Die Bereitung einer guten Sauce ist nicht so leicht und unbedeutend, wie mancher glaubt, sie erfordert, selbst mit allen und den besten Mitteln versehen, lange Übung und Sachkenntnis." Henriette Davidis-Holle, die Autorin des wohl berühmtesten und zu seiner Zeit am weitesten verbreiteten Kochbuchs „Praktisches Kochbuch für die gewöhnliche und feinere Küche", bemerkt in der zweiten Hälfte des 19. Jahrhunderts: „Die Saucen sind bei einem Essen nie als Nebensache zu betrachten, sie verdienen vielmehr eine ganz besondere Bedeutung. Ein gutes Gericht wird durch eine schlechte Sauce heruntergesetzt, durch eine Gute noch gehoben."

Dieses Buch soll Ihnen die Angst vor der Zubereitung selbst komplizierter Saucen nehmen. Es nennt in ausführlichen Rezepten die Tricks, die Ihre Gerichte in ein genußvolles Geschmackserlebnis verwandeln. Lassen Sie sich nicht abschrecken von all den Ausführungen berühmter Köche und den komplizierten Namen mancher Rezepte. Was Sie brauchen, ist einfach ein bißchen Mut, Geduld und, bis Sie etwas Übung haben, die gewissenhafte Einhaltung der angegebenen Zutaten und Zubereitungszeiten. Außerdem sollten Sie es grundsätzlich vermeiden, eigenmächtig Ingredenzien hinzuzufügen oder gar einige wegzulassen. Oft ist es eine zunächst unbedeutend erscheinende Beimischung, die den charakteristischen Geschmack der Sauce ausmacht. Geduld ist deshalb erforderlich, da viele Saucen bei geringer Hitze längere Zeit benötigen, um einzudicken. Dabei vermischen sich die Geschmacksstoffe der einzelnen Zutaten, und so entsteht der neue Geschmack einer intensiv reduzierten Sauce. Dazu kommt, daß Sie in aller Regel eine Sauce weder binden müssen noch sollten, sondern daß die Bindung durch das Eindampfen erfolgt.

Mit über 800 Saucenrezepten gibt es wohl kaum ein Werk, das eine größere Auswahl bietet. Neben den Rezepten für Grundsaucen und Fonds, wie zum Beispiel ein besonders ausführliches für die Zubereitung einer Fleischbrühe und eines Fleischfonds, sind auch viele klassische Saucen enthalten mit teilweise neuen Kochanleitungen, wie etwa die Sauce Colbert, Haushofmeistersauce, Sauce Mornay, Remouladensauce, Mayonnaise und viele mehr. Nahezu alle Länder der Welt sind mit ihren bekannten und außergewöhnlich neuen Saucen vertreten. Ein umfangreiches Kapitel „Saucen für Süßspeisen" mit mit rund 90 Rezepten enthält das ganze Spektrum von den cremigen süßen Sabayons bis hin zur Apfel-Portwein-Sauce, Orangen-Cognac-Sauce oder der Rumsauce. Hinzu kommt eine große Auswahl von kalten Saucen, Salatsaucen oder die breite Palette der Würzsaucen. Aber auch die Saucen der einfachen Küche finden sich in dieser umfangreichen Rezeptsammlung. Allein Pellkartoffeln kann der Genießer mit 17 Saucen variieren, nicht zu vergessen die vielen Kreationen, die einfache Nudelgerichte in einen Festschmaus verwandeln. Die Freunde der exotischen Küche können ihre Kochkunst mit den Rezepten zur Herstellung von Würzzutaten, scharfen Saucen und Gewürzpasten unter Beweis stellen und so das Geschmackserlebnis chinesischer und arabischer Küchen an den heimischen Herd holen.

Die meisten guten Saucen entstehen fast „automatisch" bei der Zubereitung des Hauptgerichts: Beim Anbraten von Fleisch bilden sich Röststoffe, die durch klein geschnittenes, angebratenes Wurzelgemüse wie Karotten, Zwiebeln, Sellerie und Lauch noch verstärkt werden. Wichtig ist der äußerst sparsame Gebrauch von alkoholhaltigen Zugaben. Im allgemeinen wird einfach Wasser zugegossen. Aber nicht nur die Zutaten, sondern auch die Art der Zubereitung ist für den Geschmack ausschlaggebend. Oft werden die Gerichte mit ihren Saucen meist mit zu großer Hitze und viel zu schnell gegart. Früher, bei den alten Holzöfen, wurde ein Schweine- oder Rinderbraten bei etwa 130 bis 150 °C über 3 Stunden geschmort. Das ist auch das Geheimnis, weshalb aus Großmutters Küche die schmackhaftesten Saucen kamen.

Die liebevolle Zubereitung einer köstlichen Sauce ist mehr als nur ein schlichter Kochvorgang. Es ist ein Fest für Leib und Seele, das alle Sinne anspricht.

Dieses umfangreiche und durch zarte Aquarelle bebilderte Kochbuch soll zum Blättern und Schmökern verführen. Es ist ein Wegweiser durch das wundervolle Reich der Saucen, mit dem sich selbst einfache Gerichte in exzellente Kreationen verwandeln lassen und allen Freunden schmackhafter Eßkultur neue Anregungen bietet.

Reise in die Vergangenheit ...

Eine gute Sauce zum Rinderbraten? Kein Problem, denkt man sich heutzutage. Einfach das Päckchen öffnen, Pulver in kochendes Wasser geben, und fertig ist die leckere Rotweinsauce ...

Aber Saucen können auch ganz anders sein, ein Genuß für Gaumen und Auge, eine Verführung der Sinne und ein Labsal für Geist und Seele. Die Geschichte der Saucen zeigt: Es lohnt sich, wenigstens zwischendurch einmal auf die Instanthelfer zu verzichten und sich Zeit und Muße zu nehmen, sich und seinen Gästen etwas Gutes zu tun.

Saucen zur Verfeinerung und kulinarischen Begleitung von Speisen aller Art kultivierten bereits vor 4000 Jahren die Chinesen. Aber nicht nur zu diesen Zwecken. Die Sauce hatte unter den in der gegenseitigen Beeinflussung von Geist und Seele erfahrenen Chinesen eine noch viel höhere Bedeutung: Küchenchefs am kaiserlichen Hof wurden damals zu hohen Medizinern ernannt. Sie kümmerten sich nicht nur um die besten und wohlschmeckendsten Rezepturen und Zutaten, sondern ermittelten auch die Wirkung ihrer Saucen auf Physis und Psyche der Menschen, die die Meisterwerke genossen.

Nicht umsonst gibt es auf der ganzen Welt noch heute keine Küche, die mehr und besser „erforschte" Gerichte in ihrem „Repertoire" hat als die chinesische. Rund 80 000 sind heute nach Rezepten zu kochen, die meisten übrigens begleitet von leichten und schweren, scharfen und milden, aber doch immer außerordentlich leckeren Saucen. Auch eine weitere Hochkultur entwickelte die Kunst der Saucenzubereitung schon vor fast 2000 Jahren zur Perfektion. Denkt man an die noch heute häufig zu sehenden Bilder von schlemmenden Kaisern, Tribunen, Tänzerinnen und Göttern, kommt man schnell darauf, um wen es sich handelt: natürlich, die Römer. Welch großen Wert die Römer auf gelunge Saucenkompositionen legten zeigt die Überlieferung von Kaiser Heliogabal, der rund 200 Jahre nach Christi Geburt lebte. Auf der Suche nach immer neuen reizenden Verlockungen für seinen sensiblen Gaumen setzte er eine überaus hohe Belohnung für jeden Koch aus, der ihm eine außergewöhnliche Erfahrung mit einer neuen Sauce verschaffte. Viele versuchten es, manche wurden dabei reich. Wer versagte, den zwang Heliogabal, die Sauce so lange „auszulöffeln", bis er eine neue ersonnen hatte, die dem Kaiser konvenierte. Bis heute hat sich übrigens die (fast hätte ich gesagt „leider") falsche Geschichte gehalten, Heliogabal sei von einem Koch erschlagen worden ...

Aber, im Ernst: Die römische Küche, hervorragend dokumentiert in den bis heute erhaltenen Kochbüchern des „Sternekochs" Apicius, der die Kunst der Sauce (einige seiner Kreationen können Sie hier finden) zur Meisterschaft entwickelte, war, auch was die Sauce anbetrifft, ein echtes kulinarisches „Highlight".

Im Mittelalter entwickelte sich die Saucenkultur auch in unseren Gegenden. Saucen aus eingeweichtem Graubrot, Knoblauchsaucen, Pfeffersaucen, aber auch Fruchtsaucen und Saucen mit Essig, Wein und Nüssen dürften die „Renner" an den Höfen Kaiser Karls des Großen gewesen sein. In Frankreich kam die Eßkultur der Saucen aus diesen Wurzeln am entscheidensten in Fahrt. Nicht umsonst sagt man noch heute „Schlemmen wie Gott in Frankreich". In der Blütezeit des Kochens in Frankreich wurde der Grundstein für viele Saucen gelegt, die uns auch heute noch das Herz höher schlagen lassen. Fast wie in Rom herrschte im 17. Jahrhundert ein regelrechter Wettbewerb unter den Starköchen am Hofe der Könige, welche Komposition bei den opulenten royalen Banketten serviert werden durfte.

Beredtes Zeugnis dieser „Kochzeit" legt noch heute ein Buch ab, bei dessen Lektüre einem die opulenten Festivitäten dieser Zeit geradezu „schmeckbar" werden: das Kochbuch „Königliche und Bürgerliche Küche" aus dem Jahre 1698.

Die deutsche Küche hatte zu dieser Zeit und auch noch viel, viel länger den Franzosen in Sachen „Sauce" wenig entgegenzusetzen. Die uns heute überlieferten Saucenrezepte („wie sie unsere Großmüttern noch kochten", sagt man heute) stammen tatsächlich aus der zweiten Hälfte des 19. und Anfang des 20. Jahrhunderts. Wichtige Anleitungen, die bis heute Gültigkeit behalten haben, sind von den berühmten Köchen Alfred Walterspiel (er kochte im Hotel Atlantic in Hamburg, das sein Top-Restaurant noch heute nach ihm benannt hat) und Johann Rottenhöfer, Mundkoch des bayerischen Königs Maximilian II., erhalten. Auch ein noch heute gelesenes deutsches Schulkochbuch, nämlich Davidis-Holle „Praktisches Kochbuch", erschien in dieser Zeit.

Doch zurück von chinesischen Köchen, römischen Herrschern, französischen Rokokogourmets und den „Witzigmanns des 19. Jahrhunderts" zu unserem Buch: Haben Sie nach dieser kulinarischen Reise in die Vergangenheit noch Lust, eine Instanttüte zu öffnen? Ich hoffe, nein.

Zutaten und Küchenutensilien

Neben der Freude am Kochen und besten frischen Zutaten sind vor allem auch professionelle Gerätschaften erforderlich. Sie sollten es sich auf jeden Fall leisten, gutes „Handwerkszeug" für die Küche zu kaufen. Es macht einfach viel mehr Spaß, mit einer schweren Kupfersauteuse oder mit schweren Edelstahltöpfen mit geschliffenem Sandwichboden zu kochen und mit guten und scharfen Messern zu arbeiten.

In gut sortierten Haushaltswarengeschäften erhalten Sie problemlos auch professionelles Kochgeschirr für Ihre Küche. Leider wird im privaten Bereich oft in die Küchenmöbel viel Geld investiert, wobei es doch wichtiger wäre, solides Kochgeschirr für die tägliche Küchenpraxis zu erwerben. Nicht zu empfehlen sind dabei natürlich manche Billigangebote an Töpfen und Pfannen, die z. B. in Kaffeegeschäften oder Lebensmittelmärkten angeboten werden. Diese verformen sich meist nach kurzem Gebrauch, und Sie geben dann letztlich mehr Geld aus und ärgern sich auf Dauer.

Um die Mehrzahl der Saucen herstellen zu können, ist ein Grundvorrat an Gewürzen und getrockneten Kräutern notwendig. Deshalb die nachstehende Auflistung.

Gewürze:

Meersalz (am besten grobes Meersalz, das in und aus Frankreich erhältlich ist). Meist bezeichnet als „Sel de Guerande gros". Dieses Meersalz ist reich an Spurenelementen, vor allem an Magnesium, Kalzium und Zink.

ganze weiße und schwarze **Pfefferkörner**

Lorbeerblätter

Gewürznelken

ganzer und gemahlener **Kümmel**

Muskatnüsse (ganz, zum frischen Reiben)

Muskatblüte (sowohl ganz als auch gemahlen)

Zimtstangen

Chilipulver

Currypulver (am besten das aromatische und mildere Madrascurry)

ganze **Kardamomkapseln**

Wacholderbeeren

mildes **Paprikapulver**

brauner **Rohrzucker**

1 Tube **Tomatenmark**, 3fach konzentriert (200 Gramm)

1 Tube scharfer **Senf, Dijon-Senf** (150 Gramm)

2mal **Süßrahmbutter**, je 250 Gramm (am besten als Vorrat in der Gefriertruhe lagern)

4 Päckchen **süße Sahne** (am besten im Tetra-Pack zu je 0,2 Liter, diese ist 2 bis 3 Monate lagerfähig)

Getrocknete Kräuter:

Salbeiblätter

Thymian

Rosmarin

getrocknete rote **Chili-Schoten**

Wichtig dabei ist auch die Aufbewahrungsart der Gewürze und getrockneten Kräuter. Am besten eignen sich dazu gut schließende Edelstahldosen, die in jedem Haushaltswarengeschäft erhältlich sind. Nicht geeignet sind die meist kleinen schmalen Glasröhrchen, in denen die Gewürze angeboten werden. Es empfiehlt sich auch, eine etwas größere Menge einzukaufen, z. B. jeweils 100 bis 150 Gramm. Die Gewürze und Kräuter halten sich bei sachgemäßer Aufbewahrung mindestens 1 Jahr (also in gut verschlossenen Edelstahlgefäßen).

Flüssige Zutaten:

Sojasauce (scharfe und süße Sojasauce)

chinesische Fischsauce

Balsamico-Essig
(mindestens 12 Jahre alt)

Weinessig

bestes kalt gepreßtes **Olivenöl**

trockener **Sherry**

trockener **Wermut**

ein paar Flaschen trockener **Riesling**

Die nachstehend aufgeführten Schüsseln, Töpfe und Gerätschaften stellen den Grundbestand dar. Dabei ist es ganz wichtig, wie schon vorne erwähnt, nur erstklassiges Material zu kaufen, damit Sie auch auf längere Zeit Freude daran haben.

Schüsseln, Töpfe und Gerätschaften:

2 halbrunde **Schlagschüsseln** aus Edelstahl, Durchmesser 26 cm (auch geeignet als Wasserbadtopf)

1 großer und kleiner **Schneebesen** mit Edelstahlgriff

2 **Sauteusen**, Durchmesser 20 cm und Durchmesser 26 cm (aus Edelstahl mit starkem Sandwichboden oder, noch besser, aus massivem Kupfer, innen mit Edelstahl ausgekleidet. Solche Sauteusen kosten im Handel etwa 250 DM bis 300 DM)

1 großer **Suppentopf** aus Edelstahl, Durchmesser 26 cm und Höhe 26 cm

1 weiterer **Edelstahltopf**, Durchmesser 22 cm und Höhe 18 cm

1 **Bratentopf**, Durchmesser 26 cm, Höhe etwa 12 cm

1 **Stielkasserolle** mit Deckel, Durchmesser 24 cm

1 **Bratenreine** für den Backofen zur Herstellung von Fond, Länge 37 cm, Breite 23 bis 25 cm, Höhe etwa 9 cm, mit 2 Henkeln an der Schmalseite, am besten aus emailliertem Stahl

1 massives **Spitzsieb** aus Edelstahl, Durchmesser 20 cm

1 normales feines **Edelstahlsieb**, Durchmesser 20 cm

5 bis 6 scharfe professionelle **Messer** mit durchgehender Klinge in unterschiedlicher Größe

1 **Wetzstahl** für die Messer

1 **Steinmörser** (am besten aus Marmor) mit Holzstößel (Innendurchmesser 12 bis 13 cm)

1 elektrischer **Pürierstab**

Meßbecher aus Glas

einige **Glasschüsseln** mit unterschiedlichem Durchmesser

mehrere **Kochlöffel**

1 **Knoblauchpresse**

1 **Zitronenpresse**

Wichtig ist auch, daß Ihr Handwerkszeug und die Töpfe in der Küche schnell bei der Hand sind (also nicht in irgendwelchen Schubladen versteckt werden). Dazu eignen sich am besten offene Regale (z. B. ebenfalls aus Edelstahl), schwere Haken, an denen die Töpfe aufgehängt werden, Holzblöcke, in die die Messer griffbereit gesteckt werden, und ein hoher Keramiktopf, in den Sie Schneebesen und Kochlöffel direkt neben den Herd stellen können.

Brühen, Fonds und Grundsaucen

Fleischbrühe

Eine sorgfältig gekochte kräftige Fleischbrühe (oder Geflügel- bzw. Gemüsebrühe) ist die Grundlage vieler Saucen und vor allem Voraussetzung für die Zubereitung von Fond. Bei diesem Rezept ist es wichtig, sich genau an die einzelnen Zutaten zu halten, damit der entsprechende Geschmack erzielt wird. Nach dem Reduzieren kann sie eingefroren und bis zu 3 Monate aufbewahrt werden. Dabei muß jedoch die Fettschicht nach dem Erkalten abgeschöpft werden.

Dieses Rezept ist für 10 l Wasser gedacht, wobei sich nach dem Kochen etwa 6 l Fleischbrühe ergeben.

> 10 l Wasser
> 500 g Rinderbeinscheiben
> 400 g Ochsenschwanz
> (in Stücke gehackt)
> 2 kg durchwachsenes Suppenfleisch
> 500 g Geflügelklein
> (z. B. Hähnchenflügel oder Karkasse eines Brathuhns)
> 100 g frische Rinderleber
> 3 Karotten
> 1 kleiner Selleriekopf
> 3 kleine Lauchstangen
> 3 mittelgroße Zwiebeln
> 4 Knoblauchzehen
> 4 Lorbeerblätter (in Stücke gebrochen)
> 1 TL gemischte Pfefferkörner
> (schwarze und weiße Pfefferkörner)
> 5 Nelken
> 1 Bund glatte Petersilie (grob zerhackt)

In einem großen Topf das Wasser auf den Herd stellen, die Fleischstücke hineingeben (also Beinscheiben, Ochsenschwanzstücke, Suppenfleisch, Geflügelklein, Rinderleber) und langsam erhitzen.

Dazwischen die Karotten, den Sellerie und den Lauch in grobe Stücke schneiden. Bei den Zwiebeln den Wurzelansatz herausschneiden und die Zwiebeln mit der äußeren braunen Schale in grobe Stücke schneiden. Die Knoblauchzehen schälen und halbieren. Wenn das Wasser kocht, das vorbereitete Gemüse zusammen mit den Gewürzen (Lorbeer, Pfefferkörner und Nelken) zugeben und bei mäßiger Hitze weiterköcheln. Nach etwa 2 Std.

die Petersilie beifügen. Die Fleischbrühe muß mindestens 3 Std. bei mäßiger Hitze köcheln. Den sich ergebenden braunen Schaum mit einem Löffel abschöpfen, damit die Fleischbrühe klar wird. Danach leicht abkühlen lassen und erst dann durch ein feines Haarsieb abgießen. Erkalten lassen und die Fettschicht abschöpfen.

Wichtig ist, die Brühe bis zur Verwendung nicht zu salzen. Sie ist sonst zu einer weiteren Verwertung für Fonds oder sonstige Saucen nicht mehr zu gebrauchen.

Fischsud zu Süßwasserfischen

Für dieses Rezept aus dem Jahr 1920 werden eine Handvoll „Mirepoix" und ein „Bouquet garni" verwendet (siehe Rezepte). Dieser Sud wird zum Garen von Süßwasserfischen verwendet, das heißt, daß man zuerst den Sud herstellt, hernach abgießt und dann erhitzt (jedoch nicht kochend) zum Ziehenlassen der Fische verwendet.

> 100 g frischer grüner Speck
> (in kleine Würfel geschnitten)
> 1 TL Butter
> 3 EL Mirepoix
> 1,5 l Wasser
> 2 TL Salz
> 1 Bouquet garni
> 0,25 l Weißweinessig
> 0,2 l trockener Riesling

In einem großen Topf (kein Aluminiumtopf) die Speckwürfel in der Butter leicht anrösten. Sofort das Mirepoix hinzufügen und mit anrösten. Das Wasser zugießen, salzen und das Bouquet garni hineingeben. Aufkochen und Essig sowie Weißwein zusetzen. Das Ganze etwa 20 Min. bei nicht zu starker Hitze kochen und anschließend durch ein Haarsieb abgießen. Abkühlen lassen und dann zur Verwendung für das Pochieren von Fischen wieder bis kurz vor das Kochen erhitzen.

Gemüse-Jus

Dieser stark eingekochte Gemüsefond, der mit verschiedenen frischen Kräutern gewürzt ist, eignet sich hervorragend als Grundfond für die Herstellung weiterer Saucen. Für die Zubereitung sind zunächst 2,5 l Gemüsefond erforderlich. Am besten wird der Gemüse-Jus auf Vorrat zubereitet und im Eiswürfelbehälter im Gefrierschrank eingefroren.

> 2 EL bestes kalt gepreßtes Olivenöl
> 150 g Schalotten (fein gehackt)
> 150 g Karotten
> (in kleine Würfel geschnitten)
> 150 g Knollensellerie
> (in kleine Würfel geschnitten)
> 5 Knoblauchzehen
> (durch die Presse gedrückt)
> 4 Tomaten (geschält, entkernt und klein gewürfelt)
> 2 EL Tomatenpüree
> (kein konzentriertes Tomatenmark)
> 0,7 l trockener Rotwein
> 1 EL frische glatte Petersilie
> (fein gehackt)
> 1 EL frischer Liebstöckel (fein gehackt)
> 1 EL frischer Thymian (fein gehackt)
> 1 EL frischer Majoran (fein gehackt)
> 1/2 TL Geschmacksverstärker
> 2,5 l Gemüsefond (siehe Rezept)
> 1/2 TL brauner Rohrzucker

In einer breiten hohen Pfanne oder Sauteuse das Olivenöl erhitzen und die Gemüsestücke anrösten (Schalotten, Karotten, Knollensellerie und Knoblauch). Danach die Tomatenwürfel und das Tomatenpüree hinzufügen und etwa 3 Min. mitrösten. Nach und nach den Rotwein untermischen und immer wieder einkochen, damit die Flüssigkeit verdampft. Jetzt die Kräuter sowie den Geschmacksverstärker dazugeben. Zunächst die Hälfte des Gemüsefonds dazugießen, aufkochen und 1 Std. bei nicht zu starker Hitze kochen. Den restlichen Gemüsefond untermengen, nochmals 1 1/2 Std. köcheln lassen und mit Rohrzucker abschmecken. Dann durch ein Sieb streichen und in einer Sauteuse weitere 5 Min. köcheln. Dabei kräftig mit dem Schneebesen durchrühren. Abkühlen lassen, weiterverwenden oder einfrieren.

Court-Bouillon

Der Court-Bouillon wird zum Garziehen von Meeresfischen verwendet. Durch diese Methode behält der Fisch sein Eigenaroma und wird nicht zerkocht. Außerdem kann der Court-Bouillon auch für entsprechende Saucen weiterverwendet werden. Das nachstehende Rezept ergibt knapp 3 l Court-Bouillon.

4 Zwiebeln
(in dünne Scheiben geschnitten)
3 Stangen Bleichsellerie
(in grobe Stücke geschnitten)
2 kleine Karotten
(in grobe Stücke geschnitten)
1 Petersilienwurzel
(in grobe Stücke geschnitten
3 Knoblauchzehen
(in grobe Stücke geschnitten)
1 kleines Bund Petersilie
1 TL getrockneter Thymian
2 Lorbeerblätter
1 EL Fenchelsamen
3,5 l Wasser
2 Glas Riesling
3 EL guter Weißweinessig
5 Pfefferkörner (grob zerstoßen)

Die Zwiebeln, den Bleichsellerie, die Karotten, die Petersilienwurzel, die Knoblauchzehen, die Petersilie, den Thymian, die Lorbeerblätter und den Fenchelsamen in einen großen Topf geben, das Wasser zugießen und bei aufgelegtem Deckel zum Kochen bringen. Dann sofort die Temperatur herunterschalten, den Deckel abnehmen und etwa 20 Min. nur noch simmern lassen.
Dann den Riesling, den Weißweinessig und die Pfefferkörner dazugeben. Den Court-Bouillon weitere 20 Min. simmern lassen. Anschließend die Flüssigkeit abkühlen und durch ein Mulltuch (in einem Spitzsieb) abgießen.

Hinweis: In diesem Court-Bouillon können Sie Filets von Meeresfischen garen. Dazu den Court-Bouillon erhitzen (in keinem Fall kochen!) und den Fisch dann je nach Größe und Stärke 10 bis 20 Min. gar ziehen lassen. Am besten ist es, wenn man verschiedene Fischarten nimmt. Dadurch ergibt sich ein besserer Geschmack. Der Court-Bouillon kann dann wieder durch ein Spitzsieb gegossen, reduziert und mit eiskalter Butter und Sahne zur Sauce aufgeschlagen werden.

Geflügelfond

Der Geflügelfond ist eine Grundsubstanz für alle feinen Fleischsaucen, vor allem zu Geflügelgerichten. Dieser Fond hält sich im Kühlschrank maximal 4 Tage, läßt sich aber auch im Eiswürfelbehälter gut einfrieren. Dort hält er sich dann 4 bis 5 Monate.

1 kg Geflügelklein (grob zerkleinert)
1 großer Kalbsknochen (grob zerhackt)
3 Zwiebeln (fein gewürfelt)
3 Karotten (fein gewürfelt)
1 Knollensellerie (fein gewürfelt)
1 EL Petersilie (fein gehackt)
Salz
frisch gemahlener weißer Pfeffer
1 EL Tomatenmark
1 l trockener Riesling
1,5 l Wasser

In eine Bratenkasserolle die Geflügel- und die Kalbsknochenstücke geben und in den auf 200 °C vorgeheizten Backofen schieben. Wenn die Fleischstücke eine braune Färbung angenommen haben, die Gemüsewürfel, die Petersilie sowie Salz und Pfeffer zu den angebräunten Fleischstücken geben und ebenfalls mitbräunen.
Anschließend das Tomatenmark hinzufügen. Mit dem Riesling und Wasser aufgießen, bis alles gut bedeckt ist. Das Ganze etwa 2 Std. im Ofen lassen, bis die Flüssigkeit sehr stark eingekocht ist (notfalls kaltes Wasser nachgießen). Die verbleibende Flüssigkeit (maximal 0,7 l) durch ein Spitzsieb seihen und nach dem Erkalten sorgfältig entfetten.

Essigsud für fränkische „Blaue Zipfel"

In diesem Sud werden kleine rohe fränkische Bratwürste etwa 15 Min. gar gezogen. Zu diesem Gericht paßt am besten ein Stück frisches Sauerteig-Bauernbrot und ein dunkles fränkisches Bier.

2 l Wasser
0,7 l Weißweinessig
10 Zwiebeln
(in dünne Ringe geschnitten)
1 l trockener Silvaner
3 kleine Karotten (fein gewürfelt)
1 Knollensellerie (in der Größe eines Tennisballs, klein gewürfelt)
1 Pastinake (oder Wurzelpetersilie, klein gewürfelt)
150 g kleine Steinchampignons
(in dünne Scheiben geschnitten)
6 Gewürznelken
5 Lorbeerblätter (in Stücke gebrochen)
30 Pfefferkörner
20 Wacholderbeeren
1 EL helle Senfkörner
1 TL Salz
1/2 TL Zucker
30 kleine fränkische Bratwürste

In einem großen Topf das Wasser mit dem Weißweinessig aufkochen und die Zwiebelringe hineingeben. Etwa 6 Min. bei nicht zu starker Hitze köcheln, bis die Zwiebelringe weich sind. Anschließend den Wein zugießen und 2 Min. weiterkochen. Dann die Gemüsewürfel (Karotten-, Sellerie- und Pastinakenwürfel) hinzufügen sowie alle Gewürze (Nelken, Lorbeerblätterstücke, Pfefferkörner, Wacholderbeeren und Senfkörner). Mit Salz und Zucker abschmecken und bei sehr geringer Hitze 20 Min. köcheln lassen.
Den Topf von der Platte ziehen und die Bratwürste (die Menge des Essigsuds reicht für 25 bis 30 kleine Bratwürste) 15 Min. ziehen lassen.
Die Würste im Essigsud mit Bauernbrot servieren.

Fleischfond

Dieses Rezept wird als Grundsauce für viele Saucen verwendet. Da die Zubereitung mindestens 3 Std. beansprucht, ist es sinnvoll, eine größere Menge herzustellen und den Fond entweder in einem verschlossenen Glas im Kühlschrank aufzubewahren oder noch besser im Eiswürfelbehälter im Gefrierfach einzufrieren. Im Kühlschrank hält sich der Fond, mit Schweineschmalz bedeckt, bis zu 2 Wochen, eingefroren 3 bis 4 Monate. Es gibt verschiedene Rezepte zur Zubereitung des Fleischfonds. Auch die großen „Sterneköche" sind sich nicht einig darüber, ob nun Weißwein oder Wasser oder nur Kalbfleisch mit Knochen oder auch Geflügelfleisch verwendet werden soll. Meiner Meinung nach schmeckt der Fond am besten, wenn sowohl Kalbfleisch als auch Geflügelklein genommen werden und je zur Hälfte Weißwein und Wasser.

Hergestellt wird der Fleischfond in einer großen Bratenkasserolle oder in einer quadratischen großen Bratenpfanne, die in den Backofen paßt.

In der Bratenkasserolle das Schweineschmalz zerlassen und das gesamte Fleisch mit den Knochen (Kalbfleisch, Kalbsfuß, Kalbsknochen, Geflügelklein sowie Schwartenwürfel und Ochsenschwanzstücke) kräftig braun anbraten. Dabei muß sich am Boden ein brauner Bratensatz bilden. Während des Bratens mit einem Kochlöffel immer wieder umrühren und die Stücke wenden, so daß alles rundum braun wird. Anschließend die Gemüsewürfel (Zwiebeln, Karotten, Sellerieknolle) hinzufügen und 10 Min. mit anrösten. Dabei immer wieder umrühren, so daß das Gemüse ebenfalls rundum braun wird.

Jetzt die Kräuter (Petersilie, Thymian, Lorbeerblattstücke) dazugeben. Etwa 2 Tassen Wasser angießen und damit den Bratensatz ablösen. Kräftig mit dem Kochlöffel umrühren und den Topf in den auf 220 °C vorgeheizten Backofen schieben. Im Backofen schmoren und bräunen lassen. Die Fleischstücke immer wieder umdrehen, damit die Oberflächen eine schöne braune Farbe bekommen. Das Ganze dauert mindestens 3 Std., wobei immer wieder zur Hälfte Wasser und Riesling angegossen wird. Wichtig ist, daß die Flüssigkeit über die Fleisch- und Gemüsestücke gegossen wird, damit sich die Geschmacksstoffe ablösen. Es muß darauf geachtet werden, daß nicht zuviel Flüssigkeit im Topf ist, damit die Fleischstücke immer wieder kräftig an der Oberfläche anbräunen. Vor den letzten 30 Min. dann das Tomatenmark und die Pfefferkörner hinzufügen. Zum Schluß bleibt maximal ein Drittel der Flüssigkeit übrig. Den Topf aus dem Backofen nehmen und alles durch ein Spitzsieb in eine große breite Sauteuse gießen. Abkühlen und das sich auf der Oberfläche bildende Fett gründlich abschöpfen. Jetzt den Fond aufkochen und um die Hälfte reduzieren. Dann langsam abkühlen und für Saucen weiterverwenden bzw. im Kühlschrank aufbewahren oder einfrieren.

1,5 kg durchwachsenes Kalbfleisch
1 Kalbsfuß (der Länge nach
gespalten und gut geputzt)
ein paar Kalbsknochen
(in Stücke gehackt)
500 g Geflügelklein
(z. B. die Karkassen von Brathähnchen
oder Suppenhuhn bzw. Hühnerflügel,
einmal durchgehackt)
3 Zwiebeln
(geviertelt und nicht geschält)
2 Karotten
(in grobe Würfel geschnitten)
2 Stengel frische glatte Petersilie
2 Zweige frischer Thymian
3 Lorbeerblätter (in Stücke gebrochen)
1 EL konzentriertes Tomatenmark
1 kleine Sellerieknolle (klein gewürfelt)
200 g frische Schweineschwarte
(in große Würfel geschnitten)
3 l Wasser
2 l guter trockener Riesling
2 EL Schweineschmalz
4 Stücke Ochsenschwanz (vom Ende
des Schwanzes, klein gehackt)
2 EL schwarze Pfefferkörner

Fleisch-Gelee

Hier handelt es sich um das Rezept eines sehr kräftigen Gelees, das zu Sülze (z. B. Fleischsülze oder Schweinskopfsülze) verwendet werden kann. Die Zubereitung lohnt sich nur bei etwas größerer Menge. Es eignet sich auch zum Aufbewahren im Kühlschrank, wobei darauf geachtet werden muß, daß immer 2 bis 3 mm neutrales Öl (z. B. Sonnenblumenöl) auf der Oberfläche ist. Aufbewahrungsdauer höchstens 4 Wochen. Es eignet sich aber auch zum Eingefrieren in einer möglichen Lagerzeit von 3 bis 4 Monaten. Dieses Gelee kann auch als Grundfond für die Zubereitung von Saucen verwendet werden.

2 rohe Schweinsfüße
(gepökelt und längsgeteilt)
1 Schweinshaxe (gepökelt)
2 frische Kalbsfüße (längsgeteilt)
500 g rohe Speckschwarte
(in große Stücke geschnitten)
6,5 l Wasser
700 g Ochsenfleisch aus der Keule
700 g Kalbfleisch aus der Keule
7 Stück Kalbsknochen
(in etwa golfballgroße Stücke zerhackt)
2 EL Schweineschmalz
100 g Sellerieknollen
1 Lauchstange
1 Zwiebel
1 Petersilienwurzel
4 Knoblauchzehen
(in Würfel geschnitten)
13 Pfefferkörner
5 Nelken
1 Lorbeerblatt
150 g rohe Rinderleber
2 EL Petersilie (fein gehackt)
1 EL Kerbel (fein gehackt)
5 Korianderkörner
(im Mörser zerdrückt)
1 TL dünn abgeschnittene Zitronenschale
(von einer unbehandelten Zitrone)
2 Muskatblüten (Mazis)
1 EL getrockneter Majoran
1 l trockener Weißwein
(für dieses Rezept am besten Elsässer Muskat – Muscat d'Alsace)
evtl. 2 bis 3 Blatt Gelatine

Die Schweinsfüße, die Schweinshaxe, die Kalbsfüße und die Speckschwarte in kaltem Wasser gut auswaschen. Wichtig ist, daß die Schweinsfüße und Kalbsfüße der Länge nach gespalten sind. Die Hälften mit einem Küchengarn zusammenbinden. Anschließend diese Fleischstücke mit kaltem Wasser aufsetzen. Schnell erhitzen und nur 5 Min. kochen lassen. Dann sofort abgießen und wieder mit kaltem Wasser aufsetzen, so daß das Fleisch einige Zentimeter bedeckt ist.
Anschließend in einer großen Bratenkasserolle das Ochsenfleisch, das Kalbfleisch und die Kalbsknochen mit Schweineschmalz hellbraun anrösten. Die Wurzelgemüsegarnitur, also die Sellerieknolle, die Lauchstange, die Zwiebel, Petersilienwurzel, 2 Knoblauchzehen, 5 Pfefferkörner, 3 Nelken und Lorbeerblatt zu dem angebratenem Fleisch und den Knochen geben und ebenfalls leicht anrösten. Dann das übrige Fett abgießen und 0,5 l Wasser dazugeben. Das Ganze stark einkochen, wobei sich dann eine braune Sauce ergibt. Mit 6 l kaltem Wasser aufgießen und die Schweinsfüße sowie die Schweinshaxe, die Speckschwarten und die Kalbsfüße dazugeben, ebenfalls die Rinderleber und aufkochen. Sobald die Brühe kocht, sorgfältig den Schaum immer wieder abschöpfen. Dann die Hitze herunterschalten, damit das Ganze nur ganz leicht simmert.
Nach dem Aufkochen die Kräuter und Gewürze dazugeben: Petersilie, Kerbel, 8 Pfefferkörner und 2 Nelken, sowie die Korianderkörner, 2 Knoblauchzehen, Zitronenschale, Muskatblüten (Mazis) und Majoran. Das Ganze zu der Masse geben und mindestens 6 Std. ganz langsam kochen.
Dazwischen prüfen, ob das Kalbfleisch bereits weich gekocht ist, da dieses sonst zerfällt. Das Kalbfleisch aus der Flüssigkeit nehmen und auf die Seite stellen. Etwa 30 Min. vor Ende der Kochzeit den Weißwein dazugeben. Alles weiterkochen lassen, nach den insgesamt 6 Std. von der Platte ziehen und langsam abkühlen lassen. Dabei dann von der Oberfläche das Fett gründlich abschöpfen und noch warm durch ein Passiertuch gießen.
Die Flüssigkeit am besten in einem Tontopf kühl stellen und prüfen, ob das Gelee fest wird. Falls das Fleisch-Gelee

zu fest wird, ist das Ganze nochmals aufzukochen und etwas Fleischbrühe dazuzugeben. Wenn die Masse nicht fest ist, 2 bis 3 Blatt Gelatine (vorher in kaltem Wasser eingeweicht) dazugeben. Das in der Flüssigkeit gekochte Fleisch (Ochsenfleisch und Kalbfleisch sowie Schweinsfüße, Kalbsfüße, Schweinshaxe und die Speckschwarten) klein schneiden und das Ganze mit dem Fleisch-Gelee aufgießen, erkalten lassen zu Fleischsülze.

Hinweis: Das Fleisch-Gelee ist – nach dem vorstehendem Rezept – in aller Regel noch trübe. Nach folgender Möglichkeit kann das Gelee geklärt werden:

3 kg mageres Rindfleisch
4 Eiweiß
0,2 l eiskaltes Wasser
3 EL Karotten (sehr fein geschnitten)
2 EL Lauch (sehr fein geschnitten)
2 EL Sellerie (sehr fein geschnitten)
1 EL Petersilienwurzel
(sehr fein geschnitten)
1 EL frischer Estragon (fein gehackt)
3 kleine Stückchen Zitronenschale
(von einer unbehandelten Zitrone)
Salz
frisch gemahlener weißer Pfeffer
1 EL Zitronensaft

Zubereitung der Masse zum Klären des Fleisch-Gelees:
Das Rindfleisch im Fleischwolf fein zerkleinern. Dann das Eiweiß und das Wasser dazurühren. Das Wurzelgemüse (Karotten, Lauch, Sellerie, Petersilienwurzel und Estragon sowie die Zitronenschalenstückchen) dazugeben. Das Fleisch-Gelee erhitzen (nicht kochen!) und die vorstehend beschriebene Fleischmasse unter beständigem Rühren hinzufügen. Die Flüssigkeit bis kurz vor das Kochen bringen und dann sofort von der Platte ziehen. Etwa 15 Minuten stehen lassen und dann durch ein Passiertuch seihen.
Wenn das Fleisch-Gelee durchgelaufen ist, wenn nötig, mit Salz und Pfeffer abschmecken. Danach den Zitronensaft dazugeben und mit dem Schneebesen kräftig durchrühren. Die Flüssigkeit dann an einen kalten Ort stellen und sofort für Fleischsülze verwenden.

Kalbsfond

Der Kalbsfond ist eine sogenannte Grundsauce, die zur Herstellung oder Verfeinerung einer großen Anzahl von Saucen dient. Dabei werden verschiedene Bezeichnungen verwendet (z. B.: Demiglace, braune Kraftsauce, Coulis, usw.). Es gibt auch sehr unterschiedliche Rezepte zur Herstellung dieser Sauce.

Grundsätzlich nimmt man zur Zubereitung klein zersägte Kalbsknochen, Geflügelklein (vor allem Hühnerflügel) sowie auch Wurzelgemüse (Zwiebeln, Karotten, Sellerie, Petersilienwurzel) und trockenen Weißwein.

Das nachstehende Rezept ist eine spezielle Zusammenstellung unter Berücksichtigung der Empfehlungen von Spitzenköchen.

3 EL Sonnenblumenöl
2 kg Kalbsknochen (etwa in der Größe eines Golfballs klein zersägt)
4 Stücke vom Ende eines Ochsenschwanzes
400 g Hühnerflügel
2 Zwiebeln
(in kleine Würfel geschnitten)
2 große Karotten
(in kleine Würfel geschnitten)
1 kleiner Sellerie (etwa 200 g, in kleine Würfel geschnitten)
1 Petersilienwurzel
(in kleine Würfel geschnitten)
1 EL konzentriertes Tomatenmark
0,5 l trockener Riesling
3 EL Noilly Prat
3 EL trockener Sherry
2 Knoblauchzehen (geschält)
1 EL glatte Petersilie (fein gehackt)
2 Lorbeerblätter (in Stücke gebrochen)
1 TL Pimentkörner
(im Mörser leicht zerdrückt)
1,5 l Wasser

Zur Zubereitung des Kalbsfonds am besten eine große Bratenkasserolle nehmen, die sowohl für die Kochplatte als auch für den Backofen geeignet ist (Größe etwa 25 x 35 cm). Die Bratenkasserolle auf die Kochplatte stellen und in dem Sonnenblumenöl die Kalbsknochen und die Ochsenschwanzstücke goldbraun anbraten. Anschließend die Hühnerflügel zugeben und ebenfalls anrösten. Es muß sich auf dem Boden der Bratenkasserolle ein dunkelbrauner Bratensatz bilden, der erforderlich ist für den Geschmack des Fonds. Das Wurzelgemüse, also die Zwiebeln, die Karotten, den Sellerie und die Petersilienwurzel, ebenfalls zufügen und anbräunen. Dann die Masse mit dem Tomatenmark durchschwitzen. Anschließend mit dem Riesling, dem Noilly Prat und dem Sherry angießen. Außerdem die Knoblauchzehen, die Petersilie, die Lorbeerblätter und die Pimentkörner zugeben. Danach mit Wasser aufgießen, aufkochen und in den Backofen schieben. Dort bei etwa 200 °C stark bräunen und einkochen lassen. Immer wieder mit dem Kochlöffel umrühren, damit die braune Seite der Kalbsknochen bzw. Hühnerflügel mit der Flüssigkeit in Berührung kommt. Nach Bedarf immer wieder mit Wasser aufgießen, damit das Gemüse und die Knochen fast bedeckt sind. Das Ganze mindestens 2 Std. im Ofen lassen, wobei die Flüssigkeit um mindestens die Hälfte einkochen soll. Durch das Einkochen ergibt sich letztlich maximal 0,5 l Flüssigkeit.

Nach gut 2 Std. (besser noch 3 Std.) die Flüssigkeit durch ein sehr feines Sieb oder am besten durch ein Passiertuch abgießen. Dann stehen lassen und sehr sorgfältig abschäumen und entfetten. Diesen Kalbsfond kann man im Kühlschrank aufbewahren, er muß aber nach Möglichkeit einmal am Tag aufgekocht und immer wieder durch ein Passiertuch geseiht werden. Der Fond wird zur Glace, indem die Flüssigkeit um etwa zwei Drittel eingekocht wird. Damit erhält man einen sehr konzentrierten Fond, der stark geliert. Diese Kalbsglace ist gut geeignet zum Einfrieren (am besten im Eiswürfelbehälter). Wichtig dabei ist, daß der Fond sehr sorgfältig entfettet wurde.

Hinweis: Wenn der Kalbsfond im Kühlschrank aufbewahrt wird, ist es unbedingt erforderlich, ihn täglich aufzukochen. Das gilt auch für die Kalbsglace. Wichtig dabei ist weiter, daß man Kalbsfond und Kalbsglace nicht mit Salz oder Pfeffer würzt, da die Flüssigkeit stark eingekocht wird und sich damit eine Überwürzung ergeben würde. Gewürzt wird erst, wenn die Herstellung der entsprechenden Sauce ansteht.

Lamm-Jus

Dieser Fond aus Lammknochen ist als Grundsauce zu geschmorter Lammkeule sehr gut geeignet.

3 EL Sonnenblumenöl
1,5 kg Lammknochen
(in kleine Stücke gesägt)
3 Zwiebeln (in Würfel geschnitten)
2 Karotten (in Würfel geschnitten)
2 Lorbeerblätter
1 TL weiße Pfefferkörner
150 g Stangensellerie
(in kleine Würfel geschnitten)
2 Knoblauchzehen (nicht geschält)
2 l Wasser
Tomatenmark
1 TL Thymian
1 Zweig Rosmarin
5 Basilikumblätter
2 EL süßer Sherry

In einer großen Bratenkasserolle das Sonnenblumenöl erhitzen und darin die Lammknochen anrösten. Wenn sich auf dem Boden ein brauner Satz gebildet hat, die Zwiebeln und Karotten sowie die Lorbeerblätter und die Pfefferkörner zugeben.
Anschließend den Stangensellerie und die Knoblauchzehen beifügen. Alles gut durchrösten (nicht dunkel werden lassen!) und mit 1 l Wasser ablöschen. Danach das Tomatenmark, den Thymian, das Rosmarin und die Basilikumblätter zusetzen. Außerdem mit Sherry angießen; stark aufkochen lassen und in den Backofen geben. Dort 3 Std. bei mittlerer Hitze braten und köcheln lassen. Wenn nötig, immer wieder Wasser nachgießen, so daß die Knochen und das Gemüse halb bedeckt sind. Es ist wichtig, daß vor allem die Knochen immer wieder anrösten und mit dem Kochlöffel umgerührt werden. Den Fond dann durch ein feines Sieb gießen und kurz stehen lassen. Das Fett und den Schaum abschöpfen und erneut durch ein Passiertuch seihen. Dann den Fond nochmals aufkochen und um etwa ein Drittel reduzieren.

Hinweis: Diesen Fond nicht mit Salz würzen, da erst bei der Herstellung der endgültigen Sauce gewürzt wird. Durch die Gelatine in den Knochen geliert dieser Fond nach dem Abkühlen. Wenn der Fond nochmals um die Hälfte eingekocht und anschließend wieder durch ein Passiertuch gegeben wird, so ergibt sich Lammglace. Diese eignet sich zum Einfrieren im Eiswürfelbehälter und kann dort bis zu 2 Monate aufbewahrt werden. Wenn der Lammfond im Kühlschrank gelagert wird, dann ist tägliches Aufkochen und Seihen durch ein Passiertuch erforderlich.

Roux blanc
(hell geröstetes Mehl)

Die Anleitung zu diesem Rezept stammt aus der Zeit um 1920. Bei dieser „Hellen Mehlschwitze" wird die Butter stark erhitzt und soviel Mehl dazugegeben, wie die Butter aufnehmen kann. Diese Mehlschwitze wird nur so lange geröstet (etwa 4 Min.), bis sie kleine Bläschen wirft und nur hellgelb ist. Durch das leichte Abrösten wird dann der im Mehl enthaltene Kleister in Malz umgewandelt und der pappige Mehlgeschmack in Suppen oder Saucen vermieden.

50 g Butter
80 g Mehl

In einer Sauteuse die Butter zerlassen und nur so heiß werden lassen, daß sie noch nicht braun wird. Das Mehl einstreuen und mit einem Kochlöffel umrühren. Etwa 4 Min. rösten, bis das Ganze kleine Bläschen wirft und hellgelb wird. Dann sofort von der Platte ziehen und entsprechend weiter verwenden.

Hinweis: Wenn in dieses geröstete Mehl anschließend sofort 1 l kräftige Fleischbrühe mit dem Schneebesen eingeschlagen wird, so entsteht nach dem Aufkochen eine leicht cremige Sauce. Mit 2 l Fleischbrühe erhält man Sauce in der Konsistenz, wie die sogenannten „legierten weißen Mehlsuppen" sein müssen. Wenn das geröstete Mehl etwas dunkler geröstet und mit Milch aufgegossen wird, so erhält man „Béchamelsauce" (siehe Rezept).

Tomatencoulis

Diese klassische Tomatensauce enthält fein gehackte Tomaten und Zucchini. Wichtig ist die Verwendung von sehr aromatischen vollreifen Tomaten. Diese Sauce kann ohne weitere Verarbeitung zu Tempura (kleine frische Gemüsestückchen, in einen Ausbackteig getaucht und in schwimmendem Fett ausgebacken) verwendet werden.

4 sehr reife Tomaten
2 EL gutes kalt gepreßtes Olivenöl
2 Schalotten (sehr fein gewürfelt)
1 mittelgroße Zucchini
Meersalz
frisch gemahlener schwarzer Pfeffer
1 Messerspitze brauner Rohrzucker

Den Stielansatz der Tomaten wegschneiden, die Haut mit einem scharfen Messer kreuzweise einritzen und kurz in kochendes Wasser halten. Die Haut abziehen, die Kerne entfernen und die Tomaten sehr fein würfeln (dabei den sich ergebenden klaren Saft durch ein feines Haarsieb in einer Schüssel auffangen).
In einer Sauteuse das Olivenöl erhitzen und die Schalottenwürfel hellbraun anrösten (etwa 5 Min.). Jetzt die Zucchini mit der Schale in sehr feine Würfel schneiden und dabei den inneren Kern (mit den kleine Kernen) entfernen. Die Zucchiniwürfel zu den Schalotten geben und etwa 4 Min. mitrösten. Die Tomatenwürfel sowie den aufgefangenen Tomatensaft dazuschütten und das Ganze mit Meersalz, Pfeffer und Rohrzucker abschmecken. Etwas abkühlen lassen und bei Zimmertemperatur zu dem ausgebackenen Gemüse servieren.
Diese Sauce hält sich in einem verschließbaren Glas und mit etwas Öl bedeckt im Kühlschrank bis zu 1 Woche.

Wildfond

Hier handelt es sich um eine Grundsauce, die anschließend weiterverarbeitet bzw. verfeinert wird. Der eingekochte Fond läßt sich im Kühlschrank (mit etwas Fett bzw. mit Schmalz abgedeckt) bis zu 1 Woche aufbewahren. Es ist jedoch auch möglich, im Eiswürfelbehälter den Fond einzufrieren (die Würfel sind 3 bis 4 Monate haltbar).
Für die Herstellung des Wildfonds gibt es die verschiedensten Rezepte. In jedem Fall ist Wildfleisch (verschiedene Fleischteile, die sich beim Zerlegen des Wilds ergeben) und Wildknochen (von der Größe eines Golfballs) sowie frisches Wurzelgemüse und Wein erforderlich. Grundversion des Wildfonds:

5 EL Sonnenblumenöl
2,5 kg Wildfleisch (z. B. Wildschwein, Reh, Hirsch oder auch Wildkaninchen) und Knochen (zwei Drittel Fleisch und ein Drittel Knochen)
1 Stück Wildgeflügel (z. B. ein Fasan, ein Rebhuhn oder eine Wildente)
2 große Karotten (grob würfeln)
2 Zwiebeln (grob würfeln)
5 Salbeiblätter
1 EL Wacholderbeeren
(im Mörser kurz angedrückt)
1 EL frische glatte Petersilie
1 EL frische Thymianblättchen
2 Lorbeerblätter
0,6 l trockener Riesling
4,5 l Wasser

In einer großen Bratenkasserolle oder rechteckigen Bratenpfanne für den Backofen das Öl erhitzen und das Wildfleisch mit den Knochen anbraten. Das Wildgeflügel zerteilen (mindestens in 6 Teile, also 2mal Flügel, 2mal Keulen und den Rest ebenfalls teilen) und zu dem Fleisch geben. Den Topf dann in den auf 200 °C vorgeheizten Backofen schieben und das Ganze etwa 30 Min. bräunen lassen. Dabei immer wieder mit dem Kochlöffel umrühren, damit die Teile auf allen Seiten kräftig braun werden.
Die Karotten- und Zwiebelwürfel mit den Salbeiblättern zum Fleisch geben. Wieder kräftig anrösten und dabei immer wieder umrühren. Die Wacholderbeeren, die Petersilie, die Thymian-blättchen und die Lorbeerblätter zu dem Fleisch geben. Weiterrösten, bis die gesamte Flüssigkeit aus dem Gemüse verdampft ist. Anschließend die Hälfte des Rieslings und die Hälfte des Wassers angießen und im Backofen weiter köcheln lassen. Dabei darauf achten, daß die Flüssigkeit nicht ganz verdampft, also immer wieder Riesling und Wasser zugießen, bis die ganze Flüssigkeit verbraucht ist. Das Ganze muß mindestens 4½ Std. köcheln. Nach dieser Zeit die Flüssigkeit durch ein feines Sieb (am besten ein Spitzsieb) in eine weite Sauteuse gießen und abkühlen lassen. Das Fett, das sich auf der Oberfläche abgesetzt hat, sorgfältig abschöpfen und den leicht angewärmten Fond durch ein Passiertuch wieder in eine Sauteuse schütten. Nochmals aufkochen und um ein Drittel reduzieren. Wieder abkühlen lassen und für die Herstellung von Saucen verwenden bzw. in einem verschließbarem Glas im Kühlschrank aufbewahren oder in Eiswürfelbehältern einfrieren.
Nachstehend eine Variante des Wildfonds, bei dem zur Verfeinerung frische rote Johannisbeeren, Gemüsefond und Tomatenmark verwendet wird.

2 kg verschiedene Abschnitte Wildfleisch (das sich beim Zerlegen des Wilds bzw. beim Zuschneiden des Bratens ergibt)
1 kg Wildknochen (zerhackt auf die Größe eines Golfballs)
4 EL Butter
2 Zwiebeln
3 große Karotten
1 Knollensellerie
2 Lauchstangen
3 EL konzentriertes Tomatenmark
4 Lorbeerblätter (in Stücke gebrochen)
2 EL Wacholderbeeren
(im Mörser kurz angedrückt)
1 EL schwarze Pfefferkörner
1 TL Gewürznelken
0,6 l trockener Rotwein
(am besten Spätburgunder)
3,5 l Gemüsefond (siehe Rezept)
1 EL frische Rosmarinnadeln
1 EL frische Thymianblättchen
1 EL getrockneter Oregano
150 g frische rote Johannisbeeren
(ersatzweise 5 EL nicht gesüßtes rotes Johannisbeergelee)
1 unbehandelte Zitrone

Das Wildfleisch in grobe Würfel schneiden, unter kaltem Wasser abspülen und abtrocknen. In einem großen Bratentopf (oder einer rechteckigen Bratenkasserolle für den Backofen) die Butter erhitzen und das Wildfleisch mit den Knochen dunkelbraun anrösten. Den Topf dann in den 200 °C vorgeheizten Backofen schieben und weiterrösten. Währenddessen das Wurzelgemüse (Zwiebel, Karotten, Knollensellerie und Lauch) schälen, in grobe Würfel schneiden und zum Fleisch geben. Alles gut anrösten und immer wieder mit einem Kochlöffel durchrühren, damit die Teile auch von oben her kräftig gebräunt werden. Jetzt das Tomatenmark beimengen und weiter etwa 15 Min. dünsten. Die Wacholderbeeren, die Pfefferkörner und die Nelken in einem Mörser kräftig zerdrücken und zusammen mit den Lorbeerblättern zu dem Fleisch und dem Gemüse schütten. Kräftig durchrühren und die Hälfte des Gemüsefonds und des Rotweins dazugießen. Rosmarin, Thymian und Majoran untermischen. Die Johannisbeeren durch ein feines Haarsieb drücken und ebenfalls dazugeben. Das Ganze nun mindestens 4 Std. köcheln, dabei immer wieder mit dem Kochlöffel umrühren und nach und nach den restlichen Rotwein und Gemüsefond dazugießen.
Zum Schluß den Fond durch ein feines Sieb (am besten durch ein Spitzsieb) in eine Sauteuse gießen. Abkühlen und das sich oben bildende Fett gründlich abschöpfen. Erneut aufkochen und um ein Drittel reduzieren. Nochmals abkühlen und im verschließbaren Glas im Kühlschrank aufbewahren bzw. im Eiswürfelbehälter einfrieren.

Hummerfond

Da dieser Fond für verschiedene Saucen benötigt wird, empfiehlt es sich, etwa 2 Liter davon auf Vorrat zuzubereiten. Dieser Fond kann entweder im Kühlschrank 1 bis 2 Wochen aufbewahrt oder auch für längere Zeit eingefroren werden.
Wichtig für die Herstellung sind mindestens 1 kg Schalen von Hummern (zusätzlich können noch Schalen von Riesengarnelen, Krebsen oder von Langusten verwendet werden).

1,3 kg Schalen von Hummern, Langusten, Krebsen usw.
0,15 l bestes kalt gepreßtes Olivenöl
5 EL Armagnac
1 Selleriestange (fein gewürfelt)
1 Karotte (fein gewürfelt)
5 Schalotten (fein gewürfelt)
1 kleine Petersilienwurzel
(fein gewürfelt)
1 EL Knollensellerie (fein gewürfelt)
2 kleine Lauchstangen
(in dünne Ringe geschnitten)
1 Knolle Knoblauch (in Zehen geteilt, aber nicht geschält)
0,6 l trockener Riesling
1,5 l Fischfond (siehe Rezept)
0,5 l Wasser
1 EL frische Thymianblätter
(fein gehackt)
2 Lorbeerblätter (in Stücke gebrochen)
2 EL dreifach konzentriertes Tomatenmark
5 Tomaten (in Stücke geschnitten)
2 TL brauner Rohrzucker
1 EL rote Pfefferkörner

Die Schalen von den Krustentieren grob zerkleinern. In einer großen Bratenkasserolle 5 EL Olivenöl erhitzen und die Schalen darin 5 Min. bei nicht zu starker Hitze anrösten. Den Armagnac zugießen und die Flüssigkeit verdampfen lassen.
In einem großen Edelstahltopf das restliche Olivenöl erhitzen. Die Gemüsewürfel (Selleriestange, Karotte, Schalotten, Petersilienwurzel und Knollensellerie), die Lauchringe sowie die Knoblauchzehen hinzufügen und kräftig anbraten. Mit dem Riesling ablöschen und um mindestens die Hälfte reduzieren. Anschließend den

Fischfond und das Wasser sowie die Thymianblätter, die Lorbeerblätter und das Tomatenmark untermischen. Dann die angebratenen Schalen der Krustentiere und die Tomaten dazuschütten und alles 30 Min. kochen.
Zum Schluß den Rohrzucker und die Pfefferkörner dazugeben. 2 Min. kochen und dann durch ein feines Haarsieb streichen. In einer Sauteuse das Ganze nochmals etwas reduzieren. Anschließend ein Haarsieb mit einem Passiertuch auslegen und in die Sauteuse durchseihen. Langsam abkühlen lassen und im Kühlschrank aufbewahren bzw. in einem Eiswürfelbehälter einfrieren.

Pilzfond

Dieser Pilzfond wird so zubereitet, daß gemischte Pilze in Sherry, Wasser und Salz über lange Zeit im mäßig erhitzten Backofen ziehen. Dieser Fond ist Grundlage für die Herstellung verschiedener sehr schmackhafter Saucen.

600 g Steinchampignons
(in grobe Würfel geschnitten)
600 g Austernpilze
(in grobe Würfel geschnitten)
600 g frische Shiitake-Pilze
(in grobe Würfel geschnitten)
2 EL grobes Meersalz
0,4 l trockener Sherry
0,2 l Wasser

In einen großen Bratentopf (mit Deckel) alle Pilzwürfel geben und mit dem Meersalz vermengen. 20 Min. stehen lassen und dann Sherry und Wasser hinzufügen.
Den Backofen auf 80 °C vorheizen und den Bratentopf (mit Deckel) mindestens für 24 Std. in den Backofen schieben. Nach dieser Zeit die Masse in ein Spitzsieb schütten und durchdrücken. Diese Flüssigkeit dann in einer Sauteuse auf ein Drittel bei mittlerer Hitze reduzieren. Danach die dunkle Flüssigkeit in ein verschließbares Schraubglas füllen (im Kühlschrank bis zu 1 Woche haltbar) oder für weitere Saucen verwenden.

Tomatenpüree

Dieses Tomatenpüree wird für die Herstellung verschiedener Saucen, für den Belag von Pizza oder für eine pikante Suppe verwendet.

20 Tomaten
2 EL gutes kalt gepreßtes Olivenöl
3 Schalotten (sehr fein gewürfelt)
5 Knoblauchzehen
(halbiert, aber nicht geschält
2 Lorbeerblätter (in Stücke gebrochen)
1 EL frische Thymianblätter
(fein gehackt)
1 EL frische Basilikumblätter
(fein gehackt)
1 EL frische Estragonblätter
(fein gehackt)
0,15 l trockener Riesling
1 TL brauner Rohrzucker

Den Stielansatz der Tomaten entfernen, die Haut mit einem scharfen Messer kreuzweise einritzen und kurz in kochendes Wasser halten. Die Haut abziehen, die Tomaten halbieren und die Kerne entfernen.
In einem großen Edelstahltopf das Olivenöl erhitzen und die Schalotten, den Knoblauch sowie den Lorbeer darin anrösten. Anschließend den Thymian, das Basilikum und den Estragon untermischen. Die Tomatenstücke hinzufügen und 10 Min. bei geringer Hitze köcheln. Den Riesling dazugießen und den Topf in den auf 180 °C vorgeheizten Backofen stellen. Das Ganze etwa 50 Min. garen und dabei immer wieder mit einem Kochlöffel umrühren. Wichtig ist, daß die Flüssigkeit nahezu vollständig verdampft und sich ein dickflüssiges cremiges Püree ergibt. Zum Schluß mit Rohrzucker abschmecken.
Dieses Püree dann durch ein feines Haarsieb streichen und in einer verschlossenen Schüssel im Kühlschrank aufbewahren. Das Püree kann natürlich auch in Eiswürfelformen eingefroren werden.

Pilzextrakt, gekocht, zum Würzen von Saucen

(Jus)

Dieses interessante Rezept stammt aus der Zeit um 1920. Der sehr intensive Extrakt wird nur tropfenweise zum Würzen von Saucen, Ragouts (z. B. für Königinpastete) oder auch bei Suppen zum Abschmecken verwendet.

Es können hierzu alle Speisepilze genommen werden, wobei der Geschmack am besten ist, wenn möglichst viele Pilzarten verwendet werden. Sehr gut geeignet sind folgende Pilze: Maronenröhrling, Pfifferlinge, Morcheln, Champignons, Birkenpilze, Steinpilze, Ziegenbart usw.

> 1,5 kg Speisepilze
> 1 TL weiße Pfefferkörner
> (im Mörser leicht zerdrückt)
> 1 EL Salz
> 1 Lorbeerblatt (in Stücke gebrochen)
> 0,1 l Weißwein
> 1 TL Zitronensaft
> 1 l Wasser

Die frischen Pilze möglichst nicht abwaschen, sondern mit einem Messer säubern. Anschließend in kleine Stücke schneiden und in einen großen Topf geben (kein Aluminiumtopf). Den Pfeffer, das Salz sowie den Lorbeer hinzufügen. Den Weißwein und den Zitronensaft darüberschütten und bei mäßiger Hitze simmern lassen. Dabei mit einem Kochlöffel öfters umrühren und den sich nach etwa 30 Min. bildenden Saft in eine Schüssel geben. Weiter dämpfen und nach 20 Min. den restlichen Saft abgießen. Dann mit so viel Wasser ergänzen, daß die Pilze gerade bedeckt sind. Die Hitze höher schalten und 25 Min. kräftig kochen. Nun die gesamte Flüssigkeit durch ein Haarsieb seihen, dabei die Pilze kräftig ausdrücken. Diese Flüssigkeit mit dem vorher schon abgegossenen Saft in eine Sauteuse geben und bei nicht zu starker Hitze so weit einkochen, daß die Flüssigkeit wie dunkler Sirup aussieht. Dabei ständig mit dem Schneebesen umrühren, damit sich keine Haut bildet. Diesen Extrakt abkühlen lassen, in eine Flasche füllen und im Kühlschrank gut verkorkt aufbewahren.

Hinweis: Wenn eine größere Menge von Pilzen vorhanden ist, empfiehlt es sich, eine größere Menge Pilzextrakt zu kochen. Wenn dann die Flüssigkeit in kleinen Flaschen im Heißdampf sterilisiert wird, können diese bis zu 2 Jahre aufbewahrt werden.

Weiße Sauce

(Grundsauce)

Bei dieser Sauce handelt es sich eigentlich um eine Béchamelsauce, die dann weiterverwendet werden kann. Je nach weiterer Verwertung wird die leicht geschlagene Sahne unter die Sauce gezogen.

> 50 g Butter
> 3 EL Mehl
> 0,7 l Milch
> Meersalz
> frisch gemahlener schwarzer Pfeffer
> 0,3 l süße Sahne
> (leicht und cremig geschlagen)
> frisch geriebene Muskatnuß

In einer breiten Sauteuse die Butter zerlassen und das Mehl bei nicht zu starker Hitze hellbraun anschwitzen. Nach und nach die Milch mit dem Schneebesen einrühren. Einmal aufkochen und mit Meersalz und Pfeffer würzen. Die Temperatur zurückschalten, 50 Min. nur noch leicht köcheln lassen und dabei immer wieder mit dem Schneebesen umrühren. Anschließend durch ein Haarsieb in einen anderen Topf gießen, abermals mit dem Schneebesen aufschlagen und die Sahne allmählich unterrühren. Nochmals mit Meersalz, Pfeffer und Muskatnuß abschmecken

Fischfond

Für diesen Fischfond können alle Meeres- bzw. Süßwasserfische verarbeitet werden (jedoch keine zu fetten Fische, wie z. B. Karpfen oder Lachs, verwenden). Er wird als Grundlage für Fischsaucen genommen und hält sich im Kühlschrank maximal 4 Tage, kann aber auch eingefroren werden. Hierzu den Fond nach dem Abkühlen und Durchseihen nochmals um etwa ein Drittel reduzieren und dann am besten in einem Eiswürfelbehälter einfrieren. Er hält sich dort etwa 2 bis 3 Monate.

> 2 l Wasser
> 0,5 l trockener Riesling
> Saft von 1 Zitrone
> 1 kg Köpfe, Fischteile und Gräten von mageren Fischen (in großen Stücken)
> 2 Zwiebeln
> (in dünne Scheiben geschnitten)
> 1 Stange Lauch
> (in Scheiben geschnitten)
> 2 Stangen Bleichsellerie
> (in Stücke geschnitten)
> 3 Knoblauchzehen (grob zerhackt)
> 1 Karotte (gewürfelt)
> 1 Bund Petersilie mit Stengeln
> (grob gehackt)
> 1 TL getrockneter Thymian
> 1 Lorbeerblatt
> 5 Pfefferkörner (im Mörser zerstoßen)

In einem großen Topf das Wasser, den Riesling, den Zitronensaft, die Fischstücke, die Zwiebel- und Lauchscheiben, die Sellerie- und Knoblauchstücke sowie die Karottenwürfel zum Kochen bringen. Die Temperatur dann sofort zurückschalten und nur leicht weitersimmern lassen. Dabei ständig den sich an der Oberfläche bildenden Schaum abschöpfen.

Nach etwa 20 Min. die Petersilie, den Thymian, das Lorbeerblatt und den Pfeffer untermischen. Alles nochmals etwa 30 Min. köcheln lassen. Die Brühe sollte nicht länger als 50 Min. kochen, da sie sonst bitter wird. Für die letzten 5 Min. die Kochplatte ganz ausschalten. Danach die Brühe durch ein Spitzsieb (mit einem Mulltuch ausgelegt) passieren und das Ganze abkühlen lassen.

Gemüsefond
(hell)

Zur Herstellung von Gemüsefond gibt es eine ganze Reihe verschiedener Rezepte. Bei dem nachstehenden Rezept handelt es sich um einen kräftigen, jedoch weitgehend neutral schmeckenden Gemüsefond. Dieser Fond gilt als Grundrezept für die Herstellung verschiedener weiterer Saucen. Er eignet sich hervorragend zum Einfrieren im Eiswürfelbehälter und kann dort bis zu einem halben Jahr gelagert werden. Bei Aufbewahrung im Kühlschrank ist er täglich aufzukochen und jedes Mal durch ein Passiertuch zu geben. Der Gemüsefond hält sich im Kühlschrank maximal 3 Wochen.

1 EL Olivenöl
1 EL Butter
2 ungeschälte braune Zwiebeln
(in grobe Stücke geschnitten)
3 Knoblauchzehen
(mit dem Messerrücken zerdrückt)
1 Zucchini
(in grobe Stücke geschnitten)
1 Fenchelknolle
(in grobe Stücke geschnitten)
1 Lauchstange
(in grobe Stücke geschnitten)
2 Karotten
(in grobe Stücke geschnitten)
1/4 Sellerieknolle
(in grobe Stücke geschnitten)
10 weiße Pfefferkörner
(im Mörser zerdrückt)
1 Nelke (im Mörser zerdrückt)
1 Lorbeerblatt
2 Wirsingblätter
(in grobe Stücke geschnitten)
100 g Champignons (grob gehackt)
1,2 l Wasser
1 EL frischer Kerbel (grob gehackt)
1 EL frisches Basilikum (grob gehackt)

In einer großen Kasserolle das Olivenöl und die Butter zerlassen. Dann die Zwiebelstücke, den Knoblauch, die Zucchini, den Fenchel, den Lauch, die Karotten, den Sellerie sowie die zerdrückten Pfefferkörner und Nelken in den Topf geben. Anschließend das Lorbeerblatt und den Wirsing zufügen. Das Ganze bei mäßiger Hitze weich dünsten (maximal 30 Min.). Danach die Champignons dazugeben und nochmals kurz durchdünsten. Mit dem Wasser aufgießen und langsam zum Kochen bringen.
Dabei den entstehenden Schaum abschöpfen. Alles bei mäßiger Hitze weiterkochen und etwa auf die Hälfte (also 0,6 l) reduzieren. In den letzten 2 Min. den Kerbel und das Basilikum dazugeben. Dann sofort durch ein Haarsieb oder, noch besser, durch ein Passiertuch streichen. Nochmals aufkochen und etwas reduzieren.

Hinweis: Da es sich um eine neutrale Sauce handelt, wird kein Salz benötigt. Das Würzen folgt erst nach der Fertigstellung der entsprechenden Sauce.

Béchamelsauce
(Sauce Béchamel)

Die Béchamelsauce ist eine sogenannte „Grundsauce", kann jedoch auch pur verwendet werden. Sie wird z. B. als Grundsauce verwendet für die Sauce Nantua, die Sauce Mornay usw.

3 EL Butter
2 EL Mehl
0,6 l Milch
Meersalz
frisch gemahlener weißer Pfeffer
geriebene Muskatnuß

In einer Sauteuse die Butter zerlassen und das Mehl zugeben. Unter ständigem Rühren und bei nicht zu hoher Temperatur hellbraun anschwitzen. Nach und nach die Milch zugießen und weiterhin ständig mit dem Schneebesen durchschlagen. Es muß sich eine dicke cremige Sauce ergeben. Zum Schluß mit Meersalz, Pfeffer und Muskatnuß abschmecken. Die Sauce sofort servieren oder weiterverwenden.

Weiße Grundsauce nach Rottenhöfer
(Coulis blanc)

„Coulis blanc" ist eine Grundsauce für die Zubereitung weiterer Saucen. Dies ist das Originalrezept von Rottenhöfer, er bezeichnet dieses Rezept als „Einfache weiße Sauce".
Johann Rottenhöfer war der Haushofmeister und Erster Mundkoch des Königs Maximilian II. von Bayern und lebte von 1806 bis 1872. Von ihm ist eines der umfangreichsten Kochbücher und Kochanleitungen erhalten. Diese „weiße Sauce" entspricht in etwa der „Sauce espagnole", die ebenfalls als Grundsauce zur weiteren Verfeinerung verwendet wird.

1 Stück Butter für die Kasserolle
3 kleine Zwiebeln
(in Scheiben geschnitten)
2 Karotten (in Stücke geschnitten)
2 Porreestangen
(in-1-cm-Stücke geschnitten)
1 Pastinake (in Stücke geschnitten)
3 dickere Scheiben magerer roher Schinken (in Stücke geschnitten)
1 Kalbsknochen
(in etwa golfballgroße Stücke geteilt)
700 g durchwachsenes Kalbfleisch (in Stücke geschnitten)
1 Suppenhuhn (in Stücke geschnitten)
3,5 l Fleischbrühe
150 g frische Butter
80 g Mehl

Den Boden einer tiefen Kasserolle dick mit Butter einstreichen. Die Zwiebeln, die Karotten, den Porree und die Pastinake hineingeben. Darauf den Schinken und die Kalbsknochen legen. Darüber kommt dann das Kalbfleisch und das Suppenhuhn. Seitlich mit 0,5 l Fleischbrühe angießen und den Inhalt der Kasserolle schwach köcheln lassen, bis die Brühe bzw. der Saft auf etwa 0,5 cm eingekocht ist. Dieser Fond darf nicht dunkel werden bzw. nur eine helle goldene Farbe annehmen. Anschließend die Kasserolle seitlich bis auf etwa 4 cm mit 2,5 l Fleischbrühe auffüllen und dann wiederum leicht zum Kochen bringen. Wichtig ist dabei, daß der gesamte Schaum (also das abgesetzte Eiweiß) sehr sorgfältig und

immer wieder abgeschöpft wird. Währenddessen die Butter in eine tiefe Pfanne geben und heiß werden lassen. Soviel Mehl hinzufügen, wie die Butter aufnimmt, und dieses dann ebenfalls leicht goldgelb anrösten.
Wenn die Mehlschwitze leicht goldgelb ist, mit 0,5 l Fleischbrühe angießen und glattrühren. Anschließend diese Mehlschwitze in den kochenden Fond einrühren und dabei gleichzeitig wieder zum Kochen bringen. Das Ganze weitere 2 Std. langsam kochen lassen und immer wieder abschäumen. Wenn es zu stark einkocht, mit wenig Wasser aufgießen. Nach Ablauf der Zeit die Kasserolle vom Herd ziehen und leicht abkühlen lassen. Jetzt allen restlichen Schaum und das Fett abnehmen und diese Sauce durch ein Passiertuch in einen Topf durchstreichen (am besten in einen Tontopf), wo sie dann erkalten kann. Nach dem Erkalten nochmals eventuelles Fett und Schaum abschöpfen.
Wichtig beim Abkühlen ist auch, daß die Sauce dabei immer wieder umgerührt wird, damit die Geschmacksstoffe gut verbunden sind und sich vor allem keine Haut an der Oberfläche bildet.

Hinweis: Diese Sauce bzw. Grundsauce findet Verwendung zum Beispiel bei der Herstellung der Sauce à l'Orléans nach Rottenhöfer.

Saure-Sahne-Sauce
(Rußland)

Ein altes überliefertes Rezept aus Rußland ist diese sogenannte „Grundsauce", die je nach Bedarf abgewandelt werden kann. Zur Herstellung des Rezepts ist 0,5 l Fleischbrühe nötig.

1 EL Butter
1 EL Mehl
0,5 l Fleischbrühe
0,2 l Schmant
(saure Sahne oder Crème fraîche)
1 EL glatte Petersilie (fein gehackt)
Salz
frisch gemahlener weißer Pfeffer

In einer Sauteuse die Butter zerlaufen lassen und das Mehl dazugeben. Das Ganze hellbraun rösten. Dann die Fleischbrühe langsam hinzugießen und mit dem Schneebesen durchschlagen. 5 Min. leicht kochen lassen und dabei mit dem Schneebesen durchrühren. Nun den Schmant (bzw. saure Sahne oder Crème fraîche) langsam einrühren und unter kräftigem Schlagen mit dem Schneebesen einmal aufkochen. Die Petersilie, Salz sowie Pfeffer dazugeben und unterrühren.

Hinweis: Diese Sauce kann im Kühlschrank 1 bis 2 Tage aufbewahrt werden. Vor der Verwendung muß die Sauce nochmals langsam erhitzt und einmal aufgekocht werden. Dabei immer mit dem Schneebesen schlagen, damit die Sauce nicht ausflockt.

Spanische Sauce
(Sauce espagnole)

Der in der ganzen Fachwelt bekannte Hotelier und Koch Alfred Walterspiel bezeichnet die Sauce espagnole als Grundsauce. In der Fachliteratur wurde sie bereits im Jahr 1698 aufgeführt. Die nach diesem Rezept hergestellte Grundsauce ist ungemein kräftig, muß aber neutral im Geschmack bleiben, so daß sie als Grundlage für alle braunen Saucen verwendet werden kann. Damit sie perfekt gelingt, ist unbedingt die vorgeschriebene Kochzeit einzuhalten. Ebenfalls dürfen die angegebenen Zutaten nicht durch ähnliche ersetzt werden (z. B. statt frischer Butter Fett oder Öl). Auch die manchmal empfohlene Verwendung von Spirituosen ist nicht geeignet.
Diese Grundsauce kann für alle Fleischsaucen als Fond verwendet werden und mit entsprechenden Zutaten (z. B. Fleischsaft oder Sahne/Butter) endgültig zur Sauce aufgeschlagen werden. Das nachstehende Rezept ergibt etwa 1,5 l Fond.

Insgesamt 2,5 kg von Kalbshaxe
(mit den Knochen zerhackt)
Ochsenschwanz
(an den Wirbeln durchtrennt)
Geflügelhälsen
durchwachsenem Rindfleisch
1 grob gehackter Schinkenknochen

Weitere Zutaten:
2 mittelgroße Zwiebeln
(grob gewürfelt)
2 Karotten
4 Knoblauchzehen
10 Pfefferkörner
2 Lorbeerblätter
1 TL Thymian
1½ EL Butter
4 l Wasser
1 l trockener Riesling
4 Tomaten (grob zerschnitten)
80 g geklärte Butter
80 g Mehl

Das ganze Fleisch mit den Zwiebelwürfeln, den Karotten, den Knoblauchzehen, den Pfefferkörnern, den Lorbeerblättern sowie dem Thymian und 1½ EL Butter in einem großen Bratentopf hellbraun anbraten. Danach mit maximal 0,5 l Wasser angießen und die Brühe vollständig einkochen. Dabei ständig mit einem Kochlöffel den Bodensatz umrühren. Nochmals 0,5 l Wasser angießen und wieder vollständig einkochen lassen.
Anschließend das restliche Wasser und den Riesling dazugießen. Die Tomatenstücke ebenfalls hinzufügen. Das Ganze dann 3 Std. köcheln. Zum Schluß müssen noch etwa 3 l übrigbleiben.
Den sich an der Oberfläche bildenden Schaum abschöpfen.
Während der Restkochzeit den Roux (Einbrenne) herstellen: Die Butter (oder Butterschmalz) mit dem Mehl langsam rösten, bis die Masse eine bräunliche Farbe annimmt und gut duftet. Dies muß in einem etwa 3 l fassenden Topf oder einer Sauciere erfolgen.
Nach Ablauf der Kochzeit den Fond durch ein Haarsieb seihen und dann unter ständigem Rühren in die Mehlschwitze einschlagen. Diese Sauce 4 Std. bei geringer Hitze köcheln lassen und anschließend durch ein Spitzsieb (mit einem Mulltuch ausgelegt) passieren. Bis zum völligen Erkalten etwa alle 5 Min. mit dem Schneebesen kurz durchrühren, damit sich keine Haut bildet.
Die so hergestellte Sauce espagnole hat einen ungemein kräftigen, aber neutralen Geschmack. Sie hält sich im Kühlschrank maximal 5 Tage.

Fischfumet

Fischfumet ist eine Grundsauce, die zur weiteren Verarbeitung (z. B. Velouté, Sauce au raifort usw.) verwendet wird. Wichtig dabei ist, daß der Fumet nur etwa 30 Min. leicht kocht, da sonst das Ganze zu bitter wird.

2 Karotten
(in kleine Stücke geschnitten)
1 Zwiebel
(in kleine Stücke geschnitten)
2 Porreestangen
(in kleine Stücke geschnitten)
1 Stange Bleichsellerie
(in kleine Stücke geschnitten)
2 Lorbeerblätter (in Stücke zerbrochen)
1 EL frische glatte Petersilie
1 kg frische Fischabfälle
von verschiedenen Fischen
(Fischköpfe, Gräten usw.)
1 TL Thymian
2 l Wasser
0,7 l trockener Riesling
Salz

Das Gemüse, also die Karotten, die Zwiebel, die Porreestangen und den Bleichsellerie, in einen großen Topf geben. Die Lorbeerblätter, die Petersilie, die Fischstücke und den Thymian ebenfalls hineingeben. Zu den ganzen Zutaten im Topf das Wasser und den Riesling zugießen, langsam zum Kochen bringen und erst jetzt leicht salzen.
Den Eiweißschaum, welcher immer an die Oberfläche steigt, abschöpfen, bis die Brühe ganz klar ist. Das Ganze maximal 30 Min. leicht kochen lassen. Danach sofort durch ein Passiertuch geben und abkühlen lassen.

Sauce velouté I
(Weiße Bouillonsauce)

Dies ist das professionelle Rezept einer Grundsauce aus der Zeit um etwa 1920. In die weiße Bouillonsauce wird eine sogenannte Liaison eingerührt. Sie besteht aus einer Verbindung von 2 Eigelb, 0,2 l süßer Sahne und 25 g Butter. Die Zutaten werden zusammengerührt, wobei dann die Velouté langsam und unter ständigem Schlagen in diese Masse eingerührt wird.
Weiße Bouillonsauce wird zum Beispiel verwendet bei der „Weißen Sardellensauce", die zu Fischgerichten serviert wird. Voraussetzung zur Herstellung dieser Sauce sind 1 l kräftige Fleischbrühe und 1 Portion Mirepoix (siehe Rezept).

Für die Liaison:
2 Eigelb
0,2 l süße Sahne
25 g zerlassene Butter

Für die Sauce velouté:
80 g Butter
1 Portion Mirepoix
80 g Mehl
1 l kräftige Fleischbrühe
Salz
Pfeffer
frisch geriebene Muskatnuß

Zunächst die Liaison herstellen: Die Eigelb mit der süßen Sahne verrühren, 25 g zerlassene Butter dazugeben und leicht erhitzen. Dann die Mirepoix bereiten (siehe entsprechendes Rezept in diesem Buch).
Anschließend die Bouillonsauce fertigen: 80 g Butter zusammen mit der Mirepoix leicht anrösten. Dann das Mehl dazugeben und weiterrösten, bis sich eine goldgelbe Farbe bildet.

Anschließend die Fleischbrühe mit dem Schneebesen langsam unterschlagen. Kurz aufkochen; dabei immer wieder mit dem Schneebesen verquirlen. Die Liaison in eine große Sauteuse geben, langsam bis vor das Kochen erhitzen und dann nach und nach die Bouillonsauce unterschlagen. Danach darf die Sauce nicht mehr weiterkochen.
Kurz mit dem Schneebesen weiter durchschlagen und dann durch ein sehr feines Haarsieb gießen. Abschmecken mit Salz, Pfeffer und Muskatnuß. Nach Möglichkeit die Sauce sofort weiterverarbeiten.

Hinweis: Diese Sauce eignet sich nicht zum Aufbewahren und sollte sofort für die entsprechende Spezialsauce weiterverwendet werden.

Liaison
(Sahne-Ei-Legierung für Saucen)

Mit dieser Sahne-Ei-Verbindung werden Saucen legiert; das heißt, daß unter ständigem Rühren oder Schlagen mit dem Schneebesen unter Zusatz der Liaison die Sauce abgebunden wird (also dickflüssig wird). Je nach Bedarf kann die Liaison auch verändert und verstärkt werden (z. B. mit mehr Eigelb oder Sahne).

2 Eigelb
0,2 l süße dicke Sahne
25 g zerlassene Butter

In die Eigelb mit einer Gabel die süße Sahne unterrühren. Anschließend bei kleiner Hitze die Butter ebenfalls unterrühren. Diese Legierung darf nicht zu warm werden, da sonst das Eigelb gerinnt. Auch ist sie für entsprechende Saucen sofort weiterzuverwenden.

Roux brun
(braun geröstetes Mehl)

Bei dieser „dunklen Mehlschwitze" wird das Mehl in heißer Butter so lange gerührt, bis es die gewünschte braune Farbe hat. Dieses Originalrezept stammt aus der Zeit um 1920 und wird auch zu den sogenannten Mehlsuppen verwendet. Man kann die fertige Sauce aus dieser Mehlschwitze dann, wenn sie noch nicht die gewünschte dunkelbraune Farbe hat, mit der „Karamelfarbe" zu Brühe und Sauce (siehe Rezept) färben. Diese Mehlschwitze läßt sich auch in einer größeren Menge herstellen und sollte dann in einer Glasform über Nacht abgekühlt werden. Am folgenden Tag ist die Masse fest und kann aus der Form gestürzt werden. Anschließend in Stücke geteilt (in einem gut verschließbaren Glas) im Kühlschrank aufbewahren.

70 g Butter
100 g Mehl

In einer Sauteuse die Butter zerlassen und so weit erhitzen, daß sie noch nicht braun wird. Das Mehl einstreuen und bei nicht zu starker Hitze so lange rösten, bis dieses eine dunkelbraune Farbe hat. Dabei darauf achten, daß für die Herstellung einer gebrannten Mehlsuppe das Mehl sehr stark gebräunt werden soll; zu braunen Saucen sollte das Mehl jedoch nur hellbraun werden. Bei der auf Vorrat hergestellten Mehlschwitze wird bei der Zubereitung der Sauce ein Stück abgeteilt und bei mäßiger Hitze in der Sauteuse langsam geschmolzen. Dabei jedoch nicht mehr rösten und nach Bedarf sofort mit der Flüssigkeit aufgießen.

Velouté II

Die Velouté ist eine Grundsauce und wird für die Zubereitung weiterer klassischer Saucen verwendet (z. B. Sauce ravigote, Sauce bretonne usw.). Die Velouté wird ähnlich zubereitet wie die Béchamelsauce, nur wird nicht mit Milch, sondern mit kräftiger Fleischbrühe aufgegossen und zum Schluß mit süßer Sahne sämig gemacht. Das Köcheln über 2 Std. ist erforderlich, damit der Mehlgeschmack vollständig verschwindet und sich trotzdem das notwendige kräftige Aroma für die Weiterverwendung ergibt.

125 g Butter
6 EL Mehl
3 l kräftige Fleischbrühe
0,4 l Sahne
Salz

In einer großen Sauteuse die Butter zerlassen, das Mehl nach und nach einstreuen und mit dem Schneebesen kräftig verrühren. Hellbraun anschwitzen und die heiße Fleischbrühe allmählich dazugießen. Dabei ständig mit dem Schneebesen durchschlagen. Die Sauce zunächst zum Kochen bringen und dann die Temperatur so weit zurückschalten, daß die Sauce nur leicht simmert. Insgesamt 2 Std. bei mäßiger Hitze weitersimmern lassen (dabei nahezu auf die Hälfte reduzieren). Wenn sich an der Oberfläche eine Haut bildet, diese abschöpfen und danach immer wieder mit dem Schneebesen kräftig durchschlagen. Zum Schluß nochmals kräftig aufkochen, den Topf von der Platte ziehen und die Sahne mit dem Schneebesen einschlagen. Nochmals bis kurz vor das Kochen erhitzen. Die Sauce muß jetzt cremig flüssig sein. Mit etwas Salz abschmecken; wenn nötig noch etwas Sahne dazugeben. Sofort weiterverwenden.

Saucen
zu Fleisch

Sauce ivoire

Zur Herstellung dieser klassischen Sauce wird eine Sauce suprême mit stark eingekochtem Fleischfond verfeinert.

> 0,5 l frisch hergestellte Sauce suprême (siehe Rezept)
> 3 EL stark eingekochter Fleischfond (Gelee, siehe Rezept)

Die Sauce suprême stark erhitzen, aber nicht kochen. Mit einem Schneebesen den kalten Fleischfond nach und nach unterarbeiten und einmal aufkochen. Kräftig mit dem Schneebesen durchschlagen, sofort von der Platte ziehen. Etwas abkühlen lassen und zu in Brühe gar gezogenen Geflügelstückchen, Suppenfleisch oder auch zu gedünstetem Fisch servieren.

Sauce Poivrade – einfache Pfeffersauce

Zur Herstellung dieser Sauce braucht man 0,3 l kräftigen Fleischfond. Den Geschmack erhält die Sauce durch den reduzierten Rotweinessig und durch die frisch zerstoßenen gemischten Pfefferkörner.

> 0,1 l Rotweinessig
> 0,3 l Fleischfond
> 20 gemischte Pfefferkörner (im Mörser zerdrückt)

Den Rotweinessig in einer Sauteuse bei starker Hitze auf mindestens ein Drittel reduzieren. Dann etwas abkühlen lassen und den Fleischfond mit dem Schneebesen dazuschlagen. Aufkochen, die Hitze reduzieren und die Pfefferkörner dazugeben. Bei sehr geringer Hitze etwa 5 Min. köcheln lassen und sofort durch ein feines Haarsieb streichen. Die Sauce wegen des feinen Pfeffergeschmacks sofort servieren.

Sauce zu Königsberger Klopsen

Dieses bekannte Gericht aus Ostpreußen besteht aus kleinen Fleischbällchen, die aus Schweine- und Kalbshackfleisch zubereitet werden und zunächst in einer kräftigen Fleischbrühe gar ziehen. Die Sauce erhält durch das Hinzufügen von Weißwein sowie Zitronensaft einen säuerlichen Geschmack und muß in jedem Fall Kapern enthalten.

> 3 EL Butter
> 3 EL Mehl
> 0,6 l kräftige Fleischbrühe
> 0,1 l Weißwein
> Saft von 1 Zitrone
> ½ TL Zucker
> 2 Eigelb
> 0,2 l saure Sahne
> 3 EL eingesalzene Kapern (unter fließend kaltem Wasser abgewaschen)

In einer breiten Sauteuse die Butter zerlassen und das Mehl hellbraun anrösten. Unter ständigem Rühren mit dem Schneebesen die Fleischbrühe einrühren. Anschließend den Weißwein, den Zitronensaft sowie den Zucker hinzufügen.
Die Eigelb mit der sauren Sahne kräftig verrühren. Die Hitze zurückschalten, damit die Sauce nicht mehr kocht. Jetzt die Sahne-Eigelb-Mischung mit dem Schneebesen einschlagen und die Kapern untermischen. Die vorher fertiggestellten und gar gezogenen Fleischbällchen in die Sauce geben und nochmals kräftig erhitzen (in keinem Fall mehr kochen). Dazu passen am besten frische Salzkartoffeln.

Pikante Sauce
(Sauce piquante)

Eine sehr würzige und kräftige Sauce, die aus der Zeit um 1900 stammt. Sie kann zu verschiedenen Fleischgerichten und Braten serviert werden. Zur Zubereitung wird 0,75 l Sauce espagnole benötigt. Außerdem ist vorher eine Essigreduktion herzustellen. Erforderlich ist außerdem „Saucenessig" (siehe Rezept).

Für die Essigreduktion:
1 kleine Zwiebel (fein zerhackt)
3 Schalotten (fein zerhackt)
15 weiße Pfefferkörner (grob zerdrückt)
1 Nelke (leicht zerdrückt)
1 Lorbeerblatt (in Stücke gebrochen)
2 EL glatte Petersilie (fein gehackt)
1 EL frischer Estragon (fein gehackt)
1/2 EL Zitronenschale (fein geschnitten, von 1 unbehandelten Zitrone)
5 EL Weißweinessig
0,75 l Sauce espagnole
2 Schalotten (sehr fein zerhackt)
1 EL Butter
Salz
frisch gemahlener weißer Pfeffer
1/2 TL Cayennepfeffer
1/2 TL scharfer Senf
1 EL gewässerte Kapern (gehackt)
1 EL Cornichons
(Essiggürkchen, fein gehackt)
1 EL Petersilie (fein gehackt)
1 TL Saucenessig (siehe Rezept)

Für die Essigreduktion in eine große Sauteuse die Zwiebeln, die Schalotten, die Pfefferkörner, die Nelke, die Lorbeerblattstücke, die Petersilie, den Estragon, die Zitronenschale und den Weißweinessig hineingeben. Das Ganze auf starker Hitze sehr rasch einkochen, daß der Essig nahezu vollständig bis auf einen kleinen Film auf dem Topfboden verdampft ist. Diese Reduktion sofort für die Herstellung von Saucen weiterverwenden.
Für die Sauce die Essigreduktion in eine große Sauteuse geben, die mindestens 2 l Inhalt hat. In diese Reduktion dann die Sauce gießen, mit dem Schneebesen durchschlagen und einige Male aufkochen lassen. Das Ganze dann durch ein feines Haarsieb in einen Topf streichen und warm stellen.

Anschließend die Schalotten in der großen Sauteuse in der Butter leicht anrösten (hellbraun). Nun die vorher durchpassierte Sauce hinzufügen und wieder aufkochen lassen. Danach mit Salz, Pfeffer und Cayennepfeffer würzen. Zu dem Ganzen den Senf zusetzen und mit dem Schneebesen durchschlagen. Weiterhin die Kapern, die Cornichons sowie die Petersilie zu der Sauce geben. Außerdem den Saucenessig zugießen (Herstellung siehe Rezept), nicht mehr aufkochen lassen! Nach Möglichkeit sofort servieren.

Sauce au raifort
(Meerrettichsauce von Walterspiel)

Sauce au raifort ist ein „Spezialrezept" des berühmten Kochs Alfred Walterspiel. Wichtig zu diesem Rezept ist frische dicke süße Sahne (bzw. Crème double, die in Frankreich erhältlich ist).

1 EL rotes Johannisbeergelee
5 EL frische dicke süße Sahne
1 TL scharfer Dijon-Senf
4 EL frischer roher Meerrettich
(fein gerieben)
Salz
frisch gemahlener weißer Pfeffer

Zunächst das Johannisbeergelee leicht erwärmen, damit es flüssig wird. Dann die Sahne mit dem Johannisbeergelee verrühren und dabei Dijon-Senf dazumischen. Anschließend mit dem Meerrettich verrühren. Mit Salz und Pfeffer abschmecken.

Hinweis: Diese sehr pikante Sauce eignet sich zum Beispiel auch für kaltes Suppenfleisch oder kalten Braten.

Flämische Rahmsauce zu gebratenem Fleisch

Diese Sauce erhält ihren intensiven Geschmack dadurch, wenn sie mindestens 3 Std. bei mäßiger Hitze kocht. Wichtig für die Herstellung ist 0,3 l kräftige Fleischbrühe und ein sehr guter trockener Rotwein (am besten Burgunder).

3 EL Butter
3 EL Mehl
0,3 l trockener Rotwein
0,3 l kräftige Fleischbrühe
3 Zitronen (Saft)
1 TL scharfer Dijon-Senf
Meersalz
frisch gemahlener weißer Pfeffer
1/2 TL brauner Rohrzucker
120 g magerer roher Schinken
(in feine Würfelchen geschnitten)
0,3 l süße Sahne (steif geschlagen)

In einer großen Sauteuse die Butter zerlassen und das Mehl darin braun anrösten. Zunächst nach und nach mit dem Rotwein aufgießen und mit dem Schneebesen kräftig durchschlagen. Anschließend die Fleischbrühe zugeben (dabei immer mit dem Schneebesen schlagen und ständig kochen lassen). Diese Flüssigkeit mindestens 3 Std. bei mäßiger Hitze köcheln. Den sich ergebenden Schaum oder die Haut mit einem Löffel abschöpfen. Jeweils nach dem Abschöpfen mit dem Schneebesen wieder kräftig durchschlagen. Durch dieses lange Kochen reduziert sich die Flüssigkeit etwa um ein Drittel (also auf etwa 0,2 l).
Anschließend den Zitronensaft und den Senf mit dem Schneebesen einarbeiten und nochmals etwa 2 Min. kochen. Die Sauce mit Salz und Pfeffer sowie dem Zucker abschmecken. Die Schinkenwürfelchen hinzufügen, nochmals aufkochen und sofort von der Platte nehmen.
Zum Schluß mit einem Löffel die Sahne unterheben. Die Sauce jetzt sofort servieren, sonst behält sie nicht ihren schaumigen cremigen Geschmack durch die steif geschlagene Sahne.

31

Italienische Verjus-Walnuß-Sauce

Zur Herstellung braucht man 5 EL Saft von unreifen Weintrauben („Verjus"). Dieser Saft ist zwischenzeitlich auch in gut sortierten Feinkostgeschäften erhältlich. Ersatzweise kann die gleiche Menge Zitronen- und Limonensaft (gemischt) mit 1/2 TL Limonenschale verwendet werden. Außerdem ist für die Zubereitung 0,2 l Geflügelfond erforderlich. Diese dickflüssige cremige Sauce paßt ausgezeichnet zu gegrilltem Rindfleisch, gegrillten Wildsteaks oder Fleischspießchen.

> *2 EL Walnußkerne (grob gehackt)*
> *3 EL ganze Mandeln*
> *5 EL Saft von unreifen Weintrauben (Verjus)*
> *2 Schalotten*
> *(in grobe Stücke geschnitten)*
> *2 EL glatte Petersilie (fein gehackt)*
> *2 Knoblauchzehen*
> *(durch die Presse gedrückt)*
> *3 Scheiben Weißbrot (Toastbrot, Rinde entfernt und in grobe Würfel geschnitten)*
> *0,2 l Geflügelfond*
> *Meersalz*
> *frisch gemahlener weißer Pfeffer*
> *1 TL brauner Rohrzucker*

In einen Mixer die Walnußkerne, die Mandeln und den Traubensaft einfüllen. Bei nicht zu großer Geschwindigkeit zu einer dickflüssigen Paste vermengen. Anschließend die Schalotten, die Petersilie, den Knoblauch sowie die Weißbrotwürfel in den Mixer geben. Bei geringer Geschwindigkeit weiterrühren, so daß sich alle Zutaten vermischen.
Den Geflügelfond in einem Topf leicht erwärmen. Die Mischung aus dem Mixer in eine Rührschüssel umfüllen sowie mit Salz, Pfeffer und Zucker würzen. Den Geflügelfond nach und nach zufügen und darauf achten, daß die Sauce nicht zu dünnflüssig wird (also eine cremige Masse ergibt). Diese Masse dann durch ein Passiergerät in eine Sauteuse geben. Auf dem Herd langsam erhitzen; aber in keinem Fall kochen. Wenn die Sauce zu dickflüssig

wird, etwas Wasser zugießen. Zum Schluß nach Bedarf nochmals mit Salz und Pfeffer abschmecken. Abkühlen lassen und zu dem Fleisch servieren.

Sardellensauce zu Wiener Schnitzel

Diese Sauce kann sehr schnell zubereitet werden. Wichtig für den Geschmack ist frischer scharfer Paprika (Rosenpaprika).

> *15 in Salz eingelegte Sardellen*
> *1 TL scharfer Rosenpaprika*
> *6 EL Butter*

Die Sardellen unter fließendem kaltem Wasser auswaschen, ausnehmen, abtrocknen und in einem Steinmörser mit dem Rosenpaprika zerstoßen. In einer Sauteuse die Butter zerlassen und die Sardellenmasse zugeben. Dabei mit einem Kochlöffel dauernd rühren und nicht zu stark erhitzen. Etwa 10 Min. bei mäßiger Hitze weiterrühren, bis sich die Masse verbindet und sich eine cremige Sauce ergibt. Dann sofort zum Schnitzel servieren.

Saure Lauchsauce
(Rußland)

> *0,3 l Wasser*
> *1 EL Weißweinessig*
> *3 mittelgroße Stangen Lauch*
> *(das Weiße davon in sehr feine Ringe geschnitten)*
> *4 Eigelb*
> *120 g Butter*
> *2 Knoblauchzehen*
> *(durch die Presse gedrückt)*
> *1/2 TL Salz*
> *1 TL brauner Rohrzucker*
> *1 EL frischer Estragon (klein gehackt)*

In einem Topf das Wasser mit dem Essig vermischen und den Lauch darin etwa 20 Min. bei geringer Hitze köcheln. Das Ganze durch ein Passiersieb in einen Stahltopf pressen, der auf das Wasserbad gestellt wird. Das Wasser (im Wasserbad) stark erhitzen und die Eigelb mit dem Schneebesen unter die Masse einarbeiten. Die Butter nach und nach unterschlagen, so daß sich eine dickflüssige Sauce (ähnlich wie Sauce hollandaise) ergibt. Den Knoblauch dazugeben, mit Salz sowie Zucker würzen und zum Schluß den Estragon unterheben.
Damit die Sauce dickflüssig schaumig bleibt, sofort servieren. Sie paßt hervorragend zu gegrilltem Fleisch oder auch zu kurz gebratenem Fisch.

Scharfe Barbecue-Sauce zu gegrilltem Fleisch

Diese fruchtig-pikante Sauce kann zum Marinieren und Einstreichen von frischen Geflügelstücken während des Grillens verwendet werden oder lauwarm bzw. kalt zu gegrilltem Fleisch, vor allem zu Rindersteaks gereicht werden.

1 EL Olivenöl
2 Zwiebeln (fein gehackt)
150 g geräucherter Bauchspeck (die Schwarte entfernt und fein gewürfelt)
1¹/₂ EL brauner Rohrzucker
3 Lorbeerblätter (in Stücke gebrochen)
2 EL grober Dijon-Senf
1 EL kräftiger Rotweinessig
1 TL Balsamico-Essig
1 TL scharfes Paprikapulver
3 EL konzentriertes Tomatenpüree
1 EL Worcestersauce
0,25 l frisch gepreßter Orangensaft
1 unbehandelte Limone

In einer breiten Sauteuse das Olivenöl erhitzen und die Zwiebeln sowie den Speck darin braun anbraten. Den Rohrzucker, den Lorbeer sowie den Dijon-Senf hinzufügen und kräftig aufkochen. Den Essig, den Paprika, das Tomatenpüree und die Worcestersauce dazugeben und nochmals aufkochen. Anschließend den Orangensaft dazugießen und das Ganze um ein Drittel reduzieren. Kurz abkühlen lassen und mit dem Pürierstab ganz fein mixen. Mit einer feinen Metallreibe die Schale der Limone abreiben und den Saft auspressen. Die Limonenschale sowie den Limonensaft zu der Sauce geben, nochmals aufkochen und 2 Min. köcheln. Abkühlen lassen und zu dem gegrilltem Fleisch servieren.

Lauchcremesauce zu gegrilltem Fleisch

Diese cremige, nach Estragon duftende Sauce schmeckt am besten zu gegrilltem Schweinehals oder auch zu in Brühe gedünstetem Rindsfilet.

3 EL Butter
3 Lauchstangen
(in dünne Ringe geschnitten)
0,3 l trockener Riesling
2 Eigelb
0,2 l süße Sahne
Meersalz
frisch gemahlener weißer Pfeffer
1 Messerspitze Cayennepfeffer
2 TL frische Estragonblätter
(fein gehackt)

In einer Sauteuse die Butter zerlassen und die Lauchringe darin gelb andünsten. Den Riesling zugießen und 20 Min. bei mäßiger Hitze köcheln. Der Lauch muß ganz weich werden. Mit dem Pürierstab die Masse kräftig mixen und durch ein Haarsieb geben. In einer kleinen Schüssel die Eigelb mit der Sahne gut vermischen und nach und nach mit dem Schneebesen in die Sauce einschlagen. Die Sauce einmal aufkochen, sie muß dabei cremig und hellgelb werden. Mit Salz, Pfeffer sowie Cayennepfeffer würzen.
Die gehackten Estragonblätter zum Schluß mit einem Löffel unter die Sauce heben. Sofort servieren.

Indisches Auberginenpüree
(Byngun boortha)

Diese cremige Sauce wird in Indien gerne als Beilage zu gegrilltem Fleisch oder einfach auch zu Fladenbrot serviert.

12 Auberginen
2 kleine Zwiebeln
2 kleine Knoblauchzehen
2 EL Kokosnußmilch (aus der Dose)
¹/₂ TL helles Senfmehl
Meersalz
Saft von 1 Zitrone
4 EL Sonnenblumenöl

Die Auberginen mit einer Gabel mehrfach einstechen und in den 200 °C heißen Ofen geben. Die Zwiebeln und Knoblauchzehen beifügen. Nach etwa 25 Min. werden die Auberginen außen braun. Die Auberginen aus dem Backofen nehmen und sofort in kaltes Wasser tauchen und abschälen. Die mitgegarten Zwiebeln und die Knoblauchzehen ebenfalls schälen. Dann die Zwiebeln und Knoblauchzehen grob zerschneiden und im Steinmörser fein zermahlen. Nun die geschälten Auberginen im Mixer kurz durchmixen und in eine Schüssel legen. Die zermörserten Zwiebeln und Knoblauchzehen zugeben und mit der Kokosnußmilch verrühren. Danach das Senfmehl beimischen und mit Meersalz abschmecken. Den Zitronensaft sowie das Sonnenblumenöl kräftig unterrühren, so daß das Mus hell bleibt und ganz cremig wird. In eine kleine Schüssel füllen und im Kühlschrank vor dem Servieren kalt stellen.

Scharfe Orangen-Tomaten-Sauce zu gegrilltem Fleisch

Diese Sauce kann lauwarm oder kalt serviert werden. Sie schmeckt ausgezeichnet auch zu gegrillter Lammkeule oder Roastbeef.

> 0,3 l frisch gepreßter Orangensaft
> 4 EL flüssiger heller Kleehonig
> 2 EL Sherry-Essig
> 450 g Tomatenpüree (aus der Dose)
> 3 Knoblauchzehen
> (durch die Presse gedrückt)
> 1 TL scharfer Paprika
> ½ TL Tabascosauce
> ½ TL Meersalz
> frisch gemahlener schwarzer Pfeffer
> 1½ EL Orangenlikör (Grand Marnier)

In eine große Sauteuse den Orangensaft, den Honig, den Essig, das Tomatenpüree und den Knoblauch geben. Die Flüssigkeit erhitzen und aufkochen. Dann Paprika, Tabascosauce, Meersalz und Pfeffer sowie den Likör zufügen und das Ganze kräftig mit dem Schneebesen durchrühren. Die Temperatur zurückschalten und bei mäßiger Hitze 1 Std. leicht köcheln lassen. Die Sauce muß dabei dickflüssig werden, aber nicht zu cremig. Zum Schluß nochmals mit dem Schneebesen durchschlagen und lauwarm oder kalt servieren.

Mango-Senf-Sauce zu kaltem Braten

Diese fruchtige sehr wohlschmeckende Sauce paßt zu allen gegrillten Fleischstücken, aber auch zu kaltem Braten oder zu in Brühe gar gezogenem Geflügel.

> 3 reife Mangos (nicht zu groß)
> 1 EL Zitronensaft
> 0,2 l trockener Riesling
> 1 TL schwarze Pfefferkörner
> ½ TL grobes Meersalz
> 4 EL dunkler süßer bayrischer Senf
> 1 Messerspitze Cayennepfeffer
> frisch gemahlener weißer Pfeffer

Die Mangos schälen und das Fruchtfleisch in kleine Würfel schneiden. Mit dem Zitronensaft übergießen und 5 Min. stehen lassen. In einer Sauteuse den Riesling bei starker Hitze um ein Drittel reduzieren. Dann die Mangowürfel unterrühren und 10 Min. köcheln lassen.
In einem Mörser die Pfefferkörner sowie das Salz kräftig zerdrücken und 1 TL dieser Mischung der Mangomasse beimischen. Das Ganze mit dem Pürierstab sehr fein mixen, den Senf einarbeiten und anschließend durch ein feines Haarsieb streichen. Die Masse wieder in die Sauteuse geben und mit Cayennepfeffer sowie Pfeffer abschmecken. Kräftig mit dem Schneebesen durchschlagen und darauf achten, daß die Sauce nicht mehr aufkocht. Die Sauce in eine Porzellanschüssel füllen und abkühlen lassen. Vor dem Servieren nochmals mit dem Schneebesen kräftig umrühren.

Marsalasauce

Das Rezept zu dieser Sauce stammt aus der Nachkriegszeit (etwa 1950). Sie ist sehr schnell herzustellen und schmeckt ausgezeichnet zu natur gebratenen Schnitzeln oder Koteletts.

> 2 EL Butter
> 1 Zwiebel
> (auf einer Reibe fein gerieben)
> 1 EL Mehl
> 0,3 l Fleischbrühe
> Meersalz
> 1 Messerspitze Muskatnuß
> (frisch gemahlen)
> 1 Messerspitze Curry
> 1 TL Zitronensaft
> 0,1 l Marsala
> 1 Eigelb
> 1 EL sehr kalte Butter
> (in Stücke geschnitten)

2 EL Butter in einer Sauteuse zerlassen und die Zwiebeln darin hellgelb anrösten. Das Mehl dazugeben und durchrösten. Nach und nach mit der Fleischbrühe aufgießen und dabei mit dem Schneebesen kräftig durchschlagen. Mit Meersalz, Muskatnuß sowie Curry abschmecken und zum Schluß den Zitronensaft und den Marsala mit dem Schneebesen einschlagen.
Das Eigelb in einer Tasse mit der Gabel zerquirlen und 3 EL heiße Sauce daruntermischen. Dann die Eigelbsauce mit dem Schneebesen in die übrige Sauce schlagen und zum Schluß die Butterstückchen nach und nach mit dem Schneebesen montieren. Sofort servieren.

Scharfe Bohnensauce zu gegrillten Steaks

Diese cremige und scharfe Sauce paßt ausgezeichnet zu gegrillten Schweinesteaks, kann aber auch zu Fleischfondue gereicht werden.

300 g getrocknete weiße Bohnen
1,5 l frische Fleischbrühe
2 Tomaten
3 EL Olivenöl
4 Knoblauchzehen (sehr fein gehackt)
2 Schalotten (sehr fein gehackt)
Meersalz
frisch gemahlener weißer Pfeffer
1/2 TL Cayennepfeffer
1/2 TL Tabascosauce
1 Bündel frische glatte Petersilie

Zunächst am Vortag die Bohnen etwa 2 cm hoch mit Wasser überdecken und mindestens 12 Std. einweichen. Die Bohnen dann in einem Sieb abtropfen lassen und in der Fleischbrühe etwa in 1 Std. weich kochen. Anschließend abgießen und beiseite stellen.
Bei den Tomaten den Stielansatz entfernen, mit einem scharfen Messer kreuzweise einschneiden und mit einem Schaumlöffel kurz in kochendes Wasser halten. Die Tomaten häuten, entkernen und in Würfel schneiden. In einer beschichteten Pfanne das Olivenöl erhitzen und den Knoblauch sowie die Schalotten hellgelb anrösten. In einem Mixer die abgetropften Bohnen, die Knoblauch-Schalotten-Masse (samt Bratöl) sowie die Tomatenwürfel mischen und das Ganze sehr fein pürieren. Das Püree durch ein feines Haarsieb streichen und in einer Porzellanschüssel mit dem Schneebesen durchschlagen. Dabei mit Salz, Pfeffer, Cayennepfeffer sowie der Tabascosauce abschmecken.
Zum Schluß die Petersilie kräftig unter kaltem fließendem Wasser abwaschen, abtrocknen und sehr fein hacken.
1 EL davon unter die Sauce rühren, die restliche Petersilie darüberstreuen. Sofort servieren.

Teufelsmayonnaise zu Steaks

0,15 l trockener Riesling
2 Schalotten (sehr fein gehackt)
10 Wacholderbeeren
(im Mörser leicht zerdrückt)
5 weiße Pfefferkörner
(im Mörser leicht zerdrückt)
0,2 l frische Mayonnaise (siehe Rezept)
2 kleine Essiggürkchen
1 TL gewässerte Kapern
(etwas zerhackt)
1/2 TL frische glatte Petersilie
(fein gehackt)
1 TL Sardellenpaste
1 TL scharfer Dijon-Senf
Meersalz
frisch gemahlener weißer Pfeffer
1/2 TL Cayennepfeffer

In eine Sauteuse den Weißwein sowie die Schalotten, den Wacholder und Pfeffer mischen. Das Ganze aufkochen und auf mindestens ein Drittel der Flüssigkeit reduzieren.
Den abgekühlten Weißweinsud durch ein feines Haarsieb in eine Schüssel gießen, die Mayonnaise untermischen und mit dem Schneebesen kräftig durchschlagen.
Die Essiggürkchen unter fließendem kaltem Wasser abwaschen und in sehr feine Würfelchen schneiden. Die Gurkenwürfelchen, die Kapern und die Petersilie unter die Mayonnaise rühren; anschließend die Sardellenpaste und den Senf mit dem Schneebesen einarbeiten. Zum Schluß mit Salz, Pfeffer und dem Cayennepfeffer abschmecken. Sofort zu den Steaks servieren.

Eier-Ingwer-Sauce zu gegrillten Steaks
(Jance)

Diese französische Sauce aus dem Mittelalter, die mit Jance bezeichnet wird, enthält vor allem Ingwerpulver und den Saft von unreifen weißen Trauben (ersatzweise wird naturtrüber Apfelessig, vermischt mit der gleichen Menge Wasser, verwendet). Sie ist sehr dickflüssig und paßt am besten zu jeder Art von gegrilltem Fleisch.

3 dicke Scheiben trockenes
Sauerteigbauernbrot (mit Rinde
und in feine Würfel geschnitten)
2 Eier
3 l eingekochte Fleischbrühe
(siehe Rezept)
1/2 TL Ingwerpulver
1/2 TL frisch gemahlener weißer Pfeffer
1/2 TL Safranfäden
1 TL getrocknete grüne Pfefferkörner
(im Mörser zerstoßen)
3 EL naturtrüber Apfelessig (vermischt
mit der gleichen Menge Wasser)
Meersalz

Die Brotwürfel im Backofen bei 120 °C etwa 35 Min. trocknen. Anschließend im Mixer grob zerkleinern. In einer Porzellanschüssel die Eier mit dem Schneebesen schaumig schlagen. Die Brotkrümel zum Ei geben und 15 Min. stehen lassen.
Die Fleischbrühe lauwarm erhitzen und mit dem Schneebesen unter die Ei-Brot-Masse mischen. Alles in eine breite Sauteuse füllen und das Ingwerpulver, Pfeffer, Safranfäden sowie die zerstoßenen Pfefferkörner dazutun. Kräftig durchrühren und dabei langsam erhitzen. Dann den verdünnten Apfelessig unter die Sauce schlagen. Das Ganze aufkochen und dabei ständig mit einem Kochlöffel umrühren. Die Sauce muß dickflüssig werden. Wenn dies nicht der Fall ist, noch etwas Semmelbrösel hinzufügen. Zum Schluß mit Meersalz abschmecken und heiß zu dem Fleisch servieren.

Curry-Bananen-Sauce zu gegrillten Steaks

Für diese Sauce werden Erdnußkerne und Bananen verwendet. Damit sich die Sauce nicht verfärbt, sollte sie erst kurz vor dem Servieren zubereitet werden.

4 Bananen
4 EL Zitronensaft
3 EL scharfes indisches Currypulver
3 EL Vollmilchjoghurt
4 EL Erdnußkerne
Meersalz
frisch gemahlener weißer Pfeffer
1/2 TL Cayennepfeffer

Die Bananen schälen, mit einer Gabel zerdrücken, den Zitronensaft darüberträufeln und mit dem Curry sowie dem Joghurt im Mixer fein pürieren. Die cremige Sauce in eine Porzellanschüssel füllen.
Die Erdnüsse im Mixer grob zerhacken und unter die Sauce heben. Zum Schluß mit Salz, Pfeffer sowie Cayennepfeffer abschmecken und sofort servieren.

Orangen-Curry-Sauce

Für die Zubereitung ist der schärfere indische Curry wichtig. Die Sauce kann zu Steaks oder anderem gebratenem Fleisch serviert werden. Sie eignet sich auch sehr gut als Sauce zu Fleischfondue.

2 kernlose Saftorangen
1 Eigelb
1 EL dicke süße Sahne
Saft von 1/2 Zitrone
0,1 l Sonnenblumenöl
1 TL scharfes Curry
2 EL Mandeln (sehr fein gemahlen)
Salz
Zucker

Bei den beiden Orangen mit einem sehr scharfem Messer die Schale bis zum Fruchtfleisch abschneiden. Dann die Orangen filetieren und die Filets in kleine Stücke schneiden. Dabei darauf achten, daß der austretende Orangensaft aufgefangen wird.
In einer Schlagschüssel das Eigelb und die süße Sahne kurz aufschlagen. Den Zitronensaft zugeben und einrühren. Danach das Sonnenblumenöl in feinem Strahl unterschlagen (genauso wie bei der Herstellung von Mayonnaise), so daß die Masse dick cremig wird. Anschließend den aufgefangenen Orangensaft dazuschlagen. Am Schluß die Orangenstückchen, das Currypulver und die Mandeln unterheben und mit Salz sowie Zucker abschmecken. Wichtig ist dabei, daß am Schluß die Mandeln, der Curry und die Orangenstückchen nur untergehoben werden und die Masse nicht mehr mit dem Schneebesen weitergeschlagen wird.

Griechische Zitronensauce zu Fleischspießchen

Diese fein-säuerliche Sauce paßt sehr gut zu Grillspießchen mit dünnem Rindfleisch und Zwiebelvierteln. Zum Andicken ist Pfeilwurzelmehl (Arrowroot) erforderlich (ersatzweise kann auch Kartoffelstärke verwendet werden). Die Sauce wird heiß serviert.

0,4 l Geflügelfond
2 Eigelb
1 große Zitrone (Saft)
1 1/2 TL Pfeilwurzelmehl
(ersatzweise Kartoffelstärke)
Meersalz
frisch gemahlener schwarzer Pfeffer

Den Geflügelfond in einer Sauteuse erhitzen und etwa 4 Min. kochen. In einer Schüssel die Eigelb mit dem Zitronensaft und dem Pfeilwurzelmehl mit einer Gabel kräftig vermischen. In diese Mischung nach und nach etwa 4 EL von dem heißen Geflügelfond mit der Gabel unterrühren. Zwischenzeitlich die Sauteuse von der Platte ziehen und die Eigelbmischung mit dem Schneebesen unterschlagen. Dabei dann bis kurz vor das Kochen erhitzen, mit dem Schneebesen kräftig durchschlagen und einmal aufkochen. Mit wenig Meersalz und Pfeffer würzen.

Kalifornische Sauce zu gegrillten Steaks

Diese cremige und leicht scharfe Sauce eignet sich vor allem für gegrillte Rindersteaks. Sie kann jedoch auch für Fleischfondue verwendet werden.

100 g Mascarpone
(ersatzweise Frischkäse)
0,2 l süße Sahne
6 EL Tomatenpüree
2 TL frisch gepreßter Zitronensaft
1/2 TL Worcestersauce
1 TL edelsüßer Paprika
1 Messerspitze Cayennepfeffer
1/2 TL Tabascosauce
Meersalz
frisch gemahlener weißer Pfeffer
1/2 TL brauner Rohrzucker

In einer großen Metallschlagschüssel den Mascarpone mit der Sahne kräftig vermischen und zum Schluß mit dem Schneebesen schlagen. Das Tomatenpüree, den Zitronensaft sowie die Worcestersauce hinzufügen und kräftig weiterrühren. Den Paprika, den Cayennepfeffer und die Tabascosauce untermischen. Mit Salz, Pfeffer und Zucker abschmecken, nochmals kräftig verquirlen und im Kühlschrank kalt stellen. Vor dem Servieren abermals kräftig umrühren.

Sauce Chateaubriand

Dies ist eine klassische Sauce, die vor allem zu gegrillten Steaks serviert wird.

> 3 Schalotten (fein gehackt)
> 1 EL frische Thymianblätter
> 2 Lorbeerblätter (in Stücke gebrochen)
> 2 EL frische Champignons
> (Stiele entfernt und sehr fein gehackt)
> 0,2 l trockener Riesling
> 0,3 l Fleischfond
> 100 g kalte Butter
> (in kleine Stücke geschnitten)
> 1 EL frischer Estragon (fein gehackt)
> 1 EL glatte Petersilie (fein gehackt)
> Meersalz
> frisch gemahlener weißer Pfeffer

In eine Sauteuse die Schalotten, die Thymianblätter, die Lorbeerblattstücke, die Champignons und den Weißwein geben. Das Ganze aufkochen und auf ein Drittel reduzieren. Danach den Fleischfond zugießen und nochmals aufkochen. Anschließend durch ein feines Haarsieb streichen und in die Sauteuse zurückgeben.
Bei mäßiger Hitze mit dem Schneebesen die Butterstückchen unterschlagen und zum Schluß den Estragon und die Petersilie zufügen. Mit Salz und Pfeffer abschmecken. Sofort servieren.

Skordaliá
(griechische Knoblauchpaste)

Diese cremige Sauce wird in Griechenland zu gegrillten Fleischspießchen oder zu gebratenem Fisch serviert.

> 5 Knoblauchzehen
> Meersalz
> 50 g geriebene Mandeln
> 2 EL weiche Brotkrumen
> von frischem Weißbrot
> 2 Eigelb
> 0,1 l kalt gepreßtes Olivenöl
> Saft von 1/2 Zitrone

In einem Steinmörser die Knoblauchzehen mit dem Meersalz und den Mandeln fein zerstoßen. Anschließend die Brotkrumen zufügen und weiter zerstoßen. Die Eigelb zugeben und nach und nach in feinem Strahl das Olivenöl hinzugießen.
Wenn die Sauce gut durchgemischt ist, den Zitronensaft zugeben und mit Meersalz abschmecken.
Die Sauce im Kühlschrank kalt stellen und dann auch kalt zu den Fleischspießchen oder zu Fisch servieren.

Sauce béarnaise

Diese klassische Sauce wird vor allem zu gegrillten Steaks serviert. Sie paßt aber auch zu frischem Spargel oder zu gedünstetem Fisch.

> 6 EL trockener Riesling
> 6 EL Estragonessig
> 4 Schalotten (sehr fein gehackt)
> 4 Eigelb
> 300 g kalte Butter
> (in kleine Stücke geschnitten)
> Meersalz
> 1/2 TL Cayennepfeffer
> frisch gemahlener weißer Pfeffer
> 1 EL frische Estragonblättchen
> (sehr fein gehackt)
> 1 EL frische Kerbelblättchen
> (sehr fein gehackt)

In einer Sauteuse den Riesling mit dem Estragonessig aufkochen und die Schalottenstücke dazuschütten. Die Flüssigkeit um ein Drittel reduzieren. Diese Masse durch ein feines Haarsieb in eine Metallschlagschüssel seihen und die Schüssel auf ein Wasserbad setzen. Das Wasser erhitzen und mit dem Schneebesen nach und nach die Eigelb unter die Flüssigkeit schlagen. Jetzt die Butterstückchen mit dem Schneebesen unterschlagen, so daß die Sauce cremig dickflüssig wird. Dabei darf das Wasser im Wasserbadtopf nicht kochen. Zum Schluß mit Meersalz, Cayennepfeffer und Pfeffer abschmecken und die Kräuter mit einem Löffel unterheben. Die Sauce warm zu dem Fleisch oder Gemüse servieren.

Koriander-Chili-Marinade zu Fleischspießchen

Zu dieser exotisch duftenden Marinade werden frischer Majoran und frische Korianderblätter verwendet. Zusammen mit den Gewürznelken ergibt dies einen herb würzigen Geschmack für die Marinade.

> 1 unbehandelte Limone
> 3 Schalotten (fein gewürfelt)
> 2 Knoblauchzehen
> (durch die Presse gedrückt)
> 2 EL Sesamöl
> 1 TL milder Paprika
> 1 TL Zimtpulver
> 1 TL gemahlener Kreuzkümmel
> 1 große frische rote Chilischote
> 8 Gewürznelken
> (im Mörser grob zerdrückt)
> 1 1/2 EL Sesamkörner
> 1 EL frischer Majoran (fein gehackt)
> 3 EL sehr fein gehackte
> frische Korianderblätter
> Meersalz
> frisch gemahlener weißer Pfeffer

Die Limone auspressen und den Saft in eine große Porzellanschüssel gießen. Die Schalotten und den Knoblauch unter den Limonensaft mischen. Das Öl, den Paprika, das Zimt- und Kreuzkümmelpulver unterrühren. Die Chilischote längs halbieren, den Stielansatz und die Kerne entfernen und klein würfeln. Die Chiliwürfel und die Gewürznelken ebenfalls zu der Sauce geben.
In einer beschichteten Pfanne die Sesamkörner kurz anrösten und mit den Kräutern (Majoran und Koriander) unter die Masse mischen. Das Meersalz sowie den Pfeffer untermengen und alles kräftig verrühren. Im Kühlschrank 1 Std. durchziehen lassen. Anschließend die Fleischwürfel nach Möglichkeit 12 Std. darin marinieren. Dann auf Spieße stecken und grillen.

Braune Anchovis-Sauce
(Sauce génoise)

Hier handelt es sich um ein Rezept aus der Zeit um 1920. Für die Herstellung dieser Sauce braucht man 0,5 l Sauce espagnole oder Fleischfond.

> 3 Sardellenfilets
> 0,5 l Sauce espagnole oder Fleischfond
> 1 EL Sardellenbutter

Die eingelegten gesalzenen Sardellenfilets gut wässern, abtrocknen, ausnehmen und in kleine Würfel schneiden. In einer Sauteuse die Sauce espagnole oder den Fleischfond heiß machen und die Sardellenbutter mit dem Schneebesen einschlagen. Am Schluß die Sardellenwürfel dazugeben, aber nicht mehr schlagen.
Wichtig ist, daß die Sauce nach Zugabe der Sardellenbutter und der Sardellenwürfel nicht mehr kocht! Die Sauce sofort servieren. Sie paßt zu Wildfleisch, Roastbeef oder gegrillten Steaks.

Bierschaumsauce zu gegrillten Steaks

Zur Herstellung dieser Sauce ist 0,5 l dunkles malziges Bier erforderlich (jedoch kein süßes Malzbier). Die Sauce paßt zu gegrillten Steaks, aber auch zu kurz in Wasserdampf gedünstetem Gemüse.

> 5 Eigelb
> Meersalz
> 0,5 l dunkles malziges Bier
> frisch gemahlener weißer Pfeffer
> 1 Messerspitze Cayennepfeffer
> 1 TL frisch gepreßter Zitronensaft

Einen Wasserbadtopf aufsetzen und das Wasser erhitzen. In einer Porzellanschüssel mit dem Schneebesen die Eigelb mit einer kräftigen Prise Salz kräftig verrühren und dann zu einer cremigen Masse aufschlagen. Diese Masse in den Wasserbadschlagkessel geben und sofort das Bier ganz langsam mit dem Schneebesen einarbeiten. Es muß sich dabei eine goldgelbe cremige Sauce ergeben. Mit Salz, Pfeffer sowie Cayennepfeffer abschmecken. Die Schüssel vom Wasserbad nehmen, weiterschlagen und zum Schluß noch den Zitronensaft einrühren. Sofort servieren, da nur jetzt die Sauce cremig schaumig bleibt.

Esterházy-Sauce
(ungarische Sauce zu Steaks)

Diese Sauce wird dem Fürsten Esterházy zugeschrieben, der von 1765 bis 1833 lebte. Esterházy war Feldmarschall und seinerzeit einer der prominentesten Männer in Österreich-Ungarn. Er war auch bekannt dafür, daß er gutes Essen liebte.

> 3 EL Butter
> 4 Schalotten
> (in kleine Würfel geschnitten)
> 3 mittelgroße Karotten
> (in kleine Würfel geschnitten)
> 150 g kleine weiße Rüben
> (in kleine Würfel geschnitten)
> 1 Knollensellerie (golfballgroß,
> in kleine Würfel geschnitten)
> 1/2 TL scharfer Paprika (Rosenpaprika)
> 0,1 l trockener Riesling
> 0,5 l Sauce espagnole (siehe Rezept)
> 0,1 l Sahne

In einer Sauteuse die Butter erhitzen und die Gemüsewürfel darin 10 Min. bei mäßiger Hitze garen. Anschließend den Paprika hinzufügen und mit dem Riesling angießen. Das Ganze um die Hälfte reduzieren.
Die Sauce espagnole untermischen und nochmals 10 Min. köcheln. Die Sauce durch ein feines Haarsieb seihen, aufkochen lassen und die Sahne mit dem Schneebesen unterschlagen. Etwa 2 Min. köcheln, mit dem Schneebesen kräftig durchrühren und sofort zu Steaks servieren.

Ananas-Gurken-Relish zu Fleischspießchen

Diese Sauce wird kalt zubereitet und sollte mindestens 12 Std. im Kühlschrank ziehen. Zur Herstellung sind eine frische Ananas und eine mittelgroße Salatgurke erforderlich.

1 frische Ananas
1 Salatgurke
3 Limonen
1 TL brauner Rohrzucker
$\frac{1}{2}$ TL Meersalz
5 Schalotten
1 rote Chilischote

Die Ananas gründlich schälen, den Strunk entfernen und das Ananasfleisch in kleine Würfel schneiden. Dabei den sich ergebenden Saft in einer Schüssel auffangen. Die Gurke schälen und der Länge nach halbieren. Mit einem Löffel die Kerne herauskratzen und dann ebenfalls würfeln.
Die Limonen auspressen und den Saft in eine große Porzellanschüssel gießen. Den Rohrzucker sowie das Meersalz hinzufügen und kräftig verrühren. Die Ananasstücke, den aufgefangenen Ananassaft und die Gurkenwürfel dazugeben und ebenfalls vermischen. Die Schalotten schälen und in ganz dünne Ringe schneiden. Die Chilischote halbieren, den Stielansatz wegschneiden, die Kerne entfernen und in ganz kleine Würfelchen schneiden. Die Schalotten und die Chiliwürfel zu der Masse geben und alles gut verrühren. Die Schüssel abdecken und für mindestens 12 Std. in den Kühlschrank stellen. Dabei darauf achten, daß die Masse mit einem Löffel mehrmals umgerührt wird. Das Relish dann sehr kalt zu gegrillten Fleischspießchen servieren.

Orangen-Honig-Marinade zu Fleischspießchen

In dieser Sauce werden Fleischwürfel (am besten Filetstücke vom Lamm oder vom Rind) mindestens 6 Std. mariniert. Das Aroma dieser pikant scharfen Sauce entsteht durch die Verwendung von frisch abgeriebener Limonen- und Zitronenschale, Honig und reichlich Knoblauch.

1 unbehandelte Orange
1 unbehandelte Limone
2 mittelgroße Zwiebeln
4 EL heller flüssiger Kleehonig
6 Knoblauchzehen
(durch die Presse gedrückt)
1 EL dreifach konzentriertes
Tomatenmark
2 EL kalt gepreßtes Olivenöl
2 EL mildes Paprikapulver
1 TL feines Meersalz
1 Messerspitze gemahlener
Kreuzkümmel
1 TL weiße Pfefferkörner
(im Mörser kräftig zerdrückt)
$\frac{1}{2}$ TL Chilipulver

Die Schale der Orange und der Limone auf einer feinen Metallreibe abreiben. Die Orange und Limone auspressen. Nun die Zwiebeln schälen und ebenfalls auf einer feinen Metallreibe ganz fein reiben.
In einer großen Porzellanschüssel den Orangen- und Limonensaft mit dem Honig und den Zwiebeln vermischen. Wenn der Honig nicht flüssig genug ist, im Wasserbad etwas erwärmen. Den Knoblauch sowie die Orangen- und Limonenschalen hinzufügen und nochmals miteinander verrühren. Die restlichen Zutaten (Tomatenmark, Olivenöl, Paprika, Meersalz, Kreuzkümmel, Pfeffer und Chilipulver) dazugeben, kräftig verrühren und 30 Min. ziehen lassen.
Die Fleischwürfel zum Marinieren hineingeben und mit den Händen die Marinade in das Fleisch kräftig einreiben. Mindestens 6 Std. abgedeckt im Kühlschrank stehen lassen.

Avocado-Quark-Sauce zu Fleischfondue

Für diese Sauce werden 2 kleine reife Avocados benötigt. Die cremige Sauce paßt zu Fleischfondue, aber auch als Dip für Stangensellerie oder zu kaltem gekochtem Suppenfleisch.

2 kleine sehr reife Avocados
Saft von 1 Zitrone
300 g Quark (40 % Fettgehalt)
1 TL Korianderpulver
Meersalz
frisch gemahlener weißer Pfeffer
$\frac{1}{2}$ TL Cayennepfeffer
1 EL frischer Estragon
(sehr fein gehackt)

Die Avocados schälen, halbieren und jeweils den Kern entfernen. Das Fruchtfleisch in Stücke schneiden und sofort den Zitronensaft darübergießen. Anschließend die Avocadostücke mit dem Zitronensaft, den Quark, das Korianderpulver, eine kräftige Prise Salz, den Pfeffer sowie den Cayennepfeffer in einen Mixer geben und fein pürieren.
Die cremige Sauce aus dem Mixer nehmen und mit einem Löffel den Estragon unterheben. Falls notwendig, nochmals mit Zitronensaft und Salz abschmecken. Diese Sauce sollte frisch zubereitet werden, da sie sich nach längerem Aufbewahren verfärbt und den feinen frischen Geschmack verliert.

Kalte Currysauce zu gegrillten Steaks

Bei diesem Rezept werden Mango-Chutney und Sambal Oelek verwendet. Beide Zutaten schmecken natürlich am besten, wenn sie selbst zubereitet werden (siehe Rezepte). Ersatzweise kann auch eine vorgefertigte Sauce verwendet werden.

1 saftig-säuerlicher Apfel
2 EL Butter
2 Schalotten
(in feine Würfel geschnitten)
2 EL Mango-Chutney
0,2 l Crème fraîche
1 EL scharfes indisches Currypulver
2 EL süße japanische Sojasauce
1/2 TL Sambal Oelek
1/2 TL brauner Rohrzucker
Meersalz
frisch gemahlener weißer Pfeffer

Den Apfel schälen, vierteln und das Kerngehäuse entfernen. Auf einer feinen Raspel zu Mus zerreiben.
In einer Sauteuse die Butter zerlassen und das Apfelmus sowie die Schalotten hellbraun andünsten. Den Topf von der Platte ziehen und das Mango-Chutney hinzufügen. Die Sauce mit dem Pürierstab fein mixen und durch ein feines Haarsieb streichen.
Die abgekühlte Masse mit der Crème fraîche und den weiteren Gewürzen kräftig vermischen. Die Sauce in einer Porzellanschüssel im Kühlschrank kalt stellen. Kurz vor dem Servieren nochmals mit einem Löffel durchrühren.

Sauerkraut-Butter-sauce zu gebratener Blutwurst

Dies ist eine Sauce zu einer Vorspeise, die inzwischen auch in sehr guten Restaurants schon üblich geworden ist: gebratene Blutwurstscheiben. Es ist wichtig, daß die Blutwurst eine feste Konsistenz hat (also nicht zu weich ist) und kräftig gewürzt ist. Die Blutwurst in etwa 2 cm dicke Scheiben schneiden, kurz in Mehl wenden und in Öl schnell und knusprig ausbacken (die Blutwurst muß innen noch cremig bleiben). Hierzu wird dann diese lauwarme Sauerkraut-Butter-Sauce serviert. Das Sauerkraut wird vorher wie üblich gegart: Das Kraut unter fließendem kaltem Wasser kräftig auswaschen, bis nur noch das klare Wasser fließt. Das Kraut mit trockenem Weißwein, Fleischbrühe, Zwiebeln und Karotten sowie mit einem Stück saurem Apfel langsam etwa 2 Std. schmoren. Dabei mit weißen Pfefferkörnern und grobem Meersalz würzen.

200 g ausgedrücktes, vorher gekochtes Sauerkraut (siehe Vorbemerkung)
0,15 l trockener Riesling
3 EL Butter
(bei geringer Hitze zerlassen)
Meersalz
frisch gemahlener schwarzer Pfeffer
1 TL schwarze Pfefferkörner
(im Mörser zerdrückt)

Das Sauerkraut mit einem Messer klein schneiden und in den Mixer geben. Etwas Riesling und Butter hinzufügen und kräftig aufmixen. Weiterhin so viel Wein und Butter zusetzen, daß sich eine cremig flüssige Sauce ergibt. Zum Schluß mit Meersalz und Pfeffer abschmecken und lauwarm servieren. Dabei ist darauf zu achten, daß das Sauerkraut vor dem Mixen erhitzt wird (es darf aber nicht mehr kochend heiß sein.) Beim Servieren zuerst die Sauerkrautsauce auf einen Teller geben und dann die frisch gebratenen Blutwurstscheiben darauf legen. Das Gericht mit grob geschrotetem Pfeffer bestreuen. Am besten schmeckt dazu ein gut gekühltes Bier.

Apfelwürzpaste zu kaltem Fleisch
(USA)

Dies ist eine typisch amerikanische scharfe Würzsauce; sie kann in Gläsern abgefüllt im Kühlschrank mehrere Monate aufbewahrt werden. Sie wird zu kaltem gebratenem Fleisch oder auch zu frisch gegrilltem Fleisch serviert.

10 mittelgroße und saure, nicht ganz reife Äpfel
10 unreife grüne Tomaten
0,5 l Weißweinessig
250 g brauner Rohrzucker
1 EL Meersalz
1 TL Cayennepfeffer
2 TL scharfer indischer Curry
8 Zwiebeln
(in dünne Ringe geschnitten)
150 g kernlose Rosinen
(sehr fein gehackt)

Die Äpfel schälen, entkernen und in sehr kleine Stückchen schneiden. Mit einem scharfen Messer die Tomaten schälen und nach Möglichkeit die Kerne entfernen. Die Tomaten ebenfalls in kleine Stückchen schneiden. In einem emaillierten Topf den Essig mit dem Zucker, Meersalz, Cayennepfeffer und Curry zum Kochen bringen. Sämtliche vorbereiteten Früchte (Äpfel, Tomaten Zwiebeln, Rosinen) hineingeben und bei mäßiger Hitze unter gelegentlichem Rühren weich kochen. Dies dauert etwa 1 1/2 Std., dann leicht abkühlen lassen, in Gläser füllen, verschließen und im Kühlschrank aufbewahren. Vor der Verwendung mindestens 1 Woche im Kühlschrank nachreifen lassen.

Teufelssauce
(kalte Sauce)

Bei der Teufelssauce handelt es sich um eine kalte Sauce, die zu kaltem Braten oder gekochtem Rindfleisch, aber auch zu Kalbskopf oder Wildschweinkopf serviert werden kann. Das Rezept entstand Ende des 19. Jahrhunderts.

4 Eigelb von hartgekochten Eiern
1¹/₂ EL Weißweinessig
4 EL Sonnenblumenöl
6 EL Portwein
1 EL scharfer Senf
Zitronensaft von 1 Zitrone
frisch gemahlener weißer Pfeffer
Salz
2 Schalotten (fein gehackt)
1 säuerlicher Apfel
(geschält, entkernt und fein gehackt)
1 TL Zucker

Die Eigelb mit 1 EL Weißweinessig verrühren; danach mit einem Schneebesen langsam das Sonnenblumenöl dazurühren. Anschließend in aufgeführter Reihenfolge den Portwein, den Senf, den Zitronensaft, den Pfeffer, eine Prise Salz, die Schalotten, den Apfel, den Zucker und ¹/₂ EL Weißweinessig zugeben. Die Sauce so lange mit dem Schneebesen schlagen, bis sich das Öl nicht mehr oben absetzt und alles eine homogene Masse ergibt.

Hinweis: Diese Sauce nach Möglichkeit unmittelbar vor der Verwendung zubereiten, da sich sonst die Zutaten (insbesondere das Öl) auf der Oberfläche absetzen.

Pakistanische Currysauce zu Fleischbällchen

Diese cremige milde Sauce mit dem etwas exotischen Geschmack wird zu frisch ausgebackenen Fleischbällchen, die aus Hackfleisch, Zwiebeln sowie Kichererbsenmehl hergestellt sind, serviert.

4 EL Butterschmalz
5 Schalotten (sehr fein gewürfelt)
¹/₂ TL Knoblauchpulver
1 TL gemahlene Kurkuma
0,1 l kaltes Wasser
8 Tomaten
1 TL gemahlener Kreuzkümmel
0,1 l Vollmilchjoghurt
Meersalz
frisch gemahlener weißer Pfeffer
1 EL frische glatte Petersilie
(sehr fein gehackt)

In einer breiten Edelstahlpfanne das Butterschmalz zerlassen und die Schalotten darin hellbraun anrösten. Das Knoblauchpulver hinzufügen und ebenfalls anrösten. Die Kurkuma darüberstreuen, Wasser dazugießen und alles mit dem Schneebesen gut verrühren.
Den Stielansatz der Tomaten entfernen, die Haut mit einem scharfen Messer kreuzweise einritzen und kurz in kochendes Wasser halten. Die Tomaten schälen, halbieren, entkernen und in feine Würfel schneiden. Die Tomatenwürfel dann zu der Schalottenmasse geben, den Kreuzkümmel hinzufügen und 10 Min. bei mäßiger Hitze schmoren. Den Joghurt zusetzen und mit Meersalz und Pfeffer abschmecken. Dabei mit dem Schneebesen immer wieder durchrühren. Wenn die Sauce zu dünnflüssig ist, mit Joghurt andicken und einkochen. Wenn sie zu dick ist, mit etwas Wasser verdünnen.
Zum Schluß die Petersilie mit einem Löffel untermischen und die Sauce sofort über die frisch ausgebackenen Fleischbällchen gießen.

Herzoginsauce

Diese klassische Sauce aus einem Kochbuch von 1940 wird zu Resten von gekochtem Rindfleisch serviert, das mit gekochten Kartoffeln in einer Pfanne kroß gebraten wird. Sie paßt aber auch zu bißfest gekochten Nudeln oder Resten von Semmelknödeln, die in der Pfanne angebräunt werden.

2 EL Mark von etwa 3 Markknochen
0,3 l trockener Rotwein
(z. B. Spätburgunder)
2 Schalotten (sehr fein gehackt)
1 EL glatte frische Petersilie und
Liebstöckelblätter
(ganz fein gehackt)
0,1 l Fleischfond (siehe Rezept)
Meersalz
¹/₂ TL brauner Rohrzucker
Saft von ¹/₂ Zitrone
frisch gemahlener schwarzer Pfeffer

Das Mark auslösen und in heißem Wasser etwa 3 Min. ziehen lassen. Anschließend in kleine Würfel schneiden und beiseite stellen.
In einer Sauteuse den Rotwein mit den Schalotten, der Petersilie und dem Liebstöckel auf die Hälfte reduzieren. Den Fleischfond dazugießen und nochmals etwa 3 Min. einkochen. Mit Meersalz, Rohrzucker und Zitronensaft abschmecken. Zum Schluß Pfeffer dazugeben. Den Topf von der Platte ziehen, die vorher vorbereiteten Rindermarkwürfelchen noch kurz darin ziehen lassen. Sofort servieren.

Ajisauce
(kalte Pfeffersauce zu Fleisch, Sauce aus Brasilien)

Diese mäßig scharfe kalte Sauce wird in Brasilien zu gegrilltem Rindfleisch oder Fisch serviert.

200 g rote Paprikaschoten
2 frische scharfe rote Peperoni
500 g reife Tomaten
0,2 l Olivenöl
2 kleine Zwiebeln (fein gehackt)
120 g Rosinen
250 g brauner Rohrzucker
0,3 l Weißweinessig
1/2 TL Pimentpulver
1 TL Ingwerpulver
1/2 TL scharfes rotes Paprikapulver
2 Knoblauchzehen
(geschält und fein gehackt)
1 TL Meersalz

Die Paprikaschoten aufschneiden, entkernen, die weißen Rippen entfernen und in feine Streifen schneiden. Bei den Peperoni den Stielansatz entfernen und im ganzen in feine Ringe schneiden. Die Tomaten kurz in kochendes Wasser halten und die Schale entfernen. In einer großen Sauteuse das Olivenöl erwärmen und die Zwiebeln, die Paprikastreifen, die Peperoni und die Tomaten hinzufügen und 15 Min. bei nicht zu starker Hitze dünsten. Anschließend die ganze Masse durch ein feines Haarsieb streichen und in einen emaillierten Topf geben. Die Rosinen, den Zucker, den Essig sowie die Würzpulver (Piment, Ingwer und Paprika) sowie den Knoblauch zugeben. Im offenen Topf bei sehr kleiner Hitze langsam köcheln. Nach etwa 1 1/2 Std. erhält man eine dickflüssige Sauce, nachdem überwiegend die Flüssigkeit verdampft ist. Zum Schluß mit Meersalz abschmecken.
Leicht abkühlen lassen, in Gläser füllen und verschließen. Im Kühlschrank aufbewahren. Vor der Verwendung mindestens 1 Woche im Kühlschrank nachreifen lassen.

Basilikum-Parmesan-Sauce zu Frikadellen

Diese cremige und intensiv grüne Sauce paßt sehr gut zu frisch gebratenen kleinen Frikadellen oder Fleischbällchen oder auch zu gegrillten Lammkoteletts. Für die Herstellung der Sauce wird 0,2 l eingekochter Gemüsefond benötigt.

1 EL gutes kalt gepreßtes Olivenöl
0,2 l reduzierter Gemüsefond
(siehe Rezept)
3 Schalotten (fein gehackt)
3 EL frische Basilikumblätter
(in feine Streifen geschnitten)
1 TL schwarze Pfefferkörner
(im Mörser kräftig zerdrückt)
40 g geriebener Parmesan
Meersalz

In einer Sauteuse das Olivenöl erhitzen und bei mäßiger Hitze die Schalotten hellbraun anrösten. Den Gemüsefond dazugießen und bei nicht zu starker Hitze etwa 6 Min. köcheln. Anschließend das Basilikum und den Pfeffer untermischen. Die Sauce etwa 2 Min. köcheln. Den Parmesankäse hineingeben, mit dem Meersalz abschmecken, aufkochen und sofort mit dem Pürierstab kräftig mixen. Mit dem Schneebesen kurz durchrühren, nochmals aufkochen und gleich zu den Frikadellen servieren.

Erdnußsauce zu Fleischspießchen
(Thailand)

Es handelt sich hier um eine scharfe Sauce, da das Gewürz „Sambal Oelek" (siehe Rezept) benutzt wird. Die Sauce wird als Beigabe zu Fleischspießchen verwendet, die nach dem Grillen auch darin gewendet werden.

250 g Erdnußkerne
3 Schalotten (sehr fein gehackt)
3 Knoblauchzehen (sehr fein gehackt)
4 El Sojasauce
1 Zitrone (Saft)
3 TL Palmzucker
5 EL Sesamöl
0,2 l Kokosmilch (Dose)
1 TL Sambal Oelek

Die Erdnußkerne in einer beschichteten Pfanne kräftig anrösten und abkühlen lassen. Danach in einem Mörser zerstoßen oder in einem kleinen Mixer pürieren. Anschließend in eine Schüssel die Schalotten, den Knoblauch sowie die Erdnußmasse geben und verrühren. Die Sojasauce sowie den Zitronensaft hinzugießen. Dann den Palmzucker unterziehen und das Ganze kräftig vermischen, so daß eine dickflüssige Paste entsteht.
In einer Stahlpfanne das Sesamöl erhitzen und die Paste 3 Min. bei kleiner Hitze durchschmoren. Die Masse dann mit Kokosmilch abschmecken und nochmals 5 Min. schmoren lassen. Falls die Sauce noch zu dickflüssig ist, etwas Wasser hinzufügen. Zuletzt das Sambal Oelek unterrühren.
Diese Sauce sollte frisch zubereitet werden, da sie nur so ihren kräftigen würzigen Geschmack erhält. Sie ist jedoch in einem dicht verschließbaren Glas im Kühlschrank bis zu 1 Woche haltbar.

Kirschketchup zu Buletten

(Fleischküchle)

Dieser sehr fruchtige Ketchup schmeckt gut gekühlt am besten zu frisch gebratenen Fleischküchle. Er kann aber selbstverständlich auch zu frisch gebackenen Pommes frites serviert werden.

3 saftige saure Äpfel
1 große Zwiebel
(in feine Würfel geschnitten)
1 kg frische Sauerkirschen (entsteint)
0,5 l Rotweinessig
500 g brauner Rohrzucker
frische Ingwerwurzel
(1 Stück mit einer Länge von etwa
3 cm, in feine Scheiben geschnitten)
1 TL Meersalz
½ TL gemahlener Zimt
1 TL rote Pfefferkörner

Die Äpfel schälen, das Kerngehäuse entfernen und in kleine Stücke schneiden. Alle Zutaten in einen großen Edelstahltopf füllen, kräftig rühren und dabei langsam zum Kochen bringen. So lange rühren, bis sich der Zucker vollständig aufgelöst hat. Die Masse unter ständigem Rühren bei nicht zu starker Hitze 1½ Std. kochen lassen. Anschließend durch ein feines Haarsieb streichen, in Flaschen füllen und luftdicht verschließen. Kalt stellen und mindestens 2 Wochen nachreifen lassen.

Kutteln à la mode de Caen

Dies ist eigentlich kein Saucenrezept, sondern eines für Kalbskutteln, die mindestens 4 Std. in Wurzelgemüse und Wein im Backofen schmoren. Es handelt sich um ein traditionelles französisches Gericht, wobei hier das Beste natürlich die kräftige Sauce ist, die sich nach dem langen Schmoren ergibt. Das Rezept stammt aus einem Kochbuch um 1900.

2 mit kochendem Wasser gebrühte
Kalbsfüße
150 g magerer geräucherter Speck
(in kleine Würfel geschnitten)
2 Zwiebeln (grob gewürfelt)
3 Knoblauchzehen
(durch die Presse gedrückt)
2 kleine Karotten (klein gewürfelt)
3 Pfund nicht zu weich gekochte
Kalbskutteln (in Streifen geschnitten mit
etwa 3 cm Länge und 0,5 cm Breite)
1 EL frische Petersilie (grob gehackt)
1 EL frisches Kerbelkraut (grob gehackt)
1 TL getrocknetes Majoran
2 Lorbeerblätter
1 EL schwarze Pfefferkörner
3 Gewürznelken
dünn abgeschnittene Schale
von ½ unbehandelten Zitrone
Meersalz
1 l trockener Riesling
frisch gemahlener schwarzer Pfeffer
1 Messerspitze Cayennepfeffer
3 EL stark eingekochter Fleischfond
(Gelee, siehe Rezept)
2 TL konzentriertes Tomatenmark

Die beiden Kalbsfüße der Länge nach durchhacken (am besten gleich beim Metzger durchspalten lassen). Die Kalbsfüße in einen großen Topf geben, mit kaltem Wasser bedecken, langsam erhitzen und 20 Min. kochen. Anschließend das Wasser abschütten, jede Kalbsfußhälfte in etwa 4 Stücke hacken, mit kaltem Wasser bedecken und zur Seite stellen.

In eine große Bratenkasserolle mit Deckel die Speck- und Zwiebelwürfel, den Knoblauch sowie die Karottenwürfel füllen. Die Hälfte der Kutteln darauf legen und Petersilie, Kerbel, Majoran, Lorbeerblätter, Pfefferkörner, Gewürznelken und Zitronenschale darüberstreuen. Die restlichen Kutteln dazugeben und obendrauf die Kalbsfußstücke. Kräftig salzen und so viel Wein zugießen, daß alles bedeckt ist. Den Deckel aufsetzen und im 200 °C heißen Backofen 4 Std. garen. Den Topf aus dem Backofen nehmen und die obenauf liegenden Kalbsfüße herausnehmen.

Sämtliche Knochen und Knorpel entfernen, klein würfeln und wieder zu den Kutteln mischen. Mit einem Kochlöffel alles kräftig durchrühren und mit Meersalz, Pfeffer und Cayennepfeffer abschmecken. Anschließend den Fleischfond und das Tomatenmark hinzufügen und das Ganze nochmals aufkochen. 5 Min. köcheln und dabei durchrühren. Sehr heiß servieren. Dazu passen am besten Salzkartoffeln oder ein Stück Weißbrot.

Johannisbeersauce zu Pasteten

Diese Sauce wird lauwarm zu kräftigen Fleischpasteten oder auch zu gegrilltem Fleisch serviert. Das Rezept stammt aus der Zeit um 1800.

350 g rote Johannisbeeren
300 g schwarze Johannisbeeren
0,3 l trockener Riesling
0,2 l Wasser
10 schwarze Pfefferkörner
3 EL dunkler flüssiger Tannenhonig
1 TL Ingwerpulver
0,2 l dicke Sahne (oder Crème fraîche)
3 EL Johannisbeergelee
1/2 TL Chilipulver

Die roten und schwarzen Johannisbeeren waschen und vorbereiten (also von den Stielen pflücken). In einer Sauteuse die Johannisbeeren mit dem Riesling und dem Wasser aufkochen. Dann die Pfefferkörner zugeben und das Ganze 15 Min. bei mäßiger Hitze köcheln lassen.
Die Johannisbeeren mit der Flüssigkeit durch ein Haarsieb drücken und wieder auf den Herd stellen. Den Honig sowie das Ingwerpulver untermischen und wieder erhitzen. Anschließend die dicke Sahne (oder Crème fraîche) und danach das Johannisbeergelee mit dem Schneebesen einschlagen. Alles noch einmal aufkochen und zum Schluß das Chilipulver hinzufügen.
Die Sauce lauwarm zu Pasteten servieren.

Sauce à la reine

Dieses Originalrezept stammt aus der Zeit um 1780. Danach wird die Sauce vor allem zu Fleisch- und Geflügelpasteten serviert. Bei den Rezepten aus dieser Zeit sind keine Mengenangaben angegeben, so daß das Nachkochen mitunter sehr schwierig ist.

0,7 l kräftige Fleischbrühe
2 EL Butter
3 Petersilienwurzeln
(in kleine Würfel geschnitten)
3 kleine Zwiebeln
(in kleine Würfel geschnitten)
2 altbackene Semmeln
(in dünne Scheiben geschnitten)
4 eingelegte Sardellen
0,1 l trockener Riesling
1 EL frisch gepreßter Zitronensaft
5 hartgekochte Eigelb
0,2 l Sahne
Salz

In einem großen Topf die Fleischbrühe erhitzen und 1 EL Butter hinzufügen. Dann die Petersilienwurzel- und Zwiebelwürfel sowie die Semmelscheiben dazugeben und in 15 Min. bei nicht zu starker Hitze gar kochen.
Die Sardellen unter fließendem kaltem Wasser abwaschen (damit das Salz entfernt wird), sehr fein schneiden und mit der restlichen Butter zerdrücken. Die Masse durch ein feines Haarsieb streichen und mit dem Riesling sowie dem Zitronensaft vermischen. Diese Flüssigkeit zu der Brühe gießen, mit dem Schneebesen durchschlagen und aufkochen. Bei mäßiger Hitze etwa 5 Min. köcheln lassen.
Die Eigelb mit einer Gabel zerdrücken, mit der Sahne verrühren und mit einem Schneebesen unter die Sauce einarbeiten. Mit Salz abschmecken. Die Sauce durch ein feines Haarsieb seihen, etwas abkühlen lassen und zu den Pasteten servieren.

Sauerkirschmus zu Pasteten

Dieses sehr alte Rezept stammt aus der Zeit um 1600. Die Sauce sollte lauwarm zu kräftigen Fleischpasteten serviert werden.

250 g Sauerkirschen (aus dem Glas)
2 EL Butter
0,3 l Kirschsaft
1 EL scharfer Dijon-Senf
2 TL Kartoffelstärke
4 EL heißes Wasser
Salz
frisch gemahlener weißer Pfeffer
1/2 TL Zimt

Bei Sauerkirschen, die aus dem Glas verwendet werden, den Kirschsaft auffangen und die Kirschen entsteinen.
In einer Sauteuse die Butter erhitzen und die Kirschen darin bei mäßiger Hitze 7 Min. dünsten.
In der Zwischenzeit den Kirschsaft in einer Sauteuse um ein Drittel einkochen. Die gedünsteten Kirschen durch ein Sieb in den reduzierten Kirschsaft drücken. Anschließend den Dijon-Senf untermischen und mit dem Schneebesen aufschlagen, dabei die Sauce aufkochen lassen. Die Kartoffelstärke im heißen Wasser anrühren und langsam mit dem Schneebesen in die Sauce einschlagen. Die Sauce sollte dabei dickflüssig werden. Das Ganze mit Salz und Pfeffer abschmecken. Den Zimt beifügen und die Sauce leicht abkühlen lassen.
Das Sauerkirschmus lauwarm zu Pasteten servieren.

Sahne-Senf-Sauce zu gekochtem Rindfleisch

> 0,5 l saure Sahne
> 0,2 l Crème fraîche
> 1 TL scharfer Dijon-Senf
> 2 Schalotten
> (in sehr feine Würfelchen geschnitten)
> 1 Knoblauchzehe
> (in sehr feine Würfelchen geschnitten)
> Meersalz
> frisch gemahlener weißer Pfeffer
> 1 EL Schnittlauch (fein gehackt)
> 1/2 TL frischer Zitronensaft

Die Sahne und Crème fraîche vermischen und mit dem Schneebesen cremig schlagen. Den Senf sowie die Schalotten- und Knoblauchwürfel dazugeben, mit Salz und Pfeffer abschmecken. Zum Schluß den Schnittlauch mit einem Löffel unterheben und mit dem Zitronensaft abschmecken.

Thailändische Satay-Sauce zu Fleischspießchen

> 3 EL Erdnußbutter
> 70 g Kokoscreme
> (aus dem China-Laden)
> 1 EL süße chinesische Sojasauce
> Saft von 1 Zitrone
> 0,2 l kochendes Wasser
> 2 EL geschälte Erdnüsse
> Meersalz
> frisch gemahlener weißer Pfeffer

In einer Sauteuse die Erdnußbutter zerlassen und die Kokoscreme, die Sojasauce sowie den Zitronensaft hinzufügen, mit dem Schneebesen verrühren und bis kurz vor das Kochen erhitzen. Das Wasser nach und nach unterschlagen, bis eine dickflüssige Sauce entsteht. Die Erdnüsse schälen,

in einem Mixer grob hacken und anschließend in einer beschichteten Pfanne etwa 5 Min. bei nicht zu starker Hitze rösten. Dann sofort unter die Sauce mischen. Mit Salz und Pfeffer abschmecken und lauwarm zu den Fleischspießchen servieren.
Diese Sauce muß unbedingt frisch zubereitet werden, da sonst der Geschmack der gerösteten Erdnüsse verlorengeht und außerdem sich beim Abkühlen die Erdnußbutter von der Sauce absetzt.

Zitronenschaumsauce zu Carpaccio

Diese schaumige Sauce paßt ausgezeichnet zu Rindfleisch-Carpaccio oder auch zu frischem Räucherlachs. Außerdem paßt sie zu frischem Gemüse, das in Wasserdampf kurz gegart ist.

> 1 unbehandelte Limone
> 2 Zitronen
> 4 Eigelb
> 1 1/2 EL scharfer Dijon-Senf
> 2 EL Sonnenblumenöl
> feines Meersalz
> frisch gemahlener weißer Pfeffer

Von der Limone die Schale mit einem scharfen Messer ganz dünn abschälen und in feine Stückchen schneiden. Die Zitronen und die Limone auspressen. In einer großen Porzellanschüssel die Eigelb und den Senf mit dem Schneebesen kräftig verrühren. Den Zitronen- und Limonensaft dazugießen und anschließend das Öl ganz langsam unterschlagen. Es muß sich jetzt eine schaumig cremige Sauce ergeben. Wenn die Sauce noch zu flüssig ist, noch etwas Öl zufügen.
Zum Schluß mit Salz und Pfeffer abschmecken. Sofort servieren.

Knoblauchsauce zu Rinderbraten
(14. Jahrhundert)

Bei dieser relativ einfach herzustellenden Knoblauchsauce aus Italien werden gebackene Knoblauchzehen verwendet. Ihren charakteristischen Geschmack erhält die Sauce durch Ingwer und Zimt. Für die Herstellung ist 0,3 l Fleischbrühe erforderlich.

> 25 Knoblauchzehen
> 2 Scheiben Sauerteiggraubrot
> 0,3 l Fleischbrühe (siehe Rezept)
> 1/2 TL gemahlener Ingwer
> 1/2 TL gemahlener Zimt
> 1 Messerspitze gemahlene
> Gewürznelken
> Meersalz
> 1/2 TL weiße Pfefferkörner
> (im Mörser kräftig zerstoßen)

22 Knoblauchzehen ungeschält in Alufolie wickeln, in den auf 200 °C vorgeheizten Backofen legen und 45 Min. backen. Dann die Knoblauchzehen aus der Folie wickeln. Die Spitze jeder Knoblauchzehe abschneiden, das weiche Knoblauchmus herausdrücken und in einen Mörser geben. Die restlichen 3 rohen Knoblauchzehen durch die Presse drücken und ebenfalls hinzufügen.
Das Graubrot in Würfel schneiden, in der Hälfte der Fleischbrühe einweichen, anschließend zu dem Knoblauch geben und kräftig zerdrücken. Das Ganze in eine Sauteuse füllen, erhitzen und die restliche Fleischbrühe unterrühren. Jetzt das Ingwer-, Zimt- sowie Nelkenpulver hinzufügen und unter ständigem Rühren aufkochen lassen. Die Sauce muß cremig dickflüssig sein. Zum Schluß mit Meersalz und Pfeffer abschmecken. 2 Min. durchkochen (dabei ständig rühren) und sehr heiß zum Rinderbraten servieren.
Wichtig ist, daß diese Sauce kurz vor dem Garwerden des Rinderbratens hergestellt wird, da sie ihren charakteristisch pikanten Geschmack nur bei frischer Zubereitung erhält.

Kutteln in mexikanischer Sauce

Hier handelt es sich um ein sehr scharfes Gericht, wobei traditionell die Sauce als Brühe getrennt in einer Schale serviert wird. Zu diesem Gericht paßt am besten Stangenweißbrot. Die Menge reicht für etwa 8 Personen aus.

2 Kalbsfüße
(vom Metzger längs gespalten)
1 ganze Knoblauchknolle
1 EL getrockneter Oregano
Meersalz
1 kg Kalbs- oder Rinderkutteln
(vorgegart und in Streifen von
0,5 cm Breite und 3 cm Länge
geschnitten)
500 g vollreife Tomaten
5 EL Sonnenblumenöl
3 Schalotten (klein gewürfelt)
3 rote Paprikaschoten
(den Stielansatz sowie die Kerne
entfernt und fein gewürfelt)
5 frische grüne Chilischoten
frisch gemahlener weißer Pfeffer
Saft von 1 Orange
2 unbehandelte Limonen
(in dünne Scheiben geschnitten)
3 EL frische glatte Petersilie
(fein gehackt)

Die Kalbsfußhälften in einen großen Bratentopf mit Deckel legen und mit kaltem Wasser bedecken. Die Knoblauchknolle einmal quer durchschneiden und in einer beschichteten Pfanne braun anrösten. Die beiden Knoblauchhälften, den Oregano und 3 TL Meersalz zu den Kalbsfüßen geben, aufkochen und bei nicht zu starker Hitze 4 Std. köcheln. Den Topf dann von der Platte ziehen und abkühlen lassen, danach wieder auf die Platte stellen, die Kuttelstreifen hinzufügen und nochmals 1½ Std. bei nicht zu starker Hitze köcheln.
Den Stielansatz der Tomaten wegschneiden, mit einem scharfen Messer die Haut kreuzweise einritzen und kurz in kochendes Wasser halten. Die Haut abziehen, halbieren, Kerne entfernen und das Fruchtfleisch in grobe Würfel schneiden. In einem großen Bratentopf das Öl erhitzen und die Tomatenstücke, die Schalotten- und Paprikawürfel hin-

einschütten. Bei nicht zu starker Hitze 5 Min. hellbraun anrösten. Den Stielansatz der Chilischoten entfernen und fein würfeln. Die Chilischotenwürfel unter die Tomaten-Schalotten-Masse mischen und etwa 3 Min. mitrösten. Anschließend etwa 0,3 l Garflüssigkeit von den Kutteln dazuschütten. 10 Min. köcheln und mit Meersalz und Pfeffer abschmecken.
Die Kalbsfüße aus dem Topf entfernen und sämtliche Knorpel und Knochen beseitigen. Das Fleisch in Würfel schneiden und in eine große Porzellanschüssel geben. Die Kutteln ebenfalls aus der Flüssigkeit nehmen und zu den Kalbsfußstücken mengen. Zu der Garflüssigkeit die Tomaten-Schalotten-Masse schütten und nochmals 10 Min. köcheln. Falls die Flüssigkeit zu stark eingekocht ist, noch mit etwas Wasser verdünnen. Den Orangensaft dazugießen und die Limonenscheiben untermischen. Die Fleischstücke hinzufügen und nochmals erwärmen. Die Petersilie mit einem Löffel unterheben und das Gericht sehr heiß servieren.

Lyoner Sauce

Diese leicht säuerliche Sauce paßt ausgezeichnet zu allen Arten von gegrilltem Fleisch. Sie erhält die Bindung durch das Verkochen der Zwiebeln und den Fleischfond. Es ist also erforderlich, daß 0,5 l stark eingekochter Fleischfond vorhanden ist.

2 EL Butter
100 g kleine Zwiebeln
(in kleine Würfel geschnitten)
0,2 l trockener Riesling
0,15 l guter Weißweinessig
0,5 l Fleischfond

In einer Sauteuse die Butter zerlassen und die Zwiebeln darin hellbraun anrösten. Dann den Riesling und den Weißweinessig zugießen und bei nicht zu starker Hitze um die Hälfte einkochen. Anschließend den Fleischfond zugeben und mit dem Pürierstab kräftig durchmixen. Nochmals aufkochen und sofort servieren.

Kamelin-Sauce zu Rinderbraten

Der Name Kamelin-Sauce stammt aus dem Mittelalter (also aus dem 14. und 15. Jahrhundert). Dieses Rezept findet man in einem Kochbuch des 14. Jahrhunderts. Den charakteristischen Geschmack erhält die Sauce durch die Verwendung von Zimtpulver und dem Saft unreifer weißer Trauben. Sie paßt am besten zu Rinderbraten, kann jedoch auch zu Hühnchen, das in Fleischbrühe gar gezogen ist, serviert werden. Ersatzweise für den Saft unreifer Trauben (Verjus) wird naturtrüber Apfelessig, der mit Wasser verdünnt ist, verwendet.

100 g geschälte ganze Mandeln
0,15 l Wasser
50 g große helle Rosinen (in Wasser
mindestens 1 Std. eingeweicht)
1½ TL Zimtpulver
½ TL gemahlene Gewürznelken
1 Messerspitze Ingwerpulver
1 Messerspitze gemahlene Muskatnuß
2 Scheiben Weißbrot ohne Rinde
(etwa 65 g, klein gewürfelt und mit
etwa 3 EL Wasser eingeweicht)
0,25 l naturtrüber milder Apfelessig
(vermischt mit 0,1 l Wasser)
Meersalz

In einem Mixer die Mandeln zerkleinern und dabei 4 EL Wasser hinzufügen. Diese Masse in ein Passiertuch füllen, kräftig durchdrücken und den sich ergebenden Saft in eine Schüssel gießen. Die eingeweichten Rosinen mit dem Zimt-, Nelken- und Ingwerpulver sowie Muskatnuß ebenfalls in den Mixer geben und zerkleinern. Dann das eingeweichte Brot hinzutun und nochmals gut durchmixen.
In einer breiten Sauteuse die Flüssigkeit von den durchgedrückten Mandeln mit der Mischung aus dem Mixer vermengen, erhitzen und den mit Wasser verdünnten Apfelessig nach und nach unterarbeiten. Mit Meersalz abschmecken. Wichtig ist, daß die Sauce nicht aufkocht, sondern nur leicht erhitzt wird. Sofort servieren.

Kutteln in Weißweinsauce

Dies ist ein Rezept aus der französischen Küche. Die Menge reicht für 6 Personen, wobei wichtig ist, daß die Kalbs- oder Rinderkutteln vorgegart, aber nicht zu weich sind. Zu diesem Gericht paßt am besten Stangenweißbrot oder Salzkartoffeln.

160 g Butter
2 Karotten (fein gewürfelt)
2 Zwiebeln (fein gewürfelt)
2 EL Mehl
0,5 l trockener Riesling
0,3 l Wasser
2 Knoblauchzehen (halbiert)
4 EL frische Petersilie
(sehr fein gehackt)
5 Gewürznelken
2 Lorbeerblätter (in Stücke gebrochen)
1 TL schwarze Pfefferkörner
Meersalz
1,5 kg vorgegarte Kalbs- und Rinderkutteln (in etwa 2 cm große Stückchen geschnitten)
frisch gemahlener schwarzer Pfeffer
dünn abgeschnittene Schale
von 1 unbehandelten Zitrone
(in feine Streifen geschnitten)
6 Eigelb
Saft von 2 Zitronen
0,15 l süße Sahne
100 g kleine Salzgürkchen
(kurz unter fließendem kaltem Wasser abgewaschen und in feine Scheiben geschnitten)

In einer breiten Sauteuse 50 g Butter zerlassen und die Karotten- und Zwiebelwürfel bei nicht zu starker Hitze 15 Min. hellbraun anrösten. Das Mehl darüberstreuen und nochmals 2 Min. rösten. Den Wein sowie das Wasser dazugießen und mit dem Schneebesen kräftig durchrühren. Den Knoblauch, 1 EL Petersilie, die Gewürznelken, die Lorbeerblätterstücke sowie die Pfefferkörner hinzufügen, zum Kochen bringen und bei nicht zu starker Hitze etwa 45 Min. köcheln. Zum Schluß mit etwas Meersalz abschmecken und zur Seite stellen. In einem großen Topf 50 g Butter zerlassen und die Kuttelstücke sowie Meersalz und Pfeffer untermischen. Bei nicht zu starker Hitze 40 Min. dünsten. Die vorbereitete Sauce durch ein feines Haarsieb dazuschütten, die Zitronenschale hinzufügen und erneut 20 Min. bei nicht zu starker Hitze köcheln. In einer Porzellanschüssel die Eigelb, den Zitronensaft und die Sahne kräftig verrühren. Diese Masse zum Ende der Garzeit mit einem Kochlöffel unter die Kutteln mischen. Wichtig ist, daß die Kutteln nicht mehr kochen (also die Hitze zurückschalten oder den Topf von der Platte ziehen). Mit einem Kochlöffel die restlichen 60 g Butter in kleinen Stücken nach und nach einrühren, die restliche Petersilie untermischen und die Salzgürkchen hinzufügen. Nochmals mit Meersalz und Pfeffer abschmecken und sehr heiß servieren.

Limetten-Ingwer-Sauce zu Rindfleischstreifen

Zur Herstellung dieser Sauce wird frisch geriebene Ingwerwurzel benötigt. Ersatzweise kann auch getrocknete Ingwerwurzel, die im Mörser zerstoßen wird, verwendet werden. Zur Fertigstellung des Gerichtes werden dünne Rindfleischstreifen mit Gemüsestreifen (z. B. Paprika, Lauch, Stangensellerie usw.) in einer heißen Pfanne kurz gebraten und dann unter diese Sauce gehoben.

2 unbehandelte Limetten
2 TL frischer Ingwer
2 TL Sherry
1 EL Madeira
1 EL Sojasauce
2 Knoblauchzehen
(durch die Presse gedrückt)
1 EL brauner Rohrzucker
1 EL Kartoffelstärke
5 EL Wasser

Von den Limetten die Schale ganz dünn abschneiden und in sehr feine Streifen schneiden; anschließend auspressen. In einer Porzellanschüssel den Limettensaft, die Limettenschalen, den Ingwer, den Sherry, den Madeira, die Sojasauce, den Knoblauch und den Rohrzucker mit dem Schneebesen kräftig verrühren. Diese Mischung dann in eine Sauteuse geben und erhitzen. Dazwischen in einer Porzellanschale die Kartoffelstärke mit dem Wasser verrühren, nach und nach mit dem Schneebesen in die Sauce einschlagen. Aufkochen und sofort von der Platte ziehen. Anschließend unter die vorbereiteten Rindfleischstreifen und Gemüsestreifen mischen.

Petronatsauce

Bei diesem Rezept aus Korsika handelt es sich um eine Sauce, die vor allem zu dunklem Braten (Rinder- oder Lammbraten) serviert wird. Sie ist relativ einfach herzustellen. Um die leichte Süße der Tomaten zu unterstreichen, sollte halbtrockener Weißwein verwendet werden (z. B. badischer Gutedel, Elsässer Silvaner oder auch Riesling).

700 g große Fleischtomaten
3 EL Olivenöl
1 EL Mehl
0,25 l halbtrockener Weißwein
Salz
frisch gemahlener weißer Pfeffer
1/2 TL Zucker

Von den Fleischtomaten zuerst den Strunk herausschneiden und dann in grobe Stücke schneiden. Dabei darauf achten, daß die Flüssigkeit nicht verlorengeht. In einem großen Topf das Olivenöl erhitzen und das Mehl hellbraun anrösten. Dann sofort die Tomatenstücke dazugeben, kurz durchrösten und den Weißwein hinzugießen. Bei mäßiger Hitze etwa 30 Min. köcheln und dabei immer wieder mit dem Kochlöffel umrühren, damit die Sauce nicht anbrennt. Falls erforderlich bzw. wenn die Flüssigkeit zu sehr einkocht, noch etwas Wein, vermischt mit der gleichen Menge Wasser, zugießen. Anschließend die Sauce durch ein Haarsieb streichen und mit Salz, Pfeffer sowie Zucker würzen. Sehr heiß zu dem Braten servieren.

Sauerbraten

(mit Marinade)

Ein Rinderbraten wird erst zum Sauerbraten, wenn er einige Tage in einer würzigen Marinade gelegen hat und dann mit dieser Marinade geschmort wird. Die nachstehende Marinade ist etwas aufwendiger als die sonst übliche. In einem Kochbuch von 1890 wird der durchwachsene Rinderbraten in Bieressig mit folgenden Gewürzzutaten eingelegt: Lorbeerblätter, Nelken, Pfefferkörner, Wacholderbeeren. Beim Schmoren werden dann Zwiebeln, Karotten und Schwarzbrotrinde hinzugefügt. Wenn der Braten einen wildartigen Geschmack erhalten soll, wird er vorher in ausgelassenen Speckwürfeln mit zerdrückten Wacholderbeeren langsam geschmort, dann werden viele klein geschnittene Zwiebeln und dicke saure Sahne mit der Beize dazugegeben. Die nachstehende Marinade bzw. Schmorflüssigkeit genügt für einen Rinderbraten mit etwa 2 kg Gewicht.

5 l Wasser
2 l Apfelessig
300 g Zucker
2 EL Wacholderbeeren
(im Mörser leicht zerdrückt)
10 Lorbeerblätter
1 TL Gewürznelken
1 EL Pimentkörner
1 EL weiße Pfefferkörner
2 kg durchwachsener Rinderbraten
Meersalz
frisch gemahlener schwarzer Pfeffer
2 EL Mehl
4 EL Sonnenblumenöl
300 g Zwiebeln (grob gewürfelt)
300 g Karotten (grob gewürfelt)
300 g Sellerieknolle (grob gewürfelt)
2 EL konzentriertes Tomatenmark
0,6 l süße Sahne
150 g Preiselbeeren (aus dem Glas)
0,1 l halbtrockener Weißwein
(am besten Riesling)

In einem großen Topf das Wasser mit dem Apfelessig und dem Zucker aufkochen. Der Zucker muß sich vollständig auflösen. Die Wacholderbeeren, Lorbeerblätter, Nelken, Pimentkörner und Pfefferkörner hinzufügen und den Topf von der Platte ziehen. Auf Zimmertemperatur abkühlen, die gesamte Marinade in einen Steinguttopf füllen und das Rindfleisch hineinlegen. Mindestens 1 Woche, noch besser 2 Wochen, marinieren und dabei darauf achten, daß das Fleisch immer mit der Flüssigkeit überdeckt ist (wenn nötig, nochmals etwas Wasser mit Apfelessig vermischt darübergießen). Wichtig ist, daß das Fleisch jeden Tag gewendet wird.
Nach dieser Zeit das Fleisch aus der Marinade nehmen, kurz unter fließend kaltem Wasser abwaschen und gut abtrocknen. Das Fleisch mit Meersalz und Pfeffer würzen und in dem Mehl wenden. In einem großen Bratentopf das Sonnenblumenöl erhitzen und das Fleisch darin kräftig braun anbraten. Die Zwiebel-, Karotten- und Selleriewürfel zu dem Fleisch schütten und 5 Min. bei nicht zu starker Hitze mitschmoren. Anschließend die Hälfte der Marinade durch ein Haarsieb dazugießen, das Tomatenmark ebenfalls hinzufügen und in den auf 200 °C vorgeheizten Backofen schieben (den Topf nicht abdecken). Nach etwa 30 Min. die Hitze auf 160 °C zurückschalten und den Braten insgesamt 4 Std. schmoren. Dabei das Fleisch einige Male umwenden. Dazwischen immer wieder von der Marinade nachgießen und den sich bildenden Bratensaft mit einem Kochlöffel aufrühren.
Nach der Schmorzeit den Braten herausnehmen. Die Sahne und die Preiselbeeren zu der Sauce im Bratentopf geben und mit dem Pürierstab mixen. Die Sauce durch ein feines Haarsieb streichen, den Weißwein dazugießen und wieder in den Bratentopf füllen. Nochmals aufkochen und mit Meersalz und Pfeffer abschmecken. Das Fleisch in dicke Scheiben schneiden und in der Sauce nochmals kurz erhitzen (die Sauce aber nicht mehr aufkochen). Sofort servieren und am besten selbst gekochte Semmelknödel dazu reichen.

Pastinaken-Apfel-Sauce zu Rinderbraten

Diese fruchtig würzige Sauce paßt am besten zu frischem heißem Rinderbraten oder auch zu kalten Rinderbratenscheiben. Der Geschmack ist am besten, wenn unterschiedliche Sorten von Äpfeln verwendet werden.

1 unbehandelte Zitrone
0,4 l Wasser
500 g Pastinaken (gewaschen, geschält und klein gewürfelt)
4 Äpfel (geschält, Kerngehäuse entfernt und grob gewürfelt)
2 Zimtstangen
2 EL Butter
Meersalz
1 Prise frisch gemahlene Muskatnuß

Mit einer groben Metallreibe die Schale der Zitrone abreiben (oder mit einem sehr scharfen Messer abschälen und in kleine Würfel schneiden).
In einen großen Edelstahltopf das Wasser, die Pastinaken- und Apfelwürfel sowie die Zimtstücke und Zitronenschalen geben. Bei mittlerer Hitze 20 Min. köcheln, bis vor allem die Pastinaken weich sind. Die Zimtstücke herausnehmen und die ganze Masse mit dem Pürierstab cremig mixen. Die Butter einschlagen und mit Meersalz abschmecken. Anschließend durch ein feines Haarsieb streichen und in einer Sauteuse nochmals erhitzen (aber nicht mehr kochen!). Mit einer Prise Muskatnuß abschmecken und nicht zu heiß servieren.

Wein-Quitten-Sauce zu Rinderrouladen

Diese Sauce wird dann zubereitet, wenn Rinderrouladen gebraten und geschmort werden. Das bedeutet, daß nach dem Schmoren der Rinderrouladen der sich ergebende Bratensaft mit Weißwein aufgekocht und die Quittensauce damit vermischt wird. Wichtig für die Herstellung der Sauce ist 0,15 l Quittensirup (siehe bei Rezept Süß-saure Quittensauce zu Wildpastete). Außerdem ist 0,1 l stark eingekochter Fleischfond erforderlich (siehe Rezept).

> 2 Schalotten (sehr fein gewürfelt)
> 0,1 l trockener Riesling
> 1 TL weiße Pfefferkörner
> (in einer beschichteten Pfanne kurz angeröstet, abgekühlt und im Mörser grob zerstoßen)
> 0,15 l Quittensirup
> (siehe Vorbemerkung)
> 0,1 l stark eingekochter Fleischfond
> (siehe Rezept)
> 100 g frische vollreife Quitten
> (geschält, entkernt und klein gewürfelt)
> 1 EL süßer sirupartiger Balsamico-Essig
> (mindestens 12 Jahre alt)
> 1 EL kalte Butter
> (in kleine Stücke geschnitten)
> 0,15 l trockener Riesling
> (für den Bratensatz)

In eine Sauteuse die Schalottenwürfel, 0,1 l Riesling und den Pfeffer mischen. Die Flüssigkeit bei starker Hitze fast vollständig einkochen lassen. Dann den Quittensirup hinzufügen und nochmals auf die Hälfte reduzieren. Das Ganze durch ein feines Haarsieb wieder in eine Sauteuse streichen, den Fleischfond zugießen, aufkochen und die Quittenwürfel 10 Min. köcheln. Dann den Balsamico-Essig dazugeben und weitere 10 Min. köcheln.
Nach dem Braten und Schmoren der Rinderrouladen diese aus dem Topf nehmen und den Bratensaft mit den 0,15 l Riesling ablöschen. Etwas reduzieren und durch ein feines Haarsieb diesen Bratensatz zu der Quittensauce mischen. Erneut aufkochen und mit dem Schneebesen die Butterstückchen unterschlagen. Auf einen großen fla-chen Teller die Sauce geben, die Rouladen schräg durchschneiden und darauf legen. Sofort und heiß servieren. Dazu paßt am besten Stangenweißbrot oder kurz im Wasserdampf gegartes Gemüse.

Sellerierahmsauce

Diese Sauce paßt sehr gut zu Schweine- oder Rinderbraten oder kann zu in Brühe oder in Wasserdampf gegarter Geflügelbrust serviert werden.

> 1 große Sellerieknolle
> 0,2 l trockener Riesling
> Meersalz
> frisch gemahlener schwarzer Pfeffer
> 1/2 TL scharfer Curry
> 1/2 TL Worcestersauce
> 3 Eier
> 0,1 l süße Sahne

Den Sellerie schälen und auf einer Metallreibe ganz fein raspeln. In einen Edelstahltopf den geraspelten Sellerie und den Riesling geben. So viel Wasser hinzugießen, daß der Sellerie bedeckt ist. In etwa 20 Min. weich kochen. Dabei darauf achten, daß der Sellerie immer mit Flüssigkeit bedeckt ist. Mit dem Pürierstab kräftig durchmixen und durch ein feines Haarsieb in eine Sauteuse streichen. Die Masse bis kurz vor das Kochen erhitzen. Mit Meersalz, Pfeffer und Curry abschmecken sowie die Worcestersauce beimengen. Die Eier trennen. Das Eiweiß steif schlagen und zur Seite stellen. Die Eigelb mit der Sahne verrühren. Von der heißen Sauce 2 EL dazugeben und ebenfalls verrühren. Diese Sahne-Eigelb-Masse langsam mit dem Schneebesen unter die Sauce schlagen. Kräftig weiterschlagen, bis die Sauce schaumig wird. Dabei darauf achten, daß die Sauce nicht mehr kocht. Dann den Topf von der Platte ziehen und mit einem Löffel den Eischnee darunterziehen. Nochmals ganz vorsichtig mit dem Schneebesen durchrühren und sofort zu dem Fleisch servieren.

Schwedische Korinthensauce

Diese etwas ungewöhnliche leicht süß-säuerliche Sauce schmeckt hervorragend zu Rinderbraten.

> 3 EL kleine Korinthen
> 0,3 l Fleischbrühe
> (oder 0,2 l Fleischfond)
> 2 EL Butter
> 3 EL Mehl
> 1 EL Rübensirup (dunkler, fast schwarzer Sirup von Zuckerrüben)
> 2 EL Weißweinessig
> Meersalz
> frisch gemahlener weißer Pfeffer
> 1 EL kalte Butter
> (in kleine Stücke geschnitten)

Die Korinthen unter fließendem kaltem Wasser kräftig abwaschen. In einer Sauteuse die Fleischbrühe erhitzen und die Korinthen in etwa 25 Min. bei mäßiger Hitze darin weich kochen. In einer Edelstahlpfanne die Butter zerlassen, das Mehl zugeben und hellbraun anrösten. Mit der Korinthen-Fleischbrühe nach und nach ablöschen, dabei mit dem Schneebesen durchschlagen (damit sich keine Klümpchen bilden!). Einmal aufkochen und den Rübensirup sowie den Weißweinessig zugeben. Der Sirup muß sich auflösen, das heißt, daß mit dem Schneebesen ständig umgerührt werden muß. Nicht mehr weiterkochen und zum Schluß mit Meersalz und Pfeffer abschmecken. Kurz vor dem Servieren die Butterstückchen mit dem Schneebesen unterschlagen.

Scharfe Currysauce zu Rindfleisch

(Indonesien)

Voraussetzung für die Herstellung ist Tamarindenmark sowie „Sambal Oelek" (siehe Rezept) und Palmzucker. Außerdem ist eine Dose (0,5 l) Kokosmilch erforderlich. Diese Sauce wird für die Herstellung von Rindfleisch-Curry verwendet.

> 1 EL Tamarindenmark
> (davon 1 EL Tamarindensaft,
> siehe Zubereitung)
> 0,2 l heißes Wasser
> 5 EL Sesamöl
> 6 Schalotten
> (in kleine Würfel geschnitten)
> 4 Knoblauchzehen
> (durch die Presse gedrückt)
> 1 EL frisch geriebener Ingwer
> ½ TL Kurkumapulver
> 2 TL gemahlener Koriander
> 1 TL gemahlener Kreuzkümmel
> ½ TL frisch gemahlener weißer Pfeffer
> 2 TL Palmzucker
> 0,5 l Kokosmilch
> Meersalz
> 2 TL Sambal Oelek

Das Tamarindenmark im heißen Wasser einweichen und anschließend durch ein Sieb drücken, dabei den Saft auffangen. In einem großem Topf das Sesamöl erhitzen. Die Schalottenwürfel, den Knoblauch sowie den Ingwer in dem Öl erhitzen und leicht bräunen. Anschließend die Gewürzzutaten, also das Kurkumapulver, den Koriander, den Kreuzkümmel, den Pfeffer sowie den Palmzucker, untermischen und etwa 5 Min. mitbraten. Danach mit 1 EL Tamarindensaft und Kokosmilch aufgießen. Die Sauce dann unter ständigem Rühren 5 Min. leicht köcheln lassen und mit Meersalz abschmecken. Dann das Sambal Oelek hinzufügen. In dieser Sauce wird vorher kurz angebratenes Rindfleisch gar geschmort (etwa 1½ Std.). Das Gericht kann auch kalt gegessen und zu Reis serviert werden.

Rohe Rettichsauce von schwarzem Rettich

Diese sehr einfach herzustellende Sauce wird aus dem sogenannten schwarzen Winterrettich hergestellt. Sie schmeckt ausgezeichnet zu frischem heißem Rindfleisch oder einfach auf frischem Bauernbrot mit Butter.

> 3 mittelgroße schwarze Rettiche
> 3 EL Sonnenblumenöl
> 3 EL Weißweinessig
> ½ TL Salz
> frisch gemahlener weißer Pfeffer

Die Rettiche schälen und auf einer feinen Metallreibe raspeln. Mit einem scharfem Messer nochmals sehr fein hacken und dann sofort mit Öl, Essig, Salz und Pfeffer vermischen. Damit der frische Geschmack erhalten bleibt, gleich servieren.

Thailändische rote Currypaste zu Rindfleisch

Diese Currypaste wird normalerweise fertig zubereitet in einem Laden für exotische Gewürze gekauft. Es ist jedoch interessant zu wissen, wie sie hergestellt wird. Außerdem schmeckt natürlich die selbst hergestellte Paste wesentlich frischer und aromatischer. Diese Paste kann entweder zu frisch gebratenen Rindfleischstreifen oder Rinderbraten serviert werden, sie findet aber auch als Würze für andere Saucen Verwendung.

Am besten schmeckt sie, wenn sie mit Kokosnußsahne (im Chinaladen erhältlich) und mit thailändischer Fischsauce vermischt eingekocht wird und darin frische Garnelen gar gezogen werden. Für die Herstellung dieser Sauce werden verschiedene exotische Gewürze und Zutaten verwendet, die bei uns eigentlich nicht bekannt sind. Diese sind jedoch in aller Regel in Spezialläden auch bei uns erhältlich. Das Trasi muß vorher im Backofen erhitzt werden (Zubereitung siehe Rezeptteil Thailändische Chilisauce (Nam Prik). Außerdem wird das Pulver der gemahlenen und getrockneten Galanga-Wurzel verarbeitet. Galanga-Wurzeln werden in Indien angebaut und in der indischen Küche verwendet. Der Geschmack ähnelt dem Ingwer mit einem leichten Pfeffergeschmack. Galanga-Pulver wird auch für die Herstellung von Curry oder als Würze für Eintopfgerichte in der thailändischen Küche und auf Malaysia benutzt. Außerdem ist für die Herstellung dieser Paste frisches Limonengras (3 Stengel) erforderlich.

> 1½ EL ganze Korianderkörner
> 1½ TL ganzer Kreuzkümmel
> 2 TL schwarze Pfefferkörner
> 12 kleine getrocknete rote Chilischoten
> 1½ EL gemahlene Galanga-Wurzel
> (siehe Vorbemerkung)
> 5 kleine Schalotten (sehr fein gehackt)
> 5 Knoblauchzehen (sehr fein gehackt)
> 3 frische Stengel Limonengras
> (in Scheiben geschnitten
> und anschließend mit einem
> scharfen Messer fein zerhackt)
> abgeriebene Schale von
> 2 unbehandelte Limonen
> 1 Trasiwürfel (etwa 2 x 2 cm groß)
> 1 TL Meersalz

In einer beschichteten Pfanne die Korianderkörner und den Kreuzkümmel 3 Min. rösten. Dabei ständig umrühren, damit die Körner nicht anbrennen. In einem kleinen Mixer die Pfefferkörner mit dem gerösteten Kreuzkümmel und den Korianderkörnern sehr fein mahlen. Den Stielansatz der Chilischoten wegschneiden, die Kerne entfernen und fein hacken. Dazwischen den Trasiwürfel in Alufolie wickeln und im Backofen rösten (siehe Vorbemerkung zu Thailändische Chilisauce (Nam Prik). Die nach vorstehenden Angaben vorbereiteten Zutaten in einen Mixer geben, die restlichen Gewürze sowie etwas Meersalz hinzufügen und alles zu einer cremigen Paste kräftig verarbeiten. Die Masse in ein verschließbares Glas füllen und im Kühlschrank etwa 2 Tage nachreifen lassen.

Lauwarme Kräutervinaigrette zu Carpaccio

Diese Vinaigrette paßt zu Salat aus lauwarmem, im Dampf kurz gegartem Gemüse, zu Salat mit Radieschen, Tomaten und Stangensellerie oder lauwarm zu Carpaccio aus Lachs bzw. Rinderfilet.

1 TL Meersalz
1 TL weiße Pfefferkörner
(im Mörser kräftig zerdrückt)
2 EL Sherry-Essig
1 TL dickflüssiger süßer
Balsamico-Essig
0,1 l kalt gepreßtes Olivenöl
2 Schalotten (fein gewürfelt)
verschiedene frische Kräuter,
gewaschen und grob gehackt
(jeweils 1 EL glatte Petersilie, Dill,
Schnittlauch, Basilikum, Thymian
sowie 3 Salbeiblätter)

In einer Porzellanschüssel das Meersalz mit den Pfefferkörnern dem Sherry-Essig und Balsamico-Essig verrühren. Mit einem Schneebesen das Olivenöl unterschlagen, so daß die Sauce cremig dickflüssig wird. Die Schalottenwürfel und die Kräuter (Petersilie, Dill, Schnittlauch, Basilikum, Thymian und Salbei) hinzufügen. Mit dem Pürierstab mixen. Dabei darauf achten, daß die Kräuter nicht zu stark zerkleinert werden, sondern noch Blattstücke erkennbar sind. Wenn diese Vinaigrette zu Carpaccio verwendet wird, muß sie in einer Sauteuse lauwarm erhitzt werden. Dabei mit dem Schneebesen aufschlagen und danach die Sauce mit einem Löffel über den Fisch oder das Fleisch geben. Zusätzlich noch etwas kalt gepreßtes Olivenöl darüberträufeln.

Tapenadevinaigrette zu Carpaccio

Diese sehr würzige Sauce paßt in kleinen Mengen über Carpaccio (sehr fein geschnittenes rohes Rinderfilet). Dabei wird das Filet in hauchdünne Scheiben geschnitten und auf einem großen Teller ausgelegt. Mit Salz und Pfeffer würzen, die Tapenadevinaigrette darübergeben und zusätzlich noch ein paar Tropfen ausgezeichnetes kalt gepreßtes Olivenöl. Für die Herstellung der Sauce ist Tapenade erforderlich (Creme aus schwarzen Oliven).

2 EL Tapenade (siehe Rezept)
3 EL gutes kalt gepreßtes Olivenöl
1 TL kräftiger Rotweinessig
1 Messerspitze brauner Rohrzucker
1½ TL Balsamico-Essig
(mindestens 12 Jahre alt)
Meersalz
frisch gemahlener schwarzer Pfeffer

In einer Porzellanschüssel mit einem Schneebesen die Tapenade, das Olivenöl und den Rotweinessig kräftig vermischen. Den Rohrzucker hinzufügen und den Balsamico-Essig unterrühren. Mit Meersalz und Pfeffer abschmecken. Mit einem kleinen Löffel über das Rinderfilet geben.

Kirschsauce

Dieses Originalrezept aus der Zeit um 1780 wird aus getrockneten Sauerkirschen hergestellt. Die Sauce wird zu paniertem und gebratenem Rindfleisch sowie zu Wildschweinbraten serviert.

300 g getrocknete Sauerkirschen
(entsteint)
2 EL Butter
1 EL Mehl
1 EL brauner Rohrzucker
1 Zimtstange (in Stücke gebrochen)
1 unbehandelte Zitrone
0,2 l trockener Riesling
0,2 l Wasser

Die Kirschen in einem Mixer zu einem feinen Püree vermischen. Anschließend in einer großen Sauteuse die Butter zerlassen, darin 1 EL Mehl hellgelb anschwitzen und sofort den Zucker hinzufügen. So lange mit dem Kochlöffel rühren, bis der Zucker flüssig und die ganze Masse dunkel ist. Sofort die Kirschen und den Zimt unterheben. Von der Zitrone die Schale sehr fein abschälen und in feine Streifen schneiden. Diese mit dem Riesling und dem Wasser in die Sauteuse geben und 40 Min. bei geringer Hitze köcheln. Anschließend durch ein feines Haarsieb streichen und – falls notwendig – nochmals mit Zucker abschmecken. Die Hälfte der Zitrone auspressen und den Zitronensaft unter die Sauce rühren. Wenn die Sauce zu dickflüssig ist, mit etwas Riesling verdünnen und mit dem Schneebesen nochmals kräftig durchschlagen. Die Sauce sehr heiß servieren.

Fränkische Grünkern-sauce zu gekochtem Rindfleisch

> 1 TL Butter
> 150 g durchwachsener roher Speck
> (in feine Würfel geschnitten)
> 4 Schalotten
> (in feine Würfel geschnitten)
> 3 EL feines Grünkernmehl
> 0,25 l Wasser
> 2 EL Crème frâiche (dicke Sahne)
> 1/2 TL Worcestersauce
> Meersalz
> frisch gemahlener weißer Pfeffer

In einer beschichteten Pfanne die Butter zerlassen und die Speckwürfel darin hellgelb anbraten. Die Schalottenwürfel hinzufügen und durchrösten. Anschließend das Grünkernmehl darüberstreuen und mit dem Kochlöffel gut verrühren. Sofort mit kochendem Wasser langsam aufgießen und dabei ständig mit dem Kochlöffel umrühren. Die Crème fraîche daruntermischen und mit der Worcestersauce, dem Salz sowie Pfeffer abschmecken. Nach Zugabe der Sahne darf die Sauce nicht mehr kochen, da sie sonst gerinnen könnte.

Koriander-Zitronen-Sauce zu kaltem Rindfleisch

> Saft von 1 Zitrone
> Meersalz
> frisch gemahlener weißer Pfeffer
> 1/2 TL brauner Rohrzucker
> 3 EL Olivenöl
> 3 EL Sonnenblumenöl
> 2 kleine Schalotten
> (in kleine Würfel geschnitten)
> 1 EL Korianderkörner
> (im Steinmörser kräftig zerdrückt)
> 1 Bund frische Korianderblätter

In einer großen Porzellanschüssel den Zitronensaft mit Salz, Pfeffer sowie Zucker verrühren und mit dem Schneebesen das Oliven- und Sonnenblumenöl nach und nach einschlagen. Anschließend die Schalottenwürfel und die zerdrückten Korianderkörner mit dem Schneebesen unterarbeiten. Die Korianderblätter unter fließendem kaltem Wasser abwaschen, abtrocknen und sehr fein schneiden. Mit einem Löffel die Korianderblätter unter die Sauce heben und sofort servieren. Diese Sauce eignet sich hervorragend zu kaltem Suppenfleisch, zu gegrillten Rindersteaks oder als Beilage zu in Wasserdampf gedünstetem Gemüse.

Walnuß-Honig-Sauce zu geschmorten Beinscheiben

Diese sehr kräftig aromatische Sauce schmeckt ausgezeichnet zu in Wurzelgemüse und Brühe gar geschmorten Rinderbeinscheiben. Sie paßt aber auch ausgezeichnet zu verschiedenen Fleischsorten (Suppenhuhn, Kalbfleisch, Rindfleisch und gepökeltes Schweinefleisch), das langsam in Brühe gar gezogen wurde. Am besten schmeckt die Sauce mit hellem flüssigem Klee- oder Lindenblütenhonig.

> 250 g Walnußkerne
> 0,1 l kräftig eingekochte Fleischbrühe
> (siehe Rezept)
> 100 g heller flüssiger Honig
> 30 g helles Senfpulver

Die Walnußkerne mit einem Messer in grobe Stücke schneiden und nach und nach in einem großen Steinmörser zu Brei zerstoßen. Dabei immer wieder in kleinen Mengen lauwarme Fleischbrühe dazugießen und mit den Walnüssen vermischen. Diese Masse dann in eine Metallschüssel geben.
Den Honig in einem kleinen Topf leicht erwärmen, bis er flüssig genug ist. Langsam mit einem Kochlöffel der Nußmasse zusetzen und gut verrühren. Zum Schluß das Senfpulver hinzufügen. Den Topf in kaltes Wasser stellen und mit dem Schneebesen kräftig durchschlagen, bis die Sauce kalt ist.
In eine kleine Porzellanschüssel füllen und zu dem Fleisch servieren.

Kartoffelsauce mit Sardellen zu Rindfleisch

Diese Sauce aus der „einfachen bürgerlichen Küche" stammt aus der Zeit um 1920. Sie ist sehr einfach herzustellen und erhält ihren pikanten Geschmack durch die Beigabe von gesalzenen Sardellen. Wichtig ist die Verwendung von mehlig kochenden Kartoffeln.

> 600 g frisch gekochte
> mehlige Kartoffeln
> 5 Sardellen (geputzt und unter fließend
> kaltem Wasser ausgewaschen)
> 1 kleine Zwiebel
> (in feine Würfel geschnitten)
> 2 EL Weißweinessig
> 1 EL Sonnenblumenöl
> Meersalz
> frisch gemahlener weißer Pfeffer
> 0,1 l lauwarme kräftige Fleischbrühe
> 1 hartgekochtes Ei (das Eigelb)

Die Kartoffeln schälen und sofort durch eine Kartoffelpresse drücken. Die Sardellen in kleine Würfel schneiden. Die Sardellen- und Zwiebelwürfel mit den Kartoffeln mischen. Den Essig und das Öl dazugießen und das Ganze mit einem Kochlöffel vorsichtig umrühren. Mit Salz sowie Pfeffer abschmecken und anschließend die Fleischbrühe zufügen. Kräftig durchrühren, so daß sich eine cremige Sauce ergibt. Wenn die Sauce zu dickflüssig wird, noch etwas warme Fleischbrühe untermischen. Zum Schluß das mit einer Gabel zerdrückte Eigelb unter die Sauce rühren und sofort zu heißem gekochtem Rindfleisch servieren.

Zwiebelsauce
(Sauce Robert)

Vor allem in den Kochbüchern aus der Zeit zwischen 1850 und kurz nach 1900 erscheinen Zwiebelsaucen in den verschiedensten Zubereitungsarten. Auch in diesem Buch sind verschiedene Zwiebelsaucen aufgeführt (siehe Stichwortverzeichnis). Die Sauce Robert kann zu verschiedenen Gerichten serviert werden und eignet sich auch sehr gut zu gekochtem Rindfleisch. Zur Herstellung ist 0,75 l Sauce espagnole erforderlich (siehe Rezept).

1 EL Butter
1 kleine Zwiebel
(in grobe Würfel geschnitten)
5 weiße Pfefferkörner
2 EL Weißweinessig
0,1 l trockener Weißwein
0,75 l Sauce espagnole
Salz
frisch gemahlener weißer Pfeffer
1/2 TL Cayennepfeffer
1/2 TL scharfer Senf
1 TL kräftiger Rotweinessig
(oder Balsamico-Essig)

In einer großen Sauteuse die Butter zerlassen, die Zwiebel und die Pfefferkörner zugeben und leicht anrösten (nur hellbraun). Danach den Weißweinessig und den Weißwein zugießen und auf die Hälfte einkochen lassen. Anschließend die Sauce espagnole dazugeben und mehrmals aufkochen. Die Sauce mit Salz und Pfeffer abschmecken. Außerdem den Cayennepfeffer und den Senf hinzufügen und mit dem Schneebesen unterschlagen. Zum Schluß kommt Rotweinessig dazu. Das Ganze nach Zugabe der Gewürze nicht mehr aufkochen und dann heiß servieren.

Meerrettichschaum zu Tafelspitz

Zur Herstellung dieser Sauce wird die Pochierbrühe, in welcher der Tafelspitz oder ein Rinderfilet gar gezogen wird, verwendet. Für die Brühe ist zunächst ein Fleischfond und zusätzlich Wurzelgemüse mit frischen Kräutern erforderlich. Die Menge der Pochierbrühe reicht für 700 g Tafelspitz oder Rinderfilet. Zum Garziehen wird das Fleisch in nicht zu dicke Scheiben geschnitten.

Für die Pochierbrühe:
1,2 l Fleischfond, noch nicht reduziert
(siehe Rezept)
1 EL brauner Rohrzucker
0,1 l Sherry-Essig
1 TL Meersalz
1 EL Wacholderbeeren
(im Mörser leicht zerdrückt)
je 1 EL frische klein gehackte Kräuter:
glatte Petersilie, Thymian
und Basilikum
3 mittelgroße Karotten (klein gewürfelt)
2 Lauchstangen
(in feine Ringe geschnitten)
200 g Knollensellerie (klein gewürfelt)
100 g Petersilienwurzel
(klein gewürfelt)
2 Knoblauchzehen
2 Lorbeerblätter (in Stücke gebrochen)

Für den Meerrettichschaum:
3 EL kalte Butter in Stücken
3 EL frischer Meerrettich (fein gerieben)

In einem breiten Bratentopf den Fleischfond aufkochen und Zucker, Essig und Meersalz hinzufügen. 2 Min. köcheln. Anschließend die Wacholderbeeren, die klein gehackten Kräuter (Petersilie, Thymian und Basilikum), das Wurzelgemüse (Karotten, Lauchstangen, Knollensellerie, Petersilienwurzel, Knoblauch und Lorbeer) dazugeben. Nochmals aufkochen und die Fleischscheiben in die kochende Brühe geben. Den Topf sofort von der Platte ziehen und das Fleisch darin abkühlen lassen. Den Topf abgedeckt 24 Std. stehen lassen, damit das Fleisch den würzigen Geschmack der Brühe aufnimmt. Nach dieser Zeit das Fleisch aus der Brühe nehmen und die Brühe 10 Min. bei mäßiger Hitze köcheln. Die Hitze dann zurückschalten, damit die Brühe nicht mehr kocht. Die Fleischscheiben nochmals in die Brühe legen und etwa 3 Min. ziehen lassen.
Das Fleisch dann wieder herausnehmen und die Marinade bei starker Hitze auf die Hälfte reduzieren. Mit dem Pürierstab kräftig aufmixen und durch ein feines Haarsieb streichen. Die Sauce wieder in die Sauteuse zurückschütten, erwärmen (aber nicht kochen) und mit dem Schneebesen die Butter unterschlagen. Den Topf von der Platte ziehen und den frisch geriebenen Meerrettich mit einem Löffel unterheben. Die Sauce dann sofort mit den Fleischscheiben servieren.

Madeirasauce

Diese Sauce ist sehr schnell und einfach herzustellen. Es wird 0,5 l kräftiger Fleischfond benötigt. Sie wird vor allem zu gekochtem frischem Kalbskopf oder zu in Brühe gar gezogener Kalbszunge serviert.

0,5 l Fleischfond
4 EL Madeira
Meersalz
frisch gemahlener weißer Pfeffer

In einer Sauteuse den Fleischfond bei nicht zu starker Hitze um etwa ein Drittel reduzieren (dabei ständig mit dem Schneebesen schlagen). Zum Schluß den Madeira dazugeben und mit Salz sowie Pfeffer abschmecken. Damit das aromatisch-süßliche Aroma des Madeira nicht verlorengeht, ist die Sauce sofort zu servieren.

Weiße Senfsauce

Diese Sauce wird durch Verfeinerung einer sogenannten „Weißen Bouillon-sauce" (bzw. Sauce allemande) her-gestellt. Die Zubereitung ist etwas aufwendig, die Sauce ist aber sehr schmackhaft.

50 g Butter
80 g Mehl
1 l kräftige Fleischbrühe
2 Eigelb
0,2 l Sahne
20 g zimmerwarme Butter
Meersalz
frisch gemahlener weißer Pfeffer
frisch gemahlene Muskatnuß
1 EL scharfer Dijon-Senf
1 EL kalte Butter
2 Sardellenfilets

In einer großen Sauteuse die 50 g But-ter zerlassen und das Mehl darin hell-braun anrösten. Die Fleischbrühe all-mählich dazugießen und dabei mit dem Schneebesen rühren. Das Mehl muß sich ganz auflösen, das heißt, diese Grundsauce sollte unter ständigem Rühren mindestens 15 Min. köcheln. Die Eigelb mit der Sahne und der zim-merwarmen Butter kräftig verrühren. Diese „Liaison" mit dem Schneebesen nach und nach in die Sauce einschla-gen. Wichtig dabei ist, daß die Sauce ständig leicht köchelt, damit sie cremig wird. Mit Salz, Pfeffer und Muskatnuß abschmecken.
Den Topf von der Platte nehmen und den Senf sowie die kalte Butter mit dem Schneebesen einschlagen. Die Sardellenfilets unter fließendem kaltem Wasser kräftig abwaschen, ausnehmen und in kleinste Stückchen schneiden. Zum Schluß mit einem Kochlöffel unter die Sauce heben und sofort servieren. Die Sauce darf nach der Zugabe des Senfs nicht mehr kochen!

Adlonsauce

Diese Sauce ist sehr schnell zubereitet, wobei jedoch Voraussetzung ist, daß Fleischfond (ersatzweise Fleischbrühe) vorhanden ist. Die Sauce paßt aus-gezeichnet zu kaltem gekochtem Rind-fleisch.

3 Eigelb
2 EL zimmerwarme Butter
1½ EL Zitronensaft
3 EL Fleischfond
(ersatzweise 5 EL Fleischbrühe)
1 TL scharfer Senf
1 TL Sardellenpaste
Meersalz
frisch gemahlener weißer Pfeffer
1 EL Keta-Kaviar
(oder roter deutscher Kaviar)

In einer Sauteuse die Eigelb mit der Butter und dem Zitronensaft mit dem Schneebesen kräftig schlagen. In einer zweiten Sauteuse die Fleischbrühe um ein Drittel reduzieren (dies entfällt, wenn Fleischfond vorhanden ist). In die Eigelb-Butter-Masse den Fleischfond bzw. die eingekochte Fleischbrühe mit dem Schneebesen einarbeiten und dabei bis kurz vor das Kochen erhitzen (auf keinen Fall kochen!). Es muß sich dabei eine cremige dickflüssige Sauce ergeben.
Die Sauce abkühlen lassen, so daß sie nur noch lauwarm ist. Den Senf und die Sardellenpaste mit dem Schnee-besen einschlagen und mit Meersalz sowie Pfeffer abschmecken. Zum Schluß den Kaviar mit einem Löffel unterheben und sofort servieren.

Italienische Estragon-sauce zu gekochtem Rindfleisch

Diese dicke cremige Kräutersauce schmeckt am besten zu frisch gekoch-tem Rindfleisch. Sie paßt jedoch auch zu frisch gebratenem Meeresfischfilet oder zu in Brühe gegartem frischem Gemüse mit verschiedenem gekochtem Fleisch.

2 etwa 3 cm dicke Scheiben Weißbrot
(ohne Rinde)
0,15 gutes kalt gepreßtes Olivenöl
4 Knoblauchzehen
(durch die Presse gedrückt)
3 EL frischer Estragon (fein gehackt)
3 EL Sherry-Essig
Meersalz
frisch gemahlener weißer Pfeffer
1 Messerspitze brauner Rohrzucker
1 TL alter süßer Balsamico-Essig

Das Brot in feine Streifen schneiden, in eine Porzellanschüssel geben und das Olivenöl darübergießen. Den Knob-lauch sowie den Estragon hinzufügen, abdecken und mindestens 2 Std. im Kühlschrank ziehen lassen.
Die ganze Masse mit dem Pürierstab aufmixen und dabei den Essig nach und nach hineintröpfeln. Zusätzlich durch ein feines Haarsieb streichen und zum Schluß mit Salz, Pfeffer, Zucker sowie Balsamico-Essig abschmecken. Wenn die Sauce zu dickflüssig wird, mit etwas Olivenöl und Essig verdünnen. Diese Sauce schmeckt am besten frisch zube-reitet, da dann der feine Geschmack des Estragon besonders zur Geltung kommt. Die Sauce hält sich gut abge-deckt im Kühlschrank 3 bis 4 Tage. Sie kann jedoch nicht eingefroren werden.

Brokkolisauce zu gekochtem Rindfleisch

Für die Herstellung dieser Sauce werden 600 g kräftige grüne Brokkoli-röschen und frisch geriebener Meerrettich verwendet. Sie schmeckt am besten zu frisch gekochtem heißem Suppenfleisch.

600 g Brokkoliröschen
0,4 l Wasser
(herzhaft mit Salz gewürzt)
4 EL dicke saure Sahne
Meersalz
frisch gemahlener schwarzer Pfeffer
Saft von 1/2 Zitrone
2 EL sehr fein und frisch geriebener
Meerrettich

Bei den Brokkoliröschen die Stiele abschneiden und fein würfeln. In einem hohen Topf das Salzwasser erhitzen und die Brokkoliröschen sowie die fein gehackten Stiele hinzufügen. 20 Min. bei nicht zu starker Hitze köcheln, bis das Gemüse weich ist. Die saure Sahne untermischen und mit Meersalz, Pfeffer und Zitronensaft abschmecken. Mit dem Pürierstab die Sauce sehr fein pürieren. Nochmals aufkochen und den Topf von der Platte ziehen. Den Meerrettich mit einem Löffel unterheben und gegebenenfalls noch einmal mit Meersalz und Pfeffer abschmecken. Die Sauce sofort servieren.

Einfache englische Sauce

Dieses Rezept stammt aus der Zeit um 1930. Diese kalte Sauce ist sehr dickflüssig und wird vor allem zu kaltem gekochtem Rindfleisch serviert. Voraussetzung zur Herstellung dieser Sauce ist das Vorhandensein von etwas Fleischbrühe oder Fleischfond.

3 hartgekochte Eigelb
3 mittelgroße gekochte Kartoffeln
(fein gerieben)
5 EL feines Olivenöl
1 EL kalte kräftige Fleischbrühe
(oder 1 TL Fleischfond)
2 EL Weißweinessig
1 EL Petersilie (fein gehackt)
Salz
frisch gemahlener weißer Pfeffer

Die Eigelb durch ein feines Haarsieb streichen und mit den Kartoffeln mischen. Anschließend das Olivenöl, die Fleischbrühe (oder Fleischfond) sowie den Weißweinessig zugießen und mit einem Holzkochlöffel gut verrühren. Danach die Petersilie dazugeben und die Sauce mit Salz und Pfeffer abschmecken.
Diese Sauce sollte möglichst frisch zubereitet werden, kann jedoch 1 bis 2 Tage abgedeckt im Kühlschrank aufbewahrt werden.

Goût de veau

Dieses Rezept stammt aus der Zeit um 1780. Es handelt sich um eine cremige Farce aus Kalbfleisch und Ochsenmark. Sie kann als Beigabe zu frisch in Brühe gekochtem Suppenfleisch oder auch zu gebratenem Geflügel serviert werden.

300 g durchwachsenes Kalbfleisch
150 g Mark aus Rinderknochen
2 Schalotten (fein gewürfelt)
1 EL frische glatte Petersilie
(sehr fein gehackt)
1 TL frische Thymianblättchen
(fein gehackt)
1 EL Sonnenblumenöl
Schale von 1 unbehandelten Zitrone
(sehr fein gehackt)
Meersalz
frisch gemahlener weißer Pfeffer

Das Kalbfleisch in Würfel schneiden und zweimal durch die feinste Scheibe des Fleischwolfs drehen. Das Rindermark bei nicht zu starker Hitze zerlassen und durch ein feines Haarsieb in eine Sauteuse füllen. Die Schalottenwürfel, die Petersilie, Thymianblättchen sowie das Öl hinzufügen und leicht anrösten. Dann das durchgedrehte Kalbfleisch sowie die Zitronenschale untermengen und mit Meersalz sowie Pfeffer abschmecken. Alles bei sehr geringer Hitze garen und dabei kräftig rühren. Das Ganze nochmals durch die feine Scheibe des Fleischwolfs drehen und lauwarm servieren.
Wenn diese Masse abgekühlt ist, kann sie auch zu kleinen Kugeln geformt werden; diese eignen sich dann zum Füllen von Rebhühnern oder Wachteln.

Sauce tortue zu Kalbskopf

Hier handelt es sich um ein Original-rezept des bekannten Kochs Alfred Walterspiel, der 1909 mit dem Gastro-nomen Franz Pfordte das Hotel „Atlantic" in Hamburg eröffnete. Die Sauce wird zu gedünstetem Kalbskopf, der in Salzwasser mit Weinessig und Wurzelgemüse weichgedünstet ist, gereicht. Zur Herstellung dieser Sauce braucht man Sauce espagnole und Kalbsfond.

2 EL Olivenöl
1 große Zwiebel
(in Würfel geschnitten)
1 Karotte (in große Würfel geschnitten)
1 Lorbeerblatt (in Stücke gebrochen)
5 weiße Pfefferkörner
(im Mörser zerdrückt)
2 Nelken (im Mörser zerdrückt)
1 Knoblauchzehe (zerquetscht)
1 TL getrockneter
oder 1 Zweigchen frischer Thymian
0,1 l trockener Riesling
0,2 l Sauce espagnole
0,2 l eingekochte Tomatensauce
0,2 l Kalbsfond
0,1 l trockener Sherry

In einer großen Sauteuse das Olivenöl erhitzen und die Zwiebel- und Karot-tenwürfeln dazugeben. Ebenso die Lorbeerstücke und den Pfeffer, die Nelken, den Knoblauch und den Thymian. Kurz anrösten und mit dem Riesling ablöschen. Das Ganze bei mittlerer Hitze auf die Hälfte redu-zieren. Dann die Sauce espagnole, die Tomatensauce sowie den Kalbsfond aufgießen, aufkochen und wiederum um ein Drittel einkochen. Nun mit dem Schneebesen den Sherry einschlagen, nochmals aufkochen. Durch ein Haar-sieb streichen und zum Kalbskopf servieren.

Kürbis-Joghurt-Sauce zu pochiertem Rinderfilet

Diese fruchtige Sauce paßt sehr gut zu Rinderfilet, das in sehr kräftiger Fleischbrühe pochiert und anschließend sehr dünn aufgeschnitten wird. Zur Herstellung ist frischer goldfarbener Kürbis und 0,4 l Geflügelfond erforder-lich. Außerdem werden 1 EL schwarzer dickflüssiger Zuckerrübensirup verwen-det und 0,15 l mit dem Schneebesen aufgeschlagener Sahnejoghurt.

0,4 l Geflügelfond (siehe Rezept)
700 g frisches Kürbisfleisch
(geschält und grob gewürfelt)
1 EL Zuckerrübensirup
2 EL frisch geriebener Parmesankäse
1/2 TL frisch geriebene Muskatnuß
2 TL Meersalz
frisch gemahlener weißer Pfeffer
2 EL frischer Schnittlauch
(sehr dünn geschnitten)
0,15 l Sahnejoghurt
(cremig aufgeschlagen)
1 Messerspitze Zucker
1 TL frisch gepreßter Zitronensaft

In einem großen Edelstahltopf den Geflügelfond erhitzen und den Kürbis hinzufügen. Bei mittlerer Hitze 25 Min. kochen, bis der Kürbis sehr weich ist. Den Topf dann von der Platte ziehen und mit dem Pürierstab cremig aufmi-xen. Den Zuckerrübensirup, den Parmesankäse und Muskat hinzufügen und nochmals mit dem Pürierstab auf-mixen. Dann das Meersalz, den Pfeffer und den Schnittlauch untermischen und mit dem Schneebesen schlagen. Nach und nach den cremigen Joghurt bei-mengen und ständig mit dem Schnee-besen schlagen. Mit Zucker und Zitro-nensaft abschmecken. Anschließend die Sauce durch ein feines Haarsieb streichen und in einer Sauteuse noch kurz erhitzen. Möglichst sofort zu dem Fleisch servieren.

Salzgurken-Dill-Sauce zu gekochtem Rindfleisch

Dieses Rezept ist aus der Zeit um 1930. Zur Herstellung der Sauce werden 0,2 l Fleischfond, eingelegte Salzgurken und frischer Dill benötigt (wichtig!).

3 EL Butter
2 EL Mehl
4 Schalotten
(in feine Würfel geschnitten)
0,2 l Fleischfond
1 EL brauner Rohrzucker
1 EL Estragonessig
200 g Salzgurken (fein gehackt)
0,2 l süße Sahne
Salz
frisch gemahlener weißer Pfeffer
1 EL frischer Dill (fein gehackt)

In einer Sauteuse die Butter zerlassen und das Mehl sowie die Schalotten zugeben und braun rösten. Anschließend unter ständigem Schlagen mit dem Schneebesen den Fleischfond aufgießen und einmal durchkochen las-sen. Dann den Rohrzucker und den Estragonessig zugeben und alles bei mäßiger Hitze köcheln lassen. Die Sauce muß cremig flüssig werden, das heißt, je nach dem noch etwas Fleisch-fond oder Mehl (in heißem Wasser auf-gelöst) hinzufügen. Das Ganze dann durch ein Haarsieb geben und bis kurz vor das Kochen bringen. Die Salzgurken in die Sauce geben und anschließend die süße Sahne zufügen. Mit Salz und Pfeffer abschmecken. Alles leicht ziehen oder köcheln lassen (etwa 20 Min.). Dann den Dill unter die Sauce heben. Die Sauce sofort zu heißem gekochtem Rindfleisch oder auch zu langsam in Brühe gegartem Ochsenschwanz servieren.

Meerrettich-Sahne-Sauce
(Rußland)

Diese pikante cremige Sauce paßt vor allem zu gekochtem Suppenfleisch, zu frisch gebackenem Schinken im Brotteig oder zu in Brühe gar gezogener Kalbszunge.

> 3 EL Butter
> 3 EL Mehl
> 0,6 l kräftige Fleischbrühe
> 0,2 l Sahne
> 3 EL frisch geriebener Meerrettich
> 1 EL Butter
> ½ TL Meersalz
> ½ TL Rohrzucker
> 1 TL frisch gepreßter Zitronensaft

In einer großen Sauteuse die 3 EL Butter zerlassen und das Mehl darin hellgelb anrösten. Nach und nach die heiße Fleischbrühe dazugießen und mit dem Schneebesen kräftig durchschlagen. Mindestens 5 Min. bei nicht zu starker Hitze unter ständigem Rühren kochen. In einer beschichteten Pfanne den Meerrettich in 1 EL Butter anbraten, anschließend unter die Sauce mischen, aufkochen und 2 Min. kochen. Salz, Zucker sowie den Zitronensaft hinzufügen und nochmals verrühren.
Die Sauce muß leicht cremig sein und stark nach dem Meerrettich schmecken. Gegebenenfalls den Geschmack mit noch etwas mehr Meerrettich verstärken. Wichtig ist, daß die Sauce sofort serviert wird, weil sie sonst ihr pikantes Aroma verliert.

Schnittlauch-Meerrettich-Sauce zu Tafelspitz

> 3 EL Sonnenblumenöl
> 3 Schalotten
> *(in sehr feine Würfel geschnitten)*
> 0,3 l kräftige Fleischbrühe oder Fleischfond
> 0,2 l süße Sahne
> 0,15 l saure Sahne
> 4 EL trockener Riesling
> 100 g Stangenweißbrot (ohne Rinde, in kleine Würfel geschnitten)
> 1 EL frisch gepreßter Zitronensaft
> Meersalz
> frisch gemahlener weißer Pfeffer
> ½ TL brauner Rohrzucker
> 2 EL frisch geriebener Meerrettich
> 1 Bund Schnittlauch
> *(in feine Röllchen geschnitten)*

In einer breiten Sauteuse das Öl erhitzen und die Schalottenwürfel hellbraun anbraten. Die Fleischbrühe hinzugießen und aufkochen. Anschließend die Sahne (süße und saure) sowie den Riesling untermischen und bei mäßiger Hitze 3 Min. köcheln. Mit dem Schneebesen immer wieder durchschlagen.
Die Weißbrotwürfel in die Sauce geben, die Sauce weiterköcheln lassen und ständig umrühren, bis sich das Weißbrot aufgelöst hat. Die Sauce mit dem Pürierstab durchmixen und durch ein feines Haarsieb wieder in die Sauteuse streichen. Die Sauce bis kurz vor das Kochen erhitzen. Mit Zitronensaft, Salz und Pfeffer abschmecken. Den Meerrettich und die Schnittlauchröllchen mit einem Löffel unter die Sauce heben. Wenn die Sauce zu flüssig ist, mit noch mehr Weißbrot aufkochen. Wenn die Sauce zu dickflüssig ist, mit Sahne verdünnen.
Damit der Meerrettich nicht seinen kräftigen scharfen Geschmack verliert, die Sauce sofort zu dem frisch gekochten Tafelspitz servieren.

Österreichische Meerrettichsauce zu gekochtem Rindfleisch

Voraussetzung für die Herstellung dieser Sauce sind 0,2 l Fleischfond und frischer Meerrettich.

> 3 EL Butter
> 3 Schalotten
> *(in feine Würfelchen geschnitten)*
> 4 EL Mehl
> 0,2 l Fleischfond
> 3 EL frisch geriebener Meerrettich
> Salz
> frisch gemahlener weißer Pfeffer
> ½ Zitrone (Saft)
> 1 EL Zucker
> 0,2 l süße Sahne

In einer Pfanne die Butter zerlassen und die Schalotten hellbraun darin anrösten. Dann das Mehl darüberstreuen und bei leichter Hitze 10 Min. braun durchrösten.
Anschließend den Fleischfond erhitzen und nach und nach mit dem Schneebesen in die Mehlschwitze einrühren. Dann den Meerrettich in die Sauce geben und mit Salz und Pfeffer abschmecken, ebenso den Zitronensaft und den Zucker zufügen. Das Ganze bei geringer Hitze köcheln und mit dem Schneebesen immer wieder aufschlagen. Die Sauce darf nicht zu dick werden, sondern muß cremig flüssig bleiben.
Nach etwa 10 Min. die süße Sahne nach und nach zugießen und noch einmal kurz aufkochen lassen. Die Sauce dann sofort zu heißem gekochtem Rindfleisch oder Beinscheiben servieren.

Petersilien-Sardellen-Sauce zu gekochtem Rindfleisch

1 rote Paprikaschote
2 große Bund glatte Petersilie
5 EL altbackenes Weißbrot
(klein gewürfelt)
5 EL Sherry-Essig
5 hartgekochte Eigelb
5 in Salz eingelegte Sardellen (unter
fließendem Wasser gründlich ausge-
waschen, geputzt und klein gewürfelt)
2 Knoblauchzehen
(durch die Presse gedrückt)
0,25 l bestes kalt gepreßtes Olivenöl
Meersalz
frisch gemahlener weißer Pfeffer

Die Paprikaschote unter den vorgeheizten Grill im Backofen legen, bis sich die
Haut fast schwarz färbt. Kurz in ein
nasses Küchentuch wickeln und die
Haut abziehen. Die Paprika halbieren,
die Kerne entfernen und in sehr kleine
Würfel schneiden.
Die Petersilie gut unter fließendem
kaltem Wasser abwaschen, die Stengel
entfernen und sehr fein hacken.
Die Brotwürfel mit dem Sherry-Essig
vermischen, kurz ziehen lassen und
dann sofort kräftig ausdrücken. Die
Eigelb in einer großen Metallschlagschüssel zerdrücken, das ausgedrückte
Brot, die Sardellenwürfel sowie den
Knoblauch hinzufügen und alles gut
verrühren. Die Petersilie und die
Paprikawürfel untermischen. Mit dem
Schneebesen weiterrühren und langsam
das Olivenöl beimengen. Es muß sich
jetzt eine dickflüssige cremige Sauce
ergeben. Zum Schluß mit Meersalz und
Pfeffer abschmecken.

Rohe Rettichsauce

Aus einem Kochbuch des 19. Jahrhunderts stammt diese Sauce. Verwendet wird dafür der im Winter erhältliche
schwarze Rettich. Diese Sauce eignet
sich vor allem zu kaltem Suppenfleisch
oder auch auf frisches Schwarzbrot mit
Butter.

2 frische schwarze Rettiche
Salz
4 EL Weißweinessig
1 EL Olivenöl
2 säuerliche saftige Äpfel
(fein gerieben)
1 TL Zitronensaft
1 EL Zucker

Die schwarzen Rettiche waschen und
dünn schälen. Danach auf einem Reib-
eisen ganz klein reiben und sofort mit
etwas Salz vermischen. Zunächst den
Weißweinessig und dann das Olivenöl
dazurühren. Danach die Äpfel mit
etwas Zitronensaft beträufeln (damit sie
schön weiß bleiben) und dazugeben.
Außerdem den Zucker hinzufügen und
alles gut verrühren.

Hinweis: Diese Sauce sollte nur frisch
verwendet werden. Sie eignet sich
ausgezeichnet zu gekochtem Suppenfleisch.

Weiße Sauce zu gekochtem Fleisch
(römische Sauce)

Dieses Rezept stammt von Apicius,
einem römischen Feinschmecker, der
um die Zeit Christi Geburt gelebt hat.

Zunächst das Originalrezept:
Roggenbrot wird ohne Rinde zerbröselt
und mit etwas Gewürzwein (genannt
Conditum, dies ist mit Wein eingekoch-
ter und mit Pfeffer, Lorbeerblättern,
Safran sowie gerösteten Dattelkernen

gewürzter Honig) eingeweicht. Dann
geschroteten schwarzen Pfeffer, etwas
Garum (altrömische Würzsauce), süßen
Wein, Weinraute, klein gehackte Zwiebeln, Pinienkerne und die eingeweichten Brotkrümel miteinander vermischen.
Öl dazugießen und die dickflüssige
Sauce zu dem gekochten Fleisch servieren.

Nachstehend ein Rezept, nach dem
auch heute gekocht werden kann:

5 Scheiben Roggenbrot
(aus Roggenschrot ohne Rinde)
0,15 l süßer Wermut
120 g Pinienkerne
3 Schalotten (fein gewürfelt)
0,15 l halbtrockener Riesling
0,1 l gutes kaltgepreßtes Olivenöl
frisch gemahlener schwarzer Pfeffer
1½ TL Garum (siehe Rezept)
3 EL Weinraute (fein gehackt)

Das Brot im Backofen anrösten bzw.
trocknen und zerbröseln. Die Hälfte des
Wermuts darübergießen und gut einweichen.
Die Pinienkerne mit einem scharfen
Messer grob zerhacken. In einer Porzellanschüssel die Schalottenwürfel mit
dem eingeweichten Brot, den Pinienkernen, dem restlichen Wermut und
dem Riesling vermischen. Mit einem
Pürierstab kurz durchmixen, mit einem
Schneebesen das Olivenöl nach und
nach unterschlagen (es muß sich eine
cremige Sauce ergeben). Mit Pfeffer
sowie Garum abschmecken und zum
Schluß die Weinraute untermischen.
Die Sauce gut gekühlt zu gekochtem
Fleisch servieren.

Rhabarbersauce zu gekochtem Rindfleisch

Zur Herstellung dieser Sauce ist dick eingekochtes Rhabarberkompott erforderlich. Natürlich schmeckt die Sauce am besten, wenn der Rhabarber frisch ist (Herstellung also am besten im Frühjahr). Außerdem braucht man 0,7 l nicht gesalzene Fleischbrühe.

> 100 g Zucker
> 0,1 l Wasser
> 500 g frischer Rhabarber
> (in Stücke geschnitten)
> 2 EL Butter
> 2 EL Mehl
> 0,7 l kräftige Fleischbrühe
> (nicht gesalzen!)
> Saft von 1 Zitrone
> 2 TL Zucker

In einem Topf den Zuckersirup herstellen, indem der Zucker im Wasser bei niedriger Temperatur aufgelöst wird. Wenn sich der Zucker aufgelöst hat, einmal aufkochen und 2 Min. ziehen lassen.
In einem weiteren Topf die Rhabarberstücke in 0,1 l Zuckersirup bei niedriger Temperatur weich kochen (etwa 25 Min.). Dann die Butter in einer großen Sauteuse zerlassen und das Mehl dazugeben. Hellbraun anrösten und die Fleischbrühe nach und nach bei ständigem Schlagen mit dem Schneebesen einrühren. Den Zitronensaft zugießen und mit Zucker abschmecken. Anschließend das Rhabarberkompott zufügen, mit dem Schneebesen aufschlagen und nochmals aufwallen, nicht mehr weitergaren, leicht abkühlen lassen und sofort zu gekochtem Rindfleisch servieren.

Petersiliensauce

Diese Sauce eignet sich sowohl zu heißem gekochtem Rindfleisch als auch zu Pellkartoffeln. Das Rezept stammt aus der Zeit um 1870. Zur Herstellung dieser Sauce benötigt man 2 EL stark eingekochten gelierten Fleischfond.

> 2 EL frisches Rindernierenfett
> 1 EL Mehl
> kaltes Wasser
> Salz
> 1½ EL kalte Butter
> (in kleine Stückchen geschnitten)
> 1 EL Petersilie (fein gehackt)
> 2 EL Fleischfond
> (gut eingekocht und geliert)

In einer kleinen Pfanne das Rindernierenfett bei mäßiger Hitze auslassen und durch ein feines Sieb in eine Sauteuse streichen. In diesem Rindernierenfett das Mehl anschwitzen. Danach kaltes Wasser hinzugießen, bis die Sauce cremig flüssig wird. Mit Salz abschmecken und kräftig durchkochen. Die Sauce auf der Platte erhitzen bis kurz vor das Kochen und die Butter mit dem Schneebesen unterschlagen. Dann die Petersilie unterheben und den Fleischfond dazugeben. Nicht mehr aufkochen und die Sauce sofort servieren.

Sahne-Hefe-Sauce
(Rußland)

Diese durch die Verwendung von reichlich Hefe ungewöhnlich und etwas herb schmeckende Sauce ist auch gut für die Verdauung und wird zu gekochtem Fleisch serviert.

> 120 g Hefe
> 0,3 l Wasser
> 2 EL Butter
> 2 EL Mehl
> 0,3 l saure Sahne
> 3 Eigelb
> ½ TL Meersalz
> frisch gemahlener weißer Pfeffer
> 3 bis 4 Tropfen Tabascosauce

Die Hefe im Wasser auflösen und bei sehr geringer Hitze 10 Min. köcheln. In einer Sauteuse die Butter zerlassen und das Mehl hellgelb anrösten. Mit der Sahne ablöschen und mit dem Schneebesen unterarbeiten. Dann die aufgelöste Hefe allmählich unter ständigem Rühren zugießen. In einer Tasse die Eigelb mit einer Gabel verquirlen und mit 3 EL der heißen Sauce vermischen. Die Sauteuse von der Platte ziehen und das verquirlte Eigelb mit dem Schneebesen einschlagen. Nochmals aufkochen und mit Salz sowie Pfeffer abschmecken. Zum Schluß mit der Tabascosauce vollenden und sofort servieren.

Sauce à la Baube

Das Rezept zu dieser kalten Sauce stammt aus der Zeit um 1780. Sie paßt ausgezeichnet zu frisch gekochtem Rindfleisch oder zu Schweinskopfsülze.

> 1 unbehandelte Zitrone
> je 1 EL frische Kräuter: glatte Petersilie,
> Pimpernelle und Estragon (kurz vor
> der Zubereitung sehr fein gehackt)
> 2 Schalotten
> (in sehr feine Würfel geschnitten)
> 1 TL scharfer Dijon-Senf
> 2 EL Weinessig
> 1 EL Olivenöl
> Salz

Bei der Zitrone mit einem scharfen Messer die Schale ganz dünn abschälen und in feine Würfel schneiden. Die Kräuter, Schalottenwürfel sowie die Zitronenschalen in einem Mixer pürieren und den Senf zufügen. Die Masse in eine große Schüssel füllen. Mit einem Schneebesen den Essig und den Zitronensaft unterschlagen sowie nach und nach das Olivenöl. Mit Salz abschmecken und etwa 30 Min. ziehen lassen. Kalt zum gekochten Rindfleisch oder zur Sülze servieren.

Salsa mexicana zu gekochtem Fleisch
(Mexiko)

Durch die reichliche Verwendung von scharfen roten Pfefferschoten (Peperoni) erhält man eine sehr scharfe Sauce, die vorsichtig dosiert zu kaltem gekochtem Fleisch verwendet wird.

> 200 g rote frische Peperoni
> 300 g frische grüne Paprikaschoten
> 750 g reife Tomaten
> 250 g Zwiebeln
> (in grobe Würfel geschnitten)
> 3 Knoblauchzehen
> 0,1 l kalt gepreßtes Olivenöl
> ½ TL brauner Rohrzucker
> ½ TL Cayennepfeffer
> ½ TL Ingwerpulver
> 1 Messerspitze gemahlene Salbeiblätter
> Salz
> 1 TL geriebene Kerbelblätter
> 1 TL getrocknete Petersilienblätter
> 5 EL Weißweinessig

Die Peperoni und Paprikaschoten aufschneiden und entkernen. Die Tomaten mit einem scharfen Messer einritzen und kurz in kochendes Wasser halten; danach schälen. Im Mixer die Peperoni, die Paprikaschoten, die Zwiebelwürfel, die Knoblauchzehen und die Tomaten fein zerhacken. In einer großen Sauteuse das Olivenöl erhitzen und das Püree zugeben. Sämtliche Gewürze hinzufügen (Zucker, Cayennepfeffer, Ingwerpulver, Salbei sowie 1 Prise Salz) und 20 Min. durchschmoren. Zum Schluß den Essig sowie die Petersilien- und Kerbelblättchen zugeben. Nochmals etwa 5 Min. bei mäßiger Hitze köcheln lassen und abkühlen. Die Sauce wird kalt zu gekochtem Fleisch (am besten Rindfleisch) serviert.

Schmietenquirgeltunke zu gekochtem Rindfleisch

Diese überlieferte Sauce aus dem Sudetenland wird mit Meerrettich und Quark zubereitet. Sie wird vor allem zu frisch gekochtem Suppenfleisch serviert, paßt jedoch auch ausgezeichnet zu Pellkartoffeln.

> 0,6 l Milch
> 150 g Sahnequark (40 % Fettgehalt)
> Meersalz
> frisch gemahlener weißer Pfeffer
> ½ TL Zucker
> 2 EL Meerrettich

In einem breiten Topf die Milch aufkochen und den Sahnequark nach und nach mit dem Schneebesen einschlagen. Die Masse muß dabei leicht dickflüssig werden. Anschließend mit Salz, Pfeffer und Zucker abschmecken. Kurz vor der Verwendung den frischen Meerrettich ganz fein reiben, mit einem Löffel unter die Sauce mischen und, damit sich der frische scharfe Geschmack des Meerrettichs nicht verliert, sofort zu dem Rindfleisch servieren.

Sudetendeutsche Dillsauce zu gekochtem Rindfleisch

> 2 EL Butter
> 2 EL Mehl
> 0,25 l Fleischbrühe
> (oder 0,2 l Fleischfond)
> ½ TL brauner Rohrzucker
> 2 EL Weißweinessig
> Salz
> 0,2 l saure Sahne
> 2 Eigelb
> frisch gemahlener weißer Pfeffer
> 100 g frischer Dill (fein gehackt)

In einer Sauteuse die Butter zerlassen und das Mehl zugeben. Das Mehl hellbraun anschwitzen und dabei ständig mit dem Schneebesen rühren. Nach und nach die Fleischbrühe in kleinen Mengen zugießen und immer mit dem Schneebesen schlagen. Kräftig kochen (2 Min.). Den Zucker sowie den Essig zugeben und mit Salz abschmecken. Die Sahne mit den Eigelb verquirlen und 4 EL der heißen Sauce hinzufügen. Diese Mischung nach und nach mit dem Schneebesen in die heiße Sauce einrühren, mit Pfeffer abschmecken und noch einmal aufkochen. Den Topf vom Herd ziehen und den Dill mit einem Löffel unterheben.
Es muß sich eine cremige helle Sauce ergeben. Wenn die Sauce zu stark bindet bzw. zu dick wird, noch etwas Fleischbrühe zugeben.

Sauce aigre-douce

Dieses Rezept stammt aus einem Originalkochbuch von 1785. Die flüssige, also nicht angedickte Sauce wird zu kurz gebratener Kalbsleber serviert.

> 1 unbehandelte Zitrone
> 6 Nelken
> 0,3 l trockener Rotwein
> 1 EL Zucker

Von der Zitrone die Schale mit einem scharfen Messer sehr fein abschälen und in feine Streifen schneiden. Die Nelken im Mörser kurz zerdrücken. In einer Sauteuse den Rotwein mit dem Zucker mischen. Das Ganze kochen, bis der Zucker aufgelöst ist. Anschließend die Zitronenschale und die Nelken hinzufügen. Alles kräftig kochen, so daß die Flüssigkeit mindestens um ein Drittel einkocht. Durch ein feines Haarsieb gießen, nochmals etwa 3 Min. kochen, etwas abkühlen lassen und zu der frisch gebratenen Kalbsleber servieren.

Sauce mit in Estragon und Dill eingemachten Zwiebelchen

Diese Sauce aus der Zeit um 1890 ist einfach herzustellen und wurde hauptsächlich verwendet, um Suppenfleisch kurz darin zu schmoren. Sie eignet sich aber auch dazu, um über Pellkartoffeln gegossen zu werden. Wichtig sind selbst eingemachte Zwiebelchen in Estragon und Dill (sauer eingelegt).

2 EL Butter
1 EL Mehl
0,5 l kräftige Fleischbrühe
1 EL Fleischfond
2 Lorbeerblätter (in Stücke gebrochen)
4 EL eingemachte Zwiebelchen
1 TL Salz
frisch gemahlener weißer Pfeffer
0,1 l Zwiebelessig

In einer Sauteuse die Butter und das Mehl hellbraun anrösten. Mit einem Schneebesen die Fleischbrühe unterschlagen und anschließend den Fleischfond. Dann die Lorbeerblattstücke sowie die Zwiebelchen zugeben und aufkochen. Mit Salz und Pfeffer abschmecken sowie mit dem Schneebesen so viel Zwiebelessig unterschlagen, daß die Sauce cremig wird und auch eine angenehme Säure erhält. Anschließend das in dicke Scheiben geschnittene Suppenfleisch mit dieser Sauce übergießen und bei geringer Hitze maximal 10 Min. schmoren lassen. Im anderen Fall die Sauce über frische Pellkartoffeln gießen und sofort servieren.

Birnen-Spinat-Creme zu pochiertem Rinderfilet

Diese cremige dunkelgrüne Sauce serviert man zu pochiertem Rinderfilet. Dabei wird ein ganzes Rinderfilet in einer kräftig gewürzten Fleischbrühe langsam gar gezogen (die Fleischbrühe darf dabei nicht kochen, sondern nur simmern). Dies dauert etwa 50 Min., wobei das Filet im Kern noch etwas rosa bleibt. Für die Herstellung der Sauce können in Sirup eingekochte Birnen verwendet bzw. das Birnenmus frisch hergestellt werden.

6 l Wasser
2 EL brauner Rohrzucker
Saft von 1 Zitrone
300 g reife aromatische
und saftige Birnen
Meersalz
1,2 kg frischer Blattspinat
150 g kalte Butter
(in kleine Stücke geschnitten)
frisch gemahlener weißer Pfeffer
1/2 TL frisch geriebene Muskatnuß

2 l Wasser erhitzen, den Rohrzucker darin auflösen und den Zitronensaft hinzufügen. Die Birnen halbieren, das Kerngehäuse ausstechen und schälen. Die Birnen im Zuckerwasser in etwa 30 Min. weich kochen. Die Birnenhälften herausnehmen und beiseite stellen.
In einem großen hohen Topf etwa 4 l Wasser mit 2 EL Salz zum Kochen bringen. Den Spinat unter fließend kaltem Wasser abwaschen und in das kochende Wasser geben. Nun 2 Min. kochen und abgießen. Den Spinat dann abtropfen und abkühlen lassen. Die Birnenhälften in grobe Stücke schneiden und den gegarten Spinat ebenfalls grob zerkleinern. Birnen- und Spinatstücke in einen Mixer füllen und sehr fein mixen. In einer breiten hohen Pfanne oder einer breiten Sauteuse die

Hälfte der Butter zerlassen und bei nicht zu starker Hitze bräunen. Die Hitze zurückschalten und die Birnen-Spinat-Masse hinzufügen. Kräftig durchrühren und mit Meersalz, Pfeffer und Muskatnuß abschmecken. Nochmals auf die Platte stellen, aber nicht mehr aufkochen. Die restlichen kalten Butterstückchen mit einem Schneebesen unterrühren. Sofort zu dem Filet servieren.

Schnittlauchsauce

Diese kalte Sauce (sie stammt aus der Zeit um 1900) wird zu gekochtem kaltem oder warmem Rindfleisch serviert.

4 Eigelb (von hartgekochten Eiern)
3 EL dicke saure Sahne
(Schmant oder Crème fraîche)
1 EL Essig
2 EL Sonnenblumenöl
2 EL frischer Schnittlauch
(sehr fein geschnitten)
Salz
frisch gemahlener weißer Pfeffer

In eine Porzellanschüssel die Eigelb durch ein feines Sieb streichen und mit der Sahne vermengen. Dann den Essig und das Sonnenblumenöl unter ständigem Rühren mit einem Holzlöffel langsam unterarbeiten. Die Masse muß sich gut verbinden. Nun den Schnittlauch beimischen. 5 bis 10 Min. weiterrühren, bis die Masse dickflüssig wird, dann mit Pfeffer und Salz abschmecken.

Hinweis: Diese Sauce kann gut abgedeckt im Kühlschrank einige Tage aufbewahrt werden. Sie wird zu kaltem gekochtem Rindfleisch oder auch zu Salat bzw. Pellkartoffeln gereicht.

Senf-Salz-gurken-Sauce
(Rußland)

Diese typisch russische Sauce paßt zu frisch gekochtem Suppenfleisch (Rindfleisch) und zu Fleischfondue.

2 EL Butter
1 Zwiebel (sehr fein gehackt)
2 EL Mehl
0,4 l Fleischbrühe
3 EL saure Sahne
Meersalz
frisch gemahlener weißer Pfeffer
2 kleine Salzgurken
1 rote Paprikaschote
1 EL konzentriertes Tomatenmark
1 EL frisch geriebener Meerrettich
1 EL Schnittlauch (fein gehackt)

In einer Sauteuse die Butter zerlassen und die Zwiebeln darin hellbraun anrösten. Das Mehl darüberstreuen und ebenfalls hellbraun rösten. Nach und nach die Fleischbrühe dazugießen und mit dem Schneebesen durchschlagen. Das Ganze 5 Min. köcheln. Anschließend die Sahne hinzufügen und mit Salz sowie Pfeffer abschmecken. Die Salzgurken unter kaltem Wasser abwaschen und in sehr feine Würfel schneiden. Von der Paprikaschote den Stielansatz und die Kerne entfernen und ebenfalls in sehr feine Würfel schneiden. Die Salzgurken- und Paprikaschotenwürfel in die Sauce einrühren und 5 Min. köcheln lassen. Zum Schluß das Tomatenmark und den Meerrettich mit einem Kochlöffel unterrühren, den Schnittlauch darübergeben und die Sauce sofort servieren.

Weiße Kapernsauce
(Rußland)

3 EL Butter
3 EL Mehl
0,4 l kräftige Fleischbrühe
0,2 l Sahne
1 TL Zitronensaft
Meersalz
frisch gemahlener weißer Pfeffer
1 EL kalte Butter
(in kleine Stücke geschnitten)
2 EL gut gewässerte Kapern
2 TL Rohrzucker
1 EL Weißweinessig

In einer Sauteuse die Butter zerlassen und das Mehl darin hellbraun anrösten. Langsam die heiße Fleischbrühe dazugießen und mit dem Schneebesen kräftig durchschlagen. Mindestens 10 Min. kochen, bis das Mehl vollständig aufgelöst ist. Die Sahne allmählich zufügen und bei nicht zu starker Hitze unter ständigem Rühren weitere 10 Min. kochen lassen. Mit dem Zitronensaft, Salz und Pfeffer abschmecken. Zum Schluß die Butterstückchen mit dem Schneebesen darunterschlagen. Nach Fertigstellung der Grundsauce die Kapern mit einem Kochlöffel unterheben, den Zucker und den Essig dazugeben und nochmals durchrühren. Sofort zu gekochtem Fleisch servieren.

Weiße Meerrettich-sauce
(Rußland)

3 EL Butter
3 EL Mehl
0,4 l kräftige Fleischbrühe
0,2 l Sahne
1 TL Zitronensaft
Meersalz
frisch gemahlener weißer Pfeffer
1 EL kalte Butter
(in kleine Stücke geschnitten)
2 EL frisch geriebener Meerrettich
2 TL Rohrzucker
1 EL Weißweinessig

In einer Sauteuse die Butter zerlassen und das Mehl darin hellbraun anrösten. Nach und nach die heiße Fleischbrühe dazugießen und mit dem Schneebesen kräftig durchschlagen. Mindestens 10 Min. kochen, bis das Mehl vollständig aufgelöst ist. Die Sahne langsam zufügen und bei nicht zu starker Hitze unter ständigem Rühren weitere 10 Min. kochen lassen. Mit dem Zitronensaft, Salz und Pfeffer abschmecken. Zum Schluß die Butterstückchen mit dem Schneebesen darunterschlagen. Nach Fertigstellung der Grundsauce den Meerrettich mit einem Kochlöffel unterheben, den Zucker sowie den Essig dazugeben und nochmals durchrühren. Sofort zu gekochtem Fleisch servieren.

Süße Brühe
*(schwäbische Sauce
zu gekochtem Rindfleisch)*

Dies ist ein überliefertes Rezept aus der bayrisch-schwäbischen Küche. Die Sauce aus der Zeit um 1930 wird zu frisch gekochtem Suppenfleisch bzw. Rindfleisch serviert.

3 EL Butter
4 EL Mehl
4 TL brauner Rohrzucker
1 l Wasser
1 EL Rosinen
1 EL Korinthen
2 Lorbeerblätter
1/2 TL Meersalz
1 Messerspitze gemahlene Gewürznelken
frisch gemahlener weißer Pfeffer
1/2 TL gemahlener Zimt
3 EL Weißweinessig

In einer großen breiten Sauteuse die Butter zerlassen und das Mehl darin braun anrösten. Den Zucker hinzufügen und mitrösten. Das Wasser nach und nach dazugießen und ständig mit dem Schneebesen durchschlagen. Die Rosinen und Korinthen, die restlichen Gewürze (Lorbeerblätter, Salz, Nelken, Pfeffer und Zimt) sowie den Essig untermischen. Das Ganze aufkochen und bei nicht zu starker Hitze 15 Min. köcheln. Etwas abkühlen lassen und dann servieren.

Kreolensauce zu geschmortem Rinderfilet

Zur Herstellung dieser Sauce ist 0,5 l Fleischfond erforderlich. Die fruchtig scharfe Sauce paßt ausgezeichnet zu geschmortem Rinderfilet und kann auch zu gegrillten Rindersteaks serviert werden.

3 große Fleischtomaten
2 rote Peperoni
3 EL Sonnenblumenöl
4 Zwiebeln
(in sehr feine Würfel geschnitten)
2 Knoblauchzehen
(in sehr feine Würfel geschnitten)
4 EL trockener Riesling
0,5 l Fleischfond (siehe Rezept)
1 TL frisch gepreßter Zitronensaft
1 Messerspitze Cayennepfeffer
1/2 TL Salz
frisch gemahlener weißer Pfeffer

Bei den Fleischtomaten den Stielansatz ablösen, die Haut mit einem scharfen Messer kreuzweise einschneiden und mit einem Schaumlöffel kurz in kochendes Wasser halten. Die Tomaten schälen, in Stücke schneiden und die Kerne entfernen. Dabei darauf achten, daß der austretende Tomatensaft durch ein feines Haarsieb in einer Schüssel aufgefangen wird.
Bei den Peperoni den Stielansatz wegschneiden, die Kerne beseitigen und in sehr feine Würfel schneiden. In einer breiten hohen Sauteuse das Öl erhitzen und die Zwiebel- und Knoblauchwürfel sowie die Tomatenstücke und Peperoniwürfel im eigenen Saft 15 Min. bei geringer Hitze dünsten. Den Riesling dazugießen, 2 Min. kochen und die ganze Masse durch ein feines Haarsieb streichen.
Den Fleischfond in einer Sauteuse kräftig aufkochen und um ein Drittel reduzieren. Diesen Fond dann zu der vorher vorbereiteten Sauce geben, aufkochen und bei mäßiger Hitze nochmals 5 Min. kochen. Den Zitronensaft und Cayennepfeffer hinzufügen und die Masse mit Salz sowie Pfeffer abschmecken. Kräftig mit dem Schneebesen durchschlagen und sofort heiß servieren.

Kümmelschaum zu pochiertem Rinderfilet

Diese luftig aufgeschlagene cremige Sauce paßt am besten zu in kräftiger Brühe gar gezogenem Rinderfilet oder auch zu frisch gegrillten Koteletts. Die Sauce wird nach dem Kochen des Weißweins in einem Wasserbadtopf mit einem Schneebesen aufgeschlagen.

1 TL Kümmel
1 TL Fenchelkörner
1 TL Pfefferkörner
5 Pimentkörner
0,5 l trockener Riesling
1 Lorbeerblatt (in Stücke gebrochen)
5 Eigelb
Meersalz
frisch gemahlener weißer Pfeffer
5 EL kalte Butter
(in kleine Stücke geschnitten)

Den Kümmel, die Fenchel-, Pfeffer- und Pimentkörner in einem Mörser kräftig zerdrücken. In einer Sauteuse den Weißwein mit den zerdrückten Gewürzkörnern sowie den Lorbeerblattstücken aufkochen und bei nicht zu starker Hitze auf ein Viertel der ursprünglichen Menge reduzieren. Den Wasserbadtopf aufsetzen und in die Metallschlagschüssel die Weißweinreduktion durch ein Passiertuch streichen. Die Schlagschüssel auf das Wasserbad setzen und die Eigelb mit der Weißweinreduktion mit dem Schneebesen kräftig aufschlagen. Zum Schluß mit Salz sowie Pfeffer abschmecken und den Topf vom Wasser nehmen. Die Butterstückchen mit dem Schneebesen unterschlagen, wieder auf dem Wasserbad erhitzen und mit dem Schneebesen nochmals kräftig durchschlagen. Die cremig dickflüssige Sauce dann sofort servieren.

Weiße Senfsauce
(Rußland)

Diese kräftig schmeckende cremige Sauce paßt hervorragend zu frisch gekochtem Rindfleisch (Tafelspitz) oder auch zu gekochtem Huhn.

3 EL Butter
3 EL Mehl
0,4 l kräftige Fleischbrühe
0,2 l Sahne
1 TL Zitronensaft
Meersalz
frisch gemahlener weißer Pfeffer
1 EL kalte Butter
(in kleine Stücke geschnitten)
1 EL scharfer Dijon-Senf
2 TL Rohrzucker
1 EL Weißweinessig

In einer Sauteuse die Butter zerlassen und das Mehl darin hellbraun anrösten. Allmählich die heiße Fleischbrühe dazugießen und mit dem Schneebesen kräftig durchschlagen. Mindestens 10 Min. kochen, bis das Mehl vollständig aufgelöst ist. Die Sahne langsam zufügen und bei nicht zu starker Hitze unter ständigem Rühren weitere 10 Min. kochen lassen. Mit dem Zitronensaft, Salz und Pfeffer abschmecken. Zum Schluß die Butterstückchen mit dem Schneebesen darunterschlagen. Nach Fertigstellung der Grundsauce den Senf mit dem Schneebesen unterarbeiten, den Zucker und den Essig dazugeben und nochmals durchrühren. Sofort servieren.

Spinat-Porree-Sauce zu Filetsteak

Diese intensiv grüne Sauce paßt mit ihrem milden Geschmack ausgezeichnet zu im ganzen gebratenem Rinderfilet, das in dünnen Scheiben serviert wird. Wichtig dazu sind ganz frische junge Spinatblätter und 1 EL stark reduzierter und gelierter Fleischfond.

600 g junge frische Spinatblätter ohne Stiele
1 EL Olivenöl
1 TL Butter
2 Schalotten (fein gehackt)
4 Knoblauchzehen
(in grobe Stücke geschnitten)
2 Lauchstangen (nur das Weiße, in ganz dünne Ringe geschnitten)
1 EL stark eingekochter gelierter und nicht gesalzener Fleischfond (siehe Rezept)
2 EL frisch gepreßter Limonensaft
1 TL Meersalz
frisch gemahlener weißer Pfeffer
frisch geriebene Muskatnuß
0,1 l dicke süße Sahne

Die Spinatblätter unter fließendem kaltem Wasser abwaschen und darauf achten, daß welke Blätter weggeworfen werden und alle Stiele entfernt sind. Die Blätter grob zerschneiden und nicht trockentupfen.
In einem großen Edelstahltopf das Olivenöl mit der Butter zerlassen und die Schalotten und den Knoblauch etwa 3 Min. bei nicht zu starker Hitze hellbraun anrösten. Anschließend sofort den Lauch dazugeben und nochmals 2 Min. weitergaren. Den Spinat hinzufügen und das Ganze 2 Min. bei mittlerer Hitze dünsten (dabei ist wichtig, daß der Spinat vom Waschen noch naß ist). Die ganze Mischung in einen Mixer füllen und glatt pürieren. Die Masse wieder in eine Sauteuse zurückgeben und erhitzen. Den Fleischfond dazugießen, den Limonensaft sowie Meersalz, Pfeffer und Muskatnuß beimischen. 1 Min. bei nicht zu starker Hitze ziehen lassen und dann die Sahne mit einem Löffel kräftig untermischen, nochmals erhitzen (nicht mehr kochen!) und dann sofort zu dem Filet servieren.

Wiener Schnittlauchsauce zu gekochtem Rindfleisch

Diese klassische Wiener Sauce zu gekochtem Tafelspitz oder zu gemischtem gekochtem Suppenfleisch soll immer frisch zubereitet werden, da dadurch das Aroma des Schnittlauchs am besten zur Geltung kommt.

3 etwa 2 cm dicke Scheiben Weißbrot (ohne Rinde)
0,3 l Milch
3 gekochte Eigelb
2 rohe Eigelb
1 TL Weißweinessig
1/2 TL Kräutersenf
(ersatzweise mittelscharfer Senf)
1/2 TL feines Meersalz
1/2 TL brauner Rohrzucker
frisch gemahlener weißer Pfeffer
0,5 l neutrales Öl
(z. B. Sonnenblumenöl)
4 EL frischer Schnittlauch
(sehr fein geschnitten)

Die Weißbrotscheiben in der Milch einweichen, ausdrücken und in eine große Metallschlagschüssel geben. Die gekochten Eigelb durch ein feines Haarsieb ebenfalls in die Schüssel streichen. Die rohen Eigelb, den Essig sowie den Senf hinzufügen und mit dem Schneebesen alles kräftig verrühren. Mit Salz, Zucker sowie dem Pfeffer abschmecken. Das Öl in sehr feinem Strahl mit dem Schneebesen unterschlagen. Es muß sich eine cremige Sauce ergeben.
Kurz vor dem Servieren den Schnittlauch mit einem Löffel unterheben. Sofort servieren, damit der frische Geschmack des Schnittlauchs erhalten bleibt.

Sauerampfersauce

Zu gekochtem Suppenfleisch, aber auch zu gedünstetem oder gekochtem Fisch kann diese sehr würzige Sauce gereicht werden. Das Rezept stammt aus der zweiten Hälfte des 19. Jahrhunderts. Zur Herstellung dieser Sauce braucht man 0,5 l Fleischbrühe.

> 1 EL Butter
> 1 EL Mehl
> 2 Handvoll frische junge
> Sauerampferblätter (gut ausgewaschen
> und dann sehr fein gehackt)
> 0,5 l heiße Fleischbrühe
> frisch geriebene Muskatnuß
> Salz
> 2 EL kalte Butter
> (in kleine Stückchen geschnitten)
> 1 Eigelb
> 2 EL Crème fraîche

In einer Sauteuse 1 EL Butter mit Mehl goldgelb anschwitzen. Dann die Sauerampferblätter dazugeben und einige Minuten durchschwitzen, bis der Sauerampfer weich geworden ist.
Danach unter fortwährendem Rühren die Fleischbrühe langsam dazugießen, bis die Sauce leicht sämig ist. Aufkochen lassen und etwa 15 Min. einkochen.
Mit Muskatnuß und Salz abschmecken und 2 EL kalte Butter mit dem Schneebesen einschlagen. Das Eigelb verrühren und etwas heiße Sauce mit einrühren. Dann dieses Eigelbgemisch und danach Crème fraîche in die Sauce einschlagen. Nicht mehr aufkochen und sofort servieren.

Rotweinfond zu Ochsenschwanz

Zusammen mit dieser Sauce werden Scheiben aus dem mittleren Teil des Ochsenschwanzes zubereitet. Weitere Voraussetzung zur Herstellung dieser Sauce sind einige Kalbsknochen und einige Endstücke vom Ochsenschwanz. Außerdem werden 0,2 l Geflügelfond benötigt.

> 4 golfballgroße Kalbsknochenstücke
> 4 Endstücke vom Ochsenschwanz
> 7 EL Olivenöl
> 1 EL Mehl
> 2 kleine Karotten
> (in kleine Würfel geschnitten)
> 2 Schalotten
> (in kleine Würfel geschnitten)
> 0,1 l Rotweinessig
> 0,5 l trockener Burgunderrotwein
> 5 etwa 2 cm dicke Ochsenschwanz-
> scheiben
> 0,2 l Geflügelfond
> 0,2 l Wasser
> 1 Stengel getrockneter Thymian
> 1 Lorbeerblatt (in Stücke gebrochen)
> 2 Knoblauchzehen
> (durch die Presse gedrückt)
> 1 TL gemischte Pfefferkörner
> (im Mörser zerdrückt)

In einer großen Sauteuse die Kalbsknochen und Ochsenschwanzstücke mit 2 EL Olivenöl kräftig anbräunen. Über die Knochen das Mehl geben sowie die Karotten- und Schalottenwürfel und alles nochmals kräftig durchrösten. Anschließend den Rotweinessig und den Rotwein zugießen und das Ganze um die Hälfte einkochen lassen.
Die Ochsenschwanzscheiben in einer Edelstahlpfanne mit dem restlichen Olivenöl kräftig anbraten. Den Geflügelfond, das Wasser, den Thymian, den Lorbeer, den Knoblauch sowie den Pfeffer zufügen. Alles kräftig aufkochen und abgedeckt im Backofen bei 150 °C etwa 3 Std. schmoren. Dabei immer wieder Wasser nachgießen, damit die Ochsenschwanzscheiben immer knapp bedeckt sind. Nach der Schmorzeit die Ochsenschwanzscheiben herausnehmen und die Garflüssigkeit durch ein Haarsieb schütten. Die vorbereitete Sauce (Rotwein-Essig-Reduktion) einrühren und mit dem Schneebesen in einer Sauteuse aufschlagen.
Die kräftig eingekochte Sauce zu den geschmorten Ochsenschwanzscheiben servieren.

King Edward's Sauce

Diese klassische englische Sauce paßt sowohl zu frisch gekochtem Rindfleisch als auch zu hartgekochten Eiern oder zu frisch in Wasserdampf gegartem Gemüse.

> 5 in Salz eingelegte Sardellen
> je 1 EL frische Kräuter
> (sehr fein gehackt)
> Estragon
> Kerbel
> Pimpinelle
> Schnittlauch
> 5 hartgekochte Eier
> 1 EL Kapern
> 1 EL scharfer Dijon-Senf
> 0,5 l kalt gepreßtes Olivenöl
> 6 EL alter Sherry-Essig

Die Sardellen unter fließendem kaltem Wasser gut auswaschen, ausnehmen und in Stücke schneiden. In einen Mixer die Kräuter, die Sardellenstücke, die Eier, die Kapern sowie den Senf geben. Bei geringster Geschwindigkeit zu einer cremigen Paste mixen. Die Masse dann in eine große Metallschlagschüssel füllen und mit dem Schneebesen das Olivenöl in ganz kleinen Mengen nach und nach unterschlagen.
Zum Schluß den Essig einarbeiten und die Sauce noch durch ein sehr feines Haarsieb durchpassieren. Mit dem Schneebesen kräftig aufschlagen und sofort servieren.

Rote Weinsauce mit Rosinen

Als Besonderheit wird bei dieser Sauce, die aus dem 19. Jahrhundert stammt, Bieressig verwendet. Außerdem wird stark reduzierter Kalbsfond benötigt. Da diese Sauce hauptsächlich zu gekochter Ochsenzunge gereicht wurde, wird dazu auch die Zungenbrühe mitverwendet.

100 g Rosinen
1 l Wasser
2 EL Mehl
1¹/₂ EL Butter
0,5 l Zungenbrühe
(ersatzweise Fleischbrühe)
0,1 l trockener kräftiger Rotwein
1 unbehandelte Zitrone (davon die
Schale fein abgerieben und den Saft
der halben Zitrone ausgepreßt)
2 EL Bieressig
¹/₂ TL Muskatblüte (Mazis, gemahlen)
5 Nelken (im Mörser grob zerstoßen)
1 TL Zucker
Salz
1 Ochsenzunge (gar gekocht
und in Scheiben geschnitten)
1 EL Kalbsfond

Zunächst die Rosinen mit Wasser bedecken und weich kochen (etwa 20 Minuten). Dann in einer großen Sauteuse das Mehl mit der Butter hellbraun anrösten. Anschließend mit Zungenbrühe aufgießen und mit dem Schneebesen durchrühren. Danach die Rosinen (das Wasser abgießen) zugeben sowie den Rotwein, den Zitronensaft und die Zitronenschale, den Bieressig, die Muskatblüte (Mazis), die Nelken, den Zucker und eine Prise Salz. Die Sauce mit den ganzen Zutaten erhitzen, jedoch nicht mehr zum Kochen bringen. Die Ochsenzunge in diese Sauce einlegen und wieder bis zum Kochen bringen. Anschließend Kalbsfond dazugeben und mit verrühren. Nochmals kurz abschmecken und servieren.

Hinweis: Dieses Rezept eignet sich auch zu sauren Rollen (Originalrezept aus Nordfriesland) oder zu gekochtem Rindfleisch.

Österreichische Champignonsauce zu Tafelspitz

Zur Zubereitung dieser Sauce wird 0,2 l kräftige Fleischbrühe verwendet.

100 g Butter
300 g Champignons
(in sehr feine Scheiben geschnitten)
4 kleine Zwiebeln
(in sehr kleine Würfel geschnitten)
2 EL Mehl
0,2 l kräftige Fleischbrühe
1 EL Zitronensaft
Salz
frisch geriebene Muskatnuß
1 EL frische glatte Petersilie
(fein gehackt)

In einer Sauteuse 50 g Butter zerlassen. Dann die Champignons sowie die Zwiebeln zugeben und leicht anrösten. Nach etwa 10 Min. die restliche Butter hinzufügen und kurz weiterrösten. Dann das Mehl darüberstreuen und alles 2 Min. durchrösten. Anschließend die Fleischbrühe nach und nach mit dem Schneebesen unterrühren, danach den Zitronensaft zugeben. Das Ganze etwa 15 Min. bei geringer Hitze köcheln.
Zum Schluß mit Salz und Pfeffer abschmecken sowie Muskatnuß darüberreiben. Als letztes die Petersilie unterheben und sofort zu Tafelspitz servieren.

Weiße Weinsauce

Dieses Rezept aus der Zeit um 1890 wurde hauptsächlich dazu verwendet, frisch geschmorte Ochsenzunge darin ziehen zu lassen (etwa 20 Min.) und dann zu servieren.

3 EL Butter
2 EL Mehl
3 Schalotten
(in kleine Würfel geschnitten)
0,6 l heiße kräftige Fleischbrühe
3 Lorbeerblätter (in Stücke gebrochen)
1 TL weiße Pfefferkörner
(im Mörser zerstoßen)
frisch gemahlene Muskatnuß
0,1 l trockener Riesling
2 Salatgurken (geschält, halbiert,
entkernt und in kleine Würfelchen
geschnitten)
2 Eigelb

In einer Sauteuse die Butter zerlassen und das Mehl darin hellbraun anschwitzen. Die Schalottenwürfel zufügen und durchrösten. Mit einem Schneebesen die heiße Fleischbrühe nach und nach unterschlagen, so daß sich eine nicht zu dickflüssige Sauce ergibt. Die Lorbeerblattstücke sowie den Pfeffer und den Muskat dazugeben. Dann mit dem Schneebesen den Weißwein unterschlagen und nochmals aufkochen. Zum Schluß die Gurkenwürfelchen zusetzen. In dieser Sauce dann die in Scheiben geschnittene Ochsenzunge etwa 20 Min. ziehen lassen. Anschließend die Ochsenzunge herausnehmen und die Sauce durch ein feines Haarsieb streichen. In einer Tasse die Eigelb mit einer Gabel verquirlen und 4 EL der heißen Sauce mit der Gabel unterschlagen. Die Sauce auf den Herd stellen und bis kurz vor das Kochen erhitzen. Die Eigelb langsam zufügen und mit dem Schneebesen durchschlagen. Nochmals abschmecken und über die Ochsenzunge geben.
Die Sauce ist natürlich auch geeignet zu frisch gekochtem Rindfleisch bzw. Suppenfleisch.

Pochiertes Rinderfilet mit Pesto

Bei diesem Gericht wird in dicke Scheiben geschnittenes Rinderfilet kurz angebraten und dann in einer sehr würzigen Sauce fertig gegart. Beim Servieren kommt 1 EL Pesto auf das Filet. Dies bringt einen kräftig würzigen Geschmack. Am besten paßt dazu Stangenweißbrot oder gegebenenfalls in Sahne gebratene und gratinierte Kartoffelscheiben. Die Menge reicht als Hauptgericht für 8 Personen.

300 g Stangensellerie (in etwa 3 cm lange Streifen geschnitten)
350 g Lauch (der weiße Teil in feine Ringe geschnitten)
4 Karotten
(in dünne Scheiben geschnitten)
Saft von 1/2 Zitrone
8 Rinderfiletscheiben (etwa 3 cm dick)
Meersalz
frisch gemahlener weißer Pfeffer
3 EL Butter
0,25 l trockener Sherry
0,4 l trockener Riesling
0,2 l trockener Wermut
(z. B. Noilly Prat)
0,6 l Geflügelfond (siehe Rezept)
0,4 l dicke saure Sahne (Crème fraîche)
300 g kalte Butter
(in kleine Stücke geschnitten)
8 EL Pesto (siehe Rezept)

In einem breiten Topf Salzwasser zum Kochen bringen und das zerkleinerte Gemüse (Sellerie, Lauch und Karotten) 2 Min. blanchieren. Sofort herausnehmen und in Eiswasser, dem Zitronensaft zugegeben wurde, abschrecken. Die Rinderfilets nicht zu stark mit Meersalz und Pfeffer würzen. In einer breiten Edelstahlpfanne 3 EL Butter zerlassen und die Filets bei kräftiger Hitze anbraten (etwa 3 Min.). Die Filetstücke herausnehmen und beiseite stellen. Die vom Braten übrig gebliebene Butter abgießen und den braunen Bratensatz mit dem Sherry, Riesling und Wermut ablöschen. Aufkochen und dann diese

Flüssigkeit in einen breiten Bratentopf füllen. Auf ein Drittel reduzieren und den Geflügelfond dazugießen. Wieder aufkochen und nochmals um ein Drittel einkochen. Die Hitze zurückschalten, so daß die Sauce nur noch simmert. Die Filets wieder hineingeben und etwa 15 Min. gar ziehen lassen. Das Fleisch dann wieder herausnehmen und warm stellen. Mit einem Schneebesen die Sahne unter die Sauce schlagen und kurz aufkochen. Die Hitze zurückschalten, so daß die Flüssigkeit nicht mehr kocht. Nach und nach mit dem Schneebesen die kalten Butterstückchen unterschlagen und mit Meersalz und Pfeffer abschmecken. Die vorher blanchierten Gemüsewürfel unter die Sauce mischen und darin erhitzen.
Auf einen breiten Teller etwas Sauce geben, 1 Filetstück darauf legen und auf jedes Filet 1 EL Pesto geben. Dazu Stangenweißbrot oder Kartoffelgratin servieren.

Trüffelsauce

Diese Sauce ist außerordentlich wohlschmeckend und wird am besten zu kurz gegrilltem Kalbfleisch (Kalbsfilet) serviert. Allerdings ist die Sauce nicht ganz billig, da 100 g eingelegte schwarze Trüffel verwendet werden.

100 g eingelegte schwarze Trüffel
2 EL Trüffelflüssigkeit
(von den eingelegten Trüffeln)
0,5 l Madeirasauce (siehe Rezept)
Meersalz

Die Trüffel in kleine Würfel schneiden und dabei die Trüffelflüssigkeit durch ein Passiertuch geben. Die Madeirasauce in einer Sauteuse erhitzen und die Trüffelflüssigkeit mit dem Schneebesen einschlagen. Die Sauce bei mäßiger Hitze etwa 5 Min. köcheln lassen und zum Schluß die Trüffelwürfel dazugeben (evtl. noch mit etwas Meersalz abschmecken).
Die Sauce unbedingt sofort servieren, da sonst der feine Trüffel- und Madeirageschmack verlorengeht.

Brunnenkresse-Salbei-Dip zu Rinderfilet

Diese sehr würzige dunkelgrüne Sauce paßt am besten zu im ganzen gebratenen Rinderfilet, das in Scheiben serviert wird. Die Sauce paßt auch zu Lammfilet oder zu kroß gebratener Wildentenbrust. Für die Herstellung werden 0,4 l Fleischfond und 2 EL klares Apfelgelee benötigt

0,4 l Fleischfond (siehe Rezept)
2 große Bund frische Brunnenkresse
5 große frische Salbeiblätter
1 TL Meersalz
frisch gemahlener schwarzer Pfeffer
3 Spritzer Worcestersauce
2 EL Apfelgelee
2 EL Crème fraîche
1 TL frisch gepreßter Limonensaft

In einer breiten Sauteuse den Fleischfond kräftig aufkochen und um ein Drittel reduzieren. Die Brunnenkresse gründlich unter fließendem kaltem Wasser abwaschen, die Stiele entfernen und grob hacken. Die Salbeiblätter einmal quer durchschneiden.
Die Brunnenkresse und den Salbei zu dem kochenden Fond schütten und das Ganze 2 Min. kräftig kochen. Mit dem Pürierstab alles sehr fein mixen. Mit Meersalz, Pfeffer und Worcestersauce abschmecken und das Apfelgelee ebenfalls untermischen. Die Sauce darf nicht mehr kochen und muß mit dem Schneebesen ständig durchgerührt werden. Nach etwa 2 Min. den Topf von der Platte ziehen, die Crème fraîche mit dem Schneebesen unterschlagen und mit Limonensaft abschmecken. Sofort zu dem frisch gebratenen Filet servieren.

Portwein-Feigen-Sauce zu Kalbsbraten

Zur Herstellung dieser Sauce ist auch der Bratensatz des Kalbsbratens oder der gebratenen Kalbsmedaillons erforderlich. Es ist deshalb wichtig, zunächst in einer Pfanne die Kalbsmedaillons anzubraten, herauszunehmen und warm zu stellen (oder den Kalbsbraten fertigstellen, ebenfalls herausnehmen und warm stellen).

> 5 getrocknete Feigen
> (in kleine Stücke geschnitten)
> 3 EL frischer Portwein
> 130 g Butter
> 2 EL Wasser
> Meersalz
> 1 EL Balsamico-Essig
> 1 EL Sherry-Essig
> 3 Schalotten (fein gehackt)
> 0,3 l Sahne
> frisch gemahlener schwarzer Pfeffer

Die Feigenstücke in Portwein 1 Std. ziehen lassen. In eine Sauteuse die Feigen, den Portwein, 2 EL Butter, das Wasser und 1/2 TL Meersalz geben und aufkochen. Bei niedriger Temperatur 30 Min. köcheln lassen. Dabei soll die Flüssigkeit nahezu vollständig verkochen (wenn nötig, etwas Wasser zugießen). Die Feigenmasse zusammen mit 50 g Butter in einem Mixer fein pürieren. In den heißen Bratenfond den Balsamico-Essig, den Sherry-Essig, die Schalotten und 1 EL Butter einarbeiten. Das Ganze aufkochen und die Sahne zufügen. Bei nicht zu starker Hitze auf die Hälfte reduzieren. Dann in eine Sauteuse geben und die Feigenmasse mit dem Schneebesen unterschlagen. Die Sauce durch ein ganz feines Sieb streichen und bis kurz vor das Kochen erhitzen. Zum Schluß mit Salz sowie Pfeffer abschmecken und mit dem Schneebesen noch 1 EL Butter unterschlagen.
Sofort servieren!

Sauce von eingemachten Johannisbeeren

Bei diesem Originalrezept aus der Zeit um 1780 wurde selbst eingekochter Saft von roten Johannisbeeren verwendet. Die Sauce wurde serviert zu Kalbsbraten oder Schweinebraten.

> 1 altbackene Semmel
> 0,1 l Wasser
> 1 unbehandelte Zitrone
> 1/2 Zimtstange (in Stücke gebrochen)
> 1/2 EL Zucker
> 0,4 l Johannisbeersaft
> (wenn kein selbst hergestellter Saft vorhanden ist, dann naturreinen aus dem Reformhaus verwenden)
> 0,1 l trockener Riesling
> 0,1 l Wasser

Die Semmel in dicke Scheiben schneiden und im Wasser einweichen. Von der Zitrone die Schale mit einem scharfen Messer sehr dünn abschälen und in feine Streifen schneiden. Die Semmel ausdrücken und in eine große Sauteuse geben. Die Zitronenschale, den Zimt, den Zucker und den Johannisbeersaft hinzufügen. Aufkochen und den Riesling mit 0,1 l Wasser dazugießen. Bei nicht zu starker Hitze 20 Min. kochen und dabei um mindestens ein Drittel reduzieren. Anschließend durch ein feines Haarsieb streichen und gegebenenfalls noch mit Zucker und etwas Zitronensaft abschmecken. Sehr heiß zu dem Braten servieren.

Österreichischer Semmelkren zu Tafelspitz

> 4 altbackene Semmeln
> 0,3 l Milch
> 2 EL frisch geriebener Meerrettich
> 1 Eigelb
> Meersalz
> frisch gemahlener weißer Pfeffer
> 1/2 TL Zucker

Von den Semmeln die Rinde entfernen. Anschließend in etwa 1 cm dicke Scheiben schneiden und in eine breite Schüssel legen. Die Milch aufkochen und sofort über die Semmeln gießen. Den Meerrettich unter die Masse heben. Das Ganze kräftig verrühren, so daß sich eine dickflüssige cremige Sauce ergibt. Die Sauce in einer Sauteuse auf den Herd stellen und bei mittlerer Hitze etwa 3 Min. köcheln. Mit dem Schneebesen immer wieder durchrühren, damit sie nicht anbrennt. Wenn die Masse zu dickflüssig ist, noch etwas Milch zugießen. In einer Tasse das Eigelb verquirlen und 3 EL der heißen Sauce hineinrühren. Diese Mischung mit dem Schneebesen unter die Sauce mischen. Zum Schluß mit Salz, Pfeffer und Zucker abschmecken. Nochmals kurz aufkochen und sofort servieren.
Wenn die Sauce noch zu dick ist, mit etwas Milch verdünnen. Wenn sie zu dünnflüssig ist, ein weiteres Eigelb unterschlagen und nochmals aufkochen.

Backpflaumen-Mandel-Sauce zu Kalb oder Wild

Diese italienische Sauce aus dem Mittelalter paßt am besten zu Kalbsbraten oder auch Hirschbraten. Den fruchtigen Geschmack erhält sie durch Backpflaumen sowie Zimt und Ingwer.

15 große Backpflaumen (ohne Steine)
0,3 l trockener Rotwein
70 g geschälte ganze Mandeln
2 Scheiben Weißbrot
(mit Rinde, im Backofen 30 Min.
bei 120 °C getrocknet)
1 TL brauner Rohrzucker
1 TL Zimtpulver
1/2 TL Ingwerpulver
1 Messerspitze gemahlener Kardamom
1 Messerspitze gemahlener
weißer Pfeffer
3 EL milder naturtrüber Apfelessig
(mit 3 EL Wasser vermischt)
1 TL frisch gepreßter Zitronensaft
Meersalz

Die Backpflaumen halbieren und für mindestens 6 Std. in dem Rotwein einweichen. In einem Mixer die Mandeln sehr fein mahlen. Die Pflaumen aus dem Wein nehmen und ebenfalls im Mixer zerkleinern. Das getrocknete Brot in dem Wein (in dem die Pflaumen eingeweicht waren) einweichen und dann mit einer Gabel kräftig zerdrücken. Die Wein-Brot-Mischung in eine Sauteuse füllen und die Mandeln sowie die Pflaumen hinzufügen. Jetzt den Rohrzucker, das Zimt- und Ingwerpulver sowie den Kardamom, Apfelessig und Zitronensaft dazugeben, kräftig vermischen und lauwarm erhitzen. Das Ganze durch ein Sieb drücken, nochmals in die Sauteuse füllen, leicht erhitzen und mit Meersalz abschmecken. Lauwarm zu dem Braten servieren.

Sauce à l'Orléans

Dies ist eine äußerst wohlschmeckende Sauce aus der Mitte des 19. Jahrhunderts. Zur Zubereitung wird Fleischfond, Geflügelfond und die „Weiße Grundsauce nach Rottenhöfer" benötigt.

2 schwarze Perigord-Trüffel
(in 2 mm dicke Scheiben geschnitten)
0,1 l Madeira
1 EL Butter
12 mittelgroße frische weiße
Champignons
(in dicke Scheiben geschnitten)
Saft von 1/2 Zitrone
das Weiße von 2 hartgekochten Eiern
(in Würfel geschnitten)
100 g gekochte Ochsenzunge
(in Würfel geschnitten)
2 weichgekochte mittelgroße Karotten
(in Würfel geschnitten)
2 kleine Essiggurken
(in Würfel geschnitten)
0,5 l „Weiße Grundsauce
nach Rottenhöfer"
2 EL Geflügelfond
0,25 l Kalbsfond
Salz
frisch gemahlener weißer Pfeffer

Die Perigord-Trüffel in Madeira gar kochen. Dann die Butter in eine tiefe Pfanne (am besten aus Edelstahl) geben und darin die Champignons leicht anschwitzen. Den Zitronensaft und die weiteren Zutaten hinzufügen: das Eiweiß, die Ochsenzunge, die Karotten sowie die Essiggurken. Das Ganze leicht durchrösten und den Geflügelfond beimischen. Alles bei leichter Hitze und ständigem Rühren durchkochen.
In einer Kasserolle die „Weiße Grundsauce nach Rottenhöfer" und den Kalbsfond aufkochen und um ein Drittel einkochen. Diesen Fond dann mit Salz und Pfeffer abschmecken und durch ein Passiertuch in die Pfanne zu den anderen Zutaten geben. Das Ganze nun nicht mehr aufkochen, sondern bei mäßiger Hitze noch 30 Min. ziehen lassen.

Hinweis: Die fertige Sauce nicht passieren oder pürieren. Die Sauce muß eine goldgelbe Farbe haben, damit alle Zutaten in ihrer Farbe deutlich hervortreten. Diese sehr schmackhafte Sauce eignet sich zum Beispiel als Beilage zu gebratenem Kalbsbries oder langsam geschmortem Ochsenschwanz.

Poulettesauce mit Pilzen

Das Rezept zu dieser Sauce stammt von 1901. Zur Herstellung der Sauce wird zunächst die Poulettesauce hergestellt. Die Sauce wird zu gebratenem Kalbsbries oder gekochter Kalbszunge serviert.

1 TL Butter
5 frische Steinchampignons
(in dünne Scheiben geschnitten)
1 EL frische glatte Petersilie
(fein gehackt)
0,3 l frisch hergestellte Poulettesauce
(siehe Rezept –
jedoch ohne Gürkchen!)
1/2 EL frische Estragonblätter
(fein gehackt)
1 EL stark eingekochter Fleischfond
festes Gelee (siehe Rezept)
Meersalz

In einer Edelstahlpfanne die Butter zerlassen und die Champignonscheiben kurz anrösten (sie dürfen nicht braun werden!). Die Petersilie hinzufügen und kurz durchschwitzen. Die Champigons mit einem Löffel unter die frisch hergestellte Poulettesauce heben. Die Estragonblätterstücke beimischen. Den Fleischfond lauwarm erhitzen, mit Meersalz etwas würzen und dann mit einem Löffel das Gelee tropfenweise auf die fertiggestellte Sauce geben. Sofort servieren.

Poulettesauce

Diese gehaltvolle Sauce (das Rezept stammt aus der Zeit um 1912) wird zu gebackenen Kalbsfüßen, gekochter Kalbszunge oder zu Hirn serviert.

80 g zimmerwarme Butter
50 g Mehl
2 Eigelb
0,3 l Geflügelfond (siehe Rezept)
Meersalz
frisch gemahlener weißer Pfeffer
frisch geriebene Muskatnuß
2 TL frisch gepreßter Zitronensaft
0,1 l süße Sahne
5 kleine Salzgürkchen
(oder Cornichons)

In einer großen Metallschlagschüssel die Butter mit dem Schneebesen schaumig schlagen. Nach und nach das Mehl und zuletzt die Eigelb einrühren. Die Schlagschüssel auf einen Wasserbadtopf setzen und das Wasser nicht zu stark erhitzen. Die Masse weiter schlagen und dabei in kleinen Mengen den Geflügelfond hinzufügen. Das Ganze muß jetzt auf dem Wasserbad sehr heiß werden. Die Sauce dann durch ein feines Haarsieb streichen und mit Meersalz, Pfeffer und Muskatnuß abschmecken. Nochmals kräftig aufschlagen und den Zitronensaft zugießen.
Zum Schluß noch die Sahne untermischen. Die Cornichons in dünne Scheiben schneiden und mit einem Löffel unter die Sauce heben. Sofort servieren.

Sauce poulette

Diese Sauce wird zu Kalbsbraten oder Rinderbraten bzw. Rinderfilet, das in kräftiger Fleischbrühe pochiert wurde, serviert. Selbstverständlich paßt diese Sauce auch zu Geflügelfleisch (ohne Haut), das im Dampf von Fleischbrühe gar gezogen ist.

6 EL Butter
4 EL Mehl
1 l Kalbsfond
0,5 l süße Sahne
Saft von 1/2 Zitrone
500 g Steinchampignons
(geputzt und geviertelt)
5 Eigelb
1 EL Krebsbutter
Meersalz
frisch gemahlener weißer Pfeffer
5 EL kalte Butter
(in kleine Stücke geschnitten)

In einer großen Sauteuse 5 EL Butter zerlassen und das Mehl bei nicht zu starker Hitze hellbraun anrösten. Unter ständigem Schlagen mit dem Schneebesen den Kalbsfond nach und nach zugießen und zunächst 1 Min. bei starker Hitze kochen. Die Hitze zurückschalten, 50 Min. köcheln und dabei ständig mit dem Schneebesen umrühren, damit die Sauce nicht anbrennt. Zum Schluß 0,3 l Sahne allmählich zugeben, nochmals aufkochen und den Topf von der Platte ziehen. Mit Zitronensaft abschmecken.
In einer großen unbeschichteten Edelstahlpfanne 1 EL Butter zerlassen und die Champignons darin etwa 5 Min. unter ständigem Rühren garen. Die sich dabei ergebende Garflüssigkeit in einer Tasse beiseite stellen (zur weiteren Verwendung). Die Champignons mit einem Messer grob zerhacken.
Die Eigelb mit 4 EL der heißen Sauce in einer kleinen Schüssel verrühren und die restliche Sahne einrühren. Dann den Topf mit der Sauce wieder auf den Herd stellen, bis kurz vor das Kochen erhitzen und die Eigelb-Sahne-Mischung langsam mit dem Schneebesen montieren. Durch ein feines Haarsieb streichen und nochmals bis vor das Kochen bringen. Jetzt die Krebsbutter unterschlagen und mit Salz sowie Pfeffer abschmecken. Zum Schluß die kalten Butterstückchen nach und nach mit dem Schneebesen einarbeiten. Wenn die Sauce zu dickflüssig ist, noch etwas Flüssigkeit (von den Champignons) zugießen und mit dem Schneebesen unterschlagen. Die Sauce sofort servieren.

Kalbsrahmsauce

Zur Herstellung dieser gehaltvollen Rahmsauce werden 7 bis 8 Std. Zeit benötigt. Wichtig für die Herstellung ist 0,7 l Kalbsfond. Die Sauce paßt ausgezeichnet zu gebratenem Kalbsfilet, naturgebratenen Putenschnitzeln oder auch zum Schweinesteak. Nach diesem Rezept ergibt sich etwa 0,75 l Sauce.

800 g Kalbshaxen
(in etwa 2 cm dicke Scheiben gesägt)
2 EL Sonnenblumenöl
1,2 l Fleischbrühe
0,7 l Kalbsfond
4 EL Butter
4 Schalotten
(in feine Würfel geschnitten)
150 g Steinchampignons
(in grobe Würfel geschnitten)
0,5 l trockener Riesling
0,8 l dicke süße Sahne
1 TL Zitronensaft
Meersalz
frisch gemahlener weißer Pfeffer
1 TL dreifach konzentriertes
Tomatenmark
2 EL kalte Butter
(in kleine Stücke geschnitten)

Die Kalbshaxenscheiben unter fließendem kaltem Wasser gründlich abwaschen und abtrocknen. In einer Kasserolle das Sonnenblumenöl erhitzen und die Kalbshaxenscheiben darin braun anbraten. Mit der Fleischbrühe aufgießen und etwa 5 Std. im Backofen bei 200 °C schmoren lassen. Dazu bei Bedarf immer wieder Wasser auffüllen, damit das Fleisch fast bedeckt ist. Nach etwa 5 Std. sollte etwa 0,4 l Flüssigkeit übrig sein. Diese Flüssigkeit durch ein Passiertuch in einen großen Topf seihen. Den Kalbsfond dazugeben und langsam erhitzen.
In einer großen Sauteuse die 4 EL Butter zerlassen und die Schalotten- und Champignonwürfel darin hellgelb andünsten. Mit dem Schneebesen den Riesling einschlagen und dabei dauernd kochen lassen. Den Wein mindestens auf die Hälfte reduzieren. Gleichzeitig den Fond um ein Drittel einkochen und zu der Weißweinreduktion geben. Die

Sahne zufügen und das Ganze um nochmals mindestens die Hälfte reduzieren. Nun den Zitronensaft zugeben sowie mit Salz und Pfeffer abschmecken. Das Tomatenmark mit dem Schneebesen unterschlagen und zum Schluß die Butterstücke mit dem Schneebesen einrühren. Es muß sich eine cremige flüssige Sauce ergeben. Damit die Sauce noch schaumiger wird, kann sie kurz vor dem Servieren mit dem Pürierstab aufgemixt werden.

Arme-Leute-Sauce

Eine Sauce aus der „einfachen Küche" ist diese aus dem Jahr 1870 stammende „Arme-Leute-Sauce". Es handelt sich hierbei auch um eine Art „Resteverwertung", da altbackenes geriebenes Schwarzbrot bzw. altbackene Semmel verwendet werden. Zur Herstellung ist 2 EL Fleischfond erforderlich.

4 EL Butter
2 EL Mehl
2 EL Schwarzbrot
(ohne Rinde fein gerieben)
2 EL Semmel
(ohne Rinde fein gerieben)
0,3 l heißes Wasser
2 EL Fleischfond
0,1 l trockener Riesling
frisch gemahlener weißer Pfeffer
Salz
etwas abgeriebene Zitronenschale
(von unbehandelter Zitrone)

In einer hohen Pfanne oder Sauteuse die Butter mit dem Mehl goldgelb anrösten. Dann die Schwarzbrot- und die Semmelbrösel dazugeben. Gleichzeitig das Wasser zugießen, mit dem Schneebesen aufschlagen und aufkochen lassen. Den Fleischfond und den Riesling dazugießen. Das Ganze etwa 20 Min. durchkochen.
Wenn die Sauce zu dickflüssig ist, noch etwas heißes Wasser dazugeben und mit dem Schneebesen einschlagen. Mit Pfeffer, Salz und Zitronenschale abschmecken. Sofort servieren und zu gekochtem Kalbfleisch reichen.

Olivensauce

Aus der zweiten Hälfte des 19. Jahrhunderts stammt dieses Rezept der Olivensauce, zu deren Zubereitung ein kräftiger Fleischfond erforderlich ist.

1 EL Butter
1 EL Mehl
0,3 l Fleischfond
1 unbehandelte Zitrone
(die Schale zuerst fein abreiben
und dann den Saft auspressen)
1/2 TL Muskatblüte (Mazis, gemahlen)
1/2 Salatgurke (geschält, entkernt
und sehr klein geschnitten)
1 TL weiße Pfefferkörner
3 Schalotten (klein geschnitten)
20 grüne Oliven mit Steinen
2 EL Kapern (gewässert)

In einer Sauteuse die Butter mit dem Mehl goldgelb anschwitzen. Dann den Fleischfond zugießen. Anschließend die Zitronenschale und den Zitronensaft, die Muskatblüte, die Salatgurke, die Pfefferkörner und die Schalotten dazugeben.
Das Ganze gut durchkochen und um etwa ein Drittel einkochen. Die Sauce dann durch ein sehr feines Sieb passieren; die Oliven (in Stückchen vom Stein abgeschnitten) und die Kapern hinzufügen und ein paar Minuten ziehen lassen.

Hinweis: Diese Sauce ist geeignet zu Fisch, aber auch zu gedünstetem oder gekochtem Kalbfleisch oder Rindfleisch.

Kalbfleisch in Biersauce

Bei diesem traditionellen Gericht aus Ostpreußen werden verschiedene Teile Kalbfleisch in einer würzigen Sauce, die mit dunklem Bier und Saucenlebkuchen abgeschmeckt wird, gar gezogen. Für die Herstellung ist eine kräftig eingekochte Fleischbrühe und ein Saucenlebkuchen (in Kaufhäusern erhältlich) erforderlich.

> 1 kg verschiedene Teile Kalbfleisch
> (es sollten 2 bis max. 3 ganze Stücke
> mit insgesamt 1000 g sein,
> z. B. Brustfleisch, durchwachsener
> Hals, Schulterstück usw.)
> 2 l Wasser
> Meersalz
> 1 TL ganze Pimentkörner
> 2 Karotten (grob zerkleinert)
> 1 Stück Knollensellerie (von der Größe
> eines Tennisballs, grob zerkleinert)
> 1 Lauchstange (grob zerkleinert)
> 1 Petersilienwurzel (grob zerkleinert)
> 2 kleine Zwiebeln (grob zerkleinert)
> 0,25 l kräftig eingekochte Fleischbrühe
> (siehe Rezept)
> 0,3 l dunkles Bier
> (kein süßes Bier oder Bockbier)
> 1 TL ganze Gewürznelken
> 2 Gemüsezwiebeln
> (in große Würfel geschnitten)
> 2 Lorbeerblätter (in Stücke gebrochen)
> 60 g Saucenlebkuchen
> 2 TL Kartoffelstärkemehl
> frisch gemahlener schwarzer Pfeffer
> 1/2 TL brauner Rohrzucker
> 2 TL frisch gepreßter Zitronensaft

In einen Bratentopf die ganzen Kalbfleischstücke geben. In einem anderen Topf das Wasser aufkochen und über das Fleisch gießen. 1/2 TL Meersalz, die Pimentkörner sowie das Suppengemüse (Karotten, Sellerie, Lauch, Petersilienwurzel und die 2 kleinen Zwiebeln) hinzufügen. 1 Std. bei nicht zu starker Hitze köcheln lassen und die sich ergebende Fleischbrühe durch ein feines Haarsieb in eine breite Sauteuse streichen. Das Fleisch in etwa 1 cm dicke Scheiben schneiden und beiseite stellen. Die Fleischbrühe aufkochen und das Bier, die Gewürznelken, die Gemüsezwiebeln sowie die Lorbeerblätterstücke dazugeben. 30 Min. kochen, wieder durch ein feines Haarsieb in einen breiten Topf streichen und nochmals aufkochen. Den Saucenlebkuchen in kleine Stücke brechen und in der Sauce auflösen lassen.

In einer Tasse das Stärkemehl mit 3 EL heißer Brühe anrühren und mit dem Schneebesen in die Sauce einschlagen. Mit Meersalz, Pfeffer, Rohrzucker und Zitronensaft abschmecken. Die Fleischscheiben hineinlegen, dann die Sauce nicht mehr aufkochen, sondern nur noch 10 Min. ziehen lassen.

Dazu passen am besten in Wasserdampf gar gezogene Kartoffeln und natürlich (zum Auftunken der Sauce) Weißbrot.

Chinesische Würzmarinade zur Kalbshaxe

Diese dunkle sehr würzige Marinade wird heiß verwendet. Daß heißt, die Kalbshaxe muß in der heißen Marinade bei geringer Hitze garen (etwa 40 Min.) und dann darin abgekühlt mindestens 12 Std. weiter mariniert werden.

> 0,15 l dunkle süße Sojasauce
> 0,6 l Sherry
> 1 EL brauner Rohrzucker
> 0,6 l Wasser
> 6 Knoblauchzehen (halbiert)
> 2 EL frische Ingwerwurzel (geschält
> und in grobe Stücke geschnitten)
> 3 ganze Sternanis
> 2 Zimtstangen
> (in grobe Stücke gebrochen)
> 1 EL Gewürznelken
> 1 unbehandelte Orange
> 1 EL Sichuan-Pfefferkörner
> 2 getrocknete rote Chilischoten
> 1 TL flüssiger heller Kleehonig
> 1 TL Kartoffelstärke
> 1 große Kalbshaxe

In einer breiten Sauteuse die Sojasauce, den Sherry und den Rohrzucker vermischen und erhitzen, dann das Wasser hinzufügen, bei mäßiger Hitze köcheln, bis sich der Zucker aufgelöst hat. Den Knoblauch und die Ingwerstücke hinzufügen sowie den Sternanis, die Zimtstangen, die Gewürznelken und die sehr dünn abgeschnittene Schale der Orange. Den Topf von der Platte ziehen und in einer beschichteten Pfanne die Sichuan-Pfefferkörner anrösten, bis sie kräftig duften, und diese dann ebenfalls unter die Sauce heben. Die Chilischoten in kleine Stücke schneiden und mit dem Honig zu der Sauce geben. Das Ganze bei mäßiger Hitze etwa 35 Min. köcheln. Anschließend die Sauce durch ein feines Haarsieb in einen hohen Topf seihen und die Kalbshaxe hineinlegen. Das Fleisch bei geringer Hitze etwa 40 Min. garen (die Flüssigkeit darf dabei nicht kochen!), danach in dieser Marinade abkühlen bzw. mindestens 12 Std. an einem kühlen Ort ziehen lassen. Die Kalbshaxe wird im Backofen bei 160 °C 80 Min. gebraten und während dieser Zeit mit der Marinade übergossen bzw. mit einem Küchenpinsel eingepinselt. Die restliche Marinade und den sich bildenden Bratenfond durch ein Haarsieb in eine Sauteuse streichen und aufkochen. Das Stärkemehl mit etwa 4 EL der heißen Marinade zu einer Paste rühren und langsam nach und nach mit einem Schneebesen in die Sauce einschlagen. Etwa 3 Min. köcheln, bis die Sauce leicht dickflüssig wird, und dann zu der fertiggebratenen Kalbshaxe servieren.

Madeira-Knoblauch-Sauce zu Kalbshaxe

Hier handelt es sich um eine sehr aufwendige Sauce, wobei Fleischfond und Geflügelfond vorhanden sein müssen.

3 EL Olivenöl
4 Hühnerflügel
(mit scharfem Messer geteilt)
100 g Kalbsleber
(in feine Würfel geschnitten)
4 Kalbsknochen
(mit etwas Fleisch daran)
150 g Steinchampignons
(in dünne Scheiben geschnitten)
8 Schalotten
(in sehr feine Würfel geschnitten)
5 Knoblauchzehen
(einmal durchgeschnitten)
1 EL Thymian
2 Lorbeerblätter (in Stücke gebrochen)
2 EL Rotweinessig
2 EL Armagnac
0,5 l Madeirawein
0,5 l Fleischfond
0,25 l Gemüsefond
0,2 l Wasser
2 EL getrocknete Morcheln
Saft von 1/2 Zitrone
1 EL dicke Sahne
1 EL kalte Butter
(in kleine Stücke geschnitten)
Meersalz
frisch gemahlener weißer Pfeffer

In einer großen Stahlpfanne mit hohem Rand das Olivenöl erhitzen und die Hühnerflügel, die Kalbsleber sowie die Kalbsknochen darin scharf anbraten, bis alles eine dunkelbraune Farbe bekommt. Die Pilzscheiben, die Schalottenwürfel, den Knoblauch sowie den Thymian und den Lorbeer in die Pfanne geben und kurz mitrösten. Den Rotweinessig zugießen und damit den Bodensatz aufkochen. Sofort anschließend den Armagnac zusetzen und verdampfen lassen. Danach den Madeirawein zugießen und die ganze Masse kräftig aufkochen lassen. Den Fleischfond, den Gemüsefond sowie das Wasser zugeben. Alles 15 Min. durchkochen und etwas reduzieren. Die Morcheln hinzufügen und nochmals 15 Min. kochen. Das Ganze durch ein sehr feines Haarsieb und anschließend durch ein Passiertuch streichen. Die Flüssigkeit in eine Sauteuse gießen und erneut um ein Drittel reduzieren. Zum Schluß den Zitronensaft und die Sahne untermischen.
Die Butterstückchen mit dem Schneebesen unterschlagen sowie mit Meersalz und Pfeffer abschmecken. Die Sauce muß einen sehr kräftigen Geschmack haben, dunkelbraun und dickflüssig sein.

Kalte Heringssauce

Aus der zweiten Hälfte des 19. Jahrhunderts stammt diese ungewöhnliche Sauce. Sie wird vor allem zu kaltem Schweinebraten gereicht.

1 frischer Hering
0,5 l Milch
3 Eigelb von hartgekochten Eiern
(fein gehackt)
3 Zwiebeln (fein gehackt)
frisch gemahlener weißer Pfeffer
2 EL Sonnenblumenöl
1 EL Essig

Den Hering mindestens einen halben Tag in frischer Milch einlegen, entgräten und fein hacken. Das Eigelb, den Hering sowie die Zwiebeln miteinander vermischen und mit Pfeffer abschmecken. Abschließend das Sonnenblumenöl und den Essig zu der Sauce rühren. Das Ganze muß gut binden, das heißt, daß gegebenenfalls auch etwas mehr Essig dazugegeben werden kann. Sofort verwenden und zu kaltem Schweinebraten reichen.

Sahnefond zu eingemachtem Kalbfleisch

Dies ist das Rezept des klassischen Gerichtes mit dem Namen „Blanquette de Veau". Dazu wird in Würfel geschnittenes Kalbfleisch in einer cremigen pikant-säuerlichen Sauce serviert. Die Herstellung der Sauce erfolgt zusammen mit dem Garen des Kalbfleisches.

Zur Herstellung sind 0,5 l Fleischfond und zusätzlich 2 EL sehr stark eingekochter Fleischfond (gelierte Fleischglace) erforderlich.

> 3 l Wasser
> Meersalz
> 1 kg mageres Kalbfleisch
> (in große Würfel geschnitten)
> 0,5 l Fleischfond (siehe Rezept)   .
> 0,2 l trockener Riesling
> 1 Thymianzweig
> 2 Lorbeerblätter (in Stücke gebrochen)
> 1 EL glatte Petersilie (grob gehackt)
> 3 Schalotten
> 1 Karotte
> 2 Staudensellerie
> 1 Knoblauchzehe
> 1 TL weiße Pfefferkörner
> 0,15 l süße Sahne
> 2 Eigelb
> 2 EL Mehl
> 2 EL frisch gepreßter Zitronensaft
> 1 Messerspitze frisch geriebene
> Muskatnuß
> Meersalz
> frisch gemahlener weißer Pfeffer
> 500 g Frühlingsgemüse in Stücken
> (z. B. Frühlingszwiebeln, Karotten usw.)
> 2 EL stark eingekochter gelierter
> Fleischfond (siehe Rezept)

Das Wasser in einem großen Suppentopf aufsetzen und kräftig mit Meersalz würzen und aufkochen. Die Kalbfleischwürfel für $1/2$ Min. in das Wasser legen, mit dem Schaumlöffel wieder herausnehmen und zum Abkühlen beiseite stellen. In einem großen Bratentopf den Fleischfond, den Riesling, die Kräuter (Thymian, Lorbeer und Petersilie) und die Gemüse (Schalotten, Karotte, Staudensellerie und Knob-

lauchzehe) hinzufügen sowie die Fleischwürfel und Pfefferkörner. Den Deckel auflegen und 70 Min. bei geringer Hitze köcheln. Anschließend das Fleisch wieder aus der Brühe nehmen und diese durch ein feines Haarsieb in eine Sauteuse gießen. Aufkochen und um die Hälfte reduzieren. Den Topf dann von der Platte ziehen. Die Sahne mit den Eigelb verquirlen und das Mehl untermischen. Dann etwa 3 EL der heißen Brühe unter diese Sahne-Ei-Mischung geben und zu einer Paste verquirlen. Mit dem Schneebesen nach und nach unter die Sauce schlagen und bei nicht zu starker Hitze köcheln. Die Sauce muß nun cremig dickflüssig werden. Den Zitronensaft und die Muskatnuß untermischen. Mit Meersalz und Pfeffer abschmecken und nochmals mit dem Schneebesen verrühren. Die Fleischwürfel hinzufügen und erwärmen. Kurz vor dem Servieren noch Frühlingsgemüse, das im Wasserdampf knackig gegart ist, unter die Sauce heben.

Zum Schluß die 2 EL eingekochten Fleischfond lauwarm erhitzen und mit dem Löffel über das Gericht träufeln.

Sauerrahmsauce

Diese gehaltvolle Sauce stammt aus der Mitte des 19. Jahrhunderts. Voraussetzung dabei ist das Vorhandensein der „Weißen Grundsauce nach Rottenhöfer" sowie eines Kalbsfonds.

> 0,75 l „Weiße Grundsauce
> nach Rottenhöfer"
> 0,4 l Sauerrahm, Schmant
> oder Crème fraîche
> 0,25 l Kalbsfond
> 1 Lorbeerblatt (in Stücke gebrochen)
> 1 mittelgroße Zwiebel
> (grob zerkleinert)
> 100 g durchwachsener roher Schinken
> (in Würfel geschnitten)
> 2 EL gewässerte Kapern

In einer großen Sauteuse bei geringer Hitze zunächst die „Weiße Grundsauce nach Rottenhöfer" mit dem Sauerrahm vermischen bzw. mit dem Schneebesen einschlagen. Dabei die Sauce nicht zum Kochen bringen. Dann den Kalbsfond, das Lorbeerblatt, die Zwiebel und den Schinken dazugeben. Das Ganze vorsichtig bei mäßiger Hitze gut auf die Hälfte einkochen, so daß noch etwa 0,75 l übrigbleiben. Danach diese Sauce durch ein Passiertuch drücken und die Kapern untermengen. Die Sauce nun nicht mehr kochen lassen.

Hinweis: Von ihrem Geschmack her paßt diese Sauce am besten zu gekochtem oder gebratenem Kalbfleisch bzw. Rindfleisch. Es sollte nur so viel Sauce zubereitet werden, wie auch verwendet wird, da sie sich nicht unbedingt zum Aufbewahren eignet.

Apfelsauce zu Schweine- oder Gänsebraten

Aus dem 19. Jahrhundert stammt diese fruchtig-säuerliche Apfelsauce. Sie eignet sich vor allem zu fettem Braten (also Schweine- oder Gänsebraten).

> 0,75 l Wasser
> 1 EL Zucker
> $1/2$ EL Zitronenschale von 1 unbe
> handelten Zitrone (fein abgeschnitten)
> 1 EL Butter
> 6 saftige saure Äpfel
> (in Scheiben geschnitten)

Das Wasser, den Zucker, die Zitronenschale und die Butter in einem Topf vermischen. Dazu die Apfelscheiben geben und gut weich kochen.
Wenn die Masse zu dickflüssig ist, noch etwas Wasser hinzufügen. Das Ganze durch ein feines Sieb streichen und nochmals aufkochen lassen. Die Sauce muß cremig sein und sollte sofort zu Braten serviert werden.

Sauce Bonnefoy

Diese klassische französische Sauce wird zu Kalbfleisch und Geflügelfleisch serviert.

> 4 EL Butter
> 4 EL Mehl
> 1 l kräftig eingekochte Fleischbrühe
> 0,3 l Sahne
> 0,3 l trockener Riesling
> 4 Schalotten
> (in sehr feine Würfel geschnitten)
> 1 EL frische gemischte Kräuter: glatte
> Petersilie und Estragon
> (sehr fein gehackt)
> Meersalz
> frisch gemahlener weißer Pfeffer

In einer Sauteuse die Butter zerlassen und darin das Mehl bei nicht zu starker Hitze hellbraun anrösten. Die Fleischbrühe langsam zugießen und ständig mit dem Schneebesen schlagen. Etwa 50 Min. bei geringer Hitze köcheln und auf die Hälfte reduzieren. Immer wieder mit dem Schneebesen durchrühren, damit die Sauce nicht anbrennt. Zum Schluß langsam die Sahne dazugießen, kräftig durchschlagen und nochmals 2 Min. köcheln.
In einer weiteren Sauteuse den Riesling mit den Schalotten erhitzen und so weit einkochen, daß nur noch etwa 2 EL Flüssigkeit übrigbleiben. Diese Flüssigkeit mit dem Schneebesen unter die vorbereitete Sauce schlagen. Nun durch ein feines Haarsieb streichen, erneut erhitzen und die Kräuter mit einem Löffel unterheben. Mit Salz sowie Pfeffer abschmecken und sofort servieren.
Wenn die Sauce zu flüssig ist, etwas Sahne dazugeben und nochmals einkochen.

Estragon-Tomaten-Fond zu Kalbsfilet

Diese sehr aromatische Sauce paßt ausgezeichnet zu frisch gebratenen Scheiben von Kalbs- oder Lammfilet.

> 5 Fleischtomaten
> 4 EL Olivenöl
> 3 Hühnerflügel (jeweils halbiert)
> 650 g Kalbsknochen (klein gehackt)
> 1 Zwiebel (klein gewürfelt)
> 2 mittelgroße Karotten (klein gewürfelt)
> 1 EL Sellerie (klein gewürfelt)
> 2 Knoblauchzehen (geschält)
> 4 EL Cognac
> 0,25 l trockener Riesling
> 0,75 l Fleischfond (siehe Rezept)
> 0,6 l Geflügelfond (siehe Rezept)
> 1 EL frische Thymianblätter
> (fein gehackt)
> 2 Lorbeerblätter (in Stücke gebrochen)
> 1 TL weiße Pfefferkörner
> 1 EL kalte Butter
> (in kleine Würfel geschnitten)

Den Stielansatz der Fleischtomaten entfernen, die Haut mit einem scharfen Messer kreuzweise einritzen und kurz in kochendes Wasser halten. Danach die Haut abziehen, vierteln und entkernen. Das Tomatenfleisch in kleine Würfel schneiden und beiseite stellen.
In einem großen Bräter 2 EL Olivenöl erhitzen und die Hühnerflügel sowie die Kalbsknochen darin anrösten. Wichtig dabei ist, daß die Knochen dunkelbraun werden, damit sie später an die Sauce Farbe abgeben.
In einem weiteren großen Brattopf das restliche Öl heiß machen und die Gemüsewürfel (Zwiebeln, Karotten und Sellerie) sowie die Knoblauchzehen darin anschwitzen, bis sie braun sind. Anschließend die gerösteten Knochen zu dem Gemüse schütten, den Cognac zugießen und verdampfen lassen. Den Riesling hinzufügen und kräftig einkochen. Je die Hälfte des Fleisch- und des Gemüsefonds zugeben und um die Hälfte reduzieren. Anschließend den Thymian, die Lorbeerblätter sowie die Pfefferkörner und den restlichen Fleisch- und Geflügelfond untermischen. Das Ganze kräftig aufkochen und 45 Min. bei mittlerer Hitze köcheln.

Die Sauce dann durch ein feines Haarsieb in eine Sauteuse streichen und nochmals um ein Drittel reduzieren. Zum Schluß die sehr kalten Butterwürfel mit dem Schneebesen unterschlagen und die Tomatenwürfel noch kurz in der Sauce erhitzen. Sofort servieren.

Thunfischsauce zu kaltem Kalbfleisch
(Vitello tonnato)

Ein klassisches Gericht aus dem Piemont (Italien) ist sehr dünn geschnittener Kalbsbraten mit Thunfischsauce. Dabei handelt es sich um eine sehr wohlschmeckende Vorspeise.

> 250 g Thunfisch (im eigenen Saft
> eingelegt – Thunfisch aus der Dose)
> 4 Sardellenfilets
> 3 Eigelb
> Saft von 1/2 Zitrone
> 3 EL große Kapern
> 3 EL Kalbsfond
> 0,2 l kalt gepreßtes Olivenöl
> Meersalz
> frisch gemahlener weißer Pfeffer
> 1 EL Weißweinessig

Den Thunfisch aus der Dose kurz mit kaltem Wasser abwaschen. Die Sardellenfilets (die normalerweise eingesalzen und eingelegt sind) ebenfalls mit frischem kaltem Wasser abwaschen. In einen Mixer den Thunfisch, die Sardellenfilets, die Eigelb sowie den Zitronensaft geben und sehr fein pürieren. 2 EL Kapern und den Kalbsfond zufügen und noch einmal pürieren. In kleinen Mengen das Olivenöl sowie Meersalz und Pfeffer zugeben und weiter pürieren, bis sich eine dicke cremige Sauce ergibt. Den Weißweinessig zugießen und nochmals durchpürieren. Den kalten Kalbsbraten in dünne Scheiben schneiden und auf einem flachen Teller anrichten. In die Mitte die Thunfischsauce geben und die restlichen Kapern darüberstreuen.

Sauce zu Kalbskopf

Zur Herstellung dieser Sauce sind eine kräftige Fleischbrühe und 1 EL kräftig eingekochter gelierter Fleischfond erforderlich. Außerdem benötigt man zum Abschmecken ungewürzte dunkle Sojasauce. Diese Sauce stammt aus der Zeit um 1870.

*4 Schalotten
(in feine Würfel geschnitten)
2 EL Butter
2 EL Mehl
0,2 l kräftige Fleischbrühe
0,2 l kochendes Wasser
2 Karotten (in feine Würfel geschnitten)
1 Petersilienwurzel
(in feine Würfel geschnitten)
1 Lorbeerblatt (in Stücke gebrochen)
1/2 TL Cayennepfeffer
1 unbehandelte Zitrone
(zuerst die Schale abreiben und dann
5 dünne Scheiben abschneiden)
1 TL Zucker
kräftige Prise Salz
1 EL stark eingekochter
gelierter Fleischfond
1 EL kalte Butter
(in kleine Stücke geschnitten)
0,1 l Madeira
1 EL ungesalzene Sojasauce*

In einer Sauteuse die Schalottenwürfelchen in den 2 EL Butter anbräunen, das Mehl zugeben und kurz durchrösten. Anschließend die Fleischbrühe sowie das Wasser langsam nach und nach dazugießen und mit dem Schneebesen unterschlagen.
Die Karotten- und Petersilienwürfel sowie den Lorbeer zu der Sauce geben. Den Cayennepfeffer und die Zitronenschale ebenfalls beimischen. Das Ganze 40 Min. bei nicht zu starker Hitze kochen.
Dann die Flüssigkeit durch ein Haarsieb in eine Sauteuse gießen. Die Zitronenscheiben, den Zucker und das Salz zugeben. Alles aufkochen und den Fleischfond zufügen. Den Topf von der Platte ziehen und 1 EL kalte Butter mit dem Schneebesen unterschlagen. Außerdem den Madeira und die Sojasauce zugießen. Das Ganze nicht mehr aufkochen und sofort zu gekochtem Kalbskopf servieren.

Grapefruit-Madeira-Sauce zu Kalbsleber

0,1 l kräftig eingekochter Fleischfond (Fleischglace) muß vorhanden sein, um diese Sauce zuzubereiten. Sie hat einen pikant sahnigen Geschmack und paßt gut zu einer im ganzen gebratenen Kalbsleber, die innen noch rosa sein muß und dann mit einem scharfem Messer in 0,5 cm dicke Scheiben geschnitten wird.

*0,1 l stark eingekochter Fleischfond
0,2 l süße Sahne
2 EL Madeirawein
Meersalz
frisch gemahlener weißer Pfeffer
Saft von 1 großen rosa Grapefruit*

In einer Sauteuse den Fleischfond erhitzen und aufkochen. Nach und nach die süße Sahne zugeben, dabei jedes Mal mit dem Schneebesen kräftig durchschlagen und immer wieder dazwischen reduzieren lassen. Danach den Madeirawein hinzugießen und weiter einkochen lassen. Die Sauce muß jetzt bereits cremig dickflüssig sein. Mit Meersalz und Pfeffer abschmecken. Den Grapefruitsaft durch ein Sieb nach und nach in die Sauce gießen und mit dem Schneebesen dabei immer kräftig aufschlagen. Die Sauce sehr heiß zu Kalbsleber servieren.

Preiselbeer-Frucht-sauce zu Kalbsleber

Diese sehr aromatische Sauce ist etwas aufwendiger herzustellen und eignet sich deshalb nur dann, wenn für eine größere Zahl von Gästen gekocht wird. Die Saucenmenge reicht für 6 Personen.
Dazu braucht man 0,2 l stark einreduzierten Geflügelfond. Die Sauce wird zu einer im ganzen gebratenen Kalbsleber serviert. Dabei die Kalbsleber in Mehl wälzen, das mit Salz gewürzt ist. Dann scharf anbraten und im Backofen 20 bis 25 Min. nachgaren. Die Leber mit einem scharfen Messer in dünne Scheiben schneiden und mit der Sauce servieren.

150 g Butter
6 Schalotten (fein gewürfelt)
2 EL brauner Rohrzucker
10 Saftorangen
3 Zitronen
0,6 l trockener Rotwein
(z. B. Spätburgunder)
1,2 kg frisches Rotkraut
(sehr fein gehackt)
0,2 l eingekochter Geflügelfond
(Rezept)
4 EL Preiselbeeren (aus dem Glas)
2 TL ganzer Kümmel
Meersalz
frisch gemahlener schwarzer Pfeffer
1 Messerspitze Muskatblüte (gemahlen)
1 Messerspitze Kümmelpulver
1 TL Mehlbutter (1 TL zimmerwarme
Butter, mit 1/2 TL Mehl verknetet)
3 EL kalte Butter
(in kleine Stücke geschnitten)
2 EL süßer Portwein

In einer breiten hohen Edelstahl-pfanne die 150 g Butter zerlassen, die Schalotten bei nicht zu starker Hitze hellbraun andünsten. Den Zucker hinzufügen und hellbraun karamelisieren. Die Orangen sowie die Zitronen auspressen und zu den Schalotten geben. Den Rotwein dazugießen. Das Ganze aufkochen. Jetzt das Rotkraut und den Geflügelfond einrühren, 30 Min. bei nicht zu starker Hitze kochen, dabei immer wieder umrühren. Danach die Preiselbeeren untermischen und nochmals 30 Min. köcheln. Die Masse mit einem Pürierstab kurz durchmixen und durch ein sehr feines Sieb in eine Sauteuse seihen. Alles bei starker Hitze um mindestens die Hälfte einkochen. Mit Salz, Pfeffer, gemahlenem Kümmel und Muskatblüte abschmecken. Zuerst die Mehlbutter und dann die kalten Butterwürfel mit dem Schneebesen unterschlagen. Nochmals mit Salz, Pfeffer und Kümmelpulver abschmecken und den Portwein dazugeben. Wichtig ist, daß nach dem Einschlagen der Butter die Sauce nicht mehr kocht. Sehr heiß zu der Kalbsleber servieren.

Süße Mostsauce

Diese cremige Sauce wird mit süßem Apfelmost hergestellt, also Apfelsaft, der noch nicht ganz vergoren ist. Sie schmeckt ausgezeichnet zu Rinder- oder Kalbszunge und kann auch zu frischem Rinderbraten serviert werden.

1 EL Butter
1/2 EL Mehl
0,6 l süßer Apfelmost
1 unbehandelte Zitrone
2 EL scharfer Dijon-Senf
Meersalz
frisch gemahlener weißer Pfeffer
2 EL Weißweinessig
1 TL Zucker

In einer Sauteuse die Butter zerlassen und das Mehl darin hellbraun anrösten. Nach und nach mit dem Most aufgießen und ständig mit dem Schneebesen durchschlagen.
Von der Zitrone die Schale ganz dünn abschneiden und in feine Würfelchen schneiden (insgesamt 1/2 TL voll). Die Zitronenschale und den Senf zu der Flüssigkeit geben und mindestens 30 Min. köcheln. Dabei mit dem Schneebesen immer wieder durchschlagen. Anschließend mit Salz und Pfeffer abschmecken sowie den Essig und den Zucker hinzufügen. Das Ganze wieder mit dem Schneebesen durchrühren und nochmals 2 bis 3 Min. köcheln. Die Sauce durch ein feines Haarsieb streichen und sofort servieren.

Schwedische Dillsauce zu Kalbfleischragout

Für dieses Gericht werden magere Kalbfleischwürfel kräftig angebraten, nicht zu stark mit Salz und Pfeffer gewürzt und dann in der vorbereiteten Sauce in etwa 4 Min. gar gezogen.

0,5 l Fleischfond
2 EL Butter
2 EL Mehl
2 EL frischer Dill (fein gehackt)
1 EL kräftiger Weißweinessig
1 EL brauner Rohrzucker
Meersalz
frisch gemahlener weißer Pfeffer
1 TL frisch gepreßter Zitronensaft
2 Eigelb

Den Fleischfond in einer Sauteuse um die Häfte reduzieren. In einer breiten Pfanne die Butter zerlassen und das Mehl darin hellbraun anschwitzen. Nach und nach den eingekochten Fleischfond hinzufügen und kräftig mit dem Schneebesen aufschlagen. 15 Min. bei mäßiger Hitze köcheln lassen und dabei immer wieder durchrühren. Zum Schluß den Essig dazugeben.
Den Dill, den Zucker, das Meersalz sowie Pfeffer und Zitronensaft nach und nach unter die Sauce mischen.
Den Topf von der Platte ziehen. In einer Tasse die Eigelb mit einer Gabel verquirlen und 4 EL der heißen Sauce einrühren. Den Topf wieder auf die Platte setzen und die Eigelbmasse langsam mit dem Schneebesen in die Sauce einschlagen. Einmal aufkochen und die Hitze sofort herunterschalten. Die Sauce muß cremig-dick sein. Die Fleischwürfel in die Sauce geben und gar ziehen lassen. Sofort servieren.

Scharfer Birnensenf zu Kalbsherz

Diese cremige Sauce paßt am besten zu im ganzen gebratenem Kalbsherz (mit Senf, Salz und Pfeffer eingerieben, scharf angebraten und im Backofen in etwa 45 Min. fertig gebraten). Das Kalbsherz sollte dabei innen noch rosa sein. Es wird in 0,5 cm dicke Scheiben aufgeschnitten und sehr heiß mit dem Birnensenf serviert. Die Sauce paßt aber auch zu Lammbraten oder Wildschweinbraten. Zur Herstellung der Sauce werden 0,3 l Fleischfond und 1 kg aromatische und saftige Birnen benötigt.

1 kg aromatische reife Birnen
1 unbehandelte Zitrone
1 EL Traubenkernöl
1 EL brauner Rohrzucker
0,3 l Fleischfond (siehe Rezept)
3 Schalotten (sehr fein gehackt)
2 Knoblauchzehen
(durch die Presse gedrückt)
1 TL Meersalz
frisch gemahlener schwarzer Pfeffer
2 EL scharfer Dijon-Senf

Die Birnen schälen, das Kerngehäuse entfernen und in grobe Stücke schneiden. Mit einem scharfen Messer ganz dünn die Schale der Zitrone abschälen und klein würfeln. Die Zitrone auspressen.
In einem breiten Bratentopf das Öl erhitzen, die Birnenwürfel sowie den Zucker hinzufügen und mindestens 20 Min. bei mittlerer Hitze garen. Dabei den sich bildenden Saft zusammen mit dem Rohrzucker stark einkochen, bis er dickflüssig wird und eine braune Farbe erhält. Jetzt den Fleischfond, den Zitronensaft und die Schalotten dazugeben. Weiterrühren und etwa 3 Min. ebenfalls eine braune Farbe annehmen lassen. Den Knoblauch, das Meersalz, den Pfeffer und den Dijon-Senf untermischen. Bei nicht zu starker Hitze weitere 25 Min.

köcheln, bis die Flüssigkeit auf mindestens die Hälfte reduziert ist. Jetzt mit dem Pürierstab kräftig und fein mixen und durch ein feines Haarsieb in eine Sauteuse schütten. Erneut erhitzen, mit dem Schneebesen durchschlagen und gegebenenfalls nochmals mit Salz oder Zucker abschmecken. Sehr heiß zu dem frisch aufgeschnittenen Kalbsherz servieren.

Provenzalische Kräutersauce

Diese Sauce aus dem südwestfranzösischen Périgord wird nach einem Rezept aus der Zeit um 1930 hergestellt und vor allem zu gepökelter Kalbs- oder Rinderzunge serviert, die in Wasser zusammen mit verschiedenem Wurzelgemüse bei mäßiger Hitze mind. 4 Std. gar gezogen hat. Anschließend die Haut abziehen und die Zunge in dünne Scheiben schneiden. Dazu diese Kräutersauce servieren.

2 EL Gänseschmalz
5 Schalotten (sehr fein gewürfelt)
1½ EL Mehl
0,5 l kräftige Fleischbrühe
(oder auch die Brühe, in der die Zunge gar gezogen hat)
2 EL frischer Schnittlauch
(sehr fein geschnitten)
2 EL frische glatte Petersilie
(sehr fein gehackt)
2 EL frischer Estragon
(sehr fein gehackt)
2 EL milder Kräutersenf
2 EL Estragonessig
4 kleine Salzgürkchen (unter fließend kaltem Wasser abgewaschen und in sehr feine Scheiben geschnitten)
Meersalz
frisch gemahlener schwarzer Pfeffer

In einer breiten Sauteuse das Gänseschmalz zerlassen und die Schalottenwürfel hellbraun anrösten. Das Mehl hinzufügen und bei nicht zu starker Hitze etwa 3 Min. braun rösten. Nach und nach die Fleischbrühe hinzugießen, 15 Min. bei nicht zu starker Hitze köcheln und dabei ständig mit dem Schneebesen rühren. Es muß sich eine cremige Sauce ergeben (deshalb evtl. noch etwas Fleischbrühe dazugießen). Alle Kräuter untermischen, die Hitze zurückschalten und bei geringer Hitze 25 Min. ziehen lassen (dabei immer wieder mit einem Kochlöffel umrühren). Danach die Sauce nochmals bis kurz vor das Kochen erhitzen und den Senf sowie den Essig mit dem Schneebesen einrühren. Zum Schluß die Gurkenscheiben unterheben, kurz durchrühren und mit Meersalz sowie Pfeffer abschmecken.
Sofort zu der in Scheiben geschnittenen Zunge servieren.

Schweinebraten

Warum ist das Rezept für Schweine-
braten in einem Saucenkochbuch?
Erinnern Sie sich nicht auch manchmal
an den duftenden Schweine-Krustenbraten aus Großmutters Zeit mit seiner
dunklen duftenden Sauce ganz ohne
Stärkemehl und Sahne?
Kennen Sie nicht auch den Ausspruch:
„Ich bräuchte eigentlich gar kein
Fleisch, mir reicht die Sauce mit den
Knödeln?" Um so einen Schweinebraten bzw. so eine Schweinebraten-
sauce handelt es sich bei dem folgenden Rezept. Es gibt natürlich eine
Menge verschiedenster Anleitungen für
Schweinebraten, wobei die nachstehende Würzung und Zubereitung am
ehesten dem Geschmack „von früher"
nahekommt. Am besten schmeckt dieser Schweinebraten mit selbst gemachten rohen Kartoffelklößen und einem
lauwarmen Krautsalat mit ausgebratenen Speckstücken.

2 kg Schweinebraten (nicht zu mager
und mit der Schwarte, diese mit einem
scharfen Messer längs und quer
in Quadrate schneiden)
2 EL Salz
1 TL gemahlener Kümmel
1 EL mittelscharfer Senf
1 EL ganze Kümmelkörner
4 EL Schweineschmalz
3 Zwiebeln (geviertelt)
1 große Karotte
(in große Würfel geschnitten)
1 Petersilienwurzel (grob gewürfelt)
500 g Schweineknochen
(am besten Schweinerippchen
mit noch etwas Fleisch daran)
4 Knoblauchzehen (nicht geschält)
1 EL getrockneter Majoran
1 Tasse abgeschnittene Rinde von
einem Sauerteigschwarzbrot

Das Fleisch mit Salz und gemahlenem
Kümmel kräftig einreiben und an-
schließend den Senf gut einmassieren.
Einige Kümmelkörner darüberstreuen
und in einem Bratentopf in dem
Schweineschmalz zunächst mit der
Schwarte nach unten kräftig etwa
10 Min. und dann von allen Seiten an-

braten. Die Zwiebel-, Karotten- und
Petersilienwürfel im Schmalz etwa
4 Min. anrösten. Das Fleisch sowie die
Zwiebel-, Karotten- und Petersilienwürfel aus dem Topf nehmen und die in
große Stücke gehackten Knochen kräftig
anbraten. Die Knoblauchzehen den
Knochen zusetzen. Das Fleisch und die
Zwiebel-, Karotten- und Petersilienwürfel wieder in den Topf füllen. Den
Majoran und den restlichen Kümmel
beimengen und in den auf 220 °C
vorgeheizten Backofen schieben.
30 Min. braten, wobei die Schwarte
unten sein muß.
Nach dieser Zeit 2 Tassen Wasser
angießen, den Bratensatz kräftig aufrühren und mit dem Wasser ablösen,
dann den Topf wieder in den Backofen
schieben. Die gesamte Bratzeit beträgt
etwa 2½ Std. Nach etwa 1 Std. die
Brotrinde hinzufügen. Immer wieder
etwas Wasser nachfüllen, so daß etwa
1 cm Wasser bzw. Sauce im Topf ist.
Zum Schluß dann die Sauce durch
ein Spitzsieb in eine Schüssel passieren
und dabei die Gemüsewürfel kräftig
durchdrücken. Wichtig ist, daß in den
letzten 45 Min. die Schwarte oben ist,
so daß sie knusprig braun wird. In den
letzten 30 Min. 1 Tasse kaltes Wasser, in
dem 1 TL Salz angerührt ist, nach und
nach über die Schwarte gießen (dadurch wird die Schwarte knusprig und
glänzend braun).
Das Fleisch dann in dicke Scheiben
schneiden, in den Bratentopf zurück-
legen und die Sauce darübergeben.
Noch einmal erhitzen und mit den
Knödeln sehr heiß servieren.

Kernölsauce
zu Schweinebraten

Dies ist ein Originalrezept aus der
Steiermark (Österreich). Es ist wichtig,
daß bestes kalt gepreßtes Kürbiskernöl
verwendet wird.

3 EL Kürbiskernöl
2 kleine Knoblauchzehen
(durch die Presse gedrückt)
0,2 l Geflügelfond
4 EL saure Sahne
1 TL Kartoffelstärke

In einer Sauteuse das Öl erhitzen und
den Knoblauch darin leicht anrösten.
Den Geflügelfond dazugeben und um
etwa ein Drittel reduzieren.
Anschließend mit dem Schneebesen die
Sahne einschlagen. Die Kartoffelstärke
mit 3 EL heißer Sauce kurz anrühren
und dann ebenfalls mit dem Schneebesen unter die Sauce schlagen. Einmal
aufkochen und sofort servieren.

Bier-Grieben-Sauce zu Schweine-Krusten-braten

Diese Sauce wird dann zubereitet, wenn ein Schweine-Krustenbraten (also mit Schwarte) auf dem Speiseplan steht. Er schmeckt am besten, wenn er bereits während der Zubereitung nach und nach mit 0,25 l dunklem malzigem Bier übergossen wird. Für die Herstellung dieser Sauce 1,5 kg Schweinefleisch braten. Zusätzlich werden 1 kg klein gehackte Schweineknochen (z. B. Schälrippchen) und 1 kleingehackter, sauber geputzter Schweinsfuß benötigt. Diese Knochen nach der Hälfte der Garzeit des Schweinebratens mitrösten, damit es eine gute Sauce gibt.

Zutaten Schweinebraten:
1,5 kg Schweinebraten mit Schwarte
Meersalz
frisch gemahlener schwarzer Pfeffer
1 EL scharfer Dijon-Senf
Kümmelpulver
etwas Sonnenblumenöl
2 Zwiebeln (in Stücke geschnitten)
2 Karotten (in Stücke geschnitten)
1 Sellerieknolle (in Stücke geschnitten)
2 Knoblauchzehen

Zutaten Sauce:
200 g roher fetter Schweinespeck
(in kleine Würfel geschnitten)
1 kg klein gehackte Schweineknochen
1 Schweinsfuß (längs geteilt)
0,6 l dunkles malziges Bier
0,25 l Fleischfond (siehe Rezept)
3 EL kalte Butter (in Stücke geschnitten)
Meersalz
frisch gemahlener weißer Pfeffer

Zubereitung des Schweinebratens:
Zunächst den Schweinebraten mit Salz, Pfeffer, Dijon-Senf sowie Kümmelpulver kräftig einreiben und in einem breiten Bratentopf mit etwas Sonnenblumen-öl anbraten. Dann die Zwiebeln, die Karotten, den Sellerie sowie die Knoblauchzehen dazugeben und mit anbraten. Das Fleisch im Backofen bei 230 °C in 50 Min. braten. Immer wieder mit dem austretenden Bratfett begießen.

Zubereitung der Sauce:
Die Speckwürfel bei nicht zu starker Hitze in einer Stahlpfanne auslassen. Die sich dadurch ergebenden Grieben mit einem Schaumlöffel herausnehmen und beiseite stellen. Nach den 50 Min. Bratzeit die Schweineknochen und den Schweinefuß zum Braten geben und mit weitergaren. Den Braten ab und zu mit Bier übergießen. Nach weiteren 50 Min. Bratzeit den Braten herausnehmen und noch 0,25 l Bier zu dem Bratenfond und den angebratenen Knochen geben. Kräftig aufkochen und dabei den Fond vom Boden des Topfes lösen. Den Fleischfond hinzufügen, nochmals aufkochen und das Ganze durch ein feines Haarsieb in eine Sauteuse streichen. Etwas abkühlen lassen und das Fett mit einem Löffel abschöpfen. Dann 5 Min. bei mäßiger Hitze kochen und etwas einkochen lassen. Die Butterstücke nach und nach dazugeben und mit dem Schneebesen aufschlagen. Zum Schluß mit Salz sowie Pfeffer würzen und die Grieben mit einem Löffel unterheben. Die Sauce sofort servieren, damit die Grieben nicht in der Sauce aufweichen.

Russische Zwiebelsauce

Es handelt sich hier um eine traditionelle russische Sauce. Die Sauce paßt am besten zu Schweinebraten oder auch Lammrücken. Zur Herstellung der Sauce sollte 0,5 l Fleischfond vorrätig sein.

2 EL Butter
2 Zwiebeln
(in feine Würfel geschnitten)
2 EL Mehl
0,5 l Fleischfond
0,2 l saure Sahne
Salz
frisch gemahlener weißer Pfeffer
2 Frühlingszwiebeln mit Grün
(in feine Ringe geschnitten)

In einer Sauteuse die Butter zerlaufen lassen und die Zwiebelwürfel darin braun anbraten. Anschließend das Mehl darübergeben und alles braun durchrösten. Den Fleischfond erhitzen und nach und nach unterschlagen. Das Ganze 10 Min. leicht köcheln lassen. Dann mit dem Schneebesen die saure Sahne in die Sauce einschlagen und mit Salz sowie Pfeffer abschmecken. Am Schluß die Frühlingszwiebeln unterheben und die Sauce nochmals bis vor das Kochen bringen. Sofort servieren. Sehr gut schmeckt es auch, wenn sehr fein gehackte glatte Petersilie, Sellerieblätter und Schnittlauch über die Sauce gestreut werden.

Sauce charcutière zu Schweinefleisch
(Metzgersauce)

Diese deftige französische Sauce wird zu frischem Schweinebraten, aber auch zu Schweinesteaks serviert. Für die Zubereitung braucht man 0,3 l Sauce espagnole. Ersatzweise kann auch normaler Fleischfond verwendet werden.

2 EL Schweineschmalz
3 mittelgroße Gemüsezwiebeln
(sehr fein gehackt)
0,3 l Sauce espagnole (ersatzweise Fleischfond) – siehe Rezept
6 eingelegte kleine Gewürzgürkchen

In einer großen Sauteuse das Schweineschmalz zerlassen und die Zwiebeln darin hellbraun anrösten. Die Sauce espagnole langsam dazugießen und mit dem Schneebesen kräftig durchrühren. Mindestens 15 Min. bei mittlerer Hitze unter ständigem Rühren köcheln lassen. Zum Schluß die heiße Sauce durch ein feines Haarsieb in eine Porzellanschüssel streichen. Die Gewürzgürkchen unter frischem klarem Wasser abwaschen, in feine Würfelchen schneiden und mit einem Löffel unter die Sauce heben und sofort servieren.

Sirupsauce

Aus dem 19. Jahrhundert stammt diese pikante süß-säuerliche Sauce. Sie kann sowohl zu Salat gereicht werden als auch zu geschmortem Schweinefleisch oder Rindfleisch.

> 150 g roher Bauchspeck
> (in kleine Würfel geschnitten)
> 2 EL Butter
> 2 kleine Zwiebeln (fein geschnitten)
> 2 EL Mehl
> 0,3 l kochendes Wasser
> 2 EL Weißweinessig
> 1 EL Zuckerrübensirup
> (ersatzweise Birnendicksaft)
> Salz
> Pfeffer
>
> **Weitere Zutaten
> zu geschmortem Fleisch:**
> 80 g Korinthen
> 2 Lorbeerblätter (in Stücke gebrochen)
> 8 Nelken (im Mörser zerstoßen)

Den Bauchspeck bei langsamer Hitze ausbraten und anschließend die Speckwürfel entfernen. Zu dem ausgelassenem Speck die Butter und die Zwiebeln hinzufügen. Kurz durchrösten, das Mehl dazugeben und weiterrösten, bis das Ganze schön gelb geworden ist. Das Wasser zugießen, damit sich eine cremige Sauce ergibt. Den Weißweinessig und den Zuckerrübensirup zugeben; mit Salz und Pfeffer abschmecken. Die Sauce bis kurz vor das Kochen bringen und dabei immer wieder umrühren. Beim Servieren von geschmortem Fleisch mit der Sauce noch mit Korinthen, Lorbeerblättern und Nelken verfeinern. Das in Scheiben geschnittene geschmorte Fleisch zugeben und mit der Sauce bis kurz vor das Kochen erhitzen.

Essig-Feigen-Sauce zu gebratenem Schweinefilet

Diese fruchtig aromatische Sauce paßt sehr gut zu dicken Scheiben von gebratenem Schweinefilet. Sie paßt auch zu Lammfilet oder zu gebratener Wildentenbrust. Für die Herstellung ist 0,3 l Geflügelfond erforderlich.

> 3 EL dicker süßer Balsamico-Essig
> 3 EL Madeira
> 1 EL Worcestersauce
> 8 getrocknete Feigen (in kleine Stücke gehackt und der Stiel entfernt)
> 0,3 l Geflügelfond (siehe Rezept)
> 1 TL brauner Rohrzucker
> 1 TL Meersalz
> 1 TL schwarze Pfefferkörner
> (im Mörser kräftig zerdrückt)
> 1 TL frisch gepreßter Limonensaft

In eine Sauteuse den Balsamico-Essig, den Madeira und die Worcestersauce füllen und erhitzen. Die Feigen hinzufügen und bei nicht zu starker Hitze etwa 6 Min. köcheln, bis die Flüssigkeit dickflüssig eingekocht ist. Den Geflügelfond dazugießen und nochmals 3 Min. köcheln. Mit dem Pürierstab kräftig mixen und durch ein feines Haarsieb streichen. Mit Rohrzucker, Meersalz, Pfeffer und Limonensaft abschmecken und wieder bis zum Kochen erhitzen. Mit dem Schneebesen kurz schlagen und sehr heiß zu den gebratenen Filets servieren.

Englische Mixed-Pickles-Sauce

(Sauce Cumberland chaude)

Es handelt sich um eine Sauce aus der Zeit um 1900. Zur Herstellung muß 0,75 l Sauce espagnole vorhanden sein.

> 0,75 l Sauce espagnole
> Salz
> frisch gemahlener weißer Pfeffer
> 4 EL sauer eingelegte Mixed Pickles
> (in kleine Würfel geschnitten)
> 1 TL scharfer Senf

In einem Topf die Sauce espagnole erhitzen und kräftig mit Salz sowie Pfeffer würzen. Dann die Mixed Pickles in die Sauce geben. Anschließend den Senf unterrühren und erhitzen (nicht mehr kochen!). Diese Sauce eignet sich gut zu gekochtem Fleisch oder gegrillten Schweinehalssteaks.

Knoblauch-Trauben-Sauce zu Schweinebraten

Das Rezept zu dieser Sauce stammt aus dem 15. Jahrhundert. Den besonderen Geschmack erhält sie durch die Verwendung von gut verkochtem rotem Traubensaft. Außerdem ist für die Herstellung 1 EL stark eingekochter Fleischfond erforderlich.

0,5 l roter Traubensaft
(am besten frisch ausgepreßt)
5 Knoblauchzehen
100 g geschälte ganze Mandeln
2 Scheiben weißes Toastbrot
(ohne Rinde und klein gewürfelt)
1 EL stark eingekochter und gelierter
Fleischfond (siehe Rezept)
Meersalz

Den Traubensaft in einer breiten Sauteuse in etwa 40 Min. bei nicht zu starker Hitze auf mindestens die Hälfte reduzieren. Den Saft auf Zimmertemperatur abkühlen lassen und durch ein feines Haarsieb (mit einem Mulltuch ausgelegt) in eine kleine Sauteuse streichen.
Die Knoblauchzehen schälen und in einen kleinen Mixer füllen. Die Mandeln hinzufügen und zu einer Paste verarbeiten. Die Brotwürfel mit 4 EL des Traubensaftes einweichen, mit einer Gabel gut vermischen und zu der Mandel-Knoblauch-Masse geben. Nochmals kräftig mixen und zu dem restlichen Traubensaft in der Sauteuse füllen. Nicht zu stark erhitzen, dann mit dem Schneebesen den Fleischfond einarbeiten. Zum Schluß mit Meersalz abschmecken und sofort warm zu dem Schweinebraten servieren.

Tomaten-Sahne-Sauce
(Rußland)

Diese traditionelle russische Sauce paßt gut zu Schweine- und Rinderbraten sowie zu geschmortem Gemüse.

3½ EL Butter
1½ EL Mehl
0,5 l Fleischbrühe
0,3 l saure Sahne
1 EL glatte Petersilie (sehr fein gehackt)
2 Zwiebeln (sehr fein geschnitten)
3 EL konzentriertes Tomatenmark
Meersalz
frisch gemahlener weißer Pfeffer

In einer Sauteuse in 1½ EL Butter das Mehl hellgelb anrösten. Mit der heißen Fleischbrühe langsam nach und nach aufgießen und ständig mit dem Schneebesen durchschlagen. Mindestens 10 Min. bei nicht zu starker Hitze kochen. Dann die Sahne mit dem Schneebesen einarbeiten, nochmals 10 Min. bei geringer Hitze köcheln. Zum Schluß die Petersilie unterheben. In einer beschichteten Pfanne die restliche Butter zerlassen und die Zwiebeln mit dem Tomatenmark etwa 3 Min. anrösten. Dieses Gemisch mit dem Schneebesen in die Sahnesauce unterrühren und nochmals 10 Min. bei geringer Hitze köcheln lassen. Die Sauce dann durch ein Haarsieb streichen und mit Salz sowie Pfeffer abschmecken. Sofort servieren.

Russische saure Pflaumensauce

Diese typische russische Sauce schmeckt sehr gut zu im ganzen gebratenem Schweinefilet oder zu normalem Schweinebraten.

250 g getrocknete Pflaumen (entkernt)
3 EL Rosinen
3 EL Butter
3 EL Mehl
0,2 l Madeira
1 EL Zitronensaft

In einem großen Sieb die Pflaumen und Rosinen mit heißem Wasser abwaschen und trocknen. Dann in einen großen Topf geben, mit Wasser bedecken und in etwa 20 Min. bei mäßiger Hitze weich kochen. Den Sud in einen separaten Topf abgießen und beides beiseite stellen. In einer großen Sauteuse die Butter zerlassen, das Mehl hinzufügen und dunkelbraun anrösten. 0,5 l des Pflaumensuds nach und nach dazugießen, dabei ständig mit dem Schneebesen durchschlagen. 10 Min. bei nicht zu starker Hitze köcheln lassen, bis sich eine dickflüssige Sauce ergibt. Wenn sie zu dick einkocht, noch weiteren Pflaumensud einrühren.
Zum Schluß den Madeira hinzugießen, nochmals aufkochen, die mit einem Messer zerkleinerten Pflaumen und Rosinen zur Sauce geben, mit dem Zitronensaft abschmecken und sofort servieren.

Castillansauce

Diese Sauce stammt aus der Zeit um etwa 1900. Zur Zubereitung ist eine fertige Madeirasauce (siehe Rezept) erforderlich.

0,5 l cremige Madeirasauce
1 EL gekochter Schinken
(in kleine Würfel geschnitten)
1 EL gekochte gepökelte Zunge
(in kleine Würfel geschnitten)
1 Messerspitze Cayennepfeffer

Die Madeirasauce bis kurz vor das Kochen erhitzen. Dann den Schinken und die Zunge dazugeben und mit Cayennepfeffer würzen. Die Sauce bis kurz vor das Kochen bringen und dann sofort servieren.

Süß-saure Essigsauce zu Schweinefilet
(Italien)

Diese Sauce stammt aus der italienischen Region Emilia-Romagna. Serviert wird die pikante säuerliche Sauce zu „Filet Wellington" oder zu einer Variante mit Schweinefilet (ebenfalls in Blätterteig, mit einer Farce aus Champignons bedeckt).

3 EL Butter
2 EL Mehl
0,4 l Milch
0,15 l Weißweinessig
1 EL brauner Rohrzucker
Salz
frisch gemahlener weißer Pfeffer
frisch geriebene Muskatnuß

In einer Sauteuse die Butter zerlassen und das Mehl zugeben. Das Mehl aufschäumen lassen und mit dem Schneebesen durchrühren. Die Milch nach und nach zugießen, immer wieder mit dem Schneebesen aufschlagen und dabei die Masse kochen lassen. Die ganze Flüssigkeit so weit einkochen lassen, daß sich eine dickflüssige Sauce ergibt.
Den Essig mit dem Zucker verrühren und nach und nach in die vorbereitete Sauce einschlagen. Zum Schluß die Sauce mit Salz und Pfeffer sowie Muskatnuß abschmecken. Wichtig dabei ist, daß sie nach dem Einrühren des Essigs nicht mehr kochen darf. Die Sauce auf einen flachen Teller geben und das Filet im Blätterteig darauf setzen.

Indische Joghurtsauce II

In dieser cremig würzigen und durch Verwendung von Kardamom und Ingwerwurzel exotisch schmeckenden Sauce wird in Würfel geschnittenes Lammfleisch gegart. Die Menge reicht für 1,2 kg durchwachsenes Lammfleisch ohne Knochen, das heißt für etwa 8 Personen.

0,3 l Vollmilchjoghurt
3 Zwiebeln (grob gewürfelt)
2 EL frischer Ingwer
(sehr fein gewürfelt)
3 EL Mandeln (halbiert)
0,4 l süße Sahne
3 EL gemahlene Korianderkörner
3 EL gemahlener Kardamom
1 EL schwarze Pfefferkörner
(kräftig im Mörser zerdrückt)
2 TL Meersalz
1,2 kg durchwachsenes Lammfleisch
(in Würfel geschnitten)
5 große Kartoffeln (grob gewürfelt)
1 Messerspitze Cayennepfeffer

In einem Mixer den Joghurt, die Zwiebel- und Ingwerwürfel sowie die Mandelstücke sehr fein pürieren. Dabei 3 EL süße Sahne beimengen, damit eine cremige Masse entsteht. Die restliche Sahne in eine Sauteuse gießen und bei mittlerer Hitze etwas einkochen. Anschließend die Sahne mit dem vorher zubereiteten Joghurtpüree in einen großen Bratentopf schütten. Den Koriander, das Kardamom und den Pfeffer ebenfalls zu der Masse geben. Das Ganze zum Kochen bringen und mit 1 TL Meersalz würzen. Jetzt das Fleisch zugeben und alles bei geringer Hitze 2 Std. köcheln. Danach die Kartoffelwürfel untermischen und nochmals 45 Min. bei geringer Hitze weiterschmoren lassen. Mit Meersalz und dem Cayennepfeffer abschmecken. Hierzu paßt am besten körnig gekochter Reis und Stangenweißbrot.

Sauce verte

Das Rezept zu dieser Sauce stammt aus der Zeit um 1780. Die Sauce wird zu gegrilltem Fleisch (Spanferkel oder gegrilltem Rindfleisch) serviert.

2 EL Butter
2 Zwiebeln
(in kleine Würfel geschnitten)
1 TL scharfer Dijon-Senf
2 EL Weißweinessig
1 EL Zucker
1 unbehandelte Zitrone
Salz

In einer Sauteuse die Butter zerlassen, bis sie leicht braun wird. Die Zwiebelwürfel darin kräftig anbraten. Den Senf und den Essig dazugeben und gut durchrühren. Sofort von der Herdplatte ziehen. In einer zweiten Sauteuse den Zucker braun schmelzen. In diesen flüssigen Zucker die vorher zubereitete Sauce füllen.
Von der Zitrone die Schale mit einem scharfen Messer sehr dünn abschälen und in feine Streifen schneiden. Die Zitronenschalen und den Saft der ausgepreßten Zitrone in die Sauce geben. Mit einer kräftigen Prise Salz abschmecken und 5 Min. bei nicht zu starker Hitze einkochen. Zum Schluß kräftig mit dem Schneebesen durchschlagen oder, noch besser, mit dem Pürierstab fein mixen. Sofort zu dem gegrilltem Fleisch servieren.

83

Gänseleber-Wein-Sauce zu gegrilltem Geflügel

Diese italienische Sauce aus dem 15. Jahrhundert wird aus gebratener Gänseleber hergestellt. Die Sauce paßt sehr gut zu Gänsebraten, aber auch zu allen anderen Geflügelbraten (z. B. Rebhuhn, Perlhuhn, Fasan oder auch Wildente).

1 EL Butter
1 frische ganze Gänseleber
2 Eigelb
1 EL milder naturtrüber Apfelessig
(vermischen mit der gleichen
Menge Wasser)
6 EL trockener Riesling
3 EL Gänseschmalz
1/2 TL Zimtpulver
1/2 TL brauner Rohrzucker
1/2 TL Safranfäden
Meersalz
frisch gemahlener weißer Pfeffer
1 TL fein geriebener getrockneter
Majoran

In einer beschichteten Bratpfanne die Butter erhitzen und die ganze Gänseleber bei nicht zu starker Hitze gar braten (etwa 10 Minuten). Die frisch gebratene Leber mit einem scharfen Messer sehr fein hacken. In einer Porzellanschüssel die Eigelb mit einem Schneebesen aufschlagen und den verdünnten Apfelessig unterrühren. Die fein gehackte Leber und den Riesling ebenfalls mit dem Schneebesen untermischen.
Das Gänseschmalz bei sehr geringer Hitze schmelzen und nach und nach mit dem Schneebesen unter die Sauce schlagen. Die Sauce dann in eine Sauteuse füllen und auf der Platte lauwarm erhitzen. Das Zimtpulver, den Rohrzucker sowie die Safranfäden hinzufügen und mit Meersalz sowie Pfeffer abschmecken. Kurz vor dem Servieren den Majoran untermischen. Lauwarm zu dem Geflügelbraten servieren.

Sauce paloise

Für die Herstellung dieser Sauce ist eine frisch hergestellte Sauce béarnaise erforderlich. Allerdings wird bei der Sauce béarnaise kein Estragon verwendet.

0,5 l Sauce béarnaise (siehe Rezept)
3 EL frische Minze (fein gehackt)

Zunächst die Sauce béarnaise im Wasserbad herstellen. Die Schüssel vom Wasserbad nehmen und die frische Minze mit einem Löffel unterheben. Die Sauce lauwarm zu Lammbraten servieren.

Balsamico-Essig-Sauce zu gegrillten Rippchen

Diese außerordentlich würzige und gleichzeitig süße Sauce schmeckt am besten zu in scharfer Sauce marinierten Schweinerippchen, die im Backofen kroß gegrillt werden. Die Rippchen in Streifen schneiden und die Sauce zum Eindippen dazu servieren.

0,1 l Balsamico-Essig
0,1 l stark eingekochter Fleischfond
(gelierte Fleischjus, siehe Rezept)
1 EL flüssiger heller Honig
(z. B. Kleehonig)
1 Prise Meersalz
frisch gemahlener weißer Pfeffer

In einer Sauteuse den Balsamico-Essig bei starker Hitze auf 2 TL reduzieren. Dann den Fleischfond dazugießen und 2 Min. bei starker Hitze kochen. Den Kleehonig zugeben und nochmals etwa 2 Min. einkochen. Mit Meersalz sowie Pfeffer abschmecken und sehr heiß zu frisch gegrillten Rippchen servieren.

Grüne Knoblauch-sauce zu Lammbraten

1 EL Butter
6 Schalotten (fein gehackt)
5 Knoblauchzehen (fein gehackt)
3 Salzgurken (unter fließendem
kaltem Wasser kräftig abgespült
und klein gewürfelt)
2 EL Kapern (unter fließendem
kaltem Wasser kräftig abgespült
und grob zerhackt)
2 TL brauner Rohrzucker
0,2 l trockener Weißwein (Silvaner)
1 Bündel frische glatte Petersilie
3 frische Salbeiblätter
1 EL abgezupfte und klein gehackte
Estragonblätter

In einer Sauteuse die Butter zerlassen
und die Schalotten und den Knoblauch
kräftig anrösten. Die Gurken, die Kapern und den Rohrzucker dazugeben
und 1 Min. weitergaren. Den Weißwein
zugießen und 3 Min. kochen. Dabei die
Flüssigkeit stark reduzieren, damit sich
dann später mit den dazugegebenen
und gemixten Kräutern eine cremige
Sauce ergibt.
Die Kräuter (Petersilie, Salbei und
Estragon) untermischen und mit dem
Pürierstab kräftig aufmixen. Die Sauce
dann nochmals bis kurz vor das Kochen
erhitzen und mit dem Schneebesen
durchschlagen.
Falls die Sauce zu dünnflüssig ist, noch
etwas kalte Butter mit dem Schneebesen einschlagen. Falls sie zu dickflüssig ist, mit etwas Wein verdünnen
und nochmals aufkochen.
Diese Sauce kann heiß zu Lammkeule,
Lammrücken oder Lammkoteletts
serviert werden oder auch kalt
zu kalten Scheiben von gebratener
Lammkeule.

Knoblauchsauce zu Lammbraten

*(Rezept aus dem
18. Jahrhundert)*

Hier handelt es sich um eine cremige
Sauce aus Frankreich; das Rezept
stammt aus der Zeit um 1750. Sie eignet sich vor allem zu Lammbraten,
aber auch zu gekochtem Rindfleisch
oder gedünstetem festfleischigem
Meeresfisch.

1 l kräftiger Weißweinessig
15 Knoblauchzehen (sehr fein gehackt)
15 Schalotten (sehr fein gehackt)
1 EL frisches Bohnenkraut
(fein geschnitten)
1 EL frischer Estragon (fein geschnitten)
1 EL frisches Basilikum
(fein geschnitten)
0,3 l trockener Riesling
250 g frischer fetter Speck
3 EL Hühnerleber (fein geschnitten)
2 Eigelb
Meersalz
frisch gemahlener weißer Pfeffer

Den Weißweinessig in einen säurefesten Topf (emaillierter Stahl) gießen.
Dazu den Knoblauch und die gehackten Schalotten sowie die Kräuter, also
das Bohnenkraut, den Estragon und
das Basilikum, geben. Das Ganze bei
mäßiger Hitze 4 Std. köcheln lassen
und dabei so stark einkochen, daß
nur noch maximal 4 EL übrigbleiben.
Anschließend mit dem Riesling angießen, nochmals aufkochen und durch
ein Haarsieb streichen. Den Speck
durch die feine Scheibe des Fleischwolfs lassen und anschließend auch
die Hühnerleber durch den Fleischwolf
geben. Die Flüssigkeit wieder auf den
Herd stellen und den Speck sowie die
Hühnerleber nacheinander einrühren
und etwa 40 Min. köcheln lassen.
Nun die Eigelb mit der Gabel kräftig
verrühren und 3 bis 4 EL der Flüssigkeit
nach und nach in das Eigelb einrühren,
anschließend umgekehrt das Eigelb
mit dem Schneebesen in die Flüssigkeit
einrühren. Das Ganze mit Meersalz
und Pfeffer abschmecken und sofort
servieren.

Koriander-Bier-Sauce zu Lammbraten

Zur Herstellung dieser Sauce wird
0,15 l Lamm-Jus benötigt, außerdem
malziges dunkles Bier (0,3 l). Die Sauce
paßt ausgezeichnet zu Lammfilets oder
Lammkoteletts, aber auch zu Wildbraten und zu frisch und kroß gebratener Wildentenbrust.

2 EL Butter
6 Schalotten (sehr fein gehackt)
0,3 l dunkles Bier
0,15 l Lamm-Jus (siehe Rezept)
1 TL Korianderkörner
(im Mörser grob zerdrückt)
Meersalz
frisch gemahlener schwarzer Pfeffer
1 TL alter dickflüssiger dunkler
Balsamico-Essig
2 EL kalte Butter
(in kleine Stücke geschnitten)

In einer Sauteuse die Butter zerlassen
und die Schalotten hellbraun anrösten.
Das Bier dazugießen und auf die Hälfte
einkochen. Dabei mit dem Schneebesen ständig durchschlagen. Jetzt
die Lamm-Jus und die Korianderkörner
hinzufügen. Nochmals um die Hälfte
einkochen, durch ein feines Haarsieb
wieder in die Sauteuse schütten. Jetzt
mit Meersalz und Pfeffer abschmecken
und den Balsamico-Essig untermischen.
Zum Schluß die eiskalten Butterstückchen mit dem Schneebesen unterschlagen. Die Sauce sofort servieren.

Safran-Ingwer-Marinade zu Lammbraten

In dieser Marinade wird ein Lammbraten oder eine Lammkeule ohne Knochen mit etwa 3 kg Gewicht für mindestens 3 Tage eingelegt. Das Fleisch wird dann in dieser Marinade 1½ Std. bei 200 °C und 1 weitere Std. bei 120 °C geschmort. Zum Schluß wird das Fleisch herausgenommen und in Scheiben geschnitten. Die Sauce dann mit einem Pürierstab kurz durchmixen und gegebenenfalls mit etwas Kartoffelstärke sämig machen.

Zutaten Marinade:
4 Knoblauchzehen (sehr fein gewürfelt)
2 EL frische Ingwerwurzel
(sehr fein gewürfelt)
1½ TL ganzer Kreuzkümmel
1 TL Cayennepfeffer
2 TL Garam Masala
(indisches Würzpulver – siehe Rezept)
2½ TL Meersalz
120 g Korinthen
60 g Walnußkerne (grob zerhackt)
Saft von 1 Limone
60 g brauner Rohrzucker
0,2 l Vollmilchjoghurt

Weitere Zutaten:
0,2 l Sahne
½ TL Safranpulver
2 EL Wasser

Sämtliche Zutaten der Marinade in einen Mixer füllen und zu einer dickflüssigen Creme fein pürieren. Falls sie zu dickflüssig ist, mit etwas Sahne, mit einem gleichen Teil Wasser, verdünnen. Mit dieser Marinade den Lammbraten von etwa 3 kg Gewicht einmassieren und einlegen. In einer kleinen Porzellanschüssel das Safranpulver mit dem Wasser verrühren und 20 Min. stehen lassen. Diese Mischung dann zu dem Lammfleisch mit der Marinade geben. Mindestens 3 Tage im Kühlschrank abgedeckt ziehen lassen. Täglich wenden und mit der Marinade einmassieren. Anschließend, wie in der Vorbemerkung beschrieben, fertigstellen. Zu dem Lammbraten paßt körnig gekochter Reis, der mit grob gehackten Walnüssen und klein gehacktem gedünstetem Gemüse vermischt ist.

Tatarensauce
(italienische Sauce aus dem 15. Jahrhundert)

Für dieses Rezept gibt es üblicherweise, wie bei allen Rezepten aus dieser Zeit, keine Mengenangaben. Die einzelnen Zutaten können also je nach Geschmack in der Menge variieren. Im Originalrezept heißt es, daß diese Sauce hervorragend zu frisch geröstetem Spanferkel oder sonstigem Braten schmeckt.

6 große Knoblauchzehen
0,1 l kaltes Wasser
2 EL Mandeln
(geschält und dann grob gehackt)
1 Messerspitze gemahlener Zimt
1 Messerspitze gemahlene Gewürznelken
1 TL Zucker
3 hartgekochte Eigelb
2 TL kräftiger Weißweinessig
(am besten Sherry-Essig)

Die Knoblauchzehen durch die Presse in das Wasser drücken. Die Mandeln, Zimt, Nelken und den Zucker hinzufügen. Das Ganze mit dem Pürierstab kurz durchmixen. Die Eigelb mit der Gabel zerdrücken und zu der Sauce geben. Jetzt mit dem Schneebesen kräftig durchrühren und zum Schluß den Essig unterschlagen. Sofort zu dem heißen Fleisch servieren.

Kräutergewürzsauce zu Lammbraten

Dies ist ein italienisches Rezept aus dem 14. Jahrhundert. Ursprünglich wurde zur Herstellung der Saft von unreifen weißen Trauben genommen (ersatzweise wird hier naturtrüber milder Apfelessig, der mit Wasser vermischt ist, verwendet). Diese kräftige Sauce wurde vor allem zu Lammbraten serviert. Sie paßt jedoch auch zu Rinder- oder Wildschweinbraten.

2 Scheiben Sauerteigbauernbrot
(etwa 75 g)
0,15 l Wasser
6 EL frische glatte Petersilie
(sehr fein gehackt)
1 EL frische Salbeiblätter
(sehr fein gehackt)
½ TL frisch gemahlener weißer Pfeffer
1 Messerspitze Gewürznelkenpulver
1 Messerspitze frisch geriebene Muskatnuß
½ TL Zimtpulver
½ EL frisch geriebene Ingwerwurzel
(ersatzweise ½ TL Ingwerpulver)
3 Knoblauchzehen
(durch die Presse gedrückt)
4 EL naturtrüber Apfelessig
(vermischt mit 2 EL Wasser)
Meersalz

Das Bauernbrot klein würfeln und mit 6 EL Wasser einweichen. (Mindestens 2 Std., damit auch die Brotrinde sehr weich wird. Gegebenenfalls, wenn das Wasser vom Brot aufgesogen ist, noch mehr Wasser hinzufügen.) Das Brot dann in eine Porzellanschüssel geben und mit einem Kochlöffel kräftig zerdrücken. Jetzt die gehackten Kräuter (Petersilie und Salbei) dazugeben und mit Pfeffer, Nelkenpulver, Muskatnuß, Zimt sowie Ingwer abschmecken. Die Masse in eine Sauteuse füllen, den Knoblauch hinzufügen und nach und nach den mit Wasser verdünnten Apfelessig unterrühren. Erhitzen, aber nicht kochen. Die Masse durch ein feines Sieb streichen und mit Meersalz abschmecken. Nochmals erwärmen und gegebenenfalls etwas Apfelessig (mit der gleichen Menge Wasser vermischt) unterrühren. Sehr heiß dann zu dem Braten servieren.

Sauce Choron

Die Sauce Choron wird auf der Grundlage der Sauce béarnaise zubereitet. Diese Sauce paßt gut zu Lammbraten, gebratenem Fisch oder zu frischem grünem Spargel.

> 0,5 l Sauce béarnaise (siehe Rezept)
> 3 Tomaten
> 1 EL dreifach konzentriertes Tomatenmark
> 1/2 TL Zucker

Die Sauce béarnaise herstellen und im Wasserbadtopf beiseite stellen. Bei den Tomaten den Stielansatz herausschneiden, die Haut mit einem scharfen Messer kreuzweise einritzen und die Tomaten kurz in kochendes Wasser halten. Die Haut abziehen, halbieren und entkernen. Das Tomatenfleisch dann fein würfeln.
Das Tomatenmark mit dem Schneebesen unter die noch warme Sauce béarnaise rühren, dabei den Zucker zugeben. Zum Schluß die Tomatenwürfel mit einem Löffel unterheben und die Sauce warm zu dem Fleisch servieren.

Scharfe indische Erdnußsauce zu Lammbraten

> 150 g Erdnußkerne
> 1 EL Sesamöl
> 2 Zwiebeln (sehr fein gehackt)
> 0,3 l Kokosmilch
> 3 TL brauner Rohrzucker
> 1/2 TL Cayennepfeffer
> 1/2 TL scharfes indisches Currypulver
> Meersalz
> frisch gemahlener weißer Pfeffer
> 1 unbehandelte Zitrone

Die Erdnußkerne im Mixer nicht zu fein mahlen. In einer beschichteten Pfanne das Sesamöl erhitzen und die gemahlenen Erdnußkerne leicht anrösten. In eine Sauteuse die Erdnußkerne, die Zwiebeln, die Kokosmilch und die Gewürze (Rohrzucker, Cayennepfeffer, Currypulver, Salz und Pfeffer) geben. Dann die Zitrone ganz dünn abschälen und die Schale in feine Streifchen schneiden. Diese der Masse zufügen und alles aufkochen. Dabei ständig mit dem Kochlöffel umrühren und Wasser zugießen, falls die Sauce zu dickflüssig wird. Die Sauce sofort zu gegrilltem Lamm oder auch zu gegrillten Rindersteaks servieren.

Braune Gratinsauce

Es ist eine kräftige Sauce aus der Zeit um 1900. Für die Herstellung benötigt man Fleisch- oder Kalbsfond (0,5 l). Die Sauce wird – wie schon der Name sagt – zum Gratinieren von Fleisch- oder Gemüsegerichten verwendet.

> 2 EL Butter
> 1 kleine Zwiebel (sehr fein zerhackt)
> 2 Schalotten (sehr fein zerhackt)
> 1/2 EL Mehl
> 1 EL glatte Petersilie (sehr fein zerhackt)
> 2 EL Champignons (sehr fein zerhackt)
> 0,1 l trockener Weißwein
> 0,5 l Fleisch- oder Kalbsfond
> Salz
> frisch gemahlener weißer Pfeffer

In einer Kasserolle oder Sauteuse die Butter zerlassen. Die Zwiebeln, die Schalotten und das Mehl zu der Butter geben. Das Ganze leicht durchrösten (hellbraun). Dann die Petersilie und die Champignons hinzufügen und weiterrösten. Anschließend den Weißwein zugießen und alles auf die Hälfte einkochen lassen. Danach den Fleisch- oder den Kalbsfond dazugeben und einige Male aufkochen lassen, mit dem Schneebesen durchschlagen sowie kräftig mit Salz und Pfeffer würzen. Anschließend entsprechend dem jeweiligen Rezept bzw. zum Gratinieren verwenden.

Sesam-Ingwer-Sauce zu Lammbraten

Durch die Verwendung von Sojasauce und Ingwer schmeckt diese Sauce etwas exotisch. Sie paßt ausgezeichnet zu im Backofen geschmorter Lammkeule (mit Senf, Knoblauch und Salz eingerieben, bei 130 °C 4 Std. geschmort). Zur Herstellung benötigt man 0,2 l Fleischfond sowie frische Ingwerwurzeln.

> 0,2 l Fleischfond (siehe Rezept)
> 2 EL süße Sojasauce
> 3 EL Sherry
> 1 EL Sherry-Essig
> 1 EL Sesamkörner
> 3 EL frische Ingwerwurzel
> (sehr fein gewürfelt)
> 1 große Karotte (klein gewürfelt)
> 2 Frühlingszwiebeln
> (in dünne Ringe geschnitten)
> Meersalz
> 1 TL brauner Rohrzucker
> 1 TL weiße Pfefferkörner
> (im Mörser kräftig zerdrückt)
> 1 Messerspitze Chilipulver

In einer Sauteuse den Fleischfond erhitzen und die Sojasauce, den Sherry und Sherry-Essig dazugeben. Aufkochen und bei mittlerer Hitze um ein Drittel reduzieren.
Die Sesamkörner in einer beschichteten Pfanne ohne Öl braun anrösten. Die Sesamkörner, den Ingwer, die Karotten sowie die Frühlingszwiebeln zu der Sauce geben, aufkochen und ständig umrühren. Nach etwa 3 Min. Meersalz, Rohrzucker, Pfefferkörner und Chilipulver hinzufügen, nochmals aufkochen und danach auf Zimmertemperatur abkühlen. Lauwarm zu dem Lammbraten servieren.

Zitronensauce zu Lammbraten

Wichtig für die Herstellung dieser Sauce ist sehr fein gehackte glatte Petersilie und 0,5 l eingekochter Gemüsefond. Diese Sauce wird sehr heiß zu gebratenem Lammfilet (am Stück gebraten und dann in Scheiben geschnitten) oder zu Hammelbraten serviert.

2 EL gutes kalt gepreßtes Olivenöl
2 Schalotten (sehr fein gehackt)
1½ EL Mehl
0,5 l eingekochter Gemüsefond
(siehe Rezept)
1 unbehandelte Zitrone
3 EL frische glatte Petersilie
(sehr fein gehackt)
Meersalz
frisch gemahlener weißer Pfeffer
1 Messerspitze Rosmarinpulver

In einer Sauteuse bei geringer Hitze die Schalotten mit Olivenöl hellbraun anbraten. Das Mehl darüberstreuen und etwa 2 Min. weiterrösten. Dabei ständig mit einem Kochlöffel umrühren. Mit kleinen Mengen Gemüsefond ablöschen und dauernd mit dem Schneebesen schlagen. Die Sauce aufkochen und bei nicht zu starker Hitze in etwa 15 Min. um ein Drittel reduzieren.
Von der Zitrone mit einer feinen Metallreibe die Schale abreiben und dann den Saft auspressen. Die Schale und den Saft unter die Sauce mischen, mit dem Schneebesen durchrühren und erneut etwa 4 Min. kochen. Zum Schluß die Petersilie sowie das Meersalz, den Pfeffer und das Rosmarinpulver untermischen, nochmals kurz durchrühren und sofort zu dem Lammfleisch servieren.

Apfel-Curry-Sauce zu Lammkotelett

Diese cremige Sauce paßt sowohl zu gegrillten Lammkoteletts als auch zu im Backofen geschmorten Hähnchen oder zu Entenbraten. Für die Herstellung ist 0,3 l Geflügelfond erforderlich. Außerdem wird 2 EL Mango-Chutney benötigt, das am besten selbst hergestellt wird.

2 saftige und säuerliche Äpfel
2 EL Butter
2 Stangen Staudensellerie
(klein gewürfelt)
3 Schalotten (klein gewürfelt)
1 EL frische Ingwerwurzel
(fein gewürfelt)
2 EL Mangochutney (siehe Rezept)
1 EL Currypulver
0,3 l Geflügelfond (siehe Rezept)
2 Tomaten
150 g kalte Butter
(in kleine Stücke geschnitten)
frisch gemahlener weißer Pfeffer
½ TL Cayennepfeffer
Meersalz
1 TL frisch gepreßter Limonensaft
0,15 l Sahne (steif geschlagen)

Die Äpfel schälen, das Kerngehäuse herausschneiden und klein würfeln. In einer Sauteuse die Butter zerlassen und die Apfel-, Sellerie- und Schalottenwürfel hellbraun anrösten. Die Ingwerwürfel sowie das Mango-Chutney hinzufügen und aufkochen. Den Curry zugeben und 5 Min. bei sehr geringer Hitze köcheln.
In einer weiteren Sauteuse den Geflügelfond bei starker Hitze auf ein Drittel reduzieren und abkühlen lassen. Den Stielansatz der Tomaten herausschneiden, die Haut mit einem scharfen Messer kreuzweise einritzen und kurz in kochendes Wasser halten. Die Haut abziehen, die Tomaten halbieren, entkernen und das Fruchtfleisch klein würfeln.
Den eingekochten Geflügelfond wieder auf die Herdplatte setzen und die Butterwürfel mit dem Schneebesen unterschlagen. Dabei die Masse erhitzen, aber darauf achten, daß sie nicht kocht. Anschließend die vorbereitete Apfel-Gemüse-Mischung mit einem Löffel unterheben und mit dem Pfeffer, Cayennepfeffer, Meersalz und Limonensaft abschmecken. Den Topf von der Herdplatte ziehen und die Sahne mit dem Schneebesen vorsichtig unter die Sauce heben. Die warmen Tomatenwürfel mit einem Löffel unterheben und sofort zu dem gegrillten Fleisch servieren.

Ingwer-Kirsch-Ketchup zu Lammfilet

Diese dickflüssige und süß-scharfe Sauce paßt gut zu im ganzen gebratenem Lammfilet, das in dünne Scheiben aufgeschnitten serviert wird. Für den fruchtigen Geschmack ist es wichtig, daß frische hellrote süße Kirschen verwendet werden und ganz fein geraspelter frischer Ingwer.

1 unbehandelte Zitrone
300 g süße Kirschen (entsteint
und halbiert – Gewicht ohne Steine)
5 EL brauner Rohrzucker
0,1 l naturtrüber milder Apfelessig
1 TL frischer Ingwer (sehr fein gehackt)
3 Zimtstangen (in Stücke gebrochen)
1 Messerspitze Cayennepfeffer
1 TL konzentriertes Tomatenmark
1/2 TL Meersalz
1/2 TL weiße Pfefferkörner
(im Mörser kräftig zerdrückt)

Von der Zitrone mit einem scharfen Messer die Hälfte der Schale ganz dünn abschälen und in feine Streifen schneiden. In eine Sauteuse die Kirschen mit dem Rohrzucker, dem Apfelessig, dem Ingwer, den Zitronenstreifen und den Zimtstücken geben und bei nicht zu starker Hitze zum Kochen bringen. Die Masse 20 Min. köcheln, bis eine dickflüssige Masse entsteht. Dann den Cayennepfeffer und das Tomatenmark dazugeben, mit Meersalz und Pfeffer abschmecken. Das Ganze nochmals etwa 2 Min. köcheln. Mit dem Pürierstab kräftig mixen und anschließend durch ein feines Haarsieb streichen. Nochmals erhitzen und mit Meersalz oder Rohrzucker abschmecken. Die Sauce lauwarm zu dem frisch gebratenen Lammfleisch servieren.

Traubensaft-Zimt-Sauce zu gegrilltem Lamm

Diese italienische Sauce aus dem Mittelalter (etwa 15. Jahrhundert) erhält ihren Geschmack vor allem durch den eingekochten Saft von blauen Trauben sowie Essig und Zimtpulver. Sie paßt sehr gut zu gegrillten Lammkoteletts oder gebratenen Lammfilets.

1,25 kg blaue Trauben
0,1 l milder naturtrüber Apfelessig
(vermischt mit 3 EL Wasser)
2 Scheiben sehr trockenes
Sauerteigbauernbrot
(mit Rinde und klein gewürfelt)
1/2 TL Zimtpulver
1/2 TL Ingwerpulver
1 Messerspitze frisch
gemahlener Pfeffer
1 Messerspitze gemahlener Kardamom
Meersalz
1/2 TL brauner Rohrzucker

Die Trauben entweder in einem Entsafter auspressen oder in einer großen Schüssel mit einem Holzstößel kräftig zerquetschen und durch ein Mulltuch ausdrücken. Es muß sich dabei etwa 0,8 l Traubensaft ergeben. Den Saft mit dem verdünnten Apfelessig vermischen und nochmals durch ein Mulltuch in eine Porzellanschüssel passieren. In einer weiteren Porzellanschüssel die Brotwürfel mit 6 EL des Saftes einweichen (mindestens 1 Std., damit auch die Rinde sehr weich wird). Das Brot dann kräftig mit einer Gabel zerdrücken und zu dem restlichen Saft geben. Danach die Flüssigkeit in eine breite Sauteuse gießen. Jetzt Zimtpulver, Ingwerpulver, Pfeffer und Kardamom hinzufügen. Unter ständigem Rühren mit einem Kochlöffel oder Schneebesen 40 Min. bei nicht zu starker Hitze köcheln lassen. Dabei muß die Flüssigkeit um etwa die Hälfte einkochen. Durch das Brot ergibt sich eine sämige Sauce. Wenn sie noch zu dünnflüssig ist, noch etwas reduzieren.
Mit Meersalz sowie Rohrzucker abschmecken und sehr heiß zu dem Braten servieren.

Kartoffel-Kresse-Schaum zu Lammkotelett

Diese Sauce paßt ausgezeichnet zu kroß gebratenen Lammkoteletts oder zu Lammfilets. Für die Herstellung sind 0,6 l kräftig eingekochter Geflügelfond und 100 g Brunnenkresse (mit den großen Blättern) erforderlich.

2 EL Butter
3 Zwiebeln
(in grobe Würfel geschnitten)
2 große Kartoffeln
(in grobe Würfel geschnitten)
2 Knoblauchzehen (halbiert)
0,6 l Geflügelfond (siehe Rezept)
100 g Brunnenkresseblätter
(1 Min. in kochendes Wasser gehalten,
ausgedrückt und sehr fein gehackt)
1 EL kalte Butter
(in kleine Stücke geschnitten)
Meersalz
frisch gemahlener schwarzer Pfeffer

Die 2 EL Butter in einer breiten Edelstahlpfanne zerlassen und die Zwiebeln darin hellbraun anrösten. Die Kartoffeln und den Knoblauch hinzufügen, 1 Min. andünsten und dann sofort den Geflügelfond angießen. Bei nicht zu starker Hitze kochen, bis die Kartoffeln und Zwiebeln ganz weich sind und zerfallen. Die Sauce dann in einen schmalen hohen Topf schütten und mit dem Pürierstab aufmixen. Durch ein feines Haarsieb in eine Sauteuse seihen und wieder erhitzen. Die Kresse untermischen, mit dem Pürierstab kräftig durchmixen und bis zum Kochen bringen. Die kalten Butterstücke mit dem Schneebesen einschlagen und mit Meersalz und Pfeffer abschmecken. Die Sauce muß jetzt cremig dickflüssig werden. Wenn dies nicht der Fall ist, noch etwas kalte Butter einschlagen. Sehr heiß zu dem Lamm servieren.

Kümmel-Frischkäse-Schaum zu Lammkotelett

Für die Herstellung dieser Sauce wird 0,3 l stark reduzierter Fleischfond benötigt. Außerdem wird dazu Frischkäse verwendet; aber auch Ziegenfrischkäse oder frischer Münsterkäse sowie Quark sind geeignet. Wichtig sind sehr fein gehackte frische Thymianblättchen. Die schaumig aufgeschlagene Sauce paßt ausgezeichnet zu frisch gebratenen Lammkoteletts oder frisch und kroß ausgebratenen Putenbruststücken.

0,3 l Fleischfond (siehe Rezept)
70 g Frischkäse
(am besten Ziegenfrischkäse)
0,2 l saure Sahne
Meersalz
frisch gemahlener schwarzer Pfeffer
1 Messerspitze gemahlener Kümmel
1 Messerspitze gemahlene Muskatblüte
1 EL frische Thymianblättchen
(sehr fein gehackt)

In einer Sauteuse den Fleischfond bei starker Hitze um ein Drittel einkochen. Den Frischkäse mit der Sahne kräftig verrühren, mit Meersalz, Pfeffer, Kümmel und Muskatblüte abschmecken. Diese Käsemasse mit dem Schneebesen nach und nach unter den Fond schlagen und dabei weiter reduzieren. Den Thymian dazugeben. Zum Schluß mit dem Pürierstab, und zwar mit der Scheibe, die Sauce schaumig aufmixen und dabei 1 Min. kochen. Dann sofort und sehr heiß servieren.

Tomaten-Oliven-Relish zu Lammfleischspießchen

Den besten Geschmack bekommt diese Sauce, wenn frischer Thymian und vollreife aromatische Tomaten verwendet werden. Die Sauce wird zu gegrillten oder gebratenen Lammsteaks serviert oder zu Lammfleischspießchen, wobei das Fleisch abwechselnd mit Zwiebeln auf den Spieß gesteckt wird.

7 vollreife Fleischtomaten
10 schwarze Oliven
1 EL gutes kalt gepreßtes Olivenöl
2 Schalotten (sehr fein gehackt)
1 TL brauner Rohrzucker
1 EL Sherry-Essig
1 EL ganz fein gehackter
frischer Thymian
3 EL trockener Elsässer Silvaner

Die Stielansätze der Tomaten herausschneiden, die Haut mit einem scharfen Messer kreuzweise einritzen und kurz in kochendes Wasser halten. Die Haut abziehen, halbieren und die Kerne entfernen. Anschließend in kleine Stücke schneiden. Mit einem scharfen Messer das Olivenfleisch vom Stein ablösen und sehr fein hacken. In einer Edelstahlpfanne die Schalotten mit Olivenöl bei nicht zu starker Hitze hellbraun anrösten. Den Rohrzucker und die Oliven hinzufügen und kurz mit anschwitzen. Den Sherry-Essig, den Thymian und den Wein dazugeben und nochmals etwa 3 Min. durchrösten. Die Tomatenstücke mit einem Holzlöffel zerdrücken oder mit dem Pürierstab grob mixen und ebenfalls zu der Sauce schütten. Nochmals etwa 2 Min. bei nicht zu starker Hitze kochen. Die Pfanne von der Platte ziehen, in eine Porzellanschale füllen und warm zu dem Fleisch servieren.

Schaumsauce von Staudensellerie

Diese würzige aromatische Sauce paßt zu frisch gegrillten Lammkoteletts, zu knusprig gebratenen Hühnerkeulen oder zu kurz gebratener Kalbsleber (sie sollte dabei im Inneren noch rosa bleiben).

2 Stangen Staudensellerie
2 EL Butter
3 Schalotten (fein gewürfelt)
0,15 l weißer süßer Portwein
0,1 l trockener Riesling
Meersalz
frisch gemahlene Muskatnuß
frisch gemahlener weißer Pfeffer
1 Messerspitze Thymianpulver
2 EL sehr reifer Roquefortkäse
0,1 l süße Sahne

Vom Staudensellerie die grünen Blätter entfernen und sehr fein hacken. Die Selleriestangen in Stücke schneiden und 2 Min. in kochendem Wasser garen. In einer Sauteuse die Butter zerlassen und die Schalotten darin hellbraun anrösten. Die Selleriestücke hinzufügen und mit Portwein aufgießen. Etwa 3 Min. köcheln; dabei den Riesling sowie Meersalz, Pfeffer und Muskatnuß untermischen und weitere 5 Min. köcheln. Den Thymian einrühren und nochmals 15 Min. kochen. In dieser Zeit muß die Flüssigkeit nahezu vollständig reduziert sein. Jetzt den in kleine Stücke gebrochenen Roquefortkäse dazugeben und mit dem Pürierstab kräftig mixen. Die Masse durch ein feines Haarsieb in eine Sauteuse gießen und mit der Sahne verfeinern. Wieder aufkochen und mit dem Schneebesen kräftig schlagen. Zum Schluß die fein gehackten Blätter vom Sellerie unterheben und sehr heiß zu dem Fleisch servieren.

Petersilien-Kapern-Sauce zu gegrilltem Lamm

Diese cremige Sauce paßt ausgezeichnet zu kroß gegrillten Lammkoteletts, die kräftig mit Knoblauch und Kräutern gewürzt sind.

2 TL Kartoffelstärke
0,15 l Milch
0,15 l saure Sahne
1 EL Sonnenblumenöl
3 Schalotten (sehr fein gehackt)
3 EL frische glatte Petersilie
(sehr fein gehackt)
2 EL Kapern (unter fließendem
kaltem Wasser abgewaschen
und sehr fein gehackt)
Meersalz
frisch gemahlener schwarzer Pfeffer
1/2 TL getrockneter Thymian

Die Stärke mit etwa 2 EL kalter Milch zu einer Paste rühren. In einer Sauteuse die restliche Milch bis kurz vor das Kochen erhitzen und dann sofort die angerührte Stärke mit dem Schneebesen untereinandermischen. Die Hitze zurücknehmen und etwa 4 Min. köcheln lassen. Dabei ständig weiterrühren.
Die saure Sahne ebenfalls mit einem Schneebesen unter die heiße Milch schlagen. In einer beschichteten Pfanne das Öl erhitzen und die Schalotten zusammen mit der Petersilie etwa 2 Min. anschwitzen. Die Schalotten-Petersilien-Mischung sowie die Kapern unter die Sauce mischen, mit Meersalz und Pfeffer abschmecken und zum Schluß den Thymian mit dem Schneebesen unterarbeiten. Die Sauce lauwarm zu den frisch gegrillten Koteletts servieren.

Haushofmeistersauce

Die Haushofmeistersauce ist schon fast als klassische Sauce zu bezeichnen. Dieses Originalrezept stammt aus der Mitte des 19. Jahrhunderts, wobei es sicherlich auch einfachere Ratgeber und Zubereitungen gibt. Um jedoch den unvergleichlichen Geschmack des Originalrezeptes zu erlangen, wird empfohlen, sich genau an dieses zu halten. Ein Kalbsfond und die „Weiße Grundsauce nach Rottenhöfer" werden zur Herstellung benötigt.

1 Bund glatte Petersilie
(fein geschnitten)
1 Bund Kerbelkraut (fein geschnitten)
1 Bund Estragon (fein geschnitten)
1 EL weiche Butter
0,25 l „Weiße Grundsauce
nach Rottenhöfer"
0,25 l Kalbsfond
5 Eigelb
Salz
frisch gemahlener weißer Pfeffer
1 TL Sardellenbutter
Saft von 1/2 Zitrone

Petersilie, Estragon und Kerbelkraut kurz in kochendes Wasser schütten. Einmal aufkochen lassen, dann sofort auf ein Haarsieb gießen und mit kaltem Wasser überbrausen. Gut abtropfen lassen und die gemischten Kräuter mit der Butter verkneten. Das Ganze zur Seite stellen. Dann die „Weiße Grundsauce" und den Kalbsfond reduzieren (dabei ständig Fett und Schaum abschöpfen). Diese Sauce dann durch ein Passiertuch in eine Sauteuse geben und warm stellen (nicht mehr aufkochen!).
Kurz vor dem Gebrauch die Sauce bis kurz vor das Kochen bringen. Dann die Eigelb verquirlen und dabei 4 EL der Sauce einquirlen. Die Eigelb mit dem Schneebesen einschlagen, so daß die Sauce abbindet. Die Sauce dann mit Salz und wenig Pfeffer würzen. Den Zitronensaft und die Sardellenbutter dazugeben. Das Ganze wieder mit dem Schneebesen durchschlagen, aber nicht mehr aufkochen lassen. Dann die mit der Butter verkneteten Kräuter ebenfalls unterschlagen. Die Sauce wieder bis kurz vor das Kochen bringen und dann sofort servieren.

Hinweis: Diese feine Sauce mit viel Eigengeschmack eignet sich zum Beispiel auch für eine Gemüseplatte (mit verschiedenem gedünstetem Gemüse). Sie kann auch zu gebratenem oder gedünstetem Fisch serviert werden, zu Suppenhuhn oder auch zu gebratenem Geflügel.

Pflaumensauce
(Aurorasauce)

Eine kräftige fruchtige Sauce, die zum Beispiel zu Schweinefilet oder Kalbsbraten geeignet ist. Zur Zubereitung sind 0,5 l Sauce espagnole oder Fleischfond (siehe Rezept) erforderlich.

100 g Trockenpflaumen (ohne Kerne)
0,5 l Fleischfond
(oder Sauce espagnole)
0,2 l trockener Rotwein
50 g Rosinen
50 g Walnußkerne (klein zerhackt)
Salz
Zucker
2 EL kalte Butter (in Stücke geschnitten)

Die Trockenpflaumen in kaltem Wasser einweichen und 2 Std. stehen lassen. Dann in dem Einweichwasser weich dünsten (etwa 20 bis 30 Min., aber nicht zu weich, die Pflaumen müssen noch etwas fest bleiben). Anschließend die Pflaumen in ein Sieb schütten, abtropfen lassen und sehr klein schneiden. Nun in einem Topf den Fleischfond mit dem Rotwein mischen, langsam erhitzen und von der Platte ziehen. Die Rosinen ebenfalls zur Sauce geben. Die Pflaumen zufügen und das Ganze mit je einer Prise Salz sowie Zucker würzen. Dann nochmals bis vor das Kochen erhitzen und die Butterstücke mit dem Schneebesen einrühren. Sofort servieren.

Sauce Soubise

Diese klassische Sauce ist eine mit Sahne verfeinerte Béchamelsauce, in die vorher zubereitetes Zwiebelmus untergeschlagen wird. Sie paßt ausgezeichnet zu gegrilltem Lammfleisch.

3 mittelgroße Gemüsezwiebeln
3 EL Butter
2 EL Mehl
0,5 l Milch
Meersalz
frisch gemahlener weißer Pfeffer
0,3 l Sahne
frisch geriebene Muskatnuß
0,15 l Sahne

Den Backofen auf 200 °C vorheizen und die Zwiebeln darin 1½ Std. rösten. In der Zwischenzeit die Béchamelsauce herstellen: Die Butter in einer Sauteuse zerlassen und das eingerührte Mehl hellbraun anschwitzen und nach und nach die Milch mit dem Schneebesen einarbeiten. Mit wenig Salz und Pfeffer würzen. Bei mäßiger Hitze 40 Min. köcheln lassen und dabei ständig mit einem Schneebesen durchrühren, damit die Sauce nicht anbrennt.
Anschließend die Sauce durch ein Haarsieb streichen, wieder bis kurz vor das Kochen erhitzen und die 0,3 l Sahne dazugeben. Kräftig mit dem Schneebesen durchschlagen und mit Muskatnuß abschmecken.
Bei den im Backofen gegarten Zwiebeln die braunen Schalen und den Wurzelansatz entfernen, in Stücke schneiden und im Mixer pürieren. Das Zwiebelpüree durch ein Passiersieb in die vorher zubereite Béchamelsauce streichen, kräftig mit dem Schneebesen rühren und bis kurz vor das Kochen erhitzen. Die 0,15 l Sahne fast steif schlagen und unter die Sauce heben. Sehr heiß zum Lammfleisch servieren.

Kardamomsauce zu geschmortem Lamm
(Indien)

Bei diesem Gericht wird, wie in Indien üblich, die Sauce vorbereitet und das Fleisch (in Würfel geschnitten) darin gar geschmort. Dazu paßt am besten frisches Gemüse (in große Würfel geschnitten), welches im Wasserdampf gegart wurde, sowie körnig gekochter Reis. Die Menge reicht für 8 Personen.

0,3 l süße Sahne
10 EL Sonnenblumenöl
6 Schalotten (sehr fein gehackt)
6 Knoblauchzehen (sehr fein gehackt)
2 EL frische Ingwerwurzel
(sehr fein gewürfelt)
100 g Mandeln (grob gehackt)
1½ TL gemahlener Kreuzkümmel
1 TL gemahlenes Kardamom
1 EL schwarze Pfefferkörner
(im Mörser kräftig zerdrückt)
0,3 l Vollmilchjoghurt
1,2 kg Lammfleisch
(in Würfel geschnitten)
Meersalz
frisch gemahlener weißer Pfeffer

Die Sahne in eine Sauteuse schütten und um ein Drittel bei mittlerer Hitze reduzieren. In einer Edelstahlpfanne die Hälfte des Sonnenblumenöls erhitzen und die Schalotten sowie den Knoblauch braun anrösten. Dann den Ingwer und die Mandelstücke hinzufügen. Nochmals etwa 6 Min. rösten und zum Schluß den Kreuzkümmel, Kardamom sowie die Pfefferkörner beimengen und weitere 4 Min. rösten. Anschließend die Masse sowie den Joghurt und 3 EL der eingekochten Sahne in einem Mixer sehr fein pürieren, in eine kleine Schale füllen und beiseite stellen.
Das restliche Öl in einer breiten hohen Edelstahlpfanne erhitzen und die Fleischwürfel kräftig anbraten. Dabei mit dem Kochlöffel ständig umrühren, so daß das Fleisch von allen Seiten anbräunt. Anschließend die vorher hergestellte Joghurtmasse und nochmals 3 EL Sahne untermischen. Das Ganze bei geringer Hitze mindestens 1½ Std. köcheln. Dabei immer wieder umrühren und darauf achten, daß die Flüssigkeit nicht ganz einkocht. Wenn die Flüssigkeit zu stark reduziert wurde, mit etwas Wasser, vermischt mit einem gleichen Teil Sahne, verdünnen. Das Fleisch muß sehr weich werden. Mit Meersalz sowie Pfeffer abschmecken und die restliche Sahne untermischen. Nochmals aufkochen und sehr heiß servieren.

Sauce von frischen Gurken

Die Sauce wird vor allem zu Lammfleisch oder auch zu Kalbsbraten serviert. Für die Herstellung ist eine kräftige Fleischbrühe erforderlich. Es gibt eine weitere Variante der Sauce, bei der kleine Zwiebelchen (die in Estragon, Dill, Zucker und Essig eingelegt sind) verwendet werden.

3 frische Salatgurken
1 EL Butter
1 EL Mehl
2 Schalotten (fein zerhackt)
0,5 l kräftige Fleischbrühe
2 EL Weißweinessig
Salz
1 Lorbeerblatt (in Stücke gebrochen)

Die Salatgurken schälen, halbieren, das Kerngehäuse entfernen und die Gurkenhälften in sehr feine Stücke schneiden. In einer Sauteuse die Butter sowie das Mehl hellbraun anrösten und die Schalotten dazugeben. Kurz mitrösten und mit der Fleischbrühe ablösen. Dabei mit dem Schneebesen kräftig durchschlagen.
Dann den Weißweinessig hinzugießen und mit Salz abschmecken. Die Gurkenwürfel sowie die Lorbeerblattstücke dazugeben und das Ganze weich kochen. Wenn die Sauce zu dick wird, kann noch etwas Fleischbrühe zugegossen werden.

Variante: Falls kleine in Estragon und Dill eingemachte süß-saure Zwiebelchen (siehe Vorbemerkung) vorhanden sind, wird 0,1 l des Zwiebelessigsudes auf die Hälfte reduziert. Dann in die Sauce zu dem Zeitpunkt, wo die Gurkenwürfel dazugegeben werden, 6 kleine Zwiebelchen und den reduzierten Zwiebelessigsud zufügen. Die Zwiebelchen in der Sauce nicht zu weich kochen. Durch die eingelegten süß-sauren Zwiebelchen ergibt sich ein besonders pikanter Geschmack.

Wacholdersauce zu Lamm- und Hammelfleisch

Diese Sauce aus dem 19. Jahrhundert paßt sehr gut zu gegrilltem Lamm- und Hammelfleisch. Wichtig dabei ist, daß die Wacholderbeeren nicht zu lange gelagert waren, also noch ihr typisches Aroma haben.

1 EL Butter
1 EL Mehl
2 Zwiebeln
(in feine Würfel geschnitten)
0,7 l Fleischbrühe
1 EL roher durchwachsener Schinken
(in kleine Würfel geschnitten)
1 TL konzentriertes Tomatenmark
1 Nelke
1 Lorbeerblatt (in Stücke gebrochen)
2 EL Madeira
60 g durchwachsener roher Speck
(in kleine Würfel geschnitten)
15 Wacholderbeeren
(im Mörser kräftig verdrückt)
0,1 l trockener Rotwein
0,1 l süße Sahne
Salz
frisch gemahlener weißer Pfeffer

In einer großen Sauteuse die Butter zerlassen und das Mehl braun anrösten. Die Hälfte der Zwiebelwürfel dazugeben, kurz mitrösten und dann sofort nach und nach mit der Fleischbrühe ablösen. Mit dem Schneebesen ständig schlagen. Das Ganze aufkochen und die Schinkenwürfel, das Tomatenmark, die Nelke und den Lorbeer untermischen. Bei mäßiger Hitze 1½ Std. köcheln und immer wieder mit dem Schneebesen durchrühren. Die Sauce muß dabei um ein Drittel einkochen, so daß sich noch etwa 0,4 l ergibt. Zum Schluß den Madeira hinzufügen. Nochmals mit dem Schneebesen durchschlagen und aufkochen. Die Speckwürfel mit den restlichen Zwiebelwürfeln in einer weiteren Sauteuse hellbraun anrösten. Die Wacholderbeeren zu der Speck-Zwiebel-Masse geben und etwa 2 Min. mitrösten. Anschließend den Rotwein dazugießen und kräftig

aufkochen, die Sahne einrühren, das Ganze umrühren und bei nicht zu starker Hitze 15 Min. köcheln und reduzieren. Diese Sauce zu der vorher zubereiteten braunen Sauce geben und nochmals 15 Min. bei nicht zu starker Hitze kochen. Zum Schluß noch mit Salz und Pfeffer abschmecken.
Die Sauce dann durch ein feines Haarsieb streichen und wiederum etwa 3 Min. kochen. Es muß sich dabei eine cremig-flüssige Sauce ergeben. Sollte sie zu flüssig sein, nochmals etwa 15 Min. bei nicht zu starker Hitze kochen. Ist sie zu dickflüssig, noch etwas Rotwein mit Sahne verquirlt dazugeben. Damit der kräftige Wacholdergeschmack nicht verfliegt, die Sauce sofort servieren.

Husarensauce

Zur Herstellung dieser Sauce ist eine Sauce bordelaise erforderlich (siehe Rezept). Bei dieser ist dann allerdings das Ochsenmark wegzulassen. Diese Sauce eignet sich vor allem zu gegrilltem Fleisch (Rind- und Schweinefleisch oder auch zu geschmorten Hähnchenteilen).

0,5 l Sauce bordelaise
2 EL konzentriertes Tomatenmark
1 EL fein geriebener Meerrettich
Salz

Die Sauce bordelaise in einem Topf erhitzen (nicht kochen!) und das Tomatenmark mit dem Schneebesen einrühren. Anschließend den Meerrettich darunterschlagen. Das Ganze mit Salz abschmecken und die Sauce sofort servieren.

Frankfurter Grüne Sauce

Bei dieser klassischen deutschen Sauce müssen mindestens 8 frische verschiedene Kräuter verwendet werden. Es gibt die verschiedensten Abwandlungen, wobei jedoch die Grundzutaten immer gleich sind. Statt der angegebenen Sahne kann zur Hälfte auch Magermilchjoghurt genommen werden, um den Kaloriengehalt zu verringern und die Sauce etwas frischer zu machen.

3 EL Kräuter (verschiedene Sorten, sehr fein gehackt):
Petersilie
Schnittlauch
Kerbel
Sauerampfer
Dill
Pimpinelle
Borretsch
Liebstöckel
Estragon
2 mittelgroße Zwiebeln
(sehr fein gehackt)
5 EL Weißweinessig
5 hartgekochte Eier
0,3 l Sahne
1 TL scharfer Dijon-Senf
1/2 TL feines Meersalz
frisch gemahlener weißer Pfeffer
5 EL neutrales Öl
(z. B. Sonnenblumenöl)

Die Kräuter unter fließendem kaltem Wasser abwaschen, trocknen und sehr fein hacken (so daß sich 3 EL ergeben). Die Kräuter und Zwiebeln in eine Metallschlagschüssel geben und den Essig darübergießen. Kräftig verrühren und 1 Std. stehen lassen.
Die Eier mit einem Messer sehr fein zerhacken. In einer Porzellanschüssel die zerdrückten Eier mit der Sahne sowie dem Senf verrühren. Mit Salz sowie Pfeffer abschmecken und zum Schluß das Öl mit einem Löffel unterrühren. Diese Sauce dann mit der Kräutermasse vermischen, dabei die Zutaten mit dem Löffel zerdrücken und das Ganze in eine Porzellanschüssel geben. Abdecken und im Kühlschrank mindestens 1 Std. ziehen lassen. Vor dem Servieren mit einem Löffel die Sauce nochmals durchrühren. Wichtig ist, daß die Zutaten nicht mit dem Schneebesen geschlagen werden, sondern mit einem Löffel verrührt werden.

Duxellessauce

(Sauce Duxelles)

Hier handelt es sich um eine sehr würzige Sauce, wobei das Rezept aus der Zeit um etwa 1920 stammt. Grundlage sind eine Sauce Robert ohne Essigzugabe (Zwiebelsauce) und 2 EL Fleischfond (siehe jeweilige Rezepte).

1 EL Butter
50 g fetter frischer roher Speck
(in Würfel geschnitten)
1 Schalotte (in Würfel geschnitten)
1 kleine Zwiebel
(in Würfel geschnitten)
1/2 EL frische glatte Petersilie
(fein zerhackt)
1/2 EL frischer Kerbel (fein zerhackt)
1/2 EL frischer Schnittlauch
(fein zerhackt)
1 EL frische Champignons
(fein zerhackt)
2 EL Fleischfond
0,6 l Sauce Robert
(jedoch ohne Essigzugabe, das heißt nur mit Weißwein)

Zunächst die Duxelles herstellen. Die Butter in einer Sauteuse zerlassen. Die Speck-, Schalotten- und Zwiebelwürfel darin leicht anrösten. Dann Petersilie, Kerbel und Schnittlauch dazugeben. Das Ganze durchrösten und die Champignons ebenfalls zufügen. Alles kurz durchschwitzen, dabei aber nicht dunkel rösten. Den Fleischfond hinzugießen und einkochen. Das Ganze nennt sich dann „Duxelles". Die Sauce Robert herstellen; dabei aber die 2 EL Weißweinessig weglassen. Nach dem Einkochen der Sauce Robert 3 EL Duxelles unterrühren. Alles nochmals aufkochen und heiß servieren.

Jägersauce

Verwechseln Sie bitte nicht diese äußerst wohlschmeckende Sauce mit den leider oft fad schmeckenden Saucen, die z. B. zu Jägerschnitzel oder zu Jägerbraten serviert werden. Wichtig für die Herstellung sind gemischte frische Waldpilze sowie ein guter Fleischfond. Diese Sauce kann zu Kalbsbraten, gebratenen Hähnchenteilen oder auch zu Wild serviert werden.

150 g gemischte frische Waldpilze
3 sehr reife Tomaten
2 EL Butter
2 Schalotten
(in feine Würfel geschnitten)
0,35 l trockener Riesling
0,4 l Fleischfond
2 TL glatte Petersilie (fein gehackt)
Meersalz
frisch gemahlener weißer Pfeffer

Die Waldpilze möglichst nicht waschen, sondern mit einem Messer säubern und in nicht zu kleine Stücke schneiden. Bei den Tomaten mit einem scharfen Messer die Haut einritzen, kurz in kochendes Wasser halten und dann die Haut abziehen. Anschließend die Tomaten entkernen und fein hacken (dabei darauf achten, daß die Flüssigkeit erhalten bleibt).
In einer Sauteuse die Butter zerlassen und die Pilze darin anbraten. Die Schalottenwürfel und die gehackten Tomaten dazugeben, kurz durchrösten und den Wein zugießen. Bei mäßiger Hitze köcheln lassen, bis die Flüssigkeit um gut die Hälfte eingekocht ist. Dann den Fleischfond zufügen und wieder zum Kochen bringen. Nochmals 5 Min. bei nicht zu starker Hitze köcheln und zum Schluß die Petersilie hineingeben. Mit Salz und Pfeffer abschmecken und sofort servieren.

Katalanische Sauce zu Hammelkotelett

Diese traditionelle Sauce zu Hammelfleisch bzw. zu gegrillten Hammelkoteletts stammt aus der Zeit um 1900.

> 150 g Mandeln (geschält)
> 1½ EL Schweineschmalz
> 2 kleine Zwiebeln
> (in kleine Würfel geschnitten)
> eine 1 cm dicke Scheibe Räucherspeck
> (in kleine Würfel geschnitten)
> 1 EL Mehl
> 0,2 l Wasser
> 0,2 l trockener Riesling
> 13 Knoblauchzehen
> (geschält, aber nicht zerteilt)
> 1 unbehandelte Zitrone

Die Mandeln in einem Mixer nicht zu fein hacken und beiseite stellen. In einer Sauteuse das Schweineschmalz zerlassen, die Zwiebeln und den Speck darin anrösten. Sofort das Mehl darüberstreuen und hellbraun anrösten. Unter ständigem Rühren mit einem Kochlöffel zunächst das Wasser und dann den Riesling zugießen. Den Knoblauch in die Sauce mischen. Die Zitrone mit der Schale in dünne Scheiben schneiden und die Kerne entfernen. Die Zitronenscheiben in die Sauce geben und alles bei nicht zu starker Hitze 35 Min. köcheln. Zum Schluß die Mandelstücke dazufügen und nochmals 10 Min. köcheln (dabei immer wieder mit dem Kochlöffel umrühren, damit die Sauce nicht anbrennt). Die Sauce sehr heiß zu den frisch gegrillten Hammelkoteletts servieren.

Colbertsauce

(Sauce Colbert)

Grundlage für die Herstellung ist 0,2 l stark eingekochter Fleischfond. Außerdem ist zunächst eine Milchsauce herzustellen, die dann zum Schluß untergeschlagen wird.

> **Für die Milchsauce:**
> 1 EL Butter
> 1 EL Mehl
> 0,2 l Milch
> Salz
> frisch gemahlener weißer Pfeffer
> 0,2 l stark eingekochter Fleischfond
> (siehe Rezept)
> 200 g kalte Butter
> (in Stücke geschnitten)
> ½ TL Cayennepfeffer
> 1 TL glatte Petersilie (fein gehackt)

Für die Milchsauce in der Butter das Mehl in einem Topf hellbraun anschwitzen. Dann den Topf von der Platte ziehen und 0,1 l Milch mit dem Schneebesen einschlagen. Die Sauce muß dabei cremig werden. Den Topf wieder auf die Platte stellen und die restliche Milch zugießen und kräftig durchschlagen. Das Ganze etwa 5 Min. kochen lassen und mit Salz sowie Pfeffer abschmecken. Die Sauce dann durch ein Haarsieb oder, besser, noch durch ein Passiertuch streichen.
Nun den Fleischfond in einer Sauteuse schmelzen und nur leicht erhitzen, anschließend die Butterstücke mit dem Schneebesen einarbeiten. Zum Schluß Cayennepfeffer und Petersilie daruntergeben und die Milchsauce mit dem Schneebesen unterschlagen. Die Sauce sollte leicht cremig, aber noch flüssig sein. Ist dies nicht der Fall, so muß nochmals Fleischfond dazugegeben werden. Nach der Fertigstellung die Sauce sofort servieren.

Spanische Zwiebelsauce

Dieses Originalrezept stammt aus der Zeit um 1780. In den Kochanweisungen dieser Epoche sind in aller Regel keine Mengenangaben enthalten, so daß das Nachkochen mitunter sehr schwierig wird. Diese cremige Sauce wird zu Hammel- und Kalbsbraten serviert.

> 0,5 l Milch
> 6 große weiße Gemüsezwiebeln
> (in dünne Scheiben geschnitten)
> 2 altbackene Semmeln
> (in dünne Scheiben geschnitten)
> 5 Eigelb
> Salz

In einem Topf die Milch aufkochen und anschließend die Zwiebel- und Semmelscheiben hinzufügen. Das Ganze 10 Min. bei nicht zu starker Hitze köcheln, so daß alles um mindestens ein Drittel reduziert. Die Masse durch ein feines Haarsieb in eine Sauteuse streichen und bis kurz vor das Kochen bringen. Wenn die Sauce zu dickflüssig ist, noch etwas Milch dazugießen. Wenn sie zu dünnflüssig ist, von den altbackenen Semmeln das Innere in etwas Milch einweichen, dazugeben, nochmals aufkochen und wiederum durch ein Sieb streichen. Die Eigelb in einer Tasse mit einer Gabel verquirlen und 5 EL der heißen Sauce dazurühren. Diese Masse mit einem Schneebesen in die Sauce unterschlagen. Es ist wichtig, daß dies wirklich sehr langsam geschieht, sonst gerinnt die Sauce. Zum Schluß mit Salz abschmecken und sofort zum Braten servieren.

Madeirasauce
*(aufwendige Zubereitung
aus dem Jahre 1930)*

Zur Herstellung dieser Madeirasauce
braucht man eine eingekochte braune
Sauce mit intensivem Geschmack. Die
Zubereitung der Grundsauce benötigt
etwa 6 Std. Das heißt, daß man zuerst
einen Fond kocht, der dann zur Fertigstellung der Madeirasauce verwendet
wird.

> *1 kg Kalbsknochen (klein gehackt)*
> *1 kg Kalbfleischabfälle*
> *3 EL Sonnenblumenöl*
> *Mirepoix (siehe Rezept)*
> *0,6 l Kalbsfond*
> *0,7 l trockener Rotwein*
> *0,6 l Sauce espagnole (siehe Rezept)*
> *Meersalz*
> *frisch gemahlener weißer Pfeffer*
> *0,25 l Madeira*

In einer großen Bratenkasserolle die
Kalbsknochen mit den Kalbfleisch-
abfällen im Sonnenblumenöl anbraten.
Wenn die Knochen und das Fleisch
braun sind, das Mirepoix hinzufügen
und ebenfalls mitrösten. Mit 0,3 l Kalbsfond aufgießen und bei mittlerer
Hitze einkochen, bis die Flüssigkeit
cremig wird. Den Rotwein nach und
nach zugießen, immer wieder aufkochen und mit dem Kochlöffel umrühren. Dann die Sauce espagnole und
den restlichen Kalbsfond dazugeben,
mit dem Kochlöffel immer wieder kräftig umrühren und aufkochen. Das
Ganze dann 4 Std. bei mäßiger Hitze
kochen. Damit sich kein Bodensatz bildet, muß ständig umgerührt werden.
Anschließend die Flüssigkeit durch ein
Haarsieb in einen Topf abgießen.
In einer Sauteuse 0,5 l dieser Sauce aufkochen und zunächst mit Salz sowie
Pfeffer würzen. Den Madeira zugeben,
nochmals aufkochen und kräftig durchschlagen. Sofort von der Platte ziehen
und servieren.

Salsa verde
(italienische grüne Sauce)

Zur dieser klassischen italienischen
Sauce gibt es die verschiedensten
Variationen. So werden z. B. in einer
Version Kapern und Gewürzgurken,
in einer anderen statt Zitronensaft
Balsamico-Essig verwendet. Nach dem
Originalrezept verarbeitet man jedoch
in Salz eingelegte Sardellen, Kapern
und Zitronensaft. Diese cremige
dunkelgrüne Sauce paßt vor allem zu
dem italienischen Fleischeintopf
„Bollito misto", aber auch zu gekochtem
Fleisch, gepökelter und gekochter
Kalbs- und Rinderzunge oder einfach
zu gedünstetem Gemüse.

> *5 Schalotten (sehr fein gehackt)*
> *3 große Knoblauchzehen*
> *(sehr fein gehackt)*
> *7 in Salz eingelegte Sardellenfilets*
> *(ausgenommen, unter fließend*
> *kaltem Wasser abgewaschen und*
> *klein gehackt)*
> *4 EL Kapern (unter fließend*
> *kaltem Wasser abgewaschen,*
> *abgetrocknet und fein gehackt)*
> *5 EL frische glatte Petersilie*
> *(fein gehackt)*
> *5 EL frisch gepreßter Zitronensaft*
> *0,1 l gutes kalt gepreßtes Olivenöl*
> *feines Meersalz*
> *frisch gemahlener schwarzer Pfeffer*

In einer großen Rührschüssel die
Schalotten- und Knoblauchstücke, die
Sardellen- und Kapernstücke sowie die
Petersilie mit einem Kochlöffel ver-
rühren. Abwechselnd Zitronensaft und
Olivenöl nach und nach untermischen
und dabei immer kräftig durchschlagen.
Mit Meersalz und Pfeffer abschmecken.
(Die Sauce muß kräftig gewürzt sein.
Also nicht mit Meersalz und Pfeffer spa-
ren und gegebenenfalls noch Zitronen-
saft zufügen.)
Diese Sauce schmeckt am besten frisch
zubereitet, kann jedoch mit etwas
Olivenöl bedeckt im Kühlschrank bis
zu 1 Woche aufbewahrt werden.

Sauce bordelaise

Es handelt sich hier um eine klassische
Sauce, von der jedoch verschiedene
Zubereitungsarten bekannt sind.
Bei dieser hier handelt es sich um ein
Rezept aus der Zeit vor 1900. Abwand-
lungen sind in der Form denkbar, daß
der zugegossene Rotwein vorher in
einer Sauteuse stark eingekocht und
dann erst dazugegeben wird.
In einigen Rezepten wird auch etwas
Zitronensaft untergerührt, in anderen
Rezepten werden die Markscheiben
weggelassen. Zur Herstellung dieser
Sauce ist 0,75 l Fleischfond nötig.

> *1 EL Butter*
> *4 kleine Schalotten (sehr fein zerhackt)*
> *8 weiße Pfefferkörner*
> *(im Mörser zerdrückt)*
> *0,1 l trockener Rotwein*
> *0,75 l Fleischfond*
> *das Mark von 3 Ochsenknochen*
> *0,5 l Wasser*
> *Salz*

In einer Sauteuse die Butter erhitzen
und die Schalotten sowie den Pfeffer
dazugeben. Das Ganze leicht anrösten
und mit dem Rotwein ablöschen. Alles
auf die Hälfte einkochen lassen. Dann
den Fleischfond dazugießen, aufkochen
und kräftig würzen. Nun noch etwa
5 Min. kochen lassen und warm stellen.
Das frische Ochsenmark aus den Markknochen herausnehmen und in etwa
0,5 cm dicke Scheiben schneiden, in
lauwarmes Wasser geben und 30 Min.
wässern. Dann in einem Topf das
Wasser kräftig salzen und zum Kochen
bringen. Die Markscheiben hinzufügen
und einmal aufkochen. Dann sofort
herausnehmen und abtropfen lassen.
Vor dem Servieren der Sauce bordelaise
die Ochsenmarkscheiben wieder dazugeben.

Hinweis: Diese Sauce eignet sich hervorragend zu gegrillten Rindersteaks, zu
Rinderkoteletts oder auch zu Lamm-
filetscheiben.

Valoissauce

Das Rezept zu dieser leicht säuerlich schmeckenden kräftigen Sauce stammt aus der Zeit um 1930. Zur Herstellung ist ein stark eingekochter Fleischfond erforderlich.

2 EL Weißweinessig
3 Schalotten (sehr fein zerhackt)
3 weiße Pfefferkörner
(im Mörser grob zerdrückt)
2 EL kaltes Wasser
2 Eigelb
1 EL Fleischfond
(stark eingekocht und geliert)
150 g kalte Butter
(in Stücke geschnitten)
Salz
frisch gemahlener weißer Pfeffer
1 EL Zitronensaft
1 EL glatte Petersilie (fein gehackt)

In einem kleinen Topf den Weißweinessig mit den Schalotten und dem Pfeffer aufkochen und stark einkochen lassen. Dann das Ganze von der Platte ziehen und das Wasser dazugeben. Umrühren und nach und nach die Eigelb, den Fleischfond und 20 g Butter mit dem Schneebesen unterschlagen. Den Topf auf mäßige Hitze stellen, mit dem Schneebesen weiterschlagen und nun die restliche Butter langsam unterschlagen. Danach mit Salz und Pfeffer kräftig würzen. Einige Tropfen Zitronensaft und die Petersilie unter die Sauce heben.

Hinweis: Wenn die Sauce zu dick wird, kann sie mit etwas Fleischfond verdünnt werden. Im umgekehrten Fall kann 1 Eigelb untergeschlagen und die Sauce nochmals kurz erhitzt werden.

Weiße Gratinsauce

Die französische Bezeichnung dieser Sauce, die aus der Zeit von etwa 1910 stammt, lautet „Sauce gratin la Reynière" und wird – wie schon der Name sagt – zum Gratinieren von Speisen verwendet. Dazu eignet sich gekochtes Fleisch oder gedünstetes Gemüse. Es wird 0,7 l Sauce Béchamel zur Zubereitung benötigt.

5 EL Butter
3 EL Mehl
0,8 l heiße Milch
Salz
frisch gemahlener weißer Pfeffer
5 ganze getrocknete Morcheln
0,2 l Wasser
2 große Schalotten
(sehr fein geschnitten)
2 EL glatte Petersilie (sehr fein gehackt)
0,7 l Sauce Béchamel .

Zunächst eine Milchsauce (Sauce Béchamel) zubereiten. Dazu 3 EL Butter mit dem Mehl in einer großen Sauteuse anschwitzen. Dann den Topf von der Platte ziehen und 0,4 l Milch langsam dazugießen. Dabei immer mit dem Schneebesen schlagen, damit die Sauce keine Klumpen bildet. Anschließend den Topf wieder auf die Platte stellen und bei mäßiger Hitze nochmals 0,4 l Milch einschlagen. Bei mäßiger Hitze 15 Min. kochen lassen. Nicht zu stark mit Salz und Pfeffer würzen und durch ein feines Haarsieb gießen. Die getrockneten Morcheln im Wasser gut einweichen, aus dem Wasser nehmen und das Einweichwasser durch ein Passiertuch in einen kleinen Topf laufen lassen und auf mindestens ein Drittel einkochen. Die Morcheln fein hacken. Die Schalotten in der restlichen Butter anschwitzen, die Petersilie dazugeben und ebenfalls etwas mitschwitzen. Anschließend die Morcheln hinzufügen und bei mäßiger Hitze weiterdünsten. Danach das stark eingekochte Morcheleinweichwasser zugießen und kurz weiterdünsten. Anschließend die Sauce Béchamel beimischen, dabei immer kräftig mit dem Schneebesen rühren und einmal aufkochen lassen. Es muß sich eine sehr cremige Sauce ergeben (ähnlich wie dicke Sahne), die dann sofort über die zu gratinierende Speise gegeben wird. In den Backofen schieben und überbacken.

Zigeunersauce

Diese sehr aromatische und leicht scharfe Sauce hat nichts gemein mit den manchmal servierten unangenehm säuerlichen Saucen zu „Zigeunerschnitzel". Es ist 0,6 l Fleischfond dazu erforderlich und nach Möglichkeit selbst hergestelltes Tomatenpüree (ersatzweise kann auch gutes Tomatenpüree aus dem Glas verwendet werden).

0,6 l Fleischfond
0,3 l Tomatenpüree
3 EL Madeira
1 Messerspitze Cayennepfeffer
2 EL frische Champignons
(sehr fein gewürfelt)
100 g gekochter Schinken
(in kleine Würfel geschnitten)
1 EL Trüffelöl

In einer Sauteuse den Fleischfond mit dem Tomatenpüree verrühren und bis kurz vor das Kochen bringen. Anschließend mit dem Schneebesen den Madeira und den Cayennepfeffer unterschlagen und bei mäßiger Hitze köcheln lassen (etwa 30 Min.). Dann die Champignon- und Schinkenwürfel in die Sauce geben. Zum Schluß mit dem Schneebesen das Trüffelöl unterschlagen und sofort servieren. Diese Sauce paßt hervorragend zu Kalbsbraten, zu in Brühe gar gezogener Kalbszunge oder auch zu gegrillten Hähnchenstücken.

Sauce gribiche

Es handelt sich hier um ein Originalrezept, so wie es in den Bistros von Paris serviert wird. Diese Sauce paßt am besten zu gekochtem lauwarmem Kalbskopf. Das Rezept reicht für 4 Personen bzw. als Beigabe für 4 Portionen Kalbskopf.

4 hartgekochte Eigelb
1 TL mittelscharfer Senf
5 EL neutrales Öl
(z. B. Sonnenblumenöl)
1 EL gemischte Kräuter
(glatte Petersilie, Majoran, Estragon,
fein gehackt)
1 TL Schnittlauch
(in feine Röllchen geschnitten)
1 TL Estragonessig
1/2 TL Glutamat

Die Eigelb mit einer Gabel zerdrücken und mit dem Senf vermischen (nicht ganz glatt rühren). Das Öl langsam einarbeiten und anschließend die Kräuter untermischen. Mit dem Estragonessig und Glutamat die Sauce abschmecken. Die Sauce darf nicht mit Salz und Pfeffer gewürzt werden!

Kastaniensauce

Diese etwas süßliche Sauce paßt hervorragend zu gekochtem gepökeltem Fleisch bzw. zu Grünkohl mit gepökeltem Schweinefleisch (Schweinebacke) und gekochtem Bauchspeck. Das Rezept stammt aus der Zeit um 1870. Zur Herstellung der Sauce ist Fleischfond erforderlich.

500 g Eßkastanien
1 EL Zucker
0,3 l Fleischfond
1 EL Mehl
Saft von 1/2 Zitrone

Die Schale der Kastanien kreuzweise einschneiden. In einem großen Topf Wasser zum Kochen bringen und die Kastanien hineingeben; sie müssen mit Wasser bedeckt sein. Nun weich kochen. Danach auf ein Sieb schütten und kurz mit kaltem Wasser abbrausen. Die Kastanien schälen und jeweils in 4 Stücke schneiden. Dann in einer großen Sauteuse den Zucker zerlaufen lassen, so daß er hellgelb wird. Die Kastanien dazugeben und in dem Zucker anrösten, so daß sie vom flüssigem Zucker überzogen sind, also karamelisiert. Dazwischen in einem Topf den Fleischfond (diesen vorher mit dem Mehl abbinden) erhitzen sowie den Zitronensaft unterschlagen und diesen dann über die Kastanien geben. Das Ganze aufkochen lassen. Wichtig bei der Herstellung dieser Sauce ist, daß die Kastanien gut weich gekocht sind und die Schale vollständig entfernt ist. Weiter ist wichtig, daß der Zucker nicht dunkel wird oder verbrennt und kurz nach dem Karamelisieren der Kastanienstücke der heiße Fleischfond dazugegeben wird. Da der Fleischfond stark geliert, aber nicht gebunden ist, ist dieser vor der Zugabe zu den Kastanienstücken mit Mehl (mit kaltem Wasser aufgelöst) abzubinden, damit er leicht cremig wird. Den Fleischfond ebenfalls vorher leicht mit etwas Salz würzen. Falls die Sauce nicht gut abbindet, kann noch etwas mit kaltem Wasser angerührtes Mehl mit dem Schneebesen eingeschlagen werden, wobei die Sauce hierbei nochmals kurz aufgekocht werden muß.

Vinaigrette zu Kalbsinnereien

Zur Zubereitung sind 0,15 l Fleischfond erforderlich. Außerdem schmeckt die Sauce viel besser, wenn hervorragender grober, nicht zu scharfer Dijon-Senf (mit ganzen weißen Senfkörnern) und frischer violettfarbener Knoblauch aus Südwestfrankreich verwendet werden. Die Vinaigrette wird zu frisch zubereitetem Kalbsbries mit Kalbszunge und Kalbsleber gebraucht. Die lauwarmen Fleischstücke werden mit der kalten Vinaigrette übergossen und sofort serviert.

2 Tomaten
8 EL kalt gepreßtes Olivenöl
2 Schalotten
(in kleine Würfel geschnitten)
0,15 l Fleischfond
1 EL Walnußöl
2 EL Estragonessig
1 EL frischer Knoblauch
(sehr fein gehackt)
Meersalz
frisch gemahlener weißer Pfeffer
2 EL Schnittlauch
(in Röllchen geschnitten)
1 EL glatte Petersilie (fein gehackt)
2 TL grober Dijon-Senf

Die Tomaten kurz in kochendes Wasser geben und schälen. Anschließend den Stielansatz und die Kerne heraustrennen und das Fruchtfleisch in kleine Würfel schneiden (dabei die austretende Flüssigkeit in einer Schale auffangen). In einer Sauteuse 2 EL Olivenöl leicht erhitzen und die Schalottenwürfel darin kurz anschwitzen. Anschließend den Topf von der Herdplatte nehmen, den Fleischfond dazugeben und auflösen. Dabei soll sich die Masse bereits abkühlen. Dann das restliche Olivenöl, das Walnußöl, den Estragonessig, den Knoblauch, Meersalz sowie Pfeffer dazugeben und kräftig mit einer Gabel durchrühren. Zum Schluß den Schnittlauch, die Petersilie, den Dijon-Senf und die Tomaten zugeben, nochmals kräftig durchmischen und sofort servieren.

Französische Sauce zu Wildbret

Dieses Originalrezept aus dem Jahre 1780 hat eine etwas ungewöhnliche Zusammensetzung der Zutaten. Es ist auch bemerkenswert, daß damals bereits Bambussprossen für die Zubereitung von Speisen verwendet wurden. Die Sauce wird vor allem zu Wildenten, Schnepfen oder auch zu Wildschweinbraten serviert.

2 EL Butter
1 EL Mehl
5 mittelgroße Zwiebeln
(in sehr dünne Ringe geschnitten)
2 EL Rinde von Roggen-/Schwarzbrot
(dünn abgeschnitten und
klein geschnitten)
5 dünne Scheiben gekochter
magerer Schinken
0,7 l kräftige Fleischbrühe
10 grüne Oliven
1/2 EL frische glatte Petersilie
(sehr fein gehackt)
frisch gemahlener Muskat
2 EL Bambussprößlinge
(in kleine Würfel geschnitten)
Meersalz

In einer großen Sauteuse 1 EL Butter zerlassen und das Mehl kräftig braun anrösten. Die Zwiebelringe beifügen, kurz mit dem Kochlöffel umrühren und sofort die Brotrinde hineingeben. Anschließend die Schinkenscheiben zusetzen, umrühren und mit der kochenden Fleischbrühe aufgießen. Das Ganze 30 Min. bei nicht zu starker Hitze köcheln lassen. In der Zwischenzeit von den Oliven mit einem scharfem Messer das Fruchtfleisch vom Kern lösen und in kleine Stücke schneiden. Die Sauce während des Kochens ständig mit dem Schneebesen durchrühren und am Ende durch ein feines Haarsieb in einen Topf streichen. Die Olivenstücke und die Petersilie hinzufügen und mit Muskat abschmecken. Wiederum aufkochen und die Bambuswürfel unterheben. Mit Salz würzen und die restliche Butter mit dem Schneebesen unterschlagen. Sehr heiß und sofort servieren.

Römische Sauce I

Diese Sauce ist sehr gehaltvoll, sie wird zu gekochter Rinderzunge oder zu Wildschweinbraten serviert. Voraussetzung dafür ist, daß 0,5 l Sauce espagnole oder 0,5 l Kalbsfond vorhanden ist.

100 g weißer Zucker
0,15 l Weißweinessig
0,5 l Sauce espagnole (oder Kalbsfond)
100 g Rosinen
100 g Sultaninen
100 g Mandeln
Salz
Pfeffer

Weitere Zutaten für das Bouquet garni:
1 EL glatte Petersilie (fein gehackt)
1 EL frischer Kerbel (fein gehackt)
1 Lorbeerblatt
8 weiße Pfefferkörner
1 Knoblauchzehe
1 TL getrockneter Majoran
1 TL getrockneter Thymian
2 Nelken
1 kleines Stück Zitronenschale
(von 1 unbehandelten Zitrone)
5 Korianderkörner
1 Muskatblüte (Mazis)

In einer Edelstahlsauteuse den Zucker unter ständigem Rühren zu hellbraunem Karamel schmelzen. Dann sofort mit dem Essig ablöschen und alles um ein Viertel reduzieren. Anschließend die Sauce espagnole oder Kalbsfond hinzugießen und aufkochen. Danach folgende Gewürze in eine Gewürzkugel oder in ein großes Teesieb geben: die Petersilie, den Kerbel, den Lorbeer, die Pfefferkörner, die Knoblauchzehe, den Majoran, den Thymian, die Nelken, die Zitronenschale, Korianderkörner und die Muskatblüte. Dann gibt man die Gewürzkugel in die Sauce und kocht sie 20 Min. durch. Danach die Sauce durch ein Haarsieb oder ein Passiertuch streichen und warm stellen. Die Rosinen und die Sultaninen unter fließendem kaltem Wasser auswaschen. Die Mandeln mit kochendem Wasser übergießen und schälen. Die Mandeln grob zerkleinern. Die gewaschenen Rosinen, Sultaninen und Mandelkerne in kochendem Wasser 5 Min. blanchie-

ren. Anschließend die Rosinen, Sultaninen und Mandeln zu der Sauce geben und das Ganze bis kurz vor das Kochen erhitzen (nicht mehr kochen!). Die Sauce mit Salz sowie Pfeffer abschmecken und sofort servieren zu gekochter gepökelter Rinderzunge oder zu Wildschweinbraten.

Korinthensauce zu Wildfleisch
(Australien)

Dies ist das australische Gegenstück zur englischen „Cumberlandsauce". Die Sauce wird in Australien zu Känguruhsteaks serviert. Sie paßt aber genauso ausgezeichnet zu Wildbraten und Wildsteaks vom Wildschwein oder Hirsch.

40 g kleine Korinthen
0,2 l Wasser
100 g frisch gemahlene Semmelbrösel
100 g Butter
1/2 TL Salz
1/2 TL brauner Rohrzucker
1/2 unbehandelte Zitrone
(davon 1/2 TL Schale abreiben
und den Saft auspressen)
0,2 l roter Portwein

Die Korinthen mit kaltem Wasser kräftig abwaschen. Im Wasser die Korinthen aufkochen und über die Semmelbrösel schütten. 20 Min. stehen lassen, bis die Semmelbrösel ganz durchgeweicht sind. In einer Sauteuse die Butter zerlassen und nach und nach die Semmelbrösel mit den Korinthen hinzufügen. Mit Salz und Zucker abschmecken. Die Zitronenschale und den Zitronensaft ebenfalls zugeben. Den Portwein zugießen; dabei mit dem Schneebesen kräftig durchrühren und bis kurz vor das Kochen bringen. Sollte die Sauce zu flüssig sein, kann man sie noch etwas einkochen lassen. Kurz vor dem Servieren mit dem Pürierstab kurz und schaumig aufquirlen. Die Sauce dann sofort und heiß zum Wildbraten reichen.

103

Wildentensauce

(Sauce gibier)

Voraussetzung zur Zubereitung dieser Sauce sind das Vorhandensein von 0,2 l Wildfond (oder der frisch gekochte Fond vom Anbraten der Wildente) und 0,3 l Kalbsfond.

1 kleine Zwiebel
(in kleine Würfel geschnitten)
2 Schalotten
(in kleine Würfel geschnitten)
8 weiße Pfefferkörner
(im Mörser grob zerdrückt)
2 EL Butter
2 EL Mehl
0,3 l Kalbsfond
1 EL glatte Petersilie (fein gehackt)
1/2 EL frischer Kerbel (fein gehackt)
8 schwarze Pfefferkörner
1 Knoblauchzehe (leicht zerdrückt)
1 TL getrockneter Majoran
1 TL getrockneter Thymian
2 Nelken
1 unbehandelte Zitrone
5 Korianderkörner
1 Muskatblüte (Mazis)
4 Blätter getrockneter Salbei
0,2 l Wildfond

Die Zwiebel, die Schalotten und die weißen Pfefferkörner mit der Butter in einer Kasserolle (oder in einer Sauteuse) anrösten. Anschließend das Mehl einstreuen und kurz mitrösten. Danach den Kalbsfond hinzugießen und aufkochen. `

In einer Gewürzkugel oder in ein großes Teesieb folgende Gewürze und Kräuter mischen: Petersilie, Kerbel, schwarze Pfefferkörner, Knoblauchzehe, Majoran, Thymian, Nelken, ein kleines Stück Gelb von der Zitrone, Korianderkörner und Muskatblüte. Diese Gewürzkugel mit den Salbeiblättern in die Sauce geben. Das Ganze zugedeckt 15 Min. leicht kochen. Den Wildfond aufkochen und in die Sauce gießen. Die Gewürzkugel herausnehmen. Dann die Zitrone vollständig mit einem scharfem Messer abschälen (also die gelbe und weiße Schale vollständig entfernen).
Danach den Mittelteil in ganz feine dünne Scheibchen schneiden (eventuell Kerne entfernen). Diese Zitronenscheibchen jeweils in 4 Teile schneiden und zur Sauce geben. Die Sauce nicht mehr aufkochen lassen und heiß zur Wildente servieren.

Römische Sauce II

Diese Sauce wird zu Wildbraten (Reh oder Wildschwein) serviert. Für die Herstellung benötigt man 0,7 l Wildfond sowie erstklassigen Sherry-Essig oder Rotweinessig.

2 EL Pinienkerne
3 EL Korinthen
2 EL brauner Rohrzucker
5 EL Sherry-Essig oder Rotweinessig
0,7 l Wildfond
20 große Trauben
(geschält, halbiert und entkernt)
Meersalz

In einer beschichteten Pfanne die Pinienkerne hellbraun rösten. Die Korinthen etwa 1 Std. in Wasser einweichen. In einer Sauteuse bei nicht zu starker Hitze den Zucker verflüssigen, bis er hellbraun wird. Den Essig zugießen und mit dem Schneebesen kräftig rühren, so daß sich der Karamel auflöst. Dann sofort den Wildfond zugeben und bei nicht zu hoher Hitze mit dem Schneebesen schlagen und um ein Drittel einkochen.
Zu der Sauce dann die Pinienkerne und die abgetropften Korinthen geben, bis kurz vor das Kochen erhitzen und die halbierten Trauben zufügen. Durchrühren und sofort servieren.

Braune Rahmsauce

Die Sauce, sie stammt aus der Zeit um 1900, eignet sich vor allem zu Hasen- oder Kaninchenbraten. Man benötigt dazu einige Hasen- oder Kaninchenknochen, aus denen ein Fond gekocht werden kann.
Außerdem ist 0,5 l Fleischfond oder Sauce espagnole erforderlich.

> Hasen- oder Kaninchenknochen
> 2 EL neutrales Öl (Sonnenblumenöl)
> 2 EL Mehl
> 0,3 l saurer Rahm (Schmant)
> 0,5 l Fleischfond oder Sauce espagnole
> Salz
> frisch gemahlener weißer Pfeffer
> ½ TL Cayennepfeffer
> 1 EL frischer Zitronensaft
> ½ TL scharfer Senf

In einer Edelstahlpfanne mit hohem Rand die Hasen- und Kaninchenknochen mit dem Öl scharf anbraten. Dann das Mehl hineingeben und kurz durchrösten. Nun langsam den Rahm zugießen und durchrühren. Unter ständigem Rühren die Sauce bei starker Hitze etwas einkochen. Dann den Fleischfond oder die Sauce espagnole zufügen und stark durchkochen (etwa 15 Min.). Anschließend die Sauce durch ein Haarsieb streichen und mit Salz, Pfeffer sowie Cayennepfeffer würzen. Außerdem den Zitronensaft und den Senf dazugeben und mit dem Schneebesen kräftig durchrühren. Nochmals kurz aufkochen und sofort zum Braten servieren.

Hinweis: Diese Sauce ist auch zu anderem Wildbraten oder Kalbsbraten geeignet. Bei Kalbsbraten für den Fond 2 Kalbshaxenscheiben und einige Kalbsknochen nehmen und anrösten (statt der Kaninchenknochen).
Den Geschmack der Sauce kann man noch verstärken, wenn vor der Zugabe der sauren Sahne 3 EL guter Weißweinessig auf etwa 2 TL reduziert werden. Diese Reduktion wird nach dem Rösten der Knochen und des Mehls dazugegeben und dann sofort nach und nach die Sahne daruntergeschlagen.

Altesse-Sauce zu Wildgeflügel
(Frankreich)

Dieses Rezept einer klassischen französischen Sauce stammt aus dem 18. Jahrhundert. Man benötigt dazu 0,3 l Sauce hollandaise (Holländische Sauce), die natürlich frisch zubereitet werden sollte.

> 2 EL Butter
> 2 EL Mehl
> 0,3 l Geflügelfond
> 1 TL frischer Zitronensaft
> Meersalz
> frisch gemahlener weißer Pfeffer
> 250 g Champignons (geputzt und in feine Würfel geschnitten)
> Saft von ½ Zitrone
> 0,3 l Sauce hollandaise (siehe Rezept)
> 3 EL Crème fraîche (dicke Sahne)

Geflügelsauce:
In einer Sauteuse die Butter zerlassen und das Mehl hellbraun anschwitzen. Nach und nach mit dem Geflügelfond aufgießen und ständig mit dem Schneebesen schlagen. Den 1 TL Zitronensaft hinzufügen und das Ganze um ein Drittel bei mäßiger Hitze reduzieren. Mit dem Schneebesen laufend schlagen, damit die Sauce nicht anbrennt. Zum Schluß mit Meersalz sowie Pfeffer abschmecken und zur Seite stellen.

Pilzfond:
In einen Topf die Champignonwürfel geben und mit dem Saft der ½ Zitrone und Wasser aufgießen, bis die Champignons gut bedeckt sind. Etwa 20 Min. bei nicht zu starker Hitze kochen, anschließend mit dem Pürierstab kurz durchmixen und diesen Fond durch ein feines Haarsieb in eine Sauteuse streichen. Diese Flüssigkeit nochmals um die Hälfte reduzieren und bei Zimmertemperatur abkühlen.

Fertigstellung:
Die frisch zubereitete Sauce hollandaise und die vorbereitete Geflügelsauce mit dem Schneebesen vermischen. Den lauwarmen Pilzfond langsam einarbeiten und ständig mit dem Schneebesen schlagen. Wichtig ist, daß die Sauce immer noch cremig-dickflüssig bleibt.

Die Crème fraîche schlagen (aber nicht zu stark), so daß sie noch dickflüssig bleibt, und mit dem Schneebesen unter die Sauce rühren (nicht mehr zu kräftig schlagen); zum Schluß nochmals mit Salz und Pfeffer abschmecken. Damit die Sauce ihre sämige Konsistenz behält, sofort servieren.

Orangensauce zu Wildente

Für diese Sauce ist 0,5 l Sauce espagnole oder Kalbsfond erforderlich. Eine andere Möglichkeit besteht darin, daß damit die Madeirasauce (siehe Rezept) verfeinert wird. Sie wird vor allem zu Ente oder Wildente serviert. Das Rezept stammt aus der Zeit um 1900.

> 1 unbehandelte Orange
> 0,5 l Wasser
> 0,5 l Sauce espagnole oder Kalbsfond
> ½ Zitrone

Von der Orange die gesamte Außenhaut ganz dünn abschälen. Dabei ist es wichtig, daß keine Teile der weißen Haut mit abgeschnitten werden (sonst wird die Sauce bitter). Diese Schale in ganz schmale Streifchen schneiden. Das Wasser zum Kochen bringen und die Orangenstreifchen zufügen. Etwa in 20 Min. weich kochen; dann auf ein Sieb zum Abtropfen geben. Die Sauce espagnole oder den Kalbsfond erhitzen und die Orangenschalen dazugeben. (Das gleiche gilt, wenn eine Madeirasauce verfeinert wird.) Anschließend ½ Orange und die Zitrone auspressen. Den Orangen- und Zitronensaft langsam nacheinander in die Sauce mit dem Schneebesen einschlagen und erhitzen (nicht mehr kochen!). Diese Sauce wegen ihres feinen Geschmacks, der sich durch langes Warmhalten verändern würde, möglichst sofort servieren.

105

Orangensauce zu Wildgeflügel

Dieses Rezept (einer hochherrschaftlichen Köchin aus dem Elsaß) stammt aus der Zeit um 1810. Dabei ist vermerkt, daß die Sauce vor allem zu Wildgeflügel (z. B. Fasan, Rebhuhn oder Wildente) paßt.

4 EL Butter
3 EL Mehl
2 kleine Zwiebeln
(in feine Würfel geschnitten)
0,25 l kräftige Fleischbrühe
2 EL Weißweinessig
40 g magerer geräucherter Schinken
(in feine Würfel geschnitten)
4 Nelken (im Mörser grob zerstoßen)
die Rinde von 2 Scheiben Schwarzbrot
(die Rinde abschneiden und diese in
Würfel schneiden)
1 unbehandelte Orange
Saft von ½ Zitrone
1 Messerspitze Cayennepfeffer
Meersalz

In der Butter das Mehl hellbraun rösten und die Zwiebelwürfel zugeben. Mit der Fleischbrühe angießen und mit dem Schneebesen durchrühren. Den Essig und die Schinkenwürfel sowie die Nelken beifügen. Das Ganze aufkochen und die Schwarzbrotrinde hinzutun. Etwa 5 Min. stark kochen und dann durch ein feines Haarsieb streichen. Von der Orange mit einem scharfen Messer ganz fein die Schale abschneiden und diese in kleine Würfelchen schneiden. In etwas Wasser die Orangenschalen weich kochen. Die Orange auspressen und den Orangensaft mit dem Schneebesen in die Sauce einschlagen. Den Zitronensaft sowie die Orangenschalen zugeben. Mit Cayennepfeffer sowie Meersalz abschmecken und nochmals 20 Min. durchkochen. Anschließend heiß zu gebratenem Geflügel servieren.

Sauce zu Wildgeflügel

(Rezept aus dem 14. Jahrhundert)

Diese Sauce aus Frankreich schmeckt kräftig und leicht süßlich. Sie wird zu verschiedenen Arten von Wildgeflügel (z. B. Fasan, Wildenten, Rebhühnern usw.) serviert.

100 g frischer leicht durchwachsener
Speck (in kleine Würfel geschnitten)
3 kleine Zwiebeln
(in kleine Würfel geschnitten)
3 dicke Scheiben Weißbrot
(zuerst Rinde abschneiden
und dann in kleine Würfel schneiden)
0,3 l kräftiger trockener Rotwein
1 TL getrocknete gemischte Kräuter
der Provence
2 EL Zucker
½ TL Zimt
Meersalz
frisch gemahlener weißer Pfeffer

In einer Stahlpfanne die Speckwürfel goldgelb anbraten und dann herausnehmen. In dem ausgelassenen Fett die Zwiebelwürfel anschwitzen, ebenfalls herausnehmen und zu den Speckwürfeln geben. Anschließend die Brotwürfel leicht anbräunen. Den Rotwein in eine Schüssel gießen und die angebratenen Brotwürfel zugeben. Durch die feine Scheibe des Fleischwolfs die Brot-, Zwiebel- sowie die Speckwürfel lassen und anschließend noch durch ein Passiergerät pressen. Die Kräuter in einer beschichteten Pfanne kurz anrösten, dann mit einem scharfen Messer fein zerhacken, mit dem Zucker und dem Zimt in die Masse unterrühren. Die Masse wieder in einem Topf auf den Herd stellen und langsam erhitzen, mit Meersalz und Pfeffer abschmecken und einmal aufkochen lassen. Dabei immer wieder mit dem Schneebesen durchschlagen, damit die cremige Sauce nicht anbrennt. Anschließend die Sauce sofort servieren.

Armagnac-Trauben-Sauce zu Rehfilet

Zur Herstellung dieser Sauce ist 0,1 l alter Armagnac erforderlich (mindestens 10 Jahre im Faß gelagert). Außerdem benötigt man kernlose rote Trauben und 0,15 l Wildfond. Diese Sauce schmeckt am besten zu nicht zu dünn geschnittenen Filetstücken vom Reh, die in Butter nicht zu stark durchgebraten werden. Am Schluß gibt man eine Gewürzmischung dazu, die kurz mitgebraten wird (5 Wacholderbeeren mit frischem Thymian und 5 weißen Pfefferkörnern, im Mörser zerdrückt). Das Rehfilet erst dann mit Salz und Pfeffer würzen, wenn es serviert wird. Zu diesem Rehfilet paßt dann ganz ausgezeichnet diese Armagnac-Trauben-Sauce.

300 g kernlose rote Trauben
5 EL alter Armagnac
4 EL brauner Rohrzucker
0,15 l kräftiger trockener Rotwein
0,15 l Wildfond (siehe Rezept)
0,15 l Crème fraîche
2 EL Preiselbeergelee
Meersalz
frisch gemahlener weißer Pfeffer

Die Trauben schälen und im Armagnac mindestens 2 Std. marinieren. Dabei immer wieder mit dem Löffel umrühren. In eine Sauteuse bei nicht zu starker Hitze den Zucker schmelzen und sofort die Trauben mit dem Armagnac hinzufügen. Die Hitze kurz zurückschalten und ständig umrühren, damit die Trauben karamelisieren. Dies dauert nur etwa 2 Min. Die Trauben dann herausnehmen und in einer Porzellanschüssel beiseite stellen. In die Sauteuse zu dem Armagnac-Zucker-Gemisch den Rotwein schütten und kräftig einkochen. Den Wildfond sowie die Crème fraîche untermischen und nochmals mindestens um die Hälfte reduzieren. Mit dem Schneebesen das Preiselbeergelee unterschlagen, 3 Min. bei nicht zu starker Hitze einkochen und zum Schluß mit Salz sowie Pfeffer abschmecken. Kurz vor dem Servieren in die Sauce die karamelisierten Trauben geben und dann sofort zu dem Rehfilet servieren.

Hamilton-Sauce

Diese klassische Sauce hat einen pikanten scharf-süßlichen Geschmack. Wichtig dazu sind 200 g frische Sauerkirschen und 0,1 l stark eingekochter Fleischfond. Die Sauce wird nicht zu heiß zu Wild- oder Geflügelbraten oder zu frisch gekochtem Saftschinken serviert.

> 4 EL rotes Johannisbeergelee
> 2 EL süßer roter Portwein
> 4 EL frisch geriebener Meerrettich
> 2 EL scharfer Dijon-Senf
> 200 g frische Sauerkirschen
> (entkernt und fein gehackt)
> 1/2 TL scharfes Paprikapulver
> Meersalz
> frisch gemahlener schwarzer Pfeffer
> 0,1 l trockener Riesling
> 0,1 l stark eingekochter Fleischfond
> (siehe Rezept)

In einer Sauteuse das Johannisbeergelee mit dem Portwein bei ganz geringer Hitze erwärmen. Dabei soll sich das Johannisbeergelee auflösen. Dann sofort den Meerrettich und den Dijon-Senf hinzufügen. Wieder leicht erhitzen, aber auf keinen Fall darf die Sauce kochen. Die Sauerkirschen unterrühren und mit dem Pürierstab aufmixen. Mit Paprika, etwas Meersalz und Pfeffer abschmecken. Den Riesling und den Fleischfond dazugießen, wieder erhitzen. Die Sauce dann durch ein feines Haarsieb zurück in die Sauteuse geben und bis kurz vor das Kochen erhitzen. Dabei ständig mit dem Schneebesen kräftig aufschlagen. Die Sauce sollte leicht abbinden, aber noch ziemlich flüssig sein. Lauwarm zu dem Braten oder dem Schinken servieren.

Schokolade-Essig-Sauce zu Wildgeflügel

Es handelt sich um eine etwas ungewöhnliche Zusammenstellung, da für diese Sauce sowohl Essig als auch Fleischfond sowie Bitterschokolade verwendet werden. Diese Art von Sauce kommt aus der mexikanischen Küche, wobei die Schokolade weniger dem Geschmack als der Bindung dient. Zur Zubereitung dieser Sauce ist es erforderlich, daß die Knochen sowie die Karkassen von 2 kleinen Hähnchen oder dem zubereiteten Wildgeflügel vorhanden sind.

> 0,3 l Fleischfond
> 0,1 l Portwein
> 2 Knoblauchzehen
> 1 TL Tomatenmark
> 3 EL Olivenöl
> Geflügelknochen und Karkassen von 2 kleinen Hähnchen oder dem zubereiteten Wildgeflügel (klein gehackt)
> 3 Schalotten
> (in sehr kleine Würfel geschnitten)
> 1 Karotte
> (in sehr kleine Würfel geschnitten)
> 3 EL frischer Sellerie
> (in sehr kleine Würfel geschnitten)
> 4 EL Rotweinessig
> 2 EL Armagnac
> 2 Hähnchenlebern (klein gehackt)
> 1 EL Zartbitterschokolade
> (fein geraspelt)
> Meersalz
> frisch gemahlener weißer Pfeffer

In eine Sauteuse den Fleischfond, den Portwein, die Knoblauchzehen sowie das Tomatenmark hineingeben und um ein Drittel einkochen. In einem großen Topf das Olivenöl erhitzen sowie die Geflügelkarkassen und -knochen darin kräftig anbraten. Anschließend die Hitze reduzieren und die Schalotten-, Karotten- sowie die Selleriewürfel zugeben. Alles kräftig durchschwitzen, wobei das Gemüse nicht braun werden darf. Den Rotweinessig hinzugießen und damit den Bodensatz aufkochen. Die Flüssigkeit völlig einkochen lassen und anschließend den Armagnac zugießen. Kurz durchrösten und den

Fleisch-Portwein-Fond hinzufügen und nochmals aufkochen. Dann die Hähnchenlebern dazutun. Das Ganze 15 Min. bei sehr schwacher Hitze köcheln lassen. Nun die Sauce durch ein Haarsieb sowie anschließend durch ein Passiertuch streichen und wieder in eine Sauteuse geben. Das Ganze nochmals aufkochen lassen und die Zartbitterschokolade mit dem Schneebesen einschlagen. Die Sauce darf dabei nicht mehr kochen. Zum Schluß, falls notwendig, mit Meersalz und Pfeffer abschmecken. Die Sauce dann sofort mit dem gebratenen Geflügel servieren.

Koriandersauce zu Wild

Zur Zubereitung dieser Sauce sind 2 EL fein gehackte frische Korianderblätter erforderlich. Außerdem müssen Gemüsefond und Hühnerfond vorhanden sein.

> 0,2 l Gemüsefond
> 0,2 l Hühnerfond
> 2 EL kalt gepreßtes Olivenöl
> 3 EL sehr kalte Butter
> (in kleine Stücke geschnitten)
> Saft von 1/2 Zitrone
> 1/2 TL Meersalz
> frisch gemahlener weißer Pfeffer
> 2 EL frische Korianderblätter
> (fein gehackt)

Den Gemüsefond und den Hühnerfond in eine Sauteuse geben, aufkochen und etwa 10 Min. kräftig kochen lassen. Die Hitze herunterschalten und das Olivenöl zugießen. Anschließend die Butterstücke nach und nach mit dem Schneebesen in die heiße, jedoch nicht kochende Sauce einschlagen. Dann den Zitronensaft zugeben. Mit Meersalz sowie Pfeffer abschmecken und mit dem Schneebesen (noch besser mit dem Pürierstab) schaumig aufschlagen. Zum Schluß die Korianderblätter unterheben und sofort servieren.

Kalte Johannisbeer-Senf-Sauce zu Wild

Diese Sauce ist sehr schnell herzustellen, da die Zutaten einfach in einer Schlagschüssel gründlich vermischt werden. Am besten schmeckt sie natürlich, wenn selbst hergestelltes Johannisbeergelee verwendet wird und scharfer Dijon-Senf. Die Sauce wird statt der üblichen Preiselbeeren zu Wildgerichten serviert.

3 EL konzentriertes rotes Johannisbeergelee
1 EL Dijon-Senf
1¹/₂ EL Sonnenblumenöl
(oder, noch besser, Sesamöl)
1 EL frisch gepreßter Zitronensaft

In einer Schlagschüssel das Johannisbeergelee mit dem Senf kräftig mit einem Schneebesen durchschlagen. Dann das Öl und anschließend den Zitronensaft dazugeben und einarbeiten. Wenn die Sauce zu scharf wird, noch etwas Johannisbeergelee hinzufügen.

Himbeer-Wildfond-Sauce zu Wildbraten

Für diese Sauce sind 0,4 l Wildfond und etwa 1 kg in Stücke gehackte Wildknochen (z. B. von Reh, Hirsch oder Kaninchen) erforderlich. Am besten schmeckt die Sauce, wenn frische Himbeeren verwendet werden. Es ist jedoch auch möglich, eingefrorene Himbeeren zu verwenden.

1 kg Wildknochen (in Stücke gehackt)
0,15 l Olivenöl
2 Karotten (fein gewürfelt)
4 Schalotten (fein gewürfelt)
¹/₂ Sellerieknolle (fein gewürfelt)
0,3 l leichter Rotwein (z. B. Beaujolais)
1 TL Wacholderbeeren
1 TL weiße Pfefferkörner
0,4 l Wildfond (siehe Rezept)
Meersalz
frisch gemahlener weißer Pfeffer
600 g Himbeeren
2 EL kalte Butter
(in kleine Stücke geschnitten)

Die Wildknochen unter fließendem kaltem Wasser abwaschen und gut abtrocknen. In einem großen breiten Bratentopf das Olivenöl erhitzen und die Knochen darin kräftig braun anrösten. Die Gemüsewürfel (Karotten, Schalotten und Knollensellerie) hinzufügen und unter ständigem Rühren etwa 3 Min. braten. Den Rotwein zugießen und auf die Hälfte einkochen. Die Wacholderbeeren sowie die Pfefferkörner im Mörser leicht andrücken und der Sauce zufügen. Den Wildfond untermischen, aufkochen und bei nicht zu starker Hitze in etwa 20 Min. um ein Drittel reduzieren. Das Ganze durch ein feines Haarsieb in eine große Sauteuse schütten und mit Meersalz und Pfeffer abschmecken.
Da diese Sauce zu Wildbraten serviert wird, ist es außerdem für den Geschmack der Sauce sehr gut, wenn nach dem Braten des Wildfleisches dieses aus dem Topf genommen, die nach dem vorstehenden Rezept vorbereitete Sauce dazugegossen und der Bratensatz damit abgelöst wird.
Die Himbeeren in einen hohen Topf geben, mit dem Pürierstab aufmixen und anschließend in die heiße Sauce mit dem Schneebesen einrühren.
Darauf achten, daß die Sauce nicht mehr aufkocht.
Zum Schluß noch die kalten Butterstückchen mit dem Schneebesen unterschlagen. Sofort und sehr heiß zu dem Wildbraten servieren.

Kalte Cumberlandsauce

Hier handelt es sich um eine Sauce aus der Zeit um 1870. Die außerordentlich würzige Sauce ist vor allem zu Wildbraten (Rehbraten, Wildschweinbraten usw.) geeignet. Im Originalrezept wurde darauf hingewiesen, daß diese Sauce vor allem zu Bärenfleisch serviert wird. (Im Gegensatz zu der Zeit um 1870 wird es heute schwierig sein, Bärenbraten zu bekommen.)

> 1 unbehandelte Zitrone
> 1 unbehandelte Orange
> 1 l Wasser
> 1 EL scharfer Dijon-Senf
> ½ TL Cayennepfeffer
> 2 Kardamomkapseln
> (im Mörser gut zerstoßen)
> ½ TL gemahlener Ingwer
> 0,2 l Madeira
> 0,2 l festes rotes Johannisbeergelee

Von der Zitrone und der Orange ganz dünn die äußeren gelben Schalen mit einem scharfen Messer abtrennen und in ganz feine Streifen schneiden. Diese Streifen dann in dem kochenden Wasser etwa 40 Min. weich kochen. Danach sofort herausnehmen, in ein Sieb schütten und dabei mit kaltem Wasser abbrausen.
In eine Salatschüssel den Dijon-Senf, den Cayennepfeffer, die Kardamomkapseln und den Ingwer geben. Den Saft je einer halben Zitrone und Orange hinzugießen. Den Madeira ebenfalls dazugeben. Das Ganze vorsichtig und leicht mit einem Löffel vermischen. Anschließend das kalte Johannisbeergelee auf einem Teller in kleine Stückchen schneiden (diese Stückchen sollen in der Sauce erhalten bleiben) und mit einem Löffel vorsichtig unter die vorbereitete Sauce heben. Wichtig ist dabei, nicht mit einem Schneebesen oder einer Gabel das Ganze durchzuschlagen oder durchzurühren, damit die Sauce nicht durch das aufgelöste Johannisbeergelee schmierig und unschön wird. Wichtig ist auch, daß das Johannisbeergelee sehr kalt aus dem Kühlschrank genommen und auch die Sauce sofort wieder kalt gestellt wird. Die Sauce gut durchgekühlt zu Wildbraten servieren.

Kürbissauce zu Wildbraten

Diese etwas ungewöhnlich fruchtig und süß-säuerlich schmeckende Sauce paßt vorzüglich zu dunklem Wildbraten (Wildschwein- oder Hirschbraten), aber auch zu gebratenem Fasan bzw. Wildhasen.

> 3 EL getrocknete Steinpilze
> 1 kg frisches gelbes Kürbisfleisch
> (in grobe Würfel geschnitten)
> 0,2 l Fleischfond
> 1 EL scharfes indisches Currypulver
> 1 TL Meersalz
> frisch gemahlener weißer Pfeffer
> 1 TL brauner Rohrzucker
> 1 TL Majoran (am besten frischer)
> 1 EL alter Sherry-Essig

Die Steinpilze in frischem kaltem Wasser einweichen und mindestens 2 Std. stehen lassen. Die Kürbisfleischwürfel in eine große Sauteuse füllen. Den Fleischfond sowie den Curry beimischen und das Ganze bei nicht zu starker Hitze 40 Min. kochen. Mit Salz, Pfeffer und Zucker abschmecken. Mit dem Pürierstab fein zerhacken und zusätzlich durch ein feines Haarsieb streichen. Die Masse wieder in die Sauteuse geben. Die eingeweichten Pilze aus dem Wasser nehmen, fein hacken und unter die Sauce mischen. Zum Schluß den Majoran und den Essig hinzufügen, kräftig mit dem Schneebesen durchschlagen und dabei nochmals aufkochen. Die Sauce sofort und heiß servieren.

Saupiquet
(französische Sauce zu Wildbraten aus dem 14. Jahrhundert)

Diese Sauce wird schon in dem Kochbuch des berühmten Kochs Taillevent, der von 1326 bis 1395 lebte, erwähnt. Sie wird heute noch im südlichen Zentralfrankreich zu Wildente oder Wildbraten (Hase oder Wildschwein) serviert.

> 4 dicke Scheiben Stangenweißbrot
> 0,5 l heiße kräftig eingekochte Fleischbrühe
> 1 EL Butter
> 60 g gekochter Schinken
> (in sehr feine Würfel geschnitten)
> 2 Schalotten
> (in sehr feine Würfel geschnitten)
> 1 Messerspitze gemahlener Zimt
> 1 Messerspitze gemahlener Ingwer
> Meersalz
> frisch gemahlener weißer Pfeffer
> 0,25 l trockener Rotwein

Die Weißbrotscheiben im Backofen braun rösten. Anschließend in einen breiten Bratentopf nebeneinander hineinlegen und die heiße Fleischbrühe darübergießen. Sie muß das Brot aufweichen; danach mit einem Kochlöffel zerdrücken und verrühren.
In einer beschichteten Pfanne die Butter zerlassen und den Schinken sowie die Schalotten hellbraun darin anrösten. Die Fleischbrühe mit dem Brot aufkochen und die Schinken- und Schalottenwürfel hinzufügen. Mit dem Zimt, Ingwer, Salz und Pfeffer abschmecken. Mit dem Schneebesen kräftig durchschlagen und dabei den Rotwein dazugießen. Aufkochen und etwa 2 Min. bei mäßiger Hitze köcheln lassen; dabei ständig mit dem Schneebesen durchschlagen. Zum Schluß durch ein feines Haarsieb streichen, nochmals abschmecken und zu dem Braten servieren.

Lebkuchensauce zu Wild

Diese kräftige dunkle Sauce aus dem Südwesten Frankreichs schmeckt am besten zu Wildschwein- oder Hirschbraten. Sie wird zusammen mit dem Fleisch mit frischen in Rotwein und Zucker gekochten Preiselbeeren serviert.

0,5 l Wildfond
1 EL Armagnac
2 EL roter Portwein
4 Wacholderbeeren
(im Mörser zerstoßen)
1 TL weiße Pfefferkörner
(im Mörser zerstoßen)
5 Pimentkörner (im Mörser zerstoßen)
100 g Saucenlebkuchen
(in Würfel geschnitten)
2 EL kalte Butter
(in kleine Stücke geschnitten)
Meersalz
frisch gemahlener weißer Pfeffer

In einer Sauteuse den Wildfond, den Armagnac, den Portwein sowie die Gewürze (Wacholderbeeren, Pfefferkörner sowie Pimentkörner) und die Lebkuchenstücke geben. Langsam aufkochen lassen und mit dem Schneebesen umrühren. Die ganze Flüssigkeit um ein Drittel einkochen und mit dem Pürierstab kräftig pürieren.
Anschließend die Sauce durch ein Haarsieb in einen weiteren Topf geben, erhitzen (aber nicht mehr kochen!) und die Butterstücke mit dem Schneebesen unterschlagen. Dabei muß sich eine leichte Bindung ergeben, das heißt, daß die Sauce leicht dickflüssig wird. Ist dies nicht der Fall, dann nochmals kalte Butterstücke montieren.
Zum Schluß mit Meersalz sowie Pfeffer abschmecken und sofort zum gebratenen Wild servieren.

Meerrettichsauce mit Schlagsahne

Diese Sauce wird eingefroren und eignet sich vor allem zu kaltem Wildfleisch und gekochtem Schinken. Die Sauce stammt aus der Zeit um 1920.

1 Meerrettichstange (sehr fein gerieben)
Salz
1 EL weißer Zucker
2 TL Weißweinessig
2 EL dicke saure Sahne
(Schmant oder Crème fraîche)
0,3 l Schlagsahne (steif geschlagen)

In einer Porzellanschüssel den Meerrettich mit einer kräftigen Prise Salz, Zucker, Weißweinessig und der sauren Sahne mit einem Holzkochlöffel vermischen. Dann die Schlagsahne unterheben (nicht mit dem Schneebesen verrühren, sondern mit einem Löffel unterheben). Die ganze Masse in eine Form geben und einfrieren.
Diese Sauce in gefrorenem Zustand in Scheibchen schneiden und servieren.

Lorbeer-Orangen-Sauce zu Wildbraten

Für diese Sauce wird 0,3 l Wildfond benötigt. Die durch den Orangensaft sehr fruchtige Sauce paßt zu jeder Art von Wildbraten (z. B. Fasan, Rehbraten oder auch Wildente).

6 große Saftorangen
(davon 1 unbehandelte Orange)
3 EL kalte Butter
3 Schalotten (klein gewürfelt)
3 Lorbeerblätter (in Stücke gebrochen)
0,3 l Wildfond (siehe Rezept)
1/2 TL brauner Rohrzucker
Meersalz
4 weiße Pfefferkörner
(im Mörser kräftig zerdrückt)

Von der unbehandelten Orange mit einem sehr scharfen Messer die Schale vollständig ablösen und quer in dünne Scheiben schneiden. Dabei den sich bildenden Orangensaft auffangen. Die Orangenscheiben vierteln und beiseite legen.
Die restlichen Orangen auspressen. In einer Sauteuse 2 EL Butter zerlassen und die Schalottenwürfel darin hellbraun anrösten. Den Orangensaft und die Lorbeerstücke hinzufügen und aufkochen. Den Wildfond dazugießen, weiterkochen und mindestens um die Hälfte reduzieren. Mit Rohrzucker, Meersalz und Pfeffer abschmecken und die Sauce durch ein feines Haarsieb wieder in eine Sauteuse seihen. Den restlichen Löffel Butter (kalt) in kleinen Stücken mit einem Schneebesen unter die Sauce schlagen. Die Sauce muß nun cremig werden. Wenn nötig, noch etwas mehr Butter untermischen. Sofort zu dem Wildbraten servieren.

Maronensauce zu Wild

Diese Sauce wird zu Wildbraten serviert (z. B. Wildschwein, Hirschbraten usw.). Zur Herstellung dieser Sauce ist es aber erforderlich, von der jeweiligen Bratenart einige Knochen und Fleischabfälle vorrätig zu haben. Außerdem ist es nötig, daß 0,5 l kräftige Fleischbrühe und 0,5 l Fleischfond vorhanden sind.

7 Eßkastanien (Maronen)
2 EL Olivenöl
500 g Wildknochen und Fleischabfälle
2 kleine Zwiebeln
(in kleine Würfel geschnitten)
1 Karotte (in grobe Würfel geschnitten)
3 Wacholderbeeren
1 Knoblauchzehe (halbiert)
0,5 l Fleischbrühe
0,5 l Fleischfond
0,5 l dicke süße Sahne
1/2 TL Zucker
Meersalz
frisch gemahlener weißer Pfeffer
1 EL kalte Butter (in Stücke geschnitten)

Die Maronen kreuzweise mit einem scharfen Messer einschneiden und 1 Min. in kochendes Wasser legen, danach sofort abgießen und schälen. In einer großen Stahlpfanne das Olivenöl heiß machen und die Wildknochen und Fleischabfälle darin dunkelbraun anbraten. Die Zwiebel- und Karottenwürfel sowie die Wacholderbeeren und den Knoblauch zugeben. Das Ganze 2 Min. durchschmoren. Dann die Fleischbrühe und den Fleischfond zugießen und bei mäßiger Hitze 1 1/2 Std. köcheln. Anschließend die Flüssigkeit durch ein feines Haarsieb in eine Sauteuse gießen.
In eine weitere kleine Sauteuse 0,2 l dieser Flüssigkeit geben. Die Maronen

grob zerschneiden, in die Brühe geben und 10 Min. kochen, bis sie weich sind. Währenddessen den restlichen Fond aufkochen und mindestens auf die Hälfte reduzieren. In einem größeren emaillierten Topf die reduzierte Flüssigkeit, die Maronen mit der Flüssigkeit und die Sahne geben. Alles zum Kochen bringen und mit dem Pürierstab fein pürieren. Die Sauce dann wieder durch ein Haarsieb in eine Sauteuse abgießen sowie mit dem Zucker, Meersalz und Pfeffer abschmecken. Die Sauce nochmals bis kurz vor das Kochen bringen und die Butterstückchen mit dem Schneebesen unterschlagen. Die Sauce sofort anrichten.

Helle Zwiebelsauce
(Rußland)

Diese Sauce paßt vor allem zu Wildbraten und Lammkeule. Man benötigt zur Herstellung 0,2 l Fleischfond.

4 EL Butter
6 Zwiebeln (sehr fein gehackt)
0,2 l Fleischfond
2 EL Mehl
0,2 l Vollmilch
Salz
frisch gemahlener weißer Pfeffer

In einer Sauteuse 2 EL Butter zerlaufen lassen und die Zwiebeln dazugeben. Nur kurz anschwitzen lassen (sie dürfen nicht braun werden!) und sofort mit dem Fleischfond ablöschen. Das Ganze 15 Min. bei leichter Hitze köcheln lassen. In einer Pfanne die restliche Butter zerlaufen lassen und das Mehl darin anrösten. Die Milch erhitzen und mit dem Schneebesen einrühren. Alles mindestens 5 Min. durchkochen lassen (dabei dauernd rühren, damit es nicht anbrennt).
Anschließend die gedünsteten Zwiebeln mit dem Fond hinzufügen und nochmals 3 Min. durchkochen. Die Masse durch ein feines Sieb passieren, bis vor das Kochen erhitzen und mit Salz sowie Pfeffer abschmecken.

Sauce Björn Björnson

Dieses Rezept stammt von dem berühmten Koch Alfred Walterspiel. Die Zubereitung wird etwas schwierig sein, da im Originalrezept 2 norwegische Schneehühner für die Herstellung des Fonds vorgeschrieben sind. Eine Abwandlung des Rezeptes ist in der Form denkbar, daß anderes Wildgeflügel (z. B. Rebhühner) verwendet wird.

2 Schneehühner
(ersatzweise Rebhühner)
1 l frische Sahne
12 Wacholderbeeren
(im Mörser zerquetscht)
3 EL Preiselbeerkompott
Meersalz
frisch gemahlener weißer Pfeffer
0,1 l trockener Wermut
(z. B. Noilly Prat))

Die Hühner in Teile zerlegen und in eine große Kasserolle geben. Die Sahne zugießen (das Fleisch muß fast bedeckt sein) und den Wacholder zufügen. Das Ganze bei mäßiger Hitze weich dämpfen (etwa 45 Min.). Dabei kocht die Sahne weitgehend ein. Danach das Preiselbeerkompott zusetzen und alles nochmals durchrösten.
Die Masse mit einem Holzstößel zerstoßen und durch ein feines Haarsieb pressen. In eine Sauteuse geben sowie nach Geschmack mit Salz und Pfeffer abschmecken. Zum Schluß den Wermut mit dem Schneebesen einschlagen und nochmals etwas einkochen. Falls zu wenig Flüssigkeit vorhanden ist, noch etwas Sahne dazugeben. Die Sauce wird zu Wildbraten serviert.

Spanische Nuß-Knoblauch-Sauce zu Wild

Zur Herstellung dieser Sauce sind 3 EL Fleischfond erforderlich.

10 geschälte Mandeln (grob zerhackt)
10 Haselnußkerne (grob zerhackt)
3 EL Olivenöl
3 Knoblauchzehen
3 EL glatte Petersilie (fein gehackt)
20 g Zartbitterschokolade
1 Messerspitze gemahlener Zimt
1 Messerspitze gemahlene Nelken
1 EL Sherry-Essig
100 g rohe Geflügelleber
(in kleine Stücke geschnitten)
3 EL Fleischfond
Meersalz
frisch gemahlener weißer Pfeffer

Mandeln und Haselnüsse mit 1 EL Olivenöl in einer beschichteten Pfanne leicht anrösten. In einem Mörser die folgenden Zutaten zu einer Paste mixen: die Knoblauchzehen, die angerösteten Mandeln und Nüsse, die Petersilie, die Schokolade, Zimt, Nelken, Sherry-Essig und das restliche Olivenöl. Zum Schluß die Geflügelleber hinzufügen und ebenfalls mit vermixen.
In einer Sauteuse den Fleischfond erhitzen und die Paste mit dem Schneebesen einschlagen. Dann diese Sauce zum Fleisch geben und bei niedriger Temperatur knapp 1 Std. gar ziehen lassen. Falls die Brühe zu stark einkocht, etwas Wasser (oder, wenn vorhanden, Fleischbrühe) hinzugießen. Zum Schluß die Sauce durch ein feines Haarsieb streichen und erst jetzt mit Salz sowie Pfeffer abschmecken.

Sauce von schwarzen Johannisbeeren I

Alfred Walterspiel kreierte zu Anfang des 20. Jahrhunderts diese kalte Sauce, die vorwiegend zu Pasteten, vor allem aber zu Wildpasteten serviert wird.

500 g frische schwarze Johannisbeeren
1 EL Gelee
von schwarzen Johannisbeeren
0,1 l alter weißer Portwein
1 TL scharfer Dijon-Senf

In einem großen Mörser die schwarzen Johannisbeeren zerdrücken und dabei das Johannisbeergelee dazugeben. Nach und nach den Portwein und den Dijon-Senf hinzufügen. Da die schwarzen Johannisbeeren einen vorzüglichen Eigengeschmack haben, der durch den Senf noch hervorgehoben wird, braucht man kein weiteres Gewürz. Die Sauce frisch zubereiten und sofort zu Pasteten servieren.

Cassissauce zu Wildbraten

Diese fruchtige leicht säuerliche Sauce paßt ausgezeichnet zu jeder Art von Wildbraten, aber auch zu frisch gekochtem Suppenfleisch. Wichtig ist die Verwendung von sehr gutem Cassislikör („Creme de Cassis"), also Likör von schwarzen Johannisbeeren.

2 EL Butter
3 Schalotten (sehr fein gehackt)
1/2 TL brauner Rohrzucker
5 EL Cassislikör
0,5 l naturreiner schwarzer Johannisbeersaft
150 g eiskalte Butter
(in kleine Stücke geschnitten)
Meersalz
frisch gemahlener weißer Pfeffer
3 EL frisch gepreßter Zitronensaft

In einer Sauteuse die Butter zerlassen und die Schalottenstücke sehr hell darin andünsten. Den Zucker beigeben und kurz mitrösten. Sofort den Cassislikör und den Johannisbeersaft dazugießen, aufkochen und bei mäßiger Hitze etwa 25 Min. auf mindestens die Hälfte reduzieren. Den Topf von der Herdplatte nehmen und die kalten Butterstücke mit dem Schneebesen einarbeiten. Dabei wird die Sauce abbinden, das heißt, sie wird cremig dickflüssig. Zum Schluß mit Salz, Pfeffer und dem Zitronensaft abschmecken, kräftig mit dem Schneebesen durchschlagen und sofort servieren.

Sahne-Preiselbeer-
Sauce zu Rehbraten

Diese fruchtige Sauce aus Schweden
paßt vor allem zu Wildfleisch (Rehbraten, Wildschweinbraten oder
Hirschbraten). Zur Herstellung ist
Wildfond erforderlich (siehe Rezept).

0,5 l Wildfond
0,2 l süße Sahne
3 EL eingekochte Preiselbeeren
1 Orange (Saft)
Meersalz
frisch gemahlener weißer Pfeffer
1/2 TL gemahlener Rosmarin
1/2 TL Worcestersauce
1 TL rote Pfefferkörner

In einer Sauteuse den Wildfond mit der
Sahne aufkochen und bei mittlerer
Hitze auf die Hälfte reduzieren. Den
Topf vom Herd ziehen und die Preiselbeeren mit dem Schneebesen unterschlagen. Dann nochmals 5 Min.
köcheln lassen. Anschließend den
Orangensaft mit dem Schneebesen
unterschlagen und mit Salz, Pfeffer sowie Rosmarin abschmecken. Zum
Schluß die Worcestersauce und die
Pfefferkörner zugeben. Alles nochmals
5 Min. bei geringer Hitze ziehen lassen,
aber nicht kochen.

Saucen
zu Geflügel

Artischocken-Creme-sauce zu Geflügel

Zur Herstellung dieser cremigen Sauce werden 3 EL Trüffelsaft (von eingelegten schwarzen Trüffeln) benötigt. Ersatzweise können auch 2 EL Trüffelöl verwendet werden. Die Sauce schmeckt am besten zu gebratener Puten- oder Wildentenbrust, aber auch zu frisch gebratener Geflügelleber.

> 5 große frische Artischocken
> 3 Zitronen
> 3 l Wasser
> 2 EL Mehl
> 0,2 l Sahne
> 3 EL Trüffelsaft
> Meersalz
> frisch gemahlener weißer Pfeffer

Die äußeren Blätter der Artischocken abbrechen und mit einem scharfen Messer von der Spitze aus so weit abschneiden, bis das sogenannte „Heu" erscheint. Dieses Heu mit einem Teelöffel herauskratzen sowie den Stielansatz entfernen. Die Zitronen auspressen und die Artischockenböden sofort in diesem Saft wenden, damit sie ihre helle Farbe behalten.
In einem breiten Topf das Wasser erhitzen und das Mehl einrühren. Die Artischocken mit dem Zitronensaft hinzufügen und bei nicht zu starker Hitze kochen, bis sie weich sind. (Man muß mit einem spitzen Messer leicht hineinstechen können.) Anschließend herausnehmen, in grobe Stücke schneiden und in einem Mixer fein pürieren. Zusätzlich noch durch ein feines Haarsieb streichen und beiseite stellen. In einer Sauteuse die Sahne aufkochen und um ein Drittel reduzieren. Den Trüffelsaft dazugießen und nochmals bei nicht zu starker Hitze 2 Min. köcheln. Den Topf dann von der Platte ziehen und das vorbereitete Artischockenpüree mit dem Schneebesen unterschlagen. Wieder erhitzen, aber darauf achten, daß die Sauce nicht mehr kocht. Zum Schluß mit Meersalz und Pfeffer abschmecken und sofort zu dem gegrillten Geflügel servieren.

Brombeer-Essig-Sauce zu Geflügel

Diese aromatische Sauce aus Italien stammt aus dem 15. Jahrhundert. Sie hat eine kräftig dunkelblaue Farbe durch die Verwendung von frischem Brombeersaft. Ursprünglich wurde die Sauce mit dem Saft von unreifen Trauben (Verjus) hergestellt. Da dieser Saft jedoch nur schwer erhältlich ist, ist es auch möglich, naturtrüben milden Apfelessig mit der halben Menge Wasser zu vermischen. Wichtig ist, daß frische Ingwerwurzel und nicht Ingwerpulver verwendet wird.

> 1 kg frische Brombeeren
> 100 g geschälte Mandeln
> 1 TL fein geriebene frische
> Ingwerwurzel
> 0,15 l Apfelessig
> (zusätzlich die Hälfte davon Wasser)
> Meersalz

Die Brombeeren in eine breite Porzellanschüssel füllen und mit einem Kochlöffel kräftig zerdrücken. In ein quadratisches Passiertuch legen, die vier Enden zusammennehmen und gut durchdrücken. Dabei muß sich 0,6 l Saft ergeben. Den Brombeersaft in einer Sauteuse 30 Min. bei nicht zu starker Hitze auf die Hälfte reduzieren. Dann die Mandeln und den Ingwer in einem Mixer stark zerkleinern und zu dem Brombeersaft geben. Den Apfelessig mit dem Wasser vermischen. Den Saft erhitzen und die Essig-Wasser-Mischung mit dem Schneebesen einarbeiten. Die ganze Masse nochmals durch ein feines Haarsieb (mit einem Mull- bzw. Passiertuch ausgelegt) streichen und in einer Sauteuse um ein Drittel bei nicht zu starker Hitze reduzieren. Mit Meersalz abschmecken und heiß servieren.

Kastanien-Sahne-Sauce zu Geflügel

Frische Maronen und 0,3 l Wildfond müssen zum Kochen dieser Sauce bereitstehen. Die Sauce hat einen kräftigen sahnigen Geschmack und eignet sich vor allem zu knusprig gebratenem Wildgeflügel (z. B. Rebhuhn, Wachteln, Fasan usw.)

> 0,5 l Wasser
> Meersalz
> 7 Eßkastanien (Maronen)
> 2 EL Olivenöl
> 1 TL brauner Rohrzucker
> 0,3 l Wildfond
> 4 EL Crème fraîche
> frisch gemahlener weißer Pfeffer
> 1 EL eiskalte Butter
> (in kleine Stücke geschnitten)

In einen Topf das Wasser und etwas Meersalz geben und aufkochen lassen. Die Maronen kreuzweise mit einem scharfen Messer einschneiden und in das Wasser legen. Einige Min. kochen, bis die Schale aufspringt, dann herausnehmen und mit kaltem Wasser abschrecken. Die Schale abziehen. In einer Sauteuse das Olivenöl erhitzen und den Rohrzucker hinzugeben. Den Zucker zerlaufen lassen und die Maronen beifügen. Bei mäßiger Hitze karamelisieren, so daß sie mit dem Öl-Zucker-Gemisch ganz überzogen sind (etwa 10 Min.). Danach den Wildfond dazugießen, 5 Min. kräftig weiterkochen und anschließend die Crème fraîche zugeben. Wieder kochen lassen, bis die Maronen sehr weich sind und die Flüssigkeit um ein Drittel eingekocht ist. Dann mit dem Pürierstab ganz fein pürieren und durch ein Haarsieb streichen, wieder in eine Sauteuse geben, erhitzen und mit Meersalz sowie Pfeffer abschmecken. Zum Schluß die Butterstückchen mit dem Schneebesen unterschlagen und sofort zu dem gebratenem Geflügel servieren.

Trüffelfond zu Geflügel

Dies ist eine relativ teure Sauce, da frische Trüffel erforderlich sind und die Zubereitung sehr aufwendig ist. Zur Herstellung sind 0,3 l Fleischfond, 0,3 l Geflügelfond und außerdem Knochen (Karkasse) von 2 kleinen Hühnern oder Hähnchen erforderlich. Die Sauce wird serviert zu Perlhuhn, Fasan, Taube oder Stubenküken.

Knochen (Karkasse) von
2 kleinen Hühnern (klein zerhackt)
3 EL Sonnenblumenöl
10 Schalotten (sehr fein gehackt)
150 g Steinchampignons
(in dünne Scheiben geschnitten)
6 Knoblauchzehen
(geschält und halbiert)
1 EL frische Thymianblätter
2 Lorbeerblätter (in Stücke gebrochen)
2 EL Rotweinessig
2 EL Armagnac
0,5 l Madeirawein
0,2 l trockener Riesling
0,3 l Fleischfond
0,3 l Geflügelfond
0,3 l Wasser
3 Hähnchenlebern
(in kleine Stücke geschnitten)
2 frische schwarze Trüffel
(in dünne Scheiben gehobelt)
Saft von 1/2 Zitrone
2 EL eiskalte Butter
(in kleine Würfel geschnitten)

In einer großen Stahlpfanne mit hohem Rand die Hühnerknochen im Sonnenblumenöl kräftig anbraten. Die Schalotten, die Champignons, den Knoblauch, den Thymian sowie den Lorbeer zu den Knochen geben und bei nicht zu starker Hitze weiterbraten. Anschließend den Rotweinessig dazugeben, damit sich der Bodensatz löst. Sofort den Armagnac zufügen und verdampfen lassen. Danach den Madeirawein und den Riesling zusetzen und alles stark einkochen. Dies dauert etwa 1 Std. Dann den Fleischfond, den Geflügelfond sowie das Wasser zugießen und wieder zum Kochen bringen. Danach die Hähnchenlebern zur Flüssigkeit geben. Anschließend nochmals etwa 40 Min. köcheln lassen und (wenn notwendig) mit einem Löffel das sich oben bildende Fett abschöpfen. Nun die Sauce durch ein feines Haarsieb und dann durch ein Passiertuch in eine Sauteuse geben und um ein Drittel reduzieren. Zum Schluß die Trüffelscheiben zur Sauce geben. Den Zitronensaft und die Butterwürfel mit einem Schneebesen unterarbeiten. Die Sauce jetzt nicht mehr kochen und sofort zu dem gebratenen Geflügel servieren.

Karibische Currypaste zu Geflügel

Diese scharf würzige Paste wird auf den Karibischen Inseln als Beigabe zu gedünstetem Geflügel, Reisgerichten oder auch Gemüse verwendet. Die Zutaten sind bei uns ohne weiteres erhältlich, z. B. auch das benötigte Kurkumapulver.

3 frische rote Chilischoten
5 Knoblauchzehen (geschält
und durch die Presse gedrückt)
1 1/2 TL gemahlene braune Senfkörner
1/2 TL Kurkumapulver
1 1/2 TL gemahlene Korianderkörner

Den Stielansatz der Chilischoten wegschneiden, die Kerne entfernen und in Stücke schneiden. In einen Mörser den Knoblauch sowie die Chilistücke geben und kräftig zermahlen. Dann nach und nach das Senf- und Kurkumapulver hinzufügen, so daß sich eine cremige Masse ergibt. Zum Schluß den Koriander untermengen. Falls die Masse zu trocken wird, noch etwas Knoblauch und ein paar Tropfen Wasser unterarbeiten. Diese Paste schmeckt – am besten frisch zubereitet und in kleinen Mengen – als Würzbeigabe.

Madeira-Zitronen-Sauce zu Geflügel

Diese leicht säuerlich und kräftig schmeckende Sauce paßt hervorragend zu in Hühnerfond gar gezogenen Geflügelbrüstchen. Für die Zubereitung ist 0,3 l Geflügelfond erforderlich.

2 EL Sonnenblumenöl
1 Hähnchenkeule (mit dem Küchenbeil in kleine Stücke zerhackt)
3 Hähnchenflügel (mit dem Küchenbeil in kleine Stücke zerhackt)
10 Schalotten
(in sehr feine Würfel geschnitten)
250 g Steinchampignons
(in Scheiben geschnitten)
2 Knoblauchzehen (halbiert)
1 TL Thymian (fein gehackt)
2 EL Armagnac
0,25 l Madeirawein
0,3 l Geflügelfond
2 EL dicke süße Sahne
1 EL eiskalte Butter
(in kleine Stücke geschnitten)
1 EL Zitronensaft
Meersalz
frisch gemahlener weißer Pfeffer

In einer Stahlpfanne das Sonnenblumenöl erhitzen und die Geflügelstücke darin stark anbraten. Dann die Schalottenwürfel, die Steinchampignons sowie den Knoblauch zugeben und kräftig mitbräunen. Den Thymian hinzufügen und das Ganze mit Armagnac angießen, damit sich der Bodensatz ablöst. Wenn die Flüssigkeit ganz eingekocht ist, den Madeirawein zusetzen und um zwei Drittel reduzieren. Den Geflügelfond zugießen und bei leichter Hitze um ein Drittel einkochen. Die Sauce zunächst durch ein Haarsieb und dann durch ein Passiertuch geben und in einer Sauteuse wieder zum Kochen bringen. Danach die Sahne mit dem Schneebesen einschlagen und die Hitze reduzieren. Die Butterstückchen mit dem Schneebesen unterschlagen und den Zitronensaft einrühren. Nach Bedarf mit Meersalz sowie Pfeffer abschmecken und sofort servieren.

117

Thymian-Knoblauch-Sauce zu Geflügel

Zur Herstellung dieser Sauce benötigt man 0,4 l Fleischfond und 0,2 l Geflügelfond. Diese gehaltvolle aromatische Sauce paßt sehr gut zu frisch und kroß gebratenen Geflügelstückchen vom Huhn oder auch vom Wildgeflügel (z. B. Wildente oder Fasan).

> *3 EL Butterschmalz*
> *6 Hühnerflügel (klein gehackt)*
> *3 Schalotten (fein gewürfelt)*
> *1 mittelgroße Karotte (fein gewürfelt)*
> *2 EL Sellerie (fein gewürfelt)*
> *5 Knoblauchzehen*
> *1 TL weiße Pfefferkörner*
> *(im Mörser zerdrückt)*
> *2 EL Armagnac*
> *0,2 l trockener Riesling*
> *0,4 l Fleischfond (siehe Rezept)*
> *0,2 l Geflügelfond (siehe Rezept)*
> *0,2 l Wasser*
> *1 Lorbeerblatt (in Stücke gebrochen)*
> *3 Zweige frischer Thymian*
> *2 EL dreifach konzentriertes Tomatenmark*
> *2 EL süße Sahne*

In einem großen Bräter das Butterschmalz zerlassen und die Hühnerflügelstücke darin kräftig anbraten. Die Schalotten, die Karotten und den Sellerie hinzufügen sowie die ungeschälten Knoblauchzehen. Die zerdrückten Pfefferkörner sowie den Armagnac zugeben und diesen verdampfen lassen. Den Riesling untermischen und das Ganze auf die Hälfte reduzieren. Danach den Fleisch- und den Geflügelfond sowie das Wasser zugießen und aufkochen. Den Lorbeer, die Thymianzweige und das Tomatenmark zufügen und 20 Min. bei nicht zu starker Hitze köcheln. Anschließend die Sauce durch ein sehr feines Haarsieb streichen und in einer Sauteuse um die Hälfte reduzieren. Zum Schluß die Sahne langsam mit dem Schneebesen einschlagen, nochmals aufkochen und dann sofort zu den gebratenen Geflügelteilen servieren.

Hühnerfett-Sojaöl-Sauce zu Huhn
(China)

Hier handelt es sich um eine sehr scharfe Sauce, die zum Eintunken verwendet wird, für gedünstete Geflügelschnittchen.

> *3 EL Hühnerfett (ersatzweise Enten- oder Gänseschmalz)*
> *1/2 TL Cayennepfeffer*
> *1/2 TL gelbes Senfpulver*
> *4 EL süße Sojasauce*

In einer Sauteuse das Hühnerfett erhitzen. Sofort den Cayennepfeffer und das Senfpulver dazugeben. Das Ganze mit dem Schneebesen umrühren und nach und nach die Sojasauce dazurühren. Kurz durchkochen und zum Eintunken servieren.

Kalte Knoblauchsauce zu Geflügel
(Rußland)

Diese kalte flüssige Sauce ist mehr eine Marinade oder eine Art „Salatsauce". Sie schmeckt intensiv nach Knoblauch; mit dieser Sauce wird gekochtes kaltes Rindfleisch oder kaltes gedünstetes Geflügel übergossen. Es empfiehlt sich, das Fleisch darin etwa 10 Min. ziehen zu lassen.

> *0,25 l kalte kräftige Fleischbrühe*
> *1/2 TL Salz*
> *1 Messerspitze gemahlene Korianderkörner*
> *8 Knoblauchzehen*
> *(durch die Presse gedrückt)*
> *1 EL Essig*
> *frisch gemahlener weißer Pfeffer*

Die Fleischbrühe, das Salz und den Koriander in einer Schüssel mischen und mit dem Schneebesen kräftig durchschlagen. Den Knoblauch und den Pfeffer hinzufügen und ebenfalls kräftig rühren. Zum Schluß den Essig dazugeben und sofort über das kalte Geflügelfleisch gießen.

Walnuß-Knoblauch-Sauce zu Geflügel
(Rußland)

Diese scharf-würzige Sauce paßt sehr gut zu kaltem Geflügelfleisch oder zu frisch gebratenem oder gegrilltem Meeresfisch.

150 g Walnüsse
1 frische rote Chilischote
3 Knoblauchzehen
½ TL grobes Meersalz
½ TL gemahlene Korianderkörner
0,15 l Granatapfel-Saft
0,2 l kaltes Wasser
1 g Safranfäden
1 EL frische Korianderblätter
(sehr fein gehackt)

Die Walnüsse aus der Schale klopfen, kurz in kochendes Wasser halten und die hellbraune Schale abziehen. Bei der Chilischote den Stielansatz und die Kerne entfernen. Die Walnüsse, die Knoblauchzehen und die Chilischote in grobe Stücke schneiden. Das Ganze mit dem Salz in einen kleinen Mixer geben und fein zermahlen. Die gemahlenen Korianderkörner untermischen und nochmals durchmixen. Herausnehmen und die Masse in eine große Schüssel füllen.
Den Granatapfel-Saft aufkochen und um ein Drittel reduzieren, so daß sich nur noch 0,1 l ergeben. Den abgekühlten Granatapfel-Saft und das Wasser zu der im Mixer hergestellten Masse geben. Die Safranfäden hinzufügen und kräftig vermischen. Zum Schluß die gehackten Korianaderblätter unterheben und nochmals kräftig durchmischen. Es muß sich eine cremig flüssige Sauce ergeben. Wenn die Sauce zu dünnflüssig ist, mit etwas fein gemixten Walnüssen verdicken; wenn die Sauce zu dickflüssig ist, mit etwas Wasser verdünnen. Diese kalte Sauce möglichst sofort servieren.
Die Sauce hält sich aber auch gut abgedeckt im Kühlschrank 2 bis 3 Tage, dann muß sie allerdings vor dem Gebrauch nochmals kräftig durchgerührt werden.

Honig-Essig-Sauce zu frischer Gänseleber

Für die Herstellung dieser Sauce wird 0,2 l stark eingekochter Geflügelfond (gelierte Geflügel-Jus) benötigt. Außerdem werden 1 EL süßlicher dunkler Honigessig und 1 EL heller flüssiger Kleehonig verwendet. Diese fruchtig und pikant süß-säuerliche Sauce serviert man sehr heiß zu frisch gebratener Gänseleber. Dabei wird die Gänseleber in 1 cm dicke Scheiben geschnitten und in neutralem Öl, gemischt mit Butter, kroß und schnell ausgebraten. Ganz besonders gut schmeckt die Gänseleber, wenn sie in Brikteig (in Orientläden erhältliche Teigplatten, die sehr dünn sind und aus Reismehl hergestellt werden) eingewickelt und in viel heißem Öl knusprig ausgebacken wird.

1 EL weiße und schwarze Pfefferkörner
(gemischt)
1 TL Korianderkörner
2 EL kalt gepreßtes Olivenöl
2 Schalotten (fein gehackt)
2 Champignons (fein gehackt)
0,2 l süßer roter Portwein
0,25 l trockener Rotwein
(z. B. Spätburgunder)
0,2 l stark eingekochter Geflügelfond
(siehe Rezept)
1 EL flüssiger heller Kleehonig
1 EL kalte Butter
(in kleine Stücke geschnitten)
1 EL Honigessig
1 TL frisch gepreßter Limonensaft
Meersalz

Die Pfeffer- und Korianderkörner in einem Mörser zerdrücken. In einer Sauteuse das Olivenöl erhitzen und die Schalotten und die Champignons darin hellbraun anrösten. Die zerdrückten Pfeffer- und Korianderkörner hinzufügen, sofort mit dem Portwein und dem Rotwein aufgießen. Die Flüssigkeit um die Hälfte einkochen. Jetzt den Geflügelfond dazugießen. Nochmals etwas reduzieren, dann den Topf von der Herdplatte ziehen. Den Honig untermischen, bis er sich auflöst. Die Butter ebenfalls mit dem Schneebesen unterschlagen, dazwischen den Honigessig und den Limonensaft hinzufügen. Mit Salz abschmecken und die Sauce durch

ein feines Haarsieb wieder in die Sauteuse zurückgießen. Erneut bis kurz vor das Kochen erhitzen und dabei mit dem Schneebesen nochmals kräftig durchschlagen. Sehr heiß zu der frisch gebratenen Gänseleber servieren.

Pinienkernsauce zu gedünstetem Geflügel

3 EL brauner Rohrzucker
2 EL Sherry-Essig
2 EL stark eingekochter Fleischfond
(Gelee)
frisch geriebene Muskatnuß
frisch gemahlener weißer Pfeffer
1 EL frische gemischte Kräuter
(glatte Petersilie, Kerbel, Estragon,
sehr fein gehackt)
0,1 l trockener Rotwein
5 EL Sauce espagnole (siehe Rezept)
1 EL Pinienkerne (grob gehackt)
Meersalz

In einer Edelstahl- oder Kupfersauteuse den Zucker bei nicht zu starker Hitze schmelzen und, sobald er flüssig ist, den Sherry-Essig sowie den Fleischfond hinzufügen. Bei nicht zu starker Hitze aufkochen und mit Muskatnuß sowie Pfeffer abschmecken. Das Ganze auf die Hälfte reduzieren.
Anschließend mit dem Rotwein nochmals 5 Min. köcheln. Nun die Sauce espagnole untermischen und die Sauce so weit reduzieren, daß sie leicht bindet. Das Ganze durch ein Passiertuch seihen. Die Kräuter und die Pinienkerne dazugeben, nochmals 2 Min. bei nicht zu starker Hitze kochen und mit dem Schneebesen durchrühren. Sofort zu dem Geflügel servieren.

Zitronen-Gemüse-Sauce zu geschmortem Geflügel

Für die Herstellung dieser Sauce wird zunächst das Geflügel (Brathähnchen, Poulet, Ente oder auch Fasan) in 6 Stücke zerteilt. Am besten schmeckt es, wenn man eine größere Menge herstellt, also mindestens 2 Enten oder 2 Hähnchen. Die Geflügelstücke werden in einen großen Bräter, der in den Backofen paßt, gegeben, mit Salz und Pfeffer gewürzt und dann dick mit Tomaten- und Zitronenscheiben belegt. Die gesamte Bratzeit beträgt etwa 45 Min. In den ersten 25 Min. entsteht aus dem sich bildenden Bratensatz, den Tomaten und den Zitronen ein sehr aromatischer Saft.

2 frische Hähnchen oder
2 Enten bzw. 2 Poulets oder 2 Fasane
Meersalz
frisch gemahlener weißer Pfeffer
5 unbehandelte Zitronen
4 Tomaten
2 Lauchstangen
400 g kleine Karotten
3 Schalotten
1 Stück Sellerie
(in der Größe eines Tennisballs)
1 rote Paprikaschote
0,1 l gutes kalt gepreßtes Olivenöl
0,35 l trockener Riesling
1 TL getrockneter Thymian
3 Lorbeerblätter (in Stücke gebrochen)
2 EL frische glatte Petersilie
(klein gehackt)
3 Knoblauchzehen
(geschält und fein gewürfelt)
3 EL stark eingekochter Fleischfond
(Gelee, siehe Rezept)
1 EL schwarze Pfefferkörner
2 EL Korianderkörner

Die Geflügelstücke kräftig mit Meersalz und Pfeffer einreiben und in einen großen Bräter, der in den Backofen paßt, geben. Die Zitronen und Tomaten mit einem scharfen Messer in ganz dünne Scheiben schneiden und die Geflügelstücke damit belegen. Den Backofen auf 200 °C vorheizen und den Bräter in den Backofen schieben. 25 Min. schmoren lassen. Währenddessen die Sauce vorbereiten: Die Lauchstangen, die Karotten, die Schalotten sowie den Sellerie schälen und in ganz dünne Scheiben oder Ringe schneiden. Den Stielansatz der Paprikaschote abschneiden, die Kerne entfernen und in dünne Streifen schneiden. In einer breiten hohen Edelstahlpfanne das Olivenöl erhitzen und das vorbereitete Gemüse bei nicht zu starker Hitze anrösten. Dies dauert etwa 15 Min., dabei immer wieder mit einem Kochlöffel durchrühren. Jetzt den Riesling dazugießen und zusätzlich 2 Tassen Wasser. Aufkochen und die Kräuter (Thymian, Lorbeerblattstücke und Petersilie) hinzufügen. 5 Min. weiterkochen. Die Knoblauchwürfel und den Fleischfond hinzufügen, kräftig durchrühren und die restlichen Gewürze (Pfeffer- und Korianderkörner) beimengen. Nochmals 10 Min. bei nicht zu starker Hitze köcheln. Wenn die Geflügelstücke 25 Min. gegart haben, das gesamte vorbereitete Gemüse dazugeben und nochmals 25 Min. schmoren. Den Topf aus dem Backofen nehmen. Etwas abkühlen lassen. Die Geflügelstücke herausnehmen. Die ganze Gemüse-Zitronen-Mischung mit einem Kochlöffel kräftig durchmischen und zerdrücken. In eine Porzellanschüssel füllen und lauwarm zu den Hähnchenstücken servieren.

Albuféra-Sauce zu gebratenem Geflügel
(Spanien)

Diese klassische Sauce ist benannt nach einem See in Spanien. Für die Zubereitung braucht man 1 EL stark eingekochten und gelierten Fleischfond.

4 EL Butter
4 EL Mehl
0,6 l Geflügelfond
Meersalz
frisch gemahlener weißer Pfeffer
1 TL Zitronensaft
1 EL stark eingekochter Fleischfond
(Gelee)
4 EL zimmerwarme Butter
$\frac{1}{2}$ TL gemahlener Piment
(Nelkenpfeffer)
0,2 l Sahne
3 Eigelb

In einer Sauteuse die Butter zerlassen und das Mehl darin hellbraun anschwitzen. Den Geflügelfond stark erhitzen und nach und nach unter ständigem Rühren dazugießen. Mindestens 30 Min. bei mäßiger Hitze köcheln, dabei immer wieder mit dem Schneebesen durchschlagen, damit die Sauce nicht anbrennt. Zum Schluß mit Salz sowie Pfeffer abschmecken und den Zitronensaft hinzufügen. Den Topf von der Platte ziehen. Den Fleischfond zugeben und unter ständigem Schlagen mit dem Schneebesen wieder bis kurz vor das Kochen erhitzen. Die zimmerwarme Butter mit dem Piment vermischen und langsam mit dem Schneebesen in die Sauce einschlagen. Die Sauce wieder von der Platte ziehen. Die Sahne in eine Tasse füllen, mit den Eigelb und 5 EL der heißen Sauce gut verquirlen. Die Sahne-Eigelb-Mischung allmählich in die Sauce einschlagen. Das Ganze wieder bis kurz vor das Kochen bringen, aber auf keinen Fall aufkochen (sonst gerinnt das Eigelb). Nochmals mit Salz und Pfeffer abschmecken. Sofort servieren.

Ananas-Soja-Sauce zu gebratenem Geflügel

Um den frischen Geschmack dieser pikanten Sauce zu bekommen, sind frische Ananas erforderlich. Die Sauce schmeckt gut zu frisch gegrillten oder gebratenen Geflügelstücken oder auch zu knusprig gegrillten Schweinerippchen. Die Sauce kann heiß oder auch kalt serviert werden.

2 mittelgroße frische Ananas
2 gelbe Paprikaschoten
2 Bund Frühlingszwiebeln
1 EL Sesamöl
1 EL frische Ingwerwurzel
(sehr fein gehackt)
3 EL Sojasauce
2 EL Sherry-Essig
0,1 l trockener Sherry
0,1 l Wasser
1 TL brauner Rohrzucker
2 EL Sesamkörner
2 EL Kartoffelstärke
4 EL Wasser

Die Ananas schälen, das harte Mittelstück entfernen und das Fleisch in kleine Würfel schneiden. Den sich ergebenden Saft in einer Schüssel auffangen. Den Stielansatz der Paprikaschoten und die Rippen sowie die Kerne entfernen und das Gemüse danach würfeln. Die Frühlingszwiebeln putzen und mit dem Grün in feine Ringe schneiden.
In einer breiten Sauteuse das Sesamöl erhitzen und die Frühlingszwiebeln bei nicht zu starker Hitze 5 Min. anbraten. Die Ingwer- und die Paprikawürfel hinzufügen und nochmals 1 Min. schmoren. Die Sojasauce, den Sherry-Essig und den Sherry dazugießen und in 2 Min. um die Hälfte reduzieren. 0,1 l Wasser und den Rohrzucker dazugeben und nochmals 2 Min. kräftig kochen.
In einer beschichteten Pfanne die Sesamkörner braun anrösten und zu der Sauce geben. Die Stärke mit etwa 4 EL kaltem Wasser anrühren, unter die heiße Sauce mischen und nochmals aufkochen. Bei geringer Hitze etwa 4 Min. auf der Platte ziehen lassen (nicht mehr kochen) und dann nicht zu heiß servieren. Es ist auch möglich, die Sauce abzukühlen und im Kühlschrank 3 bis 4 Std. durchziehen zu lassen. Kalt schmeckt diese Sauce besonders pikant zu knusprig gebratenen und scharf gewürzten Geflügelstücken.

Mango-Relish zu kaltem Geflügelfleisch

Diese scharfe fruchtige Sauce paßt hervorragend zu kaltem gegrilltem Geflügelfleisch oder zu frisch gegrillten Lammkoteletts.

1 frische rote Chilischote
1 EL Sesamöl
4 Knoblauchzehen
(durch die Presse gedrückt)
2 TL gemahlene Korianderkörner
1/2 TL gemahlene Kurkuma
2 TL Kreuzkümmel
3 mittelgroße Mangos
1 EL Sherry-Essig
0,2 l Joghurt
1/2 TL Meersalz

Den Stielansatz der Chilischote entfernen, halbieren und die Kerne entfernen. Anschließend sehr fein hacken. In einer Sauteuse das Sesamöl erhitzen, den Knoblauch, die Chilistücke sowie den Koriander und die Kurkuma anrösten. Die Mangos schälen, fein würfeln und zu der Sauce geben, danach den Sherry-Essig dazugießen. Das Ganze etwa 7 Min. bei nicht zu starker Hitze köcheln lassen. Anschließend mit dem Pürierstab ganz fein mixen, zum Schluß den Joghurt ebenfalls untermixen und mit Meersalz abschmecken. Die Sauce in den Kühlschrank stellen und mindestens 1 Std. abkühlen und ziehen lassen.

Ceylonsauce zu gebratenem Geflügelfleisch

Diese durch Verwendung von frisch gepreßtem Orangensaft sehr fruchtige (aber auch durch die Peperoni scharfe) Sauce paßt zu gebratenem Geflügelfleisch oder zu „verlorenen Eiern".

0,35 l frisch gepreßter Orangensaft
80 g geschälte Mandeln
3 frische rote Peperoni
5 EL Sesamöl
3 Schalotten
(in sehr feine Würfel geschnitten)
1 Knoblauchzehe
(in sehr feine Würfel geschnitten)
2 Lorbeerblätter (in Stücke gebrochen)
Meersalz
1/2 TL brauner Rohrzucker
1/2 TL Pfeilwurzelmehl

Den Orangensaft durch ein feines Haarsieb in eine Sauteuse gießen und um ein Drittel reduzieren. Die Mandeln in einem Mixer nicht zu fein hacken und beiseite stellen. Von den Peperoni den Stielansatz ablösen, halbieren und die Kerne entfernen. Die Peperoni dann in ganz kleine Stücke schneiden. In einer hohen Edelstahlpfanne das Sesamöl erhitzen und die Schalotten- und Knoblauchwürfel sowie die Mandel- und Peperonistücke bei nicht zu starker Hitze braun anrösten. Anschließend den reduzierten Orangensaft dazugeben sowie die Lorbeerblätterstücke. Das Ganze mindestens 15 Min. bei nicht zu starker Hitze kochen. Die Sauce durch ein feines Haarsieb streichen und mit einer kräftigen Prise Salz und Zucker abschmecken.
Das Pfeilwurzelmehl mit 2 EL der heißen Sauce kurz anrühren und dann mit dem Schneebesen unter die Sauce schlagen. Noch einmal aufkochen, so daß die Sauce leicht abbindet, etwas abkühlen lassen und lauwarm servieren.

121

Erdnuß-Kokos-Dip zu Geflügelspießchen

Diese Sauce dient in Thailand dazu, gegrillte Hühnerfleischspießchen, die vorher würzig und scharf eingelegt wurden, beim Essen einzutunken. Zur Herstellung sind frisches Zitronengras, frische Korianderblätter und Kokosmilch erforderlich. Die Kokosmilch ist im Chinaladen in der Dose erhältlich.

100 g Erdnüsse (in der Schale)
2 Knoblauchzehen
(in grobe Stücke gehackt)
10 Schalotten (sehr fein gehackt)
3 Stangen Zitronengras
(sehr fein gehackt)
1 Bund frischer Koriander
1 große rote Chilischote
(entkernt und in Stücke geschnitten)
1 EL Sonnenblumenöl
0,3 l Kokosmilch
1 EL Sojasauce
1 EL brauner Rohrzucker
1 TL Sardellenpaste (aus der Tube)
1/2 TL Meersalz
1 TL frisch gepreßter Limonensaft

Die Erdnüsse schälen und mit einem großen Küchenmesser in nicht zu kleine Stücke hacken. In einem kleinen Mixer die Erdnuß- und Knoblauchstücke, die Schalotten und das Zitronengras sowie die Korianderblätter und den Chili sehr fein mixen. In einer großen Edelstahlpfanne das Öl erhitzen und die vorher zubereitete cremige Masse darin bei sehr geringer Hitze braten, bis sie eine rote Farbe annimmt. In kleinen Mengen die Kokosmilch dazugießen und mit dem Schneebesen kräftig vermischen. Die Sojasauce, den Rohrzucker, die Sardellenpaste sowie das Meersalz und den Limonensaft dazugeben und das Ganze bei nicht zu starker Hitze etwa 4 Min. köcheln. Alles kräftig mit dem Schneebesen durchschlagen, von der Platte ziehen und abgedeckt langsam abkühlen lassen. Nach Fertigstellung der gegrillten Spießchen diese Sauce dann lauwarm oder kalt zum Eindippen servieren.

Indonesische Marinade zu Brathähnchen

Diese Sauce ist scharf würzig, sie wird zum Marinieren von Hähnchenstücken verwendet. Das Hähnchen wird nach dem Marinieren (3 bis 4 Std.) gegrillt oder im Backofen kräftig gebraten. Zur Herstellung der Sauce werden 1 1/2 TL Sambal Oelek (siehe Rezept) benötigt.

1 EL Tamarindenmark
4 Schalotten
(in feine Würfel geschnitten)
4 Knoblauchzehen
(in feine Würfel geschnitten)
1 EL frisch geriebener Ingwer
1 1/2 TL Sambal Oelek
1 TL gemahlener Koriander
1 TL Meersalz

Das Tamarindenmark in heißem Wasser einweichen und durch ein Sieb ausdrücken. In einer Schüssel den Tamarindensaft (die Flüssigkeit aufbewahren) mit den Schalottenwürfelchen, dem Knoblauch sowie dem Ingwer verrühren. Danach das Sambal Oelek, den Koriander und das Meersalz zugeben und kräftig miteinander vermischen. Die Masse für 30 Min. stehen lassen, dabei immer wieder umrühren, damit sich die Würzzutaten gut verbinden. Anschließend das zerteilte Hähnchen in dieser Marinade wälzen und 3 bis 4 Std. ziehen lassen.

Sauce von schwarzen Johannisbeeren II

Zur Zubereitung der Sauce wird 0,1 l Geflügelfond benötigt, außerdem frische schwarze Johannisbeeren, die zusammen mit der „Crème de Cassis" eine fruchtig dicke Sauce ergeben.

1 EL Olivenöl
1 Schalotte (sehr fein gehackt)
3 EL kräftiger trockener Rotwein
0,1 l Geflügelfond
150 g schwarze Johannisbeeren
3 EL Crème de Cassis
(schwarzer Johannisbeerlikör)
1 EL brauner Rohrzucker
3 EL Wasser
2 EL kalte Butter
(in kleine Stücke geschnitten)

In einer Sauteuse das Olivenöl erhitzen, die gehackten Schalotten zugeben und leicht anschwitzen. Mit Rotwein angießen und stark reduzieren. Danach den Geflügelfond hinzufügen und weiter um die Hälfte einkochen. Die Sauce durch ein feines Haarsieb gießen und wieder in die Sauteuse geben. In einer weiteren Sauteuse die abgezupften Johannisbeeren mit Crème de Cassis und Rohrzucker sowie Wasser köcheln lassen, bis die Beeren weich sind. Dann die Johannisbeeren mit einem Schaumlöffel herausnehmen und beiseite stellen. Den verbleibenden Saft mindestens um die Hälfte reduzieren, bis er fast dickflüssig wird. Dann diese Flüssigkeit dem eingekochten Geflügelfond zusetzen und nochmals aufkochen. Die Sauce muß jetzt bereits sämig sein, im anderen Fall noch weiter reduzieren. Anschließend die Butterstückchen mit dem Schneebesen unterschlagen, dabei darf die Sauce nicht mehr weiterkochen. Kurz vor dem Servieren die Johannisbeeren wieder hineingeben und danach zu gebratenen Hähnchen servieren.

Aprikosensauce zu gebratenem Huhn
(Indien)

Für diese fruchtig würzige Sauce wird zunächst die Grundsauce zubereitet. Dann 3 Brathähnchen in 4 Teile teilen und anbraten. Die Hähnchenstücke nebeneinander in einen breiten feuerfesten Tontopf legen, die Sauce darübergießen und 1½ Std. im Backofen garen.

3 größere Brathähnchen (jeweils in 4 Teile zerlegt, die Haut abgezogen)
200 g getrocknete Aprikosen
6 EL Butterschmalz
4 Schalotten (sehr fein gewürfelt)
2 EL frische Ingwerwurzel (sehr fein gewürfelt)
1 EL Garam Masala (indisches Würzpulver – siehe Rezept)
5 vollreife Tomaten
Meersalz
0,45 l Wasser
2 EL Sahne
½ TL brauner Rohrzucker

Zunächst die Hähnchen zerteilen und die Haut abziehen. Die Aprikosen unter fließend kaltem Wasser kräftig waschen, in eine Porzellanschüssel füllen und mit heißem Wasser übergießen. Etwa 3 Std. einweichen, danach das Wasser abschütten. Die Aprikosen in kleine Würfel schneiden.
In einer breiten hohen Edelstahlpfanne oder in einem Bratentopf 3 EL Butterschmalz zerlassen und bei nicht zu starker Hitze die Hähnchenstücke von allen Seiten kräftig anbraten (etwa 10 Min.). Die Hähnchenstücke dann herausnehmen und in eine große feuerfeste Tonform schichten. In einer Edelstahlpfanne das restliche Butterschmalz erhitzen und die Schalotten-

würfel anrösten. Nach etwa 6 Min. die Ingwerwürfel zugeben und nochmals 3 Min. rösten. Dabei ständig mit einem Kochlöffel umrühren. Zum Schluß das Garam Masala hinzufügen, noch einmal durchrühren und die Pfanne von der Herdplatte ziehen.
Den Stielansatz der Tomaten wegschneiden, die Haut mit einem scharfen Messer kreuzweise einritzen und kurz in kochendes Wasser halten. Die Schalen abziehen, halbieren, entkernen und das Fruchtfleisch fein würfeln. Die Tomatenwürfel, eine kräftige Prise Meersalz und die Aprikosenwürfel zu der Zwiebel-Ingwer-Masse schütten. 0,25 l Wasser dazugießen und bei geringer Hitze 20 Min. köcheln. Dabei muß die Flüssigkeit weitgehend verdampfen und das Ganze zu einer dicken Sauce verkochen. Die Sahne dazugeben und mit Meersalz sowie Zucker abschmecken. Falls die Sauce zu dickflüssig ist, mit etwas Wasser verdünnen.
Die Sauce jetzt über die Hähnchenstücke geben und das restliche heiße Wasser darübergießen. Die Tonform mit einem Deckel oder mit einer Alufolie verschließen, 30 Min. bei 200 °C, danach zurückschalten auf 150 °C und nochmals 15 Min. garen. Anschließend mit der Hitze auf 90 °C heruntergehen und weitere 30 Min. ziehen lassen. Das Gericht sehr heiß mit gekochtem Reis und eventuell gedünstetem Gemüse servieren.

Scharfe Marinade zu Grillhähnchen

Diese Marinade muß rechtzeitig vorbereitet werden, da sie mindestens 2 Std. abkühlen und ziehen muß. Ein Hähnchen wird dann mit dieser Marinade überzogen und muß dann wiederum 5 bis 6 Std. liegen, damit die Sauce einzieht. Dabei wird dem Hähnchen einfach die Marinade „einmassiert" und auch während des Grillens mit ihr überpinselt.

600 g Tomaten
1 große Gemüsezwiebel
3 EL Olivenöl
2 EL Worcestersauce
2 TL Tabascosauce
1 Zitrone
3 EL brauner Rohrzucker
2 TL englisches Senfpulver

Den Stielansatz der Tomaten entfernen, die Haut mit einem scharfen Messer kreuzweise einritzen und kurz in kochendes Wasser halten. Die Tomaten schälen, halbieren, die Kerne entfernen und in kleine Stücke schneiden. Die Zwiebel schälen und auf einer feinen Metallreibe raspeln. In einer breiten hohen Sauteuse das Olivenöl erhitzen und die geraspelte Zwiebel darin etwa 3 Min. bei nicht zu starker Hitze hellbraun anrösten. Die Tomatenstücke, die Worcester- und Tabascosauce untermischen. Die Zitrone auspressen und den Saft durch ein feines Haarsieb ebenfalls zur Masse gießen. Den Rohrzucker hinzufügen und das Ganze 20 Min. bei nicht zu starker Hitze köcheln. Jetzt das Senfpulver untermischen und nochmals 5 Min. ziehen lassen. Dabei ständig mit einem Kochlöffel umrühren, damit die Sauce nicht anbrennt. Die Tomaten müssen sich dabei vollständig auflösen, und es muß sich eine cremige Sauce ergeben. Zum Schluß mit einem Pürierstab aufmixen, in eine große Schüssel füllen und 1 Std. ziehen lassen. Dann das Hähnchen damit kräftig einreiben und wie in der Vorbemerkung beschrieben weiterbehandeln.

Buttersauce zu geschmortem Huhn
(Indien)

Diese exotisch schmeckende Sauce wird zusammen mit Hühnerteilen zubereitet. 3 kleine Brathähnchen werden in je mindestens 4 Teile zerteilt und nach dem Anbraten in der Sauce gar geschmort. Die meisten Gewürze sind bei uns im Asienladen oder in Feinkostabteilungen der Kaufhäuser erhältlich. Frische Korianderblätter sind allerdings etwas schwieriger zu beschaffen. Diese sind jedoch unverzichtbar, da durch sie der für diese Sauce so charakteristische Geschmack entsteht. Zu dem Gericht wird am besten Reis und Stangenweißbrot serviert.

3 kleine Brathähnchen
(jeweils in mindestens 4 Teile zerlegt)
10 große sehr reife Tomaten
5 frische grüne Chilis
1 frische rote Chilis
3 EL sehr fein gehackte frische
Ingwerwurzel
150 g Butter
3 EL gemahlener Kreuzkümmel
3 TL edelsüßes Paprikapulver
1 EL Rosenpaprikapulver
2 TL Meersalz
0,6 l süße Sahne
1 EL Garam-Masala-Pulver
(siehe Rezept)
6 EL frische Korianderblätter
(sehr fein gehackt)

Den Stielansatz der Tomaten entfernen, die Haut mit einem scharfen Messer kreuzweise einschneiden und die Tomaten kurz in kochendes Wasser halten. Die Schalen abziehen, halbieren, die Kerne entfernen und das Fruchtfleisch würfeln. Von den Chilis ebenfalls den Stielansatz entfernen, längs halbieren, entkernen und in Würfel schnei-

den. In einem Mixer die Tomatenwürfel, Chilis und den Ingwer sehr fein mixen. Die Masse in eine Porzellanschüssel füllen und zur Seite stellen. In einem großen breiten Bratentopf 100 g Butter zerlassen, bis sie leicht braun wird. Nun die Hähnchenteile etwa 5 Min. kräftig anbräunen und herausnehmen. Die zerlassene Butter in dem Bratentopf lassen und den Kreuzkümmel sowie das Paprikapulver zugeben. Alles 1 Min. bei nicht zu starker Hitze rösten und anschließend sofort das vorbereitete Püree untermischen. Das Ganze 10 Min. bei nicht zu starker Hitze unter ständigem Rühren köcheln, bis die Flüssigkeit eingekocht ist.
In einer Sauteuse die Sahne aufkochen und bei mittlerer Hitze auf etwa 0,5 l reduzieren. Die Sahne zu der vorbereiteten Masse gießen und aufkochen. Jetzt die angebratenen Hühnerteile hinzufügen und bei nicht zu starker Hitze etwa 15 Min. köcheln. Dabei immer wieder mit einem Kochlöffel umrühren, so daß die Hühnerteile ständig von der Sauce überzogen sind. Zum Schluß die restliche Butter unterarbeiten und mit dem Garam Masala würzen. Die Hitze ganz zurückschalten, den Topf abdecken und nochmals etwa 40 Min. bei sehr geringer Hitze ziehen lassen. Mit Meersalz abschmecken und die Korianderblätterstückchen mit einem Kochlöffel unterrühren. Das Gericht nicht zu heiß servieren.

Hoisin-Sauce zu Huhn
(China)

Diese Sauce ist fertig hergestellt im Chinaladen erhältlich. Es handelt sich dabei um eine dicke dunkelbraun-rötliche Sauce, die aus Sojabohnen, Knoblauch, Chili und verschiedenen Gewürzen hergestellt ist. Sie hat einen süßlich-scharfen Geschmack. Pur wird diese Sauce zu gegrillten Schälrippchen und gebratener Ente serviert. Die Sauce hat auch manchmal die Bezeichnung Peking-Sauce, Rote Gewürzsauce oder 10-Geschmack-Sauce. In diesem Rezept wird die fertige Sauce mit etwas süßer dickflüssiger Sojasauce, Zucker und Sambal Oelek (siehe Rezept) verfeinert.

3 EL Hoisin-Sauce
2 TL süße Sojasauce
½ TL brauner Rohrzucker
1 Messerspitze Sambal Oelek
1 EL fein gehacktes Zwiebelgrün

Die Hoisin-Sauce lauwarm erhitzen und den Rohrzucker unterrühren. Die Sojasauce hinzufügen und zum Schluß das Sambal Oelek untermischen. Dabei darauf achten, daß die Sauce nur lauwarm bleibt. Das Zwiebelgrün mit einem Löffel unter die Sauce heben. Die Sauce dann zu frisch gebratenem und in kleine Stücke geschnittenem Hühnerfleisch oder zu in Stücken in Brühe gar gezogenem Huhn servieren. Das Fleisch wird beim Essen eingetunkt.

Trüffelsauce zu Gänsestopfleber

Diese Sauce ist nicht schwierig zuzubereiten, aber nicht ganz billig. Voraussetzung ist eine Dose mit 40 g schwarzen Trüffeln, die mit Portwein und kräftig eingekochtem Fleischfond zubereitet werden. Serviert wird die Sauce am besten zu frisch gebratener Gänsestopfleber, Wachteln oder Perlhuhnbrust.

1 Dose (etwa 40 g) mit schwarzen Trüffeln (in Flüssigkeit eingelegt)
0,1 l weißer Portwein
3 EL Fleischfond
300 g kalte Butter
(in kleine Stücke geschnitten)
Salz
frisch gemahlener weißer Pfeffer

Die Trüffeln aus der Dose nehmen und in feine Würfel schneiden. Das Trüffelwasser aus der Dose durch ein Passiertuch in eine Sauteuse gießen. Die geschnittenen Trüffeln dazugeben und um die Hälfte bei kräftiger Hitze einkochen. Anschließend den Portwein sowie den Fleischfond hinzufügen und bei starker Hitze die ganze Flüssigkeit um mindestens die Hälfte reduzieren. Dann den Topf von der Platte ziehen und die Butter mit dem Schneebesen nach und nach einschlagen. Dabei bei mäßiger Hitze immer wieder erwärmen, aber auf keinen Fall kochen. Zum Schluß mit Salz und Pfeffer abschmecken.
Wenn die Sauce noch nicht genug gebunden hat (also cremig-flüssig ist), dann kann noch weitere kalte Butter untergeschlagen werden.

Rhabarber-Essig-Sauce zu frisch gebratener Entenstopfleber

Diese außergewöhnliche und ungemein wohlschmeckende Sauce aus der „Sterne-Küche" paßt am besten zu frisch gebratener Entenstopfleber. Dabei wird die frische Entenstopfleber in Scheiben von etwa 1,5 cm geschnitten, nur kurz mit Meersalz sowie weißem Pfeffer gewürzt und bei starker Hitze in einer beschichteten Pfanne kroß gebraten, so daß der innere Kern noch roh bleibt. Dann die vorbereite Sauce auf einen Teller geben und jeweils 2 Entenleberscheiben darauf legen.

0,2 l kräftiger Rotweinessig
150 g brauner Rohrzucker
1 Messerspitze indischer scharfer Curry
12 bis 13 Gewürznelken
(im Mörser grob zerstoßen)
1,7 l Geflügelfond (siehe Rezept)
300 g roter Rhabarber (geputzt und in etwa 1 cm lange Stücke geschnitten)

In einer breiten und hohen Sauteuse den Rotweinessig mit dem Zucker sowie dem Curry bei mittlerer Hitze so lange kochen, bis sich eine dunkle dickflüssige und stark konzentrierte Masse ergibt. Die Gewürznelken (1 EL der zerstoßenen Masse) hinzufügen und nach und nach den Geflügelfond aufgießen. Jetzt die Rhabarberstücke dazugeben. Immer wieder mit dem Schneebesen durchrühren und anschließend bei nicht zu starker Hitze etwa 30 Min. kochen.
Die ganze Masse dann durch ein sehr feines Haarsieb in eine Sauteuse streichen und weiterkochen, bis die Flüssigkeit auf ein Drittel reduziert und sehr dickflüssig und dunkelbraun ist. Keine weiteren Gewürze beimischen, da sonst der intensive Geschmack verlorengeht. Die Sauce sofort und heiß mit der gebratenen Entenstopfleber servieren. Die Sauce eignet sich nicht dazu, auf Vorrat gekocht zu werden, so daß es sich empfiehlt, sie nur dann herzustellen, wenn eine größere Anzahl von Gästen zu erwarten ist.

Knoblauch-Mandel-Sauce zu gekochtem Huhn

Das Rezept dieser italienischen Sauce stammt aus dem 15. Jahrhundert. Sie paßt am besten zu in Fleischbrühe gar gezogenem Hühnchen oder auch zu kaltem Schweinebraten. Für die Zubereitung ist stark eingekochte Fleischbrühe oder Fleischfond erforderlich.

5 Knoblauchzehen
100 g geschälte ganze Mandeln
2 Scheiben weißes Toastbrot
(ohne Rinde und klein gewürfelt)
0,3 l stark eingekochte Fleischbrühe oder Fleischfond (siehe Rezept)
Meersalz
1 Messerspitze gemahlene Gewürznelken

Die Knoblauchzehen schälen. In einen kleinen Mixer die Mandeln geben und zerkleinern. Die Knoblauchzehen hinzufügen und weiter gut vermischen. Die Brotwürfel mit 4 EL Fleischbrühe oder Fleischfond einweichen und ebenfalls in den Mixer füllen. Nochmals kräftig unterarbeiten und dann das Ganze in eine Sauteuse schütten. Nicht zu stark erhitzen und mit dem Schneebesen nach und nach die restliche Brühe unterschlagen. Mit Meersalz und Nelkenpulver abschmecken. Dabei darauf achten, daß die Sauce nicht zu dickflüssig ist (eventuell noch etwas Brühe dazugießen). Sehr heiß servieren.

Sesam-Würzsauce zu Hühnerbrust
(China)

Diese Sauce nach einem Originalrezept aus der chinesischen Provinz Sichuan wird dazu verwendet, mundgerecht geschnittene Würfel aus Hühnerbrust darin zu marinieren, und diese dann in der Pfanne oder in einem Wok zu braten. Dazu werden die Hühnerwürfel aus der Marinade genommen, angebraten und zum Schluß die Marinade dazugegossen. Zur Herstellung der Sauce wird auch Sesampaste benötigt. Diese ist im Chinaladen erhältlich, kann aber auch selbst hergestellt werden. Sie wird folgendermaßen zubereitet: In einer großen Schüssel 1/2 Tasse Wasser mit 1/2 Tasse Erdnußbutter verrühren. 1 TL Salz hinzufügen sowie 1/2 TL Sesamöl. Diese Mischung kräftig zu einer glatten Paste verrühren.

> 1 TL Sichuan-Pfefferkörner
> 1 Eigelb
> 2 EL Reiswein
> 3 EL Sesampaste
> 4 EL chinesische Sojasauce
> 1 EL Reisessig
> 1 EL Chilisauce (fertig gekauft in Flaschen, oder es kann auch 1 TL selbst hergestelltes Sambal Oelek – siehe Rezept – verwendet werden)
> 1 EL brauner Rohrzucker
> 2 Knoblauchzehen (durch die Presse gedrückt)
> 2 TL frische Ingwerwurzel (sehr fein gewürfelt)

In einer beschichteten Pfanne die Sichuan-Pfefferkörner kräftig anrösten und abkühlen lassen. Nach dem Abkühlen die Pfefferkörner in einem Steinmörser zerdrücken. Das Eigelb mit dem Reiswein in einer kleinen Porzellanschüssel mit einer Gabel gut verquirlen und beiseite stellen. In einer großen Porzellanschüssel die Sesam-paste, die Sojasauce, den Reisessig und die Chilisauce kräftig miteinander verrühren. Den Rohrzucker und die zerdrückten Pfefferkörner sowie den Knoblauch hinzufügen und weiterrühren. Zum Schluß den Ingwer und die Eigelbmasse untermischen. Anschließend sofort die vorbereiteten Hühnerwürfel hineingeben und mindestens 30 Min. durchziehen lassen.

Knoblauch-Soja-Sauce zu Huhn
(China)

Diese Sauce wird zu in Brühe gar gezogenem Huhn oder zu frisch gebratenem Huhn serviert. Dabei wird das Huhn in mundgerechte Stücke zerteilt und vor dem Essen in diese Sauce getunkt.

> 2 TL Tabascosauce
> 0,1 l süße Sojasauce
> 1/2 TL brauner Rohrzucker
> 3 Knoblauchzehen (sehr fein gehackt)

In einer Porzellanschüssel mit dem Schneebesen die Tabascosauce mit der Sojasauce kräftig verrühren und langsam den Zucker hinzufügen. Anschließend den Knoblauch dazugeben und mindestens 1 Std. ziehen lassen.
Kalt zu den Hühnerstücken servieren.

Sauce zu kaltem Huhn

Das Rezept entstand 1890, diese Sauce wird zu gebratenem kaltem Huhn gereicht. Für die Herstellung dieser Sauce braucht man Kalbsfußgelee, das wie folgt hergestellt wird:
1 Kalbsfuß einmal längs und einmal quer vom Metzger durchteilen lassen. Den geteilten Kalbsfuß mit einigen Kalbsknochen und Wurzelgemüse (Sellerie, Karotten, Lauch, Pastinake, Zwiebeln und 2 Lorbeerblätter) in kaltem Wasser aufsetzen. Aufkochen und abschäumen und mindestens 3 Std. langsam kochen lassen (nicht würzen!). Diese Brühe dann durch ein sehr feines Sieb abgießen, kalt stellen und nach dem Abkühlen nochmals an der Oberfläche das Eiweiß und das Fett abschöpfen.

> 3 EL Kalbsfußgelee
> 4 EL kalt gepreßtes Olivenöl
> 3 EL Estragonessig
> frisches Bohnenkraut, sehr fein geschnitten (ersatzweise 1 TL getrocknetes Bohnenkraut)
> 2 Schalotten (sehr fein geschnitten)
> frisch gemahlener weißer Pfeffer
> Salz

Das leicht erwärmte Kalbsfußgelee mit dem Olivenöl und dem Estragonessig verrühren. Dann die Schalotten, das Bohnenkraut sowie Pfeffer und Salz zugeben. Alle Zutaten mit dem Schneebesen kräftig und so lange rühren, bis sich eine dicke Creme ergibt.

Hinweis: Diese Sauce eignet sich hervorragend zu kaltem Brathuhn oder auch zu kaltem Schweinebraten.

Öl-Salz-Sauce zu Huhn
(China)

Diese sehr leicht herzustellende Sauce wird dazu verwendet, daß mundgerecht große Stücke von frisch gebratenem Huhn in diese Mischung getaucht und dann mit dem feingeschnittenen Zwiebelgrün von Frühlingszwiebeln serviert wird.

4 EL Erdnußöl
1 EL Meersalz
4 EL Zwiebelgrün
von Frühlingszwiebeln
(in feine Ringe geschnitten)

In einer Edelstahlsauteuse das Erdnußöl sehr stark erhitzen (es muß dabei rauchen) und dann von der Platte ziehen. Sofort das Salz mit einem Löffel hineinrühren und die Sauce etwas abkühlen lassen. Die Hühnerstücke in die warme Sauce tauchen, auf einem kleinen Teller anrichten und die Zwiebelringchen darüberstreuen.

Senf-Soja-Sauce zu Huhn
(China)

In diese einfach und schnell herzustellende Sauce wird beim Essen frisch gebratenes und in Stücke geschnittenes Huhn getunkt.

1 TL Senfpulver
2 EL süße Sojasauce
1 TL Sesamöl

In einer Porzellanschüssel das Senfpulver nach und nach in die Sojasauce einquirlen und zum Schluß das Sesamöl untermischen. Die Sauce in einem kleinem Schälchen zu dem Huhn servieren.

Sherry-Soja-Sauce zu ausgebackenem Huhn

Diese sehr einfach herzustellende Sauce aus der chinesischen Küche wird zu „ausgebackenem Huhn" serviert. Dieses Huhn wird wie folgt zubereitet: Ein frisches Huhn gut auswaschen und in kochendem Wasser 10 Min. köcheln. Das Huhn aus dem Topf nehmen und beiseite legen. Währenddessen in das Wasser Zwiebelscheiben, Sherry, Zucker und Sojasauce geben. Anschließend das Huhn wieder hineingeben und 30 Min. weiter bei nicht zu starker Hitze köcheln. Wichtig ist, daß die Flüssigkeit im Topf nur die Hälfte des Huhns bedeckt. Das Huhn muß mehrfach gewendet werden, damit es überall eine braune Färbung erhält. Das Huhn dann herausnehmen, abtropfen lassen und mit einem sauberen Küchentuch abtrocknen.
2 Eier mit 6 EL Mehl und 3 EL Sojasauce vermischen und das Huhn mit diesem Backteig überziehen. In einer Friteuse Sonnenblumenöl erhitzen und das Huhn bei starker Hitze goldgelb ausbacken. Herausnehmen, abtropfen lassen (auf Küchenkrepp), in Stücke schneiden und zu der Sherry-Soja-Sauce servieren.

6 EL Sherry
3 EL dicke süße Sojasauce
1 TL brauner Rohrzucker

Den Sherry mit der Sojasauce kräftig vermischen und bei geringer Hitze lauwarm erhitzen. Den Zucker hinzufügen und umrühren, bis sich dieser auflöst. Abkühlen lassen und in einer kleinen Schüssel zum Eintunken für das Huhn servieren.

Chinesische Tomatensauce zu Hühnerbrust

Diese würzige Sauce wird dazu verwendet, vorher ausgebackene Hühnerfleischwürfel darin fertigzugaren. Dazu wird frische Hühnerbrust in mundgerechte Würfel geschnitten und in einer Mischung aus Maisstärke, Eiweiß und etwas Sojasauce gewendet, in sehr heißem Öl fritiert und dann in dieser Tomatensauce etwa 7 Min. gegart.

> 2 EL Sesamöl
> 3 EL trockener Sherry
> 4 EL konzentrierte Tomatensauce
> (oder Tomatenpüree)
> 4 EL brauner Rohrzucker
> 3 EL Reisessig
> 1 TL Meersalz
> 1 TL frische Ingwerwurzel
> (fein gewürfelt)

In einer Edelstahlpfanne das Sesamöl erhitzen und den Sherry, die Tomatensauce sowie den Zucker hinzufügen. Das Ganze kräftig vermischen und aufkochen. Den Essig und die Ingwerwürfel zugeben und 2 Min. weiterköcheln. Mit Meersalz abschmecken und das vorbereitete fritierte Fleisch in die Sauce legen. Jetzt nicht mehr kochen, sondern gar ziehen lassen und von Zeit zu Zeit die Fleischwürfel umwenden, damit sie immer ganz mit der Sauce bedeckt sind. Dies dauert etwa 20 Min. Während dieser Zeit wird nahezu die gesamte Saucenflüssigkeit vom Fleisch aufgenommen. Falls die Sauce vorher verdampft, noch etwas Wasser und Sherry zugeben.
Das Gericht sehr heiß servieren.

Limetten-Portwein-Sauce zu Gänseleber

Sehr kräftig und intensiv schmeckt diese Sauce, die ausgezeichnet zu frisch gebratener Gänseleber (ersatzweise auch Kalbsleber) paßt. Zur Herstellung dieser Sauce sind 0,25 l Geflügelfond und 0,4 l Fleischfond erforderlich.

> 2 große Limetten
> 5 Schalotten
> (in sehr feine Würfel geschnitten)
> 1 EL Butter
> 2 mittelgroße aromatische Tomaten
> 2 Knoblauchzehen
> (in Stücke geschnitten)
> 1 TL Rohrzucker
> 1 Lorbeerblatt (in Stücke gebrochen)
> 1 TL Rotweinessig
> 0,1 l Portwein
> 0,3 l trockener Wermut
> 1 EL Pastinaken (sehr fein geschnitten)
> 0,25 l Geflügelfond
> 0,4 l Fleischfond
> 1½ EL kalte Butter
> (in kleine Stücke geschnitten)
> Meersalz

Die Limetten ganz gründlich mit einem scharfen Messer abschälen und die Filets herausschneiden. Den sich dabei ergebenden Saft in einer Schale auffangen. In einer Sauteuse die Schalottenwürfel mit der Butter leicht anrösten. Die Tomaten kurz in kochendes Wasser halten, schälen, entkernen und in sehr kleine Würfel schneiden. Dann die Tomatenwürfel und den Knoblauch zu den Schalottenwürfeln geben und den Rohrzucker darüberstreuen. Alles bei mäßiger Hitze weiterrösten, bis sich der Zucker aufgelöst hat. Dann den Lorbeer sowie den Rotweinessig beifügen und sehr stark einkochen. Anschließend den aufbewahrten Limettensaft und den Portwein zugießen. Das Ganze wieder sehr stark einkochen und den Wermut sowie die Pastinakenstücke zugeben. Wenn die Flüssigkeit wiederum stark eingekocht ist, den Geflügelfond und den Fleischfond zugießen. Die ganze Flüssigkeit etwa 15 Min. stark kochen

und dabei fast um die Hälfte reduzieren. Nun die Masse durch ein feines Haarsieb und danach durch ein Passiertuch drücken. Die Flüssigkeit wieder in eine Sauteuse geben und die Butterstückchen mit dem Schneebesen einschlagen. Falls erforderlich mit Meersalz abschmecken.
Zum Schluß die Limettenfilets in ganz feine Würfelchen schneiden und unter die Sauce heben. Sofort zu der frisch gebratenen Gänseleber oder auch zu Kalbsleber servieren.

Sojaölsauce zu Huhn
(China)

Hier handelt es sich um eine Dip-Sauce, das heißt, daß gebratene oder gedünstete Geflügelschnittchen in diese Sauce eingetunkt werden.

> 3 EL Erdnußöl
> 2 Knoblauchzehen
> (in der Presse zerquetscht)
> 4 EL süße Sojasauce

In einer Sauteuse das Erdnußöl sehr stark erhitzen. Den Knoblauch dazugeben, braun werden lassen und dann mit einem Schaumlöffel herausnehmen. Anschließend die Sojasauce mit dem Schneebesen in das Öl einschlagen und leicht abkühlen lassen. Sofort servieren.

Hinweis: Zur Verfeinerung kann 1 TL fein geraspelte Ingwerwurzel dazugegeben werden und das fein geschnittene Grün von Frühlingszwiebeln.

Oliven-Trüffel-Sauce zu gebratener Ente

Diese Sauce erhält ihren unverwechselbaren Geschmack durch fein gewürfelte eingelegte schwarze Trüffel. Für die Herstellung ist 0,3 l stark eingekochter Geflügelfond erforderlich. Die Sauce paßt gut zu kroß gebratener Wildentenbrust oder auch zu gebratenen Wachteln und kleinen Brathähnchen.

15 in Salzlake eingelegte
schwarze Oliven
15 in Salzlake eingelegte grüne Oliven
1 grüne Paprikaschote
2 EL Butter
50 g eingelegte schwarze Trüffel
(sehr fein gewürfelt)
3 Schalotten (klein gewürfelt)
6 EL trockener Riesling
0,3 l stark eingekochter Geflügelfond
(siehe Rezept)
2 EL Trüffelöl
100 g kalte Butter
(in kleine Stücke geschnitten)
1 EL frische Kerbelblätter
(sehr fein gehackt)
Meersalz
frisch gemahlener weißer Pfeffer

Die Oliven unter fließend kaltem Wasser kräftig auswaschen, das Fruchtfleisch vom Kern schneiden und anschließend sehr klein würfeln. Die Paprikaschote in den auf 220 °C vorgeheizten Backofen schieben und so lange backen, bis die Haut fast schwarz wird. In ein feuchtes Tuch wickeln, die Haut dann abziehen, den Stielansatz herausschneiden und das Fruchtfleisch fein würfeln.
In einer breiten Sauteuse 2 EL Butter zerlassen und die Oliven-, Trüffel-, Schalotten- und Paprikawürfel 5 Min. bei geringer Hitze dünsten. Den Riesling und 5 EL Geflügelfond hinzufügen, aufkochen und bei geringer Hitze die Flüssigkeit fast vollständig einkochen.

Anschließend den restlichen Geflügelfond angießen und auf die Hälfte reduzieren. Mit dem Pürierstab kurz die Sauce so durchmixen, daß noch Olivenstücke erkennbar sind. Die Hitze zurückschalten, damit die Sauce nicht mehr kocht. Mit dem Schneebesen das Trüffelöl und anschließend die Butterstückchen einschlagen. Es muß sich jetzt eine cremige Sauce ergeben. Die Kerbelblätterstücke mit einem Löffel unterheben und die Sauce nicht zu heiß zu dem Geflügel servieren.

Syrische Nußsauce zu gekochtem Huhn

1 TL grobes Meersalz
2 Knoblauchzehen
50 g Walnußkerne
50 g geriebene Mandeln
50 g geriebene Haselnüsse
1 EL Pistazien
1 EL Pinienkerne
2 EL Olivenöl
1 Zwiebel (fein gehackt)
0,15 l Hühnerfond
1/2 TL Cayennepfeffer
1 TL mildes Paprikapulver

In einem Steinmörser das Meersalz mit den Knoblauchzehen fein zerstoßen. Dann die Walnußkerne zugeben und ebenfalls fein zerstoßen. Nach und nach die Mandeln und Haselnüsse sowie die Pistazien und Pinienkerne beifügen.
In einer Sauteuse das Olivenöl erhitzen und die Zwiebeln darin hellbraun anschwitzen. Danach sofort die gesamte Nußmasse aus dem Mörser zugeben und etwa 1 Min. durchrösten. Anschließend mit dem Hühnerfond aufgießen, so daß sich eine dicke Sauce ergibt. Mit dem Cayennepfeffer und dem Paprikapulver würzen. Nun noch einmal aufkochen und heiß sofort über das zerlegte gekochte Huhn geben.

Petersilie-Wermut-Sauce zu Entenbrust

Diese Sauce aus Südwestfrankreich wird zu frisch und kroß gebratener Entenbrust serviert. Voraussetzung für die Herstellung ist 2 EL Geflügelfond und ein sehr trockener Wermutwein (am besten Noilly Prat).

2 EL Geflügelfond
2 EL trockener Wermut
1 EL trockener Riesling
0,2 l süße dicke Sahne
3 EL kalte Butter
(in kleine Stücke geschnitten)
1 Bund glatte Petersilie
Meersalz
frisch gemahlener weißer Pfeffer

In einer Sauteuse den Geflügelfond mit dem Wermut und dem Riesling zum Kochen bringen. Das Ganze um die Hälfte reduzieren. Anschließend die Sahne zugeben und nochmals bei mäßiger Hitze 5 Min. einkochen (auf etwa die Hälfte). Die Butter mit dem Schneebesen einarbeiten, so daß sich eine cremige Sauce ergibt.
Die Petersilienblätter in einem Mixer sehr fein pürieren, so daß sich mindestens 1 EL ergibt. Das Petersilienpüree zur Sauce geben und alles mit dem Schneebesen durchschlagen. Mit Salz und Pfeffer abschmecken. Die Sauce lauwarm zu der frisch gebratenen Entenbrust servieren.

Trüffelvinaigrette zu gebratener Taube

1 EL Sonnenblumenöl
1½ EL kalt gepreßtes Olivenöl
1 EL Sherry-Essig
1 TL scharfer Dijon-Senf
1 Schalotte
(in feine Würfelchen gehackt)
1 EL frische Kerbelblättchen
(grob gehackt)
1 EL glatte Petersilie (grob gehackt)
50 g frische schwarze Trüffel
(in feine Würfelchen gehackt)

Das Öl, den Essig sowie den Dijon-Senf mit dem Schneebesen kräftig verrühren. Anschließend die Schalottenwürfel sowie Kerbel und Petersilie zufügen und zum Schluß die Trüffelwürfel. Das Ganze in eine kleine Schüssel geben und abgedeckt im Kühlschrank mindestens 24 Std. ziehen lassen.
Die gegrillten Tauben zerteilen und die Sauce getrennt dazu servieren.

Topinambur-Schaum zu gebratener Entenkeule

Diese helle schaumige Sauce mit dem typischen Geschmack der Topinamburknolle paßt hervorragend zu frisch gebratener Entenkeule oder Entenbrust. Zunächst stellt man eine würzige Brühe aus Topinamburknollen her, die reduziert und dann für die Herstellung der Sauce verwendet wird.

250 g Topinamburknollen
4 Schalotten
2 Lauchstangen
1,5 l Wasser
Meersalz
frisch geriebene Muskatnuß
4 EL Olivenöl
0,2 l süße Sahne
1 TL frisch gepreßter Zitronensaft
frisch gemahlener weißer Pfeffer
3 EL eiskalte Butter (in kleinen Stücken)

200 g Topinamburknollen schälen und in grobe Würfel teilen. 2 Schalotten und 1 Lauchstange in Ringe schneiden. In einem Topf das Wasser erhitzen und die Schalotten- und Lauchringe hineingeben. Mit etwas Meersalz würzen und frisch gemahlene Muskatnuß hinzufügen. Die Topinamburstücke in diesem Wasser bei nicht zu starker Hitze in 35 Min. gar kochen. Die restlichen Schalotten schälen und in kleine Würfel schneiden. Die übrige Lauchstange putzen und das Weiße ganz fein hacken. In einer Sauteuse das Olivenöl erhitzen und die Schalotten sowie den Lauch etwa 2 Min. bei nicht zu starker Hitze anrösten. Die restlichen Topinamburknollen schälen, würfeln, unter die Schalottenmasse mischen und kurz anrösten.
In der Zwischenzeit den Kochsud des Topinamburs durch ein feines Haarsieb in eine Sauteuse seihen und auf die Hälfte einkochen. Diese Flüssigkeit dann zu den angerösteten Schalotten und den Topinamburs gießen und nochmals um die Hälfte reduzieren. Die Sahne beimengen, aufkochen und nochmals um etwa ein Drittel einkochen. Mit dem Passierstab kräftig mixen und durch ein Haarsieb wieder in eine Sauteuse geben, aufkochen und mit dem Schneebesen kräftig durchrühren. Den Zitronensaft hinzufügen und mit Meersalz und Pfeffer abschmecken. Jetzt darauf achten, daß die Sauce nicht mehr kocht. Zum Schluß die kalten Butterstückchen nach und nach mit dem Schneebesen unterschlagen, so daß sich eine cremige Sauce ergibt. Diese Sauce dann sofort und sehr heiß zu der gebratenen Ente servieren.

Edelebereschen-Sahne-Sauce zu gegrillter Entenbrust

Frische rote eßbare Vogelbeeren (Edelebereschen) und 0,1 l Geflügelfond werden benötigt, um diese herb-säuerliche Sauce herzustellen. Sie paßt vorzüglich zu gegrillter Entenbrust, aber auch zu knusprig gebratenem Rebhuhn und Fasan.

100 g von den Dolden
gestreifte rote Vogelbeeren
2 EL Zucker
1 EL kaltes Wasser
1 EL Butter
2 Schalotten
(in feine Würfel geschnitten)
0,1 l Geflügelfond
2 EL Crème fraîche
1/2 TL Zucker

Die Vogelbeeren mit dem Zucker und Wasser bei mäßiger Hitze weich kochen. Danach mit dem Pürierstab pürieren und durch ein Haarsieb geben. In einer Sauteuse die Butter zerlaufen lassen und die Schalottenwürfel darin hellbraun anschwitzen. Anschließend das Vogelbeermus zugeben und mit dem Geflügelfond aufgießen. Erhitzen bis kurz vor das Kochen und die Crème fraîche mit dem Schneebesen einschlagen. Etwa 2 Min. bei nicht zu starker Hitze kochen lassen und dabei mit dem Schneebesen kräftig rühren. Mit Zucker abschmecken und nochmals kräftig durchschlagen; anschließend sofort zu dem Geflügel servieren.

Karamel-Kirsch-Sauce zu gegrillter Entenbrust

Vor allem in Südwestfrankreich (im Périgord und in der Gascogne) werden Enten und Gänse gezüchtet. Dort gibt es die große und vom Fleisch her dunkelrote Entenbrust. Sie wird mit der Haut kroß gebraten, wobei es für die nachstehende Sauce wichtig ist, daß der sich beim Braten ergebende Bratenfond oder Bratensatz mitverwendet wird.

300 g frische Sauerkirschen (entsteint)
0,3 l roter Portwein
4 EL brauner Rohrzucker
2 EL Rotweinessig
0,15 l Geflügelfond
0,2 l dicke süße Sahne (Crème fraîche)
Salz
frisch gemahlener weißer Pfeffer

Die Sauerkirschen mit dem Portwein sowie 2 EL Rohrzucker vermischen. Das Ganze 2 Std. stehen lassen, bis sich das Aroma vermischt hat. Die Kirschen in der Marinierflüssigkeit 10 Min. bei mäßiger Hitze köcheln.
Nachdem die Entenbrust gebraten ist, diese aus der Pfanne nehmen und das Fett abgießen. In dieser Pfanne den restlichen Rohrzucker zerlassen und sofort mit Rotweinessig ablöschen. Alles verdampfen lassen. Die Flüssigkeit von den Kirschen zugießen, aufkochen und mit dem Schneebesen durchschlagen. Den Geflügelfond zugeben und wieder aufkochen. Das Ganze um mindestens ein Drittel einkochen und nach und nach die Sahne hinzufügen und mit dem Schneebesen weiterschlagen. Die Masse so lange weiter reduzieren, bis die Sauce leicht dickflüssig wird. Zum Schluß die beiseite gestellten Kirschen untermischen und nochmals erhitzen (nicht mehr kochen). Die Sauce – wenn nötig – mit Salz sowie Pfeffer abschmecken und sofort zu der frisch gebratenen Entenbrust servieren.

Senf-Honig-Dressing zu Salat mit gegrillter Entenbrust

Diese würzige Salatsauce paßt zu frischen Blattsalaten, die mit kroß ausgebratener Entenbrust (in Scheiben) gereicht werden. Wichtig ist, daß diese Sauce erst kurz vor dem Servieren über den Salat gegeben wird und daß die Entenbrust ebenfalls sofort dazu aufgetragen wird.

2 Saftorangen
2 TL scharfer Dijon-Senf
1 TL gelbes englisches Senfpulver
2 TL flüssiger heller Kleehonig
1 EL süßer Sherry
1/2 TL Meersalz
frisch gemahlener weißer Pfeffer
2 TL Sherry-Essig
2 EL Sesamöl

Die Orangen auspressen und den Saft in einer Schüssel beiseite stellen. In einer großen Porzellanschüssel den Dijon-Senf, das Senfpulver, den Honig und den süßen Sherry mit einem Schneebesen kräftig verrühren. Das Meersalz sowie den Pfeffer und den Sherry-Essig zugeben und ständig mit dem Schneebesen weiterrühren. Dann das Sesamöl dazugießen und kräftig mit dem Schneebesen aufschlagen. Zum Schluß den Orangensaft unterarbeiten, so daß die Sauce cremig dickflüssig wird. Mit einem Löffel über den vorbereiteten Salat bzw. die Entenbrust träufeln.

Traubensauce zu Fasan

Diese fruchtige Sauce eignet sich hervorragend zu geschmortem Fasan (oder auch zu Perlhuhn bzw. zu Wildente). Wichtig für die Herstellung dieser Sauce ist auch, daß der Schmorfond des Geflügels mitverwendet wird. Außerdem ist wichtig, daß 0,3 l Geflügelfond vorhanden ist.

250 g weiße Weintrauben
250 g blaue Weintrauben
0,3 l alter Elsässer Pinot Gris
3 EL alter Cognac
0,3 l Geflügelfond
0,2 l dicke süße Sahne (Crème fraîche)
Meersalz
frisch gemahlener weißer Pfeffer

Die Weintrauben mit einem scharfen Messer halbieren, die Haut abziehen und – wenn nötig – die Körner entfernen. In eine große Sauteuse den Pinot Gris gießen, bis kurz vor das Kochen erhitzen und die Weintrauben zugeben. Etwa 3 Min. bei mäßiger Hitze ziehen lassen. Dabei dürfen die Trauben nicht zerfallen. Den Geflügel-Bratenfond entfetten und mit Cognac (erwärmt) flambieren. Die Trauben aus dem Wein nehmen, die Flüssigkeit 3 Min. kräftig kochen und weiter reduzieren. Diese Flüssigkeit dem flambierten Bratensatz hinzufügen und kräftig durchkochen. Außerdem nach und nach den Geflügelfond zugießen und ebenfalls kräftig durchkochen, so daß sich die Sauce um ein Drittel reduziert.
Die Sauce dann durch ein Haarsieb in eine Sauteuse geben, die Sahne unterschlagen und nochmals kurz reduzieren, damit die Sauce dickflüssiger wird. Mit Salz und Pfeffer abschmecken. Falls die Sauce noch flüssig bleibt, mit 1 EL Mehl (das mit 2 EL Wasser angerührt ist) durch langsames Zugeben abbinden.
Am Schluß die beiseite gestellten Weintrauben beimischen und nochmals bis vor das Kochen erhitzen. Sofort zu dem Wildgeflügel servieren.

Mandarinencremesauce zu Taube

Für die Herstellung dieser Sauce sind 0,1 l Geflügelfond und 2 EL stark eingekochter Fleischfond (Fleischglace) erforderlich. Diese kräftig schmeckende Sauce paßt gut zu gegrillten Täubchen, Wachteln oder zu Rebhuhn.

5 Mandarinen
1/2 TL brauner Rohrzucker
1 EL Bitterorangenlikör (Grand Marnier)
1 EL Butter
4 Hähnchenflügel
(einmal durchgeschnitten)
1 Hähnchenkeule
(mit dem Küchenbeil zerhackt)
3 EL trockener Riesling
0,1 l Geflügelfond
0,2 l dicke süße Sahne
(oder Crème fraîche)
Meersalz
frisch gemahlener weißer Pfeffer

Die Mandarinen mit einem sehr scharfen Messer schälen, damit die gesamte weiße Haut mit entfernt wird. Dann die Mandarinenfilets herausschneiden und dabei den sich ergebenden Saft auffangen. Den Rest des Mandarinenfleisches nach dem Entfernen der Filets mit der Hand ausdrücken und zu dem Saft gießen. In einer Sauteuse die Mandarinenfilets mit dem Rohrzucker und Orangenlikör stark einkochen und kräftig verrühren.
In einer tiefen Edelstahlpfanne die Butter zerlassen und die Hähnchenflügel und Hähnchenkeule hinzufügen. Kräftig anbraten, damit sich auf dem Boden der Pfanne ein Bratenfond ergibt. Dann die Knochen herausnehmen und den Bratensatz mit dem Mandarinensaft sowie dem Riesling ablöschen. Kurz einkochen und mit dem Geflügelfond angießen. Kräftig auf die Hälfte einkochen, die Sahne zugeben und mit dem Schneebesen aufschlagen. Dann das vorbereitete Mandarinenmus unterrühren, nochmals aufkochen und mit Meersalz sowie Pfeffer abschmecken. Die Sauce durch ein Haarsieb streichen und in einer Sauteuse aufkochen lassen, bis die Sauce cremig dickflüssig wird.
Die Sauce dann sofort servieren.

Bigaradesauce zu Wildentenbraten

Zur Herstellung dieser klassischen Sauce wird vorher selbst zubereitete Sauce espagnole benötigt. Außerdem wird im Originalrezept die Verwendung von Bitterorangen vorgeschrieben, die jedoch bei uns nicht erhältlich sind. Deshalb wird die Schale einer unbehandelten normalen Orange sowie die Schale einer unbehandelten Limone verwendet.
Die Sauce eignet sich vor allem zu gegrillter Wildente oder auch zu sonstigem im Backofen gar geschmortem Geflügel.

1 unbehandelte Orange
1 unbehandelte Limone
0,3 l Sauce espagnole (siehe Rezept)
1 EL brauner Rohrzucker
2 El Sherry-Essig
1 Zitrone
Meersalz
1 Messerspitze frisch gemahlener weißer Pfeffer
2 EL kalte Butter
(in kleine Stücke geschnitten)

Die Orange mit einem scharfen Messer sehr dünn abschälen und darauf achten, daß der weiße Teil der Haut nicht mit abgeschnitten wird. Bei der Hälfte der Limone die Haut ebenfalls abschneiden. Die Schalen in sehr dünne Streifen schneiden und in wenig kochendem Wasser 20 Min. köcheln. Die Streifen dann herausnehmen und in eine Sauteuse füllen. Nun mit der Sauce espagnole auffüllen und erhitzen.
In einer Edelstahlpfanne den Zucker zerlassen, bis er fast dunkelbraun ist. Mit Essig ablösen, kräftig mit dem Schneebesen verrühren und zu der Sauce geben. Den Orangen- sowie Zitronensaft dazugießen und 5 Min. kräftig kochen lassen. Zum Schluß mit Salz und Pfeffer abschmecken. Den Topf von der Herdplatte ziehen und die Butterstückchen mit dem Schneebesen unterschlagen. Dabei darauf achten, daß die Sauce sehr heiß ist, aber nicht mehr kocht. Die Sauce sofort zu dem frisch gebratenem Geflügel servieren.

Madeira-Gemüse-Sauce zu Wachteln

Für die Herstellung dieser Sauce werden etwa 600 g klein gehackte Knochen von Wildgeflügel benötigt (z. B. von Fasan, Rebhuhn, Wachteln oder Wildente). Außerdem werden 0,6 l Geflügelfond und 2 EL stark eingekochter gelierter Fleischfond verwendet. Diese sehr stark eingekochte Sauce schmeckt ausgezeichnet zu frisch gebratenem und zerteiltem Wildgeflügel, das am besten mit frisch gebratenen Steinpilzen und etwas kurz in heißem Wasserdampf gegartem Gemüse serviert wird.

2 EL Butterschmalz
600 g Knochen von Wildgeflügel
(klein gehackt)
3 Schalotten (fein gewürfelt)
1 kleine Karotte (fein gewürfelt)
2 Frühlingszwiebeln (mit dem Grün
in dünne Ringe geschnitten)
2 Stangensellerie
(in kleine Stücke geschnitten)
2 EL Sherry-Essig
150 g kleine Steinchampignons
(in dickere Scheiben geschnitten)
2 Lorbeerblätter (in Stücke gebrochen)
2 Stengel Rosmarin
2 Knoblauchzehen
(geschält und halbiert)
0,2 l Madeira
0,6 l Geflügelfond (siehe Rezept)
2 EL stark eingekochter Fleischfond
(siehe Rezept)
Meersalz
frisch gemahlener weißer Pfeffer
3 EL kalte Butter
(in kleine Stücke geschnitten)

In einem großen Fleischtopf das Butterschmalz zerlassen und die Wildknochen kräftig anbräunen. Nun das Wurzelgemüse (Schalotten, Karotten, Zwiebeln und Sellerie) hinzufügen und anschwitzen. Den Sherry-Essig dazugießen und die Flüssigkeit verdampfen lassen. Anschließend die Steinchampignons, den Lorbeer, den Rosmarin und den Knoblauch beimischen. Wieder kurz durchrösten und dann den Madeira zugeben. Kräftig aufkochen und auf die Hälfte reduzieren. Den Geflügelfond unterrühren und das Ganze 1½ Std. bei sehr geringer Hitze leicht köcheln lassen. Anschließend alles durch ein Haarsieb in eine Sauteuse seihen und weiter kräftig auf ein Drittel einkochen, so daß die Sauce dunkel und fast dickflüssig wird. Zum Schluß den Fleischfond zufügen und mit Meersalz und Pfeffer abschmecken. Nochmals bis kurz vor das Kochen erhitzen und die Butterstückchen mit dem Schneebesen unterschlagen. Sofort zum Wildgeflügel servieren.

Englische Brotsauce

In der Zeit um 1900 ist diese einfache Sauce entstanden. Dort wird vermerkt, daß diese Sauce in England hauptsächlich zu gebratenem Hähnchen serviert wird.

0,4 l Milch
2 kleine Schalotten (grob geschnitten)
4 Pfefferkörner
Salz
1 EL Butter
300 g altbackenes Weißbrot (Kruste
entfernt und das Innere fein zerrieben)

In eine Sauteuse die Milch und die Schalotten geben. Danach die Pfefferkörner, das Salz, die Butter und außerdem das Weißbrot hinzufügen. Das Ganze ständig rühren und langsam bis zum Kochen erhitzen. Die Sauce darf nur etwa 5 Min. kochen und soll dabei eine dicke cremige Konsistenz annehmen. Am Schluß die Schalottenstücke und die Pfefferkörner herausnehmen sowie die Sauce durch ein Sieb gießen. Die Brotsauce dann sehr heiß zu gebratenem Hähnchen servieren.

Apfelmostsauce zu Leberschaum-klößchen

Diese säuerlich-fruchtig schmeckende Sauce paßt vorzüglich zu frischen Leberschaumklößchen aus Geflügel-leber, dazu knackig gegarter grüner Spargel und kleine karamelisierte Apfel-stückchen. Für die Sauce eignet sich am besten ein nicht zu saurer naturtrüber Apfelmost. Außerdem werden für das Aroma sogenannte „Hutzeln" (getrock-nete Birnen) benötigt.

6 getrocknete und halbierte Birnen
0,5 l naturtrüber Apfelmost
1 TL Pimentkörner
3 Gewürznelken
2 Lorbeerblätter (in Stücke gebrochen)
1 Messerspitze brauner Rohrzucker
1 TL weiße Pfefferkörner
0,2 l süße Sahne
3 EL eiskalte Butter
(in kleine Stücke geschnitten)
Meersalz
frisch gemahlener weißer Pfeffer
3 EL ganze Preiselbeeren
(aus dem Glas)

Die getrockneten Birnen halbieren und 24 Std. in dem Apfelmost einweichen. Den Apfelmost durch ein feines Haar-sieb in eine Sauteuse seihen und auf-kochen. Die Pimentkörner, Nelken, Lorbeerblätter, Pfefferkörner und den Rohrzucker hinzufügen und aufkochen. Die Birnen untermischen und etwa 30 Min. bei nicht zu starker Hitze köcheln. Dabei müssen die Birnen sehr weich werden. Die Flüssigkeit wieder durch ein feines Haarsieb in eine Sauteuse geben und bei starker Hitze auf ein Drittel einkochen. Die Sahne zugießen und nochmals um ein Drittel reduzieren. Den Topf von der Herd-platte ziehen und die Butterstückchen mit dem Schneebesen einschlagen. Wichtig ist, daß die Sauce zwar sehr heiß ist, aber nicht kocht. Es muß sich jetzt eine cremig flüssige Sauce ergeben. Mit Meersalz und Pfeffer ab-schmecken und die abgetropften Preisel-beeren mit einem Löffel unter die Sauce heben. Sofort zu den Leberklößchen und dem Spargel servieren.

Basilikum-Weinschaum-Sauce

Diese italienische Sauce schmeckt her-vorragend zu Scheiben von gebratener Wildentenbrust oder zu Hühnerbrust, in Brühe gar gezogen. Wichtig dabei ist die Verwendung von frischen Basili-kumblättern.

700 g Hühnerklein (Flügel, ausgelöste Hühnerknochen, Hals usw.)
2 EL Butter
1 EL Olivenöl
2 Schalotten
(in kleine Würfel geschnitten)
1 Karotte (in kleine Würfel geschnitten)
1 Lauchstange (das Weiße davon
in dünne Ringe geschnitten)
1 TL weiße Pfefferkörner
0,5 l Wasser
0,3 l trockener Riesling
2 Eigelb
2 EL süße Sahne
Meersalz
frisch gemahlener weißer Pfeffer
2 EL frisches Basilikum
(in feine Streifen geschnitten)

Das Hühnerklein gut unter kaltem fließendem Wasser abspülen und mit einem Küchentuch abtrocknen. In einem breiten Fleischtopf die Butter mit dem Olivenöl zerlassen und das Hühnerklein darin kräftig dunkelbraun anbraten. Die Schalotten- und Karotten-würfel, den Lauch sowie die Pfeffer-körner zu dem angebratenen Hühner-klein geben und nochmals kräftig durchschmoren. Das Wasser zufügen und im Backofen bei 220 °C etwa 45 Min. schmoren lassen. Dabei immer wieder mit dem Kochlöffel umrühren. Diesen Geflügelfond dann durch ein Haarsieb in eine Sauteuse streichen und aufkochen. Den Riesling zugießen und die gesamte Flüssigkeit auf die Hälfte reduzieren. Die Eigelb mit der Sahne verrühren und zunächst 4 EL heiße Sauce in die Eigelb-Sahne-Mischung einrühren. Dann mit dem Schneebesen diese Mischung in die Sauce rühren sowie mit Salz und Pfeffer abschmecken. Die Sauce noch 10 Min. köcheln lassen, dabei ständig mit dem Schneebesen durchschlagen. Zum Schluß mit dem Pürierstab die Sauce schaumig pürieren und kurz vor dem Servieren mit einem Löffel das Basilikum unterheben. Sofort servieren, damit die Sauce ihre schaumige Konsistenz behält.

Braune Chaudfroid-Sauce

Voraussetzung für die Herstellung dieser Sauce ist die Karkasse bzw. die Knochen von dem Geflügel, das mit dieser Sauce überzogen werden soll (z. B. Hähnchen oder Wildgeflügel). Außerdem ist Voraussetzung, daß 0,5 l Sauce espagnole und 0,7 l stark eingekochter Kalbsfond (Gelee) vorhanden sind.

> Knochen von Geflügel bzw.
> Wildgeflügel (klein zerhackt)
> 0,5 l Sauce espagnole
> 0,1 l kräftiger trockener Rotwein
> 0,7 l stark eingekochter Kalbsfond
> 1 EL Estragonessig
> 1 TL getrockneter Estragon
> Salz
> Pfeffer
> 2 Blatt Gelatine

In eine große Kasserolle oder Sauteuse die Knochenteile geben. Die Sauce espagnole und den Rotwein dazugießen. Das Ganze aufkochen und etwa 20 Min. kochen. Dann durch ein feines Haarsieb in einen größeren Topf gießen. Anschließend den Kalbsfond dazugeben und erhitzen (nicht kochen!) sowie den Estragonessig und den Estragon. Das Ganze kräftig mit Salz und Pfeffer würzen. Nochmals durchkochen und um etwa ein Viertel reduzieren. Vor dem Servieren die Sauce abkühlen lassen und dabei immer mit dem Schneebesen stark durchrühren. Kurz bevor die Sauce geliert, wird sie zum Überziehen der gegarten Fleischstücke verwendet. Falls die Sauce nicht stark geliert, kann noch die Gelatine in kaltem Wasser eingeweicht und in die warme Sauce eingerührt werden.

Hinweis: Chaudfroid-Sauce heißt eigentlich wörtlich übersetzt Warm-kalt-Sauce. Solche Saucen müssen stark gelieren und einen kräftigen Geschmack

haben. Man nimmt sie vorzugsweise zum Überziehen von auf einer kalten Platte angerichteten gegarten Fleischstücken oder kleinem Geflügel (z. B. Wachteln). Falls nicht die gesamte Sauce gebraucht wird, kann sie im Kühlschrank bis zu etwa 1 Woche aufbewahrt werden, muß aber vor der Verwendung bis kurz vor das Kochen erhitzt und danach wieder kalt abgeschlagen werden.

Englische Salbei-Zwiebel-Sauce

Dies ist eine schon fast als klassisch zu bezeichnende englische Sauce. Sie kann zu Gänsebraten, aber auch zu fettem Schweinekrustenbraten serviert werden.

> 1 EL Butter
> 4 Zwiebeln (sehr fein gehackt)
> 1 EL frisch geriebene Semmelbrösel
> (von Weißbrot ohne Rinde)
> 0,2 l Fleischfond
> 1 EL frische Salbeiblätter (fein gehackt)
> Salz
> frisch gemahlener weißer Pfeffer

In einer Sauteuse die Butter zerlassen und die Zwiebeln kräftig darin anbraten. Dabei ständig mit einem Kochlöffel rühren. Die Semmelbrösel zugeben und ebenfalls kurz anrösten. Den Fleischfond nach und nach mit dem Schneebesen einrühren und etwa 15 Min. leicht köcheln lassen, so daß die Zwiebeln ganz weich sind und zerfallen. Die Sauce durch ein Haarsieb geben und nochmals aufkochen, wobei sich eine dickflüssige cremige Sauce ergeben muß. Zum Schluß die Salbeiblätter unterrühren sowie mit Salz und Pfeffer abschmecken.

Russische Sauerkrautsauce

Diese für uns etwas ungewöhnliche Sauce paßt sehr gut zu fettem Gänsebraten oder auch zu Schweinebraten. Am besten schmeckt sie mit selbst hergestelltem Sauerkraut und dem sich daraus ergebendem Saft. Im anderen Fall wird biologisch hergestellter Sauerkrautsaft aus dem Reformhaus verwendet.

> 600 g Sauerkraut
> 100 g Butter
> 3 Zwiebeln (sehr fein geschnitten)
> 0,3 l Sauerkrautsaft
> (als Reserve nochmals 0,1 l)
> Meersalz
> frisch gemahlener weißer Pfeffer
> 2 EL Weißweinessig
> 1 EL Honig

Das Sauerkraut unter fließendem kaltem Wasser kurz auswaschen und mit einem scharfem Messer sehr klein schneiden. In einer großen Sauteuse zwei Drittel der Butter zerlassen und das Sauerkraut darin dünsten (etwa 10 Min., dabei ständig mit dem Kochlöffel umrühren).
In einer beschichteten Pfanne die restliche Butter zerlassen, die Zwiebeln anbraten, zum Sauerkraut geben und zunächst die Hälfte des Sauerkrautsaftes dazugießen. 20 Min. bei nicht zu starker Hitze und aufgelegtem Deckel dünsten. Dann den Deckel wegnehmen, mit dem restlichen Sauerkrautsaft vollenden und weitere 20 Min. dünsten. Dabei mit dem Kochlöffel immer wieder umrühren und darauf achten, daß nicht die ganze Flüssigkeit einkocht und die Sauce dickflüssig wird. Falls sie zu dick wird, noch etwas Sauerkrautsaft mit der gleichen Menge Wasser angießen.
Zum Schluß mit dem Pürierstab kurz durchmixen (nicht zu fein), mit Salz sowie Pfeffer abschmecken, den Essig und den Honig dazugeben und mit dem Kochlöffel nochmals umrühren. Sofort servieren.

Currysauce

(Indien)

Nachstehend ist ein Grundrezept für eine dickflüssige Currysauce aufgeführt, die zur Weiterverwendung gedacht ist. Es können darin Geflügelstücke (z. B. Hühnerbrust, Hühnerkeulen und Hühnerflügel) gar gekocht werden. Hierbei wird um die Hälfte mehr Wasser zugegossen und die Sauce zum Schluß mit fein gehackter glatter Petersilie oder ebenfalls fein gehacktem Koriandergrün bestreut. Die Menge reicht für 4 Personen.

0,1 l neutrales Pflanzenöl
(z. B. Sonnenblumenöl)
3 kleine Zwiebeln (sehr fein gewürfelt)
4 Knoblauchzehen (sehr fein gewürfelt)
1 EL frischer Ingwer
(geschält und fein gehackt)
1½ TL gemahlene Korianderkörner
½ TL gemahlener Kreuzkümmel
½ TL Kurkumapulver
½ TL gemahlenes Garam Masala
(siehe Rezept)
1 TL edelsüßes Paprikapulver
1 TL Rosenpaprikapulver
4 Tomaten
0,6 l Wasser
Meersalz
½ TL Zucker
4 Hühnerkeulen oder 8 Hühnerflügel
2 EL Öl
2 EL glatte Petersilie oder
Koriandergrün (klein gehackt)

In einer breiten Sauteuse das Öl erhitzen und die Zwiebelwürfel bei nicht zu starker Hitze dunkelbraun rösten. Die Knoblauchwürfel und den Ingwer beimengen und weitere 3 Min. anschwitzen. Jetzt das Korianderpulver sowie den Kreuzkümmel hinzufügen und nochmals 2 Min. rösten. Die Kurkuma, Garam Masala und Paprikapulver untermischen, alles nochmals 1 Min. garen. Dabei ständig mit einem Kochlöffel umrühren.
Den Stielansatz der Tomaten wegschneiden, die Haut kreuzweise einritzen und kurz in kochendes Wasser halten. Die Haut abziehen, die Tomaten halbieren und die Kerne entfernen. Das Tomatenfleisch fein würfeln und beiseite stellen.

Anschließend 0,4 l Wasser zu den Gewürzen gießen und alles 15 Min. bei mittlerer Hitze kochen, bis die Flüssigkeit um ein Drittel reduziert ist. Die Tomatenwürfel hinzufügen und nochmals etwa 7 Min. köcheln lassen. Zum Schluß mit Meersalz und Zucker abschmecken.
Wenn in dieser Sauce die Hühnerteile fertig gegart werden sollen, müssen diese zuerst in einer beschichteten Pfanne mit wenig Öl angebraten und dann zu der Sauce gegeben werden. Während des Schmorens das restliche Wasser hinzugießen. Die Sauce kocht während des Garens um ein Drittel ein. Das Gericht im Topf servieren und zum Schluß mit Petersilie oder Koriandergrün bestreuen. Dazu paßt am besten frisch gekochter Reis oder Weißbrot.

Durchgestrichene Zwiebelsauce

Diese Sauce wird auch „Sauce Soubise" genannt. Dazu gibt es die unterschiedlichsten Rezepte. Das vorliegende Rezept stammt von 1930 und ist, da als Grundsauce die „Sauce Béchamel" (Milchsauce; siehe Rezept) verwendet wird, sehr wohlschmeckend. Sie kann zu den unterschiedlichsten Gerichten verwendet werden, insbesondere auch zu gedünstetem warmem oder kaltem Geflügel oder Rindfleisch. Zur Herstellung wird 0,5 l kräftige Fleischbrühe benötigt.

4 EL Butter
3 EL Mehl
0,5 l warme Milch
Salz
frisch gemahlener weißer Pfeffer
1,25 l kaltes Wasser
5 große weiße Zwiebeln
(in Scheiben geschnitten)
0,5 l kräftige Fleischbrühe
gemahlene Muskatnuß
(von ganzer Nuß)
1 TL Zucker

Zunächst eine Milchsauce (Sauce Béchamel) zubereiten. Dazu in einer Sauteuse 2 EL Butter und 2 EL Mehl anschwitzen. Von der Platte ziehen und nach und nach 0,25 l Milch mit dem Schneebesen einschlagen. Wenn die Sauce sehr glatt ist, den Topf wieder auf die Platte stellen und nochmals 0,25 l Milch unterrühren. Das Ganze etwa 10 Min. leicht kochen lassen. Mit Salz und Pfeffer würzen (nicht zu kräftig) und durch ein Passiertuch oder ein sehr feines Haarsieb gießen.
In einem großen Topf das Wasser aufsetzen. Die Zwiebeln in kaltem Wasser einmal aufkochen. Sofort zum Abtropfen auf ein Sieb schütten und beiseite stellen. Dann in einer großen Sauteuse oder Kasserolle 2 EL Butter schmelzen lassen und die gekochten Zwiebeln hinzufügen. Anschließend 1 EL Mehl darübersieben, kurz anrösten (nicht braun werden lassen) und mit der Fleischbrühe langsam aufgießen, so daß die Zwiebeln gerade bedeckt sind. Dabei kurz umrühren und nicht weiter aufkochen. Den Backofen auf 180 °C vorheizen. Den Topf mit Alufolie gut und dicht abdecken und in den Backofen schieben. Dort 1 Std. weich dämpfen lassen. Während dieser Zeit öfter kontrollieren, daß die Zwiebeln nicht anbrennen (falls die Flüssigkeit bereits verdampft ist, Brühe nachgießen). Von der Milchsauce (Sauce Béchamel) 0,4 l zu den Zwiebeln einrühren, nur kurz aufkochen und das Ganze durch ein sehr feines Haarsieb streichen. Dies geschieht am besten mit einem Passiergerät, da mit diesem die Zwiebeln fest durchgedrückt werden. Wieder auf die Platte stellen und eventuell mit Salz und Pfeffer sowie Muskatnuß nachwürzen. Gleichzeitig den Zucker dazugeben und umrühren. Die Sauce warm stellen und nach Möglichkeit sofort servieren.

Mandelsauce

(Indien)

Diese Sauce wird verwendet, um Fleischwürfel gar zu schmoren (z. B. Geflügel- oder Lammfleisch). Zum Schluß über das Gericht 1½ TL Garam-Masala-Pulver streuen. Die Zutaten für diese exotische Sauce sind auch bei uns in den Feinkostabteilungen der Kaufhäuser ohne weiteres erhältlich. Die Menge reicht für 6 Personen.

> 8 Knoblauchzehen (grob gewürfelt)
> 2 EL frischer Ingwer (fein gehackt)
> 60 g geschälte Mandeln
> (in grobe Stücke gehackt)
> 0,2 l Wasser
> 6 EL Butterschmalz
> 1 EL Kardamomkapseln
> 1 TL Gewürznelken
> 1 ganze Zimtrinde (etwa 6 cm lang) –
> in 3 Stücke gebrochen
> 5 mittelgroße Zwiebeln
> (klein gewürfelt)
> 3 TL gemahlene Korianderkörner
> 3 TL gemahlener Kreuzkümmel
> 1 TL rotes Chilipulver
> 1,5 kg Lamm- oder Geflügelfleisch
> (in große Würfel geschnitten)
> 0,4 l Sahne
> Meersalz
> 1 TL konzentriertes Tomatenmark
> 2 TL Garam-Masala-Pulver
> (siehe Rezept)

Den Knoblauch, die Ingwer- und Mandelstücke sowie 0,1 l Wasser in einem kleinen Mixer sehr fein pürieren. Die Hälfte des Butterschmalzes in einer breiten Edelstahlpfanne erhitzen und die Kardamomkapseln, Nelken sowie den Zimt etwa 3 Min. anbraten. Die Hälfte der Zwiebelwürfel hinzufügen, alles kräftig braun anbraten. Anschließend die vorher zubereitete Paste sowie das Kreuzkümmel- und Chilipulver beimengen. Alles nochmals etwa 6 Min. unter ständigem Umrühren mit dem Kochlöffel braten.
In einer breiten Pfanne im restlichen Butterschmalz die Fleischwürfel und die übrig gebliebenen Zwiebelwürfel rösten. Die Gewürzmasse zugeben, salzen und 0,1 l Wasser zugießen, aufkochen und die Sahne untermischen. Das Ganze 50 Min. bei nicht zu starker Hitze köcheln, bis das Fleisch sehr weich ist. Dabei immer wieder mit dem Kochlöffel umrühren, mit etwas Meersalz und dem Tomatenmark abschmecken.
Zum Schluß das Garam Masala über die Sauce streuen. Das Gericht sehr heiß servieren. Dazu paßt am besten Weißbrot oder frisch gekochter Reis.

Rouennaiser Sauce

Diese Sauce ist sehr gehaltvoll und wohlschmeckend. Das Rezept stammt aus der Zeit um 1900. Sie eignet sich vor allem zu gebratenem und gedünstetem Geflügel. Zur Zubereitung ist eine Sauce bordelaise nötig, jedoch ohne Ochsenmarkscheiben (insgesamt 1 l).

> Die Knochen einer Ente (klein zerhackt)
> 1 EL Butter
> 1 l Sauce bordelaise
> 2 Entenlebern (oder 3 Hähnchenlebern)

In einer Pfanne mit hohem Rand (möglichst Edelstahlpfanne) die Entenknochen in der Butter kräftig anbraten. Dann die Sauce bordelaise dazugeben und das Ganze 30 Min. kochen. Die 2 Entenlebern (oder 3 Hähnchenlebern) auf Wasserdampf oder in wenig Wasser (wenn vorhanden Brühe) in etwa 20 Min. weich dämpfen. Anschließend sehr fein zerhacken und durch ein sehr feines Haarsieb streichen. Das Leberpüree in eine Sauteuse geben und die mit den Entenknochen gekochte Sauce bordelaise durch ein Haarsieb langsam nach und nach zugießen. Dabei immer mit dem Schneebesen aufschlagen. Sehr wichtig ist, daß die Sauce nicht mehr kocht, da sich sonst der Geschmack nachteilig verändert. Die Sauce heiß servieren zu gebratenem, gegrilltem oder gedünstetem Geflügel.

Salmissauce

Dieses Rezept stammt aus der Zeit vor 1900. Diese Sauce wird vor allem zu Wildgeflügel oder Entenbraten serviert. Da die Sauce mit roher Enten- oder Hühnerleber gebunden wird, eignet sie sich nicht zum Aufbewahren, sondern sollte sofort serviert werden.
Zur Zubereitung der Sauce müssen 0,7 l Fleischfond oder Sauce espagnole sowie die Reste bzw. die Karkasse von den gebratenen Enten oder Hühnern vorhanden sein.

> Die Karkasse einer gebratenen Ente, anderem Wildgeflügel
> oder von 2 Hähnchen
> 0,7 l Sauce espagnole
> (oder Fleischfond)
> 0,1 l trockener kräftiger Rotwein
> Salz
> frisch gemahlener weißer Pfeffer
> 100 g rohe Geflügelleber
> (Enten- oder Hühnerleber)
> 100 g frische Champignons
> (in feine Scheiben geschnitten)
> 0,1 l Madeira

Die Knochenstücke in eine große Sauteuse geben, mit dem Fleischfond oder der Sauce espagnole aufgießen, aufkochen, sofort den Rotwein zufügen und 10 Min. weiterkochen lassen. Das Ganze dann durch ein Haarsieb oder ein Passiertuch streichen und mit Salz sowie Pfeffer würzen. Die rohe Enten- oder Hühnerleber durch die feine Scheibe des Fleischwolfs drücken oder mit dem Messer sehr fein hacken. Die Leber dann durch ein Passiergerät oder durch ein feines Sieb passieren und mit dem Schneebesen in die heiße Sauce einrühren. Anschließend die Champignons und den Madeira zusetzen und gut erhitzen. Wichtig ist, daß nach Zugabe der Leber die Sauce nicht mehr aufkocht, da sich sonst die pürierte Leber absetzt und der feine Geschmack verlorengeht.

Hinweis: Diese Sauce eignet sich besonders zu Stücken von Entenbraten oder Wildgeflügel (Fasan, Rebhuhn, Wachtel usw.) oder auch zu in Stücke geteiltem gegrilltem Hähnchen.

Sauce aurore

Diese Sauce wird serviert zu in Dampf gegartem Gemüse, in Brühe gar gezogenem Huhn oder zu gedünstetem Fisch. Zunächst eine langsam gekochte Velouté herstellen, die mit Tomatenpüree und Butter verfeinert wird.

5 EL Butter
4 EL Mehl
1 l Fleischfond (oder kräftig eingekochte Fleischbrühe) bzw. auch Geflügelfond
0,3 l süße Sahne
0,1 l eingekochtes Tomatenpüree (also nicht konzentriertes Tomatenmark!)
4 EL kalte Butter (in kleine Stücke geschnitten)

In einer Edelstahlpfanne die Butter zerlassen und das Mehl darin hellbraun anrösten. Dabei ständig mit dem Kochlöffel rühren. Anschließend nach und nach den heißen Fleischfond (oder Geflügelfond bzw. Fleischbrühe) dazugießen, immer wieder aufkochen und ständig mit dem Schneebesen durchschlagen. Diese cremige Sauce dann 1 Std. bei geringer Hitze köcheln lassen und dabei auf etwa die Hälfte reduzieren. Die Sauce darf nicht anbrennen, deshalb immer wieder umrühren. Anschließend die Pfanne vom Herd ziehen und die Sahne nach und nach einarbeiten. Nochmals erhitzen und 15 Min. köcheln lassen, damit sie weiter reduziert.
Die Sauce in eine große Sauteuse geben, auf die Platte stellen und bis kurz vor das Kochen erhitzen. Das Tomatenpüree mit dem Schneebesen unterheben und aufkochen. Dann den Topf von der Platte ziehen und die Butterstückchen mit dem Schneebesen einschlagen, dabei darf die Sauce nicht mehr kochen. Sofort servieren.

Sauce Chivry

Zur Fertigstellung dieser Sauce wird zunächst eine Velouté mit Geflügelfond hergestellt, dann mit gemischten frischen Kräutern und zum Schluß mit eiskalter Kräuterbutter verfeinert. Die Sauce paßt am besten zu in Brühe gar gezogenem Suppenhuhn oder zu Brathuhn.

5 EL Butter
4 EL Mehl
1 l Geflügelfond (siehe Rezept)
0,3 l süße Sahne
0,35 l trockener Riesling
5 EL gemischte Kräuter (z. B. Thymian, Estragon, Rosmarin, Liebstöckel – nicht zu fein gehackt)
4 EL kalte Kräuterbutter (in Stücke geschnitten) – siehe Rezept

In einer breiten Sauteuse die Butter zerlassen und das Mehl darin hellbraun anrösten. Den Geflügelfond nach und nach dazugießen und dabei ständig mit dem Schneebesen durchschlagen, damit sich keine Klumpen bilden. Bei großer Hitze aufkochen und 1 Min. kräftig kochen lassen.
Die Hitze herunterschalten und die Flüssigkeit 40 Min. bei nicht zu starker Hitze köcheln. Dabei immer wieder mit dem Schneebesen rühren, damit die Sauce nicht anbrennt. Anschließend durch ein feines Haarsieb streichen, wieder bis kurz vor das Kochen erhitzen und die Sahne mit dem Schneebesen unterarbeiten. Nochmals 2 Min. kochen, dann von der Platte ziehen.
Den Riesling mit den Kräutern in einen Edelstahltopf füllen, leicht erwärmen und 20 Min. stehen lassen. Mit einem Kochlöffel kräftig umrühren, durch ein feines Haarsieb streichen und in einer kleinen Sauteuse 1 Min. kräftig einkochen. Diese Flüssigkeit unter die vorher zubereitete Velouté mischen, mit dem Schneebesen kräftig durchschlagen und 10 Min. bei nicht zu starker Hitze um ein Drittel reduzieren. Den Topf von der Platte ziehen und die Kräuterbutter nach und nach mit dem Schneebesen einarbeiten. Wichtig dabei ist, daß die Sauce noch gut heiß ist, aber nicht mehr kocht. Die Sauce dann sofort servieren.

Sauce hongroise

Für die Fertigstellung ist zunächst die Zubereitung einer Sauce suprême erforderlich (0,4 l). Diese wird mit gehackten Schalotten, Edelsüß-Paprika und Weißwein verfeinert. Die Sauce hongroise paßt (wie die Sauce suprême) zu in Brühe gar gezogenem Hühnerfleisch oder zu frisch gekochtem Tafelspitz bzw. Suppenfleisch.

0,4 l frisch hergestellte Sauce suprême (siehe Rezept)
1 EL Butter
3 Schalotten (sehr fein gehackt)
0,15 l trockener Riesling
1/2 TL Edelsüß-Paprika
1 EL frische glatte Petersilie (fein gehackt)
2 Lorbeerblätter
1/2 EL frischer Thymian (klein gehackt)

Zuerst die Sauce suprême herstellen. In einer Sauteuse die Butter zerlassen und die Schalottenstücke hellbraun anbraten. Den Riesling dazugießen und aufkochen lassen. Anschließend das Paprikapulver und die Kräuter (Petersilie, Lorbeerblätter und Thymian) hinzufügen. Bei nicht zu starker Hitze auf ein Drittel reduzieren.
Die Masse dann in die heiße Sauce suprême rühren und bei geringer Hitze 15 Min. köcheln. Dabei immer wieder mit dem Schneebesen durcharbeiten. Zum Schluß durch ein feines Haarsieb streichen, nochmals mit dem Schneebesen aufschlagen und servieren.

Sauce ravigote

Diese klassische französische Sauce wird zu Kalbsbraten oder zu in Fleischbrühe gar gezogenem Geflügelfleisch serviert. Sie paßt auch zu allen Arten von kaltem Fleisch, Innereien, Kalbskopf, langsam gar gezogenen Kalbsfüßen und hartgekochten Eiern. Für die Herstellung benötigt man eine Velouté (siehe Rezept), die mit kräftig gekochter Fleischbrühe zubereitet wird, sowie 1 EL Zwiebelbutter (siehe unten in der Zubereitung).

5 EL Butter
4 EL Mehl
1 l Fleischbrühe
(die auf die Hälfte reduziert wird)
0,2 l Sahne
3 Schalotten
(in kleine Würfel geschnitten)
1 TL grobes Meersalz
½ TL weiße Pfefferkörner
4 EL zimmerwarme Butter
0,2 l trockener Riesling
5 EL Estragonessig
1 EL frische gemischte Kräuter:
Kerbel, glatte Petersilie,
Schnittlauch und Thymian
(sehr fein gehackt)

In einer großen Sauteuse die 5 EL Butter zerlassen und das Mehl bei nicht zu starker Hitze hellbraun anrösten. Ständig mit dem Schneebesen umrühren und nach und nach die konzentrierte Fleischbrühe dazugießen. Etwa 50 Min. bei mittlerer Hitze köcheln und öfter mit dem Schneebesen durchschlagen, damit die Sauce nicht anbrennt. Zum Schluß die Sahne montieren, nochmals 5 Min. kochen und mit dem Schneebesen immer wieder rühren. Dann von der Platte ziehen. Währenddessen die Zwiebelbutter herstellen: In einem Steinmörser die Schalottenwürfel, das Salz und die Pfefferkörner fein zerstoßen. Anschließend die zimmerwarme Butter mit der Masse in einer kleinen Schüssel miteinander verrühren. In einer kleinen Sauteuse den Riesling und den Essig vermischen, aufkochen und auf ein Drittel reduzieren. Die zuerst hergestellte Grundsauce (Velouté) wieder auf die Platte stellen, bis kurz vor das Kochen erhitzen und die Wein-Essig-Reduktion mit dem Schneebesen einarbeiten. Aufkochen und 1 Min. kochen lassen. Dann die Hitze herunterschalten und die Zwiebelbutter allmählich mit dem Schneebesen unterschlagen. Es soll sich eine cremige, aber dennoch flüssige Sauce ergeben. Zum Schluß die Kräuter unterheben und sofort servieren.

Grüne Mayonnaisesauce

Diese Sauce paßt am besten zu kaltem gebratenem Geflügel oder auch zu kaltem Suppenfleisch.

0,2 l frische Mayonnaise (siehe Rezept)
von den nachstehenden frischen
Kräutern bzw. Gemüse so viel von den
Stielen zupfen, daß sie, fein gehackt,
jeweils 1 EL ergeben:
Kerbel, glatte Petersilie, Estragon
und junger Spinat
6 EL sehr konzentrierter gelierter
Fleischfond
(zimmerwarm, also kein festes Gelee)
1 TL Salz
frisch gemahlener weißer Pfeffer
4 EL Estragonessig

Zunächst die Mayonnaise herstellen, jedoch nicht mit Salz würzen. Die Kräuterblätter sowie den Spinat unter kaltem Wasser abwaschen und in kochendem Salzwasser 2 Min. pochieren. Dann sofort herausnehmen und mit kaltem Wasser abschrecken. Gut trocknen und die Kräuter sowie den Spinat in einem kleinen Mixer oder mit dem Pürierstab sehr fein zerhacken. Unter die Mayonnaise den kalten Fleischfond rühren und mit Salz sowie Pfeffer abschmecken. Anschließend die fein pürierten Kräuter sowie den Essig hinzufügen und das Ganze mit dem Schneebesen nochmals kräftig durchschlagen.
Wichtig bei der Herstellung dieser Sauce ist es, daß alle Zutaten kalt sind (auch die Schüssel, in der die Sauce gerührt wird). Die Sauce muß sofort verwendet werden, da sich sonst die Zutaten (insbesondere der Fleischfond) von der Mayonnaise trennen.

Saure-Gurken-Sauce
(Rußland)

Diese Sauce paßt zu gekochtem Geflügelfleisch oder zu fritierten Geflügelfleischbällchen. Zur Zubereitung braucht man Fleischfond und eingelegte gemischte Pilze.

4 EL Butter
2 Zwiebeln
(in kleine Würfel geschnitten)
1 EL Mehl
2 EL Weißweinessig
2 EL konzentriertes Tomatenmark
0,4 l Fleischfond (siehe Rezept)
5 kleine Essiggürkchen (Cornichons)
100 g eingelegte gemischte Waldpilze
Meersalz
frisch gemahlener weißer Pfeffer

In einer Sauteuse 1 EL Butter zerlassen und die Zwiebeln darin hellbraun anrösten. Das Mehl hinzufügen und ebenfalls anrösten. Den Essig dazugießen und kurz dünsten. Unterdessen in einer beschichteten Pfanne das Tomatenmark in 2 EL Butter erhitzen und mit dem Fleischfond angießen. Diese Flüssigkeit zu der Zwiebel-Essig-Masse geben und etwa 5 Min. bei nicht zu starker Hitze köcheln lassen. Die Sauce durch ein Haarsieb in eine Sauteuse streichen. Dazwischen die Gürkchen und Pilze unter kaltem Wasser abwaschen und in der restlichen Butter kurz anbraten. Dann in die Sauce einrühren, nochmals aufkochen und mit Salz sowie Pfeffer abschmecken. Die Sauce sehr heiß servieren.

Sauce suprême

Diese französische Sauce wird traditionell zu einem in Fleischbrühe gar gezogenen Suppenhuhn serviert. Es ist also wichtig, zunächst eine kräftige Fleischbrühe zu kochen und ein frisches Suppenhuhn (oder auch Poulet) zu haben. Die Sauce wird außerdem mit selbst hergestellter Kräuterbutter abgeschmeckt.

7 EL Butter
4 EL Mehl
0,1 l Fleischbrühe (siehe Rezept)
0,6 l Sahne
3 l kräftige Fleischbrühe
1 Suppenhuhn (oder Poulet),
etwa 1200 g
500 g Champignons (geviertelt)
1 EL Kräuterbutter (siehe Rezept)
Meersalz
frisch gemahlener schwarzer Pfeffer

Zubereitung der Grundsauce:
In einer Sauteuse 4 EL Butter zerlassen und das Mehl darin hellbraun anschwitzen. Dabei ständig mit dem Schneebesen rühren. Anschließend nach und nach die 0,1 l Fleischbrühe zugießen und weiter durchschlagen. Bei mäßiger Hitze 1 Std. köcheln lassen und immer wieder mit dem Schneebesen die Sauce rühren. Zum Schluß 0,2 l Sahne mit dem Schneebesen einarbeiten und nochmals 5 Min. bei nicht zu starker Hitze reduzieren.
In der Zwischenzeit in den 3 l Fleischbrühe das Suppenhuhn bei nicht zu starker Hitze in 2 Std. gar ziehen lassen. Die Champignons in einer Sauteuse in 1 EL Butter bei nicht zu starker Hitze schmoren lassen (etwa 5 Min.). Zu der oben hergestellten Grundsauce 0,2 l Fleischbrühe, in welcher das Huhn gar gezogen ist, dazugeben sowie 0,2 l Sahne. Außerdem die Garflüssigkeit der Champignons durch ein Haarsieb zugießen und bei hoher Temperatur 5 Min. um ein Drittel reduzieren. Die Sauce durch ein feines Haarsieb wieder in die Sauteuse passieren und die Kräuterbutter mit einem Schneebesen unterarbeiten.
Die restliche Sahne steif schlagen und unter die nicht mehr kochende Sauce mit dem Schneebesen einrühren. Zum Schluß die übrige Butter mit dem Schneebesen montieren. Mit Salz und Pfeffer abschmecken. Das noch heiße gar gezogene Suppenhuhn von den Knochen lösen, die Haut abziehen und die Sauce darübergießen.

Russische Safransauce

Diese Sauce paßt sehr gut zu in Brühe gar gezogenem Geflügel oder zu gedünstetem Fisch.

3 EL Butter
3 EL Mehl
0,8 l kräftige Fleischbrühe
1 Petersilienwurzel bzw. Pastinake
(in sehr feine Würfel geschnitten)
1 Sellerie (von der Größe einer
kleinen Zwiebel, in sehr feine Würfel
geschnitten)
2 kleine Zwiebeln
(in sehr feine Würfel geschnitten)
1 g Safranfäden
2 EL Wodka
2 EL trockener Riesling
1/2 TL Meersalz
frisch gemahlener weißer Pfeffer

In einer großen Sauteuse 2 EL Butter zerlassen und das Mehl darin hellbraun anrösten. Anschließend die heiße Fleischbrühe nach und nach dazugießen und ständig mit dem Schneebesen durchrühren. Aufkochen und 10 Min. köcheln lassen.
In einer beschichteten Pfanne die restliche Butter zerlassen und die Petersilienwurzel-, Sellerie- und Zwiebelwürfel darin anrösten. Dieses Gemüse zur Sauce geben und 45 Min. bei nicht zu starker Hitze köcheln. Dabei ständig mit dem Kochlöffel umrühren. Anschließend die Sauce durch ein feines Haarsieb streichen. In einer Tasse die Safranfäden in dem Wodka auflösen und in die Sauce einarbeiten. Den Riesling hinzufügen und zum Schluß mit Salz sowie Pfeffer abschmecken. Nochmals kurz aufkochen, mit dem Schneebesen durchschlagen und sofort servieren.

Weiße Chaudfroid-Sauce

Wörtlich übersetzt heißt diese Sauce Warm-kalt-Sauce. Es handelt sich um eine dickflüssige weiße Sauce, die vor allem zu gekochten kalten Geflügelstücken als Überzug verwendet wird. So werden Geflügelbrüste, Geflügelkeulen oder auch gegarte ganze Wachteln mit dieser wohlschmeckenden Sauce überzogen, die dann nach dem Abkühlen fest wird und dem Gericht ein schönes Aussehen gibt. Das Rezept stammt aus der Zeit um 1900. Man sollte sich wegen des Wohlgeschmacks dieser Sauce genau an die Zutaten und Zubereitungsempfehlungen halten. Voraussetzung zur Zubereitung dieser Sauce ist das Vorhandensein von 0,7 l kräftiger Fleischbrühe, 0,3 l geliertem Kalbsfond und 0,4 l Geflügelbrühe.

80 g Butter
80 g Mehl
0,2 l trockener Riesling
0,7 l kräftige Fleischbrühe
2 Eigelb
0,4 l süße Sahne
2 EL zerlassene Butter
0,3 l gelierter Kalbsfond
3 Blatt Gelatine
0,4 l Geflügelbrühe

Die Butter mit dem Mehl in einer Kasserolle leicht anrösten (nicht braun werden lassen!). Den Topf von der Platte ziehen und den Riesling sowie 0,5 l Fleischbrühe unter ständigem Schlagen mit dem Schneebesen einrühren, dabei das Mehl auflösen. Das Ganze muß eine cremige Sauce ergeben. Anschließend zur Verdünnung der Sauce nochmals 0,2 l Fleischbrühe unterschlagen, langsam erhitzen, aufkochen und etwa 15 Min. leicht kochen. Dabei ständig den Schaum abschöpfen.
Dann die Eigelb mit 0,2 l süßer Sahne verquirlen und 2 EL zerlassene Butter einrühren. 3 bis 4 EL der heißen Sauce mit unterrühren und diese „Liaison" mit dem Schneebesen in die Sauce einschlagen. Dabei die Sauce bis kurz vor das Kochen bringen. Die Sauce dickflüssig einkochen.
1 l dieser so hergestellten Weißweinsauce erhitzen und den Kalbsfond zufügen. Dazwischen 3 Blatt Gelatine in kaltem Wasser einweichen. Der Sauce noch die Geflügelbrühe beimischen und aufkochen. Dabei ständig mit dem Schneebesen schlagen und 5 Min. stark einkochen. Am Schluß des Einkochens nochmals 0,2 l süße Sahne dazugeben und ebenfalls unterschlagen. Alles durch ein Passiertuch filtern, dabei sollte die Sauce noch gut warm sein. Dann die aufgeweichte Gelatine dazurühren und auflösen. Die ganze Sauce abschmecken (gegebenenfalls leicht salzen) und so weit abkühlen, daß sie nur noch lauwarm ist. Diese wird dann zum Überziehen von gekochten oder geschmorten kalten Geflügelstücken verwendet. Zum Gebrauch wird sie fast kalt gerührt, bis sie eine entsprechende Konsistenz hat. Beim Darüberziehen sollte diese bereits fest werden.

Hinweis: Diese Sauce sollte frisch zubereitet werden. Aufgrund des doch beträchtlichen Aufwandes der Herstellung empfiehlt es sich, sie nur zu großen kalten Platten herzustellen und zu verwenden.

Weiße Geflügelsauce

Diese Sauce ähnelt der „Sauce suprême" (siehe Rezept). Sie stammt aus der Zeit um 1920, die Sauce hat eine weiße Farbe und ist leicht cremig.

1 frisches Hähnchen oder Suppenhuhn (etwa 800–1000 g)
1 l kräftige Kalbsbrühe (also Brühe von Kalbfleisch und Suppengemüse)
50 g Butter
80 g Mehl
0,25 l Sahne
Meersalz
frisch gemahlener weißer Pfeffer

Das Huhn in 6 Stücke teilen und etwa $1/2$ Min. blanchieren. Anschließend die Geflügelstücke in der Kalbsbrühe bei mäßiger Hitze weich kochen (etwa 40 Min.).
In einer großen Sauteuse die Butter zerlassen. Nach und nach das Mehl mit einem Kochlöffel einrühren und hellbraun anrösten. Die Geflügelstückchen aus der Kalbsbrühe nehmen, die Kalbsbrühe durch ein feines Sieb langsam in das angeröstete Mehl gießen und mit dem Schneebesen immer wieder durchrühren. Das Ganze aufkochen und kräftig mit dem Schneebesen einarbeiten. Von der Platte ziehen, mit dem Schneebesen weiterschlagen und nochmals aufkochen. Ständig weiterrühren, damit die Sauce nicht grießig wird.
Nach etwa 10 Min. kochen die Sahne langsam zugeben und immer wieder aufkochen. Nochmals etwa 2 Min. kochen und durch ein Passiertuch in eine Schüssel seihen. Erst zum Schluß mit Salz und Pfeffer abschmecken. Diese cremige Sauce wird zu Suppenhuhn bzw. in Brühe gar gezogenem Geflügel serviert.

Gourmetsauce

Diese sehr wohlschmeckende rötliche Sauce (das Rezept stammt von 1901) kann zu frischem Geflügel, welches in Brühe gar gezogen ist, serviert werden. Sie eignet sich auch als Beigabe zu Rindsbraten oder auch zu gedünstetem Fisch.

0,3 l frisch hergestellte
Sauce hollandaise (siehe Rezept)
3 EL stark eingekochter Fleischfond,
festes Gelee (siehe Rezept)
2 Schalotten
(in sehr feine Würfel geschnitten)
1 EL frische Estragonblätter
1/2 EL frische glatte Petersilie
(fein gehackt)
1/2 EL frischer Kerbel (fein gehackt)
1/2 TL süßer Balsamico-Essig
(mindestens 12 Jahre alt)
1 EL Zucker
0,1 l Tomatenpüree (kein Tomatenmark)

Zunächst die Sauce hollandaise herstellen und in die noch warme Sauce den gelierten Fleischfond langsam einschlagen. Die Schalottenwürfel, den Estragon, die Petersilie sowie den Kerbel unter die Sauce mischen und den Balsamico-Essig hinzufügen. Den Zucker in einer Edelstahlpfanne bei nicht zu starker Hitze schmelzen und so lange erhitzen, bis er dunkelbraun wird. Diesen Karamelzucker gleich unter die Sauce schlagen. Den Topf auf sehr geringe Hitze stellen und das Tomatenpüree einrühren. Die Sauce lauwarm servieren.

Portwein-Pfeffer-Sauce zu Entenbrust

Diese Sauce ist wegen ihrer exklusiven Zutaten nicht ganz billig. Es werden 3 EL Trüffelsaft (von eingelegten Trüffeln) und 60 g gegarte Gänseleber (Gänseleberblock aus der Dose oder in Folie eingeschweißt) benötigt. Außerdem werden 4 EL süßer roter Portwein und 0,15 l stark eingekochter Geflügelfond verwendet.

4 EL süßer roter Portwein
1 TL schwarze Pfefferkörner
(im Mörser kräftig zerdrückt)
1 TL weiße Pfefferkörner
(im Mörser kräftig zerdrückt)
1 TL rote Pfefferkörner
(im Mörser kräftig zerdrückt)
0,15 l stark eingekochter Geflügelfond
(siehe Rezept)
2 EL Trüffelsaft
0,1 l trockener Rotwein
(z. B. Spätburgunder)
0,1 l süße Sahne
60 g Gänseleberblock
0,1 l geschlagene süße Sahne
Meersalz
frisch gemahlener weißer Pfeffer
1 Messerspitze brauner Rohrzucker

In eine Sauteuse den Portwein gießen, die Pfefferkörner dazugeben und aufkochen. 1 Min. köcheln, den Topf von der Platte ziehen und abkühlen lassen. In einer weiteren Sauteuse den Geflügelfond, den Trüffelsaft und den Rotwein aufkochen und kräftig auf mindestens die Hälfte einkochen. 0,1 l Sahne untermischen und nochmals um ein Drittel reduzieren.
Die Gänseleber durch ein feines Haarsieb streichen und mit dem Schneebesen in die Sauce einschlagen. Die Pfefferkörner mit dem Portwein hinzufügen, nochmals aufkochen und 1 Min. köcheln. Dabei ständig mit dem Schneebesen schlagen. Mit Salz, Pfeffer und Rohrzucker abschmecken. Zum Schluß die 0,1 l steif geschlagene Sahne mit einem Löffel unterheben, und dabei darauf achten, daß die Sauce cremig schaumig bleibt. Nun nicht mehr kochen und sofort zu der Entenbrust servieren.

Sauce Duke of Kent

Dies ist eine Spezialsauce des berühmten Kochs Alfred Walterspiel aus der Zeit der Jahrhundertwende. Walterspiel ist bekannt für seine exquisite Küche, präzisen Kochanweisungen unter Verwendung der besten Rohprodukte. Zur Herstellung der Sauce ist das Vorhandensein von 2 EL Geflügelfond erforderlich.

2 EL englisches Orangengelee (bitter)
2 EL stark eingekochter Geflügelfond
1 EL frisch geriebener Meerrettich
0,1 l alter Tokajer
1 Prise Cayennepfeffer

In einer Sauteuse das Orangengelee mit dem Geflügelfond verrühren. Langsam erhitzen und den Meerrettich zugeben sowie den Tokajer. Mit wenig Cayennepfeffer abschmecken (und kein Salz zugeben!). Das Ganze leicht einkochen und sofort servieren.

Trüffel-Madeira-Sauce zu Gänseleber

Diese Sauce erhält den kräftig aromatischen Geschmack durch die Verwendung von Portwein und Madeira sowie durch die fein gehackten schwarzen Trüffeln. Außerdem wird zur Herstellung 0,3 l kräftig eingekochter Geflügelfond benötigt. Die Sauce paßt ausgezeichnet zu frisch gebratenen Gänseleberstücken.

1 TL Erdnußbutter
30 g frische schwarze Trüffel
(sehr fein gehackt)
0,15 l roter Portwein
0,2 l Madeira
0,3 l Geflügelfond (siehe Rezept)
Meersalz
frisch gemahlener weißer Pfeffer
1 Messerspitze brauner Rohrzucker
3 EL kalte Butter
(in kleine Stücke geschnitten)

In einer breiten Sauteuse die Erdnußbutter zerlassen, die Trüffel darin kurz anschwitzen und sofort mit Portwein ablöschen. Etwa 3 Min. bei nicht zu starker Hitze einkochen und dann den Madeira dazugießen. Das Ganze auf die Hälfte reduzieren und anschließend den Geflügelfond hinzufügen. Nochmals kräftig einkochen, so daß die Sauce leicht dickflüssig wird.
Mit Meersalz, Pfeffer und Rohrzucker abschmecken und zum Schluß mit dem Schneebesen die kalten Butterstückchen allmählich einschlagen. Dabei darauf achten, daß die Sauce nicht mehr kocht, da sich sonst die Butter nicht mit der Sauce verbindet.
Sofort und heiß zu der Gänseleber servieren.

Saucen zu Fisch
und Krustentieren

Essigsauce zu Fischsalat

Diese Sauce muß nach der Herstellung 14 Tage in einer verschlossenen Flasche „reifen" und kann danach für Salat von Fisch oder Meeresfrüchten verwendet werden. Das Rezept stammt aus der Zeit um 1900.

8 gut abgewaschene in Salz eingelegte Sardellen
(in kleine Stücke geschnitten)
6 Schalotten
(in kleine Stücke geschnitten)
3 Knoblauchzehen
(in kleine Stücke geschnitten)
1 Lorbeerblatt (in Stücke gebrochen)
2 frische Salbeiblätter
oder 4 getrocknete Salbeiblätter
8 weiße Pfefferkörner
5 frische Basilikumblätter
2 EL Olivenöl
0,5 l guter Weißweinessig

Einen großen Steinmörser nehmen und die Sardellenstücke, die Schalotten, die Knoblauchzehen, den Lorbeer, die Salbeiblätter, die Pfefferkörner, die Basilikumblätter sowie das Olivenöl hineingeben. Das Ganze mit dem Stößel zu einem Brei zerstoßen. Anschließend die Masse in ein dicht schließendes Gefäß oder in eine Flasche füllen und mit Weißweinessig aufgießen. Das Ganze 14 Tage stehen lassen, dabei immer wieder die Flasche schütteln bzw. im Gefäß mit einem Löffel umrühren. Nach 14 Tagen diese Essigmischung durch ein Passiertuch streichen und in eine Flasche abfüllen. Die Flasche gut verkorken und im Kühlschrank aufbewahren.

Hinweis: Nach dem Abfüllen in die Flasche sollte diese nochmals etwa 14 Tage im Kühlschrank stehen, um „nachzureifen". Da diese Essigsauce einen sehr intensiven Geschmack hat, sollte sie nur sehr sparsam bei der Zubereitung von Fischsalat oder Meeresfrüchtesalat verwendet werden.

Coulis von Fischen

Diese Sauce (Originalrezept aus der Zeit um 1780) wird zu frisch gedünstetem Fischfilet serviert.

5 dünne Scheiben magerer gekochter Schinken
1,5 l kräftige Fleischbrühe
2 altbackene Semmeln
(in dünne Scheiben geschnitten)
1 kg gemischte frische Meeresfische
(Seelachs, Makrele, Rotbarsch usw.)
4 Schalotten
(in kleine Würfel geschnitten)
2 Petersilienwurzeln
(in kleine Würfel geschnitten)
3 EL Kapern
5 Eigelb
1 EL frisch gepreßter Zitronensaft
Salz

Zunächst die Schinkenscheiben entweder in Stückchen schneiden und im Mörser zum Brei zerstampfen oder die Scheiben in einem Mixer zu einem Püree vermengen. Die Fleischbrühe in einen großen Topf gießen und erhitzen. Die Semmelscheiben mit 0,1 l Fleischbrühe einweichen. In der restlichen Fleischbrühe die Fische sowie das Schinkenpüree, die eingeweichten Semmeln, die Schalotten und die Petersilie bei nicht zu starker Hitze etwa 30 Min. köcheln. Anschließend die Flüssigkeit durch ein feines Mulltuch, das in ein Haarsieb gelegt wird, passieren. Diese Sauce in einer große Sauteuse wieder auf die Platte stellen und die vorher gewässerten Kapern hinzufügen. In einer Tasse die Eigelb mit dem Zitronensaft mit einer Gabel verquirlen. 5 EL von der heißen Sauce mit dieser Mischung verrühren. Dann nach und nach mit dem Schneebesen in die Sauce einschlagen und das Ganze einmal aufkochen. Mit Salz abschmecken und sofort zu dem Fisch servieren.

Fenchelsauce zu Fischsalat

Diese klassische Sauce aus Genua paßt auch zu gekochtem kaltem Suppenfleisch oder zu festfleischigem Meeresfisch. Zur Herstellung ist ein großer Steinmörser erforderlich (ersatzweise ein kleiner Mixer).

2 Bund frische glatte Petersilie
1 TL grobes Meersalz
2 Knoblauchzehen
(in kleine Stücke geschnitten)
1 EL große Kapern
3 Sardellenfilets
8 mittelgroße grüne Oliven
eine 1 cm dicke Scheibe frische Fenchelwurzel
(in kleine Würfel geschnitten)
3 EL zerbröselte altbackene Semmel
1 EL Milch
2 hartgekochte Eigelb
0,2 l gutes kalt gepreßtes Olivenöl
2 EL Sherry-Essig

Die Petersilie unter fließendem kaltem Wasser waschen und trocknen. Die Blättchen abzupfen und in den Steinmörser geben. Das Meersalz sowie den Knoblauch hinzutun. Im Mörser zerreiben, bis alles zu einer cremigen Paste wird. Die Kapern und die Sardellenfilets unter fließendem kaltem Wasser abwaschen und in kleine Stücke schneiden. Bei den Oliven das Fleisch mit einem scharfen Messer in kleinen Stücken vom Kern schneiden. Die Kapern, die Sardellen sowie die Oliven zu der Masse im Mörser schütten und kräftig zerstampfen. Den Fenchel ebenfalls hinzutun und weiterstampfen.
Dann die Semmelbrösel mit der Milch anfeuchten und ebenfalls zu der Masse geben. Weiter mit dem Stößel rühren und dabei noch die Eigelb hinzufügen. Nun das Olivenöl langsam dazugeben und alles gut miteinander verrühren. Die Masse sieht aus wie dicke Mayonnaise. Zum Schluß den Essig in kleinen Mengen zugießen, nochmals kräftig vermischen und sofort zu dem kalten Suppenfleisch oder frisch gedünstetem Meeresfisch bzw. Fischsalat servieren.

Gemüsevinaigrette zu lauwarmem Fischsalat

Den aromatischen Geschmack dieser Sauce erhält man durch ganz fein gehackte Gemüsewürfelchen und frische Kräuter. Wichtig ist die Verwendung von erstklassigem kalt gepreßtem Olivenöl, mindestens 10 Jahre altem Balsamico-Essig und 1 TL Saft von eingelegten schwarzen Trüffeln. Die Sauce wird lauwarm zu kroß angebratenen Fischstückchen mit Nudeln serviert.

*3 EL dunkler dickflüssiger
Balsamico-Essig
1 TL brauner Rohrzucker
Meersalz
frisch gemahlener schwarzer Pfeffer
1 TL Saft von eingelegten
schwarzen Trüffeln
0,1 l gutes kalt gepreßtes Olivenöl
je 1 EL frische Kräuter
(Zitronenthymian, Kerbel, Basilikum,
glatte Petersilie und Liebstöckel,
fein gehackt)
je 1 EL kleine Gemüsewürfel
(Schalotten, abgezogene und entkernte
Tomaten, kleine junge Karotten,
Stangensellerie, geschälte und entkernte Salatgurke)*

In einer großen Porzellanschüssel den Balsamico-Essig mit dem Rohrzucker, einer kräftigen Prise Meersalz und Pfeffer sowie dem Trüffelsaft mit einem Schneebesen verrühren. Langsam das Olivenöl dazugießen und zum Schluß die Kräuter mit einem Löffel unterheben. Die Gemüsewürfel untermischen und nochmals mit Meersalz und Pfeffer abschmecken. Die Sauce dann in eine breite Sauteuse oder eine breite hohe Edelstahlpfanne geben und lauwarm erhitzen.
Anschließend die vorher gebratenen Fischstücke und bißfest gekochten Nudeln unter die Sauce heben und das Ganze warm servieren.

Sauce Bagration zu kalter Fischpastete

Diese Sauce ist nach dem Fürst von Bagration, der von 1765 bis 1812 lebte, benannt. Er war ein russischer Feldherr, der angeblich eine Vorliebe für gutes Essen hatte.

*0,3 l frisch hergestellte Mayonnaise
(siehe Rezept)
2 TL Sardellenpaste
1 TL rote Pfefferkörner
(leicht zerdrückt)
1 Messerspitze Geschmacksverstärker
(z. B. Glutamat, Aromat o. a.)
50 g Kaviar
(ersatzweise roter Forellenkaviar)*

In die Mayonnaise mit dem Schneebesen die Sardellenpaste unterschlagen. Den Pfeffer sowie den Geschmacksverstärker hinzufügen und zum Schluß den Kaviar mit einem Löffel unterheben (nicht mehr mit dem Schneebesen durchschlagen). Die Sauce sofort zur Fischpastete servieren.

Austernsauce

Die Austernsauce ist eine pikant schmeckende, leicht säuerliche Sauce. Das Rezept stammt vom Ende des 19. Jahrhunderts (Originalrezept nach Davidis). Voraussetzung zur Herstellung ist der Vorrat von 0,5 l Fleischbrühe.

*15 Austern
1 Lorbeerblatt (in Stücke gebrochen)
1 TL weiße Pfefferkörner
(grob zerstoßen)
0,5 l Fleischbrühe
2 EL Mehl
2 EL Butter
0,2 l trockener Riesling
Saft von 1/2 Zitrone
Salz
geriebene Muskatnuß
(von ganzer Nuß)
3 Eigelb*

Die geschlossenen Austern entbarten. In eine Sauteuse kommen die Lorbeerblattstücke, die Pfefferkörner und die Fleischbrühe. Das Ganze 30 Min. auskochen und durch ein Haarsieb geben. In einer Pfanne das Mehl mit der Butter hellbraun anrösten. Die so hergestellte Brühe, den Riesling sowie den Zitronensaft dazugießen und mit dem Schneebesen glattschlagen.
Kurz vor dem Anrichten die Austern samt ihrer Meeresflüssigkeit dazugeben. Noch kurz mit Salz und Muskatnuß abschmecken, danach die Eigelb verrühren und zusammen mit 4 EL von der Sauce erwärmen. Dieses Gemisch dann ebenfalls mit dem Schneebesen einschlagen, damit die Sauce abbindet.

Hinweis: Es ist ganz wichtig, daß die Austern erst kurz vor dem Servieren zugefügt werden, da sie sonst hart werden. Die Sauce kann zu gedünstetem oder zu gebratenem Fisch sowie gebratenen Gambas gereicht werden.

Honig-Limonen-Sauce zu Fisch

Diese sehr aromatische cremige Sauce wird zu Meeresfischfilet, das schonend in der Alufolie gegart wird, serviert. Auf ein großes Stück Alufolie ein Fischfilet legen. Mit Meersalz und grob gemahlenem weißem Pfeffer bestreuen, Olivenöl darüberträufeln sowie ½ Lorbeerblatt und 1 EL trockenen Riesling hinzufügen. Die Folie schließen und 35 Min. im Backofen bei 230 °C garen. Die Folie öffnen und den erhaltenen Saft durch ein feines Haarsieb in eine kleine Schüssel seihen. Dieser Garfond wird dann für die Herstellung der nachstehenden Sauce verwendet. Außerdem braucht man für die Sauce 0,15 l stark reduzierten Geflügelfond.

0,15 l stark reduzierter Geflügelfond
(gelierte Jus, siehe Rezept)
Saft von 1 Limone
1 TL flüssiger heller Kleehonig
0,1 l Fischgarfond
(siehe Vorbemerkung)
3 EL dicke saure Sahne
Meersalz
frisch gemahlener weißer Pfeffer

In einer Sauteuse den Geflügelfond mit dem Limonensaft und dem Honig aufkochen. Auf die Hälfte reduzieren und dann den vorher aufgefangenen Garfond vom Fisch dazugeben. Das Ganze nochmals etwa 3 Min. kochen. Danach die saure Sahne mit einem Schneebesen unterschlagen und mit Meersalz und Pfeffer abschmecken. Nicht mehr weiter aufkochen und darauf achten, daß die Sauce cremig bzw. leicht dickflüssig wird. Wenn dies nicht der Fall ist, noch etwas reduzieren und ein wenig Sahne untermischen. Die Sauce mit dem vorher gegarten Fisch sehr heiß servieren.

Karotten-Cremesauce zu Fisch I

Zur Zubereitung dieser Sauce wird vorher ein frischer Fischfond gekocht. Sie paßt ausgezeichnet zu gebratenem Meeresfisch.

Zutaten Fischfond:
2 kg Fischgräten und Fischabfälle
2 Karotten
(in grobe Würfel geschnitten)
½ kleiner Sellerie
(in grobe Würfel geschnitten)
1 Zwiebel
(in grobe Würfel geschnitten)
1 Lauchstange
(in grobe Würfel geschnitten)
1 TL weiße Pfefferkörner
2 Lorbeerblätter (in Stücke geschnitten)
1 TL getrockneter Thymian
1,5 l Wasser
1 Bund glatte Petersilie
0,1 l trockener Riesling

Zutaten Sauce:
500 g junge Karotten
(in kleine Würfel geschnitten)
0,2 l dicke süße Sahne (Crème fraîche)
Meersalz
frisch gemahlener weißer Pfeffer
2 EL kalte Butter
(in kleine Stückchen geschnitten)

Die Fischgräten und Fischabfälle unter fließendem kaltem Wasser abwaschen. In eine große Kasserolle die Fischgräten und Fischabfälle, die Karotten-, die Sellerie-, die Zwiebel- und die Lauchwürfel geben. Außerdem die Pfefferkörner, die Lorbeerblattstücke und den Thymian hinzufügen. Mit dem Wasser aufgießen und langsam bis zum Kochen erhitzen. Jetzt die grob gehackte Petersilie dazugeben. 30 Min. bei nicht zu starker Hitze kochen lassen und darauf achten, daß die Zutaten immer mit Wasser bedeckt sind. Nach 10 Min. den Wein hinzugießen und die restlichen 20 Min. kochen lassen.
Den Fischfond durch ein Haarsieb in eine Sauteuse streichen und bei starker Hitze auf die Hälfte reduzieren. Danach durch ein Passiertuch in eine

andere Sauteuse geben. Die Karottenwürfel dem eingekochten Fischfond beimischen und 20 Min. bei nicht zu starker Hitze köcheln lassen. Mit dem Pürierstab die Karottenwürfel mit dem Fischfond mixen und durch ein Haarsieb passieren. In der Sauteuse etwa 5 Min. bei mäßiger Hitze weiter einkochen lassen.
Dann den Topf vom Herd ziehen und die Sahne mit dem Schneebesen einschlagen. Mit Salz sowie Pfeffer abschmecken und wieder bis kurz vor das Kochen bringen. Zum Schluß die kalten Butterstückchen nach und nach mit dem Schneebesen kräftig unterarbeiten und nicht mehr aufkochen.

Karotten-Cremesauce zu Fisch II

1 EL Butter
4 kleine Karotten
(in kleine Würfel geschnitten)
3 Schalotten
(in kleine Würfel geschnitten)
0,7 l Fischfond
2 EL kalte Butter
(in kleine Stücke geschnitten)
Meersalz

In einer Sauteuse 1 EL Butter zerlaufen lassen, die Karotten- und Schalottenwürfel zugeben, leicht anrösten und anschließend den Fischfond zugießen. Das Ganze kräftig durchkochen lassen, so daß die Karottenwürfel sehr weich sind. Mit einem Schaumlöffel die Karottenwürfel herausnehmen und in einem Mixer pürieren. Den Fischfond auf die Hälfte der Menge reduzieren. Das Karottenpüree zugeben und mit dem Pürierstab aufmixen. Kurz aufkochen und die Hitze herunterschalten. Dann die 2 EL kalte Butterstückchen mit dem Schneebesen unterschlagen und mit Meersalz abschmecken. Die Sauce sofort zu gedünstetem Fisch servieren.

Roter Paprikafond zu Fisch

5 mittelgroße rote Paprikaschoten
4 EL feines kalt gepreßtes Olivenöl
5 Schalotten
(in feine Würfel geschnitten)
3 Basilikumblätter
1 Sternanis
6 Knoblauchzehen
(einmal durchgeschnitten)
2 EL Estragonessig
0,2 l trockener Wermut
0,2 l Gemüsefond
0,2 l Wasser
2 EL kalte Butter
(in kleine Stücke geschnitten)
1 EL frisch gepreßter Orangensaft

Die Paprikaschoten durchschneiden, entkernen und den Stielansatz wegschneiden. Dann die Paprikaschoten in große Würfel schneiden. In einer Stahlpfanne 3 EL Olivenöl erhitzen und die Paprikawürfel hineinlegen. Außerdem die Schalottenwürfel, die Basilikumblätter sowie den Sternanis und die Knoblauchzehen zugeben. Das Ganze 10 Min. bei mäßiger Hitze schmoren. Anschließend den Estragonessig beimischen und aufkochen. Den Wermut zugießen und alles bei starker Hitze einkochen. Den Gemüsefond und das Wasser zusetzen und 30 Min. bei mäßiger Hitze weiterkochen. Den Sternanis und die halbierten Knoblauchzehen herausnehmen und die Sauce mit dem Pürierstab pürieren. Danach durch ein Passiergerät geben und in einer Sauteuse wieder auf den Herd stellen. Dort nochmals etwa 10 Min. bei mäßiger Hitze kochen, bis die Sauce dickflüssig wird. Das restliche Olivenöl hinzufügen. Dann die Butterstückchen mit dem Schneebesen einschlagen und anschließend noch den Orangensaft (durch ein Sieb) einrühren. Wichtig ist, daß nach Zugabe der Butterstückchen die Sauce nicht mehr kocht, sonst setzen sich das Olivenöl und die Butter ab. Die Sauce sofort zu gedünstetem Fisch servieren.

Grapefruit-Koriander-Sauce zu Fisch

1 rosa Grapefruit
0,2 l Fischfond
2 EL Olivenöl
1 EL frische Korianderblätter
(fein gehackt)
3 EL kalte Butter
(in kleine Stücke geschnitten)

Die Grapefruit mit einem sehr scharfen Messer gründlich abschälen, damit die gesamte weiße Haut entfernt ist. Die Filets herausschneiden und in grobe Stücke schneiden. Den sich beim Filetieren ergebenden Grapefruitsaft auffangen. In einer Sauteuse den Fischfond aufkochen und die Grapefruitfilets sowie den Grapefruitsaft zugeben. Die Sauce kräftig kochen und mit dem Schneebesen durchschlagen, so daß sich die Grapefruitfilets fast auflösen. Anschließend die Hitze zurückschalten, damit die Sauce nur noch leicht simmert. Das Olivenöl sowie den Koriander hinzufügen und mit dem Schneebesen nochmals durchschlagen. Zum Schluß die Butterstückchen mit dem Schneebesen unterziehen, damit die Sauce leicht cremig wird.
Sofort zu gebratenem Fischfilet oder zu gedünstetem Fisch servieren.

Kirschsauce zu Fisch
(Rußland)

Diese säuerlich süße Sauce paßt gut zu kurz gebratenem Fisch, wobei der Bratensaft des Fisches mitverwendet wird. Die Herstellung dieser Sauce lohnt sich vor allem dann, wenn eine große Fischplatte zubereitet wird und dabei immer wieder der Bratensatz (0,25 l) in ein separates Gefäß abgegossen wird.

0,3 l Weißwein
0,2 l Bratensaft vom gebratenen Fisch
300 g Sauerkirschen (entkernt)
2 TL Mehl
2 EL Wasser
$1/2$ TL brauner Rohrzucker
1 Messerspitze gemahlener Zimt

In einer Sauteuse den Wein und den Bratensaft zusammen erhitzen. Dann die Kirschen im Mixer pürieren und in die Flüssigkeit geben. Das Mehl mit dem Wasser verrühren, die Sauce aufkochen und nach und nach mit dem Schneebesen die Mehlmischung einschlagen. Dabei ergibt sich eine cremige Sauce, die 5 Min. leicht kochen muß. Abschließend mit dem Rohrzucker sowie Zimt abschmecken und sofort servieren.

Kürbis-Ingwer-Sauce zu Fisch

Diese Sauce ist kräftig, süßlich und zugleich scharf schmeckend und hat eine cremige Substanz. Sie wird vor allem zu gedünstetem Meeresfisch serviert. Zur Zubereitung ist ein hervorragender Balsamico-Essig (mindestens 10 Jahre alt) erforderlich.

2 EL Butter
500 g sehr reifes gelbes Kürbisfleisch
(in kleine Würfel geschnitten)
2 Schalotten
(in feine Würfel geschnitten)
1 EL Balsamico-Essig
½ TL fein geriebener frischer Ingwer
0,2 l flüssige süße Sahne
0,3 l Crème fraîche
3 EL eiskalte Butter
(in kleine Stückchen geschnitten)
Meersalz
frisch gemahlener weißer Pfeffer

In einer großen Sauteuse die Butter zerlassen und die Kürbis- und Schalottenwürfel bei starker Hitze kurz anrösten. Anschließend bei mäßiger Hitze weich kochen (etwa 30 Min.). Dann den Balsamico-Essig dazugießen und alles durch ein sehr feines Haarsieb streichen. Die Sauce in eine Sauteuse geben und den Ingwer daruntermischen; dann die Sahne und Crème fraîche zugeben. Die Masse langsam erhitzen (nicht kochen!) und mit dem Schneebesen immer wieder durchschlagen. Zum Schluß die Butterstückchen mit dem Schneebesen nacheinander unterschlagen und dabei die Sauce gut erhitzen, aber nicht kochen lassen. Als letztes mit Meersalz sowie Pfeffer abschmecken und sofort zu gedünstetem Fisch servieren.

Johannisbeer-sauce zu Fisch
(Rußland)

Diese säuerlich süße Sauce paßt gut zu kurz gebratenem Fisch, wobei der Bratensaft des Fisches mitverwendet wird. Die Herstellung dieser Sauce lohnt sich vor allem dann, wenn eine große Fischplatte zubereitet wird und dabei immer wieder der Bratensatz (0,25 l) in ein extra Gefäß abgegossen wird.

0,3 l Weißwein
0,2 l Bratensaft vom gebratenem Fisch
300 g rote Johannisbeeren
(von den Stielen gestreift)
2 TL Mehl
2 EL Wasser
½ TL brauner Rohrzucker
1 Messerspitze gemahlener Zimt

In einer Sauteuse den Wein und den Bratensaft zusammen erhitzen. Dann die Johannisbeeren durch ein Passiersieb streichen und direkt zu der Flüssigkeit geben. Das Mehl mit dem Wasser verrühren, die Sauce aufkochen und nach und nach mit dem Schneebesen die Mehlmischung einschlagen. Dabei ergibt sich eine cremige Sauce, die 5 Min. leicht kochen muß. Zum Schluß mit dem Zucker und Zimt abschmecken. Sofort servieren.

Limonen-Pistazien-Butter zu Fisch

Diese Sauce schmeckt ausgezeichnet zu frisch gebratenem Meeresfischfilet oder zu frischen gedünsteten Jakobsmuscheln.

4 unbehandelte Limonen
200 g zimmerwarme Butter
½ TL feines Meersalz
30 g Pistazien (in einem Mixer oder in einem Mörser fein zerstoßen)
1 TL grüne Pfefferkörner
0,2 l Fischfond (siehe Rezept)
0,1 l dicke süße Sahne
1 TL getrocknete rote Pfefferkörner

Von den Limonen mit einem scharfen Messer die Schale ganz dünn abschälen und sehr fein hacken. Die Limonen dann auspressen und den Saft beiseite stellen. In einer großen Metallschlagschüssel die Butter mit dem Schneebesen schaumig rühren. Die Pistazien, die Limonenschalen sowie den Limonensaft hinzufügen und nochmals kräftig mit dem Schneebesen aufschlagen. Mit Meersalz abschmecken und die grünen Pfefferkörner unter die Butter mischen.
In einer Sauteuse den Fischfond aufkochen und die Sahne mit dem Schneebesen unterschlagen. Das Ganze um ein Drittel reduzieren. Dann den Topf von der Platte ziehen, etwas abkühlen lassen und die vorher vorbereitete Limonenbutter nach und nach mit dem Schneebesen unterrühren. Zum Schluß mit dem Pürierstab nochmals kräftig aufmixen, die roten Pfefferkörner unterheben und sofort zu dem Fisch servieren.

Blumenkohlsauce zu Fisch

Für die Zubereitung dieser Sauce sind 2 EL frisch gekochte Blumenkohlröschen erforderlich. Die Sauce eignet sich hervorragend zu gebratenem Meeresfisch.

2 EL frisch gekochter Blumenkohl
(Röschen)
0,1 l warmer Gemüsefond
3 EL Butter
Meersalz
frisch gemahlener weißer Pfeffer
frisch geriebene Muskatnuß

In eine Schüssel die Blumenkohlröschen und den warmen Gemüsefond geben. Die Butter zufügen und das Ganze mit dem Pürierstab sehr fein pürieren. Mit Meersalz, Pfeffer sowie Muskatnuß abschmecken und lauwarm zu gebratenem Meeresfisch servieren.

Zitronen-Olivenöl-Sauce zu Fisch

Dies ist eine sehr schnell zubereitete Sauce, die zu gegrilltem Meeresfisch gereicht wird. Wichtig ist die Verwendung von saftigen kleinen Orangen und vor allem hervorragendem kalt gepreßtem Olivenöl.

2 Zitronen
1 Limone
6 kernlose saftige Orangen
0,2 l kalt gepreßtes Olivenöl
Meersalz
frisch gemahlener weißer Pfeffer

Die Zitronen, die Limone und die Orangen mit einem scharfen Messer so abschälen, daß auch die weiße Haut vollständig entfernt ist. Über einer Schüssel die Filets mit einem scharfen Messer herausschneiden. Die Filets in den sich sammelnden Saft legen. Das übriggebliebene Fruchtfleisch ebenfalls ausdrücken und den Saft dazugeben. In einer Sauteuse den Saft erhitzen. Kurz vor das Kochen bringen (in keinem Fall aufkochen!) und das Olivenöl zugießen. Mit dem Schneebesen durchschlagen und anschließend die Fruchtfilets darin erhitzen. Die Sauce mit Salz sowie Pfeffer abschmecken und sofort zu dem frisch zubereiten Fisch servieren.

Weiße Krebs-Champignon-Sauce zu Fisch

200 g Butter
1 EL frisch gepreßter Zitronensaft
1 Bund frische glatte Petersilie
(fein gehackt)
frisch gemahlener weißer Pfeffer
2 EL Butter
2 EL Mehl
0,5 l Fischfond
3 Eigelb
½ EL Butter
100 g Steinchampignons
(in dünne Scheiben geschnitten)
12 frisch gekochte Krebsschwänze
(oder ersatzweise 12 frisch gebratene
ausgelöste Garnelen)
1 TL Zitronensaft
Salz
frisch gemahlener weißer Pfeffer

In einem kleinem Topf die 200 g Butter zerlassen, den Zitronensaft sowie die Petersilie dazugeben und mit Pfeffer würzen. Das Ganze langsam abkühlen lassen. In einer Sauteuse die 2 EL Butter zerlassen und das Mehl darin hellbraun anrösten. Nach und nach den Fischfond dazugießen, dabei laufend mit dem Schneebesen durchschlagen und 5 Min. köcheln lassen.
Eine Schlagschüssel auf das kochende Wasserbad stellen und die vorher zubereitete Einbrenne (Fischfond) einrühren. Mit dem Schneebesen aufschlagen und allmählich die Butter-Zitronen-Mischung sowie die Eigelb hinzufügen und ständig mit dem Schneebesen umrühren. Die Zutaten langsam hineingeben, damit sich eine gute Bindung ergibt. In einer beschichteten Pfanne in wenig Butter die Champignons kurz anbraten. Die Krebs- oder Garnelenschwänze in kleine Stückchen schneiden und mit den Champignonscheiben zu der Sauce geben. Das Ganze mit dem Zitronensaft sowie Salz und Pfeffer abschmecken, mit dem Schneebesen nochmals durchrühren und sofort servieren.

Eisenkraut-Essig-Sauce zu Fisch

Zu dieser interessanten Sauce aus dem Südwesten Frankreichs wird frisches Eisenkraut (Verbena) verwendet. Der Duft dieses Krautes ähnelt dem der Zitrone. In Frankreich wird das Eisenkraut vor allem in der Kosmetikindustrie verwendet bzw. für Süßspeisen. Wenn man zum Beispiel das Eisenkraut fein zerhackt und Zitronensaft dazugibt, dann erinnert der Duft sehr stark an frische Limonen. Im übrigen wird aus diesem Kraut auch ein hervorragender Likör hergestellt (in Le Puy, Zentralfrankreich).

4 EL kräftiger Weißweinessig
(am besten aus Spätlesetrauben)
4 EL Wasser
4 Schalotten (sehr fein gehackt)
250 g kalte Butter
(in kleine Stücke geschnitten)
Meersalz
frisch gemahlener weißer Pfeffer
1 EL Eisenkraut (fein gehackt)

In einer Sauteuse den Essig mit dem Wasser zum Kochen bringen und die Schalottenwürfel zugeben. Das Ganze sehr stark einkochen (etwa 5 Min.), bis nur noch ein Flüssigkeitsfilm im Topf ist. Dann die Temperatur stark herunterschalten und die Butter mit dem Schneebesen unterschlagen. Dabei die Sauteuse auf der Platte bei mäßiger Hitze lassen und in keinem Fall kochen! Es ergibt sich eine cremige Sauce.
Am Schluß mit Meersalz und Pfeffer abschmecken. Das Eisenkraut mit dem Löffel unter die Buttersauce heben. Anschließend sofort zu gegrillten Lachsstückchen servieren.

Sardellen-Sahne-Sauce zu Fisch

(Rußland)

2 EL Butter
2 EL Mehl
0,25 l Fleischbrühe
5 Sardellen (gewaschen, ausgenommen und in kleine Stücke geschnitten)
Meersalz
frisch gemahlener weißer Pfeffer
1 EL frisch gepreßter Zitronensaft
2 EL saure Sahne

In einer Sauteuse die Butter zerlassen und das Mehl darin braun anrösten. Nach und nach mit der heißen Fleischbrühe aufgießen und mit dem Schneebesen ständig rühren. Mindestens 5 Min. köcheln lassen, dann die Sardellenstücke dazugeben. Darauf achten, daß die Sauce nicht mehr kocht. Zum Schluß mit Salz sowie Pfeffer abschmecken und mit dem Zitronensaft vollenden. Nochmals kurz erhitzen (bis kurz vor das Kochen) und die saure Sahne mit einem Löffel unterarbeiten. Sofort zu gebratenem Fisch servieren.

Buttermilchsauce zu Fisch

Zur Herstellung dieser warmen Sauce sind 2 EL Fleischfond erforderlich. Die Sauce eignet sich sehr gut zu gedünstetem Meeresfisch (z. B. Lachs oder Seeteufel).

2 EL Fleischfond
2 EL süße Sahne
1 TL frisch gepreßter Zitronensaft
Meersalz
frisch gemahlener weißer Pfeffer
0,25 l dicke Buttermilch
1 EL frischer Kerbel (fein gehackt)

In einer Sauteuse den Fleischfond mit der Sahne langsam erhitzen und aufkochen. Den Zitronensaft zugeben und mit Meersalz sowie Pfeffer abschmecken. Die Sauce nicht mehr kochen, sondern nur heiß halten. Die Buttermilch nach und nach in die heiße Flüssigkeit einschlagen und dabei alles ebenfalls sehr heiß halten. Wichtig ist dabei, daß die Sauce nicht mehr aufkocht, da sie sonst zerrinnt und sich Buttermilchteile absetzen. Zum Schluß noch den Kerbel unterheben und mit dem Pürierstab die Sauce schaumig aufschlagen. Die Sauce muß sofort serviert werden, sonst setzen sich die einzelnen Teile ab.

Süß-saure Stachelbeersauce zu Fisch

Diese pikant schmeckende Sauce paßt am besten zu pochiertem festfleischigem Meeresfisch. Für die Zubereitung benötigt man Stachelbeersaft und Fischfond.

2 EL Butter
3 Schalotten
(in feine Würfel geschnitten)
2 EL Mehl
0,6 l Fischfond (siehe Rezept)
1½ EL Zitronensaft
0,2 l Stachelbeersaft
1 EL flüssiger Honig
½ TL Meersalz

In einer Sauteuse die Butter zerlassen und die Schalottenwürfel darin andünsten. Das Mehl darüberstreuen und ebenfalls kurz durchbraten (es darf nur hellbraun werden). Langsam den Fischfond dazugeben und dabei ständig mit dem Schneebesen durchschlagen. 5 Min. köcheln lassen und den Zitronensaft sowie den Stachelbeersaft zugießen. Wieder etwa 2 Min. köcheln lassen und mit dem Honig sowie Meersalz abschmecken. Die Sauce durch ein feines Haarsieb streichen, nochmals aufkochen und zu dem gekochtem Fisch servieren.

Knoblauch-Sardellen-Sauce zu Fisch
(Italien)

Diese klassische Sauce stammt aus der Gegend um Genua. Sie wird serviert zu geschmortem Meeresfisch und Gemüse. Wichtig dabei ist vor allem auch die Qualität des Balsamico-Essigs (also mindestens 10 Jahre alt).

50 g Pinienkerne
2 altbackene Scheiben Weißbrot
(in Stückchen gebrochen)
3 Knoblauchzehen
(durch die Presse gedrückt)
1 Bund glatte Petersilie (klein gehackt)
3 hartgekochte Eier
7 grüne Oliven
(Fleisch vom Stein geschnitten)
3 Sardellen
20 g Kapern
1 EL Balsamico-Essig
2 EL Wasser
Salz
frisch gemahlener weißer Pfeffer

Die Pinienkerne in einer Edelstahlpfanne kurz anrösten. In einen Mixer folgende Zutaten geben: die Weißbrotstückchen, den Knoblauch, die Petersilie, die Eier, die Oliven, die Sardellen, die Kapern sowie den Balsamico-Essig, das Wasser und die Pinienkerne. Das Ganze bei hoher Geschwindigkeit fein pürieren, bis sich eine cremige Sauce ergibt. Zum Schluß mit Salz und Pfeffer abschmecken.

Hummer-Safran-Fond zu Fisch

Für diese Sauce werden die Schalen von 2 gekochten Hummern oder von 10 Krebsen bzw. Riesengambas benötigt, außerdem 0,6 l Fischfond und 1 Messerspitze Safranpulver. Die Sauce paßt ausgezeichnet zu kurz gebratenem Meeresfisch oder zu sonstigen Meeresfrüchten (Jakobsmuscheln, Garnelen oder Hummer).

Schale von 2 gekochten Hummern oder
von 10 Krebsen bzw. Riesengambas
2 EL Butter
1 EL Olivenöl
3 Schalotten
2 Stangen Staudensellerie
2 dünne Lauchstangen
3 EL sehr trockener Wermut
3 EL trockener Riesling
0,6 l Fischfond
1 große geschälte rohe Kartoffel
Meersalz
frisch gemahlener weißer Pfeffer
1 Messerspitze Cayennepfeffer
1 EL glatte Petersilie (fein gehackt)
1 TL dickflüssiger süßer
Balsamico-Essig
½ TL brauner Rohrzucker
2 EL kalte Butter
(in kleine Stücke geschnitten)
1 Messerspitze Safranpulver

Die Hummerschalen oder Krebsschalen mit einem Küchenbeil in grobe Stücke hacken. In einer breiten hohen Edelstahlpfanne 2 EL Butter mit dem Olivenöl erhitzen und die Hummerschalen darin anrösten. Das klein geschnittene Wurzelgemüse (Schalotten, Staudensellerie und Lauch) hinzufügen und etwa 4 Min. weiterkochen. Den Wermut und den Riesling dazugießen und um die Hälfte einkochen. Den Fischfond dazugeben und nochmals etwas reduzieren.
Die Sauce durch ein feines Haarsieb in eine Sauteuse seihen und bis zum Kochen erhitzen. Die Kartoffel auf einer feinen Metallreibe reiben und mit dem Schneebesen einschlagen. Mit Salz, Pfeffer und Cayennepfeffer würzen und etwa 3 Min. kochen. Jetzt abermals durch ein Haarsieb in eine Sauteuse schütten, die Petersilie, den Balsamico-

Essig und den Rohrzucker untermischen und die Sauce aufkochen. Dabei die kalten Butterwürfel mit dem Schneebesen einschlagen. Zum Schluß das Safranpulver unterrühren und sehr heiß zu dem Fisch servieren.

Rucolasauce zu Fisch

Dies ist eine überlieferte Sauce aus der Gegend um Mailand. Inzwischen ist auch in Deutschland der Rucolasalat erhältlich, so daß die Sauce ohne weiteres nachgekocht werden kann. Serviert wird sie zu gegrilltem Meeresfisch oder Krustentieren.

1 l Wasser
Meersalz
250 g Rucola oder Rauke
(gut abgewaschen)
100 g Butter
2 Schalotten
(in sehr feine Würfel geschnitten)
1 EL Mehl
0,3 l Milch
0,2 l süße Sahne
2 EL Ricard oder Pernod
frisch gemahlener weißer Pfeffer

In einem Topf das Wasser mit 1 TL Meersalz würzen und aufkochen. Den Rucola im ganzen hineingeben und 2 Min. kräftig kochen. Danach sofort mit dem Schaumlöffel herausnehmen und auf ein sauberes trockenes Küchentuch legen.
In einer Pfanne die Butter zerlassen und die Schalottenwürfel darin leicht anrösten. Das Mehl darüberstreuen und ebenfalls kurz durchrösten. Mit der Milch und der Sahne ablöschen. Die Masse dabei mit dem Schneebesen aufschlagen und aufkochen.
In einen Mixer die getrockneten Rucolablätter sowie die Sahnemischung geben. Den Ricard (oder Pernod) hinzugießen und kräftig durchmixen. Mit Salz und Pfeffer abschmecken. Die Sauce sofort zum Fisch servieren.

Korianderfond zu Fisch

Für die Herstellung dieser Sauce wird der Pochierfond verwendet, in dem die Meeresfische gar gezogen sind. Wichtig ist, daß frische Koriander- und Basilikumblätter verwendet werden. Am besten passen dazu Lachs, Jakobsmuscheln, Rotbarsch, Seeteufel und Makrelenfilet. Außerdem ist für die Herstellung 0,8 l Fischfond erforderlich.

0,8 l Fischfond (siehe Rezept)
2 EL dicke Sahne (z. B. Crème fraîche)
3 EL kalte Butter
(in kleine Stücke geschnitten)
1½ EL frische Korianderblätter
(sehr fein gehackt)
1 EL frische Basilikumblätter
(sehr fein gehackt)
1 TL frisch gepreßter Zitronensaft
Meersalz
frisch gemahlener weißer Pfeffer

In dem Fischfond werden zunächst die später mit dieser Sauce servierten Fische gar gezogen. Der Fond reicht für zirka 600 g Fisch (erhitzen, aber nicht kochen und den Fisch in etwa 25 Minuten gar ziehen lassen). Die Flüssigkeit durch ein feines Haarsieb in eine Sauteuse geben und um ein Drittel reduzieren. Die Sahne dazugießen, aufkochen und kräftig mit dem Schneebesen durchschlagen. Den Topf von der Platte ziehen und die Butterstückchen mit dem Schneebesen nach und nach unterrühren. Dabei langsam wieder erhitzen und darauf achten, daß die Sauce nicht kocht. Zum Schluß die Kräuter und den Zitronensaft untermischen und mit Meersalz und Pfeffer abschmecken. Noch 25 Minuten ziehen lassen. Die Sauce heiß in tiefe Teller geben und die vorher gegarten Fischstücke darauf setzen.

Senfsauce zu Fisch

Dieses Rezept stammt aus der Zeit um 1870. Die Sauce wird vor allem zu Lammfleisch oder auch zu Kalbsbraten serviert. Voraussetzung für die Herstellung ist das Vorhandensein einer kräftigen Fleischbrühe. Es gibt eine weitere Variante der Sauce, bei der kleine Zwiebelchen (die in Estragon, Dill, Zucker und Essig eingelegt sind) verwendet werden.

3 frische Salatgurken
1 EL Butter
1 EL Mehl
2 Schalotten
(in feine Würfel geschnitten)
0,5 l kräftige Fleischbrühe
2 EL Weißweinessig
Salz
1 Lorbeerblatt (in Stücke gebrochen)

Die Salatgurken schälen, halbieren, das Kerngehäuse entfernen und in kleine Stücke schneiden. In einer Sauteuse die Butter mit dem Mehl hellbraun anrösten und die Schalottenwürfel dazugeben. Kurz mitrösten, mit der Fleischbrühe ablöschen und dabei kräftig mit dem Schneebesen durchschlagen. Anschließend den Weißweinessig zugießen und mit Salz abschmecken. Die Gurkenwürfel sowie den Lorbeer hinzufügen und das Ganze weich kochen. Wenn die Sauce zu dick wird, kann noch etwas Fleischbrühe beigefügt werden. (Vor dem Servieren den Lorbeer entfernen.)

Variante:
Falls kleine in Estragon und Dill eingemachte süß-saure Zwiebelchen (siehe Vorbemerkung) vorhanden sind, wird 0,1 l des Zwiebelessigsuds auf die Hälfte reduziert. Dann in die Sauce zu dem Zeitpunkt, wo die Gurkenwürfel dazugegeben werden, 6 kleine Zwiebelchen und den reduzierten Zwiebelessigsud hinzufügen. Die Zwiebelchen in der Sauce nicht zu weich kochen. Durch die Zugabe der eingelegten süß-sauren Zwiebelchen ergibt sich ein besonderer, pikanter Geschmack.

Petersilien-Sahne-Sauce zu Fisch

Diese cremige und sehr aromatische Sauce paßt ausgezeichnet zu frisch gebratenen Forellen- oder Karpfenfilets.

2 Bund (150 g) glatte Petersilie
(vom Stengel gezupft)
4 EL Butter
2 Schalotten
(in sehr feine Würfel geschnitten)
0,1 l süße Sahne
0,15 l kräftige Fleischbrühe
Meersalz
frisch gemahlener weißer Pfeffer
frisch gemahlene Muskatnuß

Die Petersilienblätter kräftig unter fließendem kaltem Wasser abwaschen und mit einem sauberen Küchentuch abtrocknen. In einer Sauteuse die Butter zerlassen und die Petersilie mit den Schalottenwürfeln andünsten. Die Sahne und die Brühe dazugießen, aufkochen und mit Salz, Pfeffer sowie Muskatnuß abschmecken. Die ganze Masse 2 Min. köcheln und anschließend mit dem Pürierstab kräftig durchmixen. Die Flüssigkeit durch ein Haarsieb wieder in die Sauteuse streichen, nochmals aufkochen, etwas reduzieren lassen und mit dem Schneebesen aufschlagen. Sofort zu dem frisch gebratenen Fischfilet servieren.

Tintenfisch-Sahne-Sauce zu Fisch

(Rußland)

Diese etwas ungewöhnliche Sauce paßt sowohl zu gebratenem Fisch als auch zu ganz normalen frischen heißen Pellkartoffeln. Wichtig ist aber die Verwendung von frisch geriebenem Meerrettich.

500 g Tintenfisch (die großen
Tintenfischsäcke, nicht die kleinen
Tintenfische mit den Armen)
0,3 l saure Sahne
3 EL frisch geriebener Meerrettich
½ TL Salz
frisch gemahlener weißer Pfeffer
1 TL brauner Rohrzucker
1½ EL Weißweinessig

Den Tintenfisch gut putzen, anschließend mit kaltem Wasser bedecken und 10 Min. bei nicht zu starker Hitze kochen. Dann sofort kalt abspülen, trocknen und in sehr feine Streifen schneiden (dünne Streifen, etwa 3 bis 4 cm lang).
In einer Sauteuse die saure Sahne und den Meerrettich miteinander vermischen und den Tintenfisch hinzufügen. Langsam erhitzen und mit Salz, Pfeffer sowie Zucker abschmecken. Kurz aufkochen, den Essig zugießen, verrühren und sofort servieren.

Verjus-Rotwein-Sauce zu Fisch

Die Herstellung dieser Sauce ist etwas aufwendiger. Es werden 0,35 l Fischfond und 0,35 l Verjus benötigt. Verjus ist der Saft von unreifen Trauben und in Feinkostläden erhältlich. Die Sauce wird zu frischem und kroß gebratenem Meeresfisch serviert.

0,35 l trockener Rotwein
(z. B. Spätburgunder)
2 EL Butter
2 Karotten (sehr fein gewürfelt)
½ Fenchelknolle (sehr fein gewürfelt)
2 Stangen Staudensellerie
(sehr fein gewürfelt)
5 kleine Champignons
(sehr fein gewürfelt)
2 Schalotten (sehr fein gewürfelt)
2 Knoblauchzehen (sehr fein gewürfelt)
1 EL frischer Rosmarin und Thymian
(sehr fein gehackt)
2 Lorbeerblätter (in Stücke gebrochen)
1 EL glatte Petersilie (fein gehackt)
1 TL schwarze Pfefferkörner
0,35 l Fischfond (siehe Rezept)
0,35 l Verjus
(Saft von unreifen Trauben)
1 TL Korianderkörner
(im Mörser grob zerdrückt)
1 EL dreifach konzentriertes
Tomatenmark
frisch gemahlener schwarzer Pfeffer
3 EL kalte Butter
(in kleine Stücke geschnitten)
Meersalz

In einer breiten Sauteuse den Rotwein bei starker Hitze auf die Hälfte einkochen. In einer breiten Edelstahlpfanne das Gemüse in etwas Butter anbraten (Karotten, Fenchelknolle, Staudensellerie, Champignons, Schalotten und Knoblauch). Den Rosmarin, den Thymian, den Lorbeer sowie die Petersilie und die Pfefferkörner hinzufügen. Anschließend den eingekochten Rotwein, den Fischfond und den Verjus dazugießen. Das Ganze aufkochen und die Korianderkörner dazugeben. 40 Min. bei nicht zu starker Hitze köcheln. Jetzt durch ein Haarsieb in eine Sauteuse geben und das Tomatenmark untermischen. Nochmals 25 Min. köcheln und dabei kräftig reduzieren.

Den Topf von der Platte ziehen, mit Salz und Pfeffer abschmecken und die Butterstückchen mit dem Schneebesen unterschlagen. Sehr heiß und sofort zu dem frisch gebratenen Fisch servieren.

Portwein-Essig-Sauce zu Fisch

Diese pikant süß-säuerliche Sauce schmeckt ausgezeichnet zu gegrilltem Fisch oder zu gegrillten Meeres-Krustentieren. Zur Herstellung ist 0,2 l Geflügelfond erforderlich.

3 EL Butter
5 Knoblauchzehen (fein gehackt)
2 Schalotten (fein gehackt)
0,15 l kräftiger Rotweinessig
0,2 l roter Portwein
½ TL brauner Rohrzucker
0,2 l Geflügelfond
0,2 l Sahne
2 Lorbeerblätter (in Stücke gebrochen)
Meersalz
frisch gemahlener schwarzer Pfeffer
1 EL Balsamico-Essig

In einer Sauteuse 1 EL Butter erhitzen und den Knoblauch sowie die Schalotten darin hellbraun andünsten. Den Rotweinessig mit dem Schneebesen unterschlagen und auf ein Drittel einkochen. Anschließend den Portwein hinzugießen und auf die Hälfte reduzieren. Nun den Zucker, den Geflügelfond, die Lorbeerblattstücke und 0,15 l Sahne dazugeben. Bei mäßiger Hitze köcheln lassen und dabei nochmals um ein Drittel reduzieren. Zum Schluß die restliche Sahne zufügen und die übrige Butter mit dem Schneebesen unterschlagen. Mit Salz sowie Pfeffer abschmecken.
Beim Servieren den Balsamico-Essig mit dem Schneebesen kurz einschlagen, dann jedoch sofort servieren.

Saure-Gurken-Petersilien-Sauce zu Fisch
(Rußland)

Zur Herstellung dieser Sauce ist
0,5 l Fischfond erforderlich. Auch ist es
vorteilhaft, selbst eingelegte Gewürzgurken zu haben (also eingelegt in einer
Essig-Zucker-Mischung mit Gewürzkörnern und Knoblauch). Von den
eingelegten Gurken braucht man
0,15 l Flüssigkeit zur Herstellung dieser
Sauce.

5 mittelgroße Gewürzgurken
3 EL Sonnenblumenöl
1 Bund frische glatte Petersilie
(sehr fein gehackt)
1 EL Butter
1 EL Mehl
0,5 l Fischfond (siehe Rezept)
0,15 l Flüssigkeit von den eingelegten
Gurken (Gurkenlake)
1 EL flüssiger heller Honig

Die Gewürzgurken unter fließendem
kaltem Wasser abwaschen, abtrocknen
und längs in Streifen schneiden. In
einer beschichteten Pfanne das Öl erhitzen und die Gurkenstreifen mit der
Petersilie anbraten.
In einer Sauteuse die Butter zerlassen
und das Mehl hellbraun anrösten. Dann
sofort die angebratenen Gurkenstreifen
dazugeben und mit dem heißen Fischfond auffüllen. Dabei ständig mit dem
Schneebesen durchrühren, damit sich
keine Klumpen bilden. Außerdem
die Gurkenlake durch ein feines Haarsieb in die Sauteuse streichen. Die Flüssigkeit aufkochen. Mindestens 5 Min.
bei mäßiger Hitze köcheln lassen
und zum Schluß mit dem Honig abschmecken.
Damit der Geschmack erhalten bleibt
und die Gurken sich nicht auflösen, die
Sauce sofort servieren.

Indische Senfsauce I

Es handelt sich hier um eine exotische
Sauce mit Zutaten, die bei uns nicht
ganz üblich sind, aber ohne weiteres zu
erhalten sind (z. B. schwarze Senfkörner, Kurkuma, Kreuzkümmel usw.).
Diese Sauce wird verwendet, damit
darin Meeresfisch gar zieht.

2 EL Mohnsamen
3 EL schwarze Senfkörner
2 TL Kurkumapulver
1 EL frisch geriebener Ingwer
5 Knoblauchzehen
(geschält und in Stücke geschnitten)
2 frische Chilischoten (fein gehackt)
2 kleine Zwiebeln
(in kleine Würfel geschnitten)
1 EL gemahlene Korianderkörner
2 TL gemahlener Kreuzkümmel
1 TL Chilipulver
0,2 l Wassser
1 TL Salz
5 EL Sonnenblumenöl
4 Fleischtomaten
1 Limone (Saft)
0,5 l Kokosmilch (aus der Dose)
Salz zum Abschmecken
2 EL gehacktes frisches Koriandergrün
Stücke vom Meeresfisch
(zum Garziehen in der Sauce)

In einer Stahlpfanne den Mohnsamen
bei nicht zu hoher Temperatur anrösten
und dann im Mörser fein zerstoßen.
Anschließend in einen Mixer folgende
Zutaten mischen: den zerstoßenen
Mohnsamen, die Senfkörner, das Kurkumapulver, den Ingwer, den Knoblauch, die Chilischoten, die Zwiebelwürfel, die Korianderkörner, den
Kreuzkümmel, das Chilipulver sowie
0,1 l Wasser. Das Ganze im Mixer zu
einer cremigen Paste mixen und am
Schluß das Salz hinzufügen. In eine
Stahlpfanne das Sonnenblumenöl geben
sowie die Paste aus dem Mixer. Alles
etwa 10 Min. unter ständigem Rühren
erhitzen. Dabei nach und nach das restliche Wasser unterrühren.
Die Fleischtomaten im Mixer zu einer
Paste rühren und zu der Masse geben.
Anschließend den Limonensaft zugießen
sowie die Kokosmilch dazurühren und
10 Min. leicht köcheln lassen.

Alles mit Salz abschmecken und das
Koriandergrün darunterheben. Dann die
vorbereiteten Fischstücke in die Sauce
geben und bei geringer Hitze gar ziehen lassen. Das Ganze mit der Sauce
zusammen servieren und thailändischen Duftreis oder Basmatireis dazu
reichen.

Heiße Gewürz-marinade zu Fisch

Diese etwas exotisch schmeckende
Marinande wird dazu verwendet, frisch
gebratene Meeresfischstücke darin
einzulegen und mindestens 1 Tag zu
marinieren. Am nächsten Tag werden
die Fischstücke aus der Marinade
genommen und mit fritierten Gemüsestückchen serviert.

3 EL Olivenöl
1 TL Korianderkörner
(im Mörser zerdrückt)
5 Wacholderbeeren
(im Mörser zerdrückt)
10 weiße Pfefferkörner
2 Lorbeerblätter (in Stücke gebrochen)
3 EL trockener Riesling
1 EL Sake (Reiswein)
2 EL Estragonessig
1 EL Zucker
1 EL feines Meersalz

In eine Sauteuse das Olivenöl, die
Korianderkörner, die Wacholderbeeren,
die Pfefferkörner sowie den Lorbeer
geben. Alles gut durchschwitzen lassen.
Dann sofort den Riesling, den Sake und
den Estragonessig hinzugießen und kurz
aufkochen. Mit Zucker und Meersalz
abschmecken (Salz und Zucker müssen
sich auflösen). Nochmals aufkochen
lassen und sofort den vorher gebratenen
Fisch damit übergießen und kalt stellen.

Ingwer-Meerrettich-Schaumsauce zu Fisch

Diese leicht scharfe exotische Sauce paßt ausgezeichnet zu in Wasserdampf gar gezogenem Meeresfisch oder auch zu Meereskrustentieren. Für die Herstellung sind 0,15 l Geflügelfond und frischer Ingwer erforderlich.

2 EL Butter
3 Schalotten (klein gewürfelt)
1 EL frischer Ingwer (klein gewürfelt)
0,15 l Geflügelfond (siehe Rezept)
0,25 l süße Sahne
Meersalz
frisch gemahlener weißer Pfeffer
1 Messerspitze Cayennepfeffer
1 EL frisch gepreßter Zitronensaft
1 EL frisch geriebener Meerrettich
0,1 l süße Sahne (steif geschlagen)
2 Eigelb

In einer Sauteuse die Butter zerlassen und die Schalotten darin hellbraun andünsten. Den Ingwer hinzufügen, $\frac{1}{2}$ Min. weiterrösten, dann mit dem Geflügelfond sowie mit 0,25 l süßer Sahne angießen und um ein Drittel reduzieren. Mit Meersalz, weißem Pfeffer, Cayennepfeffer und Zitronensaft abschmecken und nochmals $\frac{1}{2}$ Min. köcheln. Den Meerrettich hinzufügen, kräftig verrühren und durch ein feines Haarsieb streichen. Unter die 0,1 l steife Sahne die Eigelb schlagen. Die Sauce erhitzen und die Eigelb-Sahne-Mischung löffelweise unter die Sauce mischen. Dabei darauf achten, daß diese nicht mehr kocht und durch die Sahne die leicht schaumige Konsistenz erhalten bleibt. Die Sauce auf einen großen Teller füllen und die pochierten Fischstücke darauf legen.

Mandel-Meerrettich-Sauce zu Fisch

Diese cremige, durch den Meerrettich leicht scharf schmeckende Sauce eignet sich vor allem zu gedünstetem Meeresfisch.

2 EL Butter
2 EL Mehl
0,3 l Milch
0,2 l süße Schlagsahne
70 g gemahlene Mandeln
Meersalz
$\frac{1}{2}$ TL Rohrzucker
frisch geriebene Muskatnuß
100 g frisch geriebener Meerrettich

In einer Sauteuse die Butter zerlassen, das Mehl dazugeben und mit dem Kochlöffel rühren, bis das Mehl hellbraun ist. Nach und nach die Milch sowie die Schlagsahne dazugeben und ständig mit dem Schneebesen schlagen, damit sich keine Klümpchen bilden. Die Sauce nach dem Einrühren der Sahne zum Kochen bringen und 10 Min. leicht einköcheln lassen (es muß eine cremige Sauce werden). Dann die Mandeln zufügen und mit Salz, Zucker sowie Muskatnuß abschmecken.
Den Meerrettich mit einem Löffel in die heiße Sauce einrühren und auf keinen Fall mehr aufkochen. Sofort servieren.

Basilikum-Sahne-Sauce zu Fisch

Hier handelt es sich um eine cremig, intensiv nach Basilikum duftende Sauce auf der Basis von Fischfond. Voraussetzung ist also das Vorhandensein von 0,2 l Fischfond, die Sauce wird serviert zu gebratenem Meeresfisch (z. B. Seeteufel, Lachs, Seelachs oder Kabeljau).

1 EL Butter
3 Schalotten (sehr fein gehackt)
15 große Basilikumblätter
(in feine Streifen geschnitten)
4 EL sehr trockener Wermut
(am besten Noilly Prat)
0,2 l Fischfond
0,2 l dicke süße Sahne
(am besten mit 40 % Fettgehalt)
3 EL sehr kalte Butter
(in kleine Stücke geschnitten)
Saft von $\frac{1}{2}$ Zitrone

In der Butter die Schalotten hellgelb andünsten. Das Basilikum zugeben und kurz mitdünsten. Danach sofort mit Wermut ablöschen. Das Ganze weiterköcheln lassen, bis etwa nur noch 1 EL Flüssigkeit übrigbleibt. Den Fischfond zugießen und auf etwa die Hälfte reduzieren (also stark weiterkochen, daß nur noch die Hälfte übrigbleibt). Anschließend die Sahne zugeben und mit dem Schneebesen unterschlagen. Alles aufkochen und die Hitze zurückschalten. Die Sauce darf jetzt nicht mehr weiterkochen. Die Butterstückchen mit dem Schneebesen nach und nach in die Sauce einschlagen und zum Schluß den Zitronensaft zugeben. Kräftig mit dem Schneebesen aufschlagen und sofort zu frisch gebratenem Fisch servieren.

Hummer-Cognac-Sauce zu gedünstetem Fisch

Diese cremig würzige Sauce paßt sehr gut zu frischem im Wasserdampf gedünstetem Meeresfisch oder auch zu frisch gebratenen Krustentieren (z. B. Riesengambas, Hummern, Jakobsmuscheln). Zur Herstellung der Sauce braucht man 500 g Schalen von Meeresfrüchten (z. B. von Hummern, Garnelen oder Krebsen). Außerdem ist ein kräftiger Gemüsefond erforderlich.

1 Salatgurke
Meersalz
500 g Schalen von Meeresfrüchten
5 EL gutes kalt gepreßtes Olivenöl
1 kleine Karotte
1 EL Knollensellerie
(sehr klein gewürfelt)
1 Lauchstange (in Ringe geschnitten)
1 Petersilienwurzel
(sehr klein gewürfelt)
2 EL dreifach konzentriertes
Tomatenmark
3 EL Armagnac
0,15 l Fischfond (siehe Rezept)
0,15 l sehr trockener Wermutwein
(z. B. Noilly Prat)
0,15 l kräftig eingekochter Gemüsefond
(siehe Rezept)
0,2 l süße Sahne
frisch gemahlener weißer Pfeffer
1 Messerspitze Cayennepfeffer
1 TL alter Balsamico-Essig
(12 Jahre alt)
1/2 TL Glutamat
3 EL sehr kalte Butter

Die Salatgurke schälen, halbieren und die Kerne entfernen. Anschließend in Würfel schneiden, mit Meersalz bestreuen und 15 Min. stehen lassen. Die Schalen der Meeresfrüchte mit einem Küchenbeil grob zerkleinern. In einem breiten Bratentopf das Olivenöl erhitzen und die zerkleinerten Schalen sowie das Wurzelgemüse (Karotte, Sellerie, Lauch, Petersilienwurzel) darin anbraten. Das Tomatenmark hinzufügen und nochmals 2 Min. weiterrösten. Den Armagnac dazugießen und vollständig einkochen. Den Fischfond, den Gemüsefond und den Wermut dazugeben und aufkochen. Die Flüssigkeit von den eingesalzenen Gurkenwürfeln ebenfalls beimischen und kräftig auf die Hälfte reduzieren. Die Gurkenwürfel und die Sahne dazuschütten und 40 Min. bei nicht zu starker Hitze köcheln lassen. Während dieser Zeit immer wieder mit einem Kochlöffel umrühren, damit nichts anbrennt.
Alles durch ein feines Haarsieb in eine Sauteuse streichen, aufkochen und mit Meersalz, Pfeffer und Cayennepfeffer abschmecken. Den Balsamico-Essig hinzufügen sowie das Glutamat. Den Topf von der Herdplatte ziehen, damit die Sauce nicht mehr kocht.
Zum Schluß die kalte Butter mit dem Schneebesen unterschlagen und sofort zu dem Fisch servieren.

Stachelbeersauce zu gedünstetem Fisch

Dies ist eine traditionelle Sauce aus Amerika; sie wird gern zu gedünstetem Meeresfisch serviert.

100 g nicht zu reife helle
Stachelbeeren
2 Holunderblütendolden
5 EL trockener Riesling
2 Eigelb
2 EL Fenchelknolle (sehr fein gewürfelt)

In eine Sauteuse die Stachelbeeren, die Holunderblütendolden sowie den Wein geben und bei geschlossenem Deckel 20 Min. bei geringer Hitze köcheln lassen. Wenn die Masse zu dickflüssig wird, etwas Wein nachgießen. Anschließend die Blütendolden herausnehmen und die Masse mit dem Pürierstab mixen. Durch ein Haarsieb streichen und in die Sauteuse zurückgeben. Die Sauce leicht erhitzen. In einer Tasse die Eigelb mit einer Gabel verquirlen, 3 EL der lauwarmen Sauce untermischen und mit dem Schneebesen in die Sauce einschlagen. Die Fenchelwürfel zufügen und mit einem Kochlöffel die Sauce rühren, bis sie abbindet und dickflüssig wird. Die Sauce auf keinen Fall mehr aufkochen und sofort heiß servieren.

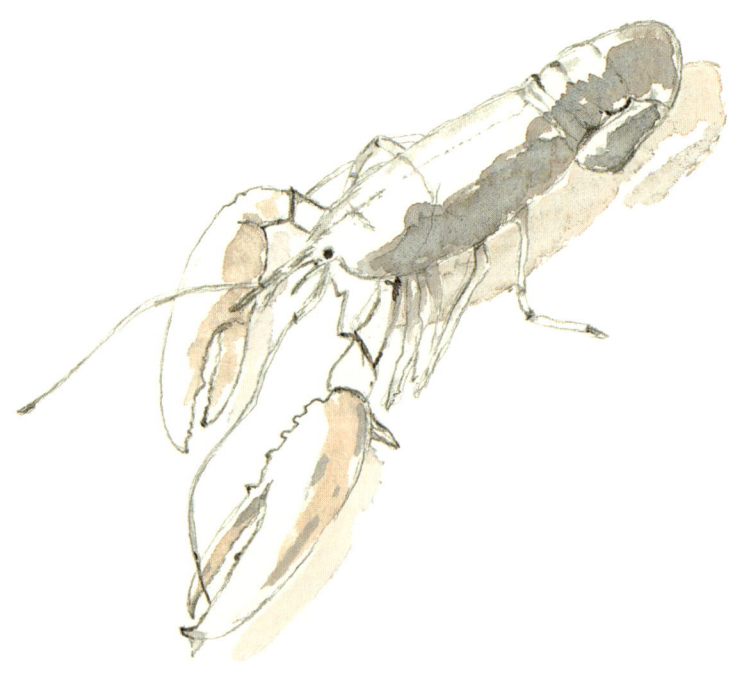

Kresseschaum zu pochiertem Fisch

1 EL Butter
2 Schalotten (sehr fein gehackt)
1 EL trockener Wermut
0,1 l trockener Riesling
0,2 l kräftig eingekochter Fischfond
0,2 l süße dicke Sahne
1 TL Zitronensaft
½ TL Cayennepfeffer
Meersalz
1 Bund Brunnenkresse
200 g kalte Butter
(in kleine Stücke geschnitten)

In eine Sauteuse die Butter geben und die Schalotten darin kurz anschwitzen. Den Wermut und den Weißwein zugießen und um die Hälfte einkochen. Anschließend den Fischfond und die Sahne zufügen und nochmals kräftig reduzieren. Den Zitronensaft sowie den Cayennepfeffer zugeben, mit Meersalz abschmecken und mit dem Schneebesen kräftig durchschlagen.
Die Brunnenkresse waschen und putzen. Dann kurz in kochendes Wasser halten und abtrocknen. Anschließend sehr fein hacken oder im Mixer pürieren.
Die vorbereitete Sauce durch ein Haarsieb streichen und die pürierte Kresse mit dem Schneebesen untermischen. Langsam erhitzen und nach und nach die Butterstücke mit dem Schneebesen einarbeiten. Dabei darauf achten, daß die Sauce gut warm ist, aber nicht aufkocht. Anschließend sofort zu dem gedünsteten Meeresfisch servieren.

Admiralssauce zu gedünstetem Fisch

Dies ist das Originalrezept der Admiralssauce, das etwas aufwendig zuzubereiten ist. Die Herstellung ist auch nicht ganz billig, da dafür frische Krebsschwänze, Austern und Trüffel vorgeschrieben sind. Das Ergebnis lohnt jedoch den Aufwand, da es eine außerordentlich wohlschmeckende Sauce ist, die zu gedünstetem Meeresfisch serviert wird. Sie eignet sich vor allem zu gemischtem Fisch, wie zum Beispiel Steinbutt, Lachs oder Seeteufel.

3 EL Butter
3 EL Mehl
1 l Fischfond
Meersalz
1 TL Zitronensaft
1 Messerspitze Geschmacksverstärker
(z. B. Glutamat, Aromat o. a.)
0,1 l trockener Riesling
150 g Champignons
(in kleine Stücke geschnitten)
2 EL Weinbrand
1 TL Zitronensaft
0,1 l Sahne
1 EL Krebsbutter (siehe Rezept)
10 frische Austern
150 g kleine Steinchampignons
(in feine Scheiben geschnitten)
100 g frische Krebsschwänze
30 g schwarze Trüffel
(in feine Stifte geschnitten)

Die Butter in einer Sauteuse zerlassen und das Mehl darin hellbraun anrösten. Mit 0,5 l Fischfond nach und nach aufgießen und öfter mit dem Schneebesen durchschlagen. Bei geringer Hitze etwa 30 Min. unter ständigem Rühren köcheln. Zum Schluß mit Salz, 1 TL Zitronensaft und dem Geschmacksverstärker abschmecken, durch ein feines Haarsieb streichen und beiseite stellen. In einen Edelstahltopf den Riesling, den restlichen Fischfond und die Champignons geben. Die Flüssigkeit bei kräftiger Hitze mindestens auf ein Drittel reduzieren und durch ein Haarsieb zu der schon vorbereiteten Sauce gießen. Alles wieder erhitzen. In einem kleinem Edelstahltöpfchen den Weinbrand erwärmen, anzünden und zur Sauce geben.

1 TL Zitronensaft sowie die Sahne hinzufügen, kräftig umrühren und die Krebsbutter mit dem Schneebesen einschlagen. Anschließend die Austern öffnen und dabei den Austernsaft durch ein feines Haarsieb in eine kleine Schüssel gießen. Die Austern auslösen, in die Flüssigkeit geben und im Backofen bei 150 °C 5 Min. pochieren. Das noch heiße Austernpochierwasser durch ein Haarsieb in die Sauce seihen und unterschlagen. Zum Schluß die Steinchampignonscheibchen, die Krebsschwänze, die Trüffelstifte sowie die Austern mit einem Löffel unter die Sauce heben und sofort servieren.

Kokossauce zu Fisch
(fernöstlich)

Zu gebratenem Meeresfisch wird diese nicht zu scharfe Sauce serviert. Zur Zubereitung wird auch 1 TL Sambal Oelek (siehe Rezept) benötigt.

3 EL Sesamöl
4 Schalotten
(in feine Würfel geschnitten)
4 Knoblauchzehen
(durch die Presse gedrückt)
1 EL frisch geriebener Ingwer
(vorher geschält)
1 Stengel Zitronengras
(fein geschnitten)
1 TL Sambal Oelek
0,3 l Kokosmilch (Dose)
2 TL Zucker

In einer Stahlpfanne das Sesamöl, die Schalotten, den Knoblauch und den Ingwer erhitzen. Anschließend das Zitronengras und das Sambal Oelek zugeben und etwa 5 Min. durchkochen. Danach die Kokosmilch dazugießen und ebenfalls wieder aufkochen. Dann den Zucker zufügen und noch 2 Min. köcheln lassen. Die Sauce sofort über den gebratenen Fisch geben.

Hummer-Safran-Sauce zu gedünstetem Fisch

Zur Herstellung dieser Sauce sind 2 Karkassen von gegartem Hummer (also die übriggebliebenen roten Schalen des Hummers) erforderlich. Außerdem wird 0,6 l frisch zubereiteter Fischfond benötigt.

2 Hummerkarkassen
4 EL Butter
je 2 EL feingehackte Gemüsewürfel:
Schalotten, Fenchelknolle,
Stangensellerie und Petersilienwurzel
0,25 l trockener Riesling
0,6 l Fischfond (siehe Rezept)
0,15 l trockener Wermut
(z. B. Noilly Prat)
1 Döschen Safranfäden
(etwa 15 Fäden)
Meersalz
frisch gemahlener weißer Pfeffer
100 g kalte Butter
(in kleine Stücke geschnitten)
1 EL klein gehackte frische
Estragonblätter
1/2 EL frische Kerbelblätter
1 EL frischer Schnittlauch
(sehr fein gehackt)

Die Hummerkarkassen mit dem Küchenbeil oder in einem Mörser zerkleinern. In einer großen Sauteuse oder einer breiten hohen Stahlpfanne die Butter zerlassen und die Gemüsewürfel sowie die Hummerkarkassen dazugeben, etwa 4 Min. bei nicht zu starker Hitze anrösten und dann mit dem Riesling und Fischfond ablöschen. 20 Min. bei nicht zu starker Hitze kochen und dabei ständig mit dem Kochlöffel umrühren. Den Wermut hinzugießen und danach durch ein feines Haarsieb in eine Sauteuse streichen. Die Sauce um etwa ein Drittel reduzieren, zum Schluß die Safranfäden untermischen und mit Salz sowie Pfeffer abschmecken. Die Hitze zurückschalten, damit die Sauce nicht mehr kocht, und dann mit dem Schneebesen die

Butterstückchen einschlagen. Wichtig ist, daß die Sauce nicht mehr aufkocht. Nun mit dem Pürierstab schaumig aufmixen, mit einem Löffel die Kräuter unterheben und sofort servieren.

Basilikum-Sahne-Sauce zu gedünstetem Fisch

Diese cremige und leicht säuerliche Sauce paßt zu gedünstetem Meeresfisch (z. B. Steinbutt, Lachs oder Wolfsbarsch). Die Sauce wird lauwarm serviert.

2 EL kalt gepreßtes Olivenöl
3 Schalotten (sehr fein gewürfelt)
6 EL trockener Riesling
3 EL sehr trockener Wermut
(z. B. Noilly Prat)
3 EL süße Sahne
100 g kalte Butter
(in Stücke geschnitten)
Meersalz
frisch gemahlener weißer Pfeffer
1 TL frisch gepreßter Zitronensaft
3 EL süße Sahne (steif geschlagen)
2 EL frische Basilikumblätter
(in sehr feine Streifen geschnitten)
1 Messerspitze Cayennepfeffer

In einer Sauteuse das Olivenöl erhitzen und die Schalottenwürfel hellbraun anrösten. Den Riesling zugießen und auf die Hälfte reduzieren. Den Wermut beimischen und nochmals um ein Drittel einkochen. Die flüssige Sahne hinzufügen, einmal aufkochen und dann den Topf von der Platte ziehen. Die Butterstückchen mit dem Schneebesen nach und nach unterschlagen, dabei den Topf wieder auf die Platte setzen und die Hitze zurückschalten (darauf achten, daß die Sauce nicht kocht). Mit Meersalz und Pfeffer und Cayennepfeffer abschmecken und den Zitronensaft einrühren. Die geschlagene Sahne vorsichtig unterheben und zum Schluß die Basilikumblätterstreifen mit einem Löffel einrühren. Die Sauce lauwarm zum Fisch servieren.

Bier-Ingwer-Sauce zu gebratenem Fisch

Für die Zubereitung dieser kräftig und etwas exotisch schmeckenden Sauce ist es erforderlich, daß 5 EL Fischfond vorhanden ist. Außerdem wird dazu dunkles Bier (entweder Starkbier oder Altbier) verwendet.

2 Eigelb
3 EL trockener Riesling
5 EL Fischfond
5 EL dunkles Bier
1/2 EL frisch geriebener Ingwer
2 EL eiskalte Butter
(in kleine Stücke geschnitten)
1/2 Zitrone (Saft)
Meersalz
1/2 TL Zucker
1 Messerspitze gemahlene Nelken
1 Messerspitze gemahlene Muskatblüte
(Mazis)
5 EL Sahne (steif geschlagen)

Eine Schlagschüssel auf das Wasserbad setzen und das Wasser erhitzen. Die Eigelb hineingeben und mit dem Riesling aufschlagen. Dann den Fischfond zugießen und weiterschlagen. Anschließend das Bier und den Ingwer zugeben. Alles kräftig über dem heißen Wasser mit dem Schneebesen schlagen, so daß die ganze Masse cremig schaumig wird. Danach die Butterstückchen unterschlagen, den Zitronensaft hinzugießen und mit Meersalz, Zucker, Nelkenpulver sowie Muskatblüte abschmecken.
Die Schüssel vom Wasserbad nehmen, die Sahne mit einem Löffel unter die Sauce heben und die Schüssel wieder auf das Wasserbad setzen. Vorsichtig erhitzen und nochmals mit dem Schneebesen durchrühren. Sofort auf den Teller geben und gebratenes Fischfilet darauf setzen.

Weiße Sardellensauce I

Diese sehr feine cremige Sauce ist besonders geeignet für gedünsteten Meeresfisch. Sie stammt aus der Zeit um 1900. Zur Herstellung werden 0,1 l Fischfond und 1 EL Sardellenbutter (siehe jeweilige Rezepte) benötigt.

2 eingelegte Sardellen (gut gewässert)
0,5 l Weiße Bouillonsauce
(Sauce velouté)
1 EL Sardellenbutter
0,1 l heißer eingekochter Fischfond
1 Eigelb
2 EL süße Sahne

Die in Salz eingelegten Sardellen gründlich in kaltem Wasser abspülen, dann der Länge nach durchschneiden und die Rückengräte herausschneiden und die so gewonnen Sardellenfilets in kleine Stückchen schneiden. Nun die Weiße Bouillonsauce (Zubereitung siehe Rezept in diesem Buch) bis kurz vor das Kochen bringen. Danach mit dem Schneebesen die Sardellenbutter gründlich unterschlagen. Dabei darf die Sauce nicht kochen! Anschließend die Sardellenstückchen der Sauce zugeben und mit dem Kochlöffel umrühren. Nochmals erhitzen, aber auf keinen Fall kochen. Dann den Fischfond langsam zugeben und mit dem Kochlöffel unterarbeiten. Das Eigelb mit der Sahne gut vermischen und 1 Suppenkelle voll der heißen fertigen Sauce langsam dazugießen. Anschließend diese Sahne-Ei-Mischung langsam mit einem Schneebesen in die Sauce unterrühren, damit die Sauce legiert. Dabei wieder die Sauce bis kurz vor das Kochen bringen, aber auf keinen Fall aufkochen.

Hinweis: Diese Sauce eignet sich hervorragend zu gedünstetem Lachs oder sonstigem Meeresfisch. Sie sollte unbedingt frisch zubereitet werden, da sie sich nicht zum Aufbewahren eignet.

Montpellier-Butter zu gegrilltem Fisch

Dies ist eine klassische Sauce aus Südfrankreich. Sie schmeckt vorzüglich zu gegrilltem Meeresfisch.

1 Handvoll frische Brunnenkresse
1 Handvoll kleine junge Spinatblätter
1 EL glatte Petersilie
1 EL Kerbelblättchen
0,5 l Wasser
2 Sardellenfilets
1 Salzgurke (in Stücke geschnitten)
1 EL eingelegte Kapern
(in kaltem Wasser gewässert)
1 Knoblauchzehe
5 EL zimmerwarme Butter
4 EL kalt gepreßtes Olivenöl
1 TL scharfer Senf
Saft von 1/2 Zitrone
Meersalz
frisch gemahlener weißer Pfeffer

Von den Kräutern nur die reinen Blätter verwenden (also Stiele und Rippen entfernen). Das Wasser zum Kochen bringen und die Kräuter etwa 6 Sek. mitkochen lassen (also blanchieren). Sofort mit dem Schaumlöffel herausnehmen und in einem sauberen Tuch gut abtrocknen bzw. ausdrücken.
Die Sardellenfilets (soweit sie eingesalzen sind) mit fließendem kaltem Wasser auswaschen. In einem Mixer die Sardellenfilets, die Salzgurke, die Kapern und die Knoblauchzehe fein zerhacken. Die Butter zugeben und vermischen. Zum Schluß die Kräuterblättchen sowie das Olivenöl hinzufügen. Die Masse weiterpürieren und den Senf, den Zitronensaft sowie Salz und Pfeffer zugeben. Die cremige Buttermasse nicht mehr im Kühlschrank kühlen, sondern als cremige Sauce zu frisch gegrilltem Meeresfisch servieren.

Zitronen-Apfel-Sauce zu gegrilltem Fisch

Hier handelt es sich um eine fruchtige, etwas ungewöhnlich schmeckende Sauce, die ausgezeichnet zu gegrilltem Fisch oder sonstigen gegrillten Meeresfischen paßt.

2 Eigelb
1 EL Zitronensaft
Meersalz
frisch gemahlener weißer Pfeffer
0,1 l feines kalt gepreßtes Olivenöl
1 Stange Meerrettich
1 großer saftiger saurer Apfel
1 unbehandelte Orange
1 unbehandelte Zitrone
5 Tomaten
1 EL scharfer Dijon-Senf
2 EL Cognac
0,2 l süße Sahne

In einer Schlagschüssel die Eigelb mit 1 EL Zitronensaft schlagen und mit Meersalz sowie Pfeffer abschmecken. Anschließend das Olivenöl in dünnem Strahl zugießen und mit dem Schneebesen aufschlagen, so daß sich eine Mayonnaise ergibt. Anschließend die Meerrettichstange schälen und sehr fein reiben. Den Apfel ebenfalls schälen, entkernen und mit dem Pürierstab fein pürieren. Von der Orange und der Zitrone feine Streifen von der Schale abschneiden und in kleine Stückchen teilen. Die Orange und Zitrone dann auspressen. Die Tomaten kurz in kochendes Wasser halten und die Haut abziehen, dann den Stielansatz und die Kerne entfernen. Auch die Tomaten mit dem Pürierstab fein pürieren. In einer Schüssel den Meerrettich, den Apfel, die Tomaten, sowie den Orangen- und Zitronensaft mischen. Die Orangen- und Zitronenschale, den Dijon-Senf sowie den Cognac hinzufügen und alles kräftig durchrühren. Dann diese Mischung mit der Mayonnaise verrühren. Die Sahne nicht ganz steif schlagen und ebenfalls unter die Sauce heben. Alles mit Meersalz und Pfeffer abschmecken.
Die Sauce wird kalt zu gegrillten Meeresfrüchten oder Fisch serviert.

161

Langustinenfond zu gebratenem Fisch

Zur Herstellung dieser Sauce sind 6 bis 7 Karkassen von Riesengambas oder von 20 bis 25 Krevetten erforderlich.

2 Tomaten
2 EL Sonnenblumenöl
6 bis 7 Karkassen von Riesengambas
oder 20 bis 25 Karkassen von Krevetten
je 1 EL sehr fein gehacktes
Wurzelgemüse (Stangensellerie,
Karotten, Petersilienwurzel und Lauch)
0,1 l Portwein
0,2 l trockener Riesling
0,1 EL Wasser
2 EL kalte Butter (in Stücke geschnitten)
Meersalz
1 EL frisch gepreßter Zitronensaft
1 Messerspitze Cayennepfeffer

Die Tomaten schälen, die Kerne entfernen und in kleine Stücke schneiden. In einer breiten Edelstahlpfanne das Öl erhitzen und die klein gehackten Karkassen der Krustentiere anbraten. Anschließend sofort das Gemüse dazugeben und mitrösten. Die Tomatenstücke und den Portwein hinzufügen und 2 Min. einkochen. Zusammen mit dem Riesling und dem Wasser 40 Min. bei nicht zu starker Hitze köcheln. Das Ganze dann durch ein Haarsieb in eine Sauteuse streichen und nochmals kräftig um ein Viertel reduzieren. Dabei ständig mit dem Schneebesen durchschlagen. Den Topf von der Platte ziehen und mit dem Schneebesen die Butterstückchen montieren. Zum Schluß mit Salz, Zitronensaft und Cayennepfeffer abschmecken. Danach durchschlagen und sofort zum Fisch servieren.

Weiße Sardellensauce II

Die „Weiße Sardellensauce" ist ein überliefertes Rezept aus der Zeit vor 1870. Voraussetzung für die Herstellung ist eine kräftige Fleischbrühe. Die Sauce wird serviert zu gedünstetem bzw. pochiertem Fisch.

500 g Fischabfälle
(Gräten, Fischschwänze usw.)
10 weiße Pfefferkörner
(im Mörser fein zerstoßen)
5 Pimentkörner
(im Mörser fein zerstoßen)
2 Lorbeerblätter
(in grobe Stücke gebrochen)
1 unbehandelte Zitrone (von der Schale
3 Streifchen abgeschnitten und von der
1/2 Zitrone der ausgepreßte Saft)
0,1 l kräftige Fleischbrühe
0,2 l Wasser
2 EL Butter
3 Schalotten
(in feine Würfel geschnitten)
2 EL Mehl
1 EL Sardellenbutter
0,1 l trockener Riesling
1/2 TL fein gemahlene Muskatblüte
(Mazis)
2 Eigelb
1 EL kalte Butter
(in kleine Stückchen geschnitten)

In einem breiten Topf die Fischabfälle, den Pfeffer, Piment und die Lorbeerblattstücke mischen. Anschließend die Zitronenstreifen sowie die Fleischbrühe und das Wasser zufügen. Das Ganze aufkochen und höchstens 20 Min. köcheln lassen. In einer Pfanne die Butter mit den Schalottenwürfeln gelb anschwitzen und mit dem Mehl mischen. Anschließend die gekochte und durch ein Sieb gegossene Fischbrühe mit allen Zutaten langsam hinzutun und aufkochen. Dann sofort von der Platte ziehen und durch ein feines Haarsieb in eine Sauteuse streichen. Die Sauce muß nun bereits dickflüssig abgebunden sein. Nun die Sardellenbutter mit dem Schneebesen unterschlagen. Den Zitronensaft, den Riesling

sowie die Muskatblüte einschlagen. Das Ganze bis kurz vor das Kochen bringen. Die Eigelb mit 3 EL der heißen Sauce verquirlen und nach und nach mit dem Schneebesen in die Sauce unterrühren, ebenso die Butterstückchen. Die Sauce sofort servieren.

Basilikum-Gemüse-Sauce zu gedünstetem Fisch

Zur Zubereitung dieser sehr wohlschmeckenden hellen cremigen Sauce ist 0,3 l Fischfond erforderlich. Die Sauce eignet sich vor allem zu gedünstetem Meeresfisch (z. B. Heilbut, Lachs oder Seehecht).

0,8 l süße Sahne
0,3 l Fischfond
3 EL kleine Karotten
(in kleine Würfel geschnitten)
3 EL Sellerie
(in kleine Würfel geschnitten)
1 Lauchstange
(in feine Ringe geschnitten)
15 frische Basilikumblätter
Meersalz
frisch gemahlener weißer Pfeffer
1/2 Zitrone (Saft)

0,6 l Sahne in einer Sauteuse kräftig um ein Drittel einkochen. Dann den Fischfond zugießen und 5 Min. kochen. Anschließend die Karotten- und Selleriewürfel sowie die Lauchringe zugeben und nochmals 15 Min. kräftig kochen, so daß die Sauce weiter reduziert wird. Die Sauce sollte jetzt leicht dickflüssig werden. Danach die Basilikumblätter zu der Sauce geben. Die Sauce noch 5 Min. köcheln und dann durch ein feines Haarsieb streichen. Mit Meersalz, Pfeffer und Zitronensaft abschmecken. Die restliche Sahne steif schlagen und eßlöffelweise unter die Sauce heben. Dann sofort auf den Teller geben, den gedünsteten Fisch dazu und servieren.

Norwegische Eiersauce zu gebratenem Fisch

150 g Butter
4 EL eingekochter Fischfond
(siehe Rezept)
1 TL dreifach konzentriertes
Tomatenmark
3 hartgekochte Eier
(in kleine Stücke geschnitten)
1 EL frische glatte Petersilie
(fein gehackt)
1 EL frischer Schnittlauch (fein gehackt)
Meersalz
frisch gemahlener weißer Pfeffer

In einer Sauteuse die Butter zerlassen, den Fischfond hinzufügen und mit dem Schneebesen kräftig aufschlagen. Das Tomatenmark in die Buttermasse einrühren (die Sauce darf nicht kochen!) und die Eierstückchen, die Petersilie sowie den Schnittlauch mit einem Löffel unter die Masse mischen. Zum Schluß mit Meersalz und Pfeffer abschmecken und die Sauce nicht zu heiß zu dem Fisch servieren.

Weiße-Rüben-Sauce zu geräuchertem Fisch

Diese Sauce paßt gut zu frischem (noch warmem) geräuchertem Karpfenfilet oder auch zu dünnen gebratenen Kalbsschnitzeln.

1 kg kleine weiße Rüben
Meersalz
3 EL Olivenöl
3 Schalotten (fein gewürfelt)
0,2 l trockener Riesling
0,5 l kräftige Fleischbrühe
(siehe Rezept)
1½ EL brauner Rohrzucker
frisch gemahlener schwarzer Pfeffer
2 Knoblauchzehen
(durch die Presse gedrückt)
2 EL kalte Butter
1 TL Balsamico-Essig
3 EL frische glatte Petersilie
(fein gehackt)

Die Rüben großzügig mit einem scharfen Messer schälen und auf einer feinen Küchenreibe raspeln. Sofort reichlich mit Meersalz bestreuen und 20 Min. stehen lassen. In einem großen breiten Bratentopf das Olivenöl erhitzen und die Schalotten darin hellbraun anrösten. Die geraspelten Rüben (mit dem Saft, der sich durch das Salzen gebildet hat) hinzufügen und 5 Min. bei nicht zu starker Hitze dünsten. Den Riesling zugießen und nochmals 5 Min. dünsten. Die Fleischbrühe dazutun und mit Rohrzucker und Pfeffer abschmecken. Das ganze 10 Min. kräftig kochen. Den Knoblauch zu der Masse geben und nochmals 10 Min. bei nicht zu starker Hitze kochen und ständig umrühren. Die Rüben dann auf ein Haarsieb streichen und die Flüssigkeit in einer Sauteuse auffangen. Die ausgedrückten Rüben beiseite legen. Die Sauce nochmals aufkochen und etwas reduzieren. Mit Meersalz und Pfeffer abschmecken,

mit dem Schneebesen die kalte Butter nach und nach einschlagen und den Balsamico-Essig dazugeben. Dabei darauf achten, daß die Sauce nicht mehr kocht. Zum Schluß mit dem Pürierstab kräftig aufmixen und die Rüben wieder in die Sauce einrühren. Die Petersilie mit einem Löffel untermischen und dann sofort servieren.

Gazpacho-Sauce zu gebratenem Fisch

Diese Sauce kann im Mixer sehr schnell zubereitet werden und wird zu gebratenem Meeresfisch serviert. Voraussetzung für die Herstellung ist also ein Mixer mit hoher Geschwindigkeit.

600 g kleine aromatische Tomaten
2 EL kräftiger Rotweinessig
1 TL Meersalz
1 TL brauner Zucker
frisch gemahlener weißer Pfeffer
0,1 l feines kalt gepreßtes Olivenöl

Die Tomaten (ganz lassen) und den Rotweinessig in den Mixer geben und kräftig pürieren. Das Meersalz, den Zucker sowie den Pfeffer hinzufügen und nochmals durchpürieren. Anschließend nach und nach das Olivenöl zugeben und weiterpürieren. Es muß sich (vor allem durch die Geschwindigkeit des Mixers) eine cremige luftige Sauce ergeben. Das Ganze durch ein Haarsieb in eine Schüssel gießen und nochmals mit dem Schneebesen aufschlagen. Da es sich um eine kalte Sauce mit rohem Gemüse handelt, ist diese Sauce sofort zu servieren und kann nicht aufbewahrt werden.

Braune Butter zu gebratenem Fisch

250 g Butter
4 EL stark eingekochter Fleischfond
(siehe Rezept)
3 EL trockener Riesling
Saft von 1/2 Zitrone
2 Stengel frischer Thymian
Meersalz
frisch gemahlener weißer Pfeffer

In einer großen Edelstahlpfanne die Butter zerlassen, bis sie hellbraun ist. Den Fleischfond hinzufügen und mit dem Schneebesen verrühren. Anschließend den Riesling, den Zitronensaft und den Thymian untermischen, aufkochen und 2 Min. bei nicht zu starker Hitze köcheln lassen. Durch ein feines Haarsieb streichen und mit Salz sowie Pfeffer abschmecken. Mit der sehr heißen Sauce sofort den gebratenen Fisch übergießen.

Fenchelcreme zu gebratenem Fisch

Zur Herstellung dieser cremigen Sauce werden 0,25 l Fischfond und 0,15 l Spätlesewein (z. B. Grauburgunder aus dem Kaiserstuhl) zur Zubereitung benötigt.

2 frische Fenchelknollen
1 l Wasser
Meersalz
3 EL Olivenöl
0,15 l trockener Grauburgunder
(Spätlese)
2 Schalotten (sehr fein geschnitten)
0,2 l Fischfond
0,2 l Crème fraîche
(oder dicke süße Sahne)
Saft von 1 Limone
frisch gemahlener weißer Pfeffer
1 Messerspitze gemahlener Safran

Bei den Fenchelknollen das Grün sowie den Stielansatz abtrennen und die äußeren Blätter entfernen. Dann die Fenchelknollen in große Würfel schneiden. Anschließend das Wasser aufsetzen, kräftig salzen sowie 2 EL Olivenöl dazugießen und die Fenchelstücke

darin weich kochen. Wenn sie weich sind, aus dem Wasser nehmen und in einer Schüssel mit dem Pürierstab pürieren. Das Fenchelpüree durch ein Passiergerät streichen und 1 EL Olivenöl darunterrühren.

Dann in einer Sauteuse den Spätlesewein erhitzen und die Schalottenwürfelchen hinzufügen. Die Masse um ein Drittel einkochen und anschließend den Fischfond zugießen. Das Ganze nochmals um die Hälfte reduzieren. In diese komprimierte Flüssigkeit die Crème fraîche und den Limonensaft unterziehen. Langsam erhitzen und mit dem Schneebesen durchschlagen. Anschließend das vorbereitete Fenchelpüree dazugeben und mit Meersalz sowie Pfeffer abschmecken. Das Ganze mit dem Schneebesen aufschlagen und den Safran hinzufügen. Alles nochmals durchkochen und dabei mit dem Schneebesen durchschlagen, bis die Sauce cremig wird.

Zum Schluß mit dem Pürierstab noch einmal schaumig aufrühren und sofort zu gebratenem Fisch servieren.

Roter Paprika-Schaum zu gebratenen Fischstreifen

Für die Herstellung dieser Sauce wird mit Knoblauch aromatisierter Weißweinessig benötigt. Dazu werden 3 Knoblauchzehen geschält und in kleine Würfel geschnitten. In einer kleinen Sauteuse 0,1 l Weißweinessig mit den Knoblauchwürfeln und 1 TL schwarzen Pfefferkörnern aufkochen und bei nicht zu starker Hitze auf die Hälfte reduzieren. Dann durch ein feines Haarsieb in eine Tasse abgießen, beiseite stellen und abkühlen lassen. Für die Herstellung ist auch 0,25 l Fischfond erforderlich. Die Sauce paßt am besten zu kroß ausgebratenen Streifen von frischem Meeresfisch.

3 rote Paprikaschoten
5 EL gutes kalt gepreßtes Olivenöl
1 Tomate (der Stielansatz entfernt und gewürfelt)
3 Schalotten (sehr fein gewürfelt)
0,25 l Fischfond (siehe Rezept)
0,3 l süße Sahne
Meersalz
½ TL brauner Rohrzucker
1 TL mildes Paprikapulver
5 EL sehr trockener Wermut
(z. B. Noilly Prat)
3 EL Essig, mit Knoblauch aromatisiert
(siehe Vorbemerkung)
frisch gemahlener schwarzer Pfeffer

Von den Paprikaschoten den Stielansatz sowie die Kerne entfernen und fein würfeln. In einer breiten Sauteuse das Öl erhitzen und die Paprika, die Tomate sowie die Schalotten bei nicht zu starker Hitze anrösten (etwa 5 Min.). Den Fischfond sowie die Sahne untermischen und aufkochen. Anschließend Meersalz, Rohrzucker und Paprikapulver hinzufügen, 5 Min. weiterkochen, ständig mit dem Schneebesen umrühren. Jetzt den Wermut, den Essig sowie den Pfeffer zugeben und bei stärkerer Hitze 10 Min. kochen, bis die Flüssigkeit um ein Drittel reduziert ist. Mit einem Pürierstab die Sauce kräftig mixen, durch ein feines Haarsieb seihen und in der Sauteuse nochmals aufkochen. Mit der Scheibe des Pürierstabes cremig aufschlagen. Sofort zu dem frisch gebratenen Fisch servieren.

Rote Essigbutter zu gebratenem Fisch

Diese dunkelrote cremige Buttersauce schmeckt zu frisch gebratenem Fischfilet (z. B. Meeresforelle, Seehecht oder auch Steinbutt bzw. Heilbutt).

1 EL kalt gepreßtes Olivenöl
2 Schalotten (sehr fein gewürfelt)
0,2 l trockener Spätburgunder vom Kaiserstuhl oder auch ein schwerer italienischer Rotwein (Barolo oder Barbaresco)
0,3 l süßer roter Portwein
150 g kalte Butter
(in kleine Würfel geschnitten)
1 EL milder Rotweinessig
1 TL dickflüssiger Balsamico-Essig
(mindestens 12 Jahre alt)
1 TL frisch gepreßter Limonensaft
Meersalz
frisch gemahlener schwarzer Pfeffer
1 Messerspitze brauner Rohrzucker

In einer breiten Sauteuse das Öl erhitzen und die Schalotten darin hellbraun anrösten. Den Rotwein und den Portwein dazugießen, auf mindestens die Hälfte reduzieren. Mit dem Schneebesen die Butter nach und nach unterschlagen und dabei darauf achten, daß die Sauce zwar heiß ist, aber nicht mehr kocht. Den Rotwein- und den Balsamico-Essig sowie den Limonensaft hinzufügen und nochmals kräftig mit dem Schneebesen durchschlagen. Zum Schluß mit Meersalz, Pfeffer und Rohrzucker abschmecken und sehr heiß zu dem Fisch servieren.

Pistazien-Butter-Sauce zu gebratenem Fisch

Diese cremige und auch interessant schmeckende Sauce paßt ausgezeichnet z. B. zu frisch gebratenem Filet von der Rotbarbe oder auch zu frisch gebratenen Jakobsmuscheln. Zur Herstellung ist 0,2 l frisch zubereiteter Fischfond erforderlich.

0,2 l Fischfond (siehe Rezept)
50 g Pistazien (geschält)
1 kleines Röhrchen Bittermandelöl
100 g zimmerwarme Butter
1 TL frisch gepreßter Zitronensaft
0,2 l Crème fraîche
Meersalz
frisch gemahlener weißer Pfeffer

Den Fischfond bei hoher Hitze auf die Hälfte reduzieren, damit der Geschmack noch intensiver wird. In einem kleinen Mixer die Pistazien mit dem Bittermandelöl fein pürieren. In einer Porzellanschüssel das Pistazienpüree mit der Butter kräftig vermischen, dabei den Zitronensaft hinzugießen. Diese Buttermischung kurz im Gefriergerät kalt stellen.
Zum Fischfond die Crème fraîche geben und die Masse mindestens auf die Hälfte reduzieren. Dabei muß die Sauce bereits leicht cremig werden, das heißt, wenn nötig noch weiter reduzieren. Die gekühlte Pistazienbutter in kleine Stücke schneiden und mit dem Schneebesen unter die Sauce schlagen. Dabei darauf achten, daß die Sauce heiß ist, aber nicht kocht. Es muß sich nun eine luftig cremige Sauce ergeben. In der Zwischenzeit die frischen Fischfilets nur salzen und pfeffern, in Mehl wenden und in Butter kurz braten. Die Sauce sofort dazu servieren.

Ochsenschwanz-Rotwein-Sauce zu gebratenem Fisch

Die Zubereitung dieser Sauce ist etwas aufwendiger und sollte deshalb nur dann hergestellt werden, wenn eine größere Anzahl von Gästen erwartet wird. Das nachstehende Rezept reicht für mindestens 6 bis 8 Personen. Für die Zubereitung werden in Stücke gehackte Ochsenschwänze sowie ein längs gespaltener Kalbsfuß benötigt. Außerdem sind 1 l Fleischfond, frischer Thymian und 0,6 l trockener kräftiger Burgunder-Rotwein erforderlich. Die Sauce eignet sich sowohl zu gebratenen Stücken von Meeresfisch bzw. Meeresfischfilet als auch zu Lammbraten bzw. Lammfilet oder zu Wildschweinbraten.

2,5 kg Ochsenschwanz
(in grobe Stücke gehackt)
1 Kalbsfuß (längs zerteilt)
0,1 l Olivenöl
Meersalz
frisch gemahlener weißer Pfeffer
1 große Karotte (fein gewürfelt)
2 Tomaten
1 Zwiebel (fein gewürfelt)
2 EL Stück Sellerie (grob gewürfelt)
1 Lauchstange
1 EL dreifach konzentriertes Tomatenmark
0,1 l Weinbrand
0,6 l trockener Rotwein
(z. B. Spätburgunder)
3 Knoblauchzehen
(durch die Presse gedrückt)
2 Lorbeerblätter (in Stücke gebrochen)
4 Gewürznelken
1 EL Wacholderbeeren
(im Mörser kräftig zerdrückt)
2 Zweige frischer Thymian
1 l Fleischfond (siehe Rezept)
1 Messerspitze Cayennepfeffer
Saft von 1/2 Zitrone
3 EL kalte Butter (in Stücke geschnitten)
1/2 TL brauner Rohrzucker
2 EL süßer roter Portwein

In einem breiten Bratentopf oder in einer großen rechteckigen Bratenkasserolle die Ochsenschwanz- und Kalbsfußstücke im Olivenöl bei starker Hitze braun anbraten. Mit Meersalz und Pfeffer würzen. Die Stücke aus dem Topf nehmen und beiseite stellen. In dem gleichen Topf das gewürfelte Wurzelgemüse anrösten (Karotte, Zwiebel, Sellerie und Lauch). Das Tomatenmark untermischen, den Weinbrand und die Hälfte des Rotweins dazugießen. Die Flüssigkeit bei starker Hitze auf ein Drittel reduzieren und dann nach und nach den restlichen Rotwein zugießen. Dabei immer wieder stark einkochen.

Den Knoblauch, den Lorbeer, die Nelken und die Wacholderbeeren sowie den Thymianzweig hinzufügen. Anschließend den Fleischfond beimengen und die vorher angebratenen Ochsenschwanz- und Kalbsfußstücke wieder zugeben. Das Ganze weiterschmoren, bis das Gemüse nahezu vollständig verkocht ist und das Fleisch sehr weich wird. Diese Sauce durch ein feines Haarsieb in eine Sauteuse streichen und wieder aufkochen. Den Cayennepfeffer und den Zitronensaft untermischen, mit Rohrzucker und Portwein abschmecken. Die Butter mit dem Schneebesen unterschlagen. Von den Kalbsfuß- und den Ochsenschwanzstücken das Fleisch auslösen und in ganz kleine Stücke schneiden. Diese Fleischstücke zu der Sauce geben, alles nochmal erhitzen (nicht mehr kochen) und dann sehr heiß zu dem Fisch oder Fleisch servieren.

Olivencremesauce zu gebratenem Fisch

Zur Herstellung dieser Sauce braucht man 0,3 l reduzierten Fischfond. Die cremige Sauce wird zu kurz und kroß gebratenen Meeresfischstücken oder auch zu Fischfilet, das in Wasserdampf gegart ist, serviert.

3 EL Butter
3 Schalotten (sehr fein gehackt)
3 EL trockener Wermut
0,3 l trockener Riesling
0,3 l reduzierter gelierter Fischfond
(siehe Rezept)
0,3 l saure Sahne
20 in Salzlake eingelegte grüne Oliven
5 Basilikumblätter
Meersalz
frisch gemahlener weißer Pfeffer
1/2 TL brauner Rohrzucker

In einer breiten Sauteuse die Butter zerlassen und die Schalotten darin hellbraun anrösten. Den Wermut dazugießen und die Flüssigkeit vollständig reduzieren. Den Riesling hinzufügen und um ein Drittel einkochen. Den Fischfond untermischen und nochmals um ein Drittel komprimieren. Mit dem Pürierstab langsam die saure Sahne unterarbeiten und kräftig aufmixen. Das Olivenfleisch mit einem scharfen Messer vom Kern abschneiden und in einen kleinen Mixer füllen. Die Basilikumblätter und eine Prise Meersalz dazugeben und zu einer Creme mixen. Diese Olivencreme mit dem Schneebesen in die Sauce einschlagen und mit Meersalz, Pfeffer und dem Rohrzucker abschmecken. Nicht zu heiß zu dem gebratenen Fisch servieren.

Hechtsauce mit saurer Sahne

Diese Sauce kann dann hergestellt werden, wenn Hecht zubereitet wird, da das reduzierte Wasser vom gedünsteten Hecht benötigt wird. Außerdem ist eine kräftige Fleischbrühe oder ein kräftiger Fleischfond erforderlich. Dieses Rezept wurde um 1870 kreiert.

2 EL zimmerwarme Butter
1 EL Mehl
4 Eigelb
3 EL dicke saure Sahne
(Schmant oder Crème fraîche)
0,1 l Fleischbrühe oder Fleischfond
0,1 l reduziertes Hechtwasser
Saft von 1/2 Zitrone
frisch geriebene Muskatnuß
Salz

Die Butter mit dem Mehl verkneten. Eine ausreichend große Sauteuse auf die Platte stellen und bei mäßiger Hitze das Mehl-Butter-Gemisch mit dem Schneebesen darin verrühren. Nach und nach dann die Eigelb unterziehen. Anschließend die dicke saure Sahne (bzw. Schmant oder Crème fraîche) und in dünnem Strahl die Fleischbrühe oder den Fleischfond dazugießen und unterschlagen. Dazwischen das durch ein Küchentuch gegossene Pochierwasser vom Hecht stark einkochen (dabei nicht würzen!) und 0,1 l davon unter die Sauce schlagen. Gleichzeitig den Zitronensaft in einem dünnen Strahl beifügen und mit etwas Muskatnuß sowie Salz abschmecken. Die Sauce muß dabei recht dickflüssig bleiben, wobei je nach Bedarf mehr oder weniger Fleischfond oder Hechtwasser dazugegossen werden kann. Unter ständigem Rühren die Sauce dann einmal kurz aufkochen, von der Platte ziehen und mit dem Schneebesen nochmals verquirlen. Warm zu gedünstetem Hecht servieren.

Rote-Bete-Sauce zu geräucherter Forelle

Diese cremige und angenehm schmeckende Sauce wird am besten zu gedünsteter Lachsforelle oder zu geräuchertem Forellenfilet serviert.

1 mittelgroße Knolle rote Bete
(etwa 80 g, in kleine Stücke geschnitten, nicht zu weich gekocht)
100 g zimmerwarme Butter
0,4 l eingekochter Fischfond
0,2 l trockener Riesling
0,2 l dicke süße Sahne
1 TL frisch gepreßter Zitronensaft
2 EL trockener Champagner
Salz
frisch gemahlener weißer Pfeffer

Die rote Bete und die Butter in einen Mixer geben und kräftig durchmixen, so daß sich Butter und rote Bete intensiv miteinander verbinden. Den Fischfond und den Riesling in eine Sauteuse gießen und auf ein Drittel bei starker Hitze einkochen lassen. Von der Sahne 3 EL wegnehmen und steif schlagen. Die restliche flüssige Sahne zu der eingekochten Flüssigkeit geben und zum Kochen bringen. Die Hitze zurückschalten und die Buttermischung mit dem Schneebesen nach und nach einarbeiten.
Am Schluß den Zitronensaft sowie den Champagner unterschlagen. Mit Salz sowie Pfeffer abschmecken und kurz vor dem Servieren mit einem Löffel die vorher geschlagene Sahne unterheben.

Spreewaldsauce zu Hecht

Bei diesem traditionellen Gericht aus der Lausitz wird ein frischer Hecht in einer Sauce aus dunklem malzigem Bier gar gezogen. Dazu passen am besten Salzkartoffeln.

5 EL Butter
2 mittelgroße Zwiebeln
(in kleine Würfel geschnitten)
2 kleine Lauchstangen
(in dünne Ringe geschnitten)
0,4 l Fleischbrühe
0,4 l dunkles malziges Bier
1 TL schwarze Pfefferkörner
2 Lorbeerblätter (in Stücke gebrochen)
1 Scheibe Sauerteig-Schwarzbrot
(gewürfelt)
1 frischer Hecht (ausgenommen, aber mit Kopf und Schwanz)
0,3 l saure Sahne
1 EL Mehl
Meersalz
frisch gemahlener weißer Pfeffer
1 Bund glatte Petersilie (grob gehackt)

In einem länglichen Braten- oder Fischtopf 3 EL Butter zerlassen, die Zwiebelwürfel und die Lauchringe etwa 3 Min. dünsten. Die Fleischbrühe dazugießen und aufkochen. Jetzt das Bier, die Pfefferkörner, den Lorbeer und die Brotwürfel dazugeben. Aufkochen, die Hitze zurückschalten und den gewaschenen ganzen Hecht in diesen Sud legen. Bei nicht zu starker Hitze den Fisch gar ziehen lassen und vorsichtig herausnehmen. Den Sud durch ein feines Haarsieb in eine Sauteuse streichen. Die Sahne mit dem Mehl verrühren, 3 EL heiße Sauce mit unterrühren. Diese Mischung dann mit dem Schneebesen in die leicht kochende Sauce einschlagen und mit Meersalz sowie Pfeffer abschmecken. Falls die Sauce zu dickflüssig wird, mit etwas Sahne und Bier verdünnen. Die Sauce über den Fisch gießen.
In einer beschichteten Pfanne die restliche Butter zerlassen und leicht bräunen. Die Petersilie kurz hineingeben und dann ebenfalls über den Fisch gießen. Das Gericht zusammen mit frischen Salzkartoffeln servieren.

167

Weißweinsauce Dugléré zu gebratenem Fisch

Diese Sauce ist nach einem berühmten Küchenchef aus Paris benannt. Sie wird zu gebratenem Meeresfisch serviert.

3 EL Butter
4 EL Mehl
0,6 l kochendheißer Fischfond
(siehe Rezept)
½ TL Salz
1 TL frisch gepreßter Zitronensaft
5 Tomaten
150 g Steinchampignons
3 EL Butter
1 mittelgroße Zwiebel
(sehr fein gehackt)
Meersalz
1 EL frische glatte Petersilie
(sehr fein gehackt)
frisch gemahlener weißer Pfeffer

In einer Sauteuse die Butter zerlassen und das Mehl darin hellbraun anschwitzen. Den Fischfond nach und nach dazugießen und dabei mit dem Schneebesen kräftig durchschlagen. Mit Salz sowie Zitronensaft abschmecken und mindestens 30 Min. bei nicht zu starker Hitze köcheln. Ständig mit dem Schneebesen durchschlagen und zuletzt durch ein feines Haarsieb seihen. Bei den Tomaten den Stielansatz herausschneiden, mit einem scharfen Messer die Haut kreuzweise einschneiden und mit einem Schaumlöffel kurz in kochendes Wasser halten. Dann die Tomaten schälen, halbieren und die Kerne entfernen. Die Champignons in dünne Scheiben und die Tomaten in kleine Stücke schneiden.
In einer Sauteuse die Butter zerlassen und die Pilze ganz kurz anrösten. Die Tomatenstücke sowie die gehackten Zwiebeln hinzufügen, mit Salz abschmecken und die ganze Masse zu der vorher zubereiteten Fischsauce geben. Das Ganze wieder erhitzen, kräftig durchrühren und die Petersilie untermischen. Mit Salz sowie Pfeffer abschmecken und sofort servieren.

Sternanis-Rotwein-Sauce zu Fisch

0,3 l Fleischfond
0,1 l Portwein
1 TL konzentriertes Tomatenmark
0,2 l Gemüsefond
1 Sternanis
2 EL dicke süße Sahne
Meersalz
frisch gemahlener weißer Pfeffer

In eine Sauteuse den Fleischfond, den Portwein sowie das Tomatenmark geben, aufkochen und um die Hälfte reduzieren. Dann den Gemüsefond zugießen, wiederum aufkochen und fast um die Hälfte einkochen. Danach die Hitze zurückschalten, so daß die Sauce nicht mehr kocht. Den Sternanis und die Sahne zugeben, kräftig unterrühren und bei mäßiger Hitze 5 Min. ziehen lassen. Den Sternanis wieder herausnehmen sowie mit Meersalz und Pfeffer abschmecken.
Die Sauce sofort servieren.

Haselnußsauce zu Forelle

Für die Herstellung dieser Sauce ist das Vorhandensein von 0,1 l reduziertem Fischfond erforderlich. Außerdem benötigt man 2 EL frisch gepreßten oder naturbelassenen naturtrüben Apfelsaft.

70 g ganze Haselnüsse
0,15 l süße Sahne
2 EL naturtrüber Apfelsaft
0,1 l reduzierter Fischfond
1 EL kalte Butter
(in kleine Stücke geschnitten)
Meersalz
frisch gemahlener weißer Pfeffer

Die Haselnüsse in einem Mixer sehr fein pürieren. In einer Sauteuse die Sahne mit dem Haselnußpüree erhitzen. Das Ganze etwa 10 Min. köcheln lassen und dabei leicht reduzieren. Anschließend die Flüssigkeit durch ein feines Haarsieb streichen und wieder in eine Sauteuse geben. Dann den naturtrüben Apfelsaft und Fischfond dazugießen. Alles stark einkochen, bis die Sauce cremig wird. Zum Schluß die Butterstückchen mit dem Schneebesen unterschlagen und mit Meersalz sowie Pfeffer abschmecken. Zu gedünsteter Forelle (oder auch zu anderen gedünsteten Fischen) servieren.

Heiße Heringssauce

Diese Heringssauce ist eine säuerliche cremige Sauce nach einem Rezept von 1870. Sie kann sowohl zu gedünstetem Fisch als auch zu Fleisch serviert werden. Zur Herstellung der Sauce wird 1 EL stark eingekochter gelierter Fleischfond benötigt.

1 ganzer frischer Hering
(ausgenommen, Schwanzflosse
und Kopf entfernt)
0,3 l Milch
3 Schalotten (sehr fein zerhackt)
1 EL Butter
1½ EL Mehl
frisch gemahlener weißer Pfeffer
1 Lorbeerblatt (in Stücke gebrochen)
3 dünne Scheiben von
1 unbehandelten Zitrone
2 TL Weißweinessig
1 EL stark eingekochter gelierter
Fleischfond
2 Eigelb
1 EL kalte Butter
(in Stückchen geschnitten)

Den Hering in der Milch einlegen und 3½ Std. stehen lassen. Danach herausnehmen und mit frischem kaltem Wasser abwaschen, trocknen und sehr fein hacken. In einer Sauteuse in der Butter die Schalotten anrösten und das Mehl langsam einrühren. Das Ganze hellgelb durchrösten und so viel kaltes Wasser zugießen, daß eine flüssige cremige Sauce entsteht. Anschließend den Hering, Pfeffer, die Lorbeerblattstücke, die Zitronenscheiben sowie den Weißweinessig beifügen und langsam aufkochen lassen. Danach den Fleischfond unterschlagen. Durch ein feines Sieb geben und durchdrücken. Die Eigelb mit 3 EL der heißen Sauce verquirlen und langsam mit dem Schneebesen unter die heiße Sauce rühren. Zum Schluß die Butterstückchen unterschlagen und die Sauce sofort servieren.

Polnische Sauce zu Karpfen

Dies ist die berühmte Sauce zu „Karpfen in Biersauce". Der besondere Geschmack ergibt sich aus der Verwendung von Saucenlebkuchen und dunklem malzigem Bier. Am besten eignet sich dunkles englisches oder irisches Bier (z. B. Guinness oder auch sonstiges dunkles malziges Bier aus Bayerisch Franken). Der „Karpfen in Biersauce" ist in Polen ein traditionelles Weihnachtsessen.

2 EL Butter
1 EL Mehl
0,2 l Wasser
0,3 l dunkles malziges Bier
1 Karotte (in kleine Würfel geschnitten)
1 Lauchstange
(in kleine Würfel geschnitten)
1 kleine Sellerieknolle
(in kleine Würfel geschnitten)
2 Schalotten (in nicht zu dünne
Scheiben geschnitten)
50 g Saucenlebkuchen
(in Brösel zerrieben)
5 weiße Pfefferkörner
5 Pimentkörner
2 Nelken
2 Lorbeerblätter (in Stücke gebrochen)
Saft von 1 Zitrone
1 TL brauner Rohrzucker
Meersalz
4 EL kräftiger trockener Rotwein
(Spätburgunder)

In einer Sauteuse die Butter zerlassen und das Mehl darin braun anrösten. Das Wasser und anschließend das Bier nach und nach mit dem Schneebesen einschlagen und aufkochen. Die Karotten-, die Lauch- sowie die Selleriewürfel und die Schalottenscheiben zu der Sauce geben. Die Lebkuchenbrösel ebenfalls zufügen und mit dem Schneebesen einschlagen. Alles einmal aufkochen. Anschließend die Pfefferkörner, die Pimentkörner, die Nelken sowie den Lorbeer dazugeben und wieder langsam erhitzen. Bei nicht zu starker Hitze 40 Min. köcheln lassen, damit

sich die Gewürze entfalten können und der Saucenlebkuchen vollständig zerkocht. Durch ein Haarsieb passieren und erneut in die Sauteuse geben. Den Zitronensaft, den Zucker und 1 kräftige Prise Salz zusetzen und nochmals aufkochen. Den Rotwein mit dem Schneebesen unterschlagen und etwa 1 Min. bei ständigem Schlagen köcheln. Sofort servieren.

Räucheraalsauce zu Fischsoufflé

Für die Zubereitung dieser Sauce ist 0,3 l Fischfond erforderlich. Diese Sauce paßt ausgezeichnet zu Steinbuttsoufflé oder zu souffliertem Lachs.

150 g Räucheraal
(ohne Haut und Rückgrat)
0,3 l Fischfond
0,3 l Crème fraîche
½ Zitrone (Saft)
Meersalz
frisch gemahlener weißer Pfeffer
1 TL glatte Petersilie (sehr fein gehackt)

Den Räucheraal vorbereiten: Kopf und Schwanz abschneiden, die Haut entfernen und das Aalfleisch herausnehmen. Den Aal im Mixer fein pürieren. In einer Sauteuse den Fischfond aufkochen und mindestens auf die Hälfte reduzieren. Zum Schluß die Crème fraîche mit dem Schneebesen einschlagen und nochmals einkochen, damit die Sauce leicht dickflüssig wird. Dann das Aalfleischpüree dazuschütten und bei geringer Hitze weiterkochen, bis sich alles verbunden hat. Anschließend den Zitronensaft hinzugießen, mit Meersalz sowie Pfeffer abschmecken und die Petersilie unter die Sauce mischen. Wenn die Sauce nicht dickflüssig genug ist, noch etwas Crème fraîche unterrühren und noch weiter reduzieren. Die Sauce lauwarm zu Fischsoufflé servieren.

Rote Buttersauce zu Lachssülze

Diese lauwarme Sauce wird in guten Restaurants an der Loire zu Fischpasteten (vor allem von Hecht und Forelle) serviert. Um diese Sauce herstellen zu können, ist zunächst ein Fischfond frisch zu kochen.

*200 g kalte Butter
(in kleine Würfel geschnitten)
3 Schalotten
(in grobe Stücke geschnitten)
3 Stangensellerie
(in grobe Stücke geschnitten)
3 kleine Karotten
(in grobe Stücke geschnitten)
1 Bouquet garni
(ein kleines Bündel mit Thymian,
glatter Petersilie, 2 Lorbeerblättern,
Petersilienwurzel und Fenchel)
3 Knoblauchzehen
600 g Fischabfälle von Meeresfischen
0,4 l Rotwein
1 TL brauner Rohrzucker
5 Schalotten
(in feine Würfel geschnitten)
4 EL Rotweinessig
2 TL dreifach konzentriertes
Tomatenmark
0,2 l Pflaumensaft
3 EL dicke süße Sahne*

Für diese Sauce zunächst einen Fischfond herstellen. Diesen Fond aber nur 20 Min. kochen lassen und dann durch ein Sieb streichen (bei längerem Kochen wird dieser Fond bitter).

Fischfond:

In einem breiten Topf 2 EL Butter zerlassen und die Schalotten, den Sellerie sowie die Karotten hinzufügen. Das Bouquet garni sowie die Knoblauchzehen ebenfalls zugeben. Bei nicht zu starker Hitze 30 Min. unter ständigem Umrühren anrösten, bis alles leicht gebräunt ist. Die Fischabfälle und 0,3 l Rotwein untermischen. Mit kaltem Wasser auffüllen, bis alle Zutaten bedeckt sind. Das Ganze bei mäßiger Hitze 20 Min. kochen. Die Flüssigkeit durch ein Haarsieb in eine Sauteuse gießen. Diesen Fond auf ein Viertel reduzieren, so daß noch 0,2 l übrigbleiben.

In einer Sauteuse 4 EL Wasser, den Rohrzucker, die Schalottenwürfel, den Rotweinessig, das Tomatenmark, den Pflaumensaft und restlichen Rotwein mischen. Das Ganze kräftig aufkochen und stark reduzieren (es darf nur noch die Hälfte der Flüssigkeit übrigbleiben). Anschließend den reduzierten Fischfond und die Sahne untermischen, bei starker Hitze aufkochen. Abkühlen lassen, bis die Sauce nur noch lauwarm ist. Kurz vor dem Servieren die Sauce bis kurz vor das Kochen erhitzen und sofort die restlichen Butterwürfel mit dem Schneebesen unterschlagen. Dabei darauf achten, daß die Sauce nicht mehr aufkocht, da sonst keine Bindung erfolgt und die Butter sich absetzt. Zum Schluß die Sauce durch ein Haarsieb streichen, etwas abkühlen lassen und lauwarm servieren.

Chinesisches Sesamdressing zu Gravedlachs

Diese Sauce paßt ausgezeichnet zu selbst hergestelltem Gravedlachs oder auch zu einem Lachs-Carpaccio.

*2 EL Sesamsamen
2 EL Geflügelfond (siehe Rezept)
1 EL Sojasauce
1 EL Sesamöl
1 EL japanischer Reiswein
2 EL Chinakohl (sehr fein gehackt)*

In einer beschichteten Pfanne den Sesamsamen vorsichtig anrösten, so daß er dunkelbraun wird, aber nicht verbrennt. Die Sesamsamen abkühlen und in eine Porzellanschüssel geben. Den Geflügelfond lauwarm erwärmen und dazugießen. Ebenfalls die Sojasauce, das Sesamöl und den Reiswein. Das Ganze kräftig vermischen und 30 Min. durchziehen lassen. Den Chinakohl unter die Sauce mischen, durchrühren und entweder in einer kleinen Schale zum Lachs servieren oder über das Carpaccio geben.

Zitronenvinaigrette zu Lachsfilet

Zur Herstellung dieser Sauce sind nur Zitronen und Limonen sowie bestes kalt gepreßtes Olivenöl erforderlich. Diese fruchtig-säuerliche Sauce paßt ganz ausgezeichnet zu frischem und sehr kurz gegartem Lachsfilet, das nur mit etwas Meersalz bestreut ist.

*2 Zitronen
2 Limonen
0,2 l kalt gepreßtes Olivenöl*

Die Zitronen und Limonen mit einem scharfen Messer gründlich schälen, so daß auch die weiße Haut entfernt wird. Mit dem scharfen Messer die Filets aus den Zwischenhäuten herausschneiden und dabei den austretenden Saft auffangen. Die Zitronen- und Limonenfilets sowie den aufgefangenen Saft in einen Mixer geben und den Mixer auf die geringste Geschwindigkeit einstellen. Die Masse ganz fein pürieren und das Olivenöl nach und nach in ganz dünnem Strahl bei laufendem Mixer dazugießen. Es muß sich eine cremige Sauce ergeben, ähnlich wie dünne Mayonnaise. Die Sauce in eine Sauteuse schütten und bei sehr geringer Hitze lauwarm erhitzen. Dabei ständig mit dem Schneebesen sehr kräftig durchschlagen. Die Sauce in einen tiefen Teller füllen (etwa 1mm hoch) und die kurz gegarten Lachsfilets darauf legen. Sofort servieren.

Gelbe Kapernsauce zu Lachs und Hecht

Dieses Rezept stammt von 1890. Unter der Voraussetzung, daß Fleischbrühe vorhanden ist, kann diese Sauce schnell zubereitet werden. Sie schmeckt vorzüglich zu gedünstetem Lachs oder Hecht.

1/2 EL Mehl
4 EL Wasser
0,75 l Fleischbrühe
1 unbehandelte Zitrone
(in Scheiben geschnitten und entkernt)
1 Messerspitze geriebene Muskatblüte
(Mazis)
3 Eigelb
2 EL Kapern
125 g kalte Butter
(in Würfel geschnitten)

In einer Sauteuse das Mehl mit dem Wasser verrühren. Danach die Fleischbrühe zugießen. 4 dünne Zitronenscheiben und die Muskatblüte der Bouillon beimischen. Das Ganze unter stetigem Rühren bzw. Schlagen mit dem Schneebesen zum Kochen bringen. Dann die Eigelb verrühren und 4 EL von der Brühe langsam hinzufügen und ebenfalls mit verrühren. Alles mit dem Schneebesen in die Sauce einschlagen, so daß sich eine leichte Bindung ergibt. Dann die Sauce von der Platte ziehen, damit sie nicht mehr kocht. Die Kapern in die Masse geben, die Sauce wieder kurz vor das Kochen bringen und mit dem Schneebesen die Butterwürfel nacheinander einschlagen. Die Sauce dann sofort servieren.

Hinweis: Diese gehaltvolle und leicht säuerliche Sauce sollte nicht zu gebratenem, sondern zu gedünstetem Fisch serviert werden (z. B. Lachs, in Alufolie gegart oder über Wasserdampf).

Spinat-Sahne-Sauce zu gebratenem Lachs

Für diese Sauce sollten nur die frischen, ganz jungen hellgrünen Spinatblätter verwendet werden. Die intensiv grüne Sauce erhält ihren Geschmack durch die Verwendung von stark eingekochtem Fischfond. Sie paßt sowohl zu frisch gebratenen Lachsfiletstücken als auch zu Jakobsmuscheln oder zu frisch gebratenem Seeteufel.

150 g junge Spinatblätter (ohne Stiel)
1 dickes Bund glatte Petersilie
(ohne Stengel)
0,15 l stark eingekochter Fischfond
(siehe Rezept)
0,15 l süße Sahne
3 EL kalte Butter
(in kleine Stücke geschnitten)
Meersalz
frisch gemahlener weißer Pfeffer
1 kleine Messerspitze gemahlene
Salbeiblätter

Den Spinat und die Petersilie unter fließendem kaltem Wasser kräftig abwaschen und beides 1 Min. in kochendem Wasser blanchieren. Herausnehmen, in eiskaltem Wasser abschrecken, abtropfen lassen und etwas trockentupfen. Spinat- und Petersilienblätter in einem Mixer fein pürieren und diese Masse in eine Sauteuse füllen. Den Fischfond dazugießen und das Ganze auf die Hälfte reduzieren. Anschließend die Sahne untermischen und wieder etwas einkochen, bis eine cremige Sauce entsteht. Die Hitze dann zurückschalten, so daß die Sauce nicht mehr kocht. Mit dem Schneebesen die Butterstückchen einschlagen und dabei darauf achten, daß die Sauce heiß ist, aber nicht kocht. Zum Schluß mit Meersalz, Pfeffer sowie Salbeipulver abschmecken. Mit dem Pürierstab die Sauce noch schaumig aufmixen und sofort zu dem frisch gebratenen Fisch servieren.

Ingwer-Essig-Würzsauce zu Garnelen

(China)

Diese Sauce wird zu fritierten Garnelen gereicht. Die Garnelen werden zuerst in einen Ausbackteig getaucht (Reisstärke mit Wasser und Sojasauce) und dann im heißen Öl knusprig ausgebacken.

2 EL Sojasauce
1 EL trockener Sherry
2 TL brauner Rohrzucker
1 EL Reisessig
Meersalz
frisch gemahlener weißer Pfeffer
1 TL Reisstärke
(oder ersatzweise Kartoffelstärke)
2 EL Wasser
2 Frühlingszwiebeln (fein gehackt)
1 EL frische Ingwerwurzel (fein gehackt)
3 EL Gänseschmalz

Die Sojasauce, den Sherry, den Zucker, den Essig sowie eine Prise Meersalz und Pfeffer in einer Porzellanschüssel vermischen. In einer weiteren kleinen Porzellanschüssel die Stärke mit dem Wasser zu einer Paste verrühren. Das Gänseschmalz in einer großen Edelstahlpfanne erhitzen und die Frühlingszwiebel- und Ingwerstücke darin 2 Min. bei nicht zu starker Hitze anbraten. Anschließend die Sojasauce-Sherry-Mischung hinzufügen und aufkochen lassen.
Zum Schluß die angerührte Stärke in kleinen Mengen einschlagen, so daß die Sauce leicht abbindet bzw. dickflüssig wird. Dann sofort die vorher fritierten Garnelen unter die Sauce geben und gleich servieren. Dazu paßt am besten frisch gekochter Langkornreis.

Safransauce zu gebratenem Meeresfisch

Für diese Sauce wird 0,3 l stark eingekochter Muschelfond benötigt. Diesen Fond erhält man dadurch, daß frische Miesmuscheln in trockenem Weißwein und Wurzelgemüse (klein geschnittene Karotten, Lauch, Sellerie und Zwiebeln sowie ein kleines Stück frische Fenchelknolle) gekocht werden. Dieser Sud wird dann durch ein Passiertuch abgegossen und auf die Hälfte eingekocht. Die Sauce wird zu frisch und kroß ausgebratenen Stücken von Meeresfisch (z. B. Lachs, Rotbarsch, Seeteufel oder auch dicke Scheiben von frischen Jakobsmuscheln) serviert.

3 Tomaten
4 EL Olivenöl
1 kleine Zucchini (klein gewürfelt)
1 EL Korianderkörner
(im Mörser kräftig zerdrückt)
0,3 l reduzierter Muschelsud
1 unbehandelte Zitrone (die Schale mit einem scharfen Messer dünn abschälen und fein würfeln)
2 Thymianzweige
1 kleines Döschen Safranfäden
3 EL gemischte frische klein gehackte Kräuter (Schnittlauch, Basilikum, glatte Petersilie, Liebstöckel)
Meersalz
frisch gemahlener weißer Pfeffer

Den Stielansatz der Tomaten herausschneiden, die Haut mit einem scharfen Messer kreuzweise einritzen und kurz in kochendes Wasser halten. Die Tomaten schälen, halbieren, die Kerne entfernen und in kleine Würfel schneiden. (Den sich dabei ergebenden Tomatensaft durch ein feines Haarsieb auffangen.) Die Tomatenwürfel dann beiseite stellen. In einer Edelstahlpfanne 2 EL Olivenöl erhitzen und die Zucchiniwürfel etwa 5 Min. bei nicht zu starker Hitze schmoren. In einer breiten hohen Sauteuse das restliche Olivenöl heiß machen und den Koriander hinzufügen. Kurz anrösten und dann sofort zu dem schon vorher eingekochten Muschelsud gießen. Etwa 3 Min. bei nicht zu starker Hitze köcheln, die

Zitronenschale, die Thymianzweige sowie die Safranfäden untermischen. Die Sauce durch ein feines Haarsieb wieder in eine Sauteuse füllen, kräftig aufkochen und noch etwas reduzieren. Die Tomaten- und Zucchiniwürfel und die Kräuter dazugeben und bei geringer Hitze etwa 1 Min. ziehen lassen. Mit Meersalz und Pfeffer abschmecken. Diese relativ flüssige, rötlich-gelbe und nach Safran duftende Sauce zu frisch gebratenem Fisch servieren.

Senf-Fischfond-Sauce zu gedünstetem Fisch

0,2 l Fischfond
2 EL feines kalt gepreßtes Olivenöl
3 EL kalte Butter
(in kleine Stücke geschnitten)
2 EL grober Dijon-Senf
(mit ganzen weißen Senfkörnern)
Meersalz
frisch gemahlener weißer Pfeffer
1 EL Zitronensaft

In eine Sauteuse den Fischfond zum Kochen bringen und etwas einkochen. Die Hitze herunterschalten, so daß die Sauce nur noch leicht simmert. Mit dem Schneebesen das Olivenöl sowie die Butterstückchen nach und nach unterschlagen. Dann nicht mehr kochen.
Zum Schluß den Dijon-Senf zugeben und mit Meersalz sowie Pfeffer abschmecken. Kurz vor dem Servieren den Zitronensaft zugeben und mit dem Schneebesen kurz durchrühren. Sofort zu gedünstetem Fisch servieren.

Tomaten-Champagner-Sauce zu gebratenem Meeresfisch

Diese cremige sehr aromatische Sauce paßt zu kroß gebratenen Stücken von verschiedenen Meeresfischen (z. B. Seeteufel, Lachs, Steinbutt oder auch Seelachs).

3 Tomaten
2 EL Butter
2 Schalotten (sehr fein gewürfelt)
1 EL konzentriertes Tomatenmark
4 EL trockener Wermut
(z. B. Noilly Prat)
1 EL frischer Estragon
(sehr fein gehackt)
0,25 l trockener Champagner
0,25 l Fischfond (siehe Rezept)
0,3 l dicke saure Sahne (Crème fraîche)
Meersalz
frisch gemahlener schwarzer Pfeffer
1/2 TL Cayennepfeffer
Saft von 1/2 Limone
1 EL frischer Kerbel (sehr fein gehackt)

Den Stielansatz der Tomaten wegschneiden, die Haut mit einem scharfen Messer kreuzweise einritzen und kurz in kochendes Wasser halten. Die Schale abziehen, halbieren, entkernen und das Fruchtfleisch sehr fein würfeln. In einer Sauteuse 2 EL Butter erhitzen und die Schalottenwürfel hellbraun anrösten. Das Tomatenmark, die Tomatenwürfel und den Wermut dazugeben und alles etwa 4 Min. bei nicht zu starker Hitze köcheln. Den Estragon untermischen und mit Champagner aufgießen. Das Ganze auf die Hälfte reduzieren. Den Fischfond angießen und bei starker Hitze alles auf ein Drittel einkochen. Die Sahne mit dem Schneebesen nach und nach unterrühren und bei nicht zu starker Hitze weiterkochen, so daß die Sauce dickflüssig wird. Mit Meersalz, Pfeffer, Cayennepfeffer und Limonensaft abschmecken. Mit dem Pürierstab kräftig durchmixen und zum Schluß mit der Scheibe des Pürierstabes schaumig und cremig aufschlagen. Die Sauce lauwarm zum Fisch servieren.

Specksauce zu gebratener Scholle

Für diese cremige schaumige Sauce wird Fisch- und Fleischfond benötigt. Den pikanten süßlich-säuerlichen Geschmack erhält sie durch den Balsamico-Essig. Diese Sauce paßt z. B. zu einer frisch gebratenen Kutterscholle oder auch zu anderem frisch gebratenem Meeresfisch.

4 EL Olivenöl
100 g durchwachsener milder Räucherspeck (z. B. Gelderländer Speck, sehr fein gewürfelt)
5 Schalotten (sehr fein gewürfelt)
2 Knoblauchzehen (sehr fein gewürfelt)
10 Steinchampignons (sehr fein gewürfelt)
1 TL konzentriertes Tomatenmark
6 EL dickflüssiger süßer Balsamico-Essig
0,25 l Fischfond (siehe Rezept)
1 TL getrockneter Thymian
0,15 l stark eingekochter Fleischfond (siehe Rezept)
0,3 l süße Sahne
1 Messerspitze scharfes Paprikapulver
Meersalz
frisch gemahlener weißer Pfeffer

In einer breiten Sauteuse das Olivenöl erhitzen und Speck-, Schalotten-, Knoblauch- und Champignonwürfel 5 Min. bei nicht zu starker Hitze anrösten. Das Tomatenmark hinzufügen und nochmals 1 Min. rösten. Den Essig, den Fischfond sowie den Thymian untermischen und die Flüssigkeit um die Hälfte reduzieren. Anschließend den Fleischfond dazugießen und nochmals auf die Hälfte reduzieren.
Die Sahne mit einem Schneebesen in einer Schlagschüssel aufschlagen, so daß sie cremig flüssig wird. Die Sahne und das Paprikapulver zu der Sauce geben und alles bei mäßiger Hitze um ein Drittel reduzieren. Mit dem Pürierstab kräftig mixen und durch ein feines Haarsieb schütten. Wieder in die Sauteuse gießen, aufkochen und mit Meersalz und Pfeffer abschmecken. Mit der Scheibe des Pürierstabes die Sauce cremig aufmixen und sofort zu dem Fisch servieren.

Französische Kamelin-Sauce zu gegrilltem Meeresfisch

Diese traditionelle Sauce aus dem Mittelalter stammt aus einem Kochbuch aus Zentralfrankreich. Sie ist leicht süßlich und paßt am besten zu gegrilltem Meeresfisch (z. B. Makrelenfilet, Steinbutt, Rotbarben oder Seehecht).

1 dicke Scheibe altbackenes dunkles Bauernbrot (mit Rinde und klein gewürfelt)
0,1 l Wasser
1/2 TL Ingwerpulver
1 1/2 TL Zimtpulver
1 Messerspitze gemahlene Gewürznelken
0,3 l trockener Riesling
1/2 TL Safranfäden
1 Messerspitze frisch geriebene Muskatnuß
Meersalz
2 TL brauner Rohrzucker

Die Brotwürfel im Wasser einweichen (mindestens 1 Std., damit auch die Rinde sehr weich wird). Das Ingwer-, Zimt- und Nelkenpulver mit dem Riesling vermischen und in eine breite Porzellanschüssel füllen. Das eingeweichte Brot leicht ausdrücken und zu der Wein-Gewürz-Mischung geben. Kräftig verrühren und durch ein feines Sieb streichen. Die Masse in eine Sauteuse schütten und bei nicht zu starker Hitze etwa 15 Min. köcheln, bis die Sauce ziemlich dickflüssig wird. Zur Hälfte der Zeit die Safranfäden und Muskatnuß hinzufügen und zum Schluß mit Meersalz sowie Rohrzucker abschmecken. Sehr heiß zu dem frisch gegrillten Fisch servieren.

Orangen-Ingwer-Butter zu gegrilltem Meeresfisch

Diese fruchtig pikante und cremige Sauce paßt zu Meeresfischen, die im ganzen im Backofen gebacken bzw. gegrillt werden.

1 unbehandelte Orange
1 unbehandelte Limone
4 Orangen
180 g kalte Butter (in kleine Stücke geschnitten)
100 g frischer Ingwer (geschält und auf einer feinen Metallreibe fein gerieben)
Meersalz
frisch gemahlener weißer Pfeffer
1 Messerspitze scharfes Paprikapulver

Mit einer feinen Metallreibe die Schale von der unbehandelten Orange und der Limone abreiben. Alle Orangen und die Limone mit einem scharfen Messer schälen (so daß auch die weiße Haut abgeschält ist) und dann mit dem Messer die einzelnen Filets zwischen den Trennhäuten herausschneiden. Dabei den sich bildenden Saft in einer Schale auffangen. Die Orangen- und Limonenfilets quer halbieren und in den Saft legen. Die nach dem Filetieren übriggebliebenen Orangenstücke kräftig mit der Hand auspressen und den Saft ebenfalls auffangen.
In eine Sauteuse den Orangen- und Limonensaft durch ein feines Haarsieb seihen, aufkochen und 5 Min. bei nicht zu starker Hitze köcheln. Die Hitze zurückschalten, so daß die Flüssigkeit nicht mehr kocht, jetzt die Butterstücke mit dem Schneebesen unterschlagen, so daß sich eine cremige Sauce ergibt. Zum Schluß die abgeriebenen Orangen- und Limonenschalen sowie den Ingwer hinzufügen und die Sauce nochmals bis kurz vor das Kochen erhitzen. Dabei ständig mit dem Schneebesen schlagen. Mit Meersalz, Pfeffer und Paprikapulver abschmecken und die Orangen- und Limonenfilets hineingeben. Etwas abkühlen lassen und in einer Schale extra zu dem gegrillten Fisch servieren.

Sauternes-Sabayon zu überbackenen Austern

Wer „Austern pur" nicht mag, sollte dieses Gericht einmal probieren. Dabei werden die frischen Austern in dem sich in der Schale befindlichen Austernwasser kurz pochiert (etwa $1/2$ Min. gegart), dann in der Schale mit diesem Sabayon übergossen und unter dem Grill goldbraun überbacken. Durch die kräftige Süße des Sauternes mundet diese Sauce ganz ausgezeichnet zu dem feinen Geschmack der frischen Austern. Natürlich muß es nicht unbedingt der sehr teure Sauternes sein. Es ist auch möglich, eine deutsche Trockenbeerenauslese oder einen Eiswein zu verwenden. Die Sauce reicht für 3 Dutzend frische Austern. Dabei werden – wie oben beschrieben – die frischen Austern geöffnet und das Austernwasser durch ein feines Haarsieb gegossen und aufgefangen. Die Austern werden dann aus der Schale gelöst und in dem Austernwasser $1/2$ bis max. 1 Min. bei geringer Hitze gegart. Das Austernwasser muß nicht gewürzt werden, da es sich um Meerwasser (salzig) handelt. Außerdem soll der Geschmack der Austern nicht durch andere Gewürze verfälscht werden.

5 Eigelb
0,1 l Sauternes oder
Trockenbeerenauslese
300 g Butter
Meersalz
frisch gemahlener weißer Pfeffer
1 kleine Prise Cayennepfeffer

Einen Wasserbadtopf aufsetzen, das Wasser bis kurz vor das Kochen erhitzen und eine Metallschlagschüssel darauf setzen. Die Eigelb in der Schüssel mit dem Schneebesen kräftig aufschlagen. Den Sauternes nach und nach dazugießen und weiter kräftig rühren. Die Butter erwärmen (aber nicht erhitzen), eßlöffelweise zu der Eigelbmasse geben und weiter kräftig mit dem Schneebesen aufschlagen. Die Sauce muß cremig-schaumig werden. Zum Schluß mit Meersalz und Pfeffer abschmecken und 1 Prise Cayennepfeffer hinzufügen. Die vorbereiteten und pochierten Austern jeweils in eine Austernschalenhälfte füllen, 1 bis 2 EL Sauce darübergießen und unter dem Grill goldgelb überbacken. Sofort servieren.

Hummermayonnaise

Diese Art der Mayonnaise ist etwas schwieriger herzustellen, da dazu die Eier des Hummerweibchens verwendet werden. Dadurch wird die rote Farbe erzielt. Außerdem wird kurz vor dem Anrichten echter Kaviar unter die Mayonnaise gezogen. Diese Mayonnaise wird dann zu kalten Krustentieren (also Hummer, Langusten, Gambas, Taschenkrebse usw.) serviert.

0,2 l frisch hergestellte Mayonnaise
(siehe Rezept)
1 EL „Hummerkaviar" (die roten Eier
des Hummerweibchens)
2 TL echter Kaviar

Unter die Mayonnaise mit einem Schneebesen den Hummerkaviar unterschlagen, so daß die Mayonnaise eine tiefrote Farbe erhält. Den echten Kaviar auf ein kleines Kunststoffsieb geben, mit kaltem Wasser abspülen und kurz vor dem Servieren mit einem Löffel unter die Sauce heben.

Seealgensauce zu gebratenen Garnelen

Für diese Sauce werden eingelegte oder frische Seealgen verwendet. Diese sind in der Zwischenzeit bei uns in nahezu allen Fischläden zu erhalten. Die Seealgen kräftig unter fließendem kaltem Wasser auswaschen und mit einem scharfen Messer in kleine Stücke schneiden. Für die Herstellung dieser Sauce ist auch 0,3 l Geflügelfond und 0,1 l Tomatencoulis erforderlich.

3 große Fleischtomaten
3 EL gutes kalt gepreßtes Olivenöl
2 Staudenselleriestangen
(längs halbiert und fein gewürfelt)
1 große Karotte (klein gewürfelt)
2 Schalotten (klein gewürfelt)
1 kleine Knoblauchzehe
(durch die Presse gedrückt)
30 g Seealgen
0,3 l Geflügelfond (siehe Rezept)
4 EL Tomatencoulis (siehe Rezept)
$1/2$ TL brauner Rohrzucker
frisch gemahlener weißer Pfeffer
4 EL Olivenöl

Den Stielansatz der Tomaten entfernen, die Haut mit einem scharfen Messer kreuzweise einritzen und kurz in kochendes Wasser halten. Die Tomaten schälen, halbieren, entkernen und in kleine Würfel schneiden. In einer großen breiten Sauteuse oder Edelstahlpfanne die 3 EL Olivenöl erhitzen und die Staudensellerie, die Karotten und die Schalotten darin anrösten. Den Knoblauch und die Tomaten untermischen und 2 Min. weiterdünsten. Die sehr klein geschnittenen Seealgen ebenfalls mitdünsten. Nach etwa 2 Min. den Geflügelfond dazugießen und etwas einkochen lassen. Die Tomatencoulis sowie Rohrzucker und Pfeffer hinzufügen und das Ganze 30 Min. bei nicht zu starker Hitze köcheln und dabei nochmals um ein Drittel reduzieren. Die Sauce dann durch ein feines Haarsieb seihen und mit dem Schneebesen 4 EL Olivenöl aufschlagen. Die Sauce lauwarm zu den frisch gebratenen Garnelen reichen.

Kalte Thunfischsauce zu Meeresfrüchtesalat

Die Mühe für die etwas aufwendige Herstellung lohnt sich. Die sehr aromatische cremige Sauce paßt zu Meeresfrüchtesalat (aus noch lauwarmem frisch gegartem Meeresfisch und verschiedenen Meeresfrüchten wie z.B. Jakobsmuscheln, Garnelen usw.). Für die Zubereitung wird 0,15 l Fischfond und 4 EL frisch hergestellte Mayonnaise benötigt. Der dazu verwendete Thunfisch sollte nicht in Öl, sondern im eigenen Saft eingelegt sein. Die Sauce paßt auch zu kurz gebratenen Fischstückchen, die auf gemischtem grünem Salat angerichtet werden.

5 EL gutes kalt gepreßtes Olivenöl
2 kleine Karotten (fein gewürfelt)
3 Schalotten (fein gewürfelt)
3 Knoblauchzehen fein gewürfelt)
100 g Thunfisch im eigenen Saft
(in der Dose)
3 Lorbeerblätter (in Stücke gebrochen)
2 in Salz eingelegte Sardellen (unter fließend kaltem Wasser abgewaschen und sehr fein gehackt)
1 TL scharfes Paprikapulver
1 TL scharfer Dijon-Senf
1 EL weiße Pfefferkörner
(im Mörser grob zerdrückt)
0,15 l Fischfond (siehe Rezept)
5 EL trockener Riesling
4 EL Mayonnaise (siehe Rezept)
5 EL dicke saure Sahne (Crème fraîche)
Saft von 1/2 Zitrone
Meersalz
1/2 TL Zucker

In einer breiten Sauteuse das Olivenöl erhitzen und die Karotten-, Schalotten- und Knoblauchwürfel 5 Min. hellbraun anrösten. Den Thunfisch in einem Sieb abtropfen lassen und dabei den Saft auffangen. Das Fleisch würfeln und zu den Gemüsen geben. Gleichzeitig die Lorbeerblätterstücke, die Sardellenstücke sowie Paprikapulver, Senf und Pfefferkörner hinzufügen. Den Fischfond und den Riesling dazugießen und das Ganze bei nicht zu starker Hitze 15 Min. köcheln. Mit einem Pürierstab kräftig durchmixen, durch ein feines Haarsieb streichen und auf Zimmertemperatur abkühlen.
Die Mayonnaise und die Sahne mit einem Schneebesen kräftig aufschlagen und die passierte Sauce unterarbeiten. Mit Zitronensaft, Meersalz und Zucker abschmecken und nochmals mit dem Schneebesen durchrühren. Sofort mit dem frisch gegarten Fisch zum Fischsalat vermischen und servieren.

Gravy Bastard
(englische Austernsauce)

Dieses Originalrezept stammt aus einem englischem Kochbuch vom 15. Jahrhundert. Die Sauce wurde damals zu Austern serviert.

24 frische Austern
0,2 l dunkles englisches Bier
3 Scheiben Stangenweißbrot
(etwa 1 cm dick)
1 Messerspitze Safranfäden
1 TL gemahlener Ingwer

Die frischen Austern öffnen und den sich darin befindenden Saft in einer Schale auffangen. Den Saft durch ein feines Haarsieb in eine Sauteuse geben und die gleiche Menge Bier hinzufügen. Die Weißbrotscheiben im Backofen dunkelbraun anrösten, anschließend in kleine Stücke brechen und zu der Flüssigkeit geben. Das Ganze langsam erhitzen und ständig rühren, damit sich das Brot vollständig auflöst. Mit Safran und Ingwer würzen. Etwa 5 Min. bei geringer Hitze köcheln lassen. Falls die Masse zu dickflüssig wird, noch etwas Bier zugießen. Zum Schluß durch ein Haarsieb streichen, nochmals aufkochen und kräftig durchrühren. Zu den Austern servieren.

Gemüsesabayon zu Hummer

Hier handelt es sich um ein sehr gehaltvolles Sabayon, das im Wasserbad aufgeschlagen wird. Voraussetzung für die Herstellung ist das Vorhandensein von 0,5 l Fleischfond und naturtrübem fruchtigem Apfelessig. Diese Sauce paßt ausgezeichnet zu Hummer, aber auch zu gebratenen Gambas, gebratenen Jakobsmuscheln oder Seeteufel.

0,5 l Fleischfond
das Weiße einer Lauchstange
(längs halbieren und in dünne Ringe schneiden)
2 Karotten
(in kleine Würfel geschnitten)
2 kleine Zwiebeln
(in kleine Würfel geschnitten)
2 EL Sellerieknolle
(in kleine Würfel geschnitten)
5 EL naturtrüber Apfelessig
Meersalz
frisch gemahlener weißer Pfeffer
3 Eigelb
0,2 l süße Sahne
1 TL Basilikum (fein gehackt)
1 TL Schnittlauch (fein gehackt)
1/2 TL getrocknete Minze
Saft von 1/2 Limone

In einer großen Sauteuse den Fleischfond erhitzen und den Lauch, die Karotten-, die Zwiebel- und die Selleriewürfel dazugeben. Alles 5 Min. kräftig durchkochen. Anschließend den Apfelessig zugießen und das Gemüse weich kochen. Mit einer Prise Meersalz und Pfeffer abschmecken. Anschließend mit dem Pürierstab pürieren und mit einem Passiergerät durchpassieren.
Den Schlagkessel auf den Wasserbadtopf geben. Das Wasser erhitzen und die Eigelb hellgelb schaumig schlagen. Danach die Sahne zufügen und weiterschlagen. Wenn das Ganze schaumig und dickflüssig ist, das vorbereitete Gemüsepüree beimischen und weiter über dem Wasserbad schlagen. Dabei darauf achten, daß das Wasser nicht zu stark erhitzt ist. Anschließend den Schlagkessel aus dem Wasser nehmen und zur Seite stellen. Dann das Basilikum, den Schnittlauch sowie die Minze unter die Sauce mischen. Mit Limonen-saft, Meersalz und Pfeffer abschmecken. Mit dem Schneebesen nochmals durchschlagen und zu den Krustentieren oder dem Fisch lauwarm servieren.

Hummervinaigrette zu Krustentieren

Zur Herstellung dieser Vinaigrette braucht man 0,3 l Hummerfond. Sie wird lauwarm über frisch gebratene oder gedünstete Krustentiere (z. B. Riesengambas, Jakobsmuscheln, Hummern, Krebse usw.) gegeben.

0,3 l Hummerfond (siehe Rezept)
Meersalz
frisch gemahlener weißer Pfeffer
3 EL Weißweinessig
1 TL Balsamico-Essig
0,2 l bestes kalt gepreßtes Olivenöl
2 EL kalte Butter
(in kleine Stücke geschnitten)

Den vorher hergestellten Hummerfond in einer Sauteuse bei mittlerer Hitze auf die Hälfte einkochen.
In einer großen Metallschlagschüssel das Meersalz, den Pfeffer und den Essig kräftig verrühren. Nach und nach das Olivenöl unterschlagen, so daß eine cremige Sauce entsteht. Die Essig-Öl-Vinaigrette unter den lauwarmen Hummerfond mischen (dabei etwas erhitzen) und mit dem Schneebesen ständig rühren.
Zum Schluß die Butterstückchen unterschlagen und nochmals mit Meersalz und Pfeffer abschmecken. Die Sauce lauwarm über die Meeresfrüchte geben.

Kartoffelschaum zu gebratenen Jakobsmuscheln

Diese ungewöhnliche Sauce aus aufgeschlagenen pürierten Kartoffeln schmeckt am besten zu gebratenen Jakobsmuscheln, aber auch zu gebratenem Rotbarbenfilet oder gedünstetem Lachs. Am besten schmeckt sie mit ein paar Streifen von Lachs und mit Forellenkaviar.

1 EL Butter
2 Schalotten (fein gewürfelt)
150 g Kartoffeln
(geschält und klein gewürfelt)
2 Lauchstangen (das Weiße in feine Scheiben geschnitten)
0,2 l eingekochter Geflügelfond
(siehe Rezept)
0,2 l süße Sahne
Meersalz
frisch gemahlener schwarzer Pfeffer
frisch gemahlene Muskatnuß
1/2 TL süßes Paprikapulver

In einer breiten hohen Edelstahlpfanne die Butter zerlassen und die Schalotten darin hellbraun andünsten. Die Kartoffeln und die Lauchscheiben hinzufügen und etwa 3 Min. anschwitzen. Den Geflügelfond dazugießen und alles sehr weich kochen (etwa 15 Min.). Alles in eine Sauteuse schütten und mit dem Pürierstab kräftig durchmixen. Die Sahne untermischen und mit dem Schneebesen aufschlagen. Mit Meersalz und Pfeffer abschmecken. Zum Schluß Muskat und das Paprikapulver dazugeben. Die Sauce durch ein feines Haarsieb streichen und mit der Scheibe des Pürierstabs schaumig aufmixen. Sehr heiß servieren und gegebenenfalls die Lachsstreifen und den Forellenkaviar darauf legen.

Dillbuttersauce zu Gambas

Für die Herstellung dieser Sauce ist 0,1 l stark reduzierter Gemüsefond erforderlich. Der Gemüsefond (0,3 l) wird beim Reduzieren mit Safranfäden, klein geschnittenen Fenchelstückchen und trockenem Wermut verfeinert. Nach dem kräftigen Reduzieren durch ein Haarsieb streichen und beiseite stellen. Die Sauce paßt am besten zu frisch gebratenen Gambas oder auch zu in Wasserdampf gegartem Meeresfisch.

0,3 l Gemüsefond
(Rezept – und siehe Vorbemerkung)
150 g Wurzelgemüse
(Karotten, Sellerie, Pastinake
und Lauch, fein gewürfelt)
2 EL trockener Riesling
100 g kalte Butter
(in kleine Stücke geschnitten)
Meersalz
1/2 TL dreifach konzentriertes
Tomatenmark
1 EL frischer Dill (sehr fein gehackt)
frisch gemahlener schwarzer Pfeffer

Den Gemüsefond herstellen und sehr stark reduzieren, so daß sich noch 0,1 l dunkler Fond ergibt.
Die Gemüsewürfel in Salzwasser etwa 5 Min. kochen und mit dem Schaumlöffel herausnehmen. Den Fond in eine Sauteuse geben, den Riesling dazugießen und 2 Min. kochen. In den kochenden Fond die Butterstückchen mit dem Schneebesen einschlagen, so daß die Sauce leicht cremig wird. Das Tomatenmark und anschließend den Dill unterheben. Die Sauce jetzt nicht mehr aufkochen, mit Salz und Pfeffer abschmecken. Zum Schluß die Gemüsewürfel untermischen. Die Sauce sehr heiß servieren.

Balsamico-Sherry-Sauce zu gebratenen Gambas

Diese wohlschmeckende leicht süßliche Sauce paßt am besten zu im ganzen gebratener Kalbsleber, die innen noch einen rosa Kern hat. Die Leber wird dann mit einem scharfen Messer in 0,5 cm dicke Scheiben geschnitten und auf der Sauce angerichtet. Zur Herstellung der Sauce benötigt man 0,1 l stark eingekochten Fleischfond (geliert) sowie dickflüssigen dunklen alten Balsamico-Essig.

2 EL Butter
4 Schalotten (in dünne Scheiben
geschnitten)
0,4 l trockener Rotwein
(z. B. Spätburgunder)
0,15 l süßer Sherry
0,15 l stark eingekochter Fleischfond
(siehe Rezept)
2 Knoblauchzehen (halbiert)
1 TL fein gehackte Thymianblättchen
Meersalz
frisch gemahlener weißer Pfeffer
1/2 TL brauner Rohrzucker
2 TL dickflüssiger süßer
Balsamico-Essig
2 EL kalte Butter
(in kleine Stücke geschnitten)

In einer Sauteuse die Butter zerlassen und die Schalotten darin andünsten. Den Rotwein und den Sherry dazugießen, bei starker Hitze bis auf knapp 0,1 l reduzieren. Den Fleischfond beimischen sowie den Knoblauch. Aufkochen und den Thymian untermischen. Nochmals um die Hälfte reduzieren und anschließend durch ein feines Haarsieb gießen. In der Sauteuse wieder erhitzen, mit Meersalz, Pfeffer und Rohrzucker abschmecken und den Balsamico-Essig hinzufügen. Die Sauce aufkochen und zum Schluß die kalten Butterstückchen mit dem Schneebesen unterschlagen, so daß sich eine cremig schaumige Sauce ergibt. Dabei darf die Sauce nicht mehr kochen. Wenn die Sauce noch zu flüssig ist, mit etwas Butter verdicken. Sofort und sehr heiß zu den Kalbsleberscheiben servieren.

Scharfe Weißwein-Austern-Sauce zu gegrillten Gambas

0,35 l süße Sahne
2 EL Butter
3 kleine Schalotten (sehr fein gehackt)
0,2 l trockener Riesling
2 EL trockener Wermut
10 Austern
Meersalz
1 Messerspitze Cayennepfeffer
1/2 TL mildes Paprika

Die Sahne in einer Sauteuse kräftig aufkochen und um mindestens ein Drittel reduzieren. In einer weiteren Sauteuse die Butter zerlassen und die Schalottenstücke darin hellbraun anrösten. Den Riesling sowie den Wermut dazugießen. Kräftig aufkochen und um mindestens die Hälfte einkochen. Die reduzierte Sahne hinzufügen und 5 Min. weiterköcheln.
Die Austern öffnen und dabei darauf achten, daß das austretende Austernwasser durch ein feines Haarsieb in einer Porzellanschüssel aufgefangen wird. Das Austernwasser sofort mit dem Schneebesen unter die Sauce schlagen und die Sauce von der Herdplatte ziehen.
Das Austernfleisch mit einem sehr scharfen Messer in kleine Würfelchen schneiden und ebenfalls in die Sauce mischen. Zum Schluß mit Salz, Cayennepfeffer und Paprika abschmecken. Die Sauce sofort und sehr heiß zu den frisch gegrillten oder gebackenen Gambas servieren.

Scharfe Ingwer-Curry-Sauce zu Jakobsmuscheln

Für die Herstellung dieser Sauce wird 1 TL Ingwersaft benötigt. Diesen Saft stellt man wie folgt her: 1 frische Ingwerwurzel schälen und 150 g in feine längliche Streifen schneiden. Dann 1 Flasche Riesling Auslese (oder süßen Pinot Gris oder Ruländer aus dem Elsaß bzw. Sauternes aus dem Bordelais) nehmen. Den Wein und die Ingwerstreifen in eine Sauteuse füllen und noch 1 EL hellen Honig (z. B. Kleehonig) zugeben. Das Ganze bei nicht zu starker Hitze 2½ bis 3 Std. köcheln. Anschließend alles durch ein Passiertuch streichen und abkühlen. Für die Ingwer-Curry-Sauce wird außerdem 0,1 l stark eingekochter Gemüsefond gebraucht. Die Sauce schmeckt am besten zu frischen gebratenen Jakobsmuscheln oder auch zu Meereskrustentieren (z. B. Riesengambas, Garnelen, Taschenkrebse usw.).

1 Limone
0,15 l stark reduzierter Gemüsefond
(siehe Rezept)
1 TL milder Curry
1 TL scharfer Curry
2 TL Edelsüßpaprika (mild)
1 TL vorher hergestellter Ingwersaft
(siehe Vorbemerkung)
½ TL Cayennepfeffer
Meersalz
1 TL weiße Pfefferkörner
(im Mörser kräftig zerdrückt)
6 EL kalte Butter
(in kleine Stücke geschnitten)

Die Limone auspressen und den Saft in eine Sauteuse gießen. Den Gemüsefond hinzufügen sowie den Curry und den Paprika. Aufkochen und den Ingwersaft dazugießen. Kräftig mit dem Schneebesen durchrühren und die restlichen Gewürze (Cayennepfeffer, Meersalz und Pfeffer) untermischen. Die Sauce dann durch ein feines Haarsieb streichen und nochmals aufkochen. Die Hitze zurückschalten und die Butter mit dem Schneebesen unterschlagen, so daß sich eine luftige cremige Sauce ergibt. Dann sofort und sehr heiß zu dem Fisch servieren.

Safran-Essig-Sauce zu Jakobsmuscheln

Für die Herstellung dieser feinen und sehr leichten Sauce benötigt man 0,2 l reduzierten Fischfond und 0,2 l Geflügelfond. Außerdem werden faßgelagerter alter Sherry-Essig (1 EL) und heller Balsamico-Essig verwendet. Wichtig ist auch sehr gutes kalt gepreßtes, fruchtiges Olivenöl.

0,2 l reduzierter Fischfond
(siehe Rezept)
0,2 l Geflügelfond (siehe Rezept)
1 EL alter Sherry-Essig
1 EL heller Balsamico-Essig
1 Messerspitze Safranpulver
3 EL kalte Butter (in Stücke geschnitten)
1 EL kalt gepreßtes Olivenöl
Meersalz
frisch gemahlener weißer Pfeffer
1 Prise brauner Rohrzucker

In einer Sauteuse den Fisch- und Geflügelfond mischen, bei starker Hitze auf die Hälfte reduzieren. Den Sherry-Essig und den Balsamico-Essig mit dem Schneebesen einrühren sowie den Safran hinzufügen. Die Butter nach und nach mit dem Schneebesen einschlagen, ebenfalls das Olivenöl. Mit Salz, Pfeffer und Rohrzucker abschmecken und lauwarm zu frisch gebratenen Jakobsmuscheln servieren.

Schwarze Sahne-Calamares-Sauce zu Jakobsmuscheln

Für diese Sauce wird die Tinte von etwa 15 kleineren Tintenfischen benötigt. Es empfiehlt sich also, diese Sauce dann herzustellen, wenn auch Tintenfische zubereitet werden. Diese tiefschwarze, etwas exotisch schmeckende Sauce paßt ausgezeichnet zu frisch und kurz gebratenen Jakobsmuscheln, zu gegrillten Tintenfischspeisen oder auch zu frisch gebratenen Riesengarnelen.

2 EL Butter
6 Schalotten (sehr fein gehackt)
0,25 l trockener Wermut
0,3 l Fischfond (siehe Rezept)
0,3 l süße Sahne
1 EL frischer Ingwer (klein gewürfelt)
Tinte von 15 Tintenfischen
Meersalz
frisch gemahlener weißer Pfeffer
1 TL frisch gepreßter Zitronensaft
1 EL kalte Butter

In einer Sauteuse 2 EL Butter zerlassen und die Schalotten darin hellbraun anrösten. Sofort den Wermut zugießen und bei mittlerer Hitze so weit einkochen, daß nahezu die gesamte Flüssigkeit verdampft ist. Anschließend den Fischfond hinzufügen und auf mindestens die Hälfte reduzieren. Die Sahne unterrühren und 1 Min. kochen lassen. Von der Platte ziehen und durch ein feines Haarsieb wieder in eine Sauteuse streichen. Den Ingwer zugeben, stark erhitzen, dabei jedoch darauf achten, daß die Sauce nicht mehr aufkocht. Zu diesem Zeitpunkt die Tinte der Tintenfische mit einem Schneebesen einschlagen und mit Meersalz sowie Pfeffer abschmecken. Weiterhin bei mittlerer Hitze mit dem Schneebesen rühren und zum Schluß den Zitronensaft und 1 EL kalte Butter untermischen. Dann sofort von der Platte ziehen und zu den Meeresfrüchten servieren.

Chambord-Sauce zu Hummer

Diese klassische Sauce kann nicht separat, sondern nur zusammen mit dem Hummer zubereitet werden. Dazu benötigt man 2 lebende Hummer mit je knapp 500 g. Wichtig sind auch etwa 60 g in feine Streifen geschnittene Trüffeln (weiße oder schwarze) und 7 EL guter alter Cognac.

2 lebende Hummer (je knapp 500 g)
Meersalz
frisch gemahlener schwarzer Pfeffer
300 g vollreife Tomaten
1 EL Butter
0,6 l Sahne
1/2 TL edelsüßes Paprikapulver
60 g Trüffel (in Scheiben und dann in Streifen geschnitten)
7 EL guter alter Cognac
3 EL frische glatte Petersilie
(sehr fein gehackt)

Einen sehr großen Kochtopf mit Wasser aufsetzen und das Wasser aufkochen. Die beiden Hummer mit einem schweren Messer hinter dem Kopf mit einem kräftigen Schnitt töten und sofort in das kochende Wasser geben. Nur 1 Min. pochieren, herausnehmen und mit einem großen Kochmesser oder Küchenhackmesser der Länge nach halbieren. Die 4 Hälften dann mit der Fleischseite nach unten in einem breiten großen Bratentopf nebeneinander legen. Meersalz und Pfeffer darüberstreuen. Den Stielansatz der Tomaten entfernen, mit einem scharfen Messer die Haut kreuzweise einritzen und kurz in kochendes Wasser halten. Dann die Tomaten schälen, die Kerne entfernen und grob würfeln. Wichtig dabei ist, daß der austretende Saft durch ein Haarsieb aufgefangen wird. Die To-

maten mit der Butter in eine Sauteuse geben, stark erwärmen (jedoch nicht aufkochen) und kräftig rühren. Etwa 3 Min. garen, mit dem Pürierstab durchmixen und durch ein feines Haarsieb streichen. Das vorher aufgefangene Tomatenwasser wieder zu dem Tomatenpüree gießen und über die Hummer schütten.
Die Sahne in einer Sauteuse aufkochen und etwa 5 Min. kochen, so daß das Ganze reduziert. Etwas abkühlen lassen und ebenfalls über den Hummer geben. Das Paprikapulver hinzufügen, die Masse zum Kochen bringen und etwa 8 Min. bei nicht zu starker Hitze köcheln. Die Trüffel und den Cognac dazugeben, den Deckel auflegen und alles etwa 6 Min. im Backofen bei 200 °C weitergaren. Den Topf aus dem Backofen nehmen. Pro Person einen 1/2 Hummer auf die Teller legen. Die Sauce nochmals mit Meersalz und Pfeffer würzen. Durch ein feines Haarsieb streichen und über den Hummer geben, mit Petersilie bestreuen und servieren.

Honig-Senf-Sauce zu geräuchertem Lachs

1 1/2 EL englisches Senfpulver
3 EL Sherry-Essig
3 EL Geflügelfond (siehe Rezept)
1 1/2 EL flüssiger heller Honig
(z. B. Kleehonig)
0,25 l gutes kalt gepreßtes Olivenöl
1/2 TL Meersalz

In einer Metallschlagschüssel das Senfpulver mit dem Sherry-Essig und dem Geflügelfond kräftig verrühren. Den Honig hinzufügen (eventuell etwas erwärmen, damit er noch flüssiger wird) und ebenfalls kräftig einarbeiten. Nach und nach das Olivenöl dazugießen und ständig mit dem Schneebesen schlagen. Zum Schluß mit dem Salz abschmecken und zu dem sehr dünn aufgeschnittenen geräucherten Lachs servieren.

Pfirsich-Essig-Sauce zu Jakobsmuscheln

Die Zubereitung ist nicht ganz billig, da 0,15 l Hummerfond benötigt wird. Die Sauce paßt am besten zu frisch gebratenen Jakobsmuscheln, aber auch zu sonstigen Krustentieren wie Riesengarnelen oder Hummern und Langusten.

5 große saftige vollreife Pfirsiche
0,15 l Hummerfond (siehe Rezept)
2 EL alter dunkler Sherry-Essig
2 Stück Sternanis
1 TL brauner Rohrzucker
1 Zitrone
Meersalz
frisch gemahlener weißer Pfeffer
4 EL kalte Butter
(in kleine Stücke geschnitten)

Die Pfirsiche aufschneiden, den Kern entfernen und in einem Entsafter den frischen Saft gewinnen (es müssen sich 0,15 l ergeben).
Ersatzweise können die Pfirsiche (entkernt und geschält) auch im Mixer püriert und durch ein feines Haarsieb gedrückt werden. Diesen Pfirsichsaft in einer Sauteuse kräftig einkochen, bis er schon fast dickflüssig und karamelartig wird. Dann sofort den Hummerfond und den Sherry-Essig hinzufügen, 1 Min. weiterkochen. Die Sternanisstücke untermischen, mit Salz, Pfeffer und Rohrzucker abschmecken. Anschließend durch ein feines Haarsieb wieder in eine Sauteuse seihen, die kalten Butterstücke mit dem Schneebesen einschlagen.
Die Sauce sehr heiß zu den Meeresfrüchten servieren.

Safranmayonnaise zu Krevetten

Diese außergewöhnlich schmeckende cremige Sauce paßt am besten zu frisch gegrillten großen Krevetten/Gambas oder auch zu frisch gekochtem Hummer. Voraussetzung für die Herstellung ist eine frisch zubereitete Mayonnaise (siehe Rezept) sowie 1 EL Krebsbutter.

0,2 l frisch zubereite Mayonnaise
1 TL dreifach konzentriertes
Tomatenmark
1/2 TL brauner Rohrzucker
1 EL Krebsbutter
1 EL Zitronensaft
1 TL Armagnac
1/2 TL scharfer indischer Curry
1 Messerspitze Safranpulver
2 Tropfen Tabascosauce
Salz
frisch gemahlener weißer Pfeffer
1 EL süße dicke Sahne (Crème fraîche)

Zunächst eine frische Mayonnaise herstellen, so daß sich 0,2 l ergeben. Das Tomatenmark mit dem Rohrzucker in einer kleinen Schüssel vermischen. In einer Porzellanschüssel die Krebsbutter mit dem Zitronensaft und dem Armagnac verrühren. Nach und nach die nachstehenden Zutaten mit dem Schneebesen in die Mayonnaise einschlagen (die Mayonnaise dabei in eine große Porzellanschüssel geben): das Tomatenmark mit dem Zucker, die angerührte Krebsbutter, den Curry, das Safranpulver sowie die Tabascosauce. Das Ganze kräftig durchmixen und mit Salz sowie Pfeffer abschmecken. Die Sahne mit dem Schneebesen kräftig durchschlagen und zum Schluß unter die Mayonnaise heben. Die Sauce im Kühlschrank etwa 1 Std. durchziehen lassen und dann zu den frisch gegrillten Krevetten servieren.

Genfer Sauce

Dieses Rezept stammt aus der Zeit um 1890. Es ist eine Sauce zu gekochtem Fisch und hat einen pikanten säuerlichen Geschmack, der durch die Beigabe von Sardellen noch erhöht wird. Zur Zubereitung wird 0,75 l Fleischbrühe benötigt.

100 g Butter
1 große Zwiebel
(in kleine Würfel geschnitten)
6 Champignons
(in kleine Würfel geschnitten)
1 Karotte (in kleine Würfel geschnitten)
1 EL frische glatte Petersilie
(fein gehackt)
1/2 TL getrockneter oder
1 TL frischer Thymian (fein gehackt)
3 Nelken
1 Lorbeerblatt (in Stücke gebrochen)
1 Muskatblüte (Mazis)
0,75 l Fleischbrühe
1 EL Mehl
0,2 l trockener Riesling
Salz
Pfeffer
Saft von 1 Zitrone
8 Sardellen (gereinigt, gewässert
und fein zerhackt)

In einer großen Sauteuse 60 g Butter erhitzen. Die Zwiebel, die Champignons und die Karotte hineingeben. Danach noch die Petersilie, den Thymian, die Nelken, das Lorbeerblatt und die Muskatblüte hinzufügen. Das Ganze bei nicht zu starker Hitze gut durchschwitzen lassen. Wenn die Zwiebel und die Karotte weich sind, die Fleischbrühe zugießen. Das Ganze etwa 1 1/2 Stunden leicht kochen und dabei um etwa ein Drittel reduzieren. Die Brühe dann durch ein Haarsieb (oder noch besser durch ein Passiertuch) in eine Schüssel sieben. In der Sauteuse das Mehl in der restlichen Butter goldgelb anschwitzen; den Weißwein zugießen, mit Salz und Pfeffer abschmecken und den Zitronensaft zugeben. Dann mit der passierten Brühe auffüllen und kurz durchkochen.

Kurz vor dem Servieren die Sardellen mit dem Schneebesen in die Sauce einschlagen. Das Ganze nochmals aufkochen lassen.

Hinweis: Diese Sauce ist geeignet für alle Arten von gekochtem oder gedünstetem Fisch.

Holsteinische Sauce
(auch „Travemünder Sauce")

Hier handelt es sich um eine warme cremige Sauce, die zu gebratenem oder gedünstetem Fisch serviert wird. Das Rezept stammt aus der Zeit um 1870. Zur Zubereitung muß Fischfond vorhanden sein.

3 EL Butter
1 TL Mehl
0,2 l Fischfond
0,1 l trockener Riesling
frisch gemahlene Muskatnuß
frisch gemahlener weißer Pfeffer
Salz
Saft von 1/2 Zitrone
1 Eigelb

In einer Sauteuse in 2 EL Butter das Mehl hell anrösten. Dann den Fischfond und den Riesling dazugeben, alles mit dem Schneebesen aufschlagen und aufkochen lassen. Die Sauce muß dabei abbinden. Danach mit Muskatnuß, Pfeffer sowie etwas Salz abschmecken. Nun den Topf vom Feuer nehmen. Den Zitronensaft nach und nach mit dem Schneebesen in die Sauce einschlagen, ebenso die restliche Butter. Das Eigelb mit etwas heißer Sauce verquirlen und ebenfalls nach und nach mit dem Schneebesen unterschlagen, dabei den Topf wieder auf die Platte stellen und langsam erhitzen. Die Sauce darf nicht mehr kochen, da sie sonst zerrinnt. Dann sofort servieren.

Kaviarsauce

Diese Sauce ist nicht ganz billig, da dazu echter körniger russischer Kaviar verwendet wird. Es werden dazu 3 EL benötigt. Das Rezept stammt aus der Zeit um 1900, wobei damals wohl der Kaviar noch etwas billiger gewesen ist. Für die Herstellung der Sauce ist außerdem eine Sauce hollandaise erforderlich.

3 EL echter russischer Kaviar
Wasser
Saft von ½ Zitrone
0,6 l lauwarme Sauce hollandaise
(siehe Rezept)

In einer Keramikschüssel den Kaviar mit so viel kaltem Wasser übergießen, daß das Wasser etwa 1 cm darüber steht. Das Ganze ohne umzurühren 6 Std. stehen lassen. Dann das Wasser abgießen und mit frischem sehr kaltem Wasser auffüllen. Dabei den Zitronensaft hinzufügen und weitere 6 Std. stehen lassen. Nach dieser Zeit den Kaviar auf ein sehr feines Sieb schütten und gut abtropfen lassen. Den Kaviar kurz vor dem Servieren mit einem Holzlöffel unter die Sauce hollandaise heben. Dabei ist darauf zu achten, daß die Sauce nicht stark durchgerührt oder aufgeschlagen, sondern der Kaviar wirklich nur leicht untergehoben wird. Die Sauce sofort servieren.

Polnische Buttersauce

Diese Sauce wird in Polen zu gedünstetem Meeresfisch serviert. Wichtig ist, daß sie sehr heiß serviert wird.

3 hartgekochter Eier
170 g Butter
½ TL Meersalz
1 TL frisch gepreßter Zitronensaft
frisch gemahlener weißer Pfeffer
1 Bund frische glatte Petersilie
(sehr fein gehackt)

2 Eier und das Eigelb vom dritten Ei klein hacken. In einer Sauteuse die Butter erhitzen und die klein gehackten Eier mit einem Kochlöffel unterrühren und darauf achten, daß die Masse nicht zu heiß wird. Das Ganze mit Salz, Zitronensaft und Pfeffer abschmecken. Zum Schluß die Petersilie untermischen. Sofort zu dem Fisch servieren.

Vanille-Fisch-Fond zu Seeteufel

Um diese Sauce herzustellen, sind 0,5 l Fischfond und 20 Spargelköpfe (von wildem Spargel oder dünnem grünem Spargel) erforderlich.
Sie eignet sich hervorragend zu gedünstetem oder im Backofen gar gezogenem Meeresfisch.

0,5 l Fischfond
0,5 l Crème fraîche
1 l Wasser
Saft von ½ Zitrone
2 EL Olivenöl
20 Spargelköpfe
1 Vanillestange
(in 1 cm lange Stücke geschnitten)
Meersalz
frisch gemahlener weißer Pfeffer
½ TL Zucker

In eine Sauteuse den Fischfond und die Crème fraîche gießen. Beides mit dem Schneebesen durchrühren und auf die Hälfte bei mittlerer Hitze einkochen. In einen Topf das Wasser, den Zitronensaft sowie das Olivenöl geben und danach die Spargelköpfe. Die Spargelköpfe nicht zu weich kochen. Dann sofort aus dem Wasser nehmen, in kaltem Wasser abschrecken und zur Seite stellen. Den reduzierten Fisch-Sahne-Fond durch ein Passiertuch drücken und gegebenenfalls weiter einkochen, bis die Sauce leicht cremig wird. Dann die Vanillestücke zusetzen. Die Sauce mit Meersalz, Pfeffer und Zucker abschmecken. Kurz nochmals aufkochen, mit dem Schneebesen durchschlagen und die Spargelköpfe hinzufügen. Die Vanillestücke herausnehmen und sofort zu gedünstetem Fisch servieren.

Krebssauce

Etwas aufwendiger herzustellen ist diese Sauce aus der Zeit um 1900. Voraussetzung dazu ist, daß mindestens 12 frische Krebse vorhanden sind und 0,3 l kräftige Fleischbrühe. Außerdem muß 1 l cremig eingekochte „Weiße Weinsauce" (siehe Rezept) vorrätig sein.

Zutaten Mirepoix:

50 g roher Schinken
(in feine Würfel geschnitten)
1 kleine Zwiebel
(in winzige Würfel geschnitten)
1 Karotte (in kleine Würfel geschnitten)
3 Scheiben Sellerie
(in grobe Stücke geschnitten)
1 kleine Lauchstange
(in Ringe geschnitten)
2 Knoblauchzehen
(mit dem Messerrücken zerdrückt)
2 Schalotten
(in Scheibchen geschnitten)
10 weiße Pfefferkörner
(im Mörser grob zerdrückt)
1 Nelke (im Mörser grob zerdrückt)
1 Lorbeerblatt (in Stücke gebrochen)
2 EL Butter

Weitere Zutaten:

0,2 l trockener Riesling
0,3 l Fleischbrühe
Salz
12 frische Krebse
150 g zimmerwarme Butter
0,2 l Wasser
1 l weiße Weinsauce
frisch gemahlener weißer Pfeffer
1/2 TL Cayennepfeffer
1/2 TL konzentriertes Tomatenmark

Die Schinken-, Zwiebel- sowie Karottenwürfel, Selleriestücke, Lauchringe, den Knoblauch, die Schalotten, die Pfefferkörner, die Nelke, und die Lorbeerblattstücke in einem Topf in der Butter leicht anschwitzen (etwa 5 Min.). Anschließend den Riesling dazugießen und mit dem Schneebesen durchschlagen. Das Ganze aufkochen lassen und die Fleischbrühe sowie eine Prise Salz zufügen. Sobald die Flüssigkeit aufkocht, die Krebse hineingeben, den

Topf zudecken und etwa 8 Min. kochen lassen. Dann die Krebse mit der Schaumkelle herausheben und aufbewahren. Die Brühe durch ein Passiertuch seihen, um etwa ein Viertel einkochen und anschließend warm stellen. Nun bei den Krebsen die Schwänze auslösen, putzen und beiseite legen. Dann die Krebsschalen putzen (alle daran haftenden Teile oder Eingeweide entfernen). In einem großen Mörser die Krebsschalen zerstoßen und dabei nach und nach die 150 g Butter untermischen. Alles gut verrühren und die Masse in eine Sauteuse füllen. Auf mäßige Hitze stellen, von Zeit zu Zeit mit dem Kochlöffel umrühren und leicht rösten. Dabei färben sich Butter und Schalen braunrot. Nach etwa 35 Min. das Wasser zugießen und stark erhitzen (nicht kochen!). Nun ein Passiertuch in heißes Wasser legen und sodann auf ein Sieb geben. Die Krebsbutter durch dieses Passiertuch streichen und das Passiertuch gut ausdrücken. Wenn die Masse abgekühlt ist, wird sich die Krebsbutter vom Wasser trennen, und man kann die Krebsbutter an der Oberfläche abheben. Das übrig bleibende Wasser wird als „Krebsbouillon" weiter verwendet (siehe unten).

1 l vorbereitete weiße Weinsauce aufkochen und von der beiseite gestellten eingekochten Krebsbouillon 0,2 l dazugießen. Das Ganze wieder durch ein Passiertuch streichen und kräftig mit Salz, Pfeffer und Cayennepfeffer würzen.

Kurz vor dem Anrichten die Sauce dann mit der Krebsbutter je nach Geschmack mit dem Schneebesen aufschlagen und die beiseite gelegten Krebsschwänze hineinlegen. Außerdem das Tomatenmark zufügen, um die kräftige rotbraune Farbe zu verstärken. Die Sauce dann sofort servieren.

Matrosensauce
(Sauce matelote)

Dieses Rezept stammt von Johann Rottenhöfer (1806 bis 1872), der Haushofmeister und Erster Mundkoch Seiner Majestät des Königs Maximilian II. von Bayern war. Es ist eine gehaltvolle, aber sehr wohlschmeckende Sauce zu gedünstetem Fisch.

150 g roher magerer Schinken
(in Stücke geschnitten)
1 Zwiebel
(in feine Scheiben geschnitten)
2 Thymianzweige (grob gehackt)
1 Lorbeerblatt (in Stücke gebrochen)
1 EL glatte frische Petersilie
(fein gehackt)
4 Champignons
(in kleine Stücke geschnitten)
4 Gewürznelken
12 Pfefferkörner
0,5 l trockener Riesling
0,1 l Rotwein
(Burgunder oder Bordeaux)
0,5 l Fischfond (siehe Rezept)
0,5 l Sauce espagnole (siehe Rezept)
0,25 l Fleischfond (siehe Rezept)
2 EL Sardellenburtter
Saft von 1/2 Zitrone

In eine breite Kasserolle den Schinken geben. Die Zwiebelscheiben, den Thymian, den Lorbeer, die Petersilie, die Champignonstücke, die Nelken sowie die Pfefferkörner hinzufügen. Das Ganze mit dem Riesling, dem Rotwein und dem Fischfond aufgießen. Die Kasserolle dann zudecken und alles zusammen bis auf die Hälfte reduzieren. Dabei die letzten 20 Min. ohne Deckel weiterkochen. Anschließend leicht abkühlen lassen. Diese Essenz durch ein Spitzsieb (mit einem Mulltuch ausgelegt) passieren. Nach dem Abkühlen die Flüssigkeit entfetten. Danach die Sauce wieder leicht erhitzen und die Sauce espagnole sowie den Fleischfond unter ständigem Rühren einschlagen. Dadurch ergibt sich eine kräftige, dickflüssige Sauce. Diese wiederum in eine andere Kasserolle seihen und warm halten. Kurz vor dem Servieren noch die Sardellenbutter und den Zitronensaft unterschlagen. Dabei darf die Sauce nicht mehr kochen.

Räucherfischsauce

Diese aus Ostafrika stammende Sauce paßt sowohl zu frisch gedünstetem Fisch als auch zu Pellkartoffeln oder frisch in Wasserdampf gegartem jungem Gemüse.

150 g Räucherfisch (z. B. Makrele, Forelle, Heilbutt, am besten verschiedenartige Räucherfischsorten)
1 TL Kokosfett
2 Schalotten (sehr fein gewürfelt)
0,25 l gestockte Sauermilch
Meersalz
frisch gemahlener weißer Pfeffer

Die Gräten des Räucherfischs entfernen und in kleine Stücke schneiden. In einer breiten Sauteuse das Kokosfett zerlassen und die Schalottenwürfel darin kurz anschwitzen. Die Fischstücke hinzufügen und das Ganze bei geringer Hitze mindestens 20 Min. dünsten.
Die Sauermilch in einer Porzellanschüssel mit dem Schneebesen kräftig aufschlagen und nach und nach zu der Fischmasse gießen. Mit Meersalz und Pfeffer abschmecken und alles nochmals mit dem Schneebesen kräftig durchschlagen. So lange bei mäßiger Hitze köcheln, bis eine dickflüssige cremige Sauce entsteht. Die Sauce – wenn nötig – nochmals mit Salz und Pfeffer würzen und sehr heiß servieren.

Langusten-Paprika-Sauce

Für diese Sauce benötigt man Krebsbutter und die Schalen von 2 frisch gekochten Langusten (ersatzweise auch Krebsschalen, Garnelenschalen und Hummerschalen). Die Sauce wird kalt zu frisch gekochter Languste oder auch zu Hummer serviert.

Schalen und Scheren von 2 Langusten oder 2 Hummern
(ersatzweise von 10 Krebsen oder 20 Riesengarnelen)
3 EL Butter
2 Schalotten (klein gehackt)
1 Karotte (klein gehackt)
2 Lauchstangen (klein gehackt)
2 EL Sellerieknolle (klein gehackt)
0,1 l Armagnac
3 Fleischtomaten
1 EL Estragonblätter (fein gehackt)
0,1 l trockener Riesling
0,2 l Sahne
0,1 l Krebsbutter
Meersalz
frisch gemahlener weißer Pfeffer
2 TL milder Paprika

Die Schalen der Krustentiere mit einem Küchenbeil in Stücke hacken. In einem großen breiten Bratentopf die Butter zerlassen, die Gemüsestücke (Schalotten, Karotte, Lauch und Sellerie) hinzufügen und kurz anschwitzen. Anschließend die Schalenstücke der Krustentiere zusetzen und etwa 3 Min. bei mittlerer Hitze anbraten. Den Armagnac in eine Suppenkelle gießen, erhitzen, anzünden und über die Gemüsemischung schütten. Alles kräftig verrühren. Den Stielansatz der Fleischtomaten entfernen, die Haut mit einem scharfen Messer kreuzweise einritzen, kurz in kochendes Wasser halten und anschließend die Haut abziehen. Die Tomaten halbieren, die Kerne herausnehmen, in kleine Stücke schneiden und zusammen mit dem Estragon zu der Gemüsemischung geben sowie den Riesling dazugießen. Das Ganze etwa 15 Min. bei nicht zu starker Hitze kochen. Anschließend 0,1 l Sahne unterrühren und wieder aufkochen. Die Masse durch ein feines Haarsieb in eine Sauteuse seihen, die Krebsbutter hinzufügen und wieder aufkochen. Mit Meersalz, Pfeffer und Paprika abschmecken und abkühlen lassen. 0,1 l Sahne steif schlagen und unter die Sauce heben. Die Sauce zu den Langusten servieren.

Englische Stachelbeersauce zu gebratener Makrele

Es ist für die englische Küche typisch, daß z. B. fruchtige Saucen zu Fisch- und Fleischgerichten serviert werden. Bei dieser klassischen Kreation verwendet man nach Möglichkeit noch unreife Stachelbeeren. Bei der Verarbeitung von reifen Stachelbeeren muß noch Zitronensaft dazugegeben werden. Diese Sauce paßt zu allen Arten von gebratenem Meeresfisch.

700 g aromatische Stachelbeeren
1½ EL brauner Rohrzucker
Saft von 1 Zitrone
1 Messerspitze gemahlener Piment
1 Messerspitze geriebene Muskatnuß
1 TL Worcestersauce

Die Stachelbeeren unter fließend kaltem Wasser gut abwaschen, halbieren und in eine Sauteuse geben. Den Rohrzucker sowie den Zitronensaft hinzufügen und das Ganze bei nicht zu starker Hitze in etwa 30 Min. weich kochen. Danach die Masse mit dem Pürierstab mixen. Anschließend durch ein feines Haarsieb in eine Sauteuse streichen, erhitzen und mit Piment, Muskatnuß sowie Worcestersauce abschmecken. Falls das Produkt zu dünnflüssig ist, mit Pfeilwurzelmehl andicken (maximal 1 Messerspitze). Wenn es zu dickflüssig ist, mit etwas Wasser verdünnen. Die Sauce heiß zu frisch gebratenem Fisch und frisch gekochten Salzkartoffeln servieren.

Sauce Bercy

Diese Sauce wird zu in Wasserdampf gegartem Meeresfisch serviert. Sie paßt auch ausgezeichnet zu kurz gebratenen Meeresfrüchten.

5 EL Butter
4 EL Mehl
1 l Fischfond
0,2 l süße Sahne
3 Schalotten
(in kleine Würfel geschnitten)
4 EL Butter
0,3 l trockener Riesling
1 TL Zitronensaft
Meersalz
frisch gemahlener weißer Pfeffer
1 EL frische Petersilie
(sehr fein gehackt)

In einer großen Sauteuse die 5 EL Butter zerlassen, das Mehl mit dem Schnee-besen einrühren und etwa 2 Min. hell-braun anrösten. Anschließend den Fischfond nach und nach dazugießen, immer wieder aufkochen und mit dem Schneebesen kräftig schlagen. Auf mitt-lere Temperatur schalten und 40 Min. köcheln lassen. Die Sauce darf nicht anbrennen. Zum Schluß die Sahne kurz mit dem Schneebesen aufschlagen und ebenfalls unter die Sauce rühren. Nochmals 2 Min. köcheln lassen und von der Platte ziehen.
Die Schalotten in 1 EL Butter gelb an-braten. Den Riesling zugießen und kräf-tig reduzieren, so daß sich nur noch etwa 3 EL Flüssigkeit ergeben. Diese Flüssigkeit in die vorher zubereitete Sauce mit dem Schneebesen einschla-gen. Die Sauce bei nicht zu starker Hitze kochen, bis sie dickflüssig cremig ist. Den Topf von der Platte ziehen und den Zitronensaft dazugeben. Die rest-liche Butter mit dem Schneebesen unterrühren. Mit Salz sowie Pfeffer ab-schmecken und zum Schluß mit einem Löffel die Petersilie unterheben. Die Sauce sofort servieren.

Rohe Meerrettich-sauce

Diese Sauce wird vor allem zu Karpfen blau, der mit zerlassener frischer Butter übergossen wird, serviert.

0,1 l Weißweinessig
0,2 l süße Sahne
Salz
Zucker
2 frische Meerrettichstangen
(sehr fein zerrieben)

In einer Tonschüssel den Weißwein-essig mit der süßen Sahne kräftig ver-mischen sowie mit Salz und Zucker abschmecken. Dann den Meerrettich unter die Sauce heben. So viel Meer-rettich und Sahne zugeben, daß die Sauce sehr dickflüssig und cremig wird. Wichtig ist, daß die Sauce frisch zube-reitet und sofort zu dem Fisch serviert wird.

Russische Tomaten-Fisch-Sauce

Wichtig für die Herstellung dieser wür-zigen Sauce ist vorzügliches Tomaten-mark (am besten selbst hergestellt). Außerdem benötigt man 0,3 l Fischfond und einen sehr scharfen Dijon-Senf. Diese Sauce paßt vor allem zu gegrill-tem Fisch.

3 EL Sonnenblumenöl
130 g Tomatenmark
2 mittelgroße Zwiebeln
(in kleine Würfel geschnitten)
0,3 l Fischfond
3 Lorbeerblätter (in Stücke zerbrochen)
3 Knoblauchzehen
(durch die Presse gedrückt)
Meersalz
1/2 TL brauner Rohrzucker
1 1/2 TL scharfer Dijon-Senf

In einer Sauteuse das Öl erhitzen, das Tomatenmark hinzufügen und etwa 3 Min. anrösten. Die Zwiebeln untermi-schen und etwa 4 Min. mitschmoren. Nach und nach den heißen Fischfond dazugießen und dabei ständig mit dem Schneebesen durchschlagen. Gleichzeitig den Lorbeer dazugeben und auf nicht zu starker Hitze 25 Min. köcheln lassen. Die Flüssigkeit um etwa ein Drittel reduzieren, daß sich eine cremige Sauce ergibt. Zum Schluß den Knoblauch, das Salz sowie den Zucker zu der Sauce geben. Die Sauce auf Zimmertemperatur abkühlen lassen und dabei immer wieder mit einem Koch-löffel umrühren. Zum Schluß den Dijon-Senf mit einem Schneebesen unterschlagen und zu dem Fisch servieren.

Reiche Sauce
(Sauce riche)

Hier handelt es sich im wahrsten Sinne des Wortes um eine „reiche" Sauce, da Krebsschwänze und frische schwarze Trüffel verwendet werden. Außerdem braucht man zur Herstellung dieser Sauce eine Sauce hollandaise (siehe Rezept), 2 EL Krebsbutter und 10 frische Krebsschwänze.

0,6 l frisch zubereitete
Sauce hollandaise
2 EL Krebsbutter (siehe Rezept)
10 Krebsschwänze
(quer durchgeschnitten)
1 EL schwarze frische Trüffel
(in kleine Würfel geschnitten)

Unter die noch warme Sauce hollan-daise die Krebsbutter mit dem Schnee-besen unterschlagen. Dabei ist wichtig, daß sich die Krebsbutter vollständig mit der Sauce hollandaise verbindet. Die Krebsschwänze zufügen. Die Trüffel erst kurz vor dem Servieren beigeben. Dabei nicht die Sauce zerschlagen, son-dern sowohl die Krebsschwänze als auch die Trüffelwürfel mit einem Holz-löffel unterheben.

St.-Malo-Sauce

Diese Sauce ist nach der Hafenstadt und Seebad Saint-Malo in der Bretagne benannt. Sie wird zu gedünstetem Meeresfisch serviert. Es gibt verschiedene Varianten dieser Sauce, wobei jedoch immer Sardellenpaste, Senf und Eigelb dazugehören. Im Originalrezept wird eine sogenannte „Weiße Fischgrundsauce" und ein Champignonfond verwendet.

Zutaten Champignonfond:
1 EL Olivenöl
5 große Champignons
(sehr fein gehackt)
1 Karotte (fein gewürfelt)
1 kleine Lauchstange (fein gewürfelt)
0,2 l Wasser

Zutaten Sauce:
2 EL Butter
3 Schalotten (sehr fein gehackt)
1 EL Stärkemehl
0,15 l trockener Riesling
½ EL scharfer Dijon-Senf
1 TL Sardellenpaste
2 Eigelb
4 EL süße Sahne
Saft von ½ Zitrone
Meersalz
frisch gemahlener schwarzer Pfeffer
1 EL kalte Butter
(in kleine Stücke geschnitten)

Zubereitung Champignonfond:
Das Olivenöl in einer Sauteuse erhitzen. Zuerst die Champignons, dann die Karotten und den Lauch hellbraun anrösten, mit 0,2 l Wasser ablöschen. Etwa 20 Min. köcheln, durch ein feines Haarsieb in eine Porzellanschüssel abgießen und beiseite stellen.

Zubereitung Sauce:
In einer Sauteuse die Butter zerlassen und die Schalotten darin hellbraun anbräunen. Stärkemehl darüberstreuen und mit dem Riesling ablöschen. Die Flüssigkeit auf die Hälfte reduzieren und den vorher zubereiteten Champignonfond dazugeben. 5 Min. bei nicht zu starker Hitze köcheln. Den Dijon-Senf und die Sardellenpaste untermischen. Die Eigelb mit der Sahne kräftig verrühren und in die nicht mehr kochende Sauce mit dem Schneebesen unterschlagen. Den Zitronensaft hinzufügen, mit Meersalz und Pfeffer abschmecken. Wichtig ist, daß nach der Zugabe der Eigelbmasse die Sauce nicht mehr kocht.
Zum Schluß noch die Butterstückchen mit dem Schneebesen unterschlagen und die Sauce heiß zu dem Fisch servieren.

Sächsische Fischsauce

Dieses Originalrezept stammt aus der Zeit um 1870 und wird zu gedünstetem Fisch gereicht. Für die schnelle Zubereitung dieser Sauce ist vorbereiteter Fischfond nötig.

50 g Butter
1 EL Mehl
2 Schalotten (fein gehackt)
0,3 l Fischfond
0,2 l trockener Riesling
4 dünne Zitronenscheiben
(von einer unbehandelten Zitrone)
1 EL scharfer Senf
2 EL Weißweinessig
½ TL Zucker
50 g kalte Butter
(in kleine Stücke geschnitten)

In einer Sauteuse 50 g Butter mit dem Mehl goldgelb anschwitzen. Dann die Schalotten und den Fischfond dazugeben und aufkochen lassen. Anschließend mit dem Riesling, den Zitronenscheiben, dem Senf, dem Weißweinessig und dem Zucker ergänzen. Die Sauce bei geringer Hitze etwa 20 Min. weiterkochen und dabei etwas einkochen. Kurz vor dem Servieren die restliche Butter mit dem Schneebesen unterschlagen.

Hinweis: Diese Sauce kann zu gedünstetem Aal, Karpfen blau oder sonstigen Süßwasserfischen gereicht werden.

185

Sauce bohémienne

Diese cremige Sauce paßt zu gedünstetem Fisch und gebratenen Meeresfrüchten. Zunächst ist eine Béchamelsauce herzustellen, die mindestens 40 Min. einkochen muß. Diese wird dann mit Eigelb und Essig verfeinert.

Zutaten Béchamelsauce:
2 EL Butter
1½ EL Mehl
0,4 l Milch
0,2 l süße Sahne
frisch geriebene Muskatnuß
frisch gemahlener weißer Pfeffer

Zur Verfeinerung:
2 Eigelb
2 EL Estragonessig
Meersalz
0,15 l gutes kalt gepreßtes Olivenöl

Zubereitung der Béchamelsauce:

In einer großen Sauteuse die Butter zerlassen, das Mehl dazugeben und bei mittlerer Hitze etwa 3 Min. hellbraun rösten. Mit einem Kochlöffel ständig umrühren. Anschließend langsam die Milch dazugießen und mit dem Schneebesen kräftig vermischen. Die Milch-Butter-Mehl-Mischung muß sich dabei gut miteinander verbinden, und die Sauce ganz glatt sein. Bei niedriger Temperatur die Sauce 40 Min. köcheln. Mit dem Schneebesen öfter durchrühren, damit die Sauce nicht anbrennt. Zum Schluß den Topf vom Herd ziehen und die Sahne nach und nach mit dem Schneebesen unterziehen. Nochmals bis kurz vor das Kochen erhitzen, kräftig mit dem Schneebesen durchschlagen und mit Muskatnuß sowie Pfeffer würzen.

Fertigstellung der Sauce:

Die vorbereitete Béchamelsauce mit dem Schneebesen immer wieder umrühren, bis sie nur noch lauwarm ist. Dann allmählich die Eigelb und den Estragonessig mit dem Schneebesen unterschlagen. Mit Salz abschmecken, das Olivenöl langsam dazugeben und mit dem Schneebesen ständig weiterrühren. Es muß sich eine cremige bzw. dickflüssige Sauce ergeben. Zum Schluß nochmals mit Salz abschmecken und servieren.

Sauce Cardinal

Wie der Name schon sagt, handelt es sich hier um eine sehr anspruchsvolle Sauce. Zur Herstellung braucht man eine Béchamelsauce, Fischfond, die Flüssigkeit von eingelegten schwarzen Trüffeln sowie 2 EL Krebsbutter (siehe Rezept). Diese Sauce eignet sich hervorragend zu Meeresfrüchten oder zu frisch gekochtem Hummer.

0,3 l Béchamelsauce
(frisch hergestellt, siehe Rezept)
0,1 l Fischfond
3 EL Flüssigkeit von eingelegten
schwarzen Trüffeln
3 EL Crème fraîche (dicke süße Sahne)
2 EL Krebsbutter
1 Messerspitze Cayennepfeffer

Die Béchamelsauce, den Fischfond und die Trüffelflüssigkeit in eine Sauteuse geben und das Ganze mit dem Schneebesen durchschlagen. Die Sauce bei leichter Hitze köcheln lassen und dabei um ein Drittel reduzieren. Die Crème fraîche in einer separaten Schüssel mit dem Schneebesen durchschlagen, damit sie schaumig-locker wird. Die Sauteuse von der Platte nehmen und die Crème fraîche mit dem Schneebesen unterarbeiten. Die Sauteuse wieder auf den Herd stellen und darauf achten, daß die Sauce nur bis kurz vor das Kochen erhitzt wird. Zum Schluß die Krebsbutter und den Cayennepfeffer unterschlagen und sofort servieren.

Sauce bretonne

Diese Gemüse-Fisch-Sauce wird zu gedünstetem Meeresfisch serviert. Dazu ist zunächst eine Fischvelouté herzustellen.

7 EL Butter
4 EL Mehl
1,5 l Fischfond (siehe Rezept)
0,3 l flüssige süße Sahne
je 2 EL von nachstehendem frischem
Gemüse (in sehr feine Streifen
geschnitten, genannt „Julienne"):
das Weiße von Lauchstangen
Stangensellerie
Frühlingszwiebeln
(mit dem grünen Zwiebellauch)
Steinchampignons
Karotten

In einer großen Sauteuse 4 EL Butter zerlassen und das Mehl darin hellbraun anrösten. Dabei ständig mit dem Schneebesen rühren. Anschließend den Fischfond nach und nach zugießen und weiter mit dem Schneebesen schlagen. Die Hitze zurückschalten und die Sauce 50 Min. leicht köcheln. Dabei immer wieder mit dem Schneebesen durchrühren. Falls sich eine Haut auf der Oberfläche bildet, diese mit einem Löffel abschöpfen. Zum Schluß die Hitze erhöhen und die Sahne nach und nach mit dem Schneebesen einarbeiten. Nochmals 3 Min. bei starker Hitze reduzieren und immer wieder mit dem Schneebesen durchschlagen. Den Topf von der Platte ziehen.
In einer Sauteuse die restliche Butter schmelzen und die Gemüsestreifen bei nicht zu starker Hitze anrösten. Mit dem Kochlöffel durchrühren und etwa 5 Min. bei geringer Hitze in der Butter weich köcheln. Anschließend die Gemüsestreifen mit dem Schneebesen in die vorher zubereitete Sauce einschlagen, nochmals aufkochen und 1 Min. reduzieren. Dann sofort und heiß zu dem frisch gedünsteten Fisch servieren.

Sauce Chantilly

Diese Sauce wird auf der Grundlage einer frisch geschlagenen Mayonnaise hergestellt. Sie paßt ausgezeichnet zu einem frischen Lachstatar: frisches Lachsfilet in kleine Würfel schneiden und in wenig Zitronensaft marinieren. Etwa 2 Std. kühl stellen, mit wenig Meersalz abschmecken und die Sauce Chantilly unterheben. Frischen und sehr fein geschnittenen Schnittlauch darüberstreuen. Sie paßt auch zu gekochtem Spargel und ist Grundlage für spezielle Salatsaucen.

14 EL frisch geschlagene Mayonnaise
1 TL Zitronensaft
1 Messerspitze Cayennepfeffer
1 Prise Meersalz
0,2 l süße Sahne (steif geschlagen)

Unter die Mayonnaise den Zitronensaft und den Cayennepfeffer schlagen. Mit Meersalz abschmecken und zum Schluß die Sahne mit einem Löffel unterheben (nicht mit dem Schneebesen unterschlagen, damit die Sauce schaumig und luftig bleibt).

Sauce Mantua

Diese Sauce wird zu gedünstetem Meeresfisch bzw. zu in Alufolie gedünstetem Fisch oder zu Meeresfrüchten serviert. Für die Herstellung ist 50 g Krebsbutter erforderlich (siehe Rezept). Zunächst eine mit Sahne verfeinerte Béchamelsauce herstellen, die dann verfeinert wird.

3 EL Butter
2 EL Mehl
0,5 l Milch
Meersalz
frisch gemahlener weißer Pfeffer
frisch geriebene Muskatnuß
0,3 l Sahne
0,15 l Sahne
50 g Krebsbutter

Die Butter in einer Sauteuse zerlassen und das Mehl darin anrösten. Die Milch nach und nach dazugießen. Mit dem Schneebesen kräftig durchschlagen, bis die Sauce glatt und cremig ist. Die Temperatur herunterschalten und bei mäßiger Hitze 40 Min. köcheln lassen. Mit dem Schneebesen immer wieder umrühren, damit die Sauce nicht anbrennt. Zum Schluß mit etwas Salz, Pfeffer sowie Muskatnuß abschmecken und die 0,3 l Sahne mit dem Schneebesen montieren. Nochmals bis kurz vor das Kochen erhitzen, kräftig durchschlagen, von der Platte ziehen und unter ständigem Rühren die Sauce abkühlen, bis sie nur noch lauwarm ist. Die 0,15 l Sahne fast steif schlagen und mit dem Schneebesen einrühren. Langsam erhitzen und die Krebsbutter nach und nach mit dem Schneebesen unterrühren. Die Sauce darf auf keinen Fall mehr kochen. Anschließend sofort servieren.

Indische Joghurtsauce II

In dieser Sauce werden vorher geschnittene 3 cm breite Stücke von Karpfen oder von Lachs gar gezogen. Im Originalrezept wird Senföl verwendet, es läßt sich jedoch ersetzen durch 1 EL schwarzen Senfsamen, der im Mörser kräftig zerdrückt wird.

1,5 kg Fischstücke zum Garziehen
4 EL schwarze Senfkörner
1/2 TL grobes Meersalz
3 getrocknete rote Chilischoten
0,2 l Vollmilchjoghurt
1/2 TL Chilipulver
1 TL Kurkumapulver
1/2 TL Fenchelsamen

Den Fisch gründlich abwaschen, trocknen und in etwa 3 cm breite Stücke quer durchschneiden. 3 EL Senfsamen mit dem Meersalz in einem kleinen Mixer kräftig zermahlen und in einer kleinen Schüssel beiseite stellen. Von den Chilischoten die Stielansätze wegschneiden und längs einmal durchschneiden. 1 EL Senfsamen in einem Mörser kräftig zerdrücken. In einen breiten Topf den Joghurt geben und mit den ganzen weiteren Zutaten vermischen. Kräftig verrühren, die Fischstücke hineingeben und 30 Min. ziehen lassen. Dann den Topf auf den Herd stellen und bei geringer Hitze 30 Min. gar ziehen. Dabei ist es wichtig, daß die Sauce immer wieder mit einem Löffel über die Fischstücke gegeben wird. Sofort und heiß servieren. Dazu paßt am besten thailändischer Duftreis.

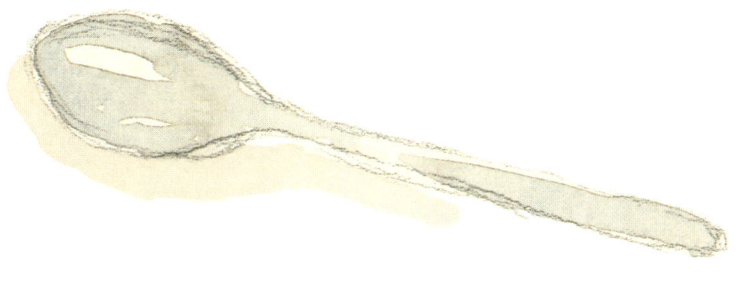

Sauce Nantua
(Lyonnaiser Küche)

Dies ist eine der klassischen Saucen aus der üppigen Küche in der Region um Lyon. Durch die Verwendung von frischen Flußkrebsen und dicker süßer Sahne erhält man eine außerordentlich wohlschmeckende cremige Sauce. Sie wird traditionell zu Hechtschaumklößchen serviert.

150 g Butter
2 Schalotten
(in feine Würfel geschnitten)
1 Karotte (in feine Würfel geschnitten)
1 kg frische Flußkrebse
3 EL alter Cognac
0,15 l trockener Riesling
1 l Fischfond
1 Bouquet garni
(kleines Bündel mit Thymian,
glatter Petersilie, 2 Lorbeerblättern,
1 kleinen Stück Petersilienwurzel
und 1 kleinen Stück Fenchel)
Meersalz
frisch gemahlener weißer Pfeffer
50 g Mehl
0,6 l süße Sahne
1 TL dreifach konzentriertes
Tomatenmark
½ TL Cayennepfeffer
50 g kalte Butter
(in Stückchen geschnitten)

In einem großen breiten Fleischtopf 50 g Butter zerlassen. Die Schalotten- und Karottenwürfel zugeben und bei mäßiger Hitze etwa 5 Min. garen lassen. Die Flußkrebse unter fließendem kaltem Wasser kräftig waschen. Die Hitze für den Topf erhöhen und alle Krebse dazugeben. Deckel auf den Topf und 3 Min. dämpfen lassen. Dabei färben sich die Krebse rot. Nach 2 Min. kräftig durchrühren und die restliche

Zeit bei offenem Deckel nachgaren lassen. Den Cognac in einem Stahltöpfchen leicht erwärmen, anzünden und über die Krebse gießen (also flambieren). Den Cognac abbrennen lassen und sofort den Weißwein, den Fischfond, das Bouquet garni sowie Meersalz und Pfeffer zufügen. Den Deckel auflegen und bei geringer Hitze 10 Min. ziehen lassen.

Anschließend die Krebse herausnehmen, das Krebsfleisch auslösen und beiseite legen. In einem Mixer alle Krebsschalen mit 4 EL Garflüssigkeit zerhacken. Diese Masse in den Topf zurückgeben und nochmals bei mäßiger Hitze 15 Min. kochen lassen. Die ganze Mischung durch ein Haarsieb streichen kräftig ausdrücken.

In einer Sauteuse die restliche Butter zerlassen und das Mehl darin anschwitzen. Sobald das Mehl hellbraun wird, nach und nach die passierte Flüssigkeit mit dem Schneebesen unterschlagen und zum Kochen bringen. Dabei mit dem Schneebesen immer weiter schlagen; das ergibt dann eine cremige hellrote Sauce. Diese bei mäßiger Hitze wiederum 15 Min. köcheln und dabei um ein Drittel einkochen. Die Sahne nach und nach zusetzen und dabei ständig mit dem Schneebesen schlagen. Die Sauce aufkochen, das Tomatenmark und den Cayennepfeffer dazugeben und mit dem Schneebesen kräftig durchrühren. Dann sofort vom Feuer ziehen und die Butterstückchen mit dem Schneebesen unterschlagen. Nicht mehr kochen!

Die Sauce sollte am besten ganz frisch zu Hechtklößchen oder zu sonstigem pochiertem Meeresfisch serviert werden.

Sauce vénitienne

Diese pikant säuerliche Sauce wird vor allem zu gedünstetem Meeresfisch oder auch zu frisch gebratenen Krustentieren (Garnelen bzw. auch Jakobsmuscheln) serviert.

4 EL Butter
4 EL Mehl
1,5 l Fischfond (siehe Rezept)
0,2 l Sahne
0,2 l Estragonessig
0,2 l trockener Riesling
2 EL Schalotten (sehr fein gehackt)
2 EL Kräuterbutter (siehe Rezept)
1 TL frischer Kerbel (fein gehackt)
1 TL frischer Estragon (fein gehackt)
Meersalz
frisch gemahlener weißer Pfeffer

In einer Sauteuse die Butter zerlassen und das Mehl hellbraun anschwitzen. Dabei ständig mit einem Schneebesen rühren. Nach und nach den kochenden Fischfond dazugießen und mit dem Schneebesen weiter durchschlagen. Bei nicht zu hoher Temperatur das Ganze etwa 50 Min. köcheln und immer wieder mit dem Schneebesen rühren. Dabei muß die Sauce um fast die Hälfte einkochen. Zum Schluß mit dem Schneebesen die Sahne unterheben und nochmals 40 Min. bei nicht zu starker Hitze reduzieren. Den Topf von der Platte ziehen.

In einer weiteren Sauteuse den Estragonessig mit dem Riesling mischen, aufkochen und die Schalotten hinzufügen. Bei starker Hitze einkochen, so daß nur noch maximal 2 EL Flüssigkeit übrigbleiben. Die Schalottenflüssigkeit durch ein feines Haarsieb zu der vorher zubereiteten Sauce streichen, mit dem Schneebesen durchrühren und einmal aufkochen. Den Topf wieder von der Platte ziehen und die Kräuterbutter untermischen.

Zum Schluß den Kerbel sowie den Estragon mit einem Löffel unter die Sauce heben und mit Salz sowie Pfeffer würzen. Sofort zu frisch gedünstetem Fisch bzw. Krustentieren servieren.

Sauce Venezianer Art
(nach Walterspiel)

Bei dieser Sauce gibt es mehrere Versionen (französische Bezeichnung „Sauce à la vénitienne"). Nachstehend ist das Originalrezept des bekannten Kochs Alfred Walterspiel aus der Zeit um 1900 wiedergegeben. Die Kräuterauszüge geben der Mayonnaise einen frisch herben Geschmack. In anderen Rezepten wird z. B. die „Sauce à la vénitienne" mit Essig, Weißwein und Velouté zubereitet bzw. Kräuterbutter eingeschlagen. Diese Sauce wird vor allem zu Fisch (vornehmlich zu gedünstetem Fisch) serviert.

2 Handvoll frische rohe Spinatblätter
1 EL glatte Petersilie (fein gehackt)
1 EL frischer Kerbel
1 EL frischer Estragon
1 EL frischer Salbei
2 Schalotten (in Würfel geschnitten)
3 kleine Essiggurken
(in Würfel geschnitten)
0,2 l Mayonnaise

Die Spinatblätter sowie die Petersilie, den Kerbel, den Estragon, den Salbei, die Schalotten und Essiggurken mit dem Pürierstab ganz fein pürieren. Die ganze Masse in ein Passiertuch geben und kräftig durch das Tuch passieren. Die Flüssigkeit mit Mayonnaise verrühren, eventuell noch abschmecken und dann sofort servieren.

Sauce normande

Diese Sauce wird serviert zu frischen gar gezogenen Muscheln und gedünstetem Meeresfisch, z. B. zu Seezunge oder Steinbutt. Das bedeutet, daß ein Teil der Garflüssigkeit der Muscheln und der Flüssigkeit vom Pochieren der Fische mitverwendet wird. Außerdem benötigt man für die Herstellung 1 l Fischfond und 1 EL Krebsbutter.

5 EL Butter
4 EL Mehl
1 l Fischfond (siehe Rezept)
0,5 l süße Sahne
0,2 l Flüssigkeit von den gar gezogenen Muscheln
0,3 l Flüssigkeit der gar gezogenen Fische
5 Eigelb
5 EL kalte Butter
(in kleine Stücke geschnitten)
1 EL Krebsbutter (siehe Rezept)
Meersalz
frisch gemahlener weißer Pfeffer

In einer großen Sauteuse die Butter zerlassen und das Mehl bei nicht zu starker Hitze hellbraun anrösten. Unter ständigem Schlagen mit dem Schneebesen den Fischfond nach und nach zugießen und etwa 1 Min. bei starker Hitze kochen. Das Ganze bei mäßiger Hitze 50 Min. köcheln und dabei ständig mit dem Schneebesen umrühren, damit die Sauce nicht anbrennt. Zum Schluß 0,3 l Sahne allmählich zufügen, nochmals aufkochen und den Topf von der Platte ziehen. Die Garflüssigkeit von den Muscheln und den Fischen (insgesamt 0,5 l) in einer kleinen Sauteuse auf die Hälfte reduzieren. Die vorher zubereitete Sauce wieder auf den Herd stellen und die eingekochte Garflüssigkeit langsam bei ständigem Köcheln mit dem Schneebesen montieren. Nochmals von der Platte ziehen. Die Eigelb mit 4 EL der heißen Sauce in einer kleinen Schüssel verrühren und die restliche Sahne unterheben. Den Topf mit der Sauce wieder auf den Herd stellen, bis kurz vor das Kochen erhitzen und die Eigelb-Sahne-Mischung langsam mit dem Schneebesen einschlagen. Durch ein feines Haarsieb streichen und nochmals bis kurz vor das Kochen erhitzen. Nun die Butterstückchen und die Krebsbutter nacheinander mit dem Schneebesen unterarbeiten. Wenn die Sauce zu dickflüssig ist, noch etwas Garflüssigkeit von den Fischen oder Muscheln durch ein Haarsieb seihen und mit dem Schneebesen unterschlagen.
Zum Schluß mit Salz und Pfeffer abschmecken. Die Sauce dann sofort servieren.

Sauce Recamier

Das Rezept der Sauce Recamier entstand in der Zeit um 1870. Diese Sauce wird warm zu weißem Fisch gereicht (z. B. Wolfsbarsch, Seehecht oder vor allem Steinbutt). Zur Herstellung ist 0,25 l Fleischbrühe erforderlich.

0,25 l sehr kräftige Fleischbrühe
0,25 l trockener Riesling
0,1 l trockener Champagner
8 Eigelb
100 g kalte Butter
(in kleine Stücke geschnitten)
Saft von 1/2 Zitrone
Salz
frisch gemahlener weißer Pfeffer

In einer Sauteuse die Fleischbrühe mit dem Riesling mischen und zum Kochen bringen. In etwa 10 Min. um ein Drittel einkochen und von der Platte ziehen. Danach den Champagner hinzugießen. Dann die Eigelb mit 4 EL der heißen Flüssigkeit verquirlen und ganz langsam nach und nach mit dem Schneebesen einschlagen. Dabei die Sauce bis kurz vor das Kochen erhitzen. Sie muß dabei cremig-flüssig werden und eine glänzende Farbe bekommen.
Anschließend die Butter mit dem Schneebesen unterschlagen und zum Schluß mit dem Zitronensaft abschmecken. Nach Belieben mit Salz sowie Pfeffer würzen und sofort zum Fisch servieren.

Süß-saure Rosinensauce
(Rußland)

Diese Sauce paßt am besten zu gedünstetem Fisch oder zu Kartoffelgemüse. Zur Zubereitung ist Fischfond erforderlich.

2 EL Butter
2 EL Mehl
0,4 l Fischfond (siehe Rezept)
0,15 l trockener Riesling
1 EL flüssiger Honig
1 EL frisch gepreßter Zitronensaft
Meersalz
10 Mandeln
2 EL Rosinen

In einer Sauteuse die Butter zerlassen und das Mehl braun anrösten. Den Fischfond nach und nach zugießen und mit dem Schneebesen unterarbeiten. Das Ganze 5 Min. köcheln. Anschließend den Riesling sowie den Honig hinzufügen und weitere 5 Min. köcheln lassen. Dabei ständig mit dem Schneebesen durchschlagen. Dann den Zitronensaft untermischen und mit Salz abschmecken. Die Mandeln schälen und im Mixer grob zerhacken. Die Rosinen mit kochendem Wasser übergießen und abtrocknen. Die Rosinen und die Mandelstücke unter die Sauce rühren. Nochmals abschmecken, eventuell noch Honig oder Zitronensaft zugeben. Sofort servieren.

Senfsauce aus Nordfriesland

Nachstehend ein einfaches Rezept für eine Senfsauce, die in Nordfriesland zu gedünstetem Meeresfisch serviert wird. Das Rezept stammt aus der Zeit um 1900.

3 EL Butter
2 EL Mehl
0,5 l kräftige Fleischbrühe
(oder Fleischfond)
1 EL scharfer Senf
Salz
2 EL Rotweinessig

In einer Sauteuse die Butter zerlassen und das Mehl hineingeben. Hellbraun anrösten, dann nach und nach die Fleischbrühe zugießen. Mit dem Schneebesen durchschlagen und aufkochen lassen. Den Senf hinzufügen und nicht mehr weiterkochen. Die Sauce mit Salz und dem Essig abschmecken. Sofort und sehr heiß zu frisch gedünstetem Meeresfisch servieren.

Sesamsauce
(Tarator)

Diese helle cremige Sauce wird zu gebratenem Fisch oder ausgebackenem Gemüse serviert. Sie dient außerdem als Zutat zu weiteren Saucen und Gerichten aus der arabischen Küche.

4 Knoblauchzehen
0,1 l Sesamsamenpaste (Tahina)
0,1 l kaltes Wasser
2 EL frisch ausgepreßter Zitronensaft
1 TL Salz

In einem Mörser die Knoblauchzehen zerstoßen und die Sesamsamenpaste hineinrühren. Die Masse in eine kleine Schlagschüssel geben und mit dem Schneebesen das Wasser einschlagen. Außerdem den Zitronensaft und das Salz einarbeiten. Dann mit dem Schneebesen weiterschlagen und eventuell weiteres sehr kaltes Wasser unterrühren, bis eine dickflüssige Sauce entsteht.
Diese Sauce eignet sich nicht zum Aufbewahren und sollte nach Möglichkeit sofort serviert oder weiterverwendet werden.

Victoriasauce

Bei der Victoriasauce handelt es sich um eine Verfeinerung bzw. Anreicherung der Krebssauce (siehe Rezept). Voraussetzung für die Herstellung der Victoriasauce ist die Krebssauce. Dieses Rezept stammt aus der Zeit um 1920.

12 frische Austern
0,75 l Wasser
1 l fertiggekochte Krebssauce
(siehe Rezept)
1 Hummerschwanz (frisch gekocht
und in kleine Würfel geschnitten)

Die Austernschalen öffnen und das Austernfleisch herausnehmen. Dabei die Austernflüssigkeit durch ein Haarsieb in eine Sauteuse gießen. Der Austernflüssigkeit das Wasser zusetzen und das Ganze aufkochen. Die Austern hineingeben. Nur 1 knappe Min. blanchieren. Dabei darf das Wasser nicht mehr kochen. Die Austern sofort beiseite stellen und kurz mit kaltem Wasser abbrausen.
Dann die Krebssauce erhitzen, aber nicht kochen. Anschließend den Hummerschwanz zufügen und kurz vor dem Servieren die ganzen blanchierten Austern.

Weiße Weißwein-Fischsauce
(Sauce genevoise)

Etwas aufwendiger, aber sehr fein, ist diese Fischsauce aus der Zeit um 1900. Die Zubereitung entspricht in etwa der „Weißen Bouillonsauce" (Sauce velouté, siehe Rezeptteil). Verwendet werden außerdem eine Mirepoix (siehe Rezeptteil), 0,8 l kräftige Fleischbrühe und 0,5 l Fischfond.

100 g Butter
100 g Mirepoix
3 EL Mehl
0,8 l kräftige Fleischbrühe
0,5 l Fischfond
Salz
frisch gemahlener weißer Pfeffer
frisch geriebene Muskatnuß
2 Eigelb
0,3 l süße Sahne
30 g zerlassene Butter
1 TL Zitronensaft
150 g frische weiße Champignons
(in Würfel geschnitten)
2 Schalotten (in Würfel geschnitten)

In 80 g Butter die Mirepoix leicht anschwitzen. Dann das Mehl dazugeben und hellgelb durchrösten. Anschließend mit 0,5 l Fleischbrühe aufgießen und bis zum Kochen bringen. Gleichzeitig den Fischfond hinzufügen und ebenfalls zum Kochen bringen. Die Sauce 20 Min. bei nicht zu starker Hitze kochen lassen und danach durch ein feines Sieb geben. Mit Salz, Pfeffer und Muskatnuß abschmecken. Die Eigelb mit der süßen Sahne verrühren und 30 g zerlassene Butter dazugeben. Diese Mischung langsam zu der vorbereiteten Sauce gießen. Dabei dauernd mit dem Schneebesen schlagen. Die Sauce mit Zitronensaft abschmecken. In 20 g Butter die Champignons und die Schalotten anschwitzen und mit 0,3 l Fleischbrühe aufgießen. Kräftig durchkochen und um etwa ein Drittel reduzieren. Dann abkühlen lassen und durch ein sehr feines Sieb oder Passiertuch in eine Sauteuse seihen. Dort nochmals etwas einkochen lassen, damit sich ein kräftiger „Champignonfond" ergibt. Etwa 5 EL dieses Champignonfonds zur Sauce geben, nochmals aufschlagen bis kurz vor das Kochen und dann abschließend wiederum mit Salz und Pfeffer abschmecken.

Hinweis: Diese sehr feine Sauce ist geeignet für gedünsteten Meeresfisch. Sie eignet sich nur bedingt zum Aufbewahren und sollte deshalb nur frisch zubereitet werden.

Seeigel-Sahne-Sauce
(Provence)

Diese cremige Sauce ist sehr einfach herzustellen. Man kann sie am besten dort zubereiten, wo Seeigel auf dem Markt sind. Verwendet wird nur deren Rogen, welcher mit Sahne angereichert und verrührt wird. Die Sauce paßt am besten zu in Fischfond gar gezogenem Meeresfisch oder zu kalten Krustentieren (Languste oder Riesengambas).

40 frische Seeigel
0,3 l frisch geschlagene Mayonnaise
(siehe Rezept)
0,1 l süße Sahne (steif geschlagen)
feines Meersalz

Aus den Seeigeln den Rogen (die Eier des Seeigels) entfernen und diesen durch ein feines Haarsieb pressen. Das ergibt etwa 75 g Püree. Das Seeigelpüree mit einem Schneebesen unter die Mayonnaise schlagen und zum Schluß die Sahne vorsichtig unterrühren (dabei soll die Luftigkeit durch die steif geschlagene Sahne erhalten bleiben). Die Sauce sofort zu dem Fisch servieren.

Zwiebelsauce
(Indien)

In dieser Sauce werden vor allem Süßwasserfische gar gezogen (z. B. Forellen, Karpfen usw.). Voraussetzung für die Herstellung ist auch das Gewürz Garam Masala (siehe Rezept).

3 EL Butterschmalz
2 Lorbeerblätter
(in Stücke gebrochen)
1 TL Kreuzkümmel
4 Zwiebeln
(in feine Würfel geschnitten)
1 EL frischer Ingwer
(sehr fein geschnitten)
3 Knoblauchzehen (durchgepreßt)
2 frische rote Chilischoten
(gewaschen und in sehr feine
Würfelchen geschnitten)
½ TL Kurkumapulver
4 Tomaten (in Würfel geschnitten)
3 EL Vollmilchjoghurt
0,2 l Wasser
Salz
2 TL Garam Masala

In einer Sauteuse das Butterschmalz erhitzen und den Lorbeer sowie den Kreuzkümmel darin anbraten. Die Zwiebelwürfel ebenfalls untermischen und braun anbraten. Anschließend den Ingwer sowie den Knoblauch der Masse zusetzen. Dann die Chilischoten hinzufügen. Das Ganze durchbraten und das Kurkumapulver untermischen. Anschließend die Tomatenwürfel und den Joghurt in die Sauce geben. Alles 5 Min. durchschmoren lassen und nun das Wasser dazugießen. Bis zum Kochen bringen und dann leicht simmern lassen. Alles mit Salz abschmecken und nochmals etwa 5 Min. durchsimmern lassen. Jetzt in die Sauce die Fischstücke geben und bei mäßiger Hitze gar ziehen. Dabei immer in der Sauce umwenden.
Zum Schluß das Garam Masala darüberstreuen. Das Gericht am besten mit thailändischem Duftreis oder Vollkornreis servieren.

Sauce Mornay

Diese cremige Sauce wird auf der Grundlage einer Béchamelsauce hergestellt. Sie eignet sich hervorragend zu gedünstetem Fisch oder zu frischem im Wasserdampf gegartem Gemüse. Auf Grund ihrer Konsistenz ist sie auch für alle Arten von Gratins geeignet (also zum Überbacken).

0,2 l süße Sahne
0,5 l Béchamelsauce (frisch hergestellt,
siehe Rezept)
2 EL frisch geriebener alter Goudakäse
2 EL frisch geriebener Parmesankäse
3 EL kalte Butter
(in kleine Stückchen geschnitten)

Mit dem Schneebesen die Sahne unter die Béchamelsauce schlagen. Anschließend mit einem Kochlöffel die Käse unter die Sauce rühren. Dabei die Sauce nur bis kurz vor das Kochen bringen und so lange rühren, bis die Käse vollständig geschmolzen sind. Dann den Topf von der Platte nehmen und die Butterstückchen mit dem Schneebesen unterrühren. Falls die Sauce zu dickflüssig wird, noch etwas flüssige Sahne dazugeben.
Die Sauce sofort verwenden.

Dunkle Biersauce
(Polen)

Diese cremige leicht säuerliche Sauce paßt zu gedünstetem Karpfen oder auch zu Rinderbraten.
Grundlage ist 0,2 l Fleischfond.

2 EL Butter
2 EL Mehl
0,2 l Fleischfond
1 Zwiebel
(in kleinste Würfel schneiden!)
1 Pastinake
(in kleinste Würfel schneiden!)
Salz
Zucker
frisch gemahlener weißer Pfeffer
3 Nelken
1 Lorbeerblatt (in Stücke gebrochen)
0,3 l dunkles malziges Bier
Saft von ½ Zitrone

In einer Sauteuse die Butter zerlaufen lassen und das Mehl hellbraun anrösten. Zu dieser Einbrenne langsam den Fleischfond zugießen und mit dem Schneebesen aufschlagen. Dann die Zwiebel- und Pastinakewürfelchen zugeben und mit Salz, Zucker sowie Pfeffer abschmecken. Die Nelken und die Lorbeerblattstücke beifügen und 20 Min. leicht köcheln lassen. Die Sauce muß noch flüssig bleiben, aber cremig werden. Falls sie zu dickflüssig ist, noch etwas Fleischfond zusetzen. Nach 20 Min. die Sauce durch ein feines Haarsieb streichen. Das Bier mit dem Schneebesen einschlagen und dabei bis kurz vor das Kochen erhitzen. Den Zitronensaft ebenfalls unterschlagen. Sofort servieren.

Gemüse-Fischfond-Sauce

Diese Sauce paßt zu frisch gebratenem Filet von Meeresfisch oder frischen Jakobsmuscheln. Zur Herstellung benötigt man 0,25 l frisch zubereiteten Fischfond.

2 EL Butter
je 2 EL Weißes vom Lauch,
Fenchelknolle, Staudensellerie,
Schalotte und Petersilienwurzel
(alles sehr fein gehackt)
1 EL frische Estragonblättchen
0,25 l Fischfond (siehe Rezept)
3 EL trockener Wermut
(z. B. Noilly Prat)
0,2 l süße Sahne
Meersalz
frisch gemahlener weißer Pfeffer
$\frac{1}{2}$ TL Cayennepfeffer
Saft von $\frac{1}{2}$ Zitrone

In einer Sauteuse die Butter zerlassen und das Gemüse 2 Min. bei nicht zu starker Hitze dünsten. Den Estragon untermischen und mit dem Fischfond auffüllen. Kräftig aufkochen, den Wermut hinzufügen und auf kleiner Flamme 5 Min. reduzieren. Mit der Sahne wiederum aufkochen und 5 Min. bei nicht zu starker Hitze einkochen. Mit dem Pürierstab mixen, durch ein Haarsieb wieder in die Sauteuse streichen und nochmals aufkochen. Mit Salz, Pfeffer und Cayennepfeffer abschmecken, den Zitronensaft zugießen, mit dem Schneebesen durchschlagen und sofort servieren.

Saucen zu Gemüse, Reis, Nudeln und Eiern

Spargelsauce

Diese Spargelsauce ist eine cremige Sauce, die sehr gut zu gedünstetem Gemüse paßt. Sie stammt aus der Zeit vom Ende des 19. Jahrhunderts. Vor der Zubereitung muß Spargel abgekocht werden, da Spargelbrühe zur Herstellung benötigt wird.

> 2 Eigelb
> 1 TL Mehl
> 2 EL süße Sahne
> 0,25 l Spargelbrühe
> (stark reduzierte Brühe)
> geriebene Muskatnuß (von ganzer Nuß)
> 1 TL Zitronensaft
> 1 TL Zucker
> 1 EL kalte Butter
> (in kleine Stücke geschnitten)
> Salz

In einer Sauteuse die Eigelb mit dem Mehl verrühren. Dann die süße Sahne und die Spargelbrühe unterrühren. Das Ganze mit Muskatnuß, Zitronensaft und Zucker abschmecken. Auf mittlerer Hitze die Sauce unter ständigem Rühren mit dem Schneebesen bis kurz vor das Kochen bringen und dann sofort von der Platte ziehen. Danach die Butter mit dem Schneebesen einschlagen. Abschmecken und eventuell nachsalzen. Die Sauce sollte von der Konsistenz her cremig sein. Falls dies nicht der Fall sein sollte, nochmals mit einem Eigelb (verrühren und zunächst 2 bis 3 EL heiße Sauce zugeben und dann einschlagen) abbinden.

Hinweis: Diese Sauce kann zunächst natürlich für frisch gekochten Spargel verwendet werden oder auch für anderes in Dampf gegartes frisches Gemüse.

Orangensauce zu Spargel

Der zunächst süßliche Orangengeschmack verschwindet fast gänzlich, wenn der Orangensaft bei starker Hitze um ein Drittel reduziert wird. Zur Herstellung dieser Sauce ist auch 0,15 l stark eingekochter Fleischfond erforderlich.

> 2 EL Olivenöl
> 1 TL Fenchelkörner
> (im Mörser leicht zerdrückt)
> 1 EL frische Rosmarinnadeln
> (kurz vor der Verwendung fein gehackt)
> 1 Knoblauchzehe
> (durch die Presse gedrückt)
> 5 Saftorangen
> 0,15 l stark eingekochter Fleischfond
> (siehe Rezept)
> 4 Eigelb
> Meersalz
> ½ TL Cayennepfeffer
> 1 unbehandelte Zitrone

In einer großen Sauteuse das Olivenöl erhitzen und den Fenchel, Rosmarin und den Knoblauch hinzufügen. Das Ganze etwa 2 Min. bei nicht zu starker Hitze anrösten. Die Saftorangen auspressen und den Saft durch ein Sieb in eine breite Sauteuse gießen. Bei starker Hitze um ein Drittel reduzieren, so daß sich insgesamt noch etwa 0,2 l ergeben. Diesen eingekochten Orangensaft in die angeröstete Fenchel-Rosmarin-Knoblauch-Masse einrühren und nochmals aufkochen. Anschließend den Fleischfond hineinschütten, aufkochen und 5 Min. einkochen.
In einer Tasse die Eigelb mit einer Gabel verrühren und 5 EL von der heißen Sauce dazugeben, kräftig durchrühren und nach und nach mit dem Schneebesen in die Sauce einrühren. Dabei darauf achten, daß die Sauce bei dem Einschlagen der Eigelb nicht kocht. Dann mit Salz und Cayennepfeffer abschmecken. Mit einer feinen Raspel die Schale von der Zitrone abreiben und ebenfalls zu der Sauce geben.

Basilikumsauce zu Spargel

> 2 EL Olivenöl
> 4 etwa 2 mm dicke Scheiben Frühstücksspeck (ohne Schwarte, in kleine Würfel geschnitten)
> 2 EL Butter
> 3 Schalotten
> (in feine Würfel geschnitten)
> 2 TL Mehl
> 0,2 l Fleischfond
> 0,2 l Sahne
> Meersalz
> frisch gemahlener weißer Pfeffer
> 2 Knoblauchzehen
> (in feine Würfel geschnitten)
> 20 frische Basilikumblätter

In einer Edelstahlpfanne das Olivenöl stark erhitzen und die Speckwürfel kroß ausbraten. Herausnehmen und auf Küchenkrepp legen. In der gleichen Pfanne die Butter zerlassen (das Olivenöl von dem gebratenem Speck nicht ausgießen) und darin die Schalottenwürfel hellbraun anrösten. Das Mehl darüberstreuen und ebenfalls hellbraun rösten. Anschließend langsam den Fleischfond hinzufügen und dabei ständig mit dem Schneebesen durchrühren. Die Sahne zugießen und die Sauce 30 Min. bei nicht zu starker Hitze einkochen. Mit Salz und Pfeffer abschmecken. Die Sauce zusammen mit dem Knoblauch und den Basilikumblättern mit dem Pürierstab kräftig mixen. Die Masse durch ein feines Haarsieb streichen, nochmals erhitzen und mit dem Schneebesen durchschlagen. Die gebratenen Speckwürfel darübergeben und sofort zu dem frisch gekochten Spargel servieren.

Bâtard-Sauce zu Spargel

Diese kalorienreiche Sauce (es wird sehr viel Butter verwendet) paßt ausgezeichnet zu Spargel, aber auch zu in Dampf gegartem Gemüse oder zu pochiertem Meeresfisch.

120 g Butter
2 EL Mehl
0,2 l Wasser
Saft von 1/2 Zitrone
Meersalz
frisch gemahlener weißer Pfeffer
frisch gemahlene Muskatnuß
0,2 l süße Sahne
4 Eigelb
50 g kalte Butter
(in kleine Stücke geschnitten)

Die 120 g Butter bei geringer Hitze zerlassen und darin das Mehl mit dem Schneebesen gut vermengen (aber nicht braun rösten!). Das Wasser aufkochen, nach und nach zu dem Butter-Mehl-Gemisch geben und dabei ständig mit dem Schneebesen durchschlagen. Es muß sich eine nicht zu dickflüssige Sauce ergeben. Das Ganze bei geringer Hitze 10 Min. köcheln lassen und laufend mit dem Schneebesen durchrühren. Den Zitronensaft mit dem Schneebesen unterschlagen und zum Schluß mit Salz, Pfeffer sowie Muskatnuß würzen.
Zunächst die vorbereitete Sauce durch ein Haarsieb in eine Sauteuse seihen und bis kurz vor das Kochen erhitzen. In einer kleinen Schüssel die Sahne mit den Eigelb kräftig verrühren. 4 EL der heißen Sauce in die Sahne-Eigelb-Mischung montieren und allmählich diese Mischung mit dem Schneebesen in die Sauce unterschlagen.
Zum Schluß die kalten Butterstückchen mit dem Schneebesen einarbeiten und darauf achten, daß die Sauce nicht mehr kocht. Es muß sich jetzt eine cremige flüssige Sauce ergeben. Eventuell nochmals mit Salz und Pfeffer würzen.

Kräutersahne zu Spargel

Zur Herstellung dieser cremigen süßen Sauce ist 0,2 l Spargelsud erforderlich. Das Abbinden der Sauce erfolgt am besten mit Pfeilwurzelmehl, kann jedoch auch mit Kartoffelstärke erfolgen.

0,2 l Spargelsud
0,2 l süße Sahne
1 TL Pfeilwurzelmehl
(ersatzweise Kartoffelstärke)
3 EL kalte Butter
(in kleine Stücke geschnitten)
frisch geriebene Muskatnuß
Meersalz
frisch gemahlener weißer Pfeffer
je 2 EL frische Kräuter: glatte Petersilie,
Liebstöckel und Schnittlauch

In einer großen Sauteuse den Spargelsud mit der Sahne aufkochen und um ein Drittel reduzieren. In einer Tasse das Pfeilwurzelmehl mit 2 EL der heißen Flüssigkeit verrühren und mit dem Schneebesen in die Sauce einschlagen. 2 Min. köcheln lassen. Anschließend die Butterstückchen mit dem Schneebesen unterschlagen und mit Salz, Pfeffer sowie Muskatnuß abschmecken. Zum Schluß die Kräuter mit einem Löffel unter die Sauce heben. Lauwarm zu dem frisch gekochten Spargel servieren.

Curry-Joghurt-Sauce zu Spargel

Zur Herstellung dieser exotischen und an die indische Küche erinnernde Sauce sind frische fein gehackte Korianderblätter erforderlich. Sie gelingt am besten, wenn Vollmilchjoghurt vor der Verwendung um ein Drittel reduziert wird.

3 EL Sonnenblumenöl
1 EL frische Korianderblätter
(sehr fein gehackt)
1 TL scharfes indisches Currypulver
0,1 l Fleischfond (siehe Rezept)
0,25 l Vollmilchjoghurt
0,1 l süße Sahne
1 TL Pfeilwurzelmehl
(zum Abbinden der Sauce)
Salz
1 Prise Zucker

In einer Sauteuse das Öl erhitzen und den Koriander mit dem Currypulver anschwitzen, so daß es sehr stark und beißend riecht. Dann sofort den Fleischfond hinzufügen, aufkochen und den Topf von der Platte ziehen. Den Joghurt in eine andere Sauteuse geben und bei nicht zu starker Hitze bei ständigem Schlagen um ein Drittel reduzieren. Zu dem Joghurt dann die Sahne gießen. Nochmals 2 Min. kochen und dabei weiter reduzieren. In einer Tasse das Pfeilwurzelmehl mit 2 EL der heißen Sauce verrühren und mit dem Schneebesen unter den Joghurt einarbeiten. Diese Mischung dem vorher angebratenen Currypulver zufügen und mit dem Schneebesen kräftig durchschlagen. Zum Schluß mit Salz und Zucker abschmecken, durch ein feines Haarsieb streichen und sehr heiß zu frischem Spargel servieren.

Krebs-Kräuter-Öl zu warmem grünem Spargel

Dieses ganz ausgezeichnet duftende und wohlschmeckende Würzöl benötigt eine längere Zubereitungszeit. Verwendet werden die Karkassen von großen Scampi oder von frischen Flußkrebsen. Die Karkassen mit Würzzutaten werden mit dem Öl in Einweckgläser etwa 40 Min. sterilisiert. Das Öl muß mindestens 2 Wochen nachreifen und hält sich im verschlossenen Glas 3 bis 4 Monate. Das Öl wird zimmerwarm verwendet zu lauwarmem grünem Spargel oder auch über junges frisches und in Wasserdampf gegartes gemischtes Gemüse.

1,2 kg Scampi oder/und Flußkrebse
1 ganze Knoblauchknolle
4 Lorbeerblätter
2 frische Thymianzweige
1 Bund frischer Estragon
1 EL weiße Pfefferkörner
1 TL Korianderkörner
2 TL grobes Meersalz
1,3 l gutes kalt gepreßtes Olivenöl

Die Scampi oder Flußkrebse etwa 10 Min. in leicht kochendem Wasser gar ziehen. Aus dem Wasser nehmen und das Fleisch herauslösen. Die Karkassen mit einem großen Kochmesser oder Küchenbeil grob zerkleinern und auf einem tiefen Blech oder großen Bräter im Backofen bei maximal 130 °C mindestens 3 Std. trocknen. Die Krebsschalen etwas abkühlen lassen und nochmals mit dem Küchenbeil grob zerkleinern. 3 Einweckgläser mit je mindestens 1 l Inhalt nehmen. Die Knoblauchknolle quer in 3 Scheiben schneiden und in jedes Einweckglas je 1 Scheibe auf den Boden legen. Die zerkleinerten Schalen der Krebse oder Scampi hineinschichten und dazwischen immer wieder Teile von zerbrochenen Lorbeerblättern, Thymian,

Estragon, Pfefferkörnern und Korianderkörnern legen. Das Salz dazugeben und das Ganze mit dem Olivenöl auffüllen, so daß die ganze Masse mindestens 2 cm überdeckt ist. Die Gläser dann in ein Einweckgerät stellen, mit Wasser auffüllen und bei starker Hitze mindestens 40 Min. einkochen. Wichtig ist dabei, das die Gläser mit einem Dichtring fest verschlossen sind. Danach die Gläser im Wasser langsam auf Zimmertemperatur abkühlen, herausnehmen und im Kühlschrank nachreifen lassen. Vor der Verwendung wird das Öl durch ein feines Haarsieb in Flaschen abgefüllt und sparsam für den Spargel bzw. das gegarte Gemüse verwendet.

Petersilien-Eier-Sauce zu Spargel

5 wachsweich gekochte Eier
(etwa 5 Min.)
2 EL Sherry-Essig
5 EL kalt gepreßtes Olivenöl
1 EL frische glatte Petersilie
(sehr fein gehackt)
1 EL frischer Schnittlauch
(sehr fein gehackt)
Meersalz
frisch gemahlener weißer Pfeffer
1 Messerspitze Cayennepfeffer

Die Eier schälen und in einer großen Porzellanschüssel nicht zu fein mit einem Messer zerhacken. In einer weiteren Schüssel mit dem Schneebesen den Essig und das Olivenöl kräftig durchschlagen und die Kräuter mit einem Löffel unterheben. Die Essig-Olivenöl-Mischung über die Eier geben, mit Salz, Pfeffer sowie Cayennepfeffer abschmecken und mit 2 Gabeln vorsichtig untermischen. Sofort zu lauwarmem frisch gekochtem Spargel servieren.

Rote-Bete-Quitten-Sauce zu gebratenem Spargel

Diese sehr fruchtige Sauce paßt ausgezeichnet zu halbiertem frischem Spargel, der (in 3 bis 4 cm lange Stücke geschnitten) in einer beschichteten Bratpfanne in etwas Olivenöl gebraten wird. Dazu eignen sich vor allem die weicheren Stücke des Spargels (also der Spargelkopf bis 4 cm darunter). Der Spargel wird nur mit Meersalz und frisch gemahlenem weißem Pfeffer gewürzt. Für die Herstellung dieser Sauce benötigt man 0,5 l Quittenfond (siehe Rezept Quittendressing zu Salat).

500 g frische rote Bete
250 g frische ganze Quitten
1 EL Butter
3 Schalotten (sehr fein gewürfelt)
0,5 l Quittenfond (siehe Rezept)
0,1 l süße Sahne
½ TL Meersalz
frisch gemahlener weißer Pfeffer

Die rote Bete gründlich schälen und in sehr kleine Würfel schneiden. Die Quitten unter fließend kaltem Wasser mit einer Bürste abreiben, abtrocknen. Dann schälen, vierteln, entkernen und in feine Scheiben schneiden. In einer breiten hohen Pfanne oder Sauteuse die Butter zerlassen und die Schalottenwürfel hellbraun andünsten. Die Quittenscheiben und die rote Bete dazugeben und 3 Min. mitdünsten. Den Quittenfond hinzufügen und das Ganze in etwa 35 Min. bei nicht zu starker Hitze weich kochen. Mit dem Pürierstab fein pürieren, durch ein feines Haarsieb streichen und wieder in die Sauteuse zurückschütten. Erhitzen, die Sahne dazugießen und ständig mit dem Schneebesen durchrühren. Mit Meersalz und Pfeffer abschmecken. Die Sauce auf einen großen flachen Teller geben und die frisch gebratenen Spargelstücke darauf legen. Sofort und sehr heiß servieren.

Klare Tomatenbutter-sauce zu pochiertem Gemüse

Diese cremige Sauce paßt gut zu frischem jungem Gemüse, das im Wasserdampf gegart wird. Für die Herstellung wird 0,3 l Geflügelfond benötigt.

8 sehr reife Tomaten
0,3 l Geflügelfond (siehe Rezept)
2 EL kalte Butter
(in kleine Stücke geschnitten)
1 EL dickflüssiger Balsamico-Essig
(mindestens 12 Jahre alt)
Meersalz
frisch gemahlener weißer Pfeffer
2 Knoblauchzehen
(durch die Presse gedrückt)
1 EL frische Estragonblätter
(sehr fein gehackt)
0,1 l süße Sahne (steif geschlagen)
1/2 TL Zucker

Den Stielansatz der Tomaten wegschneiden und die Tomaten grob würfeln. Den Geflügelfond (zimmerwarm) mit den Tomatenwürfeln in einen hohen Topf geben und mit dem Pürierstab nicht zu fein mixen. Ein Haarsieb mit einem Passiertuch auslegen und auf eine Sauteuse setzen. Die Tomaten-Geflügelfond-Masse auf dieses Tuch schütten und unter nicht zu starkem Druck die sich ergebende Flüssigkeit passieren. Die Sauteuse auf die Platte stellen und nicht zu stark erhitzen. Die Butterstücke mit dem Schneebesen einschlagen und zum Schluß den Balsamico-Essig dazugießen. Mit Meersalz, Zucker und Pfeffer abschmecken und den Knoblauch und die Estragonblätterstücke ebenfalls untermischen. Die Sahne mit einem Löffel unter die Sauce heben.
Lauwarm zu dem Gemüse servieren.

Steinpilzsauce zu Spargel

Leider gibt es zu der Jahreszeit, in welcher der Spargel reif ist, keine frischen Steinpilze. Deshalb werden getrocknete Steinpilze verwendet.

1 Tasse (0,1l) getrocknete Steinpilze
0,3 l Wasser
2 EL Butter
2 Schalotten
(in sehr feine Würfel geschnitten)
1 Knoblauchzehe
(in sehr feine Würfel geschnitten)
0,2 l süße Sahne
2 EL Kräuterschmelzkäse
(in kleine Stücke geschnitten)
3 EL dicke Crème fraîche
3 Eigelb
100 g Steinchampignons
(in feine Scheiben geschnitten)
1 EL frische glatte Petersilie
(sehr fein gehackt)
1 EL frischer Schnittlauch
(sehr fein gehackt)

Die Steinpilze in dem Wasser einweichen und 1 Std. stehen lassen. Anschließend das Einweichwasser der Steinpilze durch ein Passiertuch in eine Schüssel geben. In einer großen Sauteuse die Butter zerlassen und die Schalotten sowie den Knoblauch darin hellbraun rösten. Das Pilzwasser zugießen und bei starker Hitze mindestens um die Hälfte reduzieren. Die Sahne dazugeben und nochmals bei starker Hitze um die Hälfte einkochen. Dann den Käse mit dem Schneebesen unterschlagen und auflösen. In einer Schüssel die Crème fraîche mit dem Schneebesen kräftig schlagen und dabei die Eigelb montieren. Die Champignonscheiben in einer Pfanne kurz anrösten. Die Sauce durch ein feines Haarsieb in eine Sauteuse streichen, bis kurz vor das Kochen erhitzen und langsam die Sahne-Eigelb-Mischung mit dem Schneebesen unterschlagen. Dabei muß die Sauce leicht cremig werden. Zum Schluß die Kräuter mit einem Löffel unterheben und beim Servieren mit dem Spargel die Champignonscheiben auf die Sauce legen.

Zitronensauce zu Spargel

1 unbehandelte Zitrone
4 EL gutes kalt gepreßtes Olivenöl
2 EL Mandelblättchen
3 Knoblauchzehen (sehr fein gehackt)
0,4 l Fleischfond (siehe Rezept)
Meersalz
1 TL brauner Rohrzucker
1 EL Kartoffelstärke
1 EL kalte Butter
(in kleine Stücke geschnitten)

Die Schale der Zitrone mit einem scharfen Messer ganz dünn abschälen und in feine Streifen schneiden. In einer Sauteuse das Olivenöl erhitzen und darin die Mandelblättchen und den Knoblauch hellbraun anrösten. Die Zitronenschalen hinzufügen. Kurz umrühren und sofort den Fleischfond dazugießen. 3 Min. kochen und mit Salz sowie Zucker abschmecken. Die Zitrone auspressen und den Zitronensaft dazugeben. Nochmals 5 Min. kochen.
Die Kartoffelstärke mit 4 EL der heißen Sauce anrühren und anschließend langsam mit dem Schneebesen unter die Sauce einschlagen. Kurz aufkochen und den Topf von der Platte ziehen. Danach die Butterwürfel mit dem Schneebesen unterschlagen und sofort zu frisch gekochtem Spargel servieren.

199

Senfsabayon zu Wirsingrouladen

Zur Herstellung dieser im Wasserbad aufgeschlagenen cremig luftigen Sauce ist dunkler, sehr süßer bayerischer Senf erforderlich. Die Sauce schmeckt vor allem zu Wirsingrouladen. Dazu werden blanchierte Wirsingblätter mit kurz angebratener Hühnerbrust und sehr klein geschnittenen Schalotten gefüllt, die mit Speck in der Pfanne leicht braun gebraten sind. Die Hühnerbrust, Schalotten und Speck mit Meersalz, Pfeffer und gemahlenem Kümmel würzen. Dann einrollen wie bei Krautwickeln, in eine Auflaufform geben, mit Fleischfond und etwas trockenem Wein und Sahne angießen und etwa 1 Std. im Backofen garen. Dann herausnehmen und mit der nachstehenden Senfsabayon servieren.

> *3 Eigelb*
> *4 EL trockener Riesling*
> *Meersalz*
> *frisch gemahlener weißer Pfeffer*
> *2 EL eiskalte Butter*
> *(in kleine Stückchen geschnitten)*
> *1 TL sehr fein gehackte Petersilie*
> *1 TL grober süßer bayerischer Senf*

Im Wasserbad das Wasser zum Kochen bringen und die Schlagschüssel aufsetzen. Die Eigelb zufügen und mit dem Schneebesen kräftig aufschlagen, daß diese hellgelb und schaumig werden. Den Weißwein zugießen sowie mit Meersalz und Pfeffer abschmecken. Das Ganze mit dem Schneebesen kräftig durchmixen. Anschließend die Butterstückchen unterschlagen. Die Petersilie sowie den Senf zugeben und nochmals mit dem Schneebesen bearbeiten. Die Schlagschüssel aus dem Wasser nehmen, wiederum kräftig durchschlagen und sofort lauwarm zu den Wirsingrouladen servieren.

Englische Krebssauce zu Blumenkohl

In der Mitte des 19. Jahrhunderts ist diese Sauce entstanden. Zur Zubereitung sollten 0,1 l Krebsbutter (siehe Rezept) und 0,5 l Fleischbrühe bereitstehen.

> *4 Eigelb*
> *1 EL Mehl*
> *frisch geriebene Muskatnuß*
> *Salz*
> *0,1 l Krebsbutter*
> *0,5 l warme Fleischbrühe*

In einer großen Sauteuse die Eigelb, das Mehl, Muskatnuß, eine Prise Salz und die Krebsbutter geben. Alles verrühren, dann die Fleischbrühe dazugießen und mit dem Schneebesen durchrühren. Unter ständigem Rühren dann zum Kochen bringen und im Moment des Kochens sofort von der Platte ziehen. Eine Weile noch mit dem Schneebesen durchrühren und darauf achten, daß die Sauce eine schöne Bindung hat (also cremig ist). Eventuell nochmals mit Salz nachwürzen.

Hinweis: Diese Sauce eignet sich vor allem zu frisch gekochtem Blumenkohl. Der in kleine Röschen verteilte und in Wasserdampf gegarte Blumenkohl wird in einer flachen Schüssel angerichtet und die Sauce darübergegeben.

Schwarze-Bohnen-Sauce zu gebackenen Zucchini

Für diese Sauce werden kleine schwarze getrocknete Bohnen verwendet (ersatzweise können auch die roten Kidney-Bohnen genommen werden). Außerdem werden 3 EL stark eingekochter Gemüsefond benötigt. Damit die Sauce klar bleibt, wird zum Andicken Pfeilwurzelmehl gebraucht (ersatzweise ist natürlich auch Kartoffelstärke oder normales Mehl möglich). Durch die Verwendung von Sojasauce und Sherry erhält sie einen etwas exotischen Geschmack. Serviert wird die Sauce zu ausgebackenem Gemüse, insbesondere zu in Scheiben geschnittenen Zucchini, die in einen Ausbackteig getaucht und in schwimmendem Fett ausgebacken werden.

> *3 EL schwarze getrocknete Bohnen*
> *(mindestens 6 Std. in klarem Wasser*
> *eingeweicht)*
> *3 EL trockener Sherry*
> *5 EL stark eingekochter Gemüsefond*
> *(siehe Rezept)*
> *2 EL dunkle süße Sojasauce*
> *2 TL Pfeilwurzelmehl*
> *(ersatzweise Kartoffelstärke)*
> *Meersalz*
> *frisch gemahlener schwarzer Pfeffer*
> *5 EL halbtrockener Riesling*
> *1 TL frisch gepreßter Zitronensaft*

Die eingeweichten Bohnen unter fließend kaltem Wasser abspülen. In einer Sauteuse den Sherry, den Gemüsefond und die Sojasauce aufkochen. Das Pfeilwurzelmehl mit etwas Wasser anrühren und nach und nach mit dem Schneebesen unter die Sauce rühren. Aufkochen und mit Meersalz und Pfeffer abschmecken. Den Riesling dazugießen und nochmals etwa 3 Min. köcheln. Anschließend die gewässerten Bohnen dazuschütten und mit dem Pürierstab ganz kurz durchmixen (es müssen noch Bohnenstücke erkennbar sein). Eventuell nochmals nachwürzen und sehr heiß zu dem ausgebackenen Gemüse servieren.

Kardamom-Mandel-Sauce zu Gemüse

(Indien)

Zu diesem Gericht werden gebratene Käsewürfel verwendet, die selbst hergestellt werden können: Dazu wird Milch gekocht und diese mit Zitronensaft, Essig und zum Schluß mit Joghurt gesäuert. Das Ganze wird dann – wie Molke – in einem Passiertuch abgetropft, bis sich eine feste Masse ergibt. Ersatzweise kann auch vollfetter, in Scheiben geschnittener Schafskäse verwendet werden.

> 3 Kartoffeln
> 3 weiße Rüben
> (sogenannte Teltower Rübchen)
> 2 kleine Karotten
> 1 kleine Aubergine
> Saft von 1 Zitrone
> 500 g selbst hergestellte Käsewürfel
> (siehe Beschreibung) oder
> 500 g fester vollfetter Schafskäse in
> Scheiben (die Scheiben in Würfel mit
> 2 cm Kantenlänge geschnitten)
> 3 EL Mehl
> 0,1 l Sonnenblumenöl
> 4 Zwiebeln (in Würfel geschnitten)
> 3 Knoblauchzehen (sehr fein gewürfelt)
> 2 EL frische Ingwerwurzel
> (sehr fein gehackt)
> 2 frische grüne Chilis
> 1 frische rote Chili
> 2 EL Kardomomkapseln
> 1 Zimtstange (in Stücke gebrochen)
> 2 EL Gewürznelken
> 80 g Mandeln (fein gehackt)
> 0,3 l Vollmilchjoghurt
> 100 g frische grüne Erbsen
> oder aus der Gefriertruhe
> 0,15 l süße Sahne
> Meersalz
> frisch gemahlener schwarzer Pfeffer

Die Kartoffeln, Rüben, Karotten und Aubergine schälen und in Würfel von 2 cm Länge schneiden. Die Gemüsewürfel in eine große Porzellanschüssel legen und mit kaltem Wasser, dem etwas Zitronensaft beigemischt ist, bedecken. Die Käsewürfel unter fließend kaltem Wasser vorsichtig abwaschen und gut abtrocknen. In einer großen beschichteten Pfanne 4 EL Öl erhitzen.

Die Käsewürfel in dem Mehl wenden und bei nicht zu starker Hitze bräunen. Anschließend aus dem Öl nehmen und auf einem Teller beiseite stellen. Das restliche Öl in einen großen Bratentopf geben, erhitzen und die Zwiebel- und Knoblauchwürfel, den Ingwer sowie die Chilistücke bei nicht zu starker Hitze etwa 10 Min. braten. Dann die Kardamomkapseln, Zimtstücke sowie die Gewürznelken hinzufügen und weitere 8 Min. rösten. Danach die Mandelstücke beimengen und nochmals 5 Min. rösten. Anschließend nach und nach den Joghurt untermischen (jeweils 1 EL) und unter ständigem Rühren kräftig einkochen. Die Gemüsewürfel aus dem Wasser nehmen und gut abtrocknen, dann zusammen mit den Erbsen in den Bratentopf schütten und kräftig salzen. Das Gemüse mit den Gewürzen gut vermischen. Nach und nach 0,5 l Wasser dazugießen, die Hitze zurückschalten und 35 Min. köcheln. Zum Schluß die Sahne allmählich untermischen, mit Meersalz sowie Pfeffer abschmecken und weiterkochen. Nochmals 15 Min. köcheln, bis die Sauce dick eingekocht ist. Zum Schluß die vorher knusprig gebratenen Käsewürfel darübergeben und zusammen mit Reis servieren.

Currymayonnaise zu ausgebackenem Gemüse

Diese etwas exotisch schmeckende cremige Sauce paßt zu klein geschnittenem rohem Gemüse, das in einen Ausbackteig getaucht und in schwimmendem Fett ausgebacken wird (z. B. Stücke von Fenchel, Brokkoli und Blumenkohl, Zucchini, kleine Zwiebeln usw.). Für die Herstellung wird 0,25 l frisch hergestellte Mayonnaise benötigt.

> 0,25 Mayonnaise (siehe Rezept)
> 1½ EL mildes Currypulver
> 1 TL gemahlener Kreuzkümmel
> 1 TL Kurkumapulver
> 2 EL frisches Koriandergrün
> (fein gehackt)
> 1 TL rote Pfefferkörner
> (im Mörser zerdrückt)
> 1 Messerspitze Chilipulver

Die Mayonnaise in eine Porzellanschlagschüssel geben und mit dem Schneebesen zuerst das Currypulver, anschließend Kreuzkümmel, Kurkuma- und Chilipulver unterschlagen. Die Korianderblättchen mit einem Löffel beimischen und die Pfefferkörner darüberstreuen. Sofort zu dem ausgebackenem Gemüse servieren.

Abgeschlagene Buttersauce zu Gemüse

Dies ist eine gehaltvolle Buttersauce, die ausgezeichnet zu frischem, in Wasserdampf gegartem Gemüse schmeckt. Zur Zubereitung sollte Fleischbrühe und Gemüsebrühe (oder Gemüsesud von gegartem Gemüse) bereitstehen.

> 70 g Butter
> 40 g Mehl
> 2 Eigelb
> 0,2 l kräftige Fleischbrühe
> 0,2 l Gemüsebrühe (oder Gemüsesud von gegartem Gemüse)
> Salz
> Pfeffer
> gemahlene Muskatnuß (von ganzer Nuß)
> 1 TL Zitronensaft
> 0,1 l süße Sahne
> 3 kleine Essiggürkchen (in kleine Stücke geschnitten)

In der Sauteuse die Butter schaumig rühren (also nicht auf der Kochplatte erhitzen). Dann das Mehl und die Eigelb dazugeben und verrühren. Anschließend die Masse im Topf bei schwacher Hitze (oder noch besser im Wasserbad) ständig mit dem Schneebesen weiterschlagen. Nach und nach die Fleischbrühe und die Gemüsebrühe unterquirlen. Die Sauce bis kurz vor das Kochen bringen und ständig weiter mit dem Schneebesen schlagen. Dann sofort durch ein sehr feines Haarsieb gießen und mit Salz, Pfeffer und Muskatnuß würzen. Außerdem den Zitronensaft dazugeben. Nochmals erhitzen (auf keinen Fall kochen!) und die süße Sahne ebenfalls unterheben.

Hinweis: Diese Sauce am besten nur unmittelbar vor dem Servieren zubereiten, da damit am besten die durch das Aufschlagen mit dem Schneebesen erzielte Cremigkeit erhalten bleibt. Als Abwandlung kann die Sauce statt mit Fleischbrühe und Gemüsebrühe auch nur mit kräftiger Hühnerbrühe oder kräftiger Fleischbrühe hergestellt werden. Beim Anrichten werden dann einige in Stücke geschnittene Essiggürkchen daruntergerührt. Diese Sauce eignet sich sehr gut zu frisch gegarter Kalbszunge, Kalbsfüßen, gebratenem Kalbsbries oder Kalbshirn.

Avocadosauce zu Spargel

Zur Herstellung dieser Sauce ist 0,1 l Fleischfond erforderlich. Außerdem muß erstklassiges dickflüssiges Kürbiskernöl verwendet werden. Wichtig ist auch, daß die Avocados so reif sind, daß sie mit der Gabel zerdrückt werden können.

> 2 große sehr reife Avocados
> 0,1 l Fleischfond
> 1 Zitrone (Saft)
> Salz
> 2 Schalotten (in feine Würfel geschnitten)
> 3 EL Sojasprossen (sehr fein gehackt)
> 3 EL Kürbiskernöl

Zunächst die Avocados schälen und das Fruchtfleisch vom Stein abschneiden. In einen Mixer das Avocadofleisch, den Fleischfond, den Zitronensaft sowie etwas Salz füllen, kurz durchmixen (nicht zu fein pürieren) und in eine Schüssel geben. Die Schalottenwürfel, den Soja sowie das Kürbiskernöl mit einem Löffel unterheben und sofort zu dem frisch gekochten Spargel servieren.

Käse-Senf-Sauce zu überbackenem Gemüse

Diese Sauce paßt vorzüglich zu verschiedenen Gemüsesorten, die im Wasserdampf gegart und dann in einer Gratinform zusammen mit der Sauce kurz überbacken werden (dabei noch Semmelbrösel darüberstreuen). Wichtig für die Herstellung der Sauce ist die Verwendung von süßem grobkörnigem Senf und frisch geriebenem Allgäuer Bergkäse oder mittelaltem Gouda.

> 0,1 l Milch
> 1 Lorbeerblatt (in Stücke gebrochen)
> 2 EL Mehl
> ½ TL frisch geriebene Muskatnuß
> 1 Messerspitze Muskatblüte
> 3 EL Wasser
> 3 EL grobkörniger süßer Senf
> 80 g frisch geriebener Allgäuer Bergkäse (oder mittelalter Gouda)
> ½ TL Salz
> frisch gemahlener weißer Pfeffer

In einer Sauteuse die Milch erhitzen und den Lorbeer dazugeben. In einer Tasse das Mehl, Mukatnuß, Muskatblüte sowie das Wasser miteinander verrühren. Das angerührte Mehl mit dem Schneebesen in die Milch einschlagen und dabei die Milch zum Kochen bringen. Die Sauce gut durchkochen und dabei ständig mit dem Schneebesen rühren. Die Sauce soll dabei cremig-dickflüssig werden. Dann den Topf vom Herd ziehen und den Senf sowie den Käse mit einem Kochlöffel unterrühren. Der Käse muß sich dabei vollständig auflösen. Zum Schluß mit Salz und Pfeffer abschmecken.

Walnuß-Buttermilch-Sauce zu rohem Gemüse

0,3 l Buttermilch
3 EL Sesamöl
1 TL scharfes Paprikapulver
Meersalz
frisch gemahlener weißer Pfeffer
1 TL Zitronensaft
frisch gemahlene Muskatnuß
150 g Walnußkerne
2 große Bund frischer Schnittlauch
0,2 l süße Sahne

In einer großen Porzellanschüssel die Buttermilch mit dem Schneebesen kräftig schaumig und cremig rühren. Dann das Sesamöl nach und nach dazugießen und mit dem Schneebesen unterschlagen. Mit Paprika, Salz, Pfeffer, Zitronensaft und Muskatnuß würzen. Die Walnußkerne mit einem großen Küchenmesser oder im Mixer nicht zu fein zerhacken. Den Schnittlauch unter fließendem kaltem Wasser abwaschen, abtrocknen und in sehr feine Röllchen schneiden. Dann die Sahne sehr steif schlagen und mit einem Löffel vorsichtig in die Buttermilch einrühren. Den Schnittlauch und die Walnüsse hinzufügen, ebenfalls mit einem Löffel vorsichtig unterheben.
Zum Schluß nochmals – wenn nötig – mit Salz und Pfeffer abschmecken und sofort zu vorbereitetem geputztem Gemüse servieren.

Spanische Nuß-Chili-Sauce zu gedünstetem Gemüse

Diese leicht scharfe Sauce wird zu frisch gedünstetem Meerefisch oder zu in Wasserdampf gegartem frischem Gemüse serviert. Sie kann auch ganz einfach auf geröstetes Brot gestrichen oder als Würzbeigabe zu Salat gegeben werden. Wichtig sind vollreife aromatische Tomaten und bestes Olivenöl.

250 g vollreife Tomaten
6 Knoblauchzehen
15 geschälte ganze Haselnüsse
15 geschälte ganze Mandeln
2 frische rote Chilischoten
2 EL frische glatte Petersilie
(fein gehackt)
4 EL guter Weißweinessig
0,1 l gutes kalt gepreßtes Olivenöl
Meersalz
frisch gemahlener schwarzer Pfeffer

Auf ein Backblech die Tomaten (ganz), die Knoblauchzehen, die Haselnüsse, die Mandeln sowie die Chilischoten legen. In den den auf 180 °C vorgeheizten Backofen schieben. Nach 10 Min. die Haselnüsse und Mandeln herausnehmen und abkühlen lassen. Die verbleibenden Zutaten weitere 20 Min. rösten, dann herausnehmen und abkühlen. Den Stielansatz der Tomaten herausschneiden und schälen, ebenso bei den Chilischoten, die Kerne entfernen und schälen. Die Knoblauchzehen ebenfalls schälen und in einen Mixer füllen. Die Chilischoten sowie die Nüsse hinzufügen und kräftig fein zermahlen. Jetzt die Tomatenstücke und die Petersilie einarbeiten und wieder mixen. Die Masse in eine breite Porzellanschüssel geben und mit dem Schneebesen den Essig unterrühren. Anschließend das Olivenöl nach und nach unterschlagen. Zum Schluß mit Meersalz sowie Pfeffer abschmecken. Die Sauce abdecken und mindestens 3 Std. ziehen lassen. Zimmerwarm zu dem Fisch oder Gemüse servieren.

Brunnenkresse-Gurken-Dip zu Gemüserohkost

Dieser Dip sollte vor der Verwendung mindestens noch 2 Std. im Kühlschrank abkühlen. Der Dip wird zum Eintunken von frischem oder kurz und knackig gegartem Gemüse (z. B. Stangensellerie, Karotten, Radieschen usw.) verwendet.

1 Salatgurke
1 TL Meersalz
1 frische rote Chilischote
0,2 l Crème fraîche
frisch gemahlener schwarzer Pfeffer
1 Messerspitze brauner Rohrzucker
3 EL frische Brunnenkresse
(fein gehackt)
4 Frühlingszwiebeln (das Weiße in dünne Ringe geschnitten)

Die Gurke schälen, längs halbieren und mit einem Löffel die Kerne herauskratzen. Die Gurke auf einer Metallreibe fein raspeln, in eine Porzellanschüssel geben, das Meersalz darüberstreuen und 20 Min. stehen lassen. Anschließend die Gurke auf ein Sieb geben und mit fließendem kaltem Wasser kräftig ausspülen. Sämtliche Flüssigkeit abtropfen lassen.
Die Chilischote längs halbieren, den Stielansatz und die Kerne entfernen und klein würfeln. In einer Porzellanschüssel die Crème fraîche mit dem Schneebesen cremig aufschlagen, die Gurkenraspeln ausdrücken und zu der Crème fraîche geben. Die Chiliwürfel, den Pfeffer, etwas Meersalz, den Rohrzucker und die Brunnenkresse mit einem Löffel gut untermischen. Das Ganze 2 Std. im Kühlschrank ziehen lassen. Zum Schluß die Frühlingszwiebeln darüberstreuen. Sehr kalt als Dip zu dem Gemüse servieren.

203

Quark-Paprika-Dip zu Gemüserohkost

Diese cremige hellrote Sauce wird verwendet, um frisches knackiges Gemüse einzutunken. Dazu eignet sich Stangensellerie, längs in vier Teile geschnittene geschälte Gurken, Radieschen usw.

3 große rote Paprikaschoten
200 g Sahnequark
1 TL feines Meersalz
frisch gemahlener weißer Pfeffer
1/2 TL Cayennepfeffer
1 Spritzer Tabascosauce

Die Paprikaschoten halbieren und unter den Grill legen. Dort so lange backen, bis die Haut sich schwarzbraun färbt. Herausnehmen, mit einem nassen Küchentuch abdecken und etwas abkühlen lassen. Anschließend die Schale abziehen, den Stielansatz und die Rippen entfernen und in Würfel schneiden. In einer Porzellanschüssel den Quark mit dem Schneebesen kräftig cremig aufschlagen. Die Paprikaschoten hinzufügen und mit dem Pürierstab gut durchmixen. Mit Meersalz, Pfeffer, Cayennepfeffer und Tabasco würzen, nochmals mit dem Schneebesen durchschlagen. Mindestens 2 Std. im Kühlschrank abkühlen und ziehen lassen.

Englische Buttersauce zu Gemüse

Diese cremige Sauce ist einfach zuzubereiten und stammt aus der Zeit um 1890. Sie wird im Wasserbad hergestellt und zu frischem im Wasserdampf gegartem Gemüse serviert.

250 g zimmerwarme Butter
2 EL Mehl
1/2 TL Salz
frisch gemahlener weißer Pfeffer
frisch gemahlene Muskatnuß
0,5 l stark eingekochte Fleischbrühe

In einer Rührschüssel (welche auf den Wasserbadtopf paßt) die Butter mit dem Mehl vermischen. Die Gewürze unterrühren und die Schüssel auf den Wasserbadtopf stellen. Das Wasser darf dabei nicht kochen, sollte aber sehr heiß sein. Die Butter mit dem Schneebesen schlagen und so viel heiße Fleischbrühe unterschlagen, bis sich eine sämige Sauce ergibt und sofort zu dem frisch gegarten Gemüse servieren.

Sardellen-Nuß-Sauce zu Rohkost

Diese Sauce wird lauwarm zu grob geschnittenem Gemüse serviert (z. B. Karotten, geschälte und entkernte Gurken, Chicoréeblätter, Staudensellerie, blanchierte Brokkoli-Röschen usw.).

7 in Salzlake eingelegte Sardellen
100 g Walnußkerne
0,35 l kalt gepreßtes Olivenöl
250 g Butter
8 Knoblauchzehen (fein gehackt)
0,4 l Sahne
Meersalz
frisch gemahlener weißer Pfeffer

Zunächst die Sardellen unter fließendem Wasser gut auswaschen, ausnehmen und mit einer Gabel zerdrücken. In einer beschichteten Pfanne die Walnußkerne kurz anrösten und in einem Mixer grob zerkleinern (nicht zu fein!). In eine großen Sauteuse oder Kochtopf das Olivenöl und die Butter geben und erhitzen. Den Knoblauch zufügen und leicht anrösten (der Knoblauch darf dabei nicht braun werden, das heißt, die Olivenöl-Butter-Masse darf nicht zu heiß sein). Anschließend die Walnußkerne sowie die zerdrückten Sardellen beimischen und mit einem Kochlöffel etwa 25 Min. rühren, bis sich die Sardellen aufgelöst haben. Dann die Sahne zugießen und bis kurz vor das Kochen erhitzen. Dabei ständig weiterrühren. Zum Schluß mit Salz und Pfeffer abschmecken sowie etwas abkühlen lassen. Lauwarm zu dem rohen Gemüse servieren.

Haselnuß-Sahne-käse-Dip zu rohem Gemüse

Diese cremige Sauce wird als Dip zu in Streifen geschnittenem rohem Gemüse serviert (z. B. geschälte und entkernte Salatgurken, Stangensellerie, Paprikaschoten und auch Streifen von säuerlichen Äpfeln). Sie paßt aber auch ganz einfach zu Pellkartoffeln oder zu einem Fleischfondue. Zur Herstellung benötigt man 2 EL Haselnußmus, das im Feinkosthandel erhältlich ist. Dieses Mus kann jedoch auch selbst hergestellt werden, indem Haselnußkerne mit ein paar Tropfen Haselnußöl und ein paar Tropfen Wasser in einem Mixer ganz fein gemixt werden.

200 g Sahnefrischkäse
(oder auch der in Frankreich erhältliche
Fromage blanc mit 40 % Fettgehalt)
6 EL Vollmilch
2 EL saure Sahne
Saft von 1 Zitrone
1 EL Haselnußöl
2 EL Haselnußmus
(siehe Vorbemerkung)
1 EL frische Kerbelblättchen
(fein gehackt)
1 EL frische glatte Petersilie
(fein gehackt)
Meersalz
frisch gemahlener schwarzer Pfeffer
1 Messerspitze Paprikapulver

In einer großen Porzellan- oder Stahlschüssel mit dem Schneebesen den Frischkäse zusammen mit der Milch cremig schlagen. Die Sahne und den Zitronensaft untermischen. Jetzt das Haselnußöl und Haselnußmus beimengen und nochmals kräftig mit dem Schneebesen durchschlagen. Die Kräuter (Kerbel und Petersilie) unterheben und mit Meersalz, Pfeffer und Paprikapulver abschmecken. Diese Sauce gut gekühlt als Dip oder zu frischen Pellkartoffeln servieren.

Thailändische Chilisauce zu Gemüserohkost

(Nam Prik)

Diese dicke cremige und sehr scharfe Sauce wird als Dip für rohes Gemüse verwendet. Zur Herstellung werden getrocknete Garnelen (im Chinaladen erhältlich) und Trasi benötigt. Trasi ist eine feste Paste aus Garnelen, die scharf riecht (etwa nach Fleischextraktwürfel) und in speziellen Läden für exotische Gewürze erhältlich ist. Trasi wird in Alufolie gewickelt und 5 Min. im Backofen bei 180 °C erhitzt, dadurch wird sie dunkelbraun. Die Paste kann dann mit den Händen zerbröselt werden.

5 getrocknete kleine rote Chilischoten
10 getrocknete Garnelen
1 Trasiwürfel (1,5 x 1,5 cm)
3 Knoblauchzehen
(geschält und grob zerkleinert)
3 EL thailändische Fischsauce
2 EL brauner Rohrzucker
Saft von 2 Limonen

Den Stielansatz der Chilischoten wegschneiden, die Kerne entfernen und sehr fein hacken. In einem Mörser die Chilischotenstücke mit den getrockneten Garnelen kräftig zerstoßen. Den Trasiwürfel in Alufolie im Backofen erhitzen (siehe Vorbemerkung), etwas abkühlen lassen, zerbröseln und in einen weiteren Mörser füllen. Den Knoblauch hinzufügen und das Ganze kräftig zerstoßen. Anschließend die Chili-Garnelen-Masse mit der Knoblauch-Trasi-Masse in einen kleinen Mixer geben, die Fischsauce sowie den Rohrzucker hinzufügen und alles kräftig mixen. Diese Masse dann in eine Porzellanschüssel füllen und den Limonensaft nach und nach untermischen. Die Sauce muß dabei sehr dickflüssig bzw. cremig dick werden. Sofort zu dem Gemüse servieren.

Zwiebeldip mit gerösteten Zwiebeln zu rohem Gemüse

Diese sahnig cremige Sauce wird kalt serviert und eignet sich als Dip zum Eintunken von rohem oder kurz gegartem Gemüse (z. B. Frühlingszwiebeln, Brokkoliröschen, Stangensellerie, längs gevierteler Chicorée, knackig gegarten grünen dünnen Bohnen usw.).

4 große milde Gemüsezwiebeln
1/2 TL brauner Rohrzucker
200 g Ricotta
200 g Magerquark
1/2 TL Meersalz
frisch gemahlener weißer Pfeffer
1 Messerspitze Cayennepfeffer
2 Bund frischer Schnittlauch

3 Gemüsezwiebeln schälen und in grobe Stücke schneiden. Diese Zwiebelstücke in einen hohen Topf geben und mit kaltem Wasser bedecken. Den Rohrzucker dazustreuen und die Zwiebeln in 45 Min. bei schwacher Hitze sehr weich kochen. Die restliche Zwiebel schälen und in dünne Scheiben teilen. Diese Zwiebelscheiben auf ein Backblech legen und bei 200 °C etwa 30 Min. backen. Dabei sollen die Zwiebeln dunkelbraun geröstet sein. Anschließend die Zwiebeln herausnehmen, mit Küchenkrepp abtupfen und klein würfeln.
Die in Wasser gekochten Zwiebeln mit einer Schaumkelle herausnehmen und gut abtropfen lassen. Anschließend in einen Mixer geben und ganz fein mixen. Den Ricotta und den Quark nach und nach hinzufügen und ebenfalls mitmixen. Mit Meersalz, Pfeffer und Cayennepfeffer abschmecken und in eine Porzellanschüssel füllen. Die gehackten gerösteten Zwiebeln mit einem Löffel leicht unterheben. Den Schnittlauch waschen, in ganz dünne Röllchen schneiden und ebenfalls untermischen. Die Schüssel dann abdecken und im Kühlschrank 2 Std. kühlen. Anschließend die Sauce in zwei Porzellanschälchen füllen und zu dem vorbereiteten Gemüse servieren.

205

Kräuterschaum zu Frühlingsgemüse

Diese im Wasserbad aufgeschlagene cremige Sauce paßt gut zu Frühlingsgemüse, das im Wasserdampf gegart ist (z. B. junge Karotten, kleine Zwiebeln, Kohlrabischeiben, Spargel usw.).

220 g Butter
2 EL Olivenöl
3 Schalotten (sehr fein gewürfelt)
1 kleine Petersilienwurzel
(fein gewürfelt)
1 TL schwarze Pfefferkörner
5 EL Sherry-Essig
0,15 l trockener Riesling
6 Eigelb
Meersalz
frisch gemahlener schwarzer Pfeffer
je 1 EL frische Kräuter
(sehr fein gehackt, z. B. Kerbel, glatte
Petersilie, Estragon und Schnittlauch)
1/2 TL konzentriertes Tomatenmark
0,1 l süße Sahne (steif geschlagen)

In einem kleinen Topf die Butter zerlassen und die Trübstoffe bzw. das sich bildende Eiweiß entfernen (also die Butter klären).
In einer Sauteuse das Olivenöl erhitzen und die Schalottenwürfel hellbraun andünsten. Anschließend die Pfefferkörner hinzufügen und mit dem Essig ablöschen. 2 Min. kochen, so daß der Essig stark reduziert wird. Den Riesling dazugießen und die Flüssigkeit nochmals auf die Hälfte einkochen. Einen großen Topf mit Wasser für ein Wasserbad aufstellen und das Wasser stark erhitzen (nicht kochen). Die Essig-Riesling-Substanz durch ein feines Haarsieb in eine Metallschlagschüssel schütten und auf Zimmertemperatur abkühlen lassen. Die Eigelb nach und nach untermischen und mit dem Schneebesen unterschlagen. Jetzt in das Wasserbad stellen und weiter kräftig

schlagen. Die Masse muß cremig dickflüssig werden. Danach die flüssige, aber nicht zu heiße Butter langsam mit dem Schneebesen unterschlagen. Mit Meersalz und Pfeffer abschmecken und den Topf aus dem Wasserbad nehmen. Die Kräuter und das Tomatenmark beimischen. Die Sahne mit einem Löffel unter die Sauce heben und dann lauwarm zu dem Gemüse servieren.

Muskatcremesauce zu Gemüseauflauf

Diese Sauce kann zum Schluß über den Gemüseauflauf gegeben und zusammen mit geriebenem Käse überbacken oder separat serviert werden. Den Geschmack erhält die Sauce vor allem durch die reichlich verwendete frisch gemahlene Muskatnuß.

3 EL Butter
2 EL Mehl
0,1 l Milch
1/2 TL frisch geriebene Muskatnuß
1 Messerspitze geriebene Muskatblüte
1 Prise Meersalz
frisch gemahlener weißer Pfeffer

In einer Sauteuse die Butter zerlassen und das Mehl hineingeben. Hellbraun anschwitzen und nach und nach die Milch mit dem Schneebesen einschlagen. Aufkochen, so daß sich eine cremige Sauce ergibt. Falls erforderlich, mehr Milch dazuschütten. Die frisch geriebene Muskatnuß in die Sauce einschlagen. Zusätzlich die Muskatblüte zufügen. Mit Salz und Pfeffer abschmecken und sehr heiß zum Gemüse servieren.

Indische Ingwer-Tomaten-Sauce zu fritierten Gemüsebällchen

Diese durch die Verwendung von getrockneten Chilischoten scharf schmeckende Sauce wird zum Übergießen von fritierten Gemüsebällchen verwendet.

10 Tomaten
1 etwa 5 cm langes Stück frischer
Ingwer
3 kleine rote getrocknete Chilischoten
2 EL Butterschmalz
1 TL gemahlener Kreuzkümmel
1 TL Kurkumapulver
1/2 TL Meersalz
0,2 l Vollmilchjoghurt

Von den Tomaten den Stielansatz entfernen. Mit einem scharfen Messer die Haut kreuzweise einritzen und kurz in kochendes Wasser halten. Die Tomaten schälen, die Kerne entfernen und in einer großen Salatschüssel mit einer Gabel zerdrücken.
Die Ingwerwurzel schälen und in sehr feine Stückchen schneiden. Bei den Chilischoten den Stielansatz wegschneiden und einmal längs halbieren.
In einer Sauteuse das Butterschmalz erhitzen und den Ingwer, die Chilischoten sowie das Kreuzkümmel- und Kurkumapulver dazugeben. Das Ganze etwa 3 Min. bei geringer Hitze schmoren. Anschließend die zerdrückten Tomaten und das Salz hinzufügen, gut verrühren und 30 Min. bei sehr geringer Hitze köcheln lassen.
Den Joghurt in einer Schlagschüssel mit dem Schneebesen cremig schlagen und unter die Sauce mischen. Dabei darf die Sauce nicht mehr kochen, da sonst der Joghurt ausflockt. Kräftig verrühren und sofort über die fritierten Gemüsebällchen geben.

Thunfisch-Süßwein-Sauce zu Gemüsesoufflé

Für die Herstellung dieser Sauce wird im eigenen Saft eingelegter Thunfisch aus der Dose verwendet. Die cremige Sauce paßt ausgezeichnet zu einem Gemüsesoufflé (z. B. aus Brokkoli oder Karotten) oder einfach zu frischem jungem Gemüse, das im Wasserdampf gegart wurde.

*0,6 l halbtrockener Riesling
oder Silvaner
80 g Thunfisch im eigenen Saft
(aus der Dose)
1 EL große Kapern (unter fließendem
Wasser kräftig abgewaschen)
3 Sardellenfilets (unter fließendem
kaltem Wasser kräftig abgewaschen)
0,3 l Sahne
Meersalz
frisch gemahlener schwarzer Pfeffer
1 TL frisch gepreßter Zitronensaft
1 Messerspitze gemahlene Muskatblüte*

Den Riesling aufkochen und etwas einkochen lassen. Den abgetropften Thunfisch in Stücken dazugeben, ebenso die Kapern und Sardellenfilets. Das Ganze etwa 2 Min. kochen. Mit dem Pürierstab kräftig aufmixen und weitere 10 Min. köcheln. Die Sauce durch ein feines Haarsieb streichen und die Sahne untermischen. Nochmals 15 Min. bei nicht zu starker Hitze um ein Drittel einkochen. Mit Meersalz, Pfeffer, Zitronensaft und Muskatblüte abschmecken. Zum Schluß mit dem Schneebesen kräftig aufschlagen und zu dem Gemüse servieren.

Krebssauce zu Gemüsepastete

Diese äußerst wohlschmeckende Sauce stammt aus der feinen Küche um 1930. Zu dieser Zeit war es noch möglich, problemlos frische Krebse zu bekommen. Die Sauce paßt ausgezeichnet zu Gemüsepastete aus frischem gemischtem Gemüse, die im Wasserbad in einer Souffléform im Backofen gegart wird.

*3 l Wasser
12 frische Krebse
3 EL Butter
2 Schalotten (klein geschnitten)
je 1 EL frisches Gemüse
(fein geschnitten):
Karotten, Sellerie, Petersilienwurzel,
das Weiße vom Lauch
4 EL Weinbrand
4 EL süßer roter Portwein
0,4 l süße Sahne
1 EL frische Estragonblätter
(fein gehackt)
1 Prise Cayennepfeffer
1/2 TL brauner Rohrzucker
Meersalz
frisch gemahlener weißer Pfeffer*

In einem hohen Topf das Wasser aufsetzen und zum Kochen bringen. Die Krebse mit dem Kopf voraus in das Wasser geben und 1/2 Min. kochen. Die Krebse sofort mit einem Schaumlöffel herausnehmen und beiseite legen. In einer breiten hohen Edelstahlpfanne die Butter erhitzen und das Gemüse hinzufügen. Alles 1 Min. bei nicht zu starker Hitze anrösten. Sofort die ganzen Krebse beigeben und 1/2 Min. anschwitzen. In einer großen Suppenkelle den Weinbrand erhitzen, anzünden und damit die Krebse sowie das Gemüse flambieren. Gleich mit dem Portwein ablöschen und 3 Min. bei nicht zu starker Hitze einkochen lassen. Die Krebse herausnehmen, aufbrechen, die Krebsschwänze heraustrennen und zur Seite legen. Die Karkassen der Krebse mit einem Küchenbeil in grobe Stücke hacken und wieder in die Pfanne mit dem angerösteten Gemüse zurückgeben. 1/2 Min. durchrösten, 0,2 l Sahne dazugießen und den Estragon, den Cayennepfeffer und den Zucker unter-

mischen und alles um mindestens die Hälfte bei mittlerer Hitze reduzieren. Die gesamte Masse durch ein feines Haarsieb in eine Sauteuse streichen. Die restliche Sahne steif schlagen und mit einem Löffel unter die Krebssauce heben. Zum Schluß mit Salz und Pfeffer abschmecken. Nicht zu stark erhitzen, damit die Sauce ihre cremige Konsistenz durch die geschlagene Sahne behält. Sofort zu der frischen Gemüsepastete servieren.

Haselnußvinaigrette zu Gemüsepastete

Diese aufgeschäumte Vinaigrette bzw. Salatsauce wird mit aus Haselnüssen gewonnenem Öl hergestellt. Die kalte Sauce wird zu einer lauwarmen Gemüsepastete serviert.

*2 EL frisch gepreßter Zitronensaft
3 Schalotten (sehr fein gehackt)
1 TL scharfer Dijon-Senf
1 Eigelb
0,25 l Haselnußöl
1 TL sehr fein gemahlene Haselnüsse*

In einer Metallschlagschüssel mit dem Schneebesen den Zitronensaft und die Schalotten mit dem Dijon-Senf verrühren. Das Eigelb hinzufügen und weiter kräftig schlagen. In feinem Strahl das Haselnußöl mit dem Schneebesen untermischen. Die Sauce muß jetzt cremig dickflüssig werden. Zuletzt mit dem Pürierstab die Sauce cremig-schaumig aufmixen und die Haselnüsse mit einem Löffel unterheben.
Die Sauce auf einen Teller geben und die lauwarme Gemüsepastete darauf setzen. Sofort servieren.

Joghurt-Oliven-Sauce zu gegrillten Gemüsespießchen

200 g Joghurt
5 große schwarze Oliven
(mit einem scharfen Messer vom Stein
geschnitten und dann das Fruchtfleisch
fein gehackt)
1 EL gewässerte Kapern
(sehr fein gehackt)
1 EL grober Dijon-Senf
1 EL glatte Petersilie (fein gehackt)
2 EL Limonensaft

In einer Schlagschüssel den Joghurt mit einem Schneebesen aufschlagen und nach und nach die Oliven, die Kapern, den Senf sowie die Petersilie zufügen. Am Schluß den Limonensaft durch ein Haarsieb zugießen. Alles in eine kleine Schüssel geben, zudecken und mindestens 1 Std. kühl stellen.
Die Sauce zu frisch gegrillten Gemüsespießchen servieren.

Austernpilz-Sahne-Sauce zu Nudeln

400 g frische Austernpilze
2 EL Butter
0,25 l Fleischbrühe
0,3 l Sahne
300 g Edelpilzkäse
(z. B. Bavaria blu oder Roquefort,
in kleine Wüfel geschnitten)
Meersalz
frisch gemahlener weißer Pfeffer

Die Austernpilze mit einem Messer putzen und die Stielansätze entfernen. Anschließend in sehr feine Streifen schneiden. In einer hohen Edelstahlpfanne die Butter zerlassen und die Austernpilzstreifen nicht zu dunkel anbraten.
In der Zwischenzeit die Fleischbrühe in einer Sauteuse auf die Hälfte reduzieren. Die Sahne und die eingekochte Fleischbrühe zu den angebratenen Pilzen geben und bei nicht zu starker Hitze 10 Min. köcheln. Nach und nach die Edelpilzkäsewürfel mit dem Schneebesen in die Sauce einrühren. Dabei nicht zu stark erhitzen und darauf achten, daß die Sauce cremig dickflüssig wird. Zum Schluß mit Salz und Pfeffer abschmecken.

Sizilianische Blumenkohlsauce

Die Menge dieser sehr wohlschmeckenden, aber ungewöhnlichen Sauce reicht für 600 bis 700 g Makkaroni (also für 4 bis 5 Personen)

2 kleine Blumenkohlköpfe
Meersalz
4 EL Olivenöl
5 Sardellenfilets
(gut gewässert und fein gehackt)
3 Schalotten (sehr fein gehackt)
1 Messerspitze Safranpulver
80 g ganze Mandeln (geschält)
100 g weiße Trauben
(geschält und entkernt)
frisch gemahlener weißer Pfeffer
600 g Makkaroni

Vom Blumenkohl den Strunk herausschneiden und die grünen Blätter entfernen. Die ganzen Köpfe in einen Topf legen, mit Wasser bedecken und kräftig salzen. In etwa 15 bis 20 Min. nicht zu weich kochen. Dann den Blumenkohl mit einem Schaumlöffel herausnehmen und in ganz kleine Röschen zerteilen. In einem Edelstahltopf 2 EL Olivenöl nicht zu stark erhitzen und die Sardellenfiletstücke dazufügen. Bei mäßiger Hitze so lange rühren, bis sich die Sardellen aufgelöst haben.
In einer breiten hohen Sauteuse das restliche Olivenöl erhitzen und die Schalotten hellgelb andünsten. Die Blumenkohlröschen, etwas Blumenkohlwasser sowie den Safran dazutun. Etwa 8 Min. bei nicht zu starker Hitze dünsten und dann die in Öl aufgelösten Sardellen unterarbeiten. Die Mandeln in einem kleinen Mixer nicht zu fein hacken und mit den Trauben zu dem Blumenkohl geben. Falls die Masse zu sehr eingekocht ist, noch etwas Blumenkohlwasser (etwa 3 EL) dazugießen und nochmals durchrühren. Das Ganze mit Salz sowie Pfeffer abschmecken und sehr heiß mit den frisch gekochten Nudeln vermengen.

Thailändische Knoblauch-Chili-Sauce zu Reis und Gemüse

Für diese Sauce wird Trasi verwendet. Die Vorbereitung bzw. das Rösten von Trasi ist in dem Rezeptteil Thailändische Chilisauce (Nam Prik) in der Vorbemerkung erläutert. Außerdem wird Tamarindenkonzentrat benötigt, das in Gläsern in Läden für exotische Gewürze erhältlich ist. Die Sauce paßt am besten zu kurz gegartem Gemüse, zu Reis oder auch zu gedünstetem Fisch.

7 Knoblauchzehen
7 kleine Schalotten
4 große rote frische Chilischoten
1 Trasiwürfel (1,5 x 1,5 cm)
1½ EL brauner Rohrzucker
2 TL Tamarindenkonzentrat
3 EL geschälte Erdnüsse (in einer beschichteten Pfanne braun geröstet)

Den Backofen auf 200 °C vorheizen. In eine feuerfeste Schüssel die Knoblauchzehen und die Schalotten geben und 30 Min. braun rösten. Die letzten 15 Min. die Chilischoten ebenfalls im Backofen mitrösten. Dazwischen auch den Trasiwürfel erhitzen (siehe Vorbemerkung).
Die gerösteten Schalotten schälen und das weiche Innere in eine Porzellanschüssel füllen. Bei den Knoblauchzehen die Spitze abschneiden und das weiche Innere ebenfalls in die Schüssel drücken. Bei den Chilischoten den Stielansatz wegschneiden, die Kerne entfernen und in grobe Stücke hacken. In einem Mörser die Chilischoten mit dem Rohrzucker zerstoßen, den Trasiwürfel zerbröseln und daruntermischen. Das Ganze dann mit der Schalotten-Knoblauch-Masse kräftig vermischen. Das Tamarindenkonzentrat hinzufügen. Die gerösteten Erdnüsse im Mixer fein mahlen und ebenfalls dazugeben. Es muß eine dickflüssige cremige Sauce entstehen. Falls die Masse zu dickflüssig ist, ein paar Tropfen Wasser unterarbeiten. Frisch zubereitet sofort zu dem Hauptgericht servieren.

Ingwer-Koriander-Sauce zu Reisgerichten

Dies ist eine Sauce von den Karibischen Inseln. Sie wird zu fruchtigen Reisgerichten serviert. Wichtig für den Wohlgeschmack sind die frischen Korianderblätter und die frische Ingwerwurzel.

2 EL frische Korianderblätter (gehackt)
5 dünne Frühlingszwiebeln
(in Scheiben geschnitten)
2 Knoblauchzehen
(durch die Presse gedrückt)
1 Schalotte (fein gehackt)
1 EL Ingwerwurzel (grob gehackt)
1 scharfe Chilischote (Stielansatz wegschneiden, halbieren und die Kerne entfernen)
3 EL Wasser
½ TL Meersalz
2 EL kalt gepreßtes Olivenöl
Saft von ½ Limone
2 EL Weißweinessig

Sämtliche Zutaten, also die Korianderblätter, die Frühlingszwiebeln, den Knoblauch, Schalotte sowie die Ingwerwurzel und die Chilischote, das Wasser und das Meersalz, in den Mixer tun. Das Ganze kräftig mischen, so daß eine cremige Sauce entsteht. Anschließend das Olivenöl, den Limonensaft sowie den Essig hinzugießen und weiter kräftig durchmixen. Die Masse in eine Schüssel geben und kalt stellen.

Indonesische Soja-Würz-Sauce zu Reisgerichten

Diese cremige und scharfwürzige Sauce aus der indonesischen Küche wird zu gegrillten Geflügelfleischspießchen oder zu Reisgerichten serviert. Die Zutaten sind üblicherweise in Spezialgeschäften erhältlich. Die Sauce eignet sich nicht zur Aufbewahrung und sollte deshalb immer frisch zubereitet werden.

5 EL Erdnußöl (ersatzweise neutrales Sonnenblumenöl)
2 mittelgroße Zwiebeln
(sehr fein gehackt)
3 Knoblauchzehen
(durch die Presse gedrückt)
1 TL Sambal Oelek (siehe Rezept)
8 EL dunkle süße Sojasauce
5 EL Weißweinessig
1 EL brauner Rohrzucker
½ TL Lemongraspulver
4 EL Wasser
½ TL Meersalz

In einer breiten Sauteuse das Öl erhitzen und die Zwiebeln darin braun anrösten. Den Knoblauch hinzufügen und kurz mitbraten. Anschließend das Sambal Oelek, die Sojasauce und den Essig untermischen. Weiterrühren und nicht zu stark kochen lassen. Dann den Rohrzucker und das Lemongraspulver hinzufügen und 5 Min. bei geringer Hitze köcheln (dabei ständig mit einem Kochlöffel umrühren). Zum Schluß das Wasser unterarbeiten, nochmals aufkochen und, falls nötig, mit Rohrzucker und Meersalz abschmecken. Heiß servieren.

Kichererbsen-Tomaten-Püree zu Nudeln

Diese cremige und kräftig würzig schmeckende Sauce stammt aus Süditalien und paßt am besten zu Hörnchennudeln oder zu breiten Nudeln (in Stücke gebrochen), die in dieser Sauce 15 bis 20 Min weich kochen.

> 350 g getrocknete Kichererbsen
> 300 g vollreife Tomaten
> 3 l Wasser
> Meersalz
> 5 etwa 0,5 cm dicke Scheiben
> roher durchwachsener Speck
> 3 EL Olivenöl
> 3 Knoblauchzehen (klein gehackt)
> 3 Lorbeerblätter (in Stücke gebrochen)
> 1 EL frisch gepreßter Zitronensaft
> frisch gemahlener schwarzer Pfeffer

Die Kichererbsen mit kaltem Wasser bedecken und 12 Std. einweichen. Danach das Wasser abgießen und die Erbsen beiseite stellen. Bei den Tomaten den Stielansatz entfernen, die Haut mit einem scharfen Messer kreuzweise einritzen und mit einem Schaumlöffel kurz in kochendes Wasser halten. Die Tomaten dann schälen, halbieren, entkernen und in kleine Stücke schneiden (dabei den sich ergebenden Saft durch ein Haarsieb in einer Schüssel auffangen). In einem breiten Topf das Wasser erhitzen, etwas Salz dazustreuen und die eingeweichten Erbsen hinzufügen. Dazwischen die Speckscheiben quer in Streifen schneiden. In einer beschichteten Pfanne das Olivenöl erhitzen und die Speckstreifen mit den Knoblauchstücken kräftig anbraten. Dann die Speckstreifen, die Knoblauchstücke sowie die Tomatenstücke mit den Erbsen mischen. Die Lorbeerblätterstücke ebenfalls hinzufügen. Die ganze Masse 3 Std. bei nicht zu starker Hitze köcheln lassen. Anschließend alles mit dem Pürierstab kräftig mixen und durch ein Haarsieb streichen. Dann in einen breiten Topf gießen, wieder erhitzen und den Zitronensaft mit einem Schnee-

besen unterschlagen. Die Sauce darf nicht zu dickflüssig sein und kann bei Bedarf mit etwas Wasser oder – falls vorhanden – mit etwas flüssigem Tomatenpüree verdünnt werden. Die Sauce aufkochen und die Nudeln darin 15 bis 20 Min. gar kochen. Nach Bedarf noch mit Salz und Pfeffer abschmecken. Sehr heiß servieren.

Mousselinesauce

Mousselinesauce ist eine Verfeinerung der in diesem Buch behandelten „Sauce hollandaise" (siehe Rezept). Notwendig ist 0,6 l frische Sauce hollandaise. Das Rezept stammt aus der Zeit um 1900. Sie eignet sich hervorragend zu frischem im Wasserdampf gegartem Gemüse oder auch zu Spargel.

> 0,6 l Sauce hollandaise
> 0,2 l frische süße Sahne
> (sehr steif geschlagen)

Zuerst die Sauce hollandaise nach dem etwas aufwendigen Rezept in diesem Buch herstellen. Danach die Sahne mit einem Löffel unter die Sauce hollandaise heben. Wichtig ist, daß die Sauce nicht mehr durchgeschlagen oder verrührt, sondern die Sahne nur untergehoben wird. Die Sauce unbedingt sofort servieren.

Lachs-Sahne-Sauce zu Nudeln

Diese Sauce paßt am besten zu selbst gemachten breiten Nudeln oder zu Spaghetti. Wichtig ist die Verwendung von ganz frischem ausgelöstem Lachsfilet und frischem Kerbel.

> 0,5 l Sahne
> 2 EL Butter
> 3 Schalotten
> (in feine Würfel geschnitten)
> 500 g frisches Lachsfilet (ohne Haut)
> 1 Limone (Saft)
> Meersalz
> frisch gemahlener weißer Pfeffer
> 1 EL frische Kerbelblätter (fein gehackt)
> 1 EL frisch gepreßter Zitronensaft

Die Sahne in einer Sauteuse aufkochen und um ein Drittel reduzieren. In einer anderen Sauteuse die Butter zerlassen und die Schalottenwürfel darin hellbraun andünsten. Mit der eingekochten Sahne aufgießen und 5 Min. bei nicht zu starker Hitze weiterköcheln. In der Zwischenzeit den Lachs in feine Würfel schneiden (Kantenlänge $1/2$ cm) und 10 Min. in dem Limonensaft ziehen lassen. Die eingekochte Sahnesauce nun mit Salz sowie Pfeffer würzen und die Lachswürfel dazugeben. Darauf achten, daß die Sauce nicht mehr kocht.
Zum Schluß die Kerbelblätterstückchen hinzufügen und mit Zitronensaft abschmecken.
Die Sauce in eine tiefe vorgewärmte Porzellanschüssel füllen, die Nudeln untermischen und kurz durchrühren. Sofort servieren.

Edelpilzkäsesauce zu Spaghetti

Zur Herstellung dieser Sauce kann jede Art von Edelpilzkäse verwendet werden (hauptsächlich Gorgonzola, Roquefort oder Bavaria blu). Die Menge der Sauce reicht für etwa 600 g Spaghetti (also für 4 bis 5 Personen) als Hauptgericht.

2 Stangensellerie (mit grünen Blättern)
130 g Butter
2 Zwiebeln (klein gehackt)
200 g Edelpilzkäse
(in kleine Stücke geteilt)
0,4 l Milch
300 g Quark
(Vollfettstufe, 40 % Fettgehalt)
0,1 l süße Sahne
Meersalz
frisch gemahlener weißer Pfeffer
600 g Spaghetti (Trockengewicht)

Den Stangensellerie in dünne Stücke schneiden und die Blätter fein hacken. In einer breiten Sauteuse oder Edelstahlpfanne 40 g Butter erhitzen und die Sellerie- und Zwiebelstücke 10 Min. darin dünsten. Den Edelpilzkäse und die Milch hinzufügen. Das Ganze aufkochen und 5 Min. bei nicht zu starker Hitze köcheln. Den Quark und die Sahne einrühren und nochmals 5 Min. kochen. Dabei muß die Flüssigkeit um mindestens ein Drittel einkochen. Zum Schluß mit dem Pürierstab die Sauce mixen und durch ein feines Haarsieb streichen.
Die Sauce dann bis kurz vor das Kochen erhitzen und die frisch gekochten Spaghetti mit der sehr heißen Sauce vermischen. In diesem Moment die restliche Butter untermischen. Zuletzt mit Salz sowie Pfeffer abschmecken und sehr heiß servieren.

Bohnensauce zu Nudeln mit Fisch

Für diese Sauce werden die dunkel-rotbraunen „Kidney-Bohnen" verwendet. Die cremige Sauce paßt sehr gut zu frisch und bißfest gekochten breiten Nudeln mit kleinen Stücken aus verschiedenem Meeresfisch, der im Wasserdampf gegart wurde.

300 g getrocknete Kidney-Bohnen
5 frische Salbeiblätter
1 Thymianzweig
1 EL frische Rosmarinnadeln
3 Stengel Staudensellerie
(in kleine Würfel geschnitten)
2 Schalotten (geviertelt)
1 große Karotte
(in dünne Scheiben geschnitten)
1 Lauchstange
(in dünne Ringe geschnitten)
2 Lorbeerblätter (in Stücke gebrochen)
2 Knoblauchzehen
(in 2 Stücke geschnitten)
0,1 l bestes kalt gepreßtes Olivenöl
1 EL kräftiger Rotweinessig
Meersalz
frisch gemahlener schwarzer Pfeffer
1/2 TL süßes Paprikapulver
1 Messerspitze brauner Rohrzucker
1 TL frisch gepreßter Zitronensaft
1/2 TL Balsamico-Essig

Die getrockneten Bohnen unter fließendem kaltem Wasser abwaschen, in einen breiten Topf schütten und mit Wasser bedecken. Die Salbeiblätter, den Thymianzweig sowie die Rosmarinnadeln hinzufügen und aufkochen. Das ganze Gemüse (Staudensellerie, Schalotten, Karotte und Lauch) mit dem Lorbeer und dem Knoblauch zu den Bohnen geben, aufkochen und dann bei geringer Hitze 4 Std. köcheln. Dabei immer wieder mit dem Kochlöffel umrühren.
Die Bohnen mit dem Gemüse dann aus dem Kochsud nehmen und in eine Sauteuse schütten. 0,1 l Kochfond dazugießen und mit dem Pürierstab kräftig aufmixen. Dabei zusätzlich nach und nach das Olivenöl beifügen, so daß sich eine cremig flüssige und glänzende Sauce ergibt. Dann den Rotweinessig

dazugießen und mit Meersalz, Pfeffer, Paprika und Rohrzucker abschmecken. Mit dem Schneebesen kräftig durchschlagen. Ganz zum Schluß den Zitronensaft und Balsamico-Essig hinzufügen und kurz mit der Sauce vermischen. Diese Sauce dann nicht zu heiß zu den frisch gekochten Nudeln und dem Fisch servieren.

Süße Limettensauce zu Reisgerichten

Diese fernöstlich schmeckende Sauce paßt vorzüglich zu scharfen Reisgerichten und auch zu italienischen gefüllten Tortellini.

1 unbehandelte Orange
1 unbehandelte Limone
0,5 l Wasser
2 EL rotes Johannisbeergelee
1 TL grobkörniger Dijon-Senf
1/2 TL brauner Rohrzucker
1 TL Kartoffelstärke
4 EL kaltes Wasser

Von der Orange und der Limone die Schale mit einem scharfen Messer sehr fein abtrennen. Die Schale in ganz feine Scheibchen schneiden. Die Orange und Limone auspressen und den Saft durch ein feines Haarsieb in ein Glas geben. In einem Topf mit Wasser die Orangen- und Limonenschalen blanchieren (etwa 2 Min. kochen), sofort herausnehmen und auf einem sauberen Küchentuch abtrocknen. In einer Sauteuse den ausgepreßten Orangen- und Limonensaft erhitzen und das Johannisbeergelee zugeben bzw. mit dem Schneebesen einschlagen. Anschließend den Senf zufügen und weiterkochen. Die Kartoffelstärke mit 4 EL kaltem Wasser anrühren und nach und nach mit dem Schneebesen in die Sauce einschlagen. Die Sauce einmal aufkochen, so daß sie cremig-flüssig wird.
Zum Schluß die Orangen- und Limonenschalenstreifen unterheben und sofort servieren.

Tomaten-Butter-creme-Sauce zu Nudeln

Diese Sauce erhält ihre cremige Konsistenz durch das Aufmixen mit eiskalter Butter. Sie paßt gut zu frisch gekochten breiten Nudeln, aber auch zu gegrillten Lammkoteletts oder zu kurz gebratenem Meeresfisch.

10 Tomaten
3 EL Olivenöl
4 Schalotten (klein gewürfelt)
2 EL konzentriertes Tomatenmark
5 EL trockener Riesling
200 g eiskalte Butter
(in kleine Stücke geschnitten)
Meersalz
1 TL brauner Rohrzucker
frisch gemahlener schwarzer Pfeffer
1 EL frische Estragonblätter
(sehr fein gehackt)
1 EL frische Basilikumblätter
(sehr fein gehackt)

Den Stielansatz der Tomaten wegschneiden, die Haut mit einem scharfen Messer kreuzweise einritzen und kurz in kochendes Wasser halten. Abschälen, halbieren und entkernen. Das Tomatenfleisch anschließend würfeln.
In einer Sauteuse das Olivenöl erhitzen und die Schalottenwürfel hellbraun anrösten. Die Tomatenstücke und das Tomatenmark hinzufügen und 5 Min. bei nicht zu starker Hitze köcheln. Jetzt den Riesling dazugießen und nochmals 5 Min. köcheln. Die Masse etwas abkühlen lassen und in den Mixer füllen. Sehr fein pürieren und wieder zurück in eine Sauteuse schütten. Erhitzen, aber nicht aufkochen. Mit dem Schneebesen die Butterstückchen unterschlagen, so daß sich eine cremige Sauce ergibt. Mit Meersalz, Rohrzucker und Pfeffer abschmecken und die Kräuter (Estragon und Basilikum) mit einem Löffel unterheben. Nicht zu heiß zu den Nudeln oder gegrilltem Fleisch/Fisch servieren.

Rote-Zwiebel-Sauce zu Nudeln

(Salatsauce)

Diese kräftig würzige Sauce paßt zu Makkaroni, Spaghetti oder auch zu Hörnchennudeln. Für die Herstellung ist 0,2 l Geflügelfond erforderlich. Zum Servieren werden die Nudeln frisch gekocht und die Sauce üppig darübergegeben.

8 EL kalt gepreßtes Olivenöl
100 g kräftig würzige Salami (in dünne Scheiben geschnitten und diese nochmals halbiert)
500 g kleine rote Zwiebeln
(in Scheiben geschnitten)
2½ EL brauner Rohrzucker
0,3 l trockener Rotwein
0,2 l Geflügelfond (siehe Rezept)
5 EL bester dunkler und dickflüssiger Balsamico-Essig
(mindestens 10 Jahre alt)
1 rote Chilischote
(in Scheiben geschnitten)
Meersalz
frisch gemahlener schwarzer Pfeffer
1 EL Stärkemehl
1 EL frische Majoranblättchen
½ TL Cayennepfeffer

In einer breiten Edelstahlpfanne das Olivenöl erhitzen und die Salamischeiben knusprig braten. Die Scheiben herausnehmen und auf Küchenkrepp abtropfen lassen. Anschließend die Zwiebelscheiben zu dem Öl geben und etwa 10 Min. bei nicht zu starker Hitze braten. Den Rohrzucker darüberstreuen und so lange rühren, bis sich der Zucker aufgelöst hat. Den Rotwein, den Geflügelfond und Balsamico-Essig hinzufügen und 5 Min. bei kräftiger

Hitze einkochen. Die Chilischeiben sowie Meersalz und Pfeffer beimischen und nochmals 5 Min. bei nicht zu starker Hitze köcheln.
In einer Tasse das Stärkemehl mit 3 EL Sauce verrühren und diese Mischung dann mit dem Schneebesen unter die Sauce rühren. Die Majoranblättchen und den Cayennepfeffer dazugeben. Einmal aufkochen und dann die Pfanne von der Platte ziehen. Die knusprigen Salamischeiben unterheben und sofort zu den Nudeln servieren.

Walnußsauce zu gefüllten Teigtaschen

(Italien)

Diese traditionelle Sauce stammt aus der nördlichen Küstenregion von Italien und wird zu gefüllten Tortellini (mit Fleischfüllung oder, noch besser, mit Quarkfüllung) serviert.

150 g Walnußkerne
1 Knoblauchzehe
(durch die Presse gedrückt)
½ TL getrockneter Majoran
frisch geriebene Muskatnuß
0,3 l Vollmilch
5 EL Sonnenblumenöl
Meersalz
frisch gemahlener weißer Pfeffer

Die Walnußkerne in Stücke brechen und mit dem Knoblauch, dem Majoran, der Muskatnuß und Milch in den Mixer geben. Das Ganze bei hoher Geschwindigkeit fein pürieren. Die Masse in eine Schlagschüssel füllen und nach und nach das Sonnenblumenöl mit dem Schneebesen unterschlagen. Alles mit Meersalz sowie Pfeffer abschmecken und kalt über die frisch zubereiteten heißen Tortellini gießen.

Spargelsauce zu Bandnudeln

Diese klassische Sauce (Sugo) wird in Mittelitalien zu breiten Nudeln serviert.

600 g weißer Spargel
1,5 l Wasser
Meersalz
1 TL brauner Rohrzucker
5 EL kalt gepreßtes Olivenöl
1 Knoblauchzehe (fein gehackt)
1 EL glatte Petersilie (fein gehackt)
1 EL Mehl
2 EL trockener Weißwein
frisch gemahlener weißer Pfeffer

Den Spargel gründlich schälen und die Spargelköpfe ganz knapp abschneiden. Die übriggebliebenen Stangen in feine Stückchen teilen. Das Wasser, 1 TL Meersalz sowie den Rohrzucker in einen Topf geben und die Spargelstückchen darin weich kochen. Die Spargelköpfe (in einem separaten Topf) in Salzwasser bißfest kochen. In einem Mixer 4 EL der weichgekochten Spargelstücke pürieren.

In einer Pfanne das Olivenöl erhitzen und den Knoblauch sowie die Petersilie darin anrösten. Anschließend das Mehl darüberstreuen und leicht durchschwitzen. Die pürierten Spargelstücke dazugeben und das Ganze mit so viel Spargelsud aufgießen, daß sich eine dickflüssige Sauce ergibt. Den Weißwein zugießen und mit dem Schneebesen durchschlagen.

Zum Schluß die restlichen Spargelstücke und die Spargelköpfe unter die Sauce heben sowie mit Salz und Pfeffer abschmecken. Diese Sauce dann über die frisch gekochten Nudeln geben.

Genueser Sauce zu Röhrchennudeln

Diese klassische italienische Sauce wird vor allem in den Restaurants in Genua serviert. Sie soll bereits im 15. Jahrhundert in Neapel bekannt gewesen sein. Die Sauce paßt zu Röhrchennudeln, das heißt zu Hörnchennudeln oder Makkaroni. Die Menge reicht für 600 bis 700 g Nudeln (also für 4 bis 5 Personen als Hauptgericht).

0,15 l gutes kalt gepreßtes Olivenöl
150 g durchwachsener roher Schinken
(in feine Würfel geschnitten)
2 Karotten (in feine Würfel geschnitten)
2 Stangensellerie
(in feine Scheibchen geschnitten)
2,5 kg Zwiebeln
(in dünne Ringe geschnitten)
1,2 kg mageres Rindersuppenfleisch
0,2 l Wasser
0,3 l trockener Rotwein
0,3 l Fleischfond (siehe Rezept)
Meersalz
frisch gemahlener schwarzer Pfeffer
600 g Makkaroni
oder Hörnchennudeln
150 g frisch geriebener Parmesan

In einer breiten hohen Edelstahlpfanne das Olivenöl erhitzen und den Schinken darin anbraten. Dann sofort die Karotten, den Stangensellerie sowie die Zwiebeln dazufügen. Das Ganze 10 Min. bei geringer Hitze schmoren. Anschließend das Suppenfleisch (am Stück) sowie das Wasser hinzutun. Alles bei mittlerer Hitze schmoren, so daß die Zwiebeln und vor allem das Fleisch anbraten. Dann die Hitze zurückschalten und das Ganze 2 Std. bei mäßiger Hitze und aufgesetztem Deckel weiterschmoren. Dabei immer wieder mit dem Kochlöffel alles umrühren und das Fleisch wenden. Während des Schmorens in kleinen Mengen den Rotwein dazugießen und zum Schluß den Fleischfond. Nach mindestens 2 Std. das Fleisch herausnehmen, in Scheiben schneiden und separat mit Gemüse servieren. Die Sauce mit dem Pürierstab aufmixen und mit Salz sowie Pfeffer abschmecken. Die Sauce in eine Sauteuse füllen, aufkochen und – falls die Sauce zu dickflüssig ist – mit etwas Rotwein und Wasser verdünnen. Kräftig mit dem Schneebesen durchrühren. Die Nudeln kochen und 0,1 l von dem Kochwasser unter die Sauce schlagen. Die Sauce nochmals 2 bis 3 Min. reduzieren und dann die Nudeln mit der Sauce mischen. Die Nudeln nun portionsweise auf Teller geben und den Parmesankäse darüberstreuen.

Quark-Minze-Sauce
(italienische Sauce zu Teigwaren)

Diese Sauce wird lauwarm, am besten zu gefüllten Tortellini oder auch einfach zu Hackfleischbällchen serviert.

200 g Magerquark
200 g Sahnejoghurt
Meersalz
frisch gemahlener weißer Pfeffer
2 EL frische Minzeblätter (fein gehackt)

In einer Schlagschüssel mit dem Schneebesen den Quark und den Sahnejoghurt kräftig durchschlagen, damit sich eine cremige dickflüssige Sauce ergibt. Mit Meersalz und Pfeffer abschmecken. Zum Schluß die Minzeblättchen zugeben und in einer Sauteuse langsam erhitzen. Die Sauce in keinem Fall aufkochen und während des Erhitzens mit dem Schneebesen ständig durchschlagen.

Die Sauce sofort zu den frisch gegarten Teigwaren oder Hackfleischbällchen servieren, da sonst die Minze ihr Aroma verliert.

Sauce bolognese zu Spaghetti

Zu dieser klassischen italienischen Sauce gibt es eine Menge verschiedener Rezepte. Bei der einfachsten Variante wird durch den Fleischwolf gedrehtes gemischtes rohes Fleisch mit Kräutern, Wein und Tomaten eingekocht. Bei dem nachstehenden Rezept handelt es sich um das etwas aufwendigere Originalrezept, zu dem neben Weißwein ein kräftiger Fleischfond und vor allem frische Hühnerleber und Sahne verwendet wird. Die Menge der Sauce reicht für etwa 6 Portionen aus (also für etwa 750 g Spaghetti-Trockengewicht).

5 EL Butter
150 g durchwachsener geräucherter Schinken (in grobe Würfel geschnitten)
3 mittelgroße Zwiebeln
(in grobe Würfel geschnitten)
1 große Karotte
(in grobe Würfel geschnitten)
2 Stangensellerie
(in grobe Stücke geschnitten)
3 EL gutes kalt gepreßtes Olivenöl
400 g mageres Rindfleisch
(durch die feine Scheibe
des Fleischwolfs gedreht)
150 g mageres Schweinefleisch
(durch die feine Scheibe
des Fleischwolfs gedreht)
0,1 l trockener Riesling
0,3 l Fleischfond (siehe Rezept)
3 EL konzentriertes Tomatenmark
1 EL getrockneter Thymian
1 EL fein gehackte frische Petersilie
3 Lorbeerblätter (in Stücke gebrochen)
300 g frische Hühnerleber
0,2 l süße Sahne
frisch geriebene Muskatnuß
Meersalz
frisch gemahlener schwarzer Pfeffer
1 TL brauner Rohrzucker

In einer breiten Pfanne 3 EL Butter zerlassen und die Schinken-, Zwiebel- und Karottenwürfel sowie den Stangensellerie 15 Min. bei nicht zu starker Hitze anrösten. Diese Masse in einen großen hohen Topf geben und beiseite stellen. In der gleichen Pfanne das Olivenöl erhitzen und das gesamte Hackfleisch bei nicht zu starker Hitze 15 Min. braten. Jetzt den Wein dazugießen und die gesamte Flüssigkeit einkochen lassen. Dieses Fleisch dann zu den Gemüse- und Schinkenwürfeln in den Topf füllen, außerdem den Fleischfond und das Tomatenmark. Die Masse aufkochen, die Hitze zurückschalten und 1 Std. köcheln. Dabei immer wieder mit einem Kochlöffel umrühren. Nach der Hälfte der Garzeit den Thymian, die Petersilie und den Lorbeer dazugeben. Etwa 20 Min. vor Ende der Garzeit in der breiten Pfanne die restlichen 2 EL Butter erhitzen. Die ganzen Hühnerlebern unter fließend kaltem Wasser abwaschen und abtrocknen. Die Lebern in der Butter 5 Min. bei nicht zu starker Hitze braten. Mit einem Schaumlöffel herausnehmen, klein würfeln und unter die kochende Sauce mischen. Etwa 5 Min. vor Ende der Garzeit die Sahne hinzufügen und das Ganze mit Muskatnuß, Meersalz, Pfeffer und Rohrzucker abschmecken. Möglichst frisch und heiß zu gekochten Spaghetti servieren.

Geschmolzene Butter auf Piemonteser Art

Das Rezept stammt aus der Zeit um 1930. Mit dieser geschmolzenen Butter kann Gemüse übergossen und erhitzt werden (in Stücke geschnittener, vorher blanchierter Spargel, Brokkoli oder Blumenkohl, Zuckerschoten usw.).

150 g Butter
2 EL altbackenes Weißbrot (Rinde entfernt und das Innere gerieben)
1 EL frische glatte Petersilie
(klein gehackt)
1 EL frisch geriebener Parmesan

In einer Sauteuse die Butter bei nicht zu starker Hitze zerlassen und etwa 5 Min. köcheln. Das Weißbrot zugeben und hellgelb rösten. Die geschmolzene Butter über das Gericht gießen und 1 TL Petersilie und den Parmesan darüberstreuen. Das Gericht bzw. das Gemüse mit dieser Butter erhitzen. Zum Schluß mit der restlichen Petersilie garnieren und sofort servieren.

Pizzaiolasauce zu Spaghetti

Bei dieser aus Süditalien stammenden Sauce werden dünne Kalbsschnitzel in einer Mischung von Olivenöl und Wasser gar gezogen. Diese Brühe wird dann für die Herstellung der Sauce verwendet, wobei das gegarte Fleisch mit in Wasserdampf gar gezogenem frischem jungem Gemüse extra serviert wird. Die Sauce reicht aus für zirka 600 bis 700 g Spaghetti, also für 4 bis 5 Personen.

0,6 l Wasser
5 EL gutes kalt gepreßtes Olivenöl
600 g vollreife Tomaten
2 EL frische glatte Petersilie
(fein gehackt)
3 Knoblauchzehen (fein gehackt)
1 EL große Kapern
(gewässert und klein gehackt)
6 (etwa 0,5 cm dicke) Kalbsschnitzel
600 g Spaghetti
60 g frisch geriebener Parmesan

Das Wasser mit dem Olivenöl aufkochen. Die Hitze zurückschalten, so daß das Wasser nicht mehr kocht. Bei den Tomaten den Stielansatz wegschneiden, die Haut mit einem scharfen Messer kreuzweise einritzen und mit einem Schaumlöffel kurz in kochendes Wasser halten. Die Tomaten dann schälen, halbieren, entkernen (dabei den sich ergebenden Saft durch ein Haarsieb in einer Schüssel auffangen) und in Stücke schneiden. Die Petersilie, den Knoblauch, die Tomatenstücke (mit dem Saft) sowie die Kapern in das Wasser geben und die Kalbsschnitzel ebenfalls hinzufügen. Das Wasser darf jetzt nicht mehr kochen, muß aber sehr heiß sein. Die Fleischscheiben darin 40 Min. gar ziehen, also pochieren. Zum Schluß das Fleisch herausnehmen und separat mit Gemüse servieren. Die Brühe aufkochen, mit dem Schneebesen durchrühren und noch etwas reduzieren. Die frisch gekochten und abgetropften Spaghetti mit der sehr heißen Sauce vermischen und portionweise auf Teller verteilen. Jeweils frisch geriebenen Parmesankäse darüberstreuen und sofort servieren.

Neapolitanische Fleischsauce zu Spaghetti

Zur Herstellung dieser sehr gehaltvollen Sauce wird eine große Schweinshaxe und ein Schweinekotelett am Stück benötigt. Außerdem braucht man 300 g feine und scharfe Salami und 500 g italienisches Tomatenpüree (nicht Tomatenmark). Da die Herstellung der Sauce insgesamt etwa 10 Std. in Anspruch nimmt, wird sie üblicherweise am Vortag hergestellt bzw. so weit vorbereitet, daß die restliche Zubereitung nur noch 2 bis 3 Std. dauert. Die Sauce paßt sehr gut zu dünnen Makkaroni, Hörnchennudeln oder auch zu bißfest gekochten Spaghetti.

100 g Butter
0,15 l Olivenöl
1 Schweinshaxe (mind. 800 g)
400 g Schweinekotelett (am Stück)
300 g scharfe Salami
(in dicke Scheiben geschnitten)
3 Schalotten (fein gehackt)
2 kleine Karotten
(in feine Scheiben geschnitten)
0,15 l trockener Riesling
0,2 l trockener Rotwein
3 Lorbeerblätter (in Stücke gebrochen)
500 g italienisches Tomatenpüree
0,1 l kaltes Wasser
2 l heißes Wasser
Meersalz
frisch geschrotete schwarze
Pfefferkörner

In einem breiten Bratentopf die Butter und das Olivenöl erhitzen, die Schweinshaxe (geteilt) sowie das Schweinekotelett (am Stück) und die Salami anbraten. Die Schalotten und die Karotten in den Topf füllen und alles mindestens 2 Std. bei geringer Hitze schmoren. Dabei das Ganze immer wieder mit dem Kochlöffel umwenden, damit alles gleichmäßig bräunt. Während dieser Zeit den Deckel darauf setzen, damit die Flüssigkeit erhalten bleibt.

Nach den 2 Std. den Deckel abnehmen und den Riesling dazugießen. Wichtig dabei ist, daß der Bratenfond am Boden des Topfes aufgekocht wird und sich mit dem Wein vermischt. Anschließend den Rotwein sowie den Lorbeer dazufügen und die ganze Flüssigkeit bei etwas stärkerer Hitze nahezu vollständig einkochen. Das Tomatenpüree hinzutun. Alles kräftig verrühren, die 0,1 l Wasser zugießen und das Ganze mindestens 3 Std. bei geringer Hitze schmoren. Alles muß wieder nahezu eingekocht und der Fond ganz dunkelbraun sein. Nunmehr knapp 2 l heißes Wasser nach und nach dazugießen, kräftig aufkochen und verrühren. Die Hitze wieder zurückschalten und bei sehr geringer Hitze 5 Std. weiterschmoren lassen. Immer wieder mit dem Kochlöffel alles kräftig durchrühren, damit das Fleisch dauernd mit Sauce bedeckt ist.

Zum Schluß das Fleisch herausnehmen und die Knochen entfernen. Das Fleisch beiseite stellen und als eigenen Gang nach den Nudeln servieren.

Die Sauce durch ein feines Haarsieb streichen und mit Salz sowie Pfeffer abschmecken.

Die frisch gekochten Nudeln mit dieser dunklen gehaltvollen Sauce vermischen und sehr heiß servieren.

215

Walnußsauce zu Tortellini

(Italien)

Diese traditionelle Sauce aus Genua paßt besonders gut zu Tortellini, gefüllt mit Frischkäse und Kräutern. Sie wird am besten in einem Steinmörser hergestellt. Wenn kein Mörser vorhanden ist, so ist die Herstellung in einem kleinen Mixer möglich.

2 l Wasser
300 g Walnußkerne
80 g Pinienkerne
1 große Knoblauchzehe
(grob gewürfelt)
1 TL grobes Meersalz
1 Bund frische glatte Petersilie
(fein gehackt)
180 g Ricotta (italienischer Frischkäse)
0,1 l gutes kalt gepreßtes Olivenöl

In einem breiten Topf das Wasser zum Kochen bringen. Die Walnußkerne 5 Min. in das kochende Wasser legen, auf ein Sieb schütten und abtropfen lassen. Sofort mit einem spitzigen Messer die braune Haut entfernen.
Die Pinienkerne in einer beschichteten Pfanne bei nicht zu starker Hitze und unter ständigem Rühren in etwa 4 Min. braun rösten (dabei darauf achten, daß die Kerne nicht schwarz werden).
In einem Steinmörser die grob zerkleinerten Walnußkerne, die Pinienkerne, Knoblauchwürfel, das Meersalz sowie die Petersilie nach und nach zu einer Paste zerreiben (oder in einem Mixer fein pürieren). Diese Paste in eine Porzellanschüssel füllen. Den Käse mit etwas Wasser kräftig verrühren und unter die Paste mischen. Das Öl nach und nach in die Sauce einrühren (nicht mit dem Schneebesen aufschlagen). Die Sauce dann sofort servieren. Sie eignet sich nicht zum Aufbewahren.

Tomaten-Thunfisch-Sauce zu Spaghetti

Zu dieser sehr würzigen Tomatensauce wird Thunfisch aus der Dose verwendet, der im eigenen Saft eingelegt ist. Die Sauce reicht für 600 bis 700 g Spaghetti aus (also für 4 bis 5 Personen). Wichtig ist, daß beim Servieren reichlich fein gehackte frische Petersilie darübergestreut wird sowie etwas frisch geriebener Parmesankäse.

1,5 kg vollreife Fleischtomaten
3 EL Olivenöl
3 Schalotten (fein gehackt)
3 Knoblauchzehen (fein gehackt)
300 g im eigenen Saft eingelegter
Thunfisch (aus der Dose)
Meersalz
frisch gemahlener weißer Pfeffer
2 EL große Kapern
(gewässert und sehr fein gehackt)
600 g Spaghetti
3 EL glatte frische Petersilie
(fein gehackt)
100 g frisch geriebener Parmesankäse

Bei den Tomaten den Stielansatz ablösen, die Haut mit einem scharfen Messer kreuzweise einritzen und mit einem Schaumlöffel kurz in kochendes Wasser halten. Die Tomaten dann schälen, halbieren, entkernen und in kleine Stücke schneiden. In einer großen Sauteuse das Olivenöl erhitzen und die Schalotten- und Knoblauchstücke hellbraun andünsten. Die Tomatenstücke (mit dem sich ergebenden Saft) hinzufügen und bei mittlerer Hitze 15 Min. köcheln. Dabei soll die Flüssigkeit der Tomaten nahezu vollständig eingekocht werden. In der Zwischenzeit den Thunfisch in kleine Stücke teilen. Die Sauce zuerst durch ein feines Haarsieb streichen und dann wieder in die Sauteuse zurückschütten. Mit Salz und Pfeffer würzen sowie den Thunfisch mit seinem Saft beifügen. Nochmals 10 Min. bei nicht zu starker Hitze köcheln, wobei sich der Fisch in der Sauce auflösen muß. Zum Schluß die Kapern untermischen. Anschließend die frisch gekochten Nudeln mit der sehr heißen Sauce vermengen und zum Schluß die Petersilie sowie den Parmesankäse darüberstreuen.

Zitronensauce zu Spaghetti

Diese einfach herzustellende Sauce paßt ausgezeichnet zu langen dünnen Bandnudeln.

3 unbehandelte Zitronen
0,3 l dicke Sahne (z. B. Crème fraîche)
2 EL Grappa
600 g dünne Bandnudeln
(oder Spaghetti)

Von den Zitronen den äußeren Teil der Schale mit einer feinen Reibe abreiben, so daß man 1 vollen EL erhält. Bei 2 Zitronen mit einem scharfen Messer die ganze restliche Haut bis zum Fruchtfleisch abschneiden und die Fruchtfilets mit einem scharfen Messer herausschneiden. Dieses Fruchtfleisch dann in sehr feine Stücke schneiden. Den Saft der restlichen Zitrone auspressen.
In einer Sauteuse die Sahne mit dem Grappa vermischen und erhitzen. Die Zitronenstücke hinzufügen und etwa 20 Min. bei mäßiger Hitze kochen, bis sich eine dicke cremige Sauce ergibt. Mit einem Kochlöffel den Zitronensaft einrühren. Zum Schluß die Zitronenschalen unterheben. Nochmals 2 Min. bei geringer Hitze köcheln lassen und die Sauce dann in eine große Porzellanschüssel füllen. Die frisch gekochten und abgetropften Nudeln dazugeben, mit der Sauce vermischen, sofort und heiß servieren.

Sauce nach Syrakuser Art zu Spaghetti

Mit dieser würzigen Gemüsesauce werden frisch gekochte dünne Spaghetti vermischt. Am besten schmeckt das Gericht natürlich, wenn frisch geriebener Parmesankäse darübergestreut wird.

2 Auberginen
Meersalz
3 vollreife rote Paprikaschoten
500 g Fleischtomaten
3 EL Olivenöl
5 Knoblauchzehen (klein gehackt)
5 Sardellenfilets
(gut gewässert und klein gehackt)
3 EL Kapern
15 schwarze Oliven (in kleinen Stücken vom Kern geschnitten)
2 EL frische Basilikumblätter
(fein gehackt)
700 g frisch gekochte dünne Spaghetti
(Trockengewicht)
60 g frisch geriebener Parmesankäse

Bei den Auberginen den Stielansatz großzügig entfernen und in 0,5 cm dicke Scheiben schneiden. Die Scheiben am besten auf ein Backblech legen, mit Meersalz bestreuen und 20 Min. stehen lassen. Nach dieser Zeit haben die Auberginenscheiben Wasser gezogen, das heißt, daß sie mit einem sauberen Küchentuch getrocknet werden. Die Paprikaschoten gründlich waschen und im Backofen bei 250 °C 15 Min. backen. Die Haut muß dunkelbraun bis schwarz sein. Die Paprikaschoten dann herausnehmen, auf ein nasses Küchentuch legen und nach kurzem Abkühlen die Haut abziehen. Anschließend die Paprikaschoten aufschneiden, die Stielansätze und die

Kerne entfernen und in sehr dünne Streifen schneiden. Bei den Tomaten den Stielansatz entfernen, die Haut mit einem scharfen Messer kreuzweise einritzen und mit einem Schaumlöffel kurz in kochendes Wasser halten. Dann die Tomaten schälen und entkernen. Nun die abgetrockneten Auberginenscheiben sowie die Tomaten in kleine Würfel schneiden.

In einer breiten hohen Sauteuse das Olivenöl erhitzen und zunächst die Knoblauch- und Sardellenstücke sowie die Auberginenwürfel andünsten. Nach etwa 5 Min. die Tomatenwürfel dazutun und nochmals 5 Min. weiterdünsten. Zum Schluß die Paprikastreifen, die Kapern, die Olivenstückchen sowie das Basilikum hinzufügen und bei geringer Hitze 20 Min. köcheln. Wenn die Sauce zu dickflüssig wird, mit etwas Tomatenpüree oder Fleischbrühe verdünnen.

Die Spaghetti bißfest kochen, gut abtropfen lassen und mit der Sauce vermischen. Vor dem Auftragen den Parmesankäse darüberstreuen.

Spinatsauce zu Spaghetti

Diese grüne und cremige Sauce paßt sehr gut zu frisch gekochten Spaghetti oder auch zu dünnen Bandnudeln. Die Sauce reicht für 600 bis 700 g Nudeln, also für 4 bis 5 Personen. Es empfiehlt sich, den frisch geriebenen Parmesankäse erst auf dem Teller darüberzustreuen.

1 kg frischer junger Spinat
4 EL Butter
2 Schalotten
(in feine Würfel geschnitten)
4 EL Mehl
0,7 Milch
Meersalz
frisch gemahlener weißer Pfeffer
frisch geriebene Muskatnuß
1 EL frische Basilikumblätter
(in Streifen geschnitten)
600 g Spaghetti oder Bandnudeln
(Trockengewicht)
60 g frisch geriebener Parmesankäse

Den Spinat unter fließendem kaltem Wasser abwaschen und noch naß in einen breiten hohen Topf füllen. Bei mäßiger Hitze etwa 6 Min. dünsten, bis er vollständig in sich zusammenfällt. Dabei mit dem Kochlöffel immer wieder umrühren, damit er nicht anbrennt und, wenn notwendig, ein wenig Wasser dazugießen. Den Spinat auf ein breites Sieb legen und darauf achten, daß die Flüssigkeit in ein daruntergestelltes Gefäß aufgefangen wird (den Spinat also mit dem Kochlöffel kräftig ausdrücken). Anschließend den Spinat mit einem Messer sehr fein hacken.

In einer breiten Edelstahlpfanne die Butter zerlassen und die Schalotten sowie das Mehl hellbraun anrösten. Nach und nach die Milch dazugießen und ständig mit dem Schneebesen durchschlagen. Bei mäßiger Hitze 20 Min. köcheln und währenddessen immer wieder mit dem Schneebesen durchrühren, damit die Sauce nicht anbrennt. Zum Schluß die aufgefangene Spinatflüssigkeit ebenfalls mit dem Schneebesen einarbeiten und mit Salz, Pfeffer sowie Muskatnuß abschmecken. Den Spinat unter die Sauce rühren. Kurz vor dem Anrichten das Basilikum unterheben, die Nudeln mit der Sauce vermischen, in Portionen auf Teller teilen und frisch geriebenen Parmesankäse darüberstreuen.

Meerrettich-Pilz-Sauce zu Kartoffeln

(Rußland)

Diese cremige Sauce paßt am besten zu frischen heißen Pellkartoffeln oder auch zu kurz in Wasserdampf gegartem Gemüse.

400 g frische gemischte Waldpilze
Meersalz
4 EL frisch geriebener Meerrettich
0,2 l dicke saure Sahne
½ TL Zucker
1 EL Weißweinessig
1 Frühlingszwiebel
½ EL frischer Schnittlauch
(fein gehackt)
2 hartgekochte Eier
(mit einem Messer zerhackt)
½ EL frischer Dill (fein gehackt)

Die Waldpilze putzen, aber ganz lassen. In einem breiten Topf die Pilze mit Wasser bedecken und mit ½ TL Salz würzen. Bei nicht zu starker Hitze 15 Min. köcheln lassen. Nun herausnehmen, abtrocknen und abkühlen. Anschließend die Pilze in kleine Stückchen schneiden und mit dem Meerrettich vermischen.
Die Sahne in einer Schlagschüssel mit dem Schneebesen cremig schlagen und mit einer Prise Salz, Zucker und Essig vermischen. Bei der Frühlingszwiebel den Wurzelansatz wegschneiden und die Zwiebel mit dem Grün in sehr feine Würfelchen schneiden, mit dem Schnittlauch unter die Sahne rühren und dann zu dem Pilz-Meerrettich-Gemisch geben.
Die Eier mit einem Löffel unter die Masse heben. Zum Schluß den Dill untermischen und gegebenenfalls nochmals mit Salz abschmecken. Sofort servieren.
Die Sauce hält sich im Kühlschrank, in einem Glas gut verschlossen, 1 bis 2 Tage.

Französische Käsesauce zu gedämpften Kartoffeln

Diese sahnige cremige Sauce stammt aus der Gegend um Lyon. Damit sie ihren vollen Geschmack entwickeln kann, muß sie gut gekühlt mindestens 1 Woche „nachreifen".

0,5 l Wasser
2 Lauchstangen
(in ganz feine Scheibchen geschnitten)
1 Zweig frischer Thymian
1 TL frische Estragonblätter
600 g fetter Frischkäse (mind. 40 % Fettgehalt) oder Sahnequark
0,7 l dicke süße Sahne
(Crème fraîche/Crème double)
2 EL alter Cognac
1 EL kalt gepreßtes Olivenöl
1 EL Estragonessig
4 Knoblauchzehen (sehr fein gehackt)
1 Bund Schnittlauch (fein geschnitten)
Meersalz
frisch gemahlener weißer Pfeffer

In einer großen Sauteuse das Wasser mit den Lauchscheibchen, dem Thymian und den Estragonblättern bei mäßiger Hitze etwa 30 Min. köcheln lassen. Durch ein Haarsieb geben und abkühlen lassen.
In einer Rührschüssel den Frischkäse mit dem Schneebesen cremig rühren. Die abgekühlte Gemüseflüssigkeit unterrühren. Anschließend die Sahne sowie den Cognac zugießen. Das Ganze mit dem Schneebesen kräftig schlagen. Das Olivenöl und den Estragonessig untermischen. Zum Schluß den Knoblauch und den Schnittlauch unter die Käsemasse heben. Das Ganze mit Salz sowie Pfeffer abschmecken und abgedeckt 1 Woche im Kühlschrank nachreifen lassen. Zu frischen Pellkartoffeln servieren.

Kastaniensauce zu Rauchfleisch mit Braunkohl

Dieses Rezept stammt aus dem 19. Jahrhundert. Zur Herstellung werden reife Eßkastanien benötigt. Diese Sauce paßt am besten zu dem in Norddeutschland beliebten Grünkohl oder Braunkohl mit geräucherter Schweinebacke.

1 EL Butter
1 EL Mehl
1 Schalotte
(in feine Würfel geschnitten)
0,4 l kräftige Fleischbrühe
1 EL durchwachsener roher Speck
(in kleine Würfel geschnitten)
1 TL konzentriertes Tomatenmark
1 Nelke
1 Lorbeerblatt (in Stücke gebrochen)
500 g Eßkastanien
3 EL brauner Rohrzucker

In einer Sauteuse die Butter zerlassen und das Mehl darin braun anrösten. Die Schalottenwürfel dazugeben und kurz mitrösten. Mit 0,3 l heißer Fleischbrühe nach und nach aufgießen und dabei mit dem Schneebesen verrühren. Die Speckwürfel, das Tomatenmark, die Nelke und den Lorbeer hinzufügen. Diese Grundsauce 2 Std. bei geringer Hitze köcheln lassen und immer wieder mit dem Schneebesen durchschlagen. In den letzten 30 Min. die restliche Fleischbrühe hinzugießen und zu Ende kochen.
Die Kastanien mit einem scharfen Messer kreuzweise einschneiden, mit Wasser bedecken und weich kochen (etwa 30 bis 40 Min.). Aus dem Wasser nehmen, mit kaltem Wasser abschrecken und gründlich schälen.
In einer Sauteuse den Zucker schmelzen, bis er hellbraun wird. Die Kastanien in grobe Stücke schneiden, zu dem Zucker geben und mitrösten, damit sie von dem Karamel überzogen werden. Anschließend die vorbereitete Grundsauce hinzufügen und bis kurz vor das Kochen erhitzen. Sofort servieren, damit die Kastanienstücke den süßlichen Karamelgeschmack behalten.

Hühnerlebersauce zu Tortellini

Diese kräftige kalorienreiche Sauce stammt aus der feinen Küche Norditaliens. Wichtig für die Herstellung ist frische Hühnerleber, hervorragender Cognac und absolut frisch geriebener Parmesankäse.

250 g Butter
150 g frische und von den Sehnen befreite Hühnerleber
(in grobe Stücke geschnitten)
2 Lorbeerblätter (in Stücke gebrochen)
4 EL alter Cognac
Meersalz
frisch gemahlener weißer Pfeffer
0,15 l süße Sahne
frisch gemahlene Muskatnuß
60 g frisch geriebener Parmesankäse

In einer breiten hohen Sauteuse 50 g Butter zerlassen, die Hühnerleberstücke maximal 2 Min. bei nicht zu starker Hitze anbraten. Die Lorbeerblätterstücke dazutun und mitbraten, diese dann zum Schluß wieder herausnehmen. Den Cognac in einer Suppenkelle erwärmen, anzünden und damit die Leber flambieren. Anschließend die Leberstücke mit der sich bildenden Flüssigkeit in den Mixer geben und die restliche Butter hinzufügen. Kräftig salzen, pfeffern und im Mixer sehr fein pürieren. Dann durch ein feines Haarsieb streichen und die Masse wieder in die Sauteuse zurückgeben. Die Sahne dazugießen, mit Muskatnuß abschmecken und bis kurz vor das Kochen erhitzen. Zum Schluß den Parmesan mit einem Schneebesen einrühren und den Topf dann sofort von der Herdplatte ziehen. Falls die Sauce zu dickflüssig ist, noch etwas Sahne untermischen und mit dem Schneebesen durchschlagen.
Die vorher gegarten Tortellini in dieser Sauce kurz schwenken und sofort servieren.

Tomaten-Orangen-Sauce zu Spaghetti

Mit dieser fruchtigen Tomatensauce werden frisch gekochte dünne Spaghetti vermischt und zum Schluß mit frisch geriebenem Parmesankäse bestreut. Die Menge reicht für 600 bis 700 g Spaghetti, also für 4 bis 5 Personen.

1 kg vollreife Tomaten
2 EL Olivenöl
2 Knoblauchzehen
2 EL frische glatte Petersilie
(fein gehackt)
1 EL frische Basilikumblätter
(fein gehackt)
1 TL getrockneter Oregano
Meersalz
frisch gemahlener weißer Pfeffer
2 Orangen
700 g Spaghetti (Trockengewicht)
60 g frisch geriebener Parmesan

Bei den Tomaten den Stielansatz entfernen, die Haut mit einem scharfen Messer kreuzweise einritzen und mit einem Schaumlöffel kurz in kochendes Wasser halten. Die Tomaten dann schälen, halbieren, entkernen (dabei den sich ergebenden Saft durch ein Haarsieb in einer Porzellanschüssel auffangen) und sehr fein schneiden.
In einer hohen Edelstahlpfanne das Olivenöl erhitzen und die Knoblauchzehen sowie Petersilie und Basilikum kurz andünsten. Dann den Saft der Tomaten und die Tomatenstücke sowie den Oregano hinzufügen, mit dem Kochlöffel verrühren und 20 Min. bei sehr kleiner Hitze köcheln. Dabei ständig mit dem Kochlöffel umrühren, damit sich die Tomaten auflösen. Anschließend mit Salz und Pfeffer abschmecken. Die Orangen auspressen und den Saft durch ein Haarsieb in die Sauce streichen. Nochmals 5 Min. bei mittlerer Hitze einkochen. Die Sauce dann durch ein feines Haarsieb in eine Sauteuse seihen, mit dem Schneebesen kräftig aufschlagen und etwa 2 Min. köcheln lassen. Die Sauce in eine weite Porzellanschüssel füllen, die frisch gekochten Spaghetti dazutun und durchmischen. Den Parmesan darüberstreuen und sofort sehr heiß servieren.

Ziegenfrischkäse-sauce zu Tortellini

Diese würzig cremige Sauce paßt sehr gut zu vorher in Salzwasser gegarten und in Butter angebratenen Teigtaschen bzw. Tortellini. Als Füllung eignet sich eine Fleisch- oder Gemüsefarce mit klein gehackten angerösteten Pinienkernen.

100 g Ziegenfrischkäse
(bzw. sonstiger frischer cremiger weißer Käse)
250 g Quark aus Ziegenmilch
1 EL Butter
0,15 l Sahne
1 EL frische Thymianblätter
(fein gehackt)
Meersalz
frisch gemahlener weißer Pfeffer
1 kleine Prise gemahlene Muskatblüte
(Mazis)
Pinienkerne und Haselnüsse
2 TL Pinienkerne (klein hacken und in einer beschichteten Pfanne anrösten)
2 TL fein gehackte Haselnußkerne
(in einer beschichteten Pfanne anrösten)

Den Ziegenkäse zerbröseln und in eine Sauteuse geben. Den Quark, die Butter, die Thymianblätter sowie die Sahne hinzufügen. Bei geringer Hitze das Ganze vermischen, damit sich eine cremigflüssige Sauce ergibt. Mit dem Schneebesen durchrühren und mit Salz, Pfeffer sowie Muskatblüte abschmecken. Durch ein sehr feines Haarsieb streichen, nochmals erhitzen und mit dem Schneebesen durchschlagen. Wenn die Masse zu dickflüssig ist, mit etwas flüssiger Sahne verdünnen. Diese Sauce sehr heiß auf einen Teller gießen. Die kurz angebratenen Tortellini darauf legen, eventuell mit etwas angerösteten Pinienkernen und Haselnüssen bestreuen und dann sofort servieren.

219

Tomaten-Kräuter-Sauce zu Kartoffelgnocchi

Kartoffelgnocchi sind kleine Klößchen aus gekochten Kartoffeln, die mit Eigelb, Butter und Gewürzen (Salz, Pfeffer und geriebene Muskatnuß) vermischt und in Salzwasser gar gezogen werden. Die Kartoffelgnocchi können in flüssiger Butter geschwenkt oder kurz gebraten werden. Zur Herstellung der Sauce ist 0,6 l kräftig eingekochter Gemüsefond erforderlich.

600 g Fleischtomaten
4 EL Olivenöl
je 2 EL Wurzelgemüse
(Sellerie, Karotten, Petersilienwurzel,
Zwiebel und Lauch – in kleine Würfel
geschnitten)
je 1½ EL Kräuter
(Basilikum, glatte Petersilie, Salbei-
blätter, frische Lorbeerblätter
und Thymian) – sehr fein gehackt
0,6 l konzentrierter bzw. eingekochter
Gemüsefond (siehe Rezept)
Meersalz
frisch gemahlener weißer Pfeffer
1 Messerspitze Cayennepfeffer

Den Stielansatz der Tomaten entfernen, die Haut mit einem scharfen Messer kreuzweise einritzen und kurz in kochendes Wasser halten. Die Tomaten schälen, halbieren und die Kerne entfernen. Anschließend in kleine Würfel schneiden und beiseite stellen.
In einer breiten hohen Sauteuse das Olivenöl erhitzen und die Gemüsewürfel (Sellerie, Karotten, Petersilienwurzel, Zwiebeln, Lauch) darin etwa 2 Min. dünsten. Die Tomatenwürfel hinzufügen und nochmals 2 Min. weiterschmoren. Anschließend die Kräuter (Basilikum, Petersilie, Salbeiblätter, Lorbeer sowie Thymian) und den Gemüsefond untermischen, das Ganze 40 Min. bei nicht zu starker Hitze köcheln. Dabei immer wieder mit dem Kochlöffel umrühren, damit die Sauce nicht anbrennt. Mit dem Pürierstab kräftig aufmixen und durch ein feines Haarsieb streichen. Wenn die Sauce zu flüssig ist, noch etwas einkochen. Mit Meersalz, Pfeffer und Cayennepfeffer abschmecken und sehr heiß zu den in Butter geschwenkten Kartoffelgnocchi servieren.

Käse-Salbei-Sauce zu Pellkartoffeln

3 EL frische Salbeiblätter
3 EL Butter
0,3 l Gemüsefond
200 g Sahnefrischkäse (Mascarpone)
100 g alter Goudakäse (fein gerieben)

Die Salbeiblätter unter fließendem kaltem Wasser gut abwaschen und mit einem Küchentuch abtrocknen. Anschließend quer in etwa 1 cm breite Streifen schneiden.
In einer großen breiten Sauteuse die Butter zerlassen und die Salbeiblätterstreifen etwa 2 Min. bei mäßiger Hitze dünsten. Den Gemüsefond zugießen, kräftig aufkochen und 3 Min. bei mäßiger Hitze köcheln lassen. Dann den Frischkäse zugeben und mit dem Schneebesen verrühren, bis er sich vollständig auflöst.
Zum Schluß den Goudakäse untermischen und bei geringer Hitze weiterrühren, so daß sich der Gouda ebenfalls vollständig auflöst. Mit dem Pürierstab (die Scheibe aufsetzen) die Sauce schaumig aufmixen und dann sofort servieren.

Zwiebel-Tomaten-Sauce

(Rußland)

Diese Sauce wird zu gratiniertem Gemüse und zu gekochtem Rindfleisch serviert.

> 3 EL Butter
> 2 EL Mehl
> 0,5 l Fleischfond (siehe Rezept)
> 2 kleine Zwiebeln
> (sehr fein geschnitten)
> 1 mittelgroße Karotte
> (sehr fein geschnitten)
> 1 Petersilienwurzel
> (sehr fein geschnitten)
> 4 EL konzentriertes Tomatenmark
> Meersalz
> frisch gemahlener weißer Pfeffer
> 1 EL kalte Butter
> (in kleine Stücke geschnitten)

In einer Sauteuse 2 EL Butter mit dem Mehl dunkelbraun anrösten. Nach und nach den Fleischfond mit dem Schneebesen einrühren und bei nicht zu starker Hitze 15 Min. köcheln. Diese Grundsauce durch ein feines Haarsieb in eine andere Sauteuse streichen und zur Seite stellen.
In einer beschichteten Pfanne die restliche Butter zerlassen und das Gemüse darin hellbraun anrösten. Anschließend das Tomatenmark dazugeben und bei geringer Hitze 15 Min. dünsten. Dann in eine Sauteuse füllen und die vorbereitete heiße Sauce nach und nach angießen. Das Ganze mindestens 45 Min. bei geringer Hitze köcheln lassen, wieder durch ein Haarsieb seihen und mit Salz sowie Pfeffer abschmecken. Zuletzt die Butterstückchen mit dem Schneebesen unterschlagen (jetzt nicht mehr kochen!). Sofort servieren.

Eier in Senfsauce

Bei diesem traditionellen Gericht vom Niederrhein werden Eier in einer Suppenkelle aufgeschlagen und dann in Essigwasser pochiert. Dazu wird eine kräftige Senfsauce gereicht. Das Gericht wird traditionell mit Kartoffelbrei oder nur mit frischem Bauernbrot und Salat serviert.

> 4 EL Butter
> 3 EL Mehl
> 0,3 l Milch
> 3 EL scharfer Senf
> 3 EL Weißweinessig
> ½ TL brauner Rohrzucker
> Meersalz
> frisch gemahlener weißer Pfeffer
>
> **Zutaten pochierte Eier:**
> 2 l Wasser
> 0,15 l Weißweinessig
> 1 TL Salz
> 2 EL Sonnenblumenöl
> 6 frische Eier

In einer breiten Sauteuse die Butter zerlassen und das Mehl hellbraun anrösten. Unter ständigem Rühren mit dem Schneebesen nach und nach die Milch dazugießen. Etwa 3 Min. kochen und mit Senf, Essig, Rohrzucker, Meersalz sowie Pfeffer abschmecken. Danach den Topf von der Platte ziehen.
In einem hohen Topf das Wasser erhitzen und 0,15 l Essig sowie 1 TL Salz und das Öl hinzufügen. Das Wasser aufkochen. Die Eier einzeln in eine Suppenkelle schlagen und langsam in das kochende Wasser gleiten lassen. Dabei darauf achten, daß das Eiweiß nicht zu sehr verläuft, das heißt, mit einem Löffel das Eiweiß über das Eigelb geben. Die Hitze zurückschalten, daß das Wasser nur noch siedet. Die Eier dann 4 Min. ziehen lassen und mit einem Schaumlöffel herausnehmen. Auf einem Küchentuch abtropfen und mit der Sauce servieren.

Quark-Remouladen-Sauce zu Pellkartoffeln

Die cremige Sauce paßt vorzüglich zu frischen Pellkartoffeln. Sie kann jedoch auch zu frisch gekochtem Tafelspitz serviert werden.

> 2 Eigelb
> 2 TL scharfer Dijon-Senf
> 2 EL Weißweinessig
> Meersalz
> frisch gemahlener weißer Pfeffer
> ½ TL brauner Rohrzucker
> 0,2 l Sonnenblumenöl
> ½ TL Worcestersauce
> 200 g Sahnequark
> 2 Schalotten
> (in feine Würfel geschnitten)
> 2 kleine Salzgürkchen
> (in feine Würfel geschnitten)
> 2 EL große gewässerte Kapern
> (grob zerhackt)

In einer Schlagschüssel die Eigelb mit dem Senf, 1 EL Essig, Salz, Pfeffer und Rohrzucker mit dem Schneebesen gut verrühren. Das Öl in feinem Strahl nach und nach unterschlagen, so daß eine kräftige Mayonnaise entsteht. Zum Schluß die Worcestersauce unterschlagen. In einer weiteren Schlagschüssel den Quark mit dem Schneebesen cremig schlagen. Den Quark dann mit einem Löffel unter die Mayonnaise heben. Die Schalotten- und Gurkenwürfel sowie die Kapern ebenfalls mit einem Löffel unter die Quarkmayonnaise heben. Den restlichen Essig noch zugeben und – wenn notwendig – nochmals mit Salz abschmecken. Diese Sauce kann im Kühlschrank 2 bis 3 Tage aufbewahrt werden.

Saure Eiersauce

Dieses Rezept, das aus dem Jahr 1870 stammt, wird zu frisch gekochten Salatbohnen oder Pellkartoffeln gereicht.

> 3 Eigelb
> 1 TL Mehl
> 0,25 l kaltes Wasser
> 2 EL Weißweinessig
> 1½ EL Butter
> frisch geriebene Muskatnuß
> Salz
> 1½ EL kalte Butter
> (in Stücke geschnitten)

In einer Sauteuse die Eigelb mit dem Mehl gut verrühren. Dann das Wasser zufügen und den Weißweinessig. Dabei immer mit dem Schneebesen gut verrühren. Danach langsam erhitzen (noch nicht kochen!). 1½ EL Butter, Muskatnuß und eine Prise Salz dazugeben. Die Sauce bei kräftiger Hitze und unter ständigem Schlagen mit dem Schneebesen bis kurz vor das Kochen bringen. Dann sofort von der Platte nehmen und die 1½ EL kalte Butter in Stücken mit dem Schneebesen einschlagen. Die Sauce sofort servieren.

Muschelsauce zu pochierten Eiern

(Bretagne)

Diese cremige Kräutersauce mit frischen Muscheln wird zu pochierten Eiern serviert. Dazu Wasser mit einem kräftigen Schuß Essig aufkochen, die Eier in eine Suppenkelle aufschlagen und langsam in das kochende Wasser geben. Die Eier brauchen etwa 4 Min., wobei das Eigelb noch leicht cremig bleibt. Zur Herstellung der Sauce sind 2½ frische Miesmuscheln erforderlich. Sie reicht für 10 pochierte Eier.

> 2½ Miesmuscheln
> 0,4 l trockener Weißwein
> (z. B. Silvaner)
> 5 Schalotten (sehr fein gehackt)
> 2 Knoblauchzehen (sehr fein gehackt)
> 1 EL schwarze Pfefferkörner
> (im Mörser kräftig zerdrückt)
> 3 EL Kartoffelstärke
> 0,15 l süße Sahne
> 3 Eigelb
> 5 EL Wasser
> 3 EL frische glatte Petersilie
> (sehr fein gehackt)

Die Miesmuscheln unter fließend kaltem Wasser mit einer Handbürste kräftig abbürsten und säubern. In einem hohen Suppentopf den Weißwein mit den Schalotten- und Knoblauchstücken sowie dem Pfeffer zum Kochen bringen. Die Miesmuscheln hinzufügen und 10 Min. (bei aufgelegtem Deckel) kochen. Dabei den Topf immer wieder kräftig schütteln. Nach der Garzeit prüfen, ob sich alle Muscheln geöffnet haben. (Die jetzt noch geschlossenen Muscheln wegwerfen.) Ein feines Haarsieb mit einem Mulltuch auslegen und die Garflüssigkeit abseihen. (Die ausgelösten Muscheln beiseite legen und die Muschelschalen entfernen.) Die Muschelflüssigkeit in eine Sauteuse geben und aufkochen. In einer Tasse die Kartoffelstärke mit 3 EL der heißen Flüssigkeit zu einer Paste rühren und allmählich mit einem Schneebesen in die Flüssigkeit einschlagen. Dabei darauf achten, daß die Sauce cremig dickflüssig wird, aber nicht gänzlich stockt. Die Sahne mit den Eigelb kräftig verquirlen. Jetzt darauf achten, daß die Sauce nicht mehr kocht und die angerührten Eigelb mit dem Schneebesen beimischen. Zum Schluß die Petersilie unterheben.
Die Muscheln wieder in die Sauce schütten, nochmals erhitzen (aber nicht mehr kochen!) und über die vorher pochierten Eier gießen.

Pilzfond-Trüffel-Sauce zu Pilzragout

Zur Herstellung dieser Sauce wird 0,15 l Pilzfond verwendet. Außerdem werden 1 TL sehr fein gehackte schwarze Trüffel und 0,15 l der Flüssigkeit, in der die Trüffeln eingelegt waren, benötigt.

> 0,15 l Pilzfond (siehe Rezept)
> 0,15 l Saft von eingelegten schwarzen
> Trüffeln
> 100 g kalte Butter
> (in kleine Stücke geschnitten)
> ½ TL frisch gepreßter Limonensaft
> 1 TL schwarze Trüffeln
> (sehr fein gehackt)
> Meersalz
> frisch gemahlener schwarzer Pfeffer

In einer Sauteuse den Pilzfond mit dem Trüffelsaft aufkochen und auf die Hälfte reduzieren. Den Topf von der Platte ziehen und die Butterstückchen mit dem Schneebesen nach und nach unterschlagen. Zum Schluß den Limonensaft und die Trüffelwürfel hinzufügen und mit Meersalz und Pfeffer abschmecken. Wichtig ist, daß beim Einschlagen der Butter die Sauce sehr heiß ist, aber nicht kocht.
Diese Sauce dann zu frisch gebratenen gemischten Pilzen servieren.

Griechische Zitronensauce zu Fleischtaschen

Diese klassische und einfach herzustellende griechische Sauce paßt sowohl zu in Fischfond kurz gar gezogenem Meeresfisch, zu heißem frisch gekochtem Suppenfleisch als auch zu frischem jungem Gemüse, das im Wasserdampf gegart wurde. Am besten schmeckt die Sauce jedoch zu frischen mit Fleisch gefüllten griechischen Teigtaschen.

3 Eigelb
Saft von 1 Zitrone
0,2 l Brühe (Fleischbrühe, wenn die Sauce zu Fleisch serviert wird, oder Fischfond, wenn die Sauce zu Fisch gereicht wird, bzw. auch Gemüsefond)
Meersalz
frisch gemahlener weißer Pfeffer

Einen Wasserbadtopf auf den Herd stellen und das Wasser bis kurz vor das Kochen erhitzen. Eine Stahlschlagschüssel auf das Wasserbad setzen und die Eigelb darin mit dem Schneebesen kräftig verrühren. Sofort den frisch ausgepreßten Zitronensaft nach und nach zugießen. Immer weiterschlagen und dabei die Brühe in kleinen Mengen hinzufügen. Es muß sich jetzt eine cremigdickflüssige Sauce ergeben (ähnlich wie Mayonnaise). Falls die Sauce zu dickflüssig ist, mit Brühe verdünnen; wenn die Sauce zu dünnflüssig ist, ein weiteres Eigelb unterschlagen. Mit Salz und Pfeffer abschmecken.
Zum Schluß die Schlagschüssel vom heißen Wasser nehmen, auf kaltes Wasser setzen und nochmals 1/2 Min. mit dem Schneebesen durchschlagen. Sofort zu dem jeweiligen Gericht servieren.

Saure Rahmsauce

Diese Sauce eignet sich vor allem zu frischem in Wasserdampf gekochtem Blumenkohl, wovon zur Herstellung der Sauce das eingekochte Blumenkohlwasser verwendet wird. Das Rezept stammt aus der Zeit um 1870.

100 g zimmerwarme Butter
1 EL Mehl
4 Eigelb
2 EL kalte Butter
0,2 l saure Sahne
(Schmant oder Crème fraîche)
0,2 l stark eingekochtes Blumenkohlwasser
Saft von 1/2 Zitrone
Salz
frisch geriebene Muskatnuß
1 Messerspitze gemahlene Muskatblüte (Mazis)

In einer Sauteuse (noch nicht auf die Platte stellen) die 100 g Butter, das Mehl und die Eigelb mit dem Schneebesen verrühren. Langsam erhitzen und dann die 2 EL kalte Butter sowie die saure Sahne dazugeben. Das Ganze mit dem Schneebesen kräftig verrühren. Wenn die Sauce zu gedünstetem Blumenkohl gereicht werden soll, muß vorher der Blumenkohl in wenig Wasser weich gekocht werden. Das Blumenkohlwasser durch ein Passiertuch gießen und in einer Sauteuse kräftig auf ein Viertel reduzieren. Dabei nicht würzen. Den Topf mit der Sahnesauce auf ein Wasserbad stellen und mit dem Schneebesen weiter durchschlagen. Dann mit nicht zu heißem eingekochtem Blumenkohlwasser langsam aufgießen und weiterschlagen. Anschließend den Zitronensaft nach und nach einarbeiten und das Ganze noch mit Salz sowie Muskatnuß abschmecken.
Zum Schluß die Muskatblüte zufügen und alles auf dem nicht zu heißem Wasserbad kräftig schlagen, damit die Sauce schön dickflüssig wird, und sofort über den gedünsteten Blumenkohl geben.

Pisaner Sauce

Diese relativ einfach herzustellende Sauce paßt zu gebratenem gekochtem Reis oder auch zu heißem Suppenfleisch.

1 EL Butter
2 EL Olivenöl
3 Schalotten
(auf einer Metallreibe fein zerrieben)
0,15 l trockener Riesling
4 mittelgroße frische Champignons
(sehr fein gehackt)
1 EL dreifach konzentriertes Tomatenmark
2 EL gekochter Schinken
(sehr fein gehackt)
1 TL glatte frische Petersilie
(sehr fein gehackt)
1 TL frischer Estragon
(sehr fein gehackt)
Meersalz
1/2 TL brauner Rohrzucker

In einer Sauteuse die Butter mit dem Olivenöl erhitzen. Die Schalotten darin hellbraun anrösten und 0,1 l Riesling dazugießen. Das Ganze etwa auf die Hälfte reduzieren. Die Champignons zusammen mit dem Tomatenmark zu der Sauce geben. Kurz durchrösten und den Schinken dazugeben. Nochmals 2 Min. dünsten, die Petersilie sowie den Estragon untermischen. Stark aufkochen, den restlichen Riesling dazugießen. Mit Meersalz und Rohrzucker abschmecken.
Sehr heiß zu dem Reis oder zu dem Fleisch servieren.

Kürbis-Sahne-Sauce zu breiten Nudeln

Diese cremige, sehr wohlschmeckende Sauce wird aus vollreifem goldgelbem Kürbisfleisch hergestellt. Außerdem ist 0,15 l Geflügelfond zur Zubereitung erforderlich. Die Sauce reicht für 600 bis 700 g Nudeln (also für 4 bis 5 Personen) als Hauptgericht.

2 kg vollreifes Kürbisfleisch
2 dünne Lauchstangen
2 Stangensellerie (mit Blättern)
70 g Butter
0,15 l Geflügelfond (siehe Rezept)
0,3 l süße Sahne
Meersalz
frisch gemahlener weißer Pfeffer
frisch geriebene Muskatnuß
600 g breite Bandnudeln
(Trockengewicht)

Den Kürbis schälen, die Kerne und zähen Teile entfernen und in kleine Stücke schneiden. Von den Lauchstangen nur den weißen und hellgrünen Teil nehmen und in sehr feine Ringe, den Stangensellerie in sehr feine Scheiben schneiden.
Nun in einer großen Edelstahlpfanne 3 EL Butter zerlassen und den Lauch und Sellerie anrösten. Die Kürbisstücke hinzufügen und etwa 5 Min. bei nicht zu starker Hitze andünsten. Den Geflügelfond dazugießen und das Ganze 30 Min. bei sehr geringer Hitze köcheln lassen (wenn nötig, etwas Wasser nachgießen).
In der Zwischenzeit die Sahne in einer Sauteuse um ein Drittel reduzieren. Die Sauce mit dem Pürierstab fein mixen und zusätzlich durch ein Haarsieb streichen. Zu der Sahne geben, aufkochen und nochmals etwa 2 Min. köcheln. Die Sauce muß cremig flüssig werden. Zum Schluß mit Salz, Pfeffer und Muskatnuß abschmecken. Kurz vor dem Vermengen mit den Nudeln die restliche Butter unter die sehr heiße Sauce schlagen und sofort vermischen.

Flämische Schmelzbutter

Zur Herstellung dieser Schmelzbutter ist der in diesem Buch beschriebene „Saucenessig" erforderlich (Würzessig zur Saucenherstellung). Das Rezept stammt aus der Zeit um 1930 und kann z. B. zu frischem Spargel oder auch zu sonstigem Gemüse serviert bzw. das Gemüse damit übergossen werden.

200 g Butter
3 EL scharfer Dijon-Senf
1/2 TL Saucenessig (siehe Rezept)
1 TL frischer Zitronensaft
Meersalz
frisch gemahlener weißer Pfeffer
frisch gemahlene Muskatnuß
1/2 EL glatte Petersilie (fein gehackt)

In einer Sauteuse bei leichter Hitze die Butter zerlassen. Mit dem Schneebesen den Senf darunterschlagen und mit Saucenessig sowie Zitronensaft würzen. Die Butter darf nicht aufkochen. Zum Schluß mit Salz, Pfeffer und Muskatnuß würzen. Vor dem Servieren die Petersilie untermischen. Das Gemüse sofort mit dieser Butter übergießen.

Geschmolzene Butter à la Maître d'hôtel

Diese heiße Butter wird verwendet zum Übergießen von fertigen Speisen, wie z. B. für frische Kartoffel-Gnocchi, frisch gedünsteten Meeresfisch oder auch einfach nur zu Pellkartoffeln. Das Rezept stammt aus der Zeit um 1930.

150 g Butter
1 EL frische glatte Petersilie
(sehr fein gehackt)
1 EL frischer Kerbel (sehr fein gehackt)
1 TL frischer Zitronensaft
Meersalz
frisch gemahlener weißer Pfeffer

Bei nicht zu starker Hitze in einer Sauteuse die Butter zerlassen und sofort die frischen Kräuter sowie den Zitronensaft hinzufügen. Etwa 4 Min. rühren (dabei nicht kochen!) und zum Schluß mit Salz sowie Pfeffer abschmecken. Sehr heiß sofort über das fertige Gericht geben.

Petersilienpüree

Diese cremig sahnige Sauce ist sehr einfach zuzubereiten und paßt zu allen Arten von frisch gekochten Nudeln, zu gekochtem Suppenfleisch oder auch zu in Wasserdampf gegartem Meeresfisch.

250 g frische glatte Petersilie
3 EL Butter
3 Schalotten (fein gewürfelt)
0,35 l süße Sahne
1 TL Meersalz
1/2 TL brauner Rohrzucker
frisch gemahlener schwarzer Pfeffer

Die Petersilie unter fließendem kaltem Wasser abwaschen, abtrocknen und die Stiele entfernen. Die Petersilienblätter in kochendem Wasser 1/2 Min. blanchieren und danach sofort in eiskaltes Wasser legen. Die Blätter herausnehmen, zwischen einem Küchentuch trockentupfen und dann sehr fein hacken.
In einer breiten hohen Sauteuse die Butter zerlassen und die Schalotten bei nicht zu starker Hitze hellbraun anrösten. Die Petersilie und 0,25 l Sahne dazugeben (die restliche Sahne steif schlagen und beiseite stellen). Bei nicht zu starker Hitze die Masse auf die Hälfte reduzieren und dabei ständig mit einem Kochlöffel umrühren. Mit einem Pürierstab (oder in einem Mixer) sehr fein pürieren und mit Meersalz, Rohrzucker und Pfeffer abschmecken. Etwas abkühlen lassen. Zum Schluß die geschlagene Sahne mit einem Löffel unterheben. Lauwarm zu den Nudeln oder Fleisch servieren.

Zwiebelsauce mit Speck

Dies ist eine Sauce aus der „einfachen Küche", die Ende des 19. Jahrhunderts entstand.

> 300 g frischer durchwachsener Speck
> (in kleine Würfel geschnitten,
> z. B. Gelderländer Speck)
> 4 mittelgroße Zwiebeln
> (in ganz feine Würfel geschnitten)
> 2 EL Mehl
> 2 EL Weißweinessig
> etwa 0,7 l heißes Wasser
> Salz

Den Speck in einer Pfanne langsam gelb ausbraten. Dabei ständig mit dem Kochlöffel umrühren. Anschließend die Zwiebeln zum Speck geben. Wenn auch die Zwiebeln leicht gebräunt sind, das Mehl zufügen und ebenfalls kurz anrösten.
Anschließend den Weißweinessig zugießen und so viel heißes Wasser, daß sich eine sämige Sauce ergibt. Mit Salz nach Geschmack abschmecken und die Sauce gut durchkochen lassen.

Hinweis: Diese Sauce wir vor allem zu Salzkartoffeln, Pellkartoffeln oder auch zu Bratkartoffeln gereicht.

Haselnuß-Estragon-Sauce zu Teigwaren

Diese aromatische Sauce schmeckt am besten zu frischen und selbst gemachten Teigwaren (Spaghetti oder breite Nudeln). Wichtig für das Aroma sind vollreife aromatische Tomaten, ein kräftiger Gemüsefond und frisch gehackter Estragon.

> 70 g Haselnüsse
> 1 EL kalt gepreßtes Olivenöl
> 2 Knoblauchzehen
> (durch die Presse gedrückt)
> 300 g Fleischtomaten (geschält, entkernt und in kleine Stücke geschnitten)
> 3 EL Gemüsefond
> 300 g Magerquark
> 3 EL frischer Estragon (fein gehackt)
> ½ TL Meersalz
> frisch gemahlener weißer Pfeffer

Die Haselnüsse in einer beschichteten Pfanne kräftig anrösten. Leicht abkühlen lassen und nicht zu fein mahlen. In einer Stahlpfanne das Olivenöl erhitzen und die Knoblauchzehen darin hell anrösten. Die Haselnüsse zufügen und nochmals durchrösten. Anschließend die Tomatenstücke sowie den Gemüsefond zugeben. Nun bei mäßiger Hitze 5 Min. durchkochen und leicht abkühlen lassen. In einer Schlagschüssel den Quark mit dem Schneebesen cremig schlagen und nach und nach in die Sauce einarbeiten (dabei erhitzen, aber nicht mehr kochen!).
Zum Schluß den Estragon unterheben und mit Meersalz sowie Pfeffer abschmecken. Sofort über die frisch zubereiteten Teigwaren geben.

Säuerliche Milchsauce

Voraussetzung zur Herstellung dieser Sauce ist auf die nachstehende Art geschmolzenes Rindernierenfett: Etwa 700 g frisches Ochsen- oder Rindernierenfett in grobe Stücke schneiden, mit frischem Wasser bedecken und 24 Stunden stehen lassen. Dabei muß das Wasser einmal gewechselt werden. Anschließend das Fett sehr fein hacken und mit 0,1 l Milch bei geringer Hitze und unter häufigem Umrühren auskochen. Es wird so lange gekocht, bis das Fett eine klare Farbe erhält. Danach leicht abkühlen, durch ein feines Sieb gießen und in einem Tontopf kalt stellen.

> 2 EL Rindernierenfett
> 1 EL Mehl
> 0,2 l frische Milch
> Salz
> weißer frisch gemahlener Pfeffer
> frisch geriebene Muskatnuß
> 1 EL kalte Butter (in Stücke geschnitten)
> 1 EL Weißweinessig

In einer Sauteuse das Rindernierenfett heiß machen und darin das Mehl leicht anschwitzen. Anschließend die Milch unter stetigem Rühren mit dem Schneebesen zugießen, bis sich eine dickflüssige Sauce ergibt. Mit Salz und Pfeffer abschmecken und auch etwas Muskatnuß zufügen. Das Ganze kurz aufkochen und dann von der Platte ziehen. Anschließend mit dem Schneebesen noch die Butter und den Weißweinessig einrühren.

Hinweis: Diese sehr schmackhafte Sauce eignet sich gut zu Pellkartoffeln oder zu frischen Salatbohnen. Die Sauce sollte frisch zubereitet werden. Sie eignet sich nicht zum Aufbewahren.

Sauce Malta

(Malteser Sauce)

Dieses Rezept stammt aus der Zeit um 1920. Es ist eine Variante der Sauce hollandaise und bekommt den besonderen Geschmack durch den Saft von Blutorangen. Sie wird vor allem zu frischem Spargel serviert.

11 EL Wasser
frisch gemahlener weißer Pfeffer
3 EL Sherry-Essig
1 TL Salz
6 Eigelb
300 g Butter (in Stückchen geschnitten)
3 unbehandelte Blutorangen

4 EL Wasser mit Pfeffer und dem Essig auf die Hälfte einkochen. Die Masse in eine Schlagschüssel auf das Wasserbad geben und das restliche Wasser, das Salz sowie die Eigelb zufügen und auf dem Wasserbad mit kochendem Wasser mit dem Schneebesen kräftig bearbeiten. Dabei nach und nach die Butterstückchen zugeben und so verquirlen, daß sich eine cremig schaumige Sauce ergibt.
Dazwischen von 1 Blutorange die Schale in ganz feinen Streifen abschneiden, grob zerschneiden und zu der Sauce geben. Alle Orangen auspressen und den Saft nach und nach durch ein Sieb in die Sauce gießen und mit dem Schneebesen einrühren. Anschließend sofort zu frisch gekochtem Stangenspargel servieren.

Sauce „alla puttanesca"

(Sauce nach Dirnenart)

Diese klassische italienische Sauce mit dem etwas ungewöhnlichen Namen wird mit frisch gekochten Spaghetti serviert. Es gibt verschiedene Erklärungen dieses Namens, die einleuchtendste ist wohl, daß bis etwa in das Jahr 1950 die italienischen Bordelle in Staatsbesitz waren. Diese Häuser waren für die Öffentlichkeit geschlossen, und aus Zeitmangel wurde einmal in der Woche eingekauft. Die Sauce ist deshalb aus einfachsten Zutaten hergestellt, die längere Zeit aufbewahrt werden können und eigentlich in jedem italienischen Haushalt vorrätig sind.

500 g vollreife Tomaten
4 EL kalt gepreßtes Olivenöl
4 Knoblauchzehen (sehr fein gehackt)
4 gut gewässerte Sardellenfilets
(fein gehackt)
150 g schwarze Oliven
5 EL Kapern
(gut gewässert und klein gehackt)
Meersalz
frisch gemahlener schwarzer Pfeffer
700 g dünne Spaghetti
(Trockengewicht)
2 EL frische glatte Petersilie
(klein gehackt)

Bei den Tomaten den Stielansatz wegschneiden, die Haut mit einem scharfen Messer einritzen und mit dem Schaumlöffel kurz in kochendes Wasser halten. Die Tomaten dann abschälen, entkernen und in kleine Stücke schneiden (den dabei sich ergebenden Saft durch ein feines Haarsieb in einer Schüssel auffangen). In einer breiten Sauteuse das Olivenöl erhitzen und die Knoblauch- und Sardellenstückchen kurz andünsten. Das Olivenfleisch mit einem scharfen Messer vom Kern ablösen und anschließend sehr fein hacken. Nun die Oliven- und Tomatenstücke sowie die Kapern in die Sauteuse geben und das Ganze 30 Min. bei sehr geringer Hitze köcheln. Zum Schluß mit Salz und Pfeffer abschmecken. Die Spaghetti bißfest kochen, gut abtropfen lassen und mit der sehr heißen Sauce vermischen. Die Petersilie darüberstreuen und sofort servieren.

Brunnenkresse-Frischkäse-Sauce

Diese hellgrüne sahnige Sauce paßt ausgezeichnet zu frisch gebackenem Käsegebäck oder auch zu Pellkartoffeln.

1 Bund Brunnenkresse
(sehr fein gehackt)
0,7 l Milch
3 EL süße Sahne
3 EL Sahnequark (40 % Fettgehalt)
1 EL Schnittlauch
(sehr fein geschnitten)
Meersalz
frisch gemahlener weißer Pfeffer

In einen Mixer die Brunnenkresse sowie die Milch geben und kräftig durchmixen. Anschließend die Sahne und den Sahnequark hinzufügen und nochmals kräftig durchmixen, so daß sich eine cremige Sauce ergibt. Die Sauce in eine Schüssel gießen und den Schnittlauch mit dem Löffel unterheben. Das Ganze mit Meersalz sowie Pfeffer abschmecken und sofort servieren.

Minzesauce

(Indien)

Zur Herstellung dieser Sauce wird frische Minze verwendet. Die Sauce wird in Indien zu ausgebackenen Gemüsestückchen serviert (eingetaucht in einen Ausbackteig aus Kichererbsenmehl, das mit Currypulver, Korianderpulver und Paprika gewürzt ist).

> 100 g frische Minze
> 350 g Vollmilchjoghurt
> 1/2 TL Salz
> 1 TL gemahlener Kreuzkümmel
> 1/2 TL Chilipulver

Die Minze unter fließendem kaltem Wasser abwaschen und mit einem Küchentuch trocknen. Anschließend die Minze mit einem scharfen Messer sehr fein hacken.

In einer großen Porzellanschüssel den Joghurt mit einem Schneebesen kräftig und cremig aufschlagen. Das Salz, den Kreuzkümmel und das Chilipulver dazugeben und nochmals kräftig verquirlen. Zum Schluß die Minze mit einem Löffel unterheben und die Sauce kalt stellen. Vor dem Servieren mit einem Löffel kurz durchrühren und in kleinen Schälchen zu den frisch ausgebackenen Gemüsestückchen servieren.

Indische Senfsauce II

Diese Sauce nach einem Originalrezept aus Indien wird zu ausgebackenen Auberginen- und Zucchinischeiben serviert. Dazu schneidet man die Auberginen und Zucchini in 0,5 cm dicke Scheiben, salzt sie und läßt sie dann 30 Min. stehen. Danach mit Küchenkrepp abtrocknen, in Mehl wälzen und in neutralem Öl (z. B. Sonnenblumenöl) knusprig ausbacken.

> 2 frische rote Chilischoten
> 7 EL Senföl
> 1 TL Kurkumapulver
> 1 EL Kreuzkümmelpulver
> 1 EL edelsüßes Paprikapulver
> 1 EL frischer Ingwer (sehr fein gehackt)
> 1 TL Chilipulver
> 3 Tomaten
> 0,2 l Joghurt
> 0,15 l Wasser
> 1 EL gemahlene schwarze Senfkörner

Den Stielansatz der Chilischoten entfernen, entkernen, in feine Würfel schneiden und beiseite stellen. Nun in einer großen Edelstahlpfanne das Senföl erhitzen und Kurkumapulver, Kreuzkümmelpulver und Paprikapulver kurz anschwitzen. Den Ingwer, die Chilischoten sowie das Chilipulver hinzufügen und alles etwa 7 Min. bei geringer Hitze rösten.

Den Stielansatz der Tomaten entfernen, die Haut mit einem scharfen Messer kreuzweise einritzen und kurz in kochendes Wasser halten. Die Tomaten schälen, halbieren, entkernen und in kleine Würfel schneiden. Die Tomatenstücke und das Joghurt zu den Gewürzen geben, alles gut verrühren und nochmals bei mittlerer Hitze 5 Min. schmoren lassen. Dabei muß die Flüssigkeit nahezu vollständig einkochen und die Sauce eine dunkelbraune Farbe erhalten. Zum Schluß das Wasser zugießen und 1 Min. kochen lassen.

Währenddessen die Auberginen- und Zucchinischeiben ausbacken.

Die gemahlenen Senfkörner kurz vor dem Servieren unter die Sauce mischen. Die ausgebackenen Gemüsescheiben hinzutun, nochmals erhitzen und sofort servieren.

Dazu paßt am besten thailändischer Duftreis.

Schlesische Senfsauce

Diese klassische Sauce kann zu hartgekochten Eiern, zu gedünstetem Fisch oder einfach zu Pellkartoffeln serviert werden.

> 6 EL flüssige Butter
> 4 Eigelb
> 6 EL Fleischfond
> (ersatzweise kräftige Fleischbrühe)
> 5 EL trockener Riesling
> 2 EL frisch gepreßter Zitronensaft
> 2 EL scharfer Dijon-Senf
> 2 TL Zucker
> Salz
> frisch gemahlener weißer Pfeffer

Eine Schlagschüssel auf ein heißes Wasserbad stellen. Die Butter und die Eigelb hineingeben und mit dem Schneebesen kräftig schlagen. Dann den warmen (aber nicht heißen!) Fleischfond und anschließend den Riesling unterarbeiten. Sofort mit dem Zitronensaft und dem Senf anreichern und immer weiter mit dem Schneebesen schlagen, bis sich eine cremige Sauce ergibt.

Zum Schluß mit dem Zucker, einer Prise Salz sowie Pfeffer abschmecken und nach Möglichkeit sofort servieren.

Exotische und besondere Saucen

Fünf-Weiden-Sauce I
(China)

Diese pikante süß-scharfe Sauce wird zu gedünstetem oder ausgebackenem Fisch serviert. Sie kann auch zu frisch ausgebackenen Frühlingsrollen oder zu scharf gewürzten, knusprig gebratenen Schweinerippchen gereicht werden.

> 2 Tomaten
> 2 grüne Paprikaschoten
> 1 mittelgroße Karotte
> 5 sauer eingelegte Silberzwiebeln
> 3 kleine süß-sauer eingelegte Essiggurken
> 2 l Wasser
> 3 EL Zucker
> 4 EL Weißweinessig
> 2 EL trockener Sherry
> 4 EL Wasser
> 1½ EL Mais- oder Reisstärke

Den Stielansatz der Tomaten entfernen, die Haut mit einem scharfen Messer kreuzweise einritzen und dann kurz in kochendes Wasser halten. Die Tomaten schälen, entkernen und in kleine Stücke schneiden. Die Paprikaschoten und die Karotte sowie die Silberzwiebeln und die Gurken in ganz dünne Streifen schneiden.
In einer Sauteuse die 2 l Wasser zum Kochen bringen und den Zucker darin auflösen. Den Essig hinzufügen und einmal aufkochen lassen. Die Sauteuse dann von der Platte ziehen.
In einer Porzellanschüssel den Sherry und die 4 EL Wasser mit der Stärke verrühren, so daß man eine dickflüssige Paste erhält. Die Sauteuse wieder auf den Herd stellen, bis zum Kochen erhitzen und die Paste mit dem Schneebesen untermischen. Es muß sich jetzt eine dickflüssige Sauce ergeben. Anschließend die Gemüsestreifen hinzufügen und das Ganze 5 Min. bei nicht zu starker Hitze köcheln. Falls die Sauce zu dick wird, mit etwas Wasser verdünnen. Die Sauce sofort und heiß servieren.

Fünf-Weiden-Sauce II
(China)

Diese Sauce wird zu in kleine Stücke geschnittenen und ausgebackenen Schweinerippchen serviert. Die Rippchen werden zunächst in einer kräftigen Brühe, die zusätzlich mit Sojasauce und Sherry gewürzt ist, gar gezogen, in Stücke geschnitten und im Wok in sehr heißem Öl ausgebacken. Außerdem paßt die Sauce ausgezeichnet zu pochiertem Meeresfisch oder ausgebackenen Fischstückchen.

> 1 Salatgurke
> 0,15 l Weißweinessig
> 0,15 l Wasser
> 3 EL brauner Rohrzucker
> Meersalz
> 2 kleine Karotten
> (in dünne Streifen geschnitten)
> 3 kleine sauer eingelegte Gürkchen
> (fein gewürfelt)
> 2 EL süß-sauer eingelegte Paprikaschoten (fein gewürfelt)
> 3 Schalotten (fein gewürfelt)
> 1 EL frische Ingwerwurzel
> (fein gewürfelt)
> 1½ EL Mais- oder Reisstärke
> 3 EL dickflüssige süße Sojasauce
> 3 EL Sonnenblumenöl
> 3 Knoblauchzehen
> (durch die Presse gedrückt)

Die Salatgurke schälen, halbieren, entkernen und in dünne Streifen schneiden. Den Essig, das Wasser und den Rohrzucker miteinander verrühren und mit Meersalz abschmecken. Die Gemüsestreifen und -würfel (Karotten, Gürkchen, Paprika, Schalotten und Ingwer) mit dieser Marinade vermischen und mindestens 2 Std. stehen lassen. Die Masse dabei mehrmals mit einem Löffel umrühren. Anschließend das Gemüse aus der Marinade nehmen und abtropfen lassen. Die Marinade mit der Stärke verquirlen und die Sojasauce hinzufügen. In einer Edelstahlpfanne das Öl erhitzen und den Knoblauch darin hellbraun anrösten. Nach und nach die Marinademischung zugießen und mit dem Schneebesen durchrühren, bis die Sauce dickflüssig wird. Falls die Sauce zu dickflüssig ist, mit etwas Wasser verdünnen. Danach das vorher marinierte Gemüse zugeben, 3 Min. köcheln und sofort sehr heiß servieren.

Scharfe Soja-Essig-Sauce zu Wok-Gerichten

Dies ist eine nicht zu scharfe chinesische Sauce. Sie schmeckt am besten zu kurz gegarten Gerichten im Wok bzw. kann zu Gemüsen, die im Wok gegart sind, dazugegeben und mit diesen erhitzt werden.

> 2 EL Gemüsefond
> 3 EL milde dickflüssige Sojasauce
> 1 EL Weißweinessig
> 2 TL brauner Rohrzucker
> 1 TL Reismehl
> 3 EL kaltes Wasser
> ¼ TL Tabascosauce

In einer Sauteuse den Gemüsefond bei leichter Hitze erwärmen. In einer Rührschüssel die Sojasauce mit dem Weinessig verrühren und mit dem Schneebesen den Rohrzucker und den Gemüsefond einschlagen. In einer Tasse das Reismehl mit dem kalten Wasser gut verrühren. Die Sauce weiter erwärmen und das angerührte Reismehl nach und nach mit dem Schneebesen unterarbeiten. Zum Schluß die Tabascosauce hinzufügen und so lange erwärmen, daß die Sauce leicht dickflüssig wird. Sofort servieren oder direkt zu dem Gemüse im Wok geben und zusammen mit diesem nochmals aufkochen.

Scharfe Honig-Erdnuß-Sauce zu chinesischen Reisgerichten

Die Schärfe der Sauce resultiert aus der reichlichen Verwendung von Tabascosauce. Sie schmeckt hervorragend zu chinesischen Reisgerichten mit frisch im Wok gebratenem Fleisch oder auch zu kleinen thailändischen Gemüseröllchen.

1 EL Sonnenblumenöl
2 Knoblauchzehen
(durch die Presse gedrückt)
5 dünne Frühlingszwiebeln
(in feine Röllchen geschnitten)
1½ TL dreifach konzentriertes Tomatenmark
½ EL heller Blütenhonig
1 EL Zitronensaft
½ TL Tabascosauce
3 EL Erdnußbutter

In einer Sauteuse das Sonnenblumenöl erhitzen und die Knoblauchzehen sowie die Frühlingszwiebeln hellbraun andünsten. Das Tomatenmark hinzufügen und kurz weiterrösten. Anschließend den Honig und den Zitronensaft zugeben. Dabei immer mit dem Schneebesen schlagen, daß sich die Masse gut verbindet.
Zum Schluß die Tabascosauce und die Erdnußbutter untermischen. Falls die Sauce zu dickflüssig ist, dann etwas kaltes Wasser zugießen und mit dem Schneebesen kräftig aufschlagen. Einmal aufkochen und nicht zu heiß servieren.

Süß-saure Sauce I
(China)

Diese pikante chinesische Sauce wird zu Fleisch- oder Fischstückchen, die in einen Ausbackteig mit Sojasauce getaucht, gebraten oder fritiert wurden, serviert. Es gibt verschiedene Abwandlungen zu dieser Sauce, das heißt, es kann 1 EL Sherry oder 1 EL Tomatenpüree dazugegeben werden. Einen guten Geschmack erhält die Sauce auch, wenn 2 Knoblauchzehen (durch die Presse gedrückt) hinzugefügt werden und mit Tabascosauce abgeschmeckt wird. Einen guten Geschmack erhält man auch durch die Zugabe von sehr fein gehacktem frischem Ingwer oder 1 EL Zitronensaft. Es kann auch sehr fein gehacktes Zwiebelgrün (von Frühlingszwiebeln) dazugegeben werden.

0,2 l Wasser
0,1 l brauner Rohrzucker
0,1 l Weißweinessig
2 EL Sojasauce
1 EL Mais- oder Reisstärke
3 EL Wasser

In einer Sauteuse 0,2 l Wasser zum Kochen bringen, den Rohrzucker hinzufügen und rühren, bis sich dieser auflöst. Danach den Essig zugießen und das Ganze 2 Min. kochen.
In einer Porzellanschüssel die Sojasauce mit der Stärke und den 3 EL Wasser zu einer dicken Paste verrühren. Diese dann nach und nach mit dem Schneebesen unter die Flüssigkeit schlagen. Noch einmal aufkochen und sofort zu dem ausgebackenen Fleisch oder den Fisch servieren.

Süß-saure Sauce II
(China)

Diese schon als klassisch zu bezeichnende chinesische Sauce wird mit ganz klein geschnittenem Wurzelgemüse zubereitet. Die durch Stärke angerührte Sauce wird zu ausgebackenen Fischstückchen gereicht, als Dip für Wan Tan oder scharf gewürzten gegrillten Schweinerippchen.

0,1 l Weißweinessig
0,1 l Wasser
3 EL dickflüssige süße Sojasauce
½ Kaffeetasse Zucker
3 EL Sonnenblumenöl
2 Knoblauchzehen (sehr fein gehackt)
1 große Tasse (0,2 l) gemischtes Gemüse (fein gewürfelte Karotten, Paprikaschoten, Zwiebeln, Bambussprossen, Sellerie und Lauch)
2 EL Mais- oder Reisstärke
1 Tasse (0,1 l) Wasser

Den Essig, das Wasser, die Sojasauce und den Zucker mit einer Gabel gut vermischen. In einer Edelstahlpfanne das Öl erhitzen und den Knoblauch darin hellbraun anrösten. Das Gemüse hinzufügen und in etwa 3 Min. bei nicht zu starker Hitze bißfest garen. Zu diesem Gemüse die Essig-Zucker-Mischung geben und bei nicht zu starker Hitze verrühren, bis sich der Zucker aufgelöst hat und die Flüssigkeit etwas eingekocht ist. Falls die Sauce zu stark einkocht, mit etwas Wasser verdünnen. In einer Porzellanschüssel die Stärke mit der Tasse Wasser zu einer Paste anrühren und langsam in die Sauce einrühren, damit sie abbindet. Kurz aufkochen und sofort über das ausgebackene Fleisch oder das jeweilige Gericht gießen.

Hinweis: Die Sauce bekommt einen noch pikanteren Geschmack, wenn fein geschnittene Ananasstückchen zum Schluß dazugegeben werden. Außerdem können geschälte und entkernte Tomaten hinzugefügt werden oder auch ganz fein geschnittener frischer Ingwer.

Süße Tomaten-Essig-Sauce zu gebratenem Wan Tan

Chinesische Wan Tan sind mit einer würzigen Fleischfüllung gefüllte Teigtaschen aus dünnem Reismehlteig, die zuerst in Salzwasser gegart und dann in der Friteuse knusprig ausgebacken werden. Diese flüssige Sauce dient als Dip zum Eintunken der Teigtaschen. Nach dem Originalrezept wird die Sauce mit chinesischem Reisessig hergestellt. Es ist aber auch möglich, einen milden Weißweinessig zu nehmen. Außerdem wird stark eingekochtes Tomatenpüree („Tomatencoulis") sowie Mango-Chutney verwendet.

3 Backpflaumen
0,1 l Sherry
1 frische rote Chilischote
2 EL Mango-Chutney (siehe Rezept)
0,2 l Reisessig
(ersatzweise milder Weißweinessig)
150 g brauner Rohrzucker
2 TL Worcestersauce
2 EL Tomatencoulis (siehe Rezept)
Meersalz
1 TL weiße Pfefferkörner
(im Mörser kräftig zerdrückt)
2 Frühlingszwiebeln (mit dem Grün in feine Ringe geschnitten)

Die Backpflaumen in einem Glas mit Sherry bedecken und mindestens 3 bis 4 Std. stehen lassen. Den Stielansatz der Chilischote abtrennen, längs aufschneiden, die Kerne entfernen und würfeln. Die festen Stücke des Mango-Chutneys mit einem Messer zerkleinern. In einer großen Porzellanschüssel mit dem Schneebesen den Reisessig und den Rohrzucker kräftig vermischen. Die Worcestersauce und die Tomatencoulis hinzufügen und weiter mit dem Schneebesen schlagen.
Das Fruchtfleisch der Backpflaumen mit einem scharfen Messer abschneiden und in ganz feine Stückchen hacken. Die Backpflaumen mit dem Sherry ebenfalls zur Sauce geben. Das Mango-Chutney unterrühren und mit Meersalz und dem Pfeffer abschmecken.
Zum Schluß die Frühlingszwiebeln dazutun und 30 Min. ziehen lassen. In einer kleinen Porzellanschale zu den Wan Tan servieren.

Misosauce zu gebratenen chinesischen Nudeln

Zur Zubereitung dieser Sauce wird „Misopaste" verwendet. Diese Paste wird aus Sojabohnen hergestellt und ist auch bei uns in Chinaläden erhältlich. Sie eignet sich vor allem dazu, über knusprig gebratene Nudeln aus Reismehl und grob geraspeltes gemischtes Gemüse, das im Wok knackig gegart wird, gegossen zu werden.

0,25 l Geflügelfond (siehe Rezept)
2 EL Misopaste
0,15 l Sojaöl
1 EL Sesamkörner
1 TL dickflüssige süße Sojasauce

Den Geflügelfond aufkochen und um ein Drittel reduzieren. Etwas abkühlen lassen und mit der Misopaste kräftig vermischen. Dann das Sojaöl mit dem Schneebesen unterschlagen. In einer beschichteten Pfanne die Sesamkörner braun anrösten und dabei ständig mit einem Kochlöffel umrühren. Die Sojasauce unter die Sauce schlagen und die Sesamkörner hinzufügen. Die Sauce lauwarm über die frisch gebratenen chinesischen Nudeln mit Gemüse gießen und sofort servieren.

Orangensaft-Ingwer-Sauce zu gebratenem Tofu

Diese scharfe und gleichzeitig fruchtige Sauce paßt am besten zu neutral schmeckendem gebratenem Tofu (Sojabohnenquark). Dazu wird der Tofu in größere Würfel geschnitten, in Mehl gewälzt und in Öl knusprig gebraten. Die Sauce eignet sich aber auch für knusprig gebratene Stücke von Fischfilet oder für fritierte Gemüsestückchen.

1 frische rote Chilischote
Saft von 1 Orange (etwa 4 EL)
0,15 l Gemüsefond (siehe Rezept)
3 EL dickflüssige dunkle süße
Sojasauce
½ TL brauner Rohrzucker
1 Messerspitze Meersalz
6 EL Sesamöl
80 g frische Ingwerwurzel
(geschält und sehr fein geraspelt)
1 Knoblauchzehe
(durch die Presse gedrückt)

Den Stielansatz der Chilischote wegschneiden, halbieren und die Kerne entfernen. Die Chilischote fein würfeln. Den ausgepreßten Orangensaft durch ein Haarsieb in eine Sauteuse schütten. Den Gemüsefond und die Sojasauce dazugießen und nur lauwarm erhitzen. Rohrzucker und Meersalz beimischen und so lange rühren, bis sich Meersalz und Rohrzucker aufgelöst haben. Von der Platte ziehen und auf Zimmertemperatur abkühlen lassen. Die Sauce in eine Schlagschüssel (aus Edelstahl oder Porzellan) füllen und mit einem Schneebesen das Öl unterschlagen. Jetzt den Ingwer, die Chilischotenstücke und den Knoblauch hinzufügen und mit einem Löffel alles gut vermischen. Die Sauce im Kühlschrank noch 30 Min. durchziehen lassen. Dann zu den frisch gebratenen Tofuwürfeln bzw. zum Fisch servieren.

Kapernschaumsauce zu Tempura

Tempura sind klein geschnittene Gemüsestücke, die in einen Ausbackteig getaucht (z. B. aus Mehl, Öl und Wein) und in schwimmendem Fett ausgebacken werden. Diese Sauce wird in einem Wasserbadtopf aufgeschlagen. Für die Herstellung wird 0,3 l stark eingekochter Gemüsefond benötigt.

4 Eigelb
2 EL Balsamico-Essig
1 TL frisch gepreßter Zitronensaft
4 EL dicke saure Sahne (Crème fraîche)
0,3 l Gemüsefond (siehe Rezept)
Meersalz
frisch gemahlener schwarzer Pfeffer
1 Messerspitze Cayennepfeffer
100 g kleine eingesalzene Kapern
im Glas (unter fließend kaltem
Wasser ausgewaschen)

Den Wassertopf für das Wasserbad aufsetzen und das Wasser stark erhitzen (aber nicht kochen). In einer Metallschlagschüssel die Eigelb mit dem Balsamico-Essig und dem Zitronensaft kräftig aufschlagen. Den Topf in das Wasserbad setzen und weiterschlagen, bis die Masse schaumig wird. Die Sahne einarbeiten und anschließend nach und nach den Gemüsefond. Es muß sich dabei eine cremig dickflüssige Sauce ergeben. Das heißt, daß je nachdem etwas mehr oder weniger Gemüsefond dazugegossen wird. Zum Schluß mit Meersalz und Pfeffer sowie Cayennepfeffer abschmecken. Den Topf aus dem Wasserbad nehmen, nochmals kräftig mit dem Schneebesen durchschlagen und die gewässerten Kapern mit einem Löffel unterheben. Dann sofort und lauwarm zu dem ausgebackenem Gemüse servieren.

Ketchups und Chutneys

Apfelketchup

(England)

Dieser sehr fruchtige Ketchup schmeckt am besten, wenn verschiedene Sorten Äpfel (säuerliche und fruchtig-aromatische) verwendet werden. Er sollte erst „nachreifen", das heißt, mindestens 2 bis 3 Wochen in gut verkorkten Flaschen im Kühlschrank aufbewahrt werden.

3 kg verschiedene Sorten Äpfel
0,7 l Rotweinessig
2 Zwiebeln
(in feine Würfel geschnitten)
2 EL Salz
1 TL Nelken
1 Zimtstange (in Stücke gebrochen)
250 g brauner Rohrzucker

Die Äpfel schälen, die Kerngehäuse entfernen und in grobe Stücke schneiden. In einen großen Topf den Rotweinessig, die Apfelstücke, die Zwiebelwürfel, Salz, die Nelken und die Zimtstücke hineingeben. Das Ganze zum Kochen bringen und danach bei geringer Hitze 2 Std. köcheln lassen. Dabei immer wieder umrühren, damit die Masse richtig musig wird, aber nicht anbrennt. Anschließend durch ein Haarsieb streichen und in einem Topf wieder erhitzen. Nun den Rohrzucker einrühren und so lange rühren, bis sich dieser aufgelöst hat.
Alles noch 10 Min. köcheln, leicht abkühlen lassen, dann in Flaschen abfüllen, verkorken und dunkel aufbewahren.

Apfel-Chutney

Chutneys werden vor allem in der indischen Küche als Beilage zu Fleischgerichten serviert. Chutneys erhalten immer eine scharfe Note durch die Verwendung von Chilischoten.

Gewürzmischung:
½ TL Bockshornkleesamen
½ TL Fenchelsamen
½ TL Kreuzkümmel
½ TL schwarze Senfkörner
½ TL Zwiebelsamen
1 EL Sonnenblumenöl
0,5 kg saure saftige Äpfel
3 frische rote Chilischoten
3 EL Butterschmalz
½ TL Meersalz
1½ TL Kurkumapulver
1½ TL gemahlener Kreuzkümmel
0,15 l Wasser
4 EL brauner Rohrzucker
3 EL frisch gepreßter Zitronensaft
½ TL scharfer indischer Curry

Die Gewürzmischung in einer beschichteten Pfanne im Sonnenblumenöl kräftig anrösten. Danach sofort aus der Pfanne nehmen und abkühlen lassen. Die Äpfel schälen und das Kerngehäuse entfernen. Zunächst in dünne Scheiben und anschließend in kleine Stücke schneiden. Bei den Chilischoten den Stielansatz und die Kerne entfernen, dann sehr fein hacken. In einer großen Sauteuse das Butterschmalz erhitzen und die vorher angeröstete Gewürzmischung, die Chilischoten, das Salz, das Kurkumapulver und den Kreuzkümmel hinzufügen. Bei sehr kleiner Hitze 2 Min. anrösten. Dann sofort die Apfelstücke dazugeben und 5 Min. schmoren. Mit 0,15 l Wasser auffüllen und weiter bei sehr schwacher Hitze 10 Min. köcheln. Nun mit dem Zucker, dem Zitronensaft und Curry würzen und weitere 20 Min. bei kleiner Hitze schmoren lassen, so daß alles verkocht. Anschließend in eine Ton- oder Porzellanschüssel geben und im Kühlschrank kalt stellen. Gut abgedeckt hält sich dieses Chutney maximal 8 Tage im Kühlschrank.

Amerikanischer Tomatenketchup

Dieser klassische amerikanische Tomatenketchup kann als Grundsauce für die Verfeinerung bzw. für weitere Saucen verwendet werden. Er paßt natürlich auch pur zu Steaks oder einfach zu frischen Pommes frites.

2 kg sehr reife aromatische Tomaten
3 Knoblauchzehen
(in grobe Stücke geschnitten)
0,15 l naturreiner trüber Apfelessig
70 g brauner Rohrzucker
1 TL Ingwerpulver
1 TL Meersalz
6 schwarze Pfefferkörner
(im Mörser grob zerdrückt)
6 Nelken (im Mörser grob zerdrückt)
6 Korianderkörner
(im Mörser grob zerdrückt)

Von den Tomaten den Stielansatz entfernen, in grobe Stücke schneiden und in einen großen Edelstahltopf füllen. Den Knoblauch sowie 3 EL Essig zu den Tomaten geben und das Ganze bei geringer Hitze 1½ Std. köcheln lassen. Dabei immer wieder umrühren, damit die Masse nicht anbrennt. Anschließend mit dem Pürierstab mixen und durch ein Sieb in einen Topf streichen. Den restlichen Essig, den Zucker sowie Ingwerpulver, Salz, Pfeffer, Nelken und Koriander mit den Tomaten mischen, umrühren und nochmals 1 Std. bei mittlerer Hitze köcheln lassen. Während dieser Zeit immer wieder rühren, damit die Masse nicht anbrennt. Zum Schluß muß die Flüssigkeit der Tomaten eingekocht sein, so daß sich eine dickflüssige Mischung ergibt. Die Masse noch heiß durch ein feines Haarsieb pressen, sofort in Flaschen abfüllen und luftdicht verschließen. Dieser Ketchup sollte mindestens 2 Wochen „nachreifen", damit er seinen intensiven fruchtigen Geschmack behält.
Da der Ketchup nicht sterilisiert wird, ist er nicht so lange haltbar und sollte – im Kühlschrank aufbewahrt – in maximal 4 Wochen verbraucht werden.

Champignonketchup

Dieser Ketchup kann als „Grundsauce" bezeichnet werden, da der intensive Geschmack gut ist zum Verfeinern von verschiedenen Saucen oder als Würze von verschiedenen Fleischgerichten. Geruch und Geschmack erinnern an süße Sojasauce. In Flaschen abgefüllt und gut verkorkt, hält sich dieser Ketchup 3 bis 4 Monate im Kühlschrank.

2 kg frische Champignons
(in grobe Würfel geschnitten)
100 g grobes Meersalz
1 l kräftiger Rotweinessig
2 EL gemahlener Nelkenpfeffer
(Piment)
1 EL frischer Ingwer (geschält
und dann in grobe Stücke geschnitten)
2 Muskatblüten (Mazis)
2 Schalotten (sehr fein zerhackt)

Die Champignons abwechselnd mit dem Meersalz in 2 große Einmachgläser einschichten und diese mit Alufolien oder Deckeln verschließen und in den Kühlschrank stellen. 3 Tage stehen lassen und mehrmals am Tag mit einem Löffel umrühren. Den gesamten Inhalt der Gläser in eine große Sauteuse geben, den Rotweinessig dazugießen sowie den Nelkenpfeffer, den Ingwer, die Muskatblüten und die Schalotten dazugeben. Die Masse zum Kochen bringen und 40 Min. leicht köcheln lassen. Dabei immer wieder mit dem Kochlöffel umrühren, damit sich sämtliche Gewürze und Zutaten gut verbinden. Die Mischung dann leicht abkühlen lassen und durch ein feines Haarsieb streichen. Sofort in saubere Flaschen abfüllen, mit einem festsitzenden Korken verschließen und im Kühlschrank aufbewahren.

Curryketchup

Dieser durch die Verwendung von Curry- sowie Ingwerpulver feuerrote scharf-pikante Ketchup paßt ausgezeichnet – wie auch andere Ketchups – zu frischen Pommes frites, zu fritiertem Geflügel, Fleischstücken und natürlich auch zu Fleischfondue.

1,5 kg sehr reife Tomaten
0,2 l Weißweinessig
13 Zwiebeln
(in grobe Würfel geschnitten)
100 g brauner Rohrzucker
1½ EL Meersalz
1 TL weiße Pfefferkörner
(im Mörser kräftig zerdrückt)
2 EL mildes Currypulver
2 EL scharfes indisches Currypulver
1 TL Ingwerpulver
½ TL Cayennepfeffer
1 TL Pfeilwurzelmehl
(ersatzweise Kartoffelstärke)

Den Tomaten die Stielansätze entfernen, die Haut mit einem scharfen Messer kreuzweise einschneiden und mit einem Schaumlöffel kurz in kochendes Wasser halten. Die Tomaten schälen, in Stücke schneiden und beiseite stellen. In einer breiten hohen Sauteuse (oder in einem Edelstahltopf) den Essig aufkochen und um ein Drittel reduzieren. Die Tomatenstücke (sowie den sich beim Schneiden ergebenden Saft), die Zwiebelwürfel, den Zucker, das Salz und den Pfeffer hineingeben. Das Ganze bei kräftiger Hitze 5 Min. kochen und dann den Curry, den Ingwer und den Cayennepfeffer hinzufügen. Die Masse nochmals 50 Min. bei nicht zu starker Hitze kochen und dabei reduzieren. Anschließend alles durch ein feines Haarsieb streichen, erneut aufkochen und – falls die Masse noch

zu dünnflüssig ist – in einer kleinen Porzellanschale das Pfeilwurzelmehl mit 2 EL der heißen Sauce anrühren und diese Mischung mit dem Schneebesen unter die Sauce mischen. Weiter einkochen, bis sie cremig dickflüssig ist, eventuell nochmals mit Zucker und Currypulver abschmecken, und sofort in gut verschließbare Gläser abfüllen, abkühlen und im Kühlschrank nachreifen lassen (der Ketchup kann nach etwa 2 Wochen verwendet werden).

Brombeerketchup

Dieser Ketchup ist fruchtig und süß-säuerlich, er muß im Kühlschrank zunächst 3 bis 4 Wochen „nachreifen". Er paßt ausgezeichnet zu hartem Parmesan am Stück mit Weißbrot oder zu kräftigen Fleischpasteten.

2,5 kg frische Brombeeren
1 kg Zucker
0,8 l Weißweinessig
1½ TL gemahlene Nelken
1½ TL gemahlener Nelkenpfeffer
(Piment)
2 Zimtstangen
(in kleine Stücke zerbrochen)
1 TL weiße Pfefferkörner
(im Mörser leicht zerdrückt)

In einen großen Topf die Brombeeren, den Zucker, den Weißweinessig, die Nelken, den Nelkenpfeffer, die Zimtstücke und den Pfeffer geben. Alle Zutaten zum Kochen bringen und dabei ständig rühren, bis sich der Zucker aufgelöst hat. Dann die Hitze zurückschalten und 1½ Std. leicht kochen. Etwas abkühlen lassen und durch ein feines Haarsieb streichen. Sofort in Flaschen oder in Gläser füllen, dicht verschließen und 3 bis 4 Wochen im Kühlschrank „reifen" lassen.

Rhabarberketchup

Dieser Ketchup sollte erst „reifen", das heißt 4 bis 6 Wochen in einer gut verschlossenen Flasche kühl aufbewahrt werden. Er hat einen sehr pikanten Geschmack und kann zu gegrilltem Fleisch oder auch zu Fleischfondue serviert werden.

1 kg Rhabarberstangen
(geschält und dann in etwa
1 cm große Stücke geschnitten)
3 Zwiebeln
(in kleine Würfel geschnitten)
0,2 l frisch gepreßter Orangensaft
1 l Rotweinessig
700 g brauner Rohrzucker
1 TL Salz
1 TL Pimentkörner
1 TL helle Senfkörner
1 TL schwarze Pfefferkörner

Die Rhabarberstücke, die Zwiebelwürfel den Orangensaft sowie den Rotweinessig, den Rohrzucker, das Salz, die Pimentkörner, die Senfkörner und die Pfefferkörner in einen großen Topf geben. Alles langsam erhitzen und dabei ständig umrühren. So lange rühren, bis sich der Zucker aufgelöst hat und das Ganze gut vermischt ist. Dann bei mäßiger Hitze 2 Std. leicht köcheln lassen, wobei die Masse total zerkochen muß. Immer wieder umrühren, damit sie nicht anbrennt. Anschließend leicht abkühlen lassen und durch ein feines Haarsieb streichen. Sofort in Flaschen abfüllen, gut verkorken und 4 bis 6 Wochen im Kühlschrank „nachreifen" lassen.

Auberginenketchup

Diese Sauce paßt am besten zu gegrilltem Fleisch, Fisch oder auch gegrilltem Gemüse. Sie sollte stets frisch zubereitet werden, hält sich jedoch im Kühlschrank 3 bis 4 Tage.

2 Auberginen
Olivenöl zum Einstreichen
3 EL Olivenöl
2 EL Sesampaste
3 Knoblauchzehen (durchgepreßt)
Saft von 1 Zitrone
2 EL frische Korianderkörner (gehackt)
Meersalz
frisch gemahlener weißer Pfeffer
½ TL Chilipulver

Die Auberginen halbieren und die Haut mit einer Gabel mehrfach einstechen. Die Auberginenhälften in eine Schale geben und die Schnittfläche mit Olivenöl bepinseln. Im Backofen bei 220° C 40 Min. grillen, bis das Fruchtfleisch weich ist. Dazwischen immer wieder wenden und überprüfen, ob die Auberginen nicht zu sehr durchbraten. Anschließend leicht abkühlen lassen und die Schale abziehen. Im Mixer das Fruchtfleisch fein pürieren. Die Masse dann in eine Schüssel geben und folgende Zutaten hinzufügen: Olivenöl, Sesampaste, Knoblauch, Zitronensaft und Koriander. Das Ganze gut verrühren und mit Meersalz, Pfeffer sowie Chilipulver abschmecken.

Indisches Minze-Koriander-Chutney

Zur Herstellung dieser cremigen Sauce müssen unbedingt frische Minze und frische Korianderblätter verwendet werden. Die Sauce wird in Indien als Tunke für rohes Gemüse, kleine ausgebackene Fischstückchen oder fritierte Gemüsebällchen verwendet.

3 EL Wasser
2 Schalotten (sehr fein gehackt)
½ TL frische Ingwerwurzel
(ganz fein gehackt)
1 Chilischote
(entkernt und in Stücke geschnitten)
½ TL Salz
1 TL brauner Rohrzucker
½ Paprikaschote (rot oder grün,
Stielansatz entfernt, entkernt
und in kleine Stücke geschnitten)
2 EL frische Minzeblätter
(klein gehackt)
2 EL frische Korianderblätter
(klein gehackt)
200 g Joghurt

Alle Zutaten bis auf den Joghurt in den Mixer geben und sehr fein pürieren. Die Masse in einer Schüssel zusammen mit dem Joghurt mit dem Schneebesen aufschlagen. Wenn die Masse noch zu dickflüssig ist, weiteres Joghurt zufügen. In den Kühlschrank geben und sehr gut durchkühlen.

Mango-Chutney I

(Indien)

Dies ist ein spezielles Rezept aus Nordindien und relativ scharf. Wichtig für die Herstellung sind nicht zu reife Mangos und frische Minzeblätter. Diese cremige Sauce soll nach Möglichkeit kurz vor der Verwendung hergestellt werden, da dann die benützten Gewürze am besten zur Geltung kommen. Serviert werden kann dieses Chutney zu Fleischfondue oder zu gegrillten Steaks.

> *2 EL frische Minzeblätter*
> *2 mittelgroße nicht zu reife Mangos*
> *(etwa 500 g, geschält und in kleine*
> *Stücke geschnitten)*
> *2½ TL fein gemahlener Kreuzkümmel*
> *2 EL gemahlene Korianderkörner*
> *½ TL Cayennepfeffer*
> *1 Messerspitze gemahlene Nelken*
> *1 Messerspitze frisch geriebene*
> *Muskatnuß*
> *1 Messerspitze Ingwerpulver*
> *1 TL Meersalz*
> *3 EL brauner Rohrzucker*

Die Minzeblätter abwaschen und noch naß in den Mixer geben, ebenso die Mangostücke sowie die Gewürze (bis auf das Salz und den Zucker). Das Ganze zu einer cremigen Masse mixen, diese dann in eine Schüssel umfüllen und mit dem Salz sowie dem Zucker abschmecken.
Wenn die Creme dickflüssig ist, einige Tropfen kaltes Wasser hinzufügen und mit dem Schneebesen unterrühren. Abdecken und im Kühlschrank gut durchkühlen.

Quitten-Meerrettich-Chutney

Dieses durch die Verwendung von Chili und Meerrettich scharf fruchtige Chutney paßt gut zu frisch gekochtem Tafelspitz bzw. Suppenfleisch, zu Wildpastete und natürlich auch zu Fleischfondue.

> *1,5 kg Quitten*
> *0,5 l trockener Riesling*
> *0,7 l naturtrüber Apfelsaft*
> *250 g Zucker*
> *70 g frisch geriebener Meerrettich*
> *2 frische rote Chilischoten*
> *Saft von 1 Zitrone*
> *2 EL Sherry-Essig*
> *Meersalz*
> *frisch gemahlener weißer Pfeffer*

Die Quitten unter fließend kaltem Wasser mit einer Handbürste abreiben und abtrocknen. Dann schälen, vierteln, entkernen und in Scheiben schneiden. In einem breiten Kochtopf den Riesling mit dem Apfelsaft aufkochen. In einem weiteren Edelstahltopf mit schwerem Boden den Zucker bei nicht zu starker Hitze auflösen und karamelisieren. Dann sofort mit der heißen Apfel-Riesling-Mischung aufgießen und den Karamel ebenfalls auflösen. Die Quittenscheiben dazugeben und in 40 Min. bei nicht zu starker Hitze weich kochen. Etwa ein Drittel der Quittenstücke mit einem Schaumlöffel herausnehmen und beiseite legen (in Würfel schneiden als spätere Einlage für Saucen). Die Flüssigkeit mit den darin verbliebenen Quitten mit einem Pürierstab kräftig aufmixen und anschließend durch ein feines Haarsieb streichen. In eine Sauteuse füllen und den Meerrettich unterarbeiten. Bei den Chilischoten den Stielansatz wegschneiden, halbieren und die Kerne entfernen. Dann in feine Stücke schneiden und zu der Sauce geben. Die beiseite gelegten Quittenwürfel ebenfalls hinzufügen und nochmals aufkochen. Die Hitze zurückschalten und den Zitronensaft sowie den Sherry-Essig untermischen. Mit Meersalz sowie Pfeffer abschmecken und darauf achten, daß nach dem Zusatz von Zitronensaft und Essig die Sauce nicht mehr aufkocht. Heiß in verschließbare Gläser füllen und kalt stellen.

Minze-Chutney

(Indien)

Dieses durch die Verwendung frischer Minze angenehm frisch schmeckende Chutney paßt zu allen Fleisch- und Gemüsegerichten als Beilage. Gut verschlossen, hält sich das Chutney maximal 3 bis 4 Tage im Kühlschrank.

> *150 g frische grüne Minzeblätter*
> *1 frische rote Chilischote*
> *2 Zwiebeln*
> *(geschält und in Stücke geschnitten)*
> *2 Knoblauchzehen*
> *(durch die Presse gedrückt)*
> *½ TL Meersalz*
> *2 TL brauner Rohrzucker*
> *1 TL Garam Masala (siehe Rezept)*
> *1 EL frisch gepreßter Zitronensaft*
> *3 EL Wasser*

Die Minze unter kaltem Wasser abwaschen und mit einem Küchentuch trocknen. Die einzelnen Blätter vom Stiel zupfen. Von den Chilischoten den Stielansatz entfernen und die Kerne herausnehmen. In einem Mixer die Minzeblätter, die Zwiebeln, den Knoblauch sowie die Chilischote fein pürieren. Dann das Salz, den Zucker, das Garam Masala sowie den Zitronensaft hinzufügen und wieder pürieren. 3 EL Wasser dazugießen und alles weiter fein pürieren. Das Püree herausnehmen, in eine Porzellanschüssel füllen und im Kühlschrank gut durchkühlen lassen.

Quitten-Apfel-Chutney

Dieses sehr würzige Chutney paßt ausgezeichnet als Beilage zu kaltem Rindfleisch oder auch zu Fleischfondue. Natürlich schmeckt es auch zu allen exotischen Reisgerichten und sogar als Dip für rohe Gemüsestreifen. Zunächst ist die Herstellung eines Quittenpürees erforderlich.

Zutaten für das Quittenpüree:
1 kg Quitten
1 l Wasser
60 g Zucker

Zutaten für das Chutney:
600 g Quittenpüree
600 g saftig säuerliche Äpfel (geschält, geviertelt, entkernt und fein gewürfelt)
200 g Schalotten
(geschält und sehr fein gehackt)
0,4 l naturtrüber Apfelsaft
(am besten frisch gepreßt)
1 EL frischer Ingwer
(geschält und klein gewürfelt)
1 TL grüne Currypaste
250 g brauner Kandiszucker
Meersalz
frisch gemahlener weißer Pfeffer

Zubereitung Quittenpüree:
Die Quitten unter fließend kaltem Wasser mit einer Bürste kräftig abreiben. Dann schälen, vierteln, entkernen und in grobe Stücke schneiden. In einem breiten Topf die Quitten mit dem Wasser und dem Zucker aufsetzen und bei geringer Hitze weich kochen (etwa 2 Std.). Mit dem Pürierstab kräftig aufmixen und das Ganze durch ein feines Haarsieb streichen.

Zubereitung Chutney:
Das Quittenpüree mit den Apfelwürfeln und Schalottenstücken in eine breite hohe Pfanne geben. Erhitzen und den Apfelsaft hinzugießen. Dann Ingwer, Currypaste und Kandiszucker zufügen, kräftig durchrühren und bei nicht zu starker Hitze 40 Min. köcheln lassen. Dabei muß die ganze Masse dickflüssig werden. Zum Schluß mit Meersalz und Pfeffer abschmecken. Das Chutney in verschließbare Gläser füllen und kalt stellen.

Mango-Chutney II

(Indien)

Dies ist das Originalrezept einer scharfen Variante des Mango-Chutneys. Chutneys werden in Indien als Beilage oder Würzzutat für Fleisch- und Gemüsegerichte verwendet. Die Chutneys sollen den Appetit anregen und die Speisen zusätzlich mit Vitaminen anreichern.

2 Mangos (etwa 500 bis 600 g)
2 frische rote Chilischoten
0,3 l kaltes Wasser
$\frac{1}{2}$ TL Kurkumapulver
Meersalz
1 EL Stärkemehl
120 g brauner Rohrzucker
$1\frac{1}{2}$ EL Butterschmalz
$1\frac{1}{2}$ TL schwarze Senfkörner
2 getrocknete rote Chilischoten
$\frac{1}{2}$ TL gemahlene Korianderkörner

Die Mangos schälen und das Fruchtfleisch in großen Stücken vom Kern abtrennen. Dann in etwa 2 cm lange dünne Streifen schneiden. Bei den frischen Chilischoten den Stielansatz und die Kerne entfernen und in sehr kleine Stücke hacken.
Das Wasser in eine große Sauteuse gießen und erhitzen. Das Kurkumapulver sowie $\frac{1}{2}$ TL Salz einrühren und aufkochen. Die Mangostreifen und die frischen Chilischoten hinzufügen, 15 Min. bei kleiner Hitze köcheln lassen. Währenddessen das Stärkemehl mit 5 EL kaltem Wasser verrühren. Nach 10 Min. Kochzeit den Rohrzucker einrühren und die Hitze höher schalten. Wenn das Ganze kräftig kocht, langsam die angerührte Stärke dazugeben, damit die Flüssigkeit andickt. In einer Stahlpfanne das Butterschmalz erhitzen und die Senfkörner sowie die getrockneten Chilischoten (einmal durchgeschnitten) darin anrösten, den Koriander zufügen und kurz durchrühren. Die angerösteten Gewürze mit dem Chutney vermengen, in eine Porzellan- oder Tonschüssel füllen und langsam abkühlen lassen. Das Mango-Chutney kann gut abgedeckt im Kühlschrank bis zu 2 Wochen aufbewahrt werden. Es muß jedoch täglich umgerührt werden.

Süßes Paprika-Chutney zu gegrilltem Fleisch

Dies ist eine intensiv und säuerlich schmeckende Sauce aus der mittelamerikanischen Küche. Das Chutney kann auch in größeren Mengen zubereitet und in Gläsern aufbewahrt werden.

4 Knoblauchzehen
(durch die Presse gedrückt)
4 Zwiebeln
(in feine Würfel geschnitten)
1 rote entkernte Paprikaschote
(in feine Würfel geschnitten)
2 frische rote Chilischoten
(Stiel entfernt und dann in feine Würfel geschnitten)
0,2 l Estragonessig
200 g braunen Rohrzucker
1 TL scharfes indisches Curry
Salz
2 Frühlingszwiebeln mit Grün
(in feine Ringe geschnitten)
2 EL brauner Rum

In einen Edelstahltopf den Knoblauch, die Zwiebel-, Paprika- und Chilischotenwürfel, den Estragonessig, den Rohrzucker sowie das Curry und das Salz geben. Das Ganze bis kurz vor das Kochen bringen. 15 Min. simmern lassen und dabei immer wieder umrühren. Dann die Frühlingszwiebeln und den Rum unter die Sauce einarbeiten. Langsam abkühlen lassen und zu gegrilltem Fleisch servieren.

Indisches Tomaten-Chutney I

Chutneys werden vor allem in der indischen Küche als Beilage zu Fleischgerichten serviert. Chutneys erhalten immer eine scharfe Note durch die Verwendung von Chilischoten. Das Tomaten-Chutney hält sich gut verschlossen im Kühlschrank etwa 8 Tage.

1/2 TL Bockshornkleesamen
1/2 TL Fenchelsamen
1/2 TL Kreuzkümmel
1/2 TL schwarze Senfkörner
1/2 TL Zwiebelsamen
1 EL Sonnenblumenöl
7 sehr reife Tomaten
1 etwa 5 cm langes Stück
frischer Ingwer
120 g Rosinen
1 1/2 EL Butterschmalz
80 g Zucker
1 TL Kurkumapulver
Meersalz
1 TL Kreuzkümmel
2 EL Zitronensaft

Die Gewürzmischung in einer beschichteten Pfanne im Sonnenblumenöl kräftig anrösten. Danach sofort aus der Pfanne nehmen und zur Seite stellen. Von den Tomaten den Stielansatz entfernen und vierteln. Nun den Ingwer schälen und in sehr feine Stückchen schneiden. Die Rosinen unter heißem Wasser kräftig abwaschen und abtrocknen. In einer großen Sauteuse das Butterschmalz erhitzen und die Tomatenstücke, den Ingwer sowie die Rosinen mit dem Zucker mischen und 15 Min. bei sehr kleiner Hitze köcheln. Das Kurkumapulver sowie Salz hinzufügen und weitere 10 Min. köcheln. Mit der vorher angerösteten Gewürzmischung gut verrühren. In einer beschichteten Pfanne den Kreuzkümmel anrösten, in einem Mörser zerstoßen und zu der Mischung geben. Den Zitronensaft einrühren und in einer Porzellanschüssel im Kühlschrank kalt stellen. Das Chutney kalt servieren.

Tamarinden-Chutney

(Indien)

Diese scharf säuerliche Sauce wird in Indien zu Hauptgerichten serviert (also sowohl zu Fleisch- als auch zu Fischgerichten). Zur Herstellung der Sauce wird gepreßte Tamarinde verwendet. Tamarinde ist das Fruchtmark des in Indien wachsenden Tamarindenbaumes. Die gepreßte Tamarinde wird immer zunächst in kleine Stücke gebrochen, mit kochendem Wasser bedeckt und 20 Min. bei nicht zu starker Hitze gekocht. Dann wird sie (nur leicht abgekühlt) durch ein feines Haarsieb gestrichen, so daß die Fruchtfasern und Kerne im Sieb zurückbleiben. Die gepreßte Tamarinde ist auch in Deutschland in Spezialläden zu kaufen.

0,5 l Wasser
200 g gepreßte Tamarinde
(in kleine Stücke gebrochen)
1/2 TL Chilipulver
1/2 TL gemahlener Kreuzkümmel
Saft von 1/2 Zitrone
4 EL brauner Rohrzucker
1/2 TL Salz

In einem Topf das Wasser zum Kochen bringen und die Tamarindenstücke dazugeben. 20 Min. bei nicht zu starker Hitze köcheln. Anschließend abkühlen lassen und die ganze Masse durch ein feines Haarsieb streichen. Die durchgepreßte Tamarindenmasse in eine Porzellanschüssel umfüllen und mit dem Chilipulver, dem Kreuzkümmel und dem Zitronensaft kräftig vermischen. Mit dem Zucker und dem Salz abschmecken, abdecken und im Kühlschrank mindestens 2 Std. kalt stellen. Vor dem Servieren nochmals gut umrühren.

Indisches Tomaten-Chutney II

Diese Art von Ketchup wird in Indien zu ausgebackenen Gemüsebällchen serviert. Die Sauce muß noch einige Tage „nachreifen" und hält sich gut verschlossen im Kühlschrank bis zu 6 Monate.

1 kg sehr reife Tomaten
2 Zwiebeln (sehr fein gehackt)
3 Knoblauchzehen (sehr fein gehackt)
1/2 TL gemahlene Nelken
1 EL frischer Ingwer (sehr fein gehackt)
1/2 TL mildes Paprika
1/2 TL Cayennepfeffer
250 g brauner Rohrzucker
1 TL Meersalz
0,15 l naturtrüber Apfelessig

Die Tomaten mit einem scharfen Messer kreuzweise einritzen und mit einem Schaumlöffel kurz in kochendes Wasser halten. Herausnehmen und die Haut abschälen bzw. abziehen. Die Tomaten entkernen und dann fein hacken. In einem großen Topf (keinen Aluminiumtopf) die Tomatenstückchen, die Zwiebeln und den Knoblauch erhitzen. Das Ganze 1 Std. köcheln, wobei die Flüssigkeit der Tomaten weitgehend eingekocht sein soll. Dabei ständig mit dem Kochlöffel oder Schneebesen umrühren. Die Tomatencreme abkühlen lassen und durch ein sehr feines Haarsieb streichen. Die Masse in eine große Sauteuse schütten und die restlichen Zutaten hinzufügen. Alles aufkochen und die Hitze sofort zurückschalten. Bei sehr geringer Hitze und ohne Deckel 45 Min. köcheln. Dabei ständig mit dem Kochlöffel umrühren, damit die Sauce nicht anbrennt. Etwas abkühlen lassen, sofort in Gläser oder Flaschen füllen, dicht verschließen und in den Kühlschrank stellen. Diese Sauce nachreifen lassen und nach etwa 1 Woche verwenden.

Hinweis: Gut verschlossen hält dieses Tomaten-Chutney im Kühlschrank etwa 8 Wochen. Es kann jedoch auch in Gefrierbehälter aus Plastik eingefroren werden. Dann hält sich das Chutney etwa 3 bis 4 Monate.

Mango-Ingwer-Pickles

(Indien)

Die Pickles werden aus fein oder grob gehackten Früchten oder Gemüse hergestellt und in Indien als Beilage serviert. Diese meist zu Reis oder Brot gereichten scharfen Garnituren übernehmen damit die Funktion einer Sauce bzw. pikanten Würze. Das nachstehende, durch die Verwendung von Mango, Ingwerwurzel und Cayennepfeffer scharf würzige Pickle muß mindestens 1 Std. im Kühlschrank ziehen, bevor es kalt serviert wird.

3 nicht zu reife Mangos
3 EL frische Ingwerwurzel
(sehr fein gehackt)
3 TL feines Meersalz
2 TL Cayennepfeffer
5 EL neutrales Pflanzenöl
(z. B. Sonnenblumenöl)
2 TL schwarze Senfkörner
3 EL Wasser

Die Mangos mit der Schale in kleine Würfel schneiden und in eine breite Porzellanschüssel füllen. Den Ingwer mit dem Meersalz, dem Cayennepfeffer und den Mangowürfeln gut vermischen. In einer beschichteten Pfanne das Öl nicht zu stark erhitzen und die Senfkörner etwa 3 Min. rösten. Nun die Senfkörner sowie das Öl den Mangowürfeln beimengen und gut verrühren. Das Wasser zugeben. Die Masse in eine Schüssel füllen und abgedeckt im Kühlschrank mindestens 1 Std. ziehen lassen.

Zwiebel-Minze-Relish zu Schweinebraten

Diese Sauce wird kalt zu frischem Schweinebraten oder zu Schweinefilet serviert.

2 säuerliche saftige Äpfel
(geschält, Kerngehäuse entfernt
und grob gewürfelt)
5 Zwiebeln (grob gewürfelt)
0,1 l Sherry-Essig
3 EL brauner Rohrzucker
1 TL frisch gepreßter Zitronensaft
4 EL frische Minzeblätter (fein gehackt)
1 Messerspitze Zimtpulver

In einem Mixer die Äpfel und die Zwiebeln fein hacken, aber nicht zu Mus pürieren. Dann in eine Sauteuse geben und bei mäßiger Hitze 10 Min. köcheln. Den Sherry-Essig dazugießen und 20 Min. weiterköcheln lassen. Dabei muß das Ganze sehr weich werden und zu einem Mus verkochen. Anschließend den Rohrzucker und den Zitronensaft hinzufügen und nochmals 15 Min. bei geringer Hitze köcheln, bis nahezu die ganze Flüssigkeit eingekocht ist. Die Minze und das Zimtpulver mit einem Löffel untermischen und in eine Porzellanschüssel füllen. Im Kühlschrank abkühlen.

Scharfes Paprika-Relish aus Marokko

Diese Sauce wird kalt z. B. zu fritierten Bällchen aus Kichererbsenmehl mit Sesam oder auch zu gegrilltem Lammfleisch serviert.

1 rote Paprikaschote
1 EL Olivenöl
2 Zwiebeln (sehr fein gehackt)
2 Knoblauchzehen
(durch die Presse gedrückt)
0,1 l Wasser
2 EL Rotweinessig
1 TL dickflüssiger Balsamico-Essig
1 TL scharfes englisches Senfpulver
1 EL brauner Rohrzucker
1 Messerspitze Cayennepfeffer
frisch gemahlener schwarzer Pfeffer
1 Messerspitze Meersalz

Die Paprikaschote halbieren, den Stielansatz, die Rippen und Kerne entfernen. In einer breiten Edelstahlpfanne das Olivenöl erhitzen, den Paprika, die Zwiebeln und den Knoblauch etwa 3 Min. bei nicht zu starker Hitze darin rösten. Mit Wasser ablöschen und den Essig, das Senfpulver, den Rohrzucker sowie den Cayennepfeffer hinzufügen und alles bei nicht zu starker Hitze 5 Min. köcheln und um ein Drittel reduzieren. Zum Schluß kurz mit dem Pürierstab durchmixen (dabei aber nicht zu fein pürieren). Mit Pfeffer und Meersalz abschmecken und im Kühlschrank mindestens 1 Std. ziehen lassen.

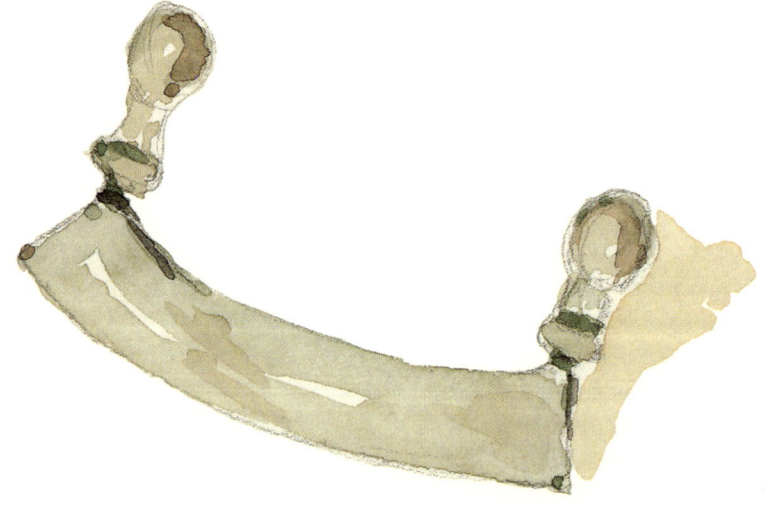

Mexikanisches Chili-Relish

Diese scharf und auch etwas säuerlich schmeckende Sauce wird gerne als Dip oder als Beigabe zu gegrillten Rindersteaks oder zu knusprig gegrilltem Geflügel verwendet.

4 Maiskolben
Meersalz
3 Chilischoten
3 rote Paprikaschoten
2 EL helle Senfkörner
1 TL weiße Pfefferkörner
(im Mörser kräftig zerdrückt)
2 TL Fenchelsamen
2 EL brauner Rohrzucker
0,1 l Sherry-Essig
3 Stangen Bleichsellerie (längs halbiert und in kleine Stücke geschnitten)
2 Schalotten (fein gehackt)
2 TL Kartoffelstärke

Mit einem scharfen Messer von den Maiskolben die Maiskörner abschneiden und in eine Sauteuse schütten, mit Wasser bedecken, eine Prise Salz darüberstreuen und bei nicht zu starker Hitze in 20 Min. weich kochen. Den Stielansatz der Chili- und Paprikaschoten entfernen, halbieren, entkernen und in kleine Würfel hacken. In einem Mörser die Senf- und Pfefferkörner sowie die Fenchelsamen kräftig zerstoßen. In eine Sauteuse den Sherry-Essig gießen und den Sellerie, die Chiliwürfel, die Schalotten sowie den Rohrzucker geben und 20 Min. bei nicht zu starker Hitze köcheln. Dann die zerstoßenen Pfeffer- und Senfkörner sowie Fenchelsamen untermischen. Anschließend die gegarten Maiskörner und die Paprikawürfel unterrühren und das Ganze nochmals 10 Min. bei nicht zu starker Hitze köcheln. Mit Meersalz und Pfeffer abschmecken. Die Stärke mit 3 EL kaltem Wasser zu einer Paste rühren. Die Sauce aufkochen und diese Paste nach und nach untermischen. Den Topf vom Herd ziehen und die Sauce in eine Porzellanschüssel füllen. Abkühlen lassen und etwa 1½ Std. im Kühlschrank durchziehen lassen.

Butter, Mayonnaisen und Sabayons

Beurre Côte d'Azur

(Kräuterbutter zu Steaks)

Diese rosafarbene Kräuterbutter paßt vor allem gut zu frisch gebratenem oder auch zu gedünstetem Geflügel oder zu gegrillten Kalbsfiletstücken.

6 Sardellenfilets
4 Schalotten
(in grobe Stücke geschnitten)
2 Knoblauchzehen
(in grobe Stücke geschnitten)
1 EL frische glatte Petersilie
(fein gehackt)
1 EL frischer Estragon (fein gehackt)
350 g zimmerwarme Butter
5 EL konzentriertes Tomatenmus
(kein Tomatenmark)
Meersalz
frisch gemahlener weißer Pfeffer
2 EL alter Cognac

Die Sardellenfilets kräftig wässern, ausnehmen und in Stücke schneiden. In einem kleinen Mixer die Schalotten-, Knoblauch- und Sardellenstücke sowie die Kräuter sehr fein mixen. In einer großen Metallschlagschüssel die Butter cremig aufschlagen. Die Kräutermasse hinzufügen und nach und nach das Tomatenmus unterschlagen. Zum Schluß mit Salz, Pfeffer und dem Cognac abschmecken. Nochmals kräftig mit einem Kochlöffel durcharbeiten und in einer Porzellanschüssel abgedeckt im Kühlschrank kalt stellen.
Die Butter hält sich im Kühlschrank gut abgedeckt etwa 4 Tage. Sie kann jedoch auch in Würfelform (am besten im Eiswürfelbehälter) eingefroren werden, dann hält sie sich 3 bis 4 Monate.

Beurre Café de Paris

(Kräuterbutter)

Dies ist unter den verschiedenen Arten von Kräuterbutter die „Luxus-Kräuterbutter", nicht zuletzt wegen der großen Anzahl an Zutaten und der aufwendigen Zubereitungsart. Leider wird in der Gastronomie oft eine minderwertigere Kräuterbutter unter dem Namen „Beurre Café de Paris" serviert. Diese Butter paßt vorzüglich zu gegrillten Rinderfilets oder zu großen Rindersteaks.

Je 1 TL frische Kräuter (fein gehackt):
Majoran, Dill, Thymian, Rosmarin
1/2 TL Paprikapulver (edelsüß)
1/2 TL mildes indisches Curry
1 Messerspitze Cayennepfeffer
je 1 EL Kräuter (sehr fein geschnitten):
Petersilie, Schnittlauch, Estragon
1 TL mittelscharfer Senf
1 TL gewässerte Kapern (fein gehackt)
1 TL stark eingekochtes Tomatenpüree
(kein konzentriertes Tomatenmark!)
2 kleine Schalotten (sehr fein gehackt)
1 Messerspitze Lorbeerpulver
1 große Knoblauchzehe
(durch die Presse gedrückt)
3 gewässerte Sardellenfilets
(sehr fein gehackt)
1 EL Cognac
1 TL Madeira
1 TL Worcestersauce
1 unbehandelte Zitrone
(Saft und fein geriebene Schale)
1/2 TL getrocknete Orangenschale
(fein gehackt)
1/2 TL feines Meersalz
500 g zimmerwarme Butter

Sämtliche Zutaten (zunächst ohne Zitronensaft, Cognac und natürlich ohne Butter) in einen Mixer geben und zu einem feinen Püree verarbeiten. Zuletzt den Zitronensaft und Cognac noch daruntermixen und die ganze Masse in einer Porzellanschüssel im Kühlschrank abgedeckt mindestens 24 Std. ziehen lassen. Dies ist sehr wichtig, damit sich sämtliche Aromen miteinander verbinden und dieser fein abgestimmte Geschmack sofort auf die Butter übertragen wird. In einer großen Metallschlagschüssel die zimmerwarme Butter mit dem Schneebesen cremig durchrühren. Die vorbereitete Kräuter-Gewürz-Masse nach und nach einschlagen. Die Schüssel dann auf Eiswürfel stellen und die Masse mit einem Kochlöffel nochmals kräftig weiterbearbeiten. Anschließend in eine Porzellanschale füllen und im Kühlschrank nochmals 24 Std. stehen lassen.
Die Butter kann selbstverständlich auf Vorrat hergestellt werden und hält sich im Kühlschrank etwa 5 Tage oder eingefroren im Eiswürfelbehälter 2 bis 3 Monate.

Haushofmeisterbutter

Diese cremige Butter läßt sich sehr schnell herstellen. Wichtig ist die Verwendung von frischen Zutaten, also frische glatte Petersilie und frische Thymianblättchen. Sie eignet sich vor allem zu gegrillten Rinder- oder Schweinesteaks.

150 g zimmerwarme Butter
3 TL frisch gepreßter Zitronensaft
1 EL frische glatte Petersilie
(sehr fein gehackt)
1/2 TL Meersalz
frisch gemahlener weißer Pfeffer
1/2 TL Cayennepfeffer
1 TL frische Thymianblättchen
(sehr fein gehackt)

In einer großen Metallschlagschüssel die Butter mit dem Schneebesen glattrühren. Sämtliche Zutaten nach und nach zugeben und dabei immer kräftig mit dem Schneebesen schlagen. Die Butter in eine Porzellanschale geben und im Kühlschrank kalt stellen. Da frische Kräuter verwendet werden, schmeckt sie am besten frisch zubereitet. Sie kann jedoch im Kühlschrank bis zu 1 Woche aufbewahrt werden.

Sauce hollandaise
(Holländische Sauce)

Die Sauce hollandaise zählt zu den Klassikern der Saucen, und es gibt unterschiedliche Abwandlungen in bezug auf deren Herstellung. Bei dem vorliegendem Rezept handelt es sich um eine etwas aufwendigere Zubereitungsart aus der Zeit um 1900.

1 kleine Zwiebel (sehr klein zerhackt)
4 Schalotten (sehr klein zerhackt)
15 weiße Pfefferkörner
(im Mörser leicht zerdrückt)
2 Nelken (im Mörser leicht zerdrückt)
1 Lorbeerblatt (in Stücke gebrochen)
1 EL glatte Petersilie (grob gehackt)
1 TL getrockneter Estragon
1 kleines Stück fein abgeschnittene Zitronenschale
(von 1 unbehandelten Zitrone)
6 EL Weißweinessig
2 EL sehr kaltes Wasser
3 Eigelb
200 g Butter
80 g kalte Butter (in Stücke geschnitten)
Salz
frisch gemahlener weißer Pfeffer
gemahlene Muskatnuß
(von ganzer Nuß)
1 TL Cayennepfeffer
1 TL Zitronensaft

Zutaten Milchsauce:
20 g Butter
30 g Mehl
0,3 l Milch
Salz
frisch gemahlener weißer Pfeffer

Zunächst eine sogenannte „Reduktion" herstellen. In eine Sauteuse die Zwiebeln, die Schalotten, den Pfeffer, die Nelken, die Lorbeerstücke, die Petersilie, den Estragon, das Zitronenschalenstückchen und den Weißweinessig geben. Bei starker Hitze einkochen, so daß die Flüssigkeit nahezu vollständig verdampft ist. Diese Reduktion vom Feuer nehmen und das Wasser sowie die Eigelb hinzufügen. Das Ganze mit dem Schneebesen kräftig schlagen und in das heiße Wasserbad geben. Dort weiter mit dem Schneebesen schlagen und nach und nach die 200 g Butter einschlagen.

Dabei die Hitze des Wassers vom Wasserbad langsam reduzieren und darauf achten, daß dieses in keinem Fall kocht.

In der Zwischenzeit die Milchsauce herstellen:
Die Butter und das Mehl in einem Topf leicht anrösten. Dann den Topf von der Herdplatte ziehen, 0,15 l warme Milch dazugießen und mit dem Schneebesen kräftig durchschlagen. Dann den Topf wieder auf die mäßig heiße Platte setzen und die restliche Milch dazugeben. Dabei immer mit dem Schneebesen schlagen und 15 Min. kochen lassen. Mit Salz sowie Pfeffer würzen und durch ein Passiertuch streichen. Die so hergestellte Milchsauce zu der im Wasserbad geschlagenen Sauce hollandaise mischen und mit dem Schneebesen unterschlagen. Die ganze Sauce dann durch ein Passiertuch oder ein Haarsieb passieren und warm halten. Wichtig ist, daß die Sauce auch jetzt nicht kocht, da sie sich sonst absetzt. Wenn die Sauce serviert werden soll, noch die kalten Butterstücke mit dem Schneebesen unterschlagen. Zum Schluß mit Salz, Pfeffer, Muskatnuß sowie Cayennepfeffer abschmecken. Den Zitronensaft hinzugießen und nochmals mit dem Schneebesen durchschlagen.

Hinweis: Natürlich gibt es noch eine einfachere Version der Sauce hollandaise, wobei dabei die 3 Eigelb in einen Wasserbadtopf gegeben und nach und nach 150 g Butter untergeschlagen werden. Diese natürliche Sauce hollandaise nur leicht mit Salz (also nicht mit Pfeffer, Muskatnuß und Cayennepfeffer) abschmecken. Da es sich hier um eine sehr neutrale Sauce hollandaise handelt, wird sie zu Gemüse mit viel Eigengeschmack serviert (z. B. zu frisch gekochten Artischocken oder Spargel).

Kräuterbutter

300 g zimmerwarme Butter
1 EL frische Kräuter: glatte Petersilie, Estragon, Thymian und Schnittlauch
(sehr fein gehackt)
½ TL Meersalz
½ TL milder Curry
2 Knoblauchzehen
(durch die Presse gedrückt)
1 Schalotte
(in feine Würfel geschnitten)
1 TL frisch gepreßter Zitronensaft
frisch gemahlener weißer Pfeffer

Die Butter in einer Schüssel mit den Kräutern, dem Salz und dem Curry vermischen. Den Knoblauch und die Schalottenwürfel ebenfalls dazugeben. Mit dem Zitronensaft und dem Pfeffer abschmecken und alles kräftig verrühren.
In ein Keramikschüsselchen füllen, abdecken und im Kühlschrank kalt stellen.

Gekochte Mayonnaise

Dieses Originalrezept der Mayonnaise aus dem 19. Jahrhundert ist leichter verdaulich als die pure Ei-Öl-Mayonnaise. Zur Herstellung dieser Sauce sind 3 EL Fleischbrühe erforderlich.

4 Eier
3 EL feines Olivenöl
1 EL Weißweinessig
3 EL kräftige Fleischbrühe
Salz
frisch gemahlener weißer Pfeffer
4 EL saure Sahne (Schmant)
1 TL Petersilie (sehr fein gehackt)
1 Salzgurke
(in kleine Würfel geschnitten)
1 EL Kapern (gewässert)

In eine Schlagschüssel die Eier geben, dazu das Olivenöl, den Weißweinessig, die Fleischbrühe, das Salz und den Pfeffer. Mit dem Schneebesen diese Masse im Wasserbad (das Wasser darf auf keinen Fall kochen!) schlagen, bis sie dick und cremig wird. Die Schlagschüssel auf kaltes Wasser setzen und mit dem Schneebesen weiter kräftig schlagen, bis sie nur noch lauwarm ist. Anschließend saure Sahne (Schmant) dazugeben und ebenfalls unterschlagen. Die Petersilie, die Salzgurke und die Kapern mit einem Löffel unter die Mayonnaise heben.
Diese gekochte Mayonnaise kann noch auf eine weitere Art zubereitet werden: 6 Eigelb, 2 EL Mehl, 0,5 l süße dickflüssige Sahne, 4 EL Sonnenblumenöl, 4 EL Essig sowie Salz und frisch gemahlener weißer Pfeffer im Schlagkessel auf dem Wasserbad mit dem Schneebesen ebenfalls dick und cremig schlagen. Anschließend kurz auf kaltem Wasser weiterschlagen und durch ein sehr feines Sieb streichen. Auch bei dieser Version können Kräuter, Kapern oder geschnittene Salzgurken dazugegeben werden.
Die Mayonnaise hält sich gut abgedeckt mehrere Tage im Kühlschrank.

Krebsbutter

Die Krebsbutter wird für verschiedene Saucen benötigt wie zum Beispiel auch zur „Englischen Krebssauce zu Blumenkohl"! Voraussetzung dazu sind frisch gekochte Flußkrebse bzw. die Schalen dieser Krebse.

Schalen von 20 frisch gekochten
Krebsen
200 g weiche Butter
1 l warmes Wasser

Zubereitung der Krebse bzw. Krebsschalen:
Wenn nicht schon zubereitete gekochte Krebse vorhanden sind, sondern lebende Krebse, so werden diese wie folgt behandelt: Die Krebse in frischem kaltem Wasser reinigen und in einen großen Topf mit kochendem Wasser (ohne Salz!) geben. Dort auf großer Hitze 5 Min. kochen. Dann sofort herausnehmen und aus den Schalen brechen.

Zubereitung der Krebsbutter:
In einen großen Steinmörser die Schalen der Krebse geben und grob zerkleinern. Die Butter hinzufügen und im Mörser alles fein zerstoßen. Wenn kein Mörser vorhanden ist, ist das Zerkleinern auch im Mixer (bei geringer Geschwindigkeit) möglich. Die ganze Masse dann in eine Sauteuse geben und bei mittlerer Hitze durchrühren. So lange rösten, bis die Butter eine dunkelrotbraune Farbe bekommt bzw. dunkelrotbraune Blasen wirft. Dann das Wasser zugeben und einmal aufkochen lassen. Durch ein feines Sieb in eine Schüssel passieren und kalt stellen.
Die rote Krebsbutter wird auf der Oberfläche der Masse eine Scheibe bilden, die dann für den weiteren Verbrauch verwendet werden kann. Das sich darunter befindende Wasser, welches den Geschmack der Krebse angenommen hat, kann zu einer Suppe verwendet werden (mit der gleichen Menge Fleischbrühe, wobei die frischen Krebsschwänze in dieser Suppe serviert werden).

Pestobutter zu gebratenem Fisch

Diese Art Kräuterbutter wird zur Verfeinerung von Fischsaucen verwendet. Beispiel: Kräftig eingekochter Fischfond wird mit der gleichen Menge Sahne aufgekocht und mit etwas Zitronensaft, Cayennepfeffer und 1 EL Madeira verfeinert. Anschließend 1 EL dieser Pestobutter dazugeben und mit dem Schneebesen aufschlagen.

1 EL Pinienkerne
2 Knoblauchzehen
(durch die Presse gedrückt)
2 EL frische Spinatblätter
(klein gehackt)
1 EL frische Basilikumblätter
(sehr fein gehackt)
3 EL frisch gemahlener Parmesan
3 EL sehr feines kalt gepreßtes Olivenöl
Meersalz
4 EL zimmerwarme Butter

Die Pinienkerne in einer beschichteten Pfanne kurz anrösten, so daß sie leicht hellbraun werden. Dann in einen kleinen Mixer den Knoblauch, die Spinatblätter, das Basilikum, die Pinienkerne, Parmesan, das Olivenöl und Meersalz geben und kräftig durchmixen.
Nun alles in eine Schüssel füllen und die Butter darunterkneten. Die Masse durch ein feines Haarsieb streichen und in einem Tontöpfchen in den Kühlschrank stellen.

Senfbutter zu Sandwiches

Das Rezept zu dieser kräftig gewürzten Butter stammt aus der Zeit um 1900. Damit wird Toastbrot oder knuspriges frisches Baguette bestrichen und kann mit Tomaten oder Gurken belegt werden.

> 300 g zimmerwarme Butter
> 1 TL englisches Senfpulver
> 1/2 TL feines Meersalz
> 1/2 TL Cayennepfeffer
> 1 Messerspitze geriebene Muskatnuß
> 1 TL frisch gepreßter Zitronensaft

In einer Metallschlagschüssel die Butter und das Senfpulver mit dem Schneebesen gut miteinander verrühren. Die weiteren Gewürze hinzufügen und weiter mit dem Schneebesen kräftig durchschlagen. Nicht zu stark abkühlen lassen, damit die Butter noch streichfähig ist. Möglichst frisch verwenden.

Aprikosenmayonnaise

Für die endgültige Zubereitung der Sauce muß zunächst eine frische Mayonnaise zubereitet werden. Außerdem ist es wichtig, aromatisches scharfes indisches Currypulver zu verwenden. Diese Sauce wird kalt zu frisch gegrillten Schweinesteaks oder heißem in Brühe gekochtem Rindfleisch gereicht.

> 100 g Aprikosenkonfitüre
> (also Aprikosengelee mit kleinen Fruchtstückchen)
> 0,2 l frisch geschlagene Mayonnaise
> 2 TL scharfes indisches Currypulver

Zunächst die Mayonnaise herstellen und dabei nicht zu kräftig würzen. Die Aprikosenkonfitüre leicht erwärmen und in einer Rührschüssel mit dem Schneebesen glattarbeiten, unter die Mayonnaise rühren und mit Currypulver abschmecken. Nochmals kräftig in einer Schlagschüssel aufschlagen und sofort servieren.

Sardellenbutter

Diese gewürzte Butter wird zur Verfeinerung von Saucen verwendet. Sie eignet sich sehr gut zum Aufbewahren im Kühlschrank und sollte dabei mit einer Folie abgedeckt werden. Es empfiehlt sich deshalb, eine etwas größere Menge herzustellen, wobei die Lagerzeit nicht über 2 Wochen hinausgehen sollte.

> 4 eingesalzene Sardellen
> 100 g zimmerwarme Butter

Die Sardellen gründlich mit kaltem Wasser waschen und mit einem Tuch oder Küchenkrepp trockentupfen. Danach der Länge nach in 2 Hälften teilen und die Rückengräte herausnehmen. Die Sardellen dann in kleinere Stücke schneiden und mit der Butter in einem Steinmörser das Ganze fein zerstoßen und durch ein Haarsieb streichen. Nochmals kurz durchrühren und sofort kühl stellen.

Hinweis: Auf die gleiche Art ist es möglich, mit geräuchertem Lachs Lachsbutter herzustellen. Dabei werden dünne Scheiben von Lachs ebenfalls kurz unter frischem Wasser gewaschen und in kleine Stücke geschnitten. Die weitere Zubereitung ist wie bei Sardellenbutter.

Fruchtige Sand-dornmayonnaise zu Pasteten

Für die Zubereitung dieser Sauce ist es erforderlich, zunächst 150 g Mayonnaise selbst frisch herzustellen (die selbst hergestellte Mayonnaise schmeckt cremiger und milder als die im Glas gekaufte). Weiter braucht man Kumquats (kleine Bitterorangen aus Israel) sowie Sanddorn/Ursaft (also nicht gesüßter Sirup). Diese kalt geschlagene Sauce paßt gut zu Fasanen- und Entenbraten oder auch zu kräftigen Wildpasteten.

> 150 g frisch zubereitete Mayonnaise
> 5 EL süße Sahne
> 6 EL ungesüßter Sanddorn/Ursaft
> 3 EL Bitterorangenlikör (Grand Marnier)
> 1 EL brauner Rohrzucker
> Meersalz
> frisch gemahlener weißer Pfeffer
> 2 EL Walnußkerne (grob gehackt)
> 1 Blutorange
> 3 Kumquats

Zunächst 150 g frische Mayonnaise zubereiten (siehe Rezept). Die Sahne zuerst steif schlagen und dann mit dem Schneebesen vorsichtig unter die Mayonnaise heben. Den Sanddorn/Ursaft mit dem Bitterorangenlikör und dem Zucker verrühren und ebenfalls mit dem Schneebesen in die Mayonnaise einarbeiten. Mit Salz und Pfeffer abschmecken.
Die Walnüsse in einer beschichteten Pfanne kurz anrösten, abkühlen lassen und mit einem Löffel unter die Sauce heben. Die Orange mit einem scharfen Messer gründlich abschälen und die Filets herausschneiden.
Den sich dabei ergebenden Orangensaft auch in die Mayonnaise einschlagen. Bei den Kumquats an beiden Enden ein Stück abschneiden (nicht schälen!) und dann in 1 mm dicke Scheibchen schneiden. Die Orangenfilets und Kumquatscheibchen ebenfalls unter die Sauce rühren und sofort servieren.

Forellenröllchen mit Schnittlauchsabayon

> 100 g frisches Hechtfleisch
> (in grobe Stücke geschnitten)
> 2 Eiswürfel
> Salz
> frisch gemahlener weißer Pfeffer
> 0,2 l Crème fraîche
> 6 Forellen
> 500 g Fischabfälle (für Fond)
> 0,5 l trockener Riesling
> 5 Champignons (grob gehackt)
> 1 Knollensellerie
> (golfballgroßes Stück, fein gewürfelt)
> 1 Petersilienwurzel (halbiert)
> 3 Schalotten (fein gewürfelt)
> 100 g Butter
> 0,1 l trockener Wermut
> Saft von 1 Zitrone

Die Hechtfleischstücke im Mixer kurz pürieren (das Fleisch muß sehr gut gekühlt sein). 2 Eiswürfel, Salz, Pfeffer sowie die Crème fraîche hinzufügen und alles fein mahlen. Diese Masse durch ein Haarsieb streichen und im Kühlschrank 1 Std. gut durchkühlen.

Die Forellen filetieren und den sich dabei ergebenden Abfall mit den Fischabfällen (von anderen Fischen) in einem breiten Topf zusammen mit dem Riesling, den Champignonstücken, den Selleriewürfeln sowie den Petersilienwurzelhälften etwa 30 Min. köcheln. Anschließend diesen Fond von der Platte nehmen und noch weitere 20 Min. ziehen lassen. Durch ein feines Spitzsieb (mit einem Mulltuch ausgelegt) seihen und um ein Drittel reduzieren. Die Forellenfilets mit Salz sowie Pfeffer würzen und mit Zitronensaft beträufeln. Die Filets mit der Hechtfarce bestreichen, einrollen und mit einem Holzspießchen feststecken.
Nun die Schalottenwürfel mit etwa 60 g zimmerwarmer Butter vermengen und in Flocken in einen breiten Topf auf dem Boden verteilen. Den Wermut angießen und den stark eingekochten Fischfond dazugeben. Die Forellenröllchen in diese Flüssigkeit legen, bei mäßiger Hitze etwa 8 Min. pochieren. Die Röllchen mit einem Schaumlöffel herausnehmen und in einer Form warm halten (dabei mit zerlassener Butter bestreichen).
Dazu wird Schnittlauchsabayon (siehe Rezept) gereicht.

Mandelmayonnaise ohne Ei zu Rohkostteller

Dieses etwas ungewöhnliche Rezept stammt aus der Zeit um 1930. Zu der Mayonnaise wird kein Ei verwendet, sondern ein frisch hergestelltes Mandelpüree.

50 g frische Mandeln
2 TL kaltes Wasser
0,2 l gutes kalt gepreßtes Olivenöl
1 TL frisch gepreßter Zitronensaft
1 Schalotte (fein gehackt)
1 Messerspitze Selleriesalz
½ TL Curry
½ TL Dijon-Senf

Die Mandeln zunächst in kochendes Wasser legen, dann herausnehmen und die Schalen abstreifen. Nun in einem kleinen Mixer oder mit dem Pürierstab ganz fein mixen, so daß sich 1 voller EL ergibt. Dieses Mandelpüree mit dem Wasser verrühren und in eine Schlagschüssel geben. Danach das Olivenöl mit dem Schneebesen unterschlagen, so daß eine dickflüssige Mayonnaise entsteht. Während des Schlagens den Zitronensaft unterrühren.
Zum Schluß die Schalotte, das Selleriesalz, den Curry sowie den Senf mit dem Schneebesen unterarbeiten, so daß sich eine lockere cremige Sauce ergibt. Sofort servieren, da sich sonst das Olivenöl absetzt.

Pilzfondsabayon zu gebratenem Gemüse

Diese cremige und im Wasserbad aufgeschlagene Sauce paßt gut zu gemischtem und in kleine Stücke geschnittenem Gemüse (z. B. Staudensellerie, Karotten, Kohlrabi, Champignons, Austernpilze usw.). Für die Herstellung ist 0,3 l Pilzfond erforderlich. Die Menge reicht als Beilage für 6 Personen aus.

1 TL Kümmel
1 TL Kreuzkümmel
1 TL Korianderkörner
0,3 l Pilzfond (siehe Rezept)
0,1 l trockener Riesling
4 Eigelb
100 g Butter (bei mäßiger Hitze in einem kleinen Topf zerlassen)
1 TL Balsamico-Essig
Meersalz
frisch gemahlener schwarzer Pfeffer
1 TL frisch gepreßter Zitronensaft

Den Wasserbadtopf für das Wasserbad aufsetzen und das Wasser stark erhitzen. Den Kümmel, Kreuzkümmel und die Korianderkörner in einer beschichteten Pfanne etwa 5 Min. bei nicht zu starker Hitze rösten (die Gewürzkörner duften dabei sehr stark). Etwas abkühlen lassen und im Mörser grob zerdrücken. In einer Sauteuse den Pilzfond mit dem Riesling aufkochen und die zerdrückten Gewürzkörner dazuschütten. Bei nicht zu starker Hitze auf die Hälfte reduzieren. Etwas abkühlen lassen und durch ein Haarsieb in eine Metallschlagschüssel streichen. Die Eigelb hinzufügen, kräftig mit dem Schneebesen aufschlagen und den Topf in das Wasserbad stellen. Wichtig ist, darauf zu achten, daß das Wasser im Wasserbadtopf nicht kocht. Anschließend die zerlassene Butter mit dem Schneebesen unterschlagen und mit dem Balsamico-Essig, dem Meersalz und dem Pfeffer abschmecken. Zum Schluß den Zitronensaft untermischen, den Topf vom Wasserbad nehmen, etwas abkühlen lassen und nochmals mit dem Schneebesen die Masse durchschlagen. Lauwarm zu dem frisch gebratenem Gemüse servieren.

Remouladensauce

Die Remouladensauce ist eine kalte Sauce, die hervorragend zu jeder Art von Fisch, Braten oder auch gekochtem Pökelfleisch paßt.

1 kleine Zwiebel
(geschält und fein gerieben)
3 hartgekochte Eidotter
(mit einer Gabel fein zerdrückt)
3 TL scharfer Dijon-Senf
6 EL Sonnenblumenöl
1 EL Zucker
0,25 l Weinessig
Salz
frisch gemahlener weißer Pfeffer
3 Sardellen
(gewässert, gesalzen und fein zerhackt)
1 EL Kapern

Die Zwiebel und die Eidotter mit Dijon-Senf, Sonnenblumenöl, Zucker und Weinessig vermischen. Das Ganze muß sich gut verbinden. Die Masse mit Pfeffer und Salz abschmecken. Die Sardellen unter die Sauce geben und danach die Masse durch ein Haarsieb streichen.
Die Kapern mit kaltem Wasser gut abwaschen und am Schluß unter die Sauce geben. Die Sauce kann in einem geschlossenem Gefäß 2 bis 3 Tage im Kühlschrank aufbewahrt werden.

Ingwermayonnaise

Diese aromatische indische Sauce paßt vor allem zu gegrillten Geflügelstückchen oder zu paniertem gebratenem Fisch.

1 saftiger säuerlicher Apfel
1 TL Zitronensaft
100 g selbst zubereitete Mayonnaise
2 EL Mango-Chutney (siehe Rezept)
1 TL scharfes indisches Currypulver
1 TL Ingwerpulver

Den Apfel schälen, in Viertel schneiden und das Kerngehäuse entfernen. Auf einer feinen Reibe die Apfelstücke zu Mus zerreiben und sofort den Zitronensaft darübergeben (damit der Apfel nicht braun wird). Das Mango-Chutney sehr fein zerhacken oder in einem Mixer pürieren.
In die frisch zubereitete Mayonnaise das Apfelmus und das Mango-Chutney geben. 5 Min. stehen lassen und zum Schluß mit einem Löffel das Curry- und Ingwerpulver unterrühren.
Sofort servieren, damit das Aroma erhalten bleibt.

Schnittlauchsabayon

0,5 l Fischpochier-Fond
3 große Eigelb
2 Bund Schnittlauch (fein geschnitten)
1 EL frisch ausgepreßter Zitronensaft
30 g Butter
Salz
frisch gemahlener weißer Pfeffer

Den von dem Hauptgericht vorhandenen Fischpochier-Fond durch ein feines Sieb gießen und um ein Drittel reduzieren. Dann den Pochierfond leicht abkühlen lassen und zusammen mit den Eigelb mit einem Schneebesen aufschlagen (dabei die Flüssigkeit mäßig erhitzen). Die Erhitzung kann sinnvollerweise auch im Wasserbad erfolgen. Anschließend den Schnittlauch und den Zitronensaft zufügen. Die Butter zerlaufen lassen und (nur lauwarm!) mit dem Schneebesen einschlagen, so daß die ganze Masse schaumig wird. Mit etwas Salz und Pfeffer abschmecken.

Hinweis: Diese Sabayon kann für alle Meeres- oder Süßwasserfische verwendet werden, die in einem Court-Bouillon gar gezogen sind.

Dips, Brotaufstriche und Senf

Aïoli

(französische Knoblauchsauce)

Diese klassische französische Sauce wird vor allem zu gedünstetem Meeresfisch serviert. Sie paßt aber (genauso wie die scharfe Sauce „Rouille") auch zu der berühmten französischen Fischsuppe „Bouillabaisse". Die Herstellung dieser cremigen Sauce gelingt am besten mit einem großen Marmormörser mit Holzstößel.

1 TL grobes Meersalz
10 Knoblauchzehen
(in grobe Stücke geschnitten)
3 dicke Scheiben Baguette oder
Weißbrot (ohne Rinde)
0,15 l Vollmilch
2 Eigelb
0,3 l kalt gepreßtes Olivenöl
1 TL Zitronensaft

In den Mörser das Meersalz mit den Knoblauchstücken geben und sehr fein zerstoßen. Das Weißbrot in der Milch einweichen, sehr gut ausdrücken und zu der Masse in den Mörser geben, ebenfalls die Eigelb und alles kräftig zerstoßen. Das Ganze dann in eine Schlagschüssel füllen und mit dem Schneebesen das Olivenöl nach und nach unterschlagen. Es muß sich dabei eine cremige Sauce (ähnlich wie die Sauce hollandaise) ergeben. Zum Schluß mit Zitronensaft abschmecken. Diese Sauce schmeckt am besten ganz frisch zubereitet. Sie hält sich jedoch auch im Kühlschrank abgedeckt bis zu 1 Woche. Dabei sollte sie jedoch vor dem Servieren nochmals mit dem Schneebesen aufgeschlagen werden.

Auberginendip

(Afrika)

Durch die Zugabe einer Chilischote erhält diese cremige Sauce eine scharfe Note. Sie wird lauwarm zu frisch geröstetem Schwarzbrot serviert.

2 kleine Auberginen
(in grobe Würfel geschnitten)
5 EL Olivenöl
2 Zwiebeln
(in kleine Würfel geschnitten)
3 Knoblauchzehen (durchgepreßt)
1 frische rote Chilischote
(zuerst entkernen, den Stengelansatz
wegschneiden und dann
fein zerhacken)
1 TL gemahlener Kreuzkümmel
1/2 TL Kurkumapulver
4 Fleischtomaten
(in grobe Stücke geschnitten)
1 Limone (den Saft ausgepreßt)
2 EL frische glatte Petersilie
(fein gehackt)
Meersalz
frisch gemahlener weißer Pfeffer

Die Auberginen im Olivenöl anbraten, bis sie weich werden und eine dunkelbraune Farbe bekommen. Dann die Auberginenwürfel aus der Pfanne nehmen und in dem gleichen Öl die Zwiebeln, den Knoblauch und die zerhackte Chilischote 5 Min. anbraten. Anschließend den Kreuzkümmel und das Kurkumapulver dazugeben und nochmals 5 Min. bei mäßiger Hitze weiterdünsten. In die Zwiebel-Knoblauch-Masse die Tomatenwürfel, den Limonensaft, die Petersilie sowie die Auberginenwürfel hineinrühren und das Ganze 20 Min. bei mäßiger Hitze durchköcheln lassen. Dabei mit dem Kochlöffel zerdrücken, so daß sich nach und nach eine dickflüssige Masse ergibt. Erst am Schluß mit Meersalz sowie Pfeffer abschmecken und dann abkühlen lassen.

Auberginenpüree

(Baba Ghannooj)

Dieses Rezept stammt aus dem Vorderen Orient und wird als Dip für weißes Fladenbrot bzw. Sesambrot verwendet.

500 g Auberginen
2 EL frisch ausgepreßter Zitronensaft
2 Knoblauchzehen (fein zerhackt)
2 EL arabische Sesamsauce
(Tarator – siehe Rezept)
1 TL Salz
2 EL Zwiebeln (fein gehackt)
1 EL glatte Petersilie (fein gehackt)
1 EL Olivenöl

Den Backofen auf höchste Temperatur (250 °C) vorheizen. Das Backblech in die oberste Schiene einschieben. Die Auberginen mit einer Gabel mehrfach einstechen und in den Backofen legen. Dort etwa 25 Min. rösten lassen, bis die äußere Haut anfängt zu verkohlen. Dann die Auberginen herausnehmen und in einem Sieb abkühlen lassen. Wenn die Auberginen abgekühlt sind, die Haut abschälen bzw. abziehen und die angebrannten Stellen wegschneiden. Dann die Auberginen mit dem Messer fein zerhacken und in einer Schüssel zu einer glatten Masse verarbeiten. Danach den Zitronensaft einrühren. Den Knoblauch ebenfalls untermischen. Anschließend die arabische Sesamsauce sowie das Salz mit dem Schneebesen einschlagen und alles in eine kleinere Schüssel geben. Die Zwiebeln sowie die Petersilie darüberstreuen und das Olivenöl darauf träufeln. Das Ganze sofort servieren und als Dip für Fladenbrot oder Baguette verwenden.

Buttermilch-Avocado-Sauce als Gemüsedip

Diese kalte cremige Sauce wird zu rohem knackigem Gemüse, das in Scheiben geschnitten wird (z. B. Stangensellerie, Salatgurken, Paprikaschoten usw.), serviert.

1 große reife Avocado
150 g dicke saure Sahne
(z. B. Crème fraîche)
0,2 l Buttermilch
Saft von ½ Zitrone
2 Knoblauchzehen
(durch die Presse gedrückt)
2 Schalotten (fein gewürfelt)
2 in Salz eingelegte Sardellenfilets
(unter fließend kaltem Wasser
abgewaschen und sehr fein gehackt)
Meersalz
frisch gemahlener weißer Pfeffer
½ TL Currypulver

Die Avocado schälen und das Fruchtfleisch in groben Stücken vom Kern abschneiden. Die Avocadostücke mit der Sahne, der Buttermilch und dem Zitronensaft in den Mixer füllen und fein pürieren. Danach die Masse in eine Porzellanschüssel schütten und mit dem Schneebesen durchrühren. Den Knoblauch, die Schalottenwürfel und die Sardellenstückchen unter die Masse heben und mit einem Löffel kräftig vermischen. Mit Meersalz, Pfeffer und Currypulver abschmecken.
In eine kleine Porzellanschüssel füllen und abgedeckt im Kühlschrank etwa 2 Std. gut durchkühlen lassen.

Curry-Bananen-Quark

(Dip zu Brot oder zu Kräcker)

Diese cremig-dickflüssige Sauce hat einen exotischen Geschmack durch die Verwendung von scharfem indischem Currypulver und frisch zubereitetem Mango-Chutney (siehe Rezept). Diese Sauce eignet sich vor allem dazu, daß sie einfach aufs Brot gestrichen wird oder als Dip zu Kräcker. Sie schmeckt aber auch zu Fleischfondue.

2 Bananen
Saft von 1 Zitrone
5 EL Milch
350 g Quark (mit 40 % Fettgehalt)
2 EL scharfes indisches Currypulver
½ TL Meersalz
frisch gemahlener weißer Pfeffer
3 EL frisch zubereitetes Mango-Chutney (ersatzweise Mango-Chutney aus dem Glas)
80 g geschälte Mandeln

Die Bananen schälen, durch ein feines Haarsieb streichen und in eine große Schlagschüssel geben. Den Zitronensaft und die Milch dazugießen sowie den Quark zufügen. Mit einem Schneebesen kräftig verrühren und mit dem Curry, Salz sowie Pfeffer abschmecken. Bei dem Mango-Chutney die festen Teile mit einem scharfen Messer fein zerhacken und unter die Masse mischen. Die Mandeln in einem Mörser nicht zu fein hacken und ebenfalls unter die Sauce heben. Das Ganze nochmals mit dem Schneebesen kräftig durchrühren und sofort servieren. Wenn diese Sauce länger aufbewahrt wird, erhält sie durch die Verfärbung der Bananen eine unansehnliche Farbe.

Dänischer Dip zu Rohkost

Durch die Verwendung von Edelpilzkäse erhält diese Creme eine kräftig-würzige Note. Dieser Dip wird kalt zum Eintauchen von Rohkost verwendet (z. B. in Streifen geschnittene Karotten, Zucchini, Staudensellerie, Salatgurken, geschält und entkernt) sowie blanchierten Blumenkohlröschen.

0,2 l süße Sahne
0,2 l trockener Riesling
3 Eigelb
150 g Edelpilzkäse (z. B. Bavaria blu; in grobe Stücke geschnitten)
1 EL Dillspitzen (sehr fein gehackt)
grob gemahlener weißer Pfeffer

Eine Metallschlagschüssel für den Wasserbadtopf nehmen. Die Sahne und den Riesling mit einem Schneebesen in der Schüssel kräftig schlagen. Die Eigelb sowie den Edelpilzkäse hineingeben. Anschließend auf das Wasserbad setzen (das Wasser darf nur leicht kochen) und etwa 5 Min. langsam erhitzen. Dabei immer mit dem Schneebesen durchrühren. Den Pfeffer dazugeben. Wenn die Masse zu dickflüssig wird, dann noch etwas Sahne und Weißwein zufügen. Die Schüssel dann vom Wasserbad nehmen und die Dillspitzen mit einem Löffel unterheben. Die Sauce abkühlen lassen und zu der Rohkost servieren.
Die Sauce kann gut vorbereitet werden und hält sich 2 bis 3 Tage im Kühlschrank.

255

Meerrettichdip zu Käsestangen

*150 g Sahnefrischkäse (ersatzweise
Sahnequark mit 40 % Fettgehalt)
2 EL frischer Meerrettich (gerieben)
½ TL frisch gemahlener schwarzer
Pfeffer
½ TL Knoblauchsalz*

In einer Schlagschüssel den Frischkäse
mit dem Schneebesen cremig schlagen.
Den Meerrettich unterheben und mit
dem Pfeffer und dem Knoblauchsalz
würzen. Diese cremige Sauce muß
mindestens 5 bis 6 Std. im Kühlschrank
stehen, damit sich die Aromen gut verbinden. Kalt servieren zu Kräcker oder
zu Käsestangen.

Sauce Tiroler Art

Hier handelt es sich um ein Originalrezept von Alfred Walterspiel vom
Anfang des 20. Jahrhunderts. Diese
kalte Sauce wird auf der Grundlage
einer frisch zubereiteten Mayonnaise
(siehe Rezept) hergestellt und zur
Vorspeise bzw. belegten Häppchen
serviert.

*2 EL frischer Kerbel
(sehr fein geschnitten)
2 EL frische glatte Petersilie
(sehr fein geschnitten)
2 EL frischer Estragon
(sehr fein geschnitten)
2 EL reduziertes Tomatenmark
3 EL frische Mayonnaise
Worcestersauce*

Kerbel, Petersilie und Estragon in eine
Schüssel geben und mit dem Tomatenmark sowie der Mayonnaise vermischen. Die Sauce mit einigen Tropfen
Worcestersauce abschmecken.

Mexikanische Guacamole

(Dip für Chips)

Diese berühmte mexikanische Sauce
wird als Dip für Kartoffel- oder Mais-
chips verwendet. Sie ist sehr leicht herzustellen. Es werden einfach vollreife
Avocados mit Knoblauch und Chilis
verrührt. Es gibt zu dieser Sauce verschiedene Rezeptvarianten, bzw. die
Menge des Knoblauchs oder der Chilischoten variiert sehr stark. Wenn die
Guacamole als Würzsauce oder als
Beilage zu Fleisch bzw. auch zu
Fleischfondue verwendet wird, kann
die Chili- und Knoblauchmenge erhöht werden.

*2 getrocknete rote Chilischoten
3 Knoblauchzehen (gewürfelt)
4 EL kaltes Wasser
5 vollreife Avocados*

Den Stielansatz der Chilischoten entfernen, längs aufschneiden und die Kerne
beseitigen. Die Schoten anschließend
würfeln. Die Chilischoten- und die
Knoblauchwürfel sowie das Wasser
in einen Steinmörser füllen und zu
einem Brei zerstoßen. Dies kann auch
in einem kleinen Mixer erfolgen.
Anschließend die Avocados schälen
und das Fruchtfleisch von dem Kern
schneiden. Wenn die Avocados sehr reif
sind, kann das Fruchtfleisch mit einer
Gabel zerdrückt werden. Die zerdrückte Masse durch ein Haarsieb in eine
breite Schüssel streichen. Die Chili-
Knoblauch-Masse ebenfalls durch ein
feines Haarsieb zu dem Avocadopüree
geben. Das Ganze mit einem Kochlöffel kräftig durchmischen, dann in eine
Porzellanschüssel füllen und im Kühlschrank mindestens 1 Std. kalt stellen.

Scharfer Senf-Essig-Dip zu chinesischen Frühlingsrollen

Diese Sauce paßt zu frisch gebratenen
Frühlingsrollen (eingefroren in jedem
Kaufhaus oder im Chinaladen erhältlich) oder auch als exotische Marinade
für einen gemischten Salat aus Radicchio, Chinakohl und Chicorée. Für die
Zubereitung sind 2 EL stark eingekochter Fleischfond und Sambal Oelek erforderlich. Am besten schmeckt es, wenn
auch das Sambal Oelek selbst hergestellt wird.

*0,3 l Wasser
2 EL stark eingekochter Fleischfond
(Gelee, siehe Rezept)
1½ EL scharfer Dijon-Senf
4 EL guter Weißweinessig
oder Sherry-Essig
Meersalz
2 TL Sambal Oelek (siehe Rezept)
4 EL Sonnenblumenöl
3 EL Sesam- oder Walnußöl
1 TL weiße Pfefferkörner
(im Mörser kräftig zerdrückt)
1 EL frische Kerbelblättchen
(fein gehackt)*

In einer Sauteuse das Wasser mit dem
Fleischfond aufkochen und den Topf
von der Platte ziehen. Etwas abkühlen
lassen und den Senf, den Essig sowie
das Salz unterschlagen. Anschließend
das Sambal Oelek und nach und nach
das Öl mit dem Schneebesen unterschlagen. Die Sauce ganz abkühlen
lassen. Zum Schluß nochmals mit
Meersalz und den Pfefferkörnern abschmecken. Mit einem Löffel die
Kerbelblättchen unterheben.
In einer Porzellanschüssel kalt zu der
Frühlingsrolle servieren oder über den
Salat gießen.

Hilbeh

(scharfe jemenitische Sauce)

Hilbeh ist eine sehr scharfe cremige Sauce, die im Vorderen Orient als Dip zum Brot (z. B. türkische Brotfladen) oder auch zu Gemüsebratlingen bzw. ausfritierten Gemüsebällchen gereicht wird. Für die Zubereitung ist es günstig, wenn ein Steinmörser mit Holzstößel vorhanden ist.

3 EL Bockshornkleesamen
(im Mörser zu Pulver zerstoßen)
0,25 l kochendes Wasser
400 g reife Tomaten (grob geschnitten)
2 EL Knoblauchzehen (fein gehackt)
½ TL Salz
5 ganze Kardamomkapseln
1 TL Kümmel
½ TL ganze Korianderkörner
½ TL Cayennepfeffer

Den Bockshornkleesamen in eine Schüssel geben, mit dem Wasser übergießen und 3 Std. stehen lassen. Nun das eingeweichte Pulver in einem sehr feinem Sieb abtropfen lassen. Die Tomaten durch ein Passiergerät in eine andere Schüssel passieren. Dann das Bockshornkleepulver einarbeiten. Im Mörser den Knoblauch mit dem Salz, den Kardamomkapseln, dem Kümmel, den Korianderkörnern und dem Cayennepfeffer zerquetschen und so lange mit dem Stößel weiterbearbeiten, bis eine cremige Masse entsteht. Diese Masse dann in das Tomatenpüree einrühren.
Die Sauce nach Möglichkeit sofort servieren oder mit einer Folie abgedeckt im Kühlschrank aufbewahren. Sie sollte innerhalb 1 Woche verwendet werden.

Sabra

(israelischer Dip zu Brot)

Dies ist ein traditionelles israelisches Gericht bzw. Creme aus Avocado und Joghurt. Diese cremige Sauce schmeckt sehr gut zu frisch geröstetem Schwarzbrot oder wird als Dip für Kräcker verwendet.

2 reife Avocado
2 grüne Paprikaschoten
(entkernt und in Würfel geschnitten)
2 Zwiebeln
(in feine Würfel geschnitten)
3 EL Weißweinessig
Saft von 1 Zitrone
0,4 l Vollmilchjoghurt
Meersalz
frisch gemahlener weißer Pfeffer
1 Prise Cayennepfeffer

Die Avocados schälen und das Fruchtfleisch in groben Stücken vom Stein schneiden. In einer großen Schüssel mit der Gabel ganz fein zerdrücken. Dann die Paprika- und Zwiebelwürfel, den Weißweinessig sowie den Zitronensaft zu dem Avocadomus geben.
Den Vollmilchjoghurt mit dem Schneebesen cremig schlagen und ebenfalls unter das Avocadomus heben. Die Masse kräftig durchrühren und mit Meersalz sowie Pfeffer abschmecken. Zum Schluß 1 Prise Cayennepfeffer dazugeben und kalt stellen.

Scharfe Tomaten-Avocado-Sauce

Dies ist eine aromatische, leicht scharfe Sauce. Die Schärfe entsteht durch die Verwendung von „Sambal Oelek" (am besten schmeckt das selbst hergestellte Sambal Oelek – siehe Rezept).

2 Fleischtomaten
1 reife Avocado
2 Schalotten
(in feine Würfel geschnitten)
1 hartgekochtes Ei
(in feine Würfel geschnitten)
7 EL kalt gepreßtes Olivenöl
2 EL Weißweinessig
1 TL Sambal Oelek
1 TL Meersalz
1 TL glatte Petersilie (fein gehackt)

Zunächst die Tomaten kurz in einen Topf mit kochendem Wasser legen und dann die Haut abziehen, halbieren, die Kerne herausnehmen und das Fruchtfleisch in Würfel schneiden. Die Avocado schälen und das Fruchtfleisch vom Kern abtrennen. Wenn die Avocado gut reif ist, mit einer Gabel zerdrücken, sonst im Mixer cremig pürieren. In einer Rührschüssel die Schalotten- und Eierwürfel sowie das Olivenöl und den Essig mit einem Löffel gut verrühren. Das Sambal Oelek und das Salz zugeben. Das Ganze 10 Min. stehen lassen, damit sich die Aromen gut miteinander verbinden. Anschließend die Tomatenstücke, das Avocadomus und die Petersilie zugeben. Zum Schluß (wenn notwendig) nochmals mit Salz abschmecken. Die Sauce wird kalt zu gegrilltem Fleisch serviert. Sie mundet aber auch als Dip für Gemüserohkost (z. B. zu Stangensellerie und Karottenstreifen).

Indische Gurkensauce

(Kheera boortha)

In Indien gibt es eine Menge verschiedener Gemüsesaucen (immer bezeichnet mit „boortha"). Diese zunächst gekochten und dann kalt gestellten dicken Saucen werden normalerweise zu frischem Fladenbrot als Beilage serviert.

> 1 Salatgurke
> 1 l gesalzenes Wasser
> 1 grüne Peperoni
> 1 mittelgroße Zwiebel
> 1 Knoblauchzehe
> Meersalz
> ½ TL süßes Paprikapulver
> 1 TL Ingwerpulver
> 3 EL Sonnenblumenöl
> Saft von ½ Zitrone

Die Salatgurke schälen, vierteln und entkernen. In grobe Stücke schneiden und in dem Salzwasser weich kochen. Dann mit dem Schaumlöffel herausnehmen und auf einem sauberen Küchentuch abtrocknen.
Die Peperoni entkernen, den Stielansatz entfernen und in kleine Stücke schneiden. Die Gurkenstücke mit der Peperoni, der Zwiebel und der Knoblauchzehe im Mixer sehr fein pürieren. In eine Schüssel geben und mit Meersalz, dem milden Paprika und dem Ingwerpulver verrühren. Zum Schluß das Sonnenblumenöl und den Zitronensaft zugießen. Es muß sich eine dickflüssige Sauce ergeben.
Die Sauce im Kühlschrank kalt stellen und sehr kalt zum Beispiel zu frischem Fladenbrot oder auch zu gegrilltem Lammfleisch servieren.

Kräutersenf aus Dijon

(altes Rezept)

Dieses Rezept aus Dijon (Burgund/Frankreich) stammt aus der Mitte des 19. Jahrhunderts. Im 17. und 18. Jahrhundert wurde der Senf vor allem zur Stärkung der Verdauung und Anregung des „Magenflusses" verwendet. Dieser sehr würzige Senf eignet sich vorzüglich zur Verfeinerung von Saucen oder auch pur zu gekochtem Fleisch oder zu Wurst.

> 1 l kräftiger Weißweinessig (z. B. Essig aus der Spätburgundertraube)
> 15 g gemahlener Zimt
> 10 Nelken (im Mörser zerstoßen)
> 20 Pimentkörner (im Mörser zerstoßen)
> 4 kleine Zwiebeln
> (in kleine Würfel geschnitten)
> 5 Knoblauchzehen
> (durch die Presse gedrückt)
> ½ EL frischer Estragon (fein gehackt)
> ½ EL frischer Thymian (fein gehackt)
> 1 TL getrockneter Majoran
> 5 Lorbeerblätter (in Stücke gebrochen)
> 250 g brauner Rohrzucker
> 500 g schwarzes Senfmehl

Im Essig den Zimt, die Nelken und die Pimentkörner sowie die Zwiebelwürfel und den Knoblauch erhitzen. Anschließend die Kräuter, also den Estragon, den Thymian, den Majoran und den Lorbeer, zugeben. Ebenso den Rohrzucker hinzufügen. Das Ganze langsam erhitzen und aufkochen. Vom Herd ziehen, kräftig umrühren und nochmals aufkochen. Diesen Vorgang mindestens 5mal wiederholen. Dann vom Herd ziehen und über Nacht (gut 12 Std.) stehen lassen, damit sich die Geschmacksstoffe gut verbinden. Die Flüssigkeit durch ein feines Haarsieb streichen und das Senfmehl nach und nach unterrühren. Während des Unterrührens die Masse langsam erhitzen und 15 Min. bei nicht zu starker Hitze köcheln. Langsam abkühlen lassen und dabei immer wieder umrühren. Anschließend gut kühlen und am besten in Steinguttöpfe füllen und verschrauben. Kühl lagern, und nach einer weiteren Reifung von mindestens 2 Wochen kann der Senf verwendet werden. Er hält sich im Kühlschrank 3 bis 4 Monate; er muß jedoch immer wieder verschlossen werden.

Tsatsiki

(griechische Joghurt-Gurken-Sauce)

Diese klassische griechische Sauce ist einfach herzustellen und schmeckt durch die Verwendung einer frischen Salatgurke sehr erfrischend. Die Sauce wird als Dip für rohes Gemüse verwendet, als Aufstrich für Fladenbrot bzw. Weißbrot, ebenso auch als Beilage zu gegrilltem Fleisch.

> 1 frische Salatgurke (etwa 150 g)
> 5 Knoblauchzehen
> 1 TL Meersalz
> 500 g Vollmilchjoghurt
> 2 EL Quark
> 4 EL saure Sahne
> frisch gemahlener weißer Pfeffer

Die Gurke schälen und auf einer feinen Metallreibe ganz fein raspeln. Die Knoblauchzehen schälen und in Würfel schneiden. In einem Steinmörser die Knoblauchwüfel mit dem Meersalz zerdrücken, so daß sich eine Paste ergibt. In einer Schlagschüssel den Joghurt mit dem Schneebesen cremig aufschlagen und den Quark darunterarbeiten. Die Sahne untermischen und nochmals kräftig duchrühren. Zum Schluß die geraspelte Gurke hinzufügen und mit Meersalz und Pfeffer abschmecken. Diese Sauce gut gekühlt servieren.

Jugoslawische Paprikasauce

Diese cremige aromatische Sauce kann zu geröstetem Bauernbrot serviert werden oder zu Schafskäse, der in Kräuter-Olivenöl eingelegt ist.

4 rote Paprikaschoten
2 scharfe rote Peperoni
1 große Aubergine (zuerst geschält und dann in kleine Würfel geschnitten)
3 Knoblauchzehen (durch die Presse gedrückt)
2 Fleischtomaten
1 Zwiebel (in feine Würfel geschnitten)
5 EL kalt gepreßtes Olivenöl
1 EL Himbeeressig
1 TL mildes Paprikapulver (edelsüß)
Meersalz
frisch gemahlener weißer Pfeffer

Die Paprikaschoten gründlich waschen sowie den Stielansatz entfernen, halbieren und mit der Hautseite nach oben auf ein Backblech legen. Bei 250° C 10 Min. im Backofen grillen, bis die Haut bräunlich wird und Blasen wirft. Dann herausnehmen und sofort mit einem nassen Küchentuch abdecken. Nach 15 Min. von den Paprikaschoten die Haut gründlich abziehen und die weißen Rippen entfernen. Anschließend in kleine Würfel schneiden. Bei den Peperoni den Stielansatz wegschneiden, halbieren, entkernen und in kleine Stücke schneiden.
In eine Schüssel die Paprikawürfel, die Auberginenwürfel, die Peperonistücke sowie die Zwiebelwürfel geben und das Olivenöl. Mit dem Pürierstab die Masse gründlich zerkleinern, dann den Himbeeressig hinzugießen. Wichtig ist, daß in der Sauce noch kleine Würfel erkennbar sind, also nicht völlig püriert wurde. Zum Schluß dann das Paprikapulver, Meersalz und Pfeffer zugeben und abschmecken. Kalt servieren.

Kapern-Sahne-Creme zu geröstetem Weißbrot

Diese Creme ist sehr schnell herzustellen. Man benötigt dazu 3 EL frische Mayonnaise und 6 EL Mascarpone (italienischer sahniger Frischkäse). Mit dieser Creme werden geröstete Weißbrotscheiben (Baguette) bestrichen und z. B. zu einem frischen Tomatensalat serviert.

200 g Kapern (unter fließend kaltem Wasser abgewaschen)
3 EL frische Mayonnaise (siehe Rezept)
5 EL Mascarpone (ersatzweise dicke saure Sahne)
1 Prise Meersalz
1 TL weiße Pfefferkörner (im Mörser fein zerstoßen)

Die Kapern mit einem scharfen Messer sehr fein hacken. Anschließend die Mayonnaise mit dem Mascarpone kräftig vermischen und die Kapernstücke mit einem Löffel unterheben. Mit Meersalz und Pfeffer abschmecken und leicht gekühlt servieren.

Kichererbsenpüree aus Arabien

(Hummus bi Tahina)

300 g getrocknete Kichererbsen
2 TL Salz
4 mittelgroße Knoblauchzehen (ganz fein gehackt)
1/4 Tasse frisch gepreßter Zitronensaft
1/2 Tasse feinstes Olivenöl
1 Tarator (Sesamsauce, siehe Rezept)

Die Kichererbsen am Vortag unter fließend kaltem Wasser gründlich waschen und in einer Schüssel mit kaltem Wasser übergießen, dann mindestens 12 Std. einweichen. Das Wasser abgießen und die Erbsen in einen großen Topf schütten, mit frischem Wasser auffüllen, mit dem Salz würzen und zum Kochen bringen. Die Hitze herunterschalten und die Erbsen etwa 3 Std. simmern lassen. Die Erbsen müssen weich, aber noch bißfest sein. Von Zeit zu Zeit überprüfen, ob genügend Wasser im Topf ist. Wenn nötig, mit kochendem Wasser aufgießen. Anschließend die Erbsen in ein Sieb schütten und die Kochflüssigkeit aufbewahren. Die Erbsen mit etwa 1 Tasse Kochflüssigkeit kräftig zerstampfen oder im breiten Mixer pürieren, bis ein glattes Püree entsteht. Dabei den Knoblauch zugeben und gegen Ende des Pürierens den Zitronensaft und das Olivenöl. Unter weiterem Schlagen mit dem Schneebesen die Sesamsauce nach und nach eßlöffelweise unterschlagen, bis alles sehr glatt ist. Die Sauce muß noch so fest sein, daß sie als dipgerechte Sauce verwendet werden kann. Die Sauce zum Servieren in eine tiefe Schale geben und zu frischem Fladenbrot oder würzigen Chips reichen.

Hinweis: Hummus bi Tahina ist ein Rezept aus Arabien, das mit anderen Saucen (z. B. Auberginenpüree) zur Vorspeise und mit Fladenbrot gereicht wird.

Knoblauch-Salbei-Sauce

Diese intensiv schmeckende cremige Sauce schmeckt einfach pur auf frisch gerösteten Weißbrotscheiben oder über vollreife frische Tomatenscheiben gegeben.

5 Knoblauchknollen
2 Rosmarinzweige
(ein wenig zerbrochen)
8 EL kalt gepreßtes Olivenöl
6 EL kaltes Wasser
1 EL grobes Meersalz
3 EL frische Salbeiblätter (fein zerhackt)
3 EL frische glatte Petersilie
(fein zerhackt)

In einen kleinen Topf oder Keramikform die Knoblauchknollen einfüllen und die Rosmarinzweige darüberlegen. Mit 6 EL Olivenöl und dem Wasser überziehen. Das Meersalz darüberstreuen und 1 Std. im Backofen bei 180 °C backen. Dabei die ersten 30 Min. mit Alufolie abdecken. Die Knoblauchknollen dürfen leicht braun werden, aber nicht verbrennen. Mit einem spitzen Messer die Probe machen, ob der Knoblauch schon sehr weich ist. Den Knoblauch dann im Topf abkühlen lassen. Jede Zehe einzeln aus der Schale drücken und in eine Schüssel geben. Den Salbei und die Petersilie unter die Knoblauchmasse rühren sowie das restliche Olivenöl hinzugießen. Das Ganze abkühlen lassen und im Töpfchen zu geröstetem Weißbrot servieren oder über frisch geschnittene Tomatenscheiben geben.

Gewürzsenf

Dieses alte Rezept stammt aus der zweiten Hälfte des 19. Jahrhunderts. Der Gewürzsenf wird zu kaltem Fleisch gereicht (Suppenfleisch, kalter Rinderbraten oder kalter Schweinebraten). Voraussetzung dazu ist, daß entweder aus 200 g Senfkörnern frisch ein feines Senfmehl hergestellt wird oder ersatzweise 200 g englisches Senfpulver verwendet wird.

4 Zwiebeln
(in kleine Würfel geschnitten)
14 Knoblauchzehen
(in kleine Würfel geschnitten)
4 Lorbeerblätter (in Stücke gebrochen)
1 l milder Weißweinessig
200 g feines Senfmehl
200 g Zucker
4 Nelken (im Mörser zerdrückt)
1/2 TL gemahlener Zimt

Zwiebeln, Knoblauch und den Lorbeer in den Weißweinessig geben und in einem für die Herdplatte geeigneten Tontopf (zugedeckt) 15 Min. kochen. Dann das Senfmehl durch ein Sieb dazufügen und mit dem Kochlöffel durchrühren. So lange rühren, bis sich eine cremige Sauce ergibt (falls die Masse zu flüssig ist, mehr Senfmehl zufügen). Dabei die Masse nicht mehr kochen, aber gut heiß halten. Anschließend den Zucker, die Nelken und den Zimt dazugeben und umrühren. Wenn sich alles aufgelöst hat, die Masse abkühlen lassen und in einem verschlossenen Glas kühl aufbewahren.

Hinweis: Dieser milde und wohlschmeckende Gewürzsenf kann im Kühlschrank bis zu 1 Monat aufbewahrt werden. Er schmeckt natürlich am besten frisch zu verschiedenem kaltem gekochtem Fleisch. Er kann auch für weitere Saucen (z. B. Senfsaucen) verwendet werden.

Mandel-Anchovis-Sauce

(Provence)

Diese cremige sehr würzige Sauce wird zu frisch geröstetem Weißbrot serviert. Das Rezept stammt aus der ländlichen provenzalischen Küche.

25 frische ganze Mandeln
3 Anchovisfilets
1 EL Grün von Fenchelknollen
(fein geschnitten)
1 TL Fenchelkörner
1 TL kaltes Wasser
0,1 l feines kalt gepreßtes Olivenöl

Die Mandeln kurz in kochendes Wasser legen und anschließend die Schalen abstreifen. Die Anchovisfilets in ein Sieb legen, kurz unter fließendes kaltes Wasser halten (damit überschüssiges Öl und Salz ausgeschwemmt werden) und fein schneiden. In einen Steinmörser die Mandeln sowie die Anchovisfilets, das Fenchelgrün und die Fenchelkörner geben. Das Ganze zerstoßen, bis sich eine cremige Masse ergibt. Dabei das Wasser zugießen und nach und nach in feinem Strahl das Olivenöl. Wenn die Masse zu cremig ist, kann noch etwas mehr Olivenöl (bzw. auch Wasser) zugegeben werden; wenn es zu flüssig wird, dann noch einige Mandeln hinzufügen.
Die Sauce hält sich (wenn man sie mit Olivenöl bedeckt) im Kühlschrank 1 bis 2 Monate. Sie kann auch (wie die Anchoïade) zu in Streifen geschnittener Rohkost (Stangensellerie, Karotten, Frühlingszwiebeln usw.) gereicht werden.

Pesto

Pesto wird entweder auf geröstetem Weißbrot zum Aperitif oder als Dip zu frischen Shrimps oder Garnelen verwendet. Er kann aber auch zu pochiertem Rinderfilet (siehe Rezept „Pochiertes Rinderfilet mit Pesto") serviert werden.
Für die Herstellung dieses Rezepts ist ein großer Stein- oder Marmormörser erforderlich.

20 g grobes Meersalz
100 g Pinienkerne
6 Knoblauchzehen
1 Bund Basilikumblätter
0,25 l gutes kalt gepreßtes Olivenöl
50 g geriebener Pecorino
100 g geriebener Parmesan

In einen Mörser das Meersalz, die Pinienkerne sowie die Knoblauchzehen geben und mit dem Stößel zerdrücken. Anschließend die Basilikumblätter hinzufügen und immer weiter zermahlen. Abwechselnd das Olivenöl sowie die beiden Käse beimengen und genauso fein zerreiben. Es muß sich dabei eine dicke grüne Paste ergeben. Den Pesto in eine Schüssel füllen und mit Folie abdecken. Er hält sich bis zu 7 Tage im Kühlschrank.

Knoblauch-Mandel-Sauce

(Provence)

Hier handelt es sich um ein traditionelles ländliches Rezept aus Südfrankreich. Diese einfach herzustellende cremige Sauce wird gut gekühlt gereicht zu frisch gerösteten Weißbrotscheiben.

35 frische ganze Mandeln
6 große Knoblauchzehen
2 TL kaltes Wasser
0,1 l feines kalt gepreßtes Olivenöl

Die Mandeln kurz in kochendes Wasser legen und anschließend die Schalen abstreifen. Die Knoblauchzehen schälen und halbieren. Mandeln und Knoblauchzehen in einen Steinmörser geben und das Wasser hinzugießen. Die Masse im Mörser fein zerstoßen und dazwischen immer in feinem Strahl das Olivenöl beigeben. Es muß dabei eine cremige feste Paste entstehen. Diese Sauce kann im Kühlschrank 1 bis 2 Monate aufbewahrt werden. Dabei muß jedoch darauf geachtet werden, daß sie immer mit einer kleinen Schicht Olivenöl bedeckt ist.

Tapenade

(Oliven-Sardellen-Creme)

Bei diesem klassischen französischen Rezept handelt es sich um eine sehr würzige Creme aus schwarzen Oliven und Knoblauchzehen. Sie wird traditionell im Mörser zubereitet, ist jedoch einfacher in einem kleinen Mixer herzustellen. Wichtig ist, daß in Salzlake eingelegte schwarze Oliven dazu verwendet werden. Diese Creme schmeckt auf geröstetem Brot, aber auch als Beigabe zu gegrillten Tomaten, zu kaltem Suppenfleisch oder zu gebratenen Meeresfischen.

4 Knoblauchzehen (halbiert)
150 g schwarze Oliven
(mit einem scharfen Messer vom Stein abgeschnitten)
4 Sardellenfilets
(unter fließend kaltem Wasser abgewaschen und abgetrocknet)
4 EL kalt gepreßtes Olivenöl
2 EL Kapern (unter fließend kaltem Wasser abgewaschen)

In einen kleinen Mixer die Knoblauchzehen und die Oliven geben und kurz durchmixen. Nun die Sardellenfilets in grobe Stücke schneiden und zusammen mit 2 EL Olivenöl unter die Masse mischen. Kurz durchmixen und die restlichen Zutaten (Kapern, 2 EL Olivenöl) hinzufügen und alles kräftig pürieren. Aus dem Mixer nehmen, in eine kleine Porzellanschüssel füllen und im Kühlschrank abkühlen lassen.

Saurer Gewürzsenf

Dieser Senf, der in der Zeit um 1900 entstand, wird zu kaltem gekochtem Rindfleisch gegeben. Diesen gut verschlossen im Kühlschrank aufbewahren.

0,25 l Weißweinessig
1 kleine Zwiebel
(in feine Würfel geschnitten)
2 Knoblauchzehen
(in Würfel geschnitten)
1 TL frischer Dill (fein zerhackt)
1 TL frisches Bohnenkraut
(fein zerhackt)
1 TL frischer Estragon (fein zerhackt)
10 weiße Pfefferkörner
(im Mörser leicht zerdrückt)
2 Nelken (im Mörser leicht zerdrückt)
2 Lorbeerblätter (in Stücke gebrochen)
1/2 TL Salz
4 EL frisch gemahlenes Senfmehl von weißen Senfkörnern (oder fertiggemahlenes weißes Senfpulver)

In einer Sauteuse den Weißweinessig mit den Zwiebel- und Knoblauchwürfeln, dem Dill, dem Bohnenkraut, dem Estragon, dem Pfeffer, den Nelken, den Lorbeerblätterstücken sowie dem Salz vermischen und aufkochen. Etwa 10 Min. leicht kochen lassen und anschließend durch ein sehr feines Haarsieb streichen und nach dem Erkalten mit Senfmehl verrühren.
Diesen Senf gut verschlossen im Kühlschrank aufbewahren

Senfrezept aus dem 15. Jahrhundert

Zu diesem französischen Senfrezept aus dem Mittelalter werden als Gewürze Muskatnuß und Nelkenpulver verwendet. Wichtig ist, daß ein hochwertiger Weißweinessig genommen und der Senf nicht zu lange aufbewahrt wird.

300 g weiße Senfkörner
0,5 l Weißweinessig
(nach Möglichkeit aus Spätlesetrauben)
1 Messerspitze frisch gemahlener weißer Pfeffer
1 kleine Prise Nelkenpulver
1 Prise frisch geriebene Muskatnuß
1 Messerspitze fein zerstoßene getrocknete grüne Pfefferkörner
1 TL Meersalz

Die Senfkörner 24 Std. in dem Essig einlegen. Dabei darauf achten, daß die Flüssigkeit über den Senfkörnern steht. Danach die Senfkörner mit einem Schaumlöffel aus dem Essig nehmen und in einen Mixer füllen. 2 EL Essig hinzugießen und kräftig durchmixen. So viel Essig dazutun, bis eine sehr dicke Paste entsteht. Die Masse herausnehmen und in eine Porzellanschüssel geben. Alle Gewürze nach und nach untermischen und gut mit einem Kochlöffel verrühren. Zum Schluß mit Meersalz abschmecken, in ein verschließbares Glas füllen und im Kühlschrank 14 Tage nachreifen lassen.
Danach mit einem Löffel nochmals durchrühren und innerhalb der folgenden 2 Monate aufbrauchen.

Salatsaucen

American Dressing
(Salatsauce)

Für die Herstellung dieser Sauce ist 150 g frisch hergestellte Mayonnaise erforderlich. Ihren unverwechselbaren Geschmack erhält diese cremige Sauce durch viele frische Kräuter und das Hinzufügen von Weinbrand. Sie schmeckt ganz ausgezeichnet zu kräftigen grünen Salatsorten (z. B. Eisbergsalat, Rucola und Römersalat).

> 150 g frisch hergestellte Mayonnaise
> (siehe Rezept)
> 100 g Magerquark
> 0,2 l saure Sahne
> 3 EL Tomatenpüree (oder 2 EL dreifach
> konzentriertes Tomatenmark)
> 2 Knoblauchzehen (sehr fein gehackt)
> 3 EL sehr fein geschnittene frische
> Kräuter (Schnittlauch, Petersilie
> und Basilikum)
> 1/2 TL Tabascosauce
> 1 EL Weinbrand
> Meersalz
> 1 TL weiße Pfefferkörner
> (im Mörser fein zerdrückt)

Die Mayonnaise frisch herstellen. Den Magerquark mit dem Schneebesen cremig verrühren und unter die Mayonnaise heben. Die saure Sahne ebenfalls unter die Mayonnaise schlagen. Anschließend das Tomatenpüree und den Knoblauch sowie die Kräuter mit einem Löffel unterziehen. Zum Schluß mit Tabascosauce, Weinbrand, Meersalz und Pfeffer abschmecken.

Feigensauce zu Salat mit gebratener Entenbrust

Diese Sauce schmeckt zu einem gemischten grünen Salat (z. B. Löwenzahn, Rucola und Radicchio). Dazu werden dünne Scheiben von frisch gebratener Entenbrust serviert. Wichtig ist, daß zuerst die Entenbrust in einer Edelstahlpfanne angebraten und in diesem Bratenfond die Sauce hergestellt wird. Die Menge der Sauce reicht für etwa 10 Portionen bzw. 2 bis 3 Entenbrüste (insgesamt 800 g) aus.

> 2 Entenbrüste
> 1 EL Olivenöl und 1 EL Butter
> (zum Anbraten)
> 1 EL gutes kalt gepreßtes Olivenöl
> 200 g getrocknete Feigen
> (den Stielansatz entfernen
> und die Feigen vierteln)
> 4 Schalotten (fein gewürfelt)
> 1 TL getrockneter Thymian
> 1 TL weiße Pfefferkörner
> (im Mörser kräftig zerdrückt)
> 0,3 l Fleischfond (siehe Rezept)
> 6 EL Sherry-Essig
> Meersalz
> 1/2 TL brauner Rohrzucker

Die Entenbrüste in einer Edelstahlpfanne in 1 EL Olivenöl und 1 EL Butter kräftig anbraten, so daß sich ein brauner Bratenfond ergibt. Die Entenbrust herausnehmen, in Alufolie wickeln und beiseite legen.
In der Edelstahlpfanne, in der die Entenbrust angebraten wurde, das Olivenöl erhitzen und die Feigenstücke sowie die Schalottenwürfel, Thymian und die Pfefferkörner dazugeben. Das Ganze bei geringer Hitze 5 Min. braten.
Den Fleischfond sowie den Sherry-Essig hinzufügen und etwa 6 Min. köcheln. Den Topf dann von der Platte ziehen und auf Zimmertemperatur abkühlen. Die ganze Masse in einen Mixer geben und sehr fein pürieren. Mit Meersalz

und Rohrzucker abschmecken. Wenn die Masse zu dickflüssig ist, mit Olivenöl verdünnen.
Den Salat in einer breiten Schüssel oder bereits auf Tellern anrichten. Die Entenbrust in dünne Scheiben schneiden und auf den Salat legen, dann die noch lauwarme Feigensauce darübergießen.

Thousand-Islands-Dressing
(Salatsauce)

Die Grundlage dieser klassischen Salatsauce ist eine Mayonnaise, die mit aufgeschlagenem Magermilchjoghurt verdünnt wird. Außerdem wird chinesische Chilisauce (in den Feinkostabteilungen der Kaufhäuser erhältlich) dazugegeben. Die Sauce schmeckt gut zu allen Salatsorten.

> 0,2 l frische Mayonnaise (siehe Rezept)
> 0,2 l Magermilchjoghurt
> 2 EL Tomatenpüree
> (kein Tomatenmark!)
> Meersalz
> 1 Messerspitze Cayennepfeffer
> 1 EL fertige Chilisauce
> je 100 g rote und grüne Paprikaschoten
> (fein gewürfelt)

Die Mayonnaise frisch herstellen. Anschließend den Joghurt mit dem Schneebesen cremig und kräftig aufschlagen und unter die Mayonnaise mischen. Das Tomatenpüree einrühren und mit Meersalz, Cayennepfeffer und Chilisauce abschmecken.
Zum Schluß die Paprikawürfel unterziehen. Das Dressing über den Salat geben.

Türkische Salatsauce

Diese cremige Sauce paßt vor allem zu einem Salat aus weißen Bohnen bzw. zu einem lauwarmem Gemüsesalat. Sie wird am besten in einem Steinmörser zubereitet.

100 g frische Walnußkerne
(in kleine Stücke geschnitten)
2 Knoblauchzehen
(in grobe Stücke geschnitten)
5 EL grobe und selbst hergestellte Semmelbrösel (hervorragend geeignet ist französisches Weißbrot oder kräftig schmeckende Semmeln)
0,1 l lauwarmer Fleischfond
1 TL frisch gepreßter Zitronensaft
Meersalz
frisch gemahlener weißer Pfeffer
1 Messerspitze Cayennepfeffer
1 EL frische Minzeblätter (fein gehackt)

Die Walnuß- und Knoblauchstücke in einem großen Steinmörser kräftig zu einer Paste zerstoßen. Die Semmelbrösel hinzufügen und allmählich den Fleischfond zugießen. Dabei die ganze Masse zerstoßen, damit eine dickflüssige und cremige Sauce entsteht. Zum Schluß den Zitronensaft zugeben und mit Meersalz, Pfeffer sowie Cayennepfeffer abschmecken.
Kurz vor dem Servieren die Minze mit einem Löffel unter die Sauce heben und dann über den Salat oder die weißen Bohnen geben.

Zwiebel-Honig-Dressing

(Salatsauce)

Diese würzig süßliche Salatsauce paßt gut zu allen Arten von grünen Salaten (z. B. Feldsalat, Radicchio und Friséesalat). Für einen guten Geschmack ist es wichtig, Himbeeressig und flüssigen hellen Honig (am besten Kleehonig) zu verwenden.

4 EL Himbeeressig
1½ EL flüssiger heller Honig
3 Schalotten (sehr fein gehackt)
1 EL frische Thymianblätter
(fein gehackt)
1 EL frischer Estragon (fein gehackt)
0,15 l Sonnenblumenöl
2 EL Nußöl (am besten Haselnußöl)
Meersalz
frisch gemahlener schwarzer Pfeffer
1 Prise Zucker

Den Essig mit dem Honig, den Schalotten und den Kräutern kräftig verrühren. Zuerst das Sonnenblumenöl, dann das Nußöl nach und nach mit dem Schneebesen einschlagen und mit Meersalz, Pfeffer sowie Zucker abschmecken. Diese Salatsauce sollte immer frisch zubereitet werden, damit der feine Geschmack des Himbeeressigs und des Honigs erhalten bleibt.

Balsamico-Vinaigrette zu Blattsalaten

Diese sehr aromatische Salatsauce paßt zu einem gemischten Salat aus Chicorée, Radicchio, Friséesalat, und Rucolasalat. Zur Herstellung wird 0,1 l kräftig eingekochter Fleischfond (Gelee) benötigt. Außerdem muß der Balsamico-Essig dickflüssig und süß sein (über 10 Jahre alt).

3 Tomaten
0,1 l stark eingekochter Fleischfond
0,1 l Balsamico-Essig
½ TL Meersalz
frisch gemahlener schwarzer Pfeffer
1 TL frisch gepreßter Limonensaft
0,15 l kalt gepreßtes Olivenöl
3 EL frische Basilikumblätter
(sehr fein gehackt)
3 Schalotten (fein gewürfelt)

Den Stielansatz der Tomaten wegschneiden, die Haut mit einem scharfen Messer kreuzweise einritzen und kurz in kochendes Wasser halten, die Haut abziehen, halbieren und entkernen. Das Tomatenfleisch klein würfeln. Den Fleischfond in einem kleinem Topf lauwarm erhitzen und in eine Porzellan- oder Metallschlagschüssel geben. Mit einem Schneebesen den Balsamico-Essig und das Meersalz unterschlagen, so daß sich das Meersalz weitgehend auflöst. Jetzt den Pfeffer und den Limonensaft hinzufügen. Das Olivenöl in feinem Strahl unterarbeiten. Die Sauce muß cremig und leicht dickflüssig werden. Zum Schluß die Tomatenwürfel, das Basilikum und die Schalotten unterheben.
Die Sauce mit einem Löffel über den Salat träufeln.

Hagebutten-Essig-Sauce auf Blattsalat

Diese etwas eigenwillige herb fruchtige Sauce paßt am besten zu gemischtem Blattsalat (z. B. Radicchio, Chicorée, Eichblattsalat). Die Grundsauce wird aus getrockneten Hagebutten (die normalerweise zur Zubereitung von Hagebuttentee verwendet werden) hergestellt.

0,2 l Wasser
3 EL getrocknete Hagebutten
4 EL naturtrüber Apfelsaft
4 EL naturtrüber Apfelessig
1 EL scharfer grobkörniger Dijon-Senf
5 EL Walnußöl
Meersalz
½ TL Zucker
1 TL frisch gepreßter Zitronensaft
2 EL frische glatte Petersilie
(fein gehackt)

Das Wasser zum Kochen bringen und die Hagebutten damit übergießen. 15 Min. stehen lassen, danach durch ein feines Haarsieb in eine Sauteuse seihen. Die Flüssigkeit bei starker Hitze um mindestens die Hälfte reduzieren. Den Topf von der Platte ziehen und auf Zimmertemperatur abkühlen lassen. Den Hagebuttensud in eine Schlagschüssel füllen und mit dem Schneebesen den Apfelsaft, den Essig und den Senf unterschlagen. Das Öl in feinem Strahl einrühren, so daß die Sauce leicht cremig wird. Wenn das Öl nicht ausreicht, noch mehr dazugießen. Mit Meersalz, Zucker und Zitronensaft abschmecken.
Zum Schluß die Petersilie mit einem Löffel unterheben. Die Sauce sofort über den Salat geben.

Käsedressing zu Salat

3 EL süße Sahne
40 g sehr reifer Edelpilzkäse
(z. B. Roquefortkäse)
2 EL Estragonessig
3 EL Olivenöl
Meersalz
frisch gemahlener weißer Pfeffer
2 EL Schnittlauch (fein geschnitten)

Die Sahne mit dem Schneebesen kurz schlagen, damit sie dickflüssig wird. Den Edelpilzkäse mit der Gabel sehr fein zerdrücken und mit der Sahne verrühren. Anschließend den Estragonessig zugeben und gut vermischen. Dann mit dem Schneebesen das Olivenöl unter die Sauce schlagen (wenn die Sauce zu dickflüssig ist, kann noch etwa Estragonessig hinzugefügt werden). Mit Meersalz und Pfeffer abschmecken. Zum Schluß den Schnittlauch und die Sauce unter den Salat heben.

French Dressing
(Salatsauce)

Die Grundlage dieser klassischen Salatsauce sind scharfer Senf, Essig und frische Kräuter. Die Sauce paßt am besten zu Feldsalat, Radicchiosalat oder sonstigen grünen Salatsorten.

4 EL scharfer Dijon-Senf
5 EL kräftiger Weißweinessig
oder Sherry-Essig
0,2 l neutrales Pflanzenöl
(z. B. Sonnenblumenöl oder Rapsöl)
3 EL Schnittlauch (fein gehackt)
je 1 EL frischer Kerbel, Estragon
und Basilikum (fein gehackt)
Meersalz
frisch gemahlener schwarzer Pfeffer
1 TL Zucker

Den Dijon-Senf mit dem Essig kräftig verrühren. Mit dem Schneebesen das Öl unterschlagen und anschließend die Kräuter untermischen. Zum Schluß mit Meersalz, Pfeffer sowie Zucker abschmecken und über den Salat gießen.

Kartoffelvinaigrette zu Salaten

Diese Salatsauce paßt zu allen Arten von Blattsalaten oder auch zu einem gemischten Salat aus Tomaten, Gurken und Chicorée. Für die Herstellung ist 0,1 l eingekochte Fleischbrühe oder Fleischfond erforderlich.

4 mittelgroße Kartoffeln
4 EL Sherry-Essig
2 rohe Eigelb
3 Schalotten (fein gewürfelt)
2 hartgekochte Eigelb
0,1 l Fleischbrühe oder Fleischfond
0,25 l gutes kalt gepreßtes Olivenöl
Meersalz
frisch gemahlener schwarzer Pfeffer
½ TL Zucker
1 EL frischer Schnittlauch
(sehr fein gehackt)
1 EL frische glatte Petersilie
(sehr fein gehackt)

Die Kartoffeln kochen, schälen und durch die Kartoffelpresse drücken. Etwas abkühlen lassen und mit einem Kochlöffel den Essig und die rohen Eigelb untermischen. Die Schalotten in einer beschichteten Pfanne ohne Fett hellbraun anrösten. Die Schalotten dann zu der Kartoffelmasse geben. Die hartgekochten Eigelb mit einer Gabel zerdrücken und ebenfalls unter die Kartoffeln mischen. Die Fleischbrühe leicht erwärmen und etwa 3 EL zu der Masse gießen. Nach und nach das Olivenöl ebenfalls unterrühren, mit Meersalz und Pfeffer abschmecken. Die restliche Fleischbrühe hinzufügen, bis eine dickflüssige cremige Sauce entsteht. Nochmals mit Meersalz und Pfeffer abschmecken. Die Kräuter (Schnittlauch und Petersilie) unterheben. Sofort zu dem Salat servieren bzw. mit einem Löffel über den Salat gießen.

Meerrettichdressing zu Salat

Wichtig für den Geschmack der Salatsauce ist die Verwendung von frisch geriebenem Meerrettich. Außerdem ist es wichtig, daß 2 EL Fleischfond vorhanden sind.

100 g Meerrettich (sehr fein gerieben)
Saft von 1/2 Zitrone
2 EL Rotweinessig
1 EL Balsamico-Essig
Meersalz
frisch gemahlener weißer Pfeffer
2 EL Fleischfond
1 EL kalt gepreßtes Olivenöl
1 kleine Zwiebel (sehr fein geschnitten)
2 EL glatte Petersilie (fein geschnitten)
1 EL Schnittlauch (fein geschnitten)
1/2 säuerlicher Apfel (schälen, entkernen und sehr fein reiben)

Über den frisch geriebenen Meerrettich sofort den Zitronensaft geben, damit der Meerrettich nicht braun wird. In einer Schüssel den Rotweinessig mit dem Balsamico-Essig verrühren und mit Meersalz sowie Pfeffer abschmecken. Den Fleischfond zufügen und mit dem Schneebesen aufschlagen. Dann das Olivenöl einarbeiten und anschließend die Zwiebeln, die Petersilie, den Schnittlauch sowie den Apfel und den Meerrettich unterheben.
Diese Salatsauce schmeckt zu kaltem gekochtem Rindfleisch oder zu gemischtem Salat mit rohem Gemüse (z. B. Karotten, Sellerie usw.).

Quittendressing zu Salat

Diese fruchtig würzige Sauce wird als Dressing für gemischten grünen Salat verwendet. Wichtig ist die Herstellung eines sogenannten Quittenfonds und die Verwendung eines erstklassigen Himbeeressigs. (Die Rezeptmenge reicht für 600 bis 800 g gemischten grünen Salat aus.)

600 g ganze Quitten
0,15 l frisch gepreßter Orangensaft
0,15 l Wasser
1 TL ganze Wacholderbeeren
1 TL Pfefferkörner (weiße, schwarze und rote, im Mörser grob zerstoßen)
1/2 TL Zimtpulver
2 EL grobkörniger Dijon-Senf
2 EL Himbeeressig
5 EL neutrales Sonnenblumenöl
2 EL frischer Estragon (fein gehackt)
2 EL Sonnenblumenkerne

Die Quitten unter fließendem kaltem Wasser mit einer Handbürste abreiben und abtrocknen. Anschließend schälen, vierteln und die Kerne herausschneiden. In dünne Scheiben schneiden und beiseite stellen. In einer Sauteuse den Orangensaft mit dem Wasser, den Wacholderbeeren, dem Pfeffer und dem Zimtpulver aufkochen. 2 Min. kochen, dann die Quittenscheiben hinzufügen und bei nicht zu starker Hitze in etwa 35 bis 40 Min. weich kochen. Anschließend die Quittenscheiben mit einem Schaumlöffel herausnehmen und beiseite legen. Den Quittenfond durch ein feines Haarsieb in eine Sauteuse streichen und auf mindestens die Hälfte bei mittlerer Hitze reduzieren. Auf Zimmertemperatur abkühlen lassen und in eine breite Salatschüssel füllen. Mit einem Schneebesen den Dijon-Senf, den Himbeeressig sowie das Öl nach und nach einarbeiten. Zum Schluß den Estragon untermischen. Die Sonnenblumenkerne in einer beschichteten Pfanne ohne Fett braun anrösten. Den grünen Salat mit der Sauce vermischen. Die Quittenscheiben dazugeben und die Sonnenblumenkörner darüberstreuen. Sofort servieren.

Fenchel-Essig-Sauce als Dressing zu grünem Salat

Diese cremige Sauce erhält ihren charakteristischen Geschmack durch die Verwendung von Fenchelkörnern. Sie paßt als Dressing zu jeder Art von grünem Salat, kann jedoch auch zu paniertem und gebackenem Camembert oder zu ausgebackenen Gemüsestücken (frisches Gemüse in Stücke schneiden, in einen Ausbackteig tauchen und in schwimmendem Fett ausbacken) serviert werden.

0,1 l Wasser
2 EL Fenchelsamen
3 EL Sherry-Essig
1 EL flüssiger heller Honig
2 EL scharfer Dijon-Senf
6 EL Walnußöl
(oder auch Sonnenblumenöl)
2 EL süße Sahne
Meersalz
frisch gemahlener schwarzer Pfeffer
1/2 TL brauner Rohrzucker
2 EL frischer Dill (sehr fein gehackt)
Saft von 1/2 Limone

Das Wasser stark erhitzen. Die Fenchelsamen in eine kleine Porzellanschüssel geben und mit dem heißen Wasser übergießen. 15 Min. stehen lassen und die Flüssigkeit dann durch ein feines Haarsieb in eine große Porzellan- oder Stahlschlagschüssel seihen. Die Flüssigkeit auf Zimmertemperatur abkühlen lassen. Mit dem Schneebesen den Sherry-Essig, den Honig und den Dijon-Senf unterschlagen. Das Walnußöl in feinem Strahl dazugießen und ständig mit dem Schneebesen weiterrühren. Anschließend die Sahne mit dem Schneebesen untermengen. Mit Meersalz, Pfeffer und Rohrzucker abschmecken. Den Dill unterheben und ganz zum Schluß den Limonensaft mit einem Löffel unter die Sauce mischen. Sofort servieren, damit der feine Geschmack von Fenchel und Dill erhalten bleibt.

Specksauce zu Salat

Es handelt sich hier um ein Rezept aus der Zeit um 1870. Es ist eine gekochte gebundene Sauce, die abgekühlt über den Salat gegeben wird.

> 150 g roher durchwachsener Speck
> (in feine Würfel geschnitten,
> z. B. Gelderländer Speck)
> 2 Eigelb
> 1 EL Mehl
> 4 EL Weißweinessig
> 5 EL Wasser
> Salz
> frisch gemahlener weißer Pfeffer

Den Speck in der Pfanne braun ausbraten. Die Speckwürfel aus der Pfanne nehmen und leicht abkühlen lassen. Dann die Speckwürfel mit dem Eigelb, dem Mehl und dem Weißweinessig sowie dem Wasser, dem Salz und dem Pfeffer anrühren. In einer Sauteuse unter fortwährendem Rühren zum Kochen bringen, damit sich eine gebundene Sauce ergibt. Wichtig dabei ist das ständige Rühren, am besten mit dem Schneebesen, damit die Sauce nicht gerinnt.
Die Sauce ganz abkühlen lassen und erkaltet am besten über gemischten Kartoffel-/grünen Salat geben.

Sahnesauce zu Salat

(Polen)

Diese cremige kalte Sauce paßt am besten über grünen Salat oder auch zu lauwarmem Gemüse, das im Wasserdampf gegart wurde und als Salat serviert wird.

> 4 hartgekochte Eigelb
> 0,3 l saure Sahne
> 4 EL Weißweinessig
> Meersalz
> ½ TL Zucker
> 1 EL frischer Dill (fein gehackt)

Die Eigelb mit einer Gabel fein zerdrücken und mit der Sahne vermischen. Den Essig hinzufügen und mit Salz sowie Zucker abschmecken. Es muß sich eine nicht zu dickflüssige Creme ergeben. Falls erforderlich, noch etwas Sahne oder Essig beimischen, um die Sauce flüssiger zu machen.
Zum Schluß den Dill unterheben und über den Salat bzw. das Gemüse geben.

Preiselbeer-Essig-Sauce zu gemischtem Salat

Diese cremige Sauce wird für einen gemischten Salat aus Früchten und Chinakohl mit Radicchio garniert. Dabei wird der Chinakohl in feine Streifen geschnitten und der Radicchio grob zerkleinert. Dann werden frische Früchte in kleine Stücke geschnitten (saftig säuerliche Äpfel und Birnen). Außerdem werden Weintrauben halbiert und Orangen filetiert. In einer weiten Schale oder in einem großen Teller wird zunächst der Chinakohl und der Radicchio verteilt, dann werden die Fruchtwürfel darauf gelegt. Nun wird das Ganze mit der Sauce verfeinert.

> 100 g frische Preiselbeeren
> 6 EL alter Sherry-Essig
> 2 EL flüssiger Honig
> 3 EL Erdnußöl
> 3 Schalotten (sehr fein gehackt)
> Meersalz
> frisch gemahlener weißer Pfeffer
> 1 Messerspitze brauner Rohrzucker

In einer Sauteuse die Preiselbeeren mit dem Essig und dem Honig aufkochen. Die Hitze herunterschalten und die Masse 10 Min. köcheln. Mit dem Pürierstab kräftig mixen und anschließend durch ein feines Haarsieb streichen. Die Masse dann in eine große Porzellanschüssel füllen und auf Zimmerwärme abkühlen. Mit einem Schneebesen das Erdnußöl einarbeiten, die Schalotten untermischen und mit Salz, Pfeffer sowie Zucker abschmecken. Alles nochmals kräftig durchschlagen, damit sich eine schaumig cremige Sauce ergibt. Sofort über den Salat gießen.

Essig-Würz-Sauce zu Salat von roten Beten oder Rotkohl

Zunächst den sehr fein gehobelten Rotkohl (dabei die starke Mittelrippe der Blätter entfernen) mit Meersalz etwa 1½ Std. einlegen. Danach wird der Rotkohl abgetropft und mit der Essig-Würz-Sauce gemischt. Diese Sauce paßt aber auch zu frisch gekochten lauwarmen roten Beten, die zusammen mit etwas klein gehackten Walnüssen und dieser Würzsauce vermischt werden. Die Menge dieser Sauce reicht für etwa 800 g Rotkohl oder 600 g in Würfel geschnittene rote Bete.

0,2 l Rotweinessig
3 Lorbeerblätter (in Stücke gebrochen)
1 TL gemahlene Muskatblüte (Mazis)
1 EL schwarze Pfefferkörner
1 EL Senfkörner
1 EL Pimentkörner
3 frische rote Chilischoten (der Stielansatz entfernt, längs aufgeschnitten, entkernt und klein gewürfelt, ersatzweise getrocknete)
7 EL gutes kalt gepreßtes Olivenöl
3 Knoblauchzehen (durch die Presse gedrückt)
½ TL brauner Rohrzucker
½ TL Meersalz
½ EL gemischte Pfefferkörner (weiße, rote und schwarze – im Mörser kräftig zerdrückt)

In einer Sauteuse den Rotweinessig mit dem Lorbeer, der Muskatblüte, den schwarzen Pfefferkörnern, den Senfkörnern, den Pimentkörnern und den Chilischoten vermischen. Bei nicht zu starker Hitze 20 Min. köcheln, so daß die Flüssigkeit auf ein Drittel reduziert wird. Den Topf dann von der Platte ziehen und auf Zimmertemperatur abkühlen lassen. Die abgekühlte Essigmischung durch ein feines Haarsieb in eine Porzellan- oder Metallschlagschüssel schütten. Mit dem Schneebesen das Olivenöl nach und nach unterschlagen. Dazwischen den Knoblauch, den Rohrzucker, das Meersalz und die gemischten Pfefferkörner hinzufügen. Alles kräftig durchmischen, so daß sich eine cremige Sauce ergibt, und alles sofort über den vorher eingesalzenen Rotkohl oder die Rote-Bete-Würfel geben.

Koriander-Kokosnuß-Dressing zu Geflügelsalat

Dieses Dressing paßt ausgezeichnet zu Salat aus kaltem gebratenem Geflügelfleisch mit Früchten. Wichtig ist, daß frische Korianderblätter und frisch geriebene Kokosraspel verwendet werden.

0,2 l Joghurt
1½ EL frische Korianderblätter (fein gehackt)
Meersalz
frisch gemahlener weißer Pfeffer
10 schwarze Pfefferkörner (im Mörser kräftig zerdrückt)
4 EL frisch geriebene Kokosraspel

Den Joghurt in eine Porzellanschüssel geben und mit einem Schneebesen kräftig aufschlagen, so daß er cremig flüssig wird. Den Koriander hinzufügen und mit Meersalz und Pfeffer abschmecken. Zum Schluß die Kokosraspeln mit einem Löffel unterheben und 1 Std. ziehen lassen. Dann mit den kalten Geflügelstücken und den Früchten vermischen und gleich servieren.

Tofu-Kräuter-Sauce zu Getreidesalat

Diese cremige und durch Cayennepfeffer leicht scharfe Sauce paßt gut zu Salat aus großen weißen oder roten Bohnen, Reissalat mit Früchten oder auch zu Nudelsalat mit Schinkenwürfeln.

300 g Tofu (Sojabohnenquark)
0,1 l Milch
3 EL süße Sahne
2 Knoblauchzehen (in grobe Stücke geschnitten)
2 EL frische glatte Petersilie (fein geschnitten)
2 kleine Salzgürkchen (unter fließend kaltem Wasser abgewaschen und in sehr kleine Würfel geschnitten)
1 EL Kapern (unter fließend kaltem Wasser abgewaschen und sehr fein gehackt)
2 EL Haselnußkerne (sehr fein gehackt)
Meersalz
frisch gemahlener schwarzer Pfeffer
½ TL Cayennepfeffer
1 TL rote Pfefferkörner (im Mörser zerdrückt)

Den Tofu würfeln und mit der Milch, der Sahne und den Knoblauchwürfeln in einen Mixer geben und sehr fein pürieren. Die Masse in eine kleine Porzellanschüssel füllen und mit dem Schneebesen durchrühren. Die Petersilie, Salzgürkchen, Kapern und Nüsse mit einem Löffel untermischen und zum Schluß mit Salz, Pfeffer und Cayennepfeffer abschmecken. Die zerdrückten roten Pfefferkörner auf die Sauce streuen und sofort servieren.

Madrider Sauce zu lauwarmem Gemüsesalat

Diese klassische cremige Sauce eignet sich sehr gut zu Salat aus frisch gegarten Gemüsestücken. Dazu wird verschiedenes über Wasserdampf nicht zu stark gegartes Wurzelgemüse, das in kleine Stücke oder Streifen geschnitten wurde, verwendet (am besten eignen sich Sellerie, Karotten, Kohlrabi, Zucchini, rote Bete und Lauch).
Das Gemüse gut abtrocknen und in eine große Schüssel geben. Zur Geschmacksverbesserung noch einige Apfelstreifen untermischen. Dann die Madrider Sauce darübergießen, untermischen und mit etwas fein gehackter glatter Petersilie und fein gehackten Walnußkernen servieren.

6 hartgekochte Eier
15 große grüne Oliven (ohne Steine und in Salzlake eingelegt)
2 EL guter Weißweinessig
4 EL Wasser
8 EL Walnußöl (oder auch neutrales Sonnenblumenöl)
2 EL süße Sahne (mit einem Schneebesen cremig geschlagen)
Meersalz
frisch gemahlener weißer Pfeffer
1/2 TL edelsüßer Paprika
1 Messerspitze Cayennepfeffer

Die Eier schälen und sehr fein hacken. Die Oliven unter fließendem kaltem Wasser abwaschen, abtrocknen und in feine Scheiben schneiden. In einer breiten Porzellanschüssel den Essig, das Wasser und das Öl mit einem Schneebesen kräftig verrühren. Die Eierwürfel und Olivenscheiben beimengen und mit einem Löffel unterheben. Die Sahne hinzufügen und das Ganze mit Meersalz, Pfeffer, Paprika sowie Cayennepfeffer abschmecken. Falls die Sauce noch zu flüssig ist, mit etwas Sahne andicken.
Die Sauce eignet sich nicht zum Aufbewahren und sollte deshalb frisch zubereitet und sofort verwendet werden.

Ingwer-Soja-Sauce zu Gemüsesalat

Diese exotisch schmeckende Sauce wird am besten zu einem Gemüsesalat aus Zuckerschoten, gedünsteten Möhren (in feinen Scheiben), Chinakohl, feinen grünen Prinzeßbohnen und Zucchinischeiben gereicht. Für die Herstellung ist unbedingt der chinesische Szetschuanpfeffer zu verwenden. Hier handelt es sich um die getrockneten Beeren eines Strauches, der in China wächst. Dieser Pfeffer hat einen leicht säuerlichen, aber sehr aromatischen Geschmack, und die Körner sind grundsätzlich vor der Verwendung in einer beschichteten Pfanne bei mittlerer Temperatur zu rösten, bis ein leichter Rauch aufsteigt. Sie sind dann in einem Steinmörser kräftig zu zerstoßen.

2 TL Szetschuanpfefferkörner
4 EL süße dunkle Sojasauce
1 1/2 TL frisches Senfpulver
1 EL Zucker
4 EL Sherry-Essig
1 EL Erdnußöl
1 TL Kürbiskernöl
3 EL Maiskeimöl
2 EL frische Ingwerwurzel (sehr fein gehackt)
5 Knoblauchzehen (sehr fein gehackt)

Die Szetschuanpfefferkörner in einer beschichteten Pfanne bei nicht zu starker Hitze rösten, bis leichter Rauch aufsteigt. Die Pfefferkörner dann sofort in einem Mörser kräftig zerstoßen. In einer großen Porzellanschüssel die Sojasauce mit dem Senfpulver sowie dem Zucker und dem Sherry-Essig kräftig verrühren. Nun die Öle dazugießen und mit dem Schneebesen kräftig durchschlagen. Anschließend die gerösteten Pfefferkörner, den Ingwer sowie den Knoblauch dazutun und mit einem Löffel gut vermischen.
Das frisch gedünstete und zerkleinerte Gemüse noch lauwarm in eine große Schüssel geben und sofort mit der vorbereiteten Sauce vermischen.
10 Min. durchziehen lassen und gleich servieren.

Essig-Ingwer-Sauce zu Gemüsesalat

Diese kräftig würzige Sauce wird am besten getrennt gereicht zu knackig gekochtem zerkleinertem Gemüse (Brokkoliröschen, Selleriestückchen, Mangostiele, Möhrenstückchen und Stangensellerie). Dabei wird das lauwarme Gemüse lediglich mit wenig Meersalz und etwas neutralem Öl vermischt und dann jeweils beim Essen die einzelnen Stücke in die Sauce getaucht.

1 1/2 TL Szetschuanpfefferkörner
0,6 l Geflügelfond (siehe Rezept)
1 EL frische Ingwerwurzel
(in kleine Stücke geschnitten)
1/2 TL brauner Rohrzucker
3 EL Balsamico-Essig
2 EL süße Sojasauce

Die Szetschuanpfefferkörner in einer beschichteten Pfanne bei nicht zu starker Hitze rösten, bis leichter Rauch aufsteigt. Die Pfefferkörner dann sofort in einem Mörser kräftig zerstoßen. In einer Sauteuse den Geflügelfond aufsetzen und bis kurz vor das Kochen erhitzen. Den Ingwer, die gerösteten Pfefferkörner und den Zucker dazutun und in 15 Min. um zwei Drittel einkochen. Dann den Topf von der Herdplatte ziehen und auf Zimmerwärme abkühlen. Zum Schluß mit einem Schneebesen den Balsamico-Essig und die Sojasauce einschlagen und durch ein feines Haarsieb in eine kleine Porzellanschüssel streichen. Sofort zu dem frisch gegarten und leicht mit Meersalz gewürzten Gemüse servieren.

Stangensellerie-Ingwer-Sauce zu Nudelsalat

Diese durch den Ingwer etwas exotisch schmeckende Sauce paßt ausgezeichnet zu Nudelsalat aus dünnen chinesischen Nudeln oder dünnen Suppennudeln. Die Nudeln sollten dabei noch mit Erbsen und Zuckermais vermischt werden. Zum Schluß grob gehackte und in einer beschichteten Pfanne angeröstete Erdnüsse darüberstreuen.

3 Stangensellerie
3 Schalotten (sehr fein gehackt)
3 EL Weißweinessig
1 EL Erdnußöl
2 EL süße dunkle Sojasauce
1 EL frischer Ingwer (fein gehackt)
2 Knoblauchzehen
1 grüne Chilischote
2 EL Erdnußkerne (grob gehackt)

Den Stangensellerie mit den feinen Blättchen mit einem scharfen Messer sehr fein hacken.
Alle Zutaten (ohne Erdnüsse) in einen Mixer geben und kräftig zu einer cremigen Sauce mixen. Diese Sauce dann sofort mit den noch lauwarmen Nudeln vermengen und die Erbsen sowie den Zuckermais dazumischen.
Zum Schluß die gerösteten Erdnußstückchen darüberstreuen.

Sardellen-Tomaten-Sauce zu Gemüse-Nudel-Salat

Diese Sauce paßt sehr gut zu einem lauwarmen Salat aus frisch gekochten und in Stücke geschnittenen Makkaroni, frisch gekochten Möhrenstückchen, Kohlrabi und Bohnen. Dabei sollte das ganze Gemüse und die Nudeln ganz frisch zubereitet sein und mit der Sauce noch warm vermischt werden.

1 kg vollreife Tomaten
2 EL gutes kalt gepreßtes Olivenöl
4 Schalotten (fein gehackt)
2 Knoblauchzehen (fein gehackt)
1 TL Rosenpaprika
1/2 TL Zimtpulver
1/2 TL gemahlener Kreuzkümmel
1 Messerspitze Cayennepfeffer
1 TL schwarze Pfefferkörner
(im Mörser kräftig zerdrückt)
3 gut gewässerte und ausgenommene Sardellen (abgetrocknet und in kleine Stücke geschnitten)
1 TL Sherry-Essig
1 TL Balsamico-Essig
Meersalz

Bei den Tomaten den Stielansatz herauslösen, mit einem scharfen Messer die Haut kreuzweise einschneiden und mit einem Schaumlöffel kurz in kochendes Wasser halten. Die Tomaten schälen, halbieren, entkernen und in kleine Stücke schneiden.
In einer breiten hohen Edelstahlpfanne das Olivenöl erhitzen und die Schalotten und den Knoblauch bei nicht zu starker Hitze hellbraun braten. Die Gewürze dazutun und das Ganze bei geringer Hitze etwa 15 Min. schmoren. Anschließend die Tomatenstücke und die Sardellen hinzufügen und nochmals 15 Min. schmoren. Die Pfanne von der Platte nehmen und mit dem Schneebesen den Sherry-Essig sowie den Balsamico-Essig unterschlagen. Die Sauce durch ein feines Haarsieb streichen, mit Meersalz abschmecken, auf Zimmertemperatur abkühlen lassen und mit dem Gemüse-Nudel-Gemisch vermischen.

Ingwer-Zitronen-Sauce zu Reissalat

Diese Sauce paßt am besten zum Mischen für Salat aus Naturkornreis bzw. Duftreis, gemischt mit Wildreis. Der frisch gekochte Reis wird mit ganz klein geschnittenen getrockneten Aprikosen, sehr fein gehackter glatter Petersilie und in ganz dünne Scheiben geschnittenen Steinchampignons, die kurz in Butter angebraten sind, vermischt.

1 EL Orangensaft
Saft von 1 Zitrone
1/2 TL Ingwerpulver
1/2 TL gemahlener Zimt
1 Messerspitze gemahlene Gewürznelken
2 EL kräftig würziger Rotweinessig
1/2 TL feines Meersalz
1 TL weiße und schwarze Pfefferkörner
(im Mörser kräftig zerdrückt)
1 TL alter süßer Balsamico-Essig

In eine Stahlschlagschüssel den Orangensaft, den Saft der Zitrone sowie Ingwer, Zimt und Nelken geben und kräftig verrühren.
Den Rotweinessig dazugießen und mit Salz sowie Pfeffer abschmecken. Das Ganze kräftig mit dem Schneebesen durchschlagen und zum Schluß den Balsamico-Essig dazugeben. Die Sauce dann sofort über den noch lauwarmen Reis mit den Früchten gießen.

Casanovasauce
zu kaltem Fleischsalat

Zur Herstellung dieser Sauce benötigt man 4 EL frisch zubereitete Mayonnaise. Sie ist nicht ganz billig, da 2 EL sehr fein geschnittene schwarze Trüffel erforderlich sind.

*4 EL frisch zubereitete Mayonnaise
(siehe Rezept)
3 hartgekochte Eigelb
5 EL süße Sahne
Meersalz
frisch gemahlener weißer Pfeffer
½ TL Zucker
½ EL frischer Estragon
(sehr fein gehackt)
2 EL schwarze Trüffel
(sehr fein geschnitten)*

Zunächst die Mayonnaise herstellen. Die Eigelb in einer großen Porzellanschüssel zerdrücken, die Mayonnaise zugeben und mit dem Schneebesen kräftig verrühren. Die Sahne steif schlagen und in die Masse einarbeiten. Die Sauce mit Salz, Pfeffer und Zucker abschmecken. Kurz vor der Verwendung den Estragon und die Trüffel mit einem Löffel unter die Sauce heben.
Da es sich um eine sehr wohlschmeckende und nicht ganz billige Sauce handelt, sollte für den Fleischsalat am besten in Brühe gar gezogenes Rinderfilet, das in feine Scheiben aufgeschnitten wird, verwendet werden.

Orangensauce
zu Salat mit Filet
und Gemüse

Diese sehr schnell herzustellende fruchtige Sauce wird als Salatsauce zu einem frischen Gemüsesalat verwendet (z. B. mit Artischockenherzen, gedünsteten Sellerie- und Paprikaschoten), serviert mit gebratenem Geflügelfilet.

*0,2 l Orangensaft (frisch gepreßt)
0,2 l kalt gepreßtes Olivenöl
Meersalz
frisch gemahlener weißer Pfeffer*

Den Orangensaft durch ein Haarsieb gießen und in einer Schlagschüssel nach und nach mit dem Olivenöl aufschlagen. Mit Meersalz und Pfeffer abschmecken. Über den Gemüsesalat auf einem flach angerichteten Teller geben.
Zum Schluß nach Geschmack noch etwas Olivenöl hinzufügen. Die Sauce muß nach dem Aufschlagen sofort serviert werden, da sich sonst Öl und Orangensaft absetzen.

Radieschensauce
zu Wurstsalat

Für diese Sauce werden ganz frische knackige Radieschen mit ihrem zarten Grün verwendet. Sie eignet sich nicht zum Aufbewahren, sondern sollte frisch zubereitet werden.

*4 EL Weißweinessig
Meersalz
frisch gemahlener weißer Pfeffer
3 EL bestes kalt gepreßtes Olivenöl
3 EL Sesamöl
2 Bund kleine frische Radieschen
mit Grün
1 TL Balsamico-Essig*

In einer großen Porzellanschüssel mit dem Schneebesen den Weißweinessig mit einer kräftigen Prise Salz sowie dem Pfeffer vermischen. Anschließend das Olivenöl und dann das Sesamöl ganz langsam dazugießen und ständig mit dem Schneebesen kräftig schlagen. Es muß sich dabei eine cremige Sauce ergeben. Von den Radieschen die welken und großen Blätter entfernen. Die Radieschen (sowie die kleinen grünen Blätter) gut auswaschen und abtrocknen. Die Radieschen mit den Blättern mit einem Messer sehr fein hacken und sofort unter die Sauce mischen. Zum Schluß den Balsamico-Essig hinzufügen, kräftig mit einem Löffel vermischen und sofort zu dem Wurstsalat servieren.
Die Sauce eignet sich auch gut zu sauer angemachtem Käse (z. B. zu Harzer Rolller), zu Schweinskopfsülze oder zu rotem Preßsack.

Würzsaucen, Würzmischungen und Marinaden

Harissa

(maghrebinische Gewürzpaste zu Couscous)

Diese Gewürzpaste ist tiefrot und sehr scharf, sie wird vor allem in Nordafrika und im Mittleren Orient zu verschiedenen Gerichten, insbesondere zu Couscous, serviert. Harissa wird auch zur Verfeinerung und Zubereitung anderer Saucen verwendet.

> *5 frische rote Chilischoten (entkernt und in kleine Würfel geschnitten)*
> *1 frische rote Paprikaschote (entkernt und in kleine Würfel geschnitten)*
> *3 Knoblauchzehen (grob zerhackt)*
> *½ TL Korianderkörner*
> *½ TL gemahlener Kreuzkümmel*
> *1 TL grobes Meersalz*
> *2 EL Weißweinessig*
> *2 EL Olivenöl*
> *1 TL konzentriertes Tomatenmark*

In einem Mörser die Chili- und Paprikawürfel, den Knoblauch, die Korianderkörner und den Kreuzkümmel zu einer dicken Paste zerstoßen. Dies kann auch in einem kleinen Mixer geschehen oder mit dem Pürierstab. Anschließend das Ganze in eine Porzellanschüssel geben und das Meersalz, den Weißweinessig, das Olivenöl sowie das Tomatenmark dazugeben. Verrühren und in den Kühlschrank stellen.

Hinweis: Diese Sauce hält sich nur 5 bis 6 Tage, sie kann jedoch eventuell in kleinen Würfeln, am besten in einem Eiswürfelbehälter, eingefroren werden.

Indisches Currypulver

Das „Indische Currypulver" ist die scharfe Variante eines Currys. Hierzu gibt es eine Unzahl verschiedener Rezepte. Es schmeckt am besten frisch zubereitet, kann jedoch in einem fest verschließbaren Glas im Kühlschrank mehrere Wochen aufbewahrt werden. Voraussetzung für die Herstellung ist eine Gewürzmühle. Es kann auch eine Kaffeemühle verwendet werden, die sehr fein mahlt (z. B. Einstellung für Espresso). Die Kaffeemühle kann dann nur noch für Curry verwendet werden!

> *6 getrocknete rote Chilischoten*
> *2 EL Koriandersamen*
> *1 TL schwarze Senfsamen*
> *1 EL Kreuzkümmel*
> *1 TL schwarze Pfefferkörner*
> *1½ TL Bockshornkleesamen*
> *½ TL Pimentpulver*
> *2 EL gemahlenes Kurkuma (Kurkumapulver)*
> *½ TL Senfpulver*

Folgende Zutaten in die Gewürzmühle oder Kaffeemühle geben: die Chilischoten, den Koriandersamen, den Senfsamen, den Kreuzkümmel, die Pfefferkörner, den Bockshornkleesamen und das Pimentpulver. Das Ganze sehr fein mahlen. Anschließend noch das Kurkuma- und das Senfpulver daruntermischen, sofort in ein verschließbares Glas füllen und in den Kühlschrank stellen. Nachstehend noch ein Rezept für eine mildere Variante von Currypulver.

> *1 TL Kurkumapulver*
> *3 TL Koriandersamen*
> *1 TL gelbes Senfpulver*
> *½ TL Ingwerpulver*
> *½ TL gemahlene Kardamomsamen*
> *½ TL Rosenpaprika (scharfer Paprika)*
> *½ TL Kreuzkümmel*
> *½ TL gemahlener Zimt*
> *1 TL Fenchelkörner*
> *½ TL Pimentpulver*
> *½ TL gemahlene Gewürznelken*
> *frisch gemahlener weißer Pfeffer*

Die vorstehenden Zutaten (außer dem Senfpulver und dem Kurkumapulver) in einer Kaffeemühle oder im Mörser sehr fein zerreiben.
Am Schluß das Senfpulver und das Kurkumapulver dazumischen.

Arabische Currypaste

(Würzbeigabe)

Diese scharfwürzige Paste wird in den arabischen Ländern als Würzbeigabe zu Fleisch- und Gemüsegerichten serviert. Die Zutaten sind normalerweise auch bei uns erhältlich. Wichtig sind frische Korianderblätter und Kardamomsamen. Die Zubereitung erfolgt am besten in einem großen Steinmörser.

> *3 längliche rote Paprikaschoten*
> *3 frische rote Chilischoten*
> *2 EL frische Korianderblätter (fein gehackt)*
> *8 Knoblauchzehen (durch die Presse gedrückt)*
> *2 EL gemahlener Koriander*
> *1 TL Kardamomsamen*
> *2 TL Saft von 1 frischen Limone*

Den Stielansatz der Paprika- und Chilischoten wegschneiden und die Kerne entfernen. Alles fein hacken und mit den Korianderblätterstückchen in einen Mörser geben. Kräftig zerstoßen, damit die Masse cremig wird. Den Knoblauch hinzufügen, weiter zermahlen und nach und nach Korianderpulver, Kardamomsamen sowie den Limonensaft untermischen. Es muß sich eine dicke Paste ergeben, die nach Möglichkeit frisch serviert werden soll.
In einem verschließbaren Glas hält sich diese Paste maximal 2 bis 3 Wochen.

Kreolische Knoblauch-Gewürzpaste

(Cajun)

Diese scharfwürzige Paste wird in den USA vor allem bei großen Rindersteaks vor dem Grillen in das Fleisch einmassiert. Sie kann jedoch auch als Gewürzzugabe bei Gemüse sowie zu Fleischeintopf- und Reisgerichten verwendet werden. Die Zutaten sind ohne weiteres bei uns erhältlich. Die Paste sollte immer frisch zubereitet werden, sie hält sich jedoch in einem gut verschlossenen Glas maximal 2 Wochen im Kühlschrank.

3 Knoblauchzehen
(durch die Presse gedrückt)
1 Gemüsezwiebel (sehr fein gewürfelt)
1½ TL grobes Meersalz
1 TL milder Paprika
1 TL scharfer Rosenpaprika
1 TL frisch gemahlener
schwarzer Pfeffer
1 TL gemahlener Kreuzkümmel
1 TL Chilipulver
½ TL fein zerriebener
getrockneter Thymian
½ TL fein geriebener
getrockneter Salbei
½ TL Fenchelkörner

Den Knoblauch und die Zwiebelwürfel in einen Mörser geben. Das Meersalz hinzufügen und alles kräftig zu einer Paste zerdrücken. Nach und nach die Gewürze sowie Kräuter dazugeben und im Mörser zu einer körnigen Paste mahlen. Anschließend – am besten frisch – in das zu grillende Fleisch gut einmassieren und 30 Min. vor dem Grillen einziehen lassen.

Masala Bata

(indische Gewürzpaste)

Diese Gewürzpaste wird am besten in einem kleinen Mixer zubereitet. Sie ist scharf-würzig und wird zum Schmoren von Fleischgerichten oder zu Curryspeisen verwendet. Die Paste kann in einem dicht schließenden Glas im Kühlschrank etwa 4 Wochen aufbewahrt werden.

5 Zwiebeln
(in kleine Würfel geschnitten)
2 EL frischer Ingwer (zuerst geschält
und dann in grobe Stücke geschnitten)
6 Knoblauchzehen
(durch die Presse gequetscht)
6 Tomaten (in Stücke geschnitten)
5 frische rote oder ersatzweise 2 ganze
getrocknete Chilischoten
(zuerst geputzt und dann in kleine
Würfel geschnitten)
5 EL Weißweinessig

Die Zwiebelwürfel, den Ingwer, den Knoblauch, die Tomatenstücke sowie die Chilischoten in einen Mixer geben. Den Weißweinessig zugießen und alles kräftig durchmixen. Sofort in ein dicht schließendes Glas einfüllen und im Kühlschrank aufbewahren. Ersatzweise können die Zutaten auch im Mörser zerstoßen oder in einem hohem Glas mit dem Stabmixer zerkleinert werden. Vorsicht: Diese Paste ist sehr scharf, also nur in kleinen Mengen verwenden.

Zhoug

(scharfe Würzpaste aus dem Jemen)

Durch die Zugabe von Chilischoten entsteht eine sehr scharfe Würzpaste, die nicht nur pur verwendet wird, sondern zu Suppen, Dipsaucen oder sonstigen Gerichten weiterverwendet wird. Diese Sauce sollte frisch zubereitet werden, kann jedoch gut verschlossen bis zu 2 Wochen im Kühlschrank aufbewahrt werden.

10 Chilischoten
10 Knoblauchzehen
(in kleine Würfel geschnitten)
3 große Fleischtomaten
10 EL frische Korianderblätter
(sehr fein geschnitten)
8 EL frische glatte Petersilie
(sehr fein geschnitten)
2 EL Kreuzkümmel
(am besten frisch gemahlen)
2 EL Zitronensaft
3 EL Olivenöl
Salz
frisch gemahlener schwarzer Pfeffer

Bei den Chilischoten den Stielansatz wegschneiden, entkernen, in kleine Würfel schneiden und mit den Knoblauchwürfeln in einem Mörser zerstoßen oder in einem kleinen Mixer fein pürieren. Von den Fleischtomaten die Haut abziehen, entkernen und in kleine Stücke schneiden.
In einem Mixer die Knoblauch-Chili-Masse mit den Tomatenstücken, dem Koriander, der Petersilie, dem Kreuzkümmel und dem Zitronensaft pürieren. Dann das Olivenöl dazugeben und weitermixen, bis sich eine dicke cremige Sauce ergibt. Mit Salz sowie Pfeffer abschmecken und in ein dicht schließendes Glas geben. Gut durchkühlen lassen und möglichst rasch verwenden.

Garam Masala

(indische Gewürzmischung)

Es handelt sich hier um ein „Standardgewürz" aus der indischen Küche. Es gibt verschiedene Abwandlungen, wobei hier die übliche Version beschrieben ist.

> 1 EL Koriandersamen
> 1 EL Kreuzkümmel
> 2 TL schwarze Pfefferkörner
> 6 grüne Kardamomkapseln
> (zuvor die Hüllen entfernen)
> 5 Nelken
> 1 Zimtstange (mit dem Fleischklopfer
> bröselig zerschlagen)

Sämtliche Gewürze, also den Koriandersamen, den Kreuzkümmel, die Pfefferkörner, die Kardamomkapseln, die Nelken sowie die Zimtstange, in eine beschichtete Pfanne geben. Das Ganze rösten, bis es dunkelbraun wird. Anschließend diese Gewürzmischung abkühlen lassen und in einer Gewürzmühle fein zermahlen. Es ist auch möglich, die Gewürze in einem Mörser fein zu zerstoßen. Danach in ein fest schließendes Glas geben und im Kühlschrank luftdicht aufbewahren.
Diese Gewürzmischung wird für sehr viele indische Gerichte benötigt. Es ist deshalb zu empfehlen, sie auf Vorrat zuzubereiten (in einer Menge von etwa 0,3 l). Dazu ist folgende Menge an Gewürzen erforderlich: 3 EL grüne Kardamomkapseln, 3 Zimtstangen, 1 EL Nelken, 2½ EL schwarze Pfefferkörner, 2 EL Kreuzkümmel und 2 EL Koriandersamen. Die Zubereitung erfolgt wie oben beschrieben.
Das Gewürz ist im Kühlschrank mehrere Monate haltbar.

Sambar Masala

(indisches Sambargewürz)

Dies ist eine Gewürzpulvermischung, die zu verschiedenen Gerichten und auch zu Saucen in der indischen Küche verwendet wird. Nach dem Originalrezept sind verschiedene Sorten Linsen erforderlich, die bei uns jedoch schwer zu erhalten sind. Deshalb wird hier die Verwendung von geschälten gelben Linsen und kleinen grünen Linsen aus Frankreich empfohlen. Die anderen Gewürze und Gewürzpulver (z. B. Bockshornkleesamen oder Kurkumapulver) sind in Feinkostgeschäften oder im Gewürzversandhandel erhältlich.

> 8 getrocknete rote Chilischoten
> 1 EL Korianderkörner
> 1 TL ganzer Kreuzkümmel
> 1½ TL schwarze Pfefferkörner
> 1 TL Bockshornkleesamen
> 1 TL kleine grüne Linsen
> 2 TL geschälte gelbe Linsen
> 2 TL Kurkumapulver

Zunächst von den Chilischoten den Stielansatz weg- und längs aufschneiden. Eine große Edelstahlpfanne nicht zu stark erhitzen. Die Chilischoten, die Korianderkörner, den Kreuzkümmel, die Pfefferkörner und den Bockshornklee unter ständigem Rühren bei geringer Hitze 7 bis 8 Min. rösten. Anschließend sofort in eine Porzellanschüssel umfüllen und abkühlen lassen.
In der gleichen Pfanne die Linsen etwa 8 Min. bei mittlerer Hitze anrösten und zu den Gewürzen geben. Wiederum in der gleichen Pfanne das Kurkumapulver 1 Min. rösten, in eine eigene kleine Schale geben und abkühlen lassen. Die Gewürzkörner bzw. Chilischoten und die Linsen (jedoch nicht das Kurkumapulver) in einem kleinen Mixer sehr fein mahlen. Das Pulver in einer Schüssel mit dem Kurkumapulver gut vermischen. In einem gut verschließbaren Glas dunkel und kühl aufbewahren. Dieses sehr scharfe Gewürz darf nur sehr sparsam verwendet werden.

Bouquet garni

(Kräutergewürzbündel)

Die Zusammenstellung für dieses Bouquet garni stammt aus einem Rezept aus dem Jahr 1920. Die Zutaten werden in ein Nesseltuch gewickelt (z. B. feiner Baumwollstoff für Windeln) und mit einem Bindfaden oben zusammengebunden. Diese Gewürzzusammenstellung kocht dann einige Zeit in der Sauce mit und kann problemlos entfernt werden.

> 1 kleines Bund frische Petersilie
> 1 kleines Bund frisches Kerbelkraut
> 1 Lorbeerblatt
> 10 weiße Pfefferkörner
> 1 Knoblauchzehe (geschält und mit
> dem Messerrücken leicht zerdrückt)
> ½ TL Majoranblättchen (getrocknet)
> ½ TL Thymian
> 2 Nelken
> 5 Korianderkörner
> 1 Stückchen Muskatblüte (Mazis)
> 1 kleines Stück dünn abgeschnittene
> Zitronenschale
> von einer unbehandelten Zitrone

Die Kräuter gründlich abwaschen und die Stiele entfernen. Alles zusammen in das Nesseltuch geben und oben gut zusammenbinden (wie eine Säckchen). Da frische Kräuter verwendet werden, ist eine Zubereitung auf Vorrat nicht möglich.

Saucengewürzpulver aus Pilzen

Dieses Rezept stammt aus der Zeit um 1920. Das Gewürzpulver wird zur Verfeinerung von Saucen oder aber auch für bestimmte Suppen verwendet (z. B. Kartoffelcremesuppe, Champignoncremesuppe oder Spargelsuppe).

*1,5 kg verschiedene Speisepilze
(z. B. Maronenröhrlinge, Pfifferlinge,
Champignons, Birkenpilze, Steinpilze
oder Morcheln)*

Die frischen Pilze möglichst nicht abwaschen, sondern mit einem Messer säubern. Anschließend längs in Scheiben schneiden und an der Luft (an nicht zu warmer Stelle) trocknen lassen. Dabei auf ein Sieb legen, damit die Pilze nicht schimmeln. Das Trocknen gelingt aber auch in einem speziellen Trocknergerät, in dem auch Früchte gedörrt werden können. Wenn die Pilze vollständig getrocknet sind, nach und nach in einem Steinmörser zu Pulver zerreiben und durch ein feines Sieb geben.
In einem gut verschraubbaren Glas oder in einer verkorkten Flasche dunkel aufbewahren und nur in geringer Menge zum Würzen verwenden. Das Pulver hält sich luftdicht verschlossen mindestens 6 Monate.

Gewürzmischung für Saucen

Die Gewürzmischung wird in kleinen Mengen zu Saucen verwendet, aber auch bei der Herstellung von Füllungen für Geflügel oder zu Ragouts. Zum Würzen von kalten Pasteten und Sülzen ist es ebenso zu gebrauchen. Die Herstellung erfolgt in einem Steinmörser. Die französische Bezeichnung dafür ist Épice composée.

*50 g Nelken
80 g Muskatnuß (von ganzer Nuß)
40 g weiße Pfefferkörner
40 g Basilikum
40 g Ingwerpulver
40 g Korianderkörner
40 g Pimentkörner
40 g Muskatblüte (Mazis)
40 g Lorbeerblätter
40 g Thymian
40 g Kardamom
20 g schwarze Pfefferkörner
Schale von 1 unbehandelten Zitrone*

In einen großen Steinmörser sämtliche Gewürze und die Zitronenschale geben. Alles sehr fein zerstoßen. Danach das Ganze durch ein feines Sieb streichen und verschließen (kühl und dunkel aufbewahren). Es hält sich mindestens ein halbes Jahr.
Zu Pasteten und Füllungen wird es im Verhältnis 100 g Salz zu 7 g Würzmischung verwendet. Letztlich kommt es auf den eigenen Geschmack an.

Kräuter-Essig-Sauce
(Nürnberger Sauce von 1537)

Bei diesem Originalrezept aus dem Mittelalter gibt es – wie bei allen Saucen aus dieser Zeit – üblicherweise keine Mengenangabe. Anstatt Essig wurde früher der Saft von unreifen Trauben verwendet (dieser Saft wurde im übrigen auch damals für die Herstellung von scharfem Dijon-Senf genommen).

*3 altbackene Semmeln (ohne Rinde)
0,15 l kräftiger Weißweinessig
(am besten Sherry-Essig)
2 dicke Scheiben Saucenlebkuchen
(fein zerbröselt)
je 1 EL frische Kräuter (fein gehackt):
Bohnenkraut, Minze, grüner Teil
von Mangoblättern, Sauerampfer
1 TL geschroteter weißer Pfeffer
(im Mörser zerdrückt)
½ TL Salz
1 TL Zucker
1 Handvoll frische Brunnenkresse
(grob gehackt)*

Die Semmeln in Scheiben schneiden und den Essig darüberträufeln. 10 Min. ziehen lassen, zerbröseln und in eine Porzellanschüssel füllen. Die Saucenlebkuchenbrösel sowie die Kräuter (jedoch ohne Brunnenkresse) zu den Semmeln geben und, falls erforderlich, noch etwas Weinessig.
Das Ganze in einem schmalen hohen Glas mit dem Pürierstab kräftig durchmixen. Es muß sich jetzt eine dickflüssige Sauce ergeben. Falls die Sauce immer noch zu dickflüssig ist, mit mehr Essig, der zur Hälfte mit Wasser vermischt ist, verdünnen. Den Pfeffer hinzufügen, kräftig verrühren und die Masse durch ein sehr feines Haarsieb streichen. Mit Salz und Zucker abschmecken.
Zum Schluß die Brunnenkresse zur Hälfte untermischen und die andere Hälfte darüberstreuen.

Garum

(altrömische Würzsauce)

In einem umfassenden Buch über Saucen dürfen die Würzsaucen aus der Römerzeit (d. h. um Christi Geburt) natürlich nicht fehlen. Aus dieser Zeit sind z. B. Rezepte des reichen römischen Feinschmeckers Apicius überliefert, der zur Zeit des Kaisers Tiberius lebte. Er kochte leidenschaftlich gerne und richtete prunkvolle Gastmähler aus. Sein Hauptaugenmerk galt der Herstellung von delikaten Saucen und ausgefallenen Spezialitäten. Es ist überliefert, das Apicius auf Grund seiner verschwenderischen Lebensweise nahezu sein gesamtes Vermögen vergeudete und zum Schluß „nur" noch (nach unserer Rechnung) 1 Million Mark übrig hatte. Vor lauter Angst, daß er seinen bisherigen Lebensstil nicht mehr weiterführen könne und verhungern müsse, vergiftete er sich.

Die bekanntesten römischen Saucen aus dieser Zeit waren Garum und Sapa. Bei Garum handelte es sich um nichts anderes als mit Salz und Kräutern eingelegten und in der Sonne vergorenen Fisch. Durch das Gären in der Sonne ergab sich nach einiger Zeit eine Flüssigkeit, die dann als sehr intensiv schmeckende Würze für alle möglichen Gerichte verwendet wurde. Nachstehend ist zunächst das Originalrezept von Garum (wie es damals hergestellt wurde) beschrieben: In einem Gefäß von etwa 30 l Inhalt (damals waren es wohl Amphoren) grob geschnittene Kräuter, die einen starken Eigengeschmack haben (z. B. Dill, Fenchel, Sellerie, grüne Minzeblätter, frisches Oregano, Koriandergrün), etwa 3 cm hoch auf den Boden des Gefäßes legen. Darüber in grobe Stücke geschnittene sehr fetthaltige Fische schichten (damals wurden üblicherweise Makrelen verwendet) und mit einer etwa 3 cm dicken Lage Salz bedecken. Das Ganze muß sich mindestens 3mal wiederholen. Dann mit einem Tuch abdecken und in der Sonne wenigstens

7 Tage gären lassen. Danach in der Küche die nächsten 20 Tage täglich kräftig durchmischen. Den sich bildenden Saft durch ein Tuch seihen und in eine Flasche füllen.

In heutiger Zeit ist es einfacher, Garum nach folgendem Rezept herzustellen:

> 4 l Wasser
> 500 g Meersalz
> 2 kg Meeresfisch (z. B. frische Sardellen, Makrelen oder Heringe)
> 2 Bund frischer Oregano (grob gehackt)
> 0,3 l Sapa (siehe Rezept)

In einem hohen Kochtopf das Wasser lauwarm erhitzen. Zunächst 200 g Meersalz hinzufügen, dann nach und nach so lange weiter Salz beimengen bzw. auflösen, bis ein rohes frisches Ei auf der Oberfläche schwimmt. Anschließend den Fisch (ausgenommen, aber mit Kopf und Schwanz) grob zerteilen und dazugeben. Den Oregano untermischen, aufkochen und bei nicht zu starker Hitze so lange kochen, bis die Flüssigkeit nahezu vollständig verkocht ist.
Dann die Sapa einrühren, nochmals aufkochen und langsam abkühlen. Etwa 3mal durch ein Passiertuch filtern und in einer verkorkten Flasche aufbewahren.

Sapa

(altrömische Würzsauce, auch „Defrutum")

Diese Würzsauce wird unter anderem auch als Grundlage für die bekannte römische Würzsauce Garum verwendet. Es gibt zwei Methoden, dieses Konzentrat herzustellen: Entweder wird der Saft von weißen Trauben auf ein Zehntel eingekocht, oder es wird der Saft von roten Trauben auf ein Drittel reduziert. Das aus den roten Trauben entstehende tiefdunkle Konzentrat wird mit frischen Früchten verkocht (am besten mit gemischten Birnen, Äpfeln und Quitten sowie einem Teil frischem Kürbisfleisch) und dann nochmals sehr dick eingekocht.
Anschließend wird die Masse durch ein Haarsieb gestrichen und zu gekochtem Rindfleisch serviert. Durch die Reduktion sowohl des weißen als auch des roten Traubensafts ergibt sich ein sehr süßer konzentrierter Saft, der sich auch im Geschmack vom herkömmlichen Traubensaft unterscheidet.
Will man die Sapa als Würzsauce für Garum verwenden, sollte sie aus weißen Trauben wie nachstehend hergestellt werden:

> Ein großer emaillierter Kochtopf mit mindestens 10 l Inhalt und 10 l frisch gepreßter Traubensaft aus weißen Trauben (am besten aus Muskatellertrauben)

Den frischen Traubensaft durch ein Haarsieb in den Kochtopf schütten und aufkochen. Die Hitze zurückschalten und den Saft auf ein Zehntel (1 l) der ursprünglichen Menge reduzieren. Im Kochtopf abkühlen lassen, in eine verschließbare Flasche füllen und kühl aufbewahren.

Bockshornkleesauce

(Würzsauce zu Reis)

Diese exotisch und scharf-würzig schmeckende Sauce paßt hervorragend als Würzsauce zu chinesischen Reisgerichten, die im Wok hergestellt werden (z. B. gebratener Reis mit Geflügelstreifen und frischen Sojasprossen oder gebratener Reis mit Eierflocken). Den würzig-exotischen Geschmack erhält die Sauce durch die Verwendung von gemahlenen Bockshornkleekörnern und die Sojasauce.

---

4 EL Sesamkörner
5 Knoblauchzehen
3 EL Sesamöl
2 EL Ahornsirup
1 EL süßer dickflüssiger Balsamico-Essig
3 EL trockener Riesling
1 TL gemahlene Bockshornkleekörner
½ TL gemahlener Cayennepfeffer

Die Sesamkörner in einer beschichteten Pfanne hellbraun anrösten und zum Abkühlen beiseite stellen. Die Knoblauchzehen schälen und jeweils in 3 Stücke teilen. In einem kleinen Mixer die Knoblauchzehenstücke mit den Sesamkörnern und dem Sesamöl kräftig vermischen.
Diese Sesampaste in eine große Porzellanschüssel füllen, den Ahornsirup leicht erwärmen und dazugeben. Alle anderen Zutaten (Balsamico-Essig, Riesling, Bockshornkleekörner sowie Cayennepfeffer) ebenfalls hinzufügen und mit einem Schneebesen kräftig verrühren. Wenn die Masse zu dünnflüssig ist, nochmals alles in den Mixer füllen und 1 TL Sesamkörner mitmixen. Diese Würzsauce wird in kleinen Mengen zu dem Reisgericht serviert, kann aber auch unter den Reis gemischt werden. Die Sauce hält sich im Kühlschrank gut abgedeckt 1 bis 2 Wochen.

Saucenessig für Saucen

Dieses interessante Rezept für einen Würzessig stammt aus der Zeit um 1900. Der sehr wohl duftende Essig kann verwendet werden zum Würzen, z. B. von Sauce hollandaise, Mayonnaise oder auch zum Würzen von verschiedenen Salaten. Dieser Essig braucht etwa 6 Wochen Zeit zum Reifen. Dazu ist eine größere Ballonflasche nötig. Außerdem kann dieser Saucenessig nur im Frühjahr hergestellt werden, weil dazu Fliederblüten und Holunderblüten erforderlich sind.

---

5 Nelken (im Mörser leicht zerstoßen)
10 schwarze Pfefferkörner
(im Mörser leicht zerstoßen)
6 Knoblauchzehen (grob geschnitten)
10 Schalotten (grob geschnitten)
3 Rispen Fliederblüten
3 Dolden Holunderblüten
500 g frischer Estragon
100 g weiße Senfkörner
4 l guter Weißweinessig
0,1 l Obstschnaps

Die Nelken, Pfefferkörner, Knoblauchzehen, Schalotten sowie die Fliederblüten, Holunderblüten, den Estragon sowie die Senfkörner in eine Ballonflasche geben und mit Weißweinessig und Obstschnaps ansetzen.
Das Ganze muß etwa 6 Wochen an einem dunklen Ort stehen. Den Essig danach durch ein Passiertuch filtern und in Flaschen abfüllen.
Der Essig hält sich etwa 3 Monate und sollte immer an einer dunklen Stelle aufbewahrt werden.

Mirepoix

(gewürfeltes Wurzelgemüse)

Dieses Grundrezept stammt aus der Zeit um 1900. Die sehr fein gewürfelten Zutaten werden vorbereitet und können in einer verschlossenen Schale im Kühlschrank 3 bis 4 Tage aufbewahrt werden. Es wird verwendet zur Verfeinerung von Grundsaucen.

---

100 g roher durchwachsener Schinkenspeck (in grobe Würfel geschnitten, etwa 1,5 cm Kantenlänge)
2 TL Butter
1 Zwiebel
(in sehr feine Würfel geschnitten)
2 Schalotten
(in sehr feine Würfel geschnitten)
2 Knoblauchzehen
(in sehr feine Würfel geschnitten)
2 Karotten
(in sehr feine Würfel geschnitten)
1 kleiner Sellerie
(in sehr feine Würfel geschnitten)
1 Lauchstange
(in sehr feine Würfel geschnitten)
10 Pfefferkörner
(im Mörser leicht zerdrückt)
1 Nelke (im Mörser leicht zerdrückt)
1 Lorbeerblatt (in Stücke gebrochen)

Den Schinkenspeck mit der Butter leicht anbraten. Zunächst die Zwiebeln, Schalotten und Knoblauch zu dem Speck geben und leicht anrösten (nur gelblich anrösten; unbedingt darauf achten, daß die Zutaten nicht anbrennen). Danach die Karotten, den Sellerie, den Lauch sowie die Pfefferkörner, die Nelke und das Lorbeerblatt dazugeben. Alles leicht anrösten, damit sich die Duftstoffe gut entwickeln.
Dann in der Pfanne abkühlen lassen und in ein geschlossenes Glas füllen und im Kühlschrank aufbewahren beziehungsweise für Saucen weiterverwenden.

Sambal Kecap

(indonesische Chili-Soja-Sauce)

Hier handelt es sich um eine schwarze Sauce, die nicht so scharf ist wie „Sambal Oelek". Diese Sauce wird als Würzzutat zu verschiedenen fernöstlichen Gerichten verwendet.

3 rote Chilischoten
(halbiert, entkernt, Stiel entfernt
und in kleine Stücke geschnitten)
4 Knoblauchzehen (durchgepreßt)
3 Frühlingszwiebeln mit Grün
(in feine Ringe geschnitten)
0,3 l Sojasauce

Die Chilischoten, den Knoblauch sowie die Frühlingszwiebeln mit Sojasauce verrühren und langsam erhitzen (nicht kochen!). Durch das Erhitzen sollen sich die Gewürzzutaten gut miteinander verbinden.
Das Ganze abkühlen lassen und in einem kleinen Schälchen servieren.

Sambal Oelek

(fernöstliche Chilisauce)

Hier handelt es sich um die sehr scharfe rote Chilisauce, die in den chinesischen Restaurants als Würze serviert wird.

15 frische rote Chilischoten
6 EL Sonnenblumenöl
1 TL grobes Meersalz

Bei den Chilischoten den Stielansatz wegschneiden, jedoch die Kerne nicht entfernen. Die Chilischoten in etwa 1 mm dicke Ringe schneiden. Dabei nach Möglichkeit Küchenhandschuhe tragen, da es gefährlich ist, den Chili auf die Haut oder gar in die Augen zu bekommen. Das Sonnenblumenöl und das Meersalz in einen kleinen Mixer zusammen mit den Chiliringen einfüllen und alles zu einer Paste rühren. Anschließend in einer Eisenpfanne unter ständigem Rühren diese Paste langsam erhitzen, bis sich das Öl wieder oben absetzt. Dies dauert etwa 15 Min. Das Ganze dann abkühlen lassen und in einem kleinen Schälchen als Würzzutat servieren.

Scharfe thailändische Tomatensauce

Diese Sauce ist sehr scharf durch die Verwendung von Chilischoten. Diese Sauce wird zu allen fernöstlichen Reisgerichten oder im Wok zubereiteten Fleischspeisen gereicht.

4 Fleischtomaten
3 Knoblauchzehen
4 rote Chilischoten
½ TL Garnelenpaste (siehe Hinweis)
1 TL grobes Meersalz

Die Fleischtomaten kurz in kochendes Wasser geben und die Haut abziehen. Den Stielansatz sowie die Kerne entfernen und das Fruchtfleisch in kleine Würfel schneiden. Die Knoblauchzehen durch die Presse drücken. Die Chilischoten halbieren, den Stielansatz sowie die Kerne entfernen und anschließend in feine Würfel schneiden. In einem Mörser die Chiliwürfel mit der Garnelenpaste und dem Meersalz zerdrücken. Dann die Tomatenwürfel, die Knoblauchzehen sowie die Chilischotenmasse gut vermengen und servieren.

Hinweis: Die Garnelenpaste kann nicht selbst zubereitet werden. Sie ist in Chinaläden im Glas erhältlich. Sie wird aus Fischresten und aus Krustentieren hergestellt, die mit Meersalz fein zerstampft werden. Pur riecht diese Paste nicht besonders gut und wird nur zur Verfeinerung verschiedener Saucen verwendet.

Petersilienöl zu frischen Nudeln

Dieses intensiv, kräftig schmeckende Kräuteröl wird am besten in ganz kleinen Mengen über selbst hergestellte breite Nudeln geträufelt. Es schmeckt hervorragend, wenn die Nudeln mit kurz und kroß gebratenen Meeresfischstückchen serviert werden.

1 Bund frische glatte Petersilie
1 Knoblauchzehe
2 TL grobes Meersalz
0,2 l bestes kalt gepreßtes Olivenöl
1 TL frisch gepreßter Limonensaft

Die Petersilie unter fließendem kaltem Wasser kräftig auswaschen und gut abtrocknen. Alle Stiele entfernen und mit einem scharfen Messer grob hacken. Die Knoblauchzehe schälen und in 4 Stücke teilen. In einen großen Steinmörser die Petersilienstücke, die Knoblauchstücke und das Meersalz geben. Im Mörser ganz kräftig zerreiben, damit sich eine dunkelgrüne cremige Masse ergibt (ersatzweise kann dies auch in einem kleinen Mixer geschehen). Dann das Olivenöl in kleinen Mengen nach und nach dazugießen und die Masse immer weiter zerreiben. Zum Schluß den Limonensaft untermischen und das Ganze am besten in einem kleinen geschlossenen Gefäß im Kühlschrank 3 bis 4 Std. ziehen lassen. Dieses Öl mit einem Kaffeelöffel in kleinen Portionen über die frisch gekochten heißen Nudeln träufeln.

Pistou zur provenzalischen Gemüsesuppe

(„Soupe au pistou")

Diese provenzalische Basilikumsauce ist das Gegenstück zum italienischen „Pesto". Die Zubereitung ist ähnlich, jedoch werden statt der Pinienkerne Tomaten verwendet. Pistou wird für die berühmte französische Gemüsesuppe „Soupe au pistou" verwendet, die aus Bohnen, Kartoffeln, Tomaten, Lauch, Zucchini und Nudeln besteht. Diese bei mäßiger Hitze gekochte Gemüsesuppe verfeinert man zum Schluß mit einem Löffel Pistou. Für die Herstellung dieser cremigen Sauce ist ein großer Steinmörser erforderlich.

1 Bund Basilikumblätter
(etwa 50 bis 60 g)
3 Tomaten
5 Knoblauchzehen
(geschält und grob gewürfelt)
1 TL Meersalz
150 g frisch geriebener Hartkäse
(Parmesan oder Cantal)
7 EL gutes kalt gepreßtes Olivenöl

Die Basilikumblätter unter fließend kaltem Wasser abwaschen, abtrocknen und in feine Streifen schneiden. Bei den Tomaten den Stielansatz wegschneiden, die Haut mit einem scharfen Messer kreuzweise einritzen und kurz in kochendes Wasser halten. Abschälen, halbieren, entkernen und fein würfeln. Im Mörser den Knoblauch fein zerreiben und anschließend die Basilikumstreifen und das Meersalz hinzufügen. Alles zu einer cremigen Masse zerreiben. Den Käse und die Tomatenwürfel unterarbeiten.
Anschließend das Olivenöl in kleinen Mengen dazugießen und kräftig verrühren, so daß eine dickflüssige Paste entsteht. Diese cremige Sauce am besten sofort servieren oder mit Olivenöl bedeckt im verschließbarem Glas im Kühlschrank aufbewahren (hält sich etwa 4 Tage).

Basilikumpüree

Vor allem in Südfrankreich wird das dunkelgrüne ölige Basilikumpüree zu den verschiedensten Speisen verwendet. Dieses Püree kann auch auf Vorrat zubereitet werden und in einem Glas (gut bedeckt mit Olivenöl) verschlossen im Kühlschrank 4 bis 5 Monate aufbewahrt werden. Das Püree kann z. B. für die Herstellung von Pesto verwendet werden oder es wird zu einer cremigen Sauce aufgeschlagen und als Beigabe zu gekochtem Rindfleisch serviert.

Etwa 4 Handvoll frische
Basilikumblätter
1 TL feines Meersalz
0,25 l bestes kalt gepreßtes Olivenöl

Die Basilikumblätter unter fließend kaltem Wasser abwaschen und sehr sorgfältig abtrocknen (z. B. in einer Salatschleuder oder mit einem Küchentuch sorgfältig trocknen). Die Blätter mit einem scharfen Messer grob schneiden und in einem Steinmörser zusammen mit dem Salz zu einem feinem Püree mahlen. Anschließend in sehr dünnem Strahl das Olivenöl zugießen und weiter zermahlen. Die Menge des Olivenöls bemißt sich daran, wann das Püree dickflüssig cremig wird und sich auf der Oberfläche etwa 1 mm Öl absetzt. Dann das Püree in dicht schließende Einweckgläser füllen. Etwas absetzen lassen und nochmals Olivenöl darauf geben, so daß sich etwa 0,5 cm Ölfilm ergibt. Dicht schließen und im Kühlschrank aufbewahren.

Honig-Senf-Sauce zu Schweinebratenkruste

Mit dieser Sauce kann man einen Schweinekrustenbraten (also die Schwarte) oder eine Lammkeule bzw. einen gepökelten Schinken während des Bratens und vor allem am Ende des Bratens mit einem Küchenpinsel bestreichen.

8 EL flüssiger heller Honig
(z. B. Kleehonig)
7 EL scharfer Dijon-Senf
1½ TL feines Meersalz
1 TL Rosmarinpulver
½ TL Thymianpulver
1 TL weiße Pfefferkörner
(im Mörser sehr kräftig zerdrückt)

Den Honig – wenn notwendig – erwärmen, so daß er flüssig ist und die Gewürze aufnehmen kann. Den lauwarmen Honig mit dem Senf verrühren und die weiteren Gewürze (Salz, Rosmarinpulver und Thymianpulver) nach und nach hinzufügen. Zum Schluß den Pfeffer untermischen. Die Masse etwas ziehen lassen und dann das Fleisch damit einpinseln.

Karamelfarbe zu Brühe und Sauce

Aus der Zeit um 1900 stammt dieses Rezept. Zur Herstellung dieser Karamelfarbe eignet sich am besten eine Kupfer-Sauteuse (mit Edelstahl innen), damit sich die Hitze am besten verteilen und der Zucker gleichmäßig schmelzen kann. Diese Karamelfarbe wird verwendet, um Saucen oder Fonds eine schöne braune Farbe zu geben. Sie ist nicht süß, sondern hat einen leicht bitteren Geschmack und ist deshalb sehr gut geeignet für Saucen oder auch Suppen.

500 g Zucker
1,5 l Wasser

In der Sauteuse den Zucker unter ständigem leichtem Rühren schmelzen lassen. Nach dem Schmelzen den Zucker weiterkochen, bis er fast schwarz ist und ein etwas unangenehm bitter riechender Rauch aufsteigt. Dann die Sauteuse von der Platte ziehen und das Wasser dazugeben. Alles aufkochen, bis sich der gesamte schwarze Zucker im Wasser aufgelöst hat. Weiterkochen, bis die Flüssigkeit die Konsistenz von Sirup hat. Durch ein sehr feines Haarsieb passieren. Am besten in eine verkorkte Flasche füllen und im Kühlschrank aufbewahren.

Hinweis: Dieser Karamel färbt sehr stark und wird deshalb am besten nur tropfenweise verwendet. Er dient lediglich der Farbgebung für Brühen und Saucen und verändert durch diese geringe Zugabe nicht den eigentlichen Geschmack der Sauce.

Sauce rouille

Diese sehr scharfe cremige Sauce wird vor allem bei der traditionellen Fischsuppe „Bouillabaisse" verwendet. Dabei wird die Sauce auf geröstete Weißbrotscheiben gestrichen und mit der Suppe übergossen.

1 getrocknete rote Chilischote
8 kleinere Knoblauchzehen
(in grobe Stücke geschnitten)
3 Eigelb
Meersalz
0,2 l Olivenöl
1 TL konzentriertes Tomatenmark
½ TL Cayennepfeffer

Die Chilischote in Wasser einweichen (etwa 30 Min.). Danach den Stielansatz entfernen, aufschneiden und die Samenkörner entfernen. Die Chilischote in kleine Stücke schneiden. In einem Mixer (oder in einer Porzellanschüssel mit dem Pürierstab) die Chilischotenstücke, den Knoblauch, das Eigelb und ½ TL Meersalz sehr fein pürieren. Während des Mixens das Olivenöl ganz langsam zugeben, bis sich eine dickcremige Sauce ergibt. Zum Schluß das Tomatenmark untermixen. Die Sauce in eine Schüssel gießen und erforderlichenfalls mit Salz abschmecken. Als letztes den Cayennepfeffer hinzufügen und abgedeckt im Kühlschrank etwa 30 Min. durchziehen lassen.
Vorsicht: Diese Sauce ist sehr scharf!

Scharfes Pfefferöl für Marinaden

Es handelt sich um ein sehr scharfes Öl, das nach der Zubereitung in einer verschlossenen Flasche mindestens 3 Wochen im Kühlschrank nachreifen muß. Das Pfefferöl eignet sich zum Marinieren von Steaks zum Grillen oder auch als Würzzutat zu Salatsaucen.

> 2 EL mildes Paprikapulver (edelsüß)
> 1 EL frisch gemahlener weißer Pfeffer
> 1 TL scharfes indisches Currypulver
> ½ TL Chilipulver
> ½ TL frisches Ingwerpulver
> 0,8 l Sonnenblumenöl
> ½ TL Tabascosauce

Sämtliche Gewürzpulver in einer Schüssel miteinander verrühren und 0,1 l Öl sowie die Tabascosauce dazugeben. 20 Min. stehen lassen. Danach in eine Flasche (1 l Inhalt) füllen, das restliche Sonnenblumenöl zugießen und kräftig durchschütteln. Die Flasche mit dem Korken verschließen und in den Kühlschrank stellen. Dort muß die Sauce mindestens 3 Wochen ziehen und sollte täglich durchgeschüttelt werden.

Essigmarinade

(zum Beizen von Fleisch)

Diese Marinade wird verwendet, um Rindfleisch oder Wildfleisch zu beizen. Wird sie kalt verwendet, muß das Fleisch immer gut bedeckt 3 bis 4 Tage mariniert werden; wird sie aufgekocht und warm über das Fleisch gegeben (nicht heiß), so reicht 1 Tag.

> Marinadengarnitur (siehe Rezept)
> 3,5 l reiner Weißweinessig
> (kein Branntweinessig!)

Das zu marinierende Fleisch gut unter fließendem Wasser abwaschen, mit einem sauberen Küchentuch abtrocknen und am besten in einen Tontopf legen. Die Marinadengarnitur mit dem Essig übergießen und kurz durchmischen, dann über das Fleisch geben, so daß die Beize mindestens 1 cm darüber steht. Den Topf abdecken und kühl stellen. 3 bis 4 Tage marinieren; dabei täglich das Fleisch umdrehen und die Flüssigkeit dabei kurz umrühren.

Indische Knoblauch-Kreuzkümmel-Marinade

Zur Herstellung dieser Sauce werden 1½ EL Garam Masala benötigt. Den exotischen Geschmack erhält sie durch Verwendung von frischer Ingwerwurzel, Kurkuma und Kreuzkümmel.

> 3 frische grüne Chilischoten
> 2 unbehandelte Limonen
> 2 Zwiebeln
> (in dünne Scheiben geschnitten)
> 1 EL frische Ingwerwurzel
> (geschält und sehr fein gehackt)
> 5 Knoblauchzehen
> (durch die Presse gedrückt)
> 4 Lorbeerblätter (in Stücke gebrochen)
> 3 Zimtstangen (in Stücke gebrochen)
> 1½ EL ganze Gewürznelken
> 1 EL gemahlener Kreuzkümmel
> 1 TL Kurkumapulver
> 1½ EL Garam Masala
> (Gewürzmischung – siehe Rezept)
> 1 TL Meersalz
> frisch gemahlener schwarzer Pfeffer
> ½ TL brauner Rohrzucker
> 0,2 l Joghurt

Die Chilischoten halbieren, den Stielansatz sowie die Kerne entfernen und dann sehr fein hacken. Die Schalen der Limonen auf einer feinen Metallreibe abreiben und den Saft auspressen. Die Chilischoten, die Zwiebeln, den Ingwer, den Knoblauch sowie den Limonensaft miteinander vermischen und 30 Min. stehen lassen. Den Lorbeer, die Zimtstücke, die Gewürznelken und den Kreuzkümmel hinzufügen und kräftig verrühren. Zum Schluß die restlichen Zutaten (Kurkuma, Garam Masala, Meersalz, Pfeffer, Rohrzucker und Joghurt) unterschlagen und nochmals 10 Min. stehen lassen. In diese Marinade dann die Fleisch- oder Gemüsestückchen geben und mindestens 6 bis 7 Std. im Kühlschrank durchziehen lassen.

Marinade und Sauce zu rheinischem Sauerbraten

Diese Marinade genügt für 1 kg durchwachsenes Rindfleisch. Das Fleisch muß mindestens 4 Tage in der Marinade liegen, wobei es immer von der Marinade überdeckt sein muß. Zum rheinischen Sauerbraten gehören unbedingt Rosinen, Wacholderbeeren und gehackte Mandeln. Zu diesem Gericht schmecken gut selbst gemachte rohe Kartoffelklöße.

0,8 l Wasser
0,3 l guter Weißweinessig
2 Zwiebeln (in Ringe geschnitten)
1 große Karotte
(in feine Scheiben geschnitten)
1 Knollensellerie (golfballgroß,
in kleine Würfel geschnitten)
2 Lorbeerblätter (in Stücke gebrochen)
4 Gewürznelken
5 Wacholderbeeren
1 TL schwarze Pfefferkörner
1 kg Rinderbraten
Meersalz
frisch gemahlener schwarzer Pfeffer
3 EL Butter
2 EL Rosinen
2 EL Mandeln (gehackt)
0,1 l saure Sahne
2 EL Mehl
1/2 TL brauner Rohrzucker
4 EL trockener Riesling

In 0,6 l Wasser den Essig aufkochen und die Zwiebelringe, Karottenscheiben, Selleriewürfel, den Lorbeer, die Nelken, die Wacholderbeeren sowie die Pfefferkörner hineingeben. Diese Marinade dann 3 Min. kochen und auf Zimmertemperatur abkühlen lassen. Das Fleisch am besten in einen Steinguttopf oder in eine Porzellanschüssel legen. Die Marinade darüber-

gießen und 4 Tage an einer kalten Stelle oder im Kühlschrank ziehen lassen. Dabei zweimal täglich das Fleisch umwenden und darauf achten, daß die Marinade immer einen Fingerbreit über dem Fleisch steht.

Nach den 4 Tagen das Fleisch herausnehmen, kurz unter fließend kaltem Wasser abwaschen und gut abtrocknen. Mit Meersalz und Pfeffer einreiben. In einer großen Bratenkasserolle die Butter zerlassen und das Fleisch kräftig von allen Seiten anbraten. Das restliche Wasser und 0,2 l Marinade durch ein Sieb dazugießen. Die Rosinen unter die Sauce mischen.

Den Backofen auf 200 °C erhitzen und den abgedeckten Bratentopf hineinschieben. 80 Min. schmoren lassen und dabei immer wieder mit etwas Marinade übergießen. In den letzten 20 Min. die gehackten Mandeln mitschmoren. Jetzt das Fleisch herausnehmen und im Backofen warm stellen. Die Sauce durch ein feines Haarsieb in eine Sauteuse streichen. Die Sahne mit dem Mehl verrühren und 3 EL der heißen Sauce mit hineinrühren. Diese Sahne-Mehl-Mischung dann mit dem Schneebesen in die kochende Sauce schlagen und etwa 4 Min. weiterkochen lassen. Mit Meersalz und Rohrzucker sowie dem Riesling abschmecken. Den Braten in Scheiben schneiden und in die Sauce legen. Sehr heiß servieren.

Seekh kabab
(Marinade zu indischen Fleischspießchen)

In dieser Marinade werden die Fleischwürfel (am besten Lammfleisch) mindestens 12 Std. mariniert. Dann wird das Fleisch abwechselnd mit Ingwerscheibchen, kleinen Zwiebelchen und jeweils 1 Knoblauchzehe auf Spießchen gesteckt und gegrillt.

0,5 l Buttermilch
3 EL Sonnenblumenöl
Saft von 1/2 Zitrone
1 TL scharfer Senf
2 kleine Zwiebeln (fein gerieben)
1 Knoblauchzehe
(durch die Presse gedrückt)
1 EL scharfes indisches Currypulver
1/2 TL Salz

In einer Steingutschüssel die Buttermilch zunächst mit dem Öl und dem Zitronensaft mit dem Schneebesen schlagen. Dann den Senf, die Zwiebeln, den Knoblauch, das Currypulver sowie das Salz zu der Buttermilch geben und mit dem Schneebesen alles kräftig durchschlagen. Die Fleischwürfel hinzufügen und mindestens 12 Std. darin marinieren lassen (abdecken und kalt stellen).

Marinade zu Huhn in Rotwein

Dieses Rezept stammt aus Frankreich. Mit der heißen Marinade werden Geflügelstücke übergossen und darin über Nacht gut 12 Std. mariniert (die Marinade reicht für 2 Hühner zu etwa 1,2 kg).

1 l trockener, nicht zu kräftiger Rotwein
2 Zwiebeln
(in kleine Scheibchen geschnitten)
2 kleine Karotten
(in kleine Scheibchen geschnitten)
2 Bleichselleriestangen
(in kleine Scheibchen geschnitten)
3 Lorbeerblätter
(in kleine Stücke gebrochen)
1 TL getrockneter Thymian
1 kleine Petersilienwurzel
(in kleine Scheibchen geschnitten)
1 EL frische Petersilie (fein gehackt)
1 kleine Lauchstange
(in kleine Scheibchen geschnitten)
2 Knoblauchzehen
(in kleine Scheibchen geschnitten)
1 EL gemischte Pfefferkörner
3 EL kalt gepreßtes Olivenöl

In einen großen Topf den Wein mit sämtlichen Zutaten (jedoch ohne das Olivenöl) geben, langsam zum Kochen bringen und 10 Min. leicht köcheln. Diese Mischung lauwarm abkühlen lassen und das Olivenöl mit dem Schneebesen einschlagen. Diese Marinade über die Hühnerstücke gießen und mindestens 12 Std. stehen lassen. Dabei nach Möglichkeit einige Male wenden.

Weitere Verwendung: Nach dem Marinieren die Hühnerstücke herausnehmen und trocknen. In einem großen Schmortopf anbraten, die Marinade sowie 0,2 l Geflügelfond und kleine Zwiebelchen dazugeben. Etwa 1 Std. im Backofen bei 180 °C schmoren lassen. Dann die Hühnerteile herausnehmen und die Flüssigkeit durch ein feines Haarsieb streichen. Die sich ergebende Flüssigkeit kräftig einkochen, bis sie den gewünschten Geschmack hat. Anschließend zimmerwarme Butter im gleichen Verhältnis mit Mehl verkneten und diese Mehlbutter mit dem Schneebesen einschlagen. Die Sauce soll dabei eine leicht cremige Konsistenz erhalten.

Salzmarinade

(Salzlake)

Die Menge dieser Salzlake reicht für 6 kg Fleisch aus, welches in 3 bis 4 Stücke geschnitten sein sollte. Wenn größere Stücke (wie z. B. ein ganzer Schinken) eingelegt werden, muß man entsprechend mehr Salz und Salpeter nehmen (maximal auf 3 l Wasser 750 g Salz und 25 g Salpeter). Das Rezept stammt aus der Zeit um 1920.

500 g grobes Meersalz
20 g Salpeter (gestoßen)
50 g brauner Rohrzucker
3 EL Marinadengarnitur (siehe Rezept)
1 Stück Zimtrinde
(in kleine Stücke zerbrochen)
3 l Wasser

Zunächst das Fleisch teilen, gründlich unter fließendem kaltem Wasser abwaschen und mit einem sauberen Küchentuch abtrocknen. In einen Steinguttopf das Fleisch so dicht wie möglich einschichten. Das Wasser mit allen Zutaten langsam erhitzen und einmal aufkochen. Durch ein Haarsieb in eine Schüssel gießen und vollständig abkühlen lassen. Nun die Lake über das Fleisch geben; es muß mindestens 1 cm von der Flüssigkeit überdeckt sein.

Marinade zu Tsa Siu

(chinesisches gegrilltes Schweinefleisch)

Durch diese interessante, sehr würzige Marinade erhält das gegrillte Schweinefleisch einen intensiv aromatischen Geschmack. Dazu wird eine durchwachsene Schweineschulter mit insgesamt 3 kg Gewicht in lange Streifen bis zu etwa 7 cm Breite geschnitten, mit der Marinade eingerieben und muß dann darin zugedeckt im Kühlschrank mindestens 2 Tage liegen. Dabei nach Möglichkeit mehrmals wenden und immer wieder mit der Marinade einmassieren. Danach wird das Fleisch abgeklopft und abgetrocknet und auf einem Holzofengrill oder in einem Backofen bei nicht zu starker Hitze gebraten. Das Fleisch dann abkühlen lassen und lauwarm in sehr dünne Scheiben schneiden. Diese Fleischscheiben können dann auf Salat angerichtet werden.

2 grüne Chilischoten
2 rote Chilischoten
0,25 l japanischer Reiswein (Sake)
0,15 l süße Sojasauce
0,15 l Geflügelfond (siehe Rezept)
2 EL frische Ingwerknolle (fein gehackt)
5 Knoblauchzehen
(durch die Presse gedrückt)
3 Schalotten (sehr fein gehackt)
3 EL frisches Korianderkraut
(fein gehackt)

Bei den Chilischoten den Stielansatz ablösen, halbieren und die Kerne entfernen. Anschließend in ganz feine Würfel schneiden. Alle Zutaten in einer Porzellanschüssel kräftig miteinander verrühren und am besten in eine Porzellanauflaufform, die in den Kühlschrank paßt, füllen.
Das vorbereitete Fleisch in die Form legen, mit der Marinade übergießen und kräftig einreiben. Die Form abdecken und im Kühlschrank 2 Tage durchziehen lassen.

Marinadengarnitur

Es handelt sich hier um die Gewürze und das Würzgemüse als Grundrezept für die Herstellung von verschiedenen Marinaden zum Einlegen von Fleisch, Fisch und Geflügel. Das Rezept stammt aus der Zeit um 1930.

1 große Zwiebel
3 Schalotten
1 kleine Karotte
1 Lauchstange
1 Selleriewurzel
(in der Größe eines Tennisballs)
3 Knoblauchzehen
(nur schälen, sonst ganz lassen)
10 Wacholderbeeren
(im Mörser etwas zerdrückt)
20 weiße Pfefferkörner
1 TL Senfkörner
4 Nelken
20 Korianderkörner
1 Rosmarinzweig
1 kleines Bündel frischer Majoran
1 Thymianzweig
2 Blatt Salbei
3 Zweige glatte Petersilie
1 EL frische Kerbelblättchen
5 Scheiben von 1 unbehandelten Zitrone
1 TL dünn abgeschälte Zitronenschale, in Streifen geschnitten
(von 1 unbehandelten Zitrone)

Das Gemüse schälen und in grobe Würfel schneiden. Die Selleriewurzel in dünne Scheibchen schneiden. Sämtliche Zutaten werden miteinander vermischt und dann jeweils nach dem Einzelrezept zu der Essig-, Wein- oder zu der Ölmischung gegeben.

Mehlbutter zum Saucenbinden

(Beurre manié)

Diese Butter kann vorbereitet und in kleinen Würfeln eingefroren werden. Durch das Verkneten der Butter im Mehl und das Einschlagen dieser kalten Butter in die kochende Sauce bindet sie sofort ab, ohne Klümpchen zu binden.

250 g zimmerwarme Butter
150 g feines Weizenmehl

Die zimmerwarme Butter in eine Schüssel geben und das Mehl nach und nach mit den Fingern kräftig mit der Butter verkneten. Anschließend gut durchkühlen lassen und stückchenweise zum Abbinden von Saucen verwenden.

Saucen
zu Süßspeisen

Champagnersabayon

Zur Herstellung dieser Sauce ist eine Metallschlagschüssel erforderlich, die auf ein Wasserbad gestellt wird. Wichtig ist auch, daß erstklassiger Sekt bzw. Champagner verwendet wird, der sehr trocken sein muß. Diese Sauce paßt zu frischen Früchten, die in große Stücke geschnitten in einen Ausbackteig getaucht und in Öl ausgebacken werden.

5 Eigelb
100 g feiner Zucker
1 Vanillestange (längs aufgeschnitten und das Mark herausgekratzt)
0,3 l Sekt oder Champagner (extra trocken)

Einen Topf für Wasserbad auf den Herd stellen und das Wasser stark erhitzen. In der Schlagschüssel mit dem Schneebesen die Eigelb mit dem Zucker und dem Vanillemark kräftig verrühren. Die Schüssel auf den Wassertopf setzen und mit dem Schneebesen weiterschlagen. Dabei langsam nach und nach den Champagner dazugeben und so lange schlagen, bis die Sauce dickflüssig cremig wird. Die Schlagschüssel vom Wasserbad nehmen und noch etwa 1 Min. durchrühren, damit die Masse etwas abkühlt. Nach Möglichkeit sofort zu den ausgebackenen Fruchtstücken servieren.

Apfelsabayon zu Tarte Tatin

(warmer Apfelkuchen)

Tarte Tatin ist ein französischer Apfelkuchen, der „umgekehrt" gebacken wird. Das bedeutet, daß in einer feuerfesten runden Backform (aus feuerfestem Glas oder Porzellan) 4 EL Zucker geschmolzen und dann 1 EL Butter und 1 EL Honig dazugegeben werden. Saure saftige Äpfel, geschält, entkernt und in Schnitze geschnitten, werden mit der Außenseite nach unten in den Karamel gelegt. Nun kommt ein Buttermürbeteig (nur hergestellt aus kalten Butterwürfeln, Mehl, 1 Prise Salz und 1 Tasse eiskaltem Wasser) dünn ausgerollt über die Äpfel. Der Kuchen wird im Backofen bei 220 °C 45 Min. gebacken. Anschließend wird er gestürzt, so daß die Äpfel oben liegen und der Karamel dickflüssig darüberläuft. Dieser Kuchen wird lauwarm mit Sahne oder diesem Apfelsabayon serviert.

7 Eigelb
100 g feiner Zucker
0,15 l trockener Riesling
0,15 l naturtrüber ungesüßter Apfelsaft
Saft von 1 Zitrone
Saft von 1 Limone
3 EL klarer Apfelschnaps

Einen großen Topf als Wasserbadtopf aufstellen und das Wasser erhitzen (nicht kochen). In einer Stahlschlagschüssel die Eigelb und den Zucker mit dem Schneebesen cremig rühren und dann den Topf in das Wasserbad stellen. Nach und nach den Riesling, den Apfelsaft und zum Schluß den Zitronen- und Limonensaft unterschlagen. Es muß sich eine cremige dickflüssige Sauce ergeben. Den Topf dann aus dem Wasserbad nehmen und den Apfelschnaps mit dem Schneebesen unterschlagen. Etwas abkühlen, nochmals mit dem Schneebesen durchschlagen und sofort zu dem noch warmen Apfelkuchen servieren.

Haselnußsabayon zu Maronensoufflé

Diese cremig dicke Sauce wird im Wasserbad hergestellt und lauwarm zu Maronensoufflé gereicht. Die Sauce paßt jedoch auch zu einem Quarksoufflé, zu einem dünnen Quarkkuchen (ebenfalls lauwarm serviert) oder zu Schokoladeeis.

150 g Zucker
0,15 l Wasser
4 Eigelb
0,1 l dunkler echter Rum
6 EL Haselnüsse (sehr fein gehackt)

In einer kleinen Sauteuse den Zucker mit dem Wasser vermischen und bei nicht zu starker Hitze kochen, bis der Zucker vollständig aufgelöst ist. Die Zuckerlösung abkühlen lassen. In einem Wasserbadtopf das Wasser erhitzen, die Edelstahlschlagschüssel darauf setzen und die abgekühlte Zuckerlösung hineingeben. Sofort die Eigelb hinzufügen und mit dem Schneebesen kräftig aufschlagen. Dabei wird die Sauce cremig dickflüssig. Anschließend den Rum langsam in kleinen Mengen mit dem Schneebesen unterrühren, den Topf dann aus dem Wasserbad nehmen und mit einem Löffel die Haselnüsse unterheben. Sofort lauwarm servieren.

Kaffeesabayon

Diese cremige und stark nach Kaffee schmeckende Sauce paßt sehr gut zu Schokoladeneis oder zu einem warmen Schokoladensoufflé.

> 4 Eigelb
> 100 g brauner Rohrzucker
> 0,15 l sehr starker kalter Kaffee
> (entweder Mokka oder Espresso)

Einen Wasserbadtopf aufsetzen und das Wasser stark erhitzen, aber nicht kochen. In einer Metallschlagschüssel (passend zum Wasserbadtopf) die Eigelb mit dem Zucker kräftig mit dem Schneebesen verrühren. Anschließend die Schüssel auf das Wasserbad setzen und die Masse weiter mit dem Schneebesen stark schlagen. Den Kaffee in sehr kleinen Mengen dazugießen und ständig mit dem Schneebesen verquirlen. Die Sauce wird dabei schaumig cremig.
Die Schüssel sofort aus dem heißen Wasserbad nehmen und auf sehr kaltes Wasser setzen. Mit dem Schneebesen kräftig weiterrühren, bis die Sauce nur noch leicht lauwarm ist. Sofort servieren.

Kakaosabayon zu pochierten Birnen

Diese luftige cremige Sauce paßt ausgezeichnet zu sehr reifen geschälten Birnen, die in trockenem Riesling und Zucker weich gekocht sind.

> 1 EL Mandeln (fein gehackt)
> 5 Eigelb
> 100 g brauner Rohrzucker
> 1½ EL Kakaopulver
> 0,2 l Vollmilch
> 3 EL Kakaolikör

Einen Wasserbadtopf aufsetzen und das Wasser darin sehr stark erhitzen. In einer beschichteten Pfanne die Mandelstücke hellbraun anrösten und zur Seite stellen. In einer großen Metallschlagschüssel die Eigelb mit dem Zucker sowie dem Kakaopulver kräftig mit dem Schneebesen schlagen. Die Schüssel auf das Wasserbad stellen und nach und nach die Milch mit dem Schneebesen einarbeiten. Dabei muß die Sauce luftig, aber gleichzeitig cremig dickflüssig werden. Zum Schluß den Kakaolikör dazugießen und nochmals kräftig mit dem Schneebesen durchrühren.
Anschließend die gerösteten Mandeln mit einem Löffel unterheben und die Sauce sofort zu den vorher in Wein gekochten Birnen servieren.

Portweinsabayon zu exotischem Früchtesalat

Diese süße cremige Sauce paßt sehr gut zu einem Salat aus frischen exotischen Früchten (z. B. Papayas, Ananas, filetierte Orangen, Kiwis). Zur Herstellung wird ein Wasserbadtopf und eine Metallschlagschüssel benötigt.

> 8 Eigelb
> 100 g feiner Zucker
> 0,2 l roter Portwein
> 0,2 l süße Sahne (steif geschlagen)

In einem großen Topf das Wasser erhitzen (nicht kochen). In einer Metallschlagschüssel die Eigelb und den Zucker mit dem Schneebesen cremig aufschlagen. Die Schlagschüssel dann in das Wasserbad setzen und mit dem Schneebesen weiterschlagen. Nach und nach den Portwein einarbeiten, so daß sich eine cremige dickflüssige Sauce ergibt. Anschließend die Schüssel aus dem Wasserbad nehmen und nochmals 2 Min. durchschlagen (dabei muß die Sauce etwas abkühlen).
Zum Schluß mit einem Löffel die geschlagene Sahne unterziehen und dabei darauf achten, daß diese nicht verrührt wird, sondern die lockere Luftigkeit behält. Dann lauwarm zu dem vorbereiteten Früchtesalat servieren.

Portweinsabayon zu frischen Feigen

Diese Sauce eignet sich hervorragend zu in Rotwein oder Portwein pochierten und erkalteten frischen Feigen. Die Sauce schmeckt auch zu frischen Erdbeeren oder zu Feigen, die im Krapfenteig im heißen Fett ausgebacken werden. Für die richtige Zubereitung ist es erforderlich, daß ein kräftiger alter Portwein verwendet wird.

0,15 l alter roter Portwein
1 Zimtstange (in Stücke gebrochen)
4 Eigelb
3 EL Zucker

In einer Sauteuse den Portwein mit den Zimtstücken aufkochen und um die Hälfte reduzieren. Anschließend erkalten lassen. Eine Schlagschüssel auf den Wasserbadtopf setzen und das Wasser erhitzen. Die Eigelb mit dem Schneebesen schaumig hellgelb schlagen. Den Portwein durch ein Haarsieb nach und nach zugeben und mit dem Schneebesen unterschlagen. Dann den Zucker langsam zusetzen und alles schaumig cremig schlagen. Anschließend sofort lauwarm servieren.

Rhabarbersabayon zu frischen Erdbeeren

Zur Herstellung dieser schaumigen Sauce ist der Fond, also die Kochflüssigkeit, des Rhabarbers erforderlich. Das heißt, daß etwa 700 g Rhabarber in 0,3 l Weißwein und 150 g Zucker etwa 4 Min. gekocht wird.

0,2 l Rhabarberfond
(Zubereitung siehe Vorbemerkung)
5 Eigelb
100 g Zucker
3 EL Mandellikör (z. B. Amaretto)

Einen Wasserbadtopf aufsetzen und das Wasser darin erhitzen. Den Rhabarberfond auf knapp 0,2 l reduzieren. In einer großen Metallschlagschüssel mit dem Schneebesen die Eigelb und den Zucker kräftig rühren, auf das Wasserbad setzen und den Rhabarberfond langsam einarbeiten. Dabei muß sich eine cremig dickflüssige Sauce ergeben. Zum Schluß den Mandellikör hinzufügen, kräftig durchschlagen und den Topf vom Wasserbad nehmen. Die Schüssel kurz ins eiskalte Wasser setzen und die Sauce nochmals mit dem Schneebesen verquirlen. Die Sauce dann sofort zu frischen Erdbeeren bzw. zu dem vorher pochierten Rhabarber servieren.

Rotweinsabayon

Diese schaumige Sauce kann zu frisch ausgebackenen Quarkkrapfen oder sonstigem Schmalzgebäck serviert werden.

5 Eigelb
140 g Zucker
0,2 l kräftiger trockener Rotwein
(z. B. Burgunder)
1 Messerspitze Zimtpulver

In einer großen Metallschüssel die Eigelb und den Zucker mit dem Schneebesen schaumig schlagen. Einen Wasserbadtopf aufsetzen und das Wasser stark erhitzen (aber nicht kochen) und die Schüssel aufsetzen; dabei die Eigelbmasse weiter mit dem Schneebesen verquirlen. Den Rotwein nach und nach zugießen und weiterschlagen, bis sich eine cremige Masser ergibt. Zum Schluß mit dem Zimtpulver abschmecken und lauwarm zum Schmalzgebäck servieren.

Weiße Schokoladensabayon

Zur Herstellung dieser Sauce wird weiße Schokolade oder weiße Schokoladenkuvertüre benötigt. Die kalte Sauce wird zu Frucht-Halbgefrorenem (Parfait) oder auch zu Fruchtsalat mit exotischen Früchten serviert.

> *70 g weiße Schokolade*
> *(in Stücke gebrochen)*
> *5 Eigelb*
> *100 g brauner Rohrzucker*
> *0,2 l Milch*
> *4 EL Kakaolikör*
> *1 EL Orangenlikör (Grand Marnier)*

Zur Herstellung dieser Sauce sind eine Metallschlagschüssel und ein großer Topf mit heißem Wasser als Wasserbadtopf erforderlich. Diesen mit Wasser aufsetzen und das Wasser bis kurz vor das Kochen erhitzen.
Die Schokolade in einer Sauteuse schmelzen. In der Schlagschüssel die Eigelb und den Zucker mit dem Schneebesen kräftig rühren. Diese Schüssel auf das Wasserbad stellen und nach und nach die flüssige Schokolade sowie die heiße Milch einfüllen. Dabei ständig mit dem Schneebesen schlagen, bis sich eine cremige Sauce ergibt.
Zum Schluß den Kakaolikör und den Orangenlikör dazugeben. Nochmals kräftig verquirlen und den Topf vom heißen Wasserbadtopf nehmen. Die Schüssel in eiskaltes Wasser stellen und mit dem Schneebesen 3 Min. durchschlagen.
Die Sauce im Kühlschrank kalt werden lassen und dann servieren.

Sabayon von Aceto Balsamico zu Erdbeerkrapfen

Diese auf dem Wasserbad geschlagene schaumig cremige Sauce eignet sich vor allem zu großen reifen Erdbeeren, die (in einem Krapfenrührteig gewendet) im schwimmenden Fett ausgebacken werden. Benötigt wird ein alter Balsamico-Essig (mindestens 10 Jahre alt), der ganz dunkel und dickflüssig ist. Zur Herstellung ist eine Stahlschlagschüssel und ein entsprechend großer Topf für das Wasserbad erforderlich.

> *2 EL Wasser*
> *0,1 l trockener kräftiger Rotwein*
> *0,1 l alter Portwein*
> *4 EL frisch gepreßter Orangensaft*
> *3 EL brauner Rohrzucker*
> *1 TL frisch geriebener Ingwer*
> *1 TL Limonenschale*
> *(in kleine Streifchen geschnitten)*
> *2 Eigelb*
> *1 EL alter Balsamico-Essig*

In eine Sauteuse das Wasser, den Rotwein und den Portwein gießen. Den Orangensaft, den Zucker, den Ingwer sowie die Limonenschale zugeben. Alles aufkochen lassen und auf ein Drittel reduzieren. Dann den Wasserbadtopf aufsetzen, das Wasser erhitzen und die Eigelb in eine Schlagschüssel geben, mit dem Schneebesen auf dem heißen Wasserbad kräftig durchschlagen, bis sie hell-cremig und schaumig sind. Danach die eingekochte Flüssigkeit durch ein Haarsieb in die Eimasse streichen und dabei auf dem Wasserbad immer weiter kräftig mit dem Schneebesen schlagen.
Zum Schluß Balsamico-Essig nach und nach zugießen und nochmals kräftig durchschlagen. Die Creme vom Wasserbad nehmen, noch 1/2 Min. durchschlagen, damit die Masse leicht abkühlt, und sofort zu frisch ausgebackenen Erdbeerkrapfen servieren.

Zimtsabayon

Für diese Sauce wird gemahlener Zimt verwendet, welcher leider meist zu lange aufbewahrt wird und damit sein kräftiges Aroma verliert. Wenn möglich, in einem kleinen Mixer die Zimtstangen selber ganz fein mahlen und durch ein Sieb streichen. Das selbst hergestellte Zimtpulver ist in jedem Fall aromatischer. Das Zimtsabayon paßt zu in Bierteig getauchten und frisch ausgebackenen Obststückchen oder auch zu heißen Kirschen-Rohrnudeln.

> *5 Eigelb*
> *120 g brauner Rohrzucker*
> *1/2 TL gemahlener Zimt*
> *1 Messerspitze Salz*
> *0,15 l Marsala*

Den Wasserbadtopf auf den Herd stellen und das Wasser stark erhitzen, aber nicht aufkochen. In der Schlagschüssel die Eigelb, den Zucker sowie den Zimt kräftig mit dem Schneebesen verbinden. Das Salz dazustreuen und die Schüssel auf das Wasserbad setzen. Mit dem Schneebesen weiterschlagen, bis die Masse dickflüssig cremig ist. Den Marsala in ganz dünnem Strahl dazugießen und ständig mit dem Schneebesen rühren. Die Sauce muß schaumig cremig werden.
Anschließend den Topf vom heißen Wasser nehmen und kurz in kaltes Wasser stellen. Dabei nochmals 1 Min. kräftig verquirlen und noch warm servieren

Champagner-Quitten-Sauce zu Lebkuchensoufflé

> 3 Quitten (mindestens 400 g)
> 1 EL brauner Rohrzucker
> Saft von1 Zitrone
> Saft von 1 Limone
> 2 EL flüssiger kräftig
> schmeckender Honig
> 0,5 l sehr trockener Champagner

Die Quitten schälen, das Kerngehäuse entfernen und das Fruchtfleisch in feine Stücke schneiden. Die Quittenstücke in eine große Porzellanschüssel geben. Den Zucker, den Zitronensaft sowie den Limonensaft hinzufügen und 20 Min. stehen lassen. Die Quittenstücke mit dem Saft in eine Sauteuse füllen, den Honig und Champagner untermischen und das Ganze 45 Min. bei nicht zu starker Hitze köcheln lassen. Anschließend mit dem Pürierstab sehr fein durcharbeiten und durch ein ganz feines Haarsieb streichen. In einer Porzellanschüssel abgedeckt im Kühlschrank kalt stellen.

Granatapfel-Orangen-Sauce

(zu Quarksoufflé oder zu frischen Früchten)

> 2 EL Zucker
> 0,15 l frisch gepreßter Orangensaft
> 0,1 l Kirschlikör
> (mindestens 20 Vol.-% Alkoholgehalt)
> 5 EL klarer Kirschbrand
> (bzw. Kirschwasser)
> 2 EL Granatapfelsirup
> 3 EL kalte Butter
> (in kleine Stücke geschnitten)
> frische Früchte (in Stücke geschnitten)
> 2 EL Mandelblättchen

In einer Edelstahlsauteuse den Zucker schmelzen lassen und leicht bräunen. Den Orangensaft dazugießen und mit dem Schneebesen kräftig durchschlagen. Den Kirschlikör, den Kirschbrand und den Granatapfelsirup hineinrühren und die ganze Flüssigkeit bei nicht zu starker Hitze 15 Min. einkochen. Den Topf von der Platte ziehen und die Butterstücke mit dem Schneebesen einarbeiten. Die Sauce auf Zimmertemperatur abkühlen lassen. Auf Teller verteilen und z. B. frische, in Stücke geschnittene Früchte darauf geben. Die in einer beschichteten Pfanne angerösteten Mandelblättchen darüberstreuen.

Karamelisierte Walnußsauce zu Birnensoufflé

Diese kräftige Sauce paßt sehr gut zu Birnensoufflé oder auch zu Apfelsoufflé bzw. zu Quarksoufflé. Die Sauce wird kalt serviert.

> 100 g Walnußkerne
> 1 EL Butter
> 80 g brauner Rohrzucker
> 0,2 l süße Sahne
> 0,15 l Vollmilch

Zunächst die Walnußkerne in einem kleinen Mixer oder mit dem Messer in feine Stücke hacken. In einer Sauteuse die Butter zerlassen, den Zucker darin schmelzen lassen und dann sofort die Walnußkerne einstreuen. Mit dem Kochlöffel ständig rühren und die Sahne nach und nach untermischen. Die Sahne vollständig einkochen, so daß die Walnußkerne braun werden und vom Karamel überzogen sind. Die Milch aufgießen, einmal aufkochen und den Topf sofort von der Platte ziehen. Abkühlen lassen und zu dem Soufflé servieren. Vorher nochmals mit einem Löffel umrühren.

Mirabellen-Vanille-Sauce zu Quarksoufflé

Diese lauwarme Schaumsauce eignet sich vor allem zu frischen kleinen Quarksoufflés, die mit pochierten Mirabellen serviert werden (frische Mirabellen in Wasser mit Zucker und Zitronensaft kurz pochieren, die Schale abziehen und abkühlen lassen).

3 Eier
0,2 l süße Sahne
3 EL Zucker
1 Vanillestange (in Stücke geschnitten)
3 EL Mirabellengeist
1 TL frisch gepreßter Zitronensaft

Es ist eine Stahlschlagschüssel und ein ausreichend großer Topf für das Wasserbad erforderlich. Dann Wasser im Topf zum Kochen bringen. Zunächst in der Schlagschüssel die Eier mit dem Schneebesen kräftig schlagen und nach und nach die Sahne zugießen. Anschließend den Zucker zugeben und weiterschlagen. Die Schüssel auf das Wasserbad setzen und die Vanillestücke hinzufügen. Auf dem Wasserbad immer kräftig schlagen, bis sich eine cremig schaumige Masse ergibt. Unter ständigem Schlagen den Mirabellengeist sowie den Zitronensaft zugießen. Die Schüssel vom Wasserbad nehmen und noch etwa 1 Min. mit dem Schneebesen schlagen. Dann die Vanillestücke herausnehmen und die Schaumsauce sofort zum Soufflé servieren.

Orangen-Limonen-Sauce zu Pfannkuchen

Diese sehr wohlschmeckende, leicht säuerliche Sauce wird zum Schluß in eine große Pfanne gegeben. Die zusammengerollten frisch gebratenen Pfannkuchen werden hineingelegt und das Ganze nochmals auf der Platte erhitzt.

2 unbehandelte Orangen
2 unbehandelte Limonen
3 EL Butter
3 EL Zucker
2 EL flüssiger heller Honig
(z. B. Kleehonig)
0,15 l trockener Riesling
1 EL Orangenlikör (Grand Marnier)
2 EL Elsässer Waldhimbeergeist

Von 1 Orange sowie 1 Limone mit einem sehr scharfen Messer die Schale fein abschälen und in feine Streifen schneiden. Danach alle Orangen und Limonen auspressen und den Saft beiseite stellen. In einer großen Sauteuse die Butter zerlassen, den Zucker hinzufügen und schmelzen lassen. Dann sofort den Honig untermischen und das Ganze mittelbraun zum Karamel einkochen. Dabei aufpassen, daß die Masse nicht zu dunkel wird oder verbrennt. Sofort den Orangen- und Limonensaft durch ein feines Sieb seihen und mit dem Karamel kräftig verrühren. Dann die Orangen- und Limonenschalen dazugeben und gleich den Weißwein angießen. 15 Min. bei geringer Hitze kochen und dabei ständig mit einem Kochlöffel umrühren.
Die Sauce sofort in eine Stahlpfanne geben. Die gerollten Pfannkuchen zufügen und nochmals erhitzen bzw. die Pfannkuchen darin wenden.
Jetzt den Orangenlikör und Himbeergeist über die Pfannkuchen gießen und 5 Min. bei geringer Hitze ziehen lassen. Dabei die gerollten Pfannkuchen öfters umwenden. Noch warm mit der darübergegossenen Sauce servieren. Dazu paßt eiskalt geschlagene Sahne.

Orangen-Passionsfrucht-Sauce zu Mandelsoufflé

Das Mandelsoufflé wird hergestellt wie jedes andere Soufflé (also mit Eiern, steif geschlagenem Eiweiß, Zucker und in diesem Fall mit nicht zu fein gemahlenen gemischten Haselnüssen und Mandeln). Diese sehr fruchtige Sauce wird kalt serviert.

3 EL Zucker
3 EL Wasser
15 Passionsfrüchte
50 g brauner Rohrzucker
2 EL Wasser
2 Saftorangen
1/2 TL frisch gepreßter Zitronensaft

3 EL Zucker mit 3 EL Wasser langsam erhitzen und so lange rühren, bis der Zucker vollständig aufgelöst ist. Diesen Zuckersirup dann beiseite stellen. Die Passionsfrüchte aufschneiden, das Fruchtfleisch mit den Kernen herauslösen und in eine Sauteuse geben. 50 g Rohrzucker und 2 EL Wasser zufügen und bei nicht zu starker Hitze 5 Min. kochen. Mit dem Pürierstab durchmixen und durch ein feines Haarsieb streichen. Die Saftorangen auspressen und durch ein feines Haarsieb zu dem Passionsfruchtpüree gießen. Den Zuckersirup untermischen und das Ganze aufkochen, mit dem Schneebesen kräftig durchschlagen und mit Zitronensaft abschmecken. Langsam abkühlen lassen und kalt zu dem Soufflé servieren.

Erdbeersauce zu Crêpes

Der Geschmack dieser Sauce wird hauptsächlich dadurch geprägt, daß frische vollreife Erdbeeren verwendet werden. Noch besser schmeckt diese, wenn sie mit Walderdbeeren zubereitet wird. Das Aroma wird außerdem gehoben durch die Zugabe von Himbeerlikör. Hier wird empfohlen, einen vollfruchtigen Likör aus dem Elsaß zu nehmen, der auch tatsächlich von Himbeeren (und nicht mit Himbeeraroma) stammt. Er sollte mindestens 35 Vol.-% Alkoholgehalt haben.

> 3 Orangen
> 1½ Zitronen
> 2 EL Butter
> 3 EL Zucker
> 0,1 l Himbeerlikör
> 600 g frische Erdbeeren
> 2 EL Wildkirschwasser
> (zum Flambieren)

Die Orangen und Zitronen auspressen, den Saft durch ein feines Haarsieb gießen und beiseite stellen. In einer Sauteuse die Butter zerlassen, den Zucker einrühren und erhitzen, bis er eine braune Farbe annimmt. Dann sofort mit dem Orangen- und Zitronensaft ablöschen und die Flüssigkeit um ein Drittel einkochen. Den Himbeerlikör dazugießen und nochmals etwa 2 Min. köcheln.
Die Erdbeeren putzen, den Stielansatz entfernen und in grobe Würfel schneiden, unter die Sauce mischen und bei nicht zu starker Hitze etwa 1 Min. köcheln. Das Wildkirschwasser in eine Metallschöpfkelle gießen, erhitzen, anzünden und brennend zu der Sauce geben. Kurz umrühren und gleich zu den frisch gebackenen Crêpes oder zu knusprig gebackenen Pfannkuchen servieren.

Kumquatsauce zu Quarksoufflé

Zu dieser Sauce benötigt man Kumquats (Zwergorangen, die hauptsächlich in Israel wachsen). Außerdem 0,35 l frisch gepreßten Orangensaft und zum Andicken der Sauce 2 TL Marantastärke (dies ist Pfeilwurzelmehl, das vor allem bei fernöstlichen Gerichten zum Andicken verwendet wird).

> 300 g Zwergorangen
> 0,35 l frisch gepreßter Orangensaft
> 100 g brauner Rohrzucker
> 2 TL Marantastärke

Die Zwergorangen unter heißem Wasser gründlich abwaschen, abtrocknen und den Stielansatz wegschneiden. Den Orangensaft durch ein Haarsieb in eine Sauteuse schütten und um ein Drittel bei kräftiger Hitze reduzieren. Zu dem Orangensaft den Zucker und die quer halbierten Zwergorangen geben. Das Ganze bei geringer Hitze 15 Min. köcheln lassen. In einer Tasse das Stärkemehl mit 2 EL Sauce vermischen und sofort mit dem Schneebesen in die Sauce einrühren.
Die Sauce in eine Porzellanschüssel füllen, abdecken und im Kühlschrank kalt stellen.

Erdbeer-Cognac-Sauce zu dänischen Förtchen

Diese Sauce kann nur mit frischen und vollreifen aromatischen Erdbeeren angefertigt werden. Die Herstellung ist sehr einfach. Die Sauce schmeckt vor allem zu in Weinteig getauchten und in Öl ausgebackenen Fruchtstückchen oder zu lauwarmen dänischen Förtchen (dies sind kleine in einer Spezialpfanne ausgebackene Bällchen aus einer Art Pfannkuchenteig).

> 500 g frische Erdbeeren
> 1 Zitrone
> 1 EL Orangenlikör (Grand Marnier)
> 100 g brauner Rohrzucker
> 3 EL Weinbrand

Die Erdbeeren vorbereiten (also die Stielansätze herausschneiden und putzen). Die Zitrone auspressen.
400 g Erdbeeren im Mixer mit dem Zitronensaft und dem Orangenlikör fein pürieren. Das Fruchtpüree durch ein feines Haarsieb in eine Sauteuse streichen, den Zucker hinzufügen und bei nicht zu starker Hitze aufkochen. Währenddessen die restlichen Erdbeeren in sehr kleine Stücke schneiden und unter die Sauce mischen. 3 Min. bei mäßiger Hitze köcheln und zum Schluß den Weinbrand untermischen. Die Sauce abkühlen lassen und im Kühlschrank kalt stellen.

Thailändische Kokossauce zu süßem Reis

Am besten schmeckt diese Sauce aus frisch und selbst zubereiteter Kokosmilch. Sie wird folgendermaßen hergestellt: Die Kokosnuß aufschlagen und das Kokoswasser in einer großen Schüssel auffangen. Dann das Kokosfruchtfleisch auslösen und auf einer feinen Stahlreibe in das Kokoswasser reiben. Die ganze Masse mit kochendem Wasser so weit aufgießen, daß alle Kokosraspeln bedeckt sind. Den Topf auf den Herd stellen und langsam bis zum Kochen bringen; dabei einmal aufkochen. Vom Herd ziehen und mindestens 3 Std. stehen lassen. Anschließend ein feines Haarsieb mit einem Passiertuch auslegen und auf eine große Schüssel setzen. Die Kokosmischung in das Tuch geben und so kräftig ausdrücken, daß sämtliche Flüssigkeit herausgedrückt wird.

Die sich so ergebende Kokosmilch wird dann für die Sauce verwendet. Die Kokosmilch ist auch im Asien-Laden in der Dose erhältlich.

> 0,2 l Kokosmilch
> 80 g Zucker

In einer Sauteuse die Kokosmilch erhitzen, aber nicht kochen. Den Zucker hinzufügen und ständig mit dem Schneebesen schlagen, bis sich der Zucker aufgelöst hat.
Diese Sauce wird zu süßem Klebereis (Rundkornreis) serviert, der mit frischen Fruchtstückchen vermischt ist. Dabei wird dann die Sauce mit einem Löffel darübergeträufelt.

Pflaumensauce zu Hefeklößen

(Schlesien)

Bei diesem Gericht werden Klöße aus Mehl, Hefe und Butter in Milch gar gezogen. Am besten schmeckt die Sauce, wenn dazu frische Pflaumen verwendet werden. Das Rezept reicht für 6 Personen.

> **Zutaten Hefeklöße:**
> 700 g Weizenmehl (Type 405)
> 0,3 l Milch
> 3 Eier
> 1 Prise Salz
> 100 g Butter
> 42 g Hefe (1 Würfel)
> 3 EL Zucker
>
> **Zutaten zum Garziehen der Klöße:**
> 0,3 l Milch
> 2 EL Butter
>
> **Zutaten Pflaumensauce:**
> 0,7 l Wasser
> 100 g Zucker
> 2 Zimtstangen
> abgeriebene Schale
> von 1 unbehandelten Zitrone
> 700 g frische Pflaumen
> (ersatzweise 350 g getrocknete
> Pflaumen, 2 Std. in Wasser mit etwas
> Zitronensaft eingeweicht)
> 1½ EL Kartoffelstärke
> 1 EL Butter

Zunächst aus allen Zutaten den Hefeteig zubereiten und 45 Min. abgedeckt an einer warmen Stelle gehen lassen, bis der Teig das doppelte Volumen erreicht hat. Anschließend den Teig nochmals kräftig durchkneten, in Stücke teilen und zu kleinen Klößen formen. Diese auf ein Brett legen, mit einem Küchentuch abdecken und nochmals 30 Min. gehen lassen. Die Milch mit der Butter in einen breiten hohen Topf schütten und zum Kochen bringen. Die Klöße dann in die kochende Milch geben, die Hitze zurückschalten und 15 Min. ziehen lassen. Dabei wird die Milch weitgehend einkochen. (Sie darf dabei nur simmern.) In der Zwischenzeit die Pflaumensauce herstellen.

In einem hohen Topf das Wasser mit dem Zucker, dem Zimt und der Zitronenschale aufkochen. Die Pflaumen entsteinen, ebenfalls beimengen und 35 Min. bei nicht zu starker Hitze köcheln lassen.
Die Stärke mit etwas kaltem Wasser anrühren und unter die kochende Sauce mengen. Wichtig ist, daß die Pflaumen während des Kochens immer wieder umgerührt werden. Sie müssen dabei vollständig verkochen. Zum Schluß die Butter unterrühren, das Ganze auf Zimmertemperatur abkühlen lassen und zu den Hefeklößen servieren.

Kakaosauce zu Crêpes

Diese lauwarme Sauce schmeckt hervorragend zu dünnen Crêpes oder normalen mit Früchten gefüllten Pfannkuchen. Es wird Kaffeepulver benötigt (wegen des kräftigen Geschmacks eignet sich vor allem fein und frisch gemahlener Espressokaffee).

> 2 EL Butter
> 3 EL Zucker
> 3 EL Kakaolikör
> 0,2 l süße Sahne
> 1 EL fein gemahlener Espressokaffee

In einer Sauteuse die Butter zerlassen und den Zucker zugeben. Bei mäßiger Hitze rühren, bis sich der Zucker auflöst. Dann mit Kakaolikör ablöschen und aufkochen. Anschließend nach und nach die süße Sahne zugießen, wobei die Sauce dazwischen immer wieder aufkochen und reduziert werden muß. Am Schluß alles um ein Drittel einkochen und nach und nach das Kaffeepulver mit dem Schneebesen unterschlagen. Das Kaffeepulver muß sich ganz auflösen. Die Sauce durch ein feines Haarsieb streichen und lauwarm zu den knusprigen ausgebackenen Pfannkuchen oder Crêpes servieren.

Karamelsauce zu Äpfeln

In dieser Karamelsauce werden Stücke von saftig-säuerlichen Äpfeln gar gezogen und lauwarm serviert. Diese Karamel-Apfel-Sauce paßt auch ausgezeichnet zu Lebkuchensoufflé.

> 0,1 l Wasser
> 100 g brauner Rohrzucker
> 1 Zitrone (Saft)
> 0,3 l Sahne
> 400 g saftige saure Äpfel
> 70 g Butter
> 3 EL Calvados (Apfelbranntwein)

In einer Sauteuse das Wasser mit dem Zucker erhitzen, bis sich der Zucker vollständig aufgelöst hat. Dann den Zitronensaft hineinträufeln und die Flüssigkeit so lange köcheln lassen, bis sie eine braune Farbe erhält. Dabei ständig rühren und aufpassen, daß die Flüssigkeit nicht verbrennt. Anschließend unter ständigem Rühren nach und nach die Sahne dazugießen. Die Flüssigkeit 15 Min. bei geringer Hitze köcheln lassen und dabei immer wieder umrühren. Die Äpfel schälen, das Kerngehäuse entfernen und längs in 2 cm dicke Scheiben schneiden. Diese Scheiben einmal quer durchschneiden. In einer weiteren Sauteuse die Butter zerlassen und die Apfelstücke bei geringer Hitze darin erhitzen (etwa 3 Min.). Die Hitze kurz erhöhen und sofort den Calvados darübergießen, verrühren und die eingekochte Karamelsauce hinzufügen. Das Ganze vermischen und nochmals etwa 4 Min. bei geringer Hitze köcheln. Von der Platte nehmen und so weit abkühlen lassen, daß die Sauce nur noch lauwarm ist. Sofort servieren.

Lebkuchen-Sahne-Sauce zu Bratäpfeln

Diese Sauce ist mit wenigen Zutaten sehr leicht herzustellen. Sie kann lauwarm oder kalt serviert werden und paßt ausgezeichnet zu frischen Bratäpfeln, gefüllt mit Marzipan, Weinbrand und Rosinen, oder auch zu frischem gewürfeltem Obst.

> 100 g Schokoladelebkuchen
> (ohne Oblaten)
> 0,4 l Milch
> 0,15 l süße Sahne

Die Lebkuchen mit einem scharfen Messer in sehr feine Würfel schneiden. In eine Sauteuse die Milch gießen, erhitzen und die Lebkuchenwürfel hinzufügen. Einmal aufkochen und dann 10 Min. bei mäßiger Hitze köcheln. Anschließend mit dem Pürierstab ganz fein pürieren und durch ein feines Haarsieb streichen. Beiseite stellen und etwas abkühlen lassen. Die Sahne sehr steif schlagen und mit einem Löffel unter die Lebkuchenmasse heben. Wichtig ist, daß die Sahne nicht vollkommen verrührt bzw. mit dem Schneebesen untergerührt wird, da nur so die Sauce cremig luftig wird.

Weinschaumsauce zu Apfelküchle

Zur Herstellung dieser Sauce ist ein kräftig süßer Wein zu verwenden. Am besten paßt dazu ein ungarischer Tokayer oder eine Muskatspätlese aus dem Elsaß. Die Sauce wird lauwarm zu frisch ausgebackenen Apfelringen (zuvor in einen Bierteig eintauchen) serviert.

> 4 Eigelb
> 150 g brauner Rohrzucker
> 0,3 l süßer Wein (Spätlese)

Einen Wasserbadtopf aufsetzen und das Wasser stark erhitzen. In einer Schlagschüssel (passend zum Wasserbadtopf) die Eigelb sowie den Zucker kräftig mit dem Schneebesen einarbeiten. Die Schüssel auf das Wasserbad setzen und die Eigelbmasse weiterschlagen. Den Wein nach und nach dazugießen und dabei ständig und kräftig mit dem Schneebesen rühren. Die Sauce wird dabei cremig luftig. Die Schüssel vom heißen Wasserbad herunternehmen und auf sehr kaltes Wasser setzen. Die Sauce weiterschlagen, bis sie nur noch lauwarm ist, und dann sofort servieren.

Vanillesauce zu Apfelstrudel

Dies ist eine einfache Version einer frisch zubereiteten Vanillesauce. Wichtig sind – wie bei allen Gerichten – erstklassige frische Zutaten (also frische große Eier vom Bauernhof, frische Vollmilch und große Bourbon-Vanillestangen).

1 Vanillestange
0,7 Vollmilch
8 Eigelb
130 g brauner Rohrzucker

Die Vanillestange längs aufschneiden und das Mark mit dem Messer herauskratzen. Die Milch in eine Sauteuse gießen und das Vanillemark hineingeben. Diese Mischung bis kurz vor das Kochen erhitzen. In der Zwischenzeit in einer Metallschlagschüssel die Eigelb und den Zucker mit dem Schneebesen mindestens 4 Min. kräftig rühren. Die Masse muß dabei cremig werden. Die vorbereitete Vanillemilch aufkochen und sofort in feinem Strahl mit dem Schneebesen in die Eigelbmasse einarbeiten. Alles zurück in die Sauteuse geben und langsam erhitzen. Dabei ständig mit dem Schneebesen schlagen und darauf achten, daß die Sauce auf keinen Fall aufkocht. Sie wird durch das Erhitzen cremig dickflüssig.
Zum Schluß durch ein sehr feines Haarsieb streichen und sofort heiß zu dem Apfelstrudel servieren.

Fränkische Hutzelbrühe zu Kartoffelpuffern

Als Hutzeln werden gedörrte Birnen bezeichnet. Diese cremig fruchtige Sauce wird kalt zu frisch ausgebackenen Kartoffelpuffern (aus rohen Kartoffeln) serviert.

1,8 l Wasser
200 g Hutzeln (gedörrte Birnen)
2 EL Zucker
2 Zimtstangen (in Stücke gebrochen)
1 unbehandelte Zitrone
3 EL Kartoffelstärke

Die Hutzeln unter fließendem kaltem Wasser abwaschen, in eine breite Schüssel geben und mit dem Wasser bedecken. Die Schüssel abdecken und 24 Std. stehen lassen. Nach dieser Zeit die Hutzeln mit dem Einweichwasser in einem breiten Topf auf den Herd stellen und erhitzen. Den Zucker und die Zimtstangen hinzufügen, aufkochen und umrühren, bis sich der Zucker auflöst. Die Schale der Zitrone ganz dünn mit einem Messer abschälen, in feine Streifen schneiden und zu der Flüssigkeit schütten. Aus dem mittleren Teil der Zitrone 5 dünne Scheiben (mit Schale) schneiden und ebenfalls dazutun. Das Ganze etwa 45 Min. bei nicht zu starker Hitze kochen, bis die Hutzeln weich sind (dabei um die Hälfte einkochen). Danach die Flüssigkeit durch ein feines Haarsieb seihen und nochmals auf den Herd stellen.
Die Kartoffelstärke mit etwas Wasser zu einer Paste anrühren und mit dem Schneebesen der heißen Sauce beimischen. Einmal aufkochen und nochmals kräftig mit dem Schneebesen durchschlagen. Abkühlen lassen und dann zu den frisch ausgebackenen Kartoffelpuffern servieren.

Apfel-Portwein-Sauce zu Strudel

Grundlage dieser Sauce ist ein Apfel-Rotwein-Fond. Weitere Voraussetzung für die Zubereitung ist das Vorhandensein von 3 EL altem dunkelbraunem Calvados. Die Sauce wird kalt zu Apfelstrudel, Birnenstrudel oder Quarkstrudel serviert.

0,5 l trockener kräftiger Rotwein
300 g Zucker
2 Zimtstangen (in Stücke gebrochen)
1 Nelke
1 Vanillestange
5 EL kräftiger Portwein
1 TL Kartoffelstärke
3 EL Calvados

Zunächst den Rotwein mit dem Zucker, den Zimtstücken, der Nelke und der Vanillestange aufkochen. Kräftig auf die Hälfte reduzieren und durch ein Haarsieb wieder in eine Sauteuse streichen. Weiter einkochen, so daß nur noch 0,15 l übrigbleiben. In diesen Fond den Portwein gießen und weiterköcheln lassen. Danach die Kartoffelstärke mit dem Calvados verrühren und nach und nach mit dem Schneebesen in die Sauce unterarbeiten. Die ganze Masse aufkochen und nochmals durch ein sehr feines Haarsieb geben.
Die Sauce abkühlen lassen und zum Strudel servieren.

Himbeer-Rotwein-Sauce zu Quarkkuchen

Zu dieser Sauce müssen unbedingt ganz frische Himbeeren (am besten Waldhimbeeren) verwendet werden. Die Sauce wird lauwarm zu einem luftigen Quarksahnekuchen ohne Teig (also die Quarkmasse direkt in der Form backen) serviert.

1 unbehandelte Zitrone
300 g frische Himbeeren
0,1 l trockener kräftiger Rotwein
(z. B. Burgunder)
100 g brauner Rohrzucker

Mit einem sehr scharfen Messer die Zitronenschale ganz dünn abschälen und in dünne Streifen schneiden. Die Himbeeren in eine Schüssel mit hohem Rand geben und mit dem Pürierstab mixen. In einer Sauteuse den Wein mit dem Zucker und den Zitronenschalen erhitzen. Die pürierten Himbeeren hinzufügen, aufkochen und bei mäßiger Hitze 5 Min. köcheln. Dann durch ein feines Haarsieb streichen und auf Zimmertemperatur abkühlen lassen.

Rum-Orangen-Sauce zu Quarkstrudel

Diese kalte cremige Sauce eignet sich hervorragend zu heißem Quarkstrudel oder auch Apfelstrudel.

3 EL Wasser
3 EL brauner Rohrzucker
2 EL brauner echter Rum
3 EL Bitterorangenlikör (Grand Marnier)
0,3 l süße Sahne

In einer Sauteuse das Wasser mit dem Rohrzucker vermischen und aufkochen. Der Zucker muß sich vollständig auflösen. Dann den Topf vom Herd nehmen und abkühlen lassen, bis die Flüssigkeit nur noch lauwarm ist. Mit dem Schneebesen den Rum und den Bitterorangenlikör untermischen. Die Sahne in einer Schüssel steif schlagen. 3 EL für später abnehmen. In die verbliebene Sahne die Flüssigkeit mit dem Schneebesen unterrühren. Die abgenommene Sahne mit einem Löffel unter die Sauce heben, damit sie sehr locker wird. Kalt stellen und gut gekühlt zu dem Strudel servieren.

Wein-Cassis-Sauce zu Obsttörtchen

Für diese Sauce werden nur frische schwarze Johannisbeeren verwendet, die leider nicht immer erhältlich sind. Die lauwarm servierte Sauce paßt ausgezeichnet zu Apfeltörtchen (Blätterteig, belegt mit Apfelscheiben und mit Zucker karamelisiert).

1 Zitrone
1 Limone
80 g brauner Rohrzucker
0,1 l trockener Riesling
150 g frische schwarze Johannisbeeren
0,1 l Creme de Cassis
(Likör von schwarzen Johannisbeeren)

Die Zitrone und die Limone auspressen und den Saft beiseite stellen. In einer Edelstahlpfanne den Zucker bei mäßiger Hitze schmelzen und karamelisieren, so daß er eine mittelbraune Farbe erhält.
Dann sofort den Zitronen- und Limonensaft mit dem Schneebesen kräftig einrühren. Den Weißwein zugießen und die gut gewaschenen und von den Stengeln gezupften schwarzen Johannisbeeren zugeben. Das Ganze bei nicht zu starker Hitze etwa 10 Min. köcheln. Zum Schluß den Johannisbeerlikör untermischen und mit dem Pürierstab kräftig aufmixen. Anschließend durch ein feines Haarsieb streichen und auf Zimmertemperatur abkühlen lassen.

Sauce zu Grießpudding

Voraussetzung zu Herstellung dieser säuerlich pikanten Sauce ist das Vorhandensein von 0,3 l gemischtem Fruchtsalat oder gemischten eingemachten Früchten (z. B. Äpfel, Birnen, Pfirsiche, Kirschen, Stachelbeeren usw.). Dieses Rezept stammt aus der Zeit um 1890.

0,5 l trockener Riesling
0,5 l Wasser
1 unbehandelte Zitrone (die Schale in feinen Streifen abschneiden und dann den Saft auspressen)
250 g Zucker
1 EL Kartoffelstärke
0,3 l gemischter Fruchtsalat oder gemischte eingemachte Früchte (in kleine Würfelchen geschnitten)

In einen Edelstahltopf den Riesling, das Wasser und den Zitronensaft gießen. Ebenso die Zitronenschale und den Zucker zur Flüssigkeit geben. Das Ganze bis kurz vor das Kochen erhitzen. Dann die Kartoffelstärke mit 3 EL der heißen Sauce anrühren und mit dem Schneebesen unterschlagen. Alles aufkochen und 5 Min. leicht köcheln lassen.
Zum Schluß den Fruchtsalat oder die eingemachten Früchte zugeben und noch einmal durchkochen. Diese Sauce dann sofort zu Grießpudding servieren.

Mascarpone-Holunder-Sauce zu Quarkmousse

Zu dieser Sauce wird Mascarpone verwendet. Dies ist ein sehr sahniger Frischkäse aus Italien und kann nicht durch Quark oder anderen Käse ersetzt werden. Diese kalte Sauce wird zu Quarkmousse oder zu einem frischen Quarksoufflé serviert.

0,1 l Sahne
100 g Mascarpone
0,2 l naturreiner Holundersaft
(am besten aus dem Reformhaus)
1 EL Kirschlikör
2 EL Rum
Saft von ½ Zitrone
2 EL Zucker

Zuerst die Sahne steif schlagen und beiseite stellen. In einer großen Schlagschüssel den Mascarpone sowie den Holundersaft mit dem Schneebesen aufschlagen und den Likör mit dem Rum dazugeben. Den Zitronensaft und den Zucker unterschlagen und zum Schluß mit einem Löffel die Sahne unterheben. Wenn die Sauce zu dickflüssig ist, mit Holundersaft bzw. 1 TL Zitronensaft verdünnen.

Süße Cognac-Creme-Sauce

Diese warme Sauce kann sehr schnell zubereitet werden und schmeckt gut zu Pudding oder zu frischen gemischten Fruchtstückchen.

1 TL Kartoffelstärke
0,2 l Vollmilch
2 EL brauner Rohrzucker
3 Eigelb
2 EL milder Cognac

In eine Sauteuse die Kartoffelstärke geben und mit dem Schneebesen die Milch hineinrühren. Langsam bis zum Kochen bringen, dabei den Zucker dazugeben und auflösen. In einer kleinen Schüssel die Eigelb mit der Gabel verrühren und dabei 3 EL der heißen Sauce unterrühren. Diese Masse mit dem Schneebesen in die Milch einschlagen und stark erhitzen (aber nicht kochen!).
Zum Schluß mit dem Schneebesen den Cognac unterrühren und sofort servieren.

Zitronen-Mandel-Sauce zu Pudding

Diese Sauce wird lauwarm zu Schokoladenpudding oder Fruchtpudding serviert.

0,4 l Milch
5 Eiweiß
0,2 l Sahne
4 EL brauner Rohrzucker
1 Röhrchen Vanilleextrakt (etwa ½ TL)
1 Röhrchen Mandelextrakt
3 EL Mandellikör (z. B. Amaretto)

In einer Sauteuse 0,3 l Milch zum Kochen bringen und nach dem Aufkochen sofort von der Platte ziehen. Die Eiweiß sehr steif schlagen und anschließend die Sahne und den Zucker untermischen, zum Schluß die restliche kalte Milch. Dann die noch kochendheiße Milch in feinem Strahl mit dem Schneebesen kräftig unterschlagen. Diese Mischung dann in die Sauteuse zurückgeben und bis kurz vor das Kochen bringen. Etwa 6 Min. simmern lassen, so daß die Masse cremig flüssig wird. Zum Schluß Vanilleextrakt, Mandelextrakt und Mandellikör mit dem Schneebesen unterziehen.
Leicht abkühlen lassen und zum Pudding servieren.

Erdbeer-Madeira-Sauce zu Pudding

Den besten Geschmack erzielt man bei dieser Sauce, wenn man Walderdbeeren verwendet. Diese Sauce kann kalt oder warm hergestellt werden. Sie schmeckt als kalte Sauce am besten zu warmem Pudding (im Wasserbad gegart) und als warme Sauce zu feinem kaltem Pudding (Mandel- oder Vanillepudding). Das Rezept stammt aus der Zeit um 1890.

Zutaten für die warme Sauce:
1 kg frische Erdbeeren
125 g Zucker
1 Zitrone (Saft)
0,3 l Madeira

Zutaten für die kalte Sauce:
1 kg frische Erdbeeren
125 g Zucker
1 Vanillestange (Mark herausgekratzt)
0,3 l dicke süße Sahne
(oder Crème fraîche)

Für die warme Sauce die Erdbeeren durch ein feines Sieb streichen. Die Masse in einen Wasserbadtopf geben und den Zucker sowie den Zitronensaft hinzufügen. Den Topf in das Wasserbad stellen und das Wasser erhitzen. Dabei mit dem Schneebesen schlagen, nach und nach den Madeira hinzufügen und das Ganze bis kurz vor das Kochen weiterschlagen.
Für die kalte Sauce die Erdbeeren durch ein feines Sieb streichen und mit dem Zucker verrühren. Das Vanillemark ebenfalls untermischen. Alles in einen Schlagkessel füllen und die dicke süße Sahne (oder Crème fraîche) beimischen. Das Ganze mit dem Schneebesen kräftig unterrühren (mindestens 20 Min.).

Hinweis: Diese Sauce eignet sich nicht zum Aufbewahren und sollte stets nur frisch zubereitet serviert werden.

Rindermarksauce zu warmem Pudding

Hier handelt es sich um ein altes überliefertes Rezept, das vermutlich aus dem Mittelalter stammt. In früheren Zeiten wurde bei der Herstellung von Süßspeisen das Rindermark der Butter vorgezogen. Zum Beispiel wird für den englischen Plumpudding (eine schwere Süßspeise, die zu Weihnachten serviert wird) Rindernierenfett verwendet.

150 g weißes Rindermark
(in feine Stücke geschnitten)
70 g zimmerwarme Butter
2 Saftorangen
120 g Traubenzucker (in Pulver)
3 EL alter Armagnac

In einer Pfanne das Rindermark bei sehr geringer Hitze zerlassen. Das Mark durch ein feines Haarsieb in eine Metallschlagschüssel streichen und mit dem Schneebesen schaumig rühren. Die Butter nach und nach hinzufügen und weiter mit dem Schneebesen durcharbeiten. Den Saft der Orangen durch ein Haarsieb seihen und immer weiterschlagen.
Zum Schluß den Zucker unterrühren und mit dem Armagnac abschmecken. Dabei ist darauf zu achten, daß die Schlagschüssel nicht zu warm wird, damit sich eine cremige Sauce ergibt.

Pariser Sauce zu warmem Pudding

Im letzten Jahrhundert entstand diese sehr gehaltvolle und wohlschmeckende Sauce. Sie wird serviert zu warmem im Wasserbad gegartem Pudding (z. B. Schokoladenpudding).

0,5 l trockener Sherry
75 g Zucker
6 Eigelb
3 EL Aprikosengelee
6 EL Crème double
(oder dicke süße Sahne)

In einem Schlagkessel über dem Wasserbad den Sherry erwärmen und den Zucker dazugeben. Nun nacheinander die Eigelb zugeben und mit dem Schneebesen unterschlagen, ebenfalls das Aprikosengelee.
Unter ständigem Schlagen so lange rühren, bis die Masse bis kurz vor das Kochen kommt. Dann rasch mit einem Kochlöffel die süße dicke Sahne unterheben und sofort servieren.

Englische Sauce zu Plumpudding

Hier handelt es sich um eine authentische Sauce aus dem letzten Jahrhundert zu dem (äußerst gehaltvollen) englischen Plumpudding. Der Plumpudding wird vor allem zu Weihnachten serviert bzw. in den Wintermonaten.

10 EL Apfelgelee
5 EL alter Cognac
0,2 l dicke süße Sahne

In einer Sauteuse das Apfelgelee mit dem Cognac verrühren. Dabei ganz langsam erhitzen, bis die ganze Masse flüssig ist. Danach die süße Sahne dazugeben und mit dem Schneebesen so lange schlagen, bis sie kurz vor das Kochen kommt. Dann sofort servieren.

Hard Sauce zu englischem Plumpudding

Diese Sauce ist außerordentlich kalorienreich. Die mit Zucker und Rum angereicherte Butter wird im Kühlschrank fest und dann in Stücken auf den heißen Plumpudding gegeben, damit sie über den Pudding läuft.

> 3 EL zimmerwarme Butter
> 8 EL Puderzucker
> 3 EL brauner Rum

Die Butter in einer Schlagschüssel mit dem Schneebesen schlagen und nach und nach den Puderzucker unterheben (den Puderzucker am besten durch ein Sieb schütten, damit er nicht klumpt). Zum Schluß den Rum langsam einschlagen, die ganze Masse in ein Porzellangefäß füllen und in den Kühlschrank stellen. Dort gut durchkühlen lassen und dann in Stücken auf den heißen Plumpudding geben.

Rumsauce zu Reispudding

(Italien)

Dieses Rezept aus Norditalien schmeckt am besten zu einem sehr sahnigen Reispudding bzw. zu einem heißen Reisbrei.

> 0,4 l Wasser
> 7 EL brauner Rum
> 100 g Kakaopulver
> 250 g Zartbitterschokolade
> (in kleine Stückchen gebrochen)

In einer Sauteuse das Wasser mit dem Rum bis kurz vor das Kochen langsam erhitzen. Sofort das Kakaopulver mit dem Schneebesen einrühren und einmal aufkochen lassen.
Den Topf von der heißen Platte ziehen. Die Zartbitterschokolade mit dem Schneebesen unterschlagen. Dabei die Flüssigkeit immer gut warm halten, aber nicht mehr kochen! Sofort servieren.

Backpflaumensauce zu Vanillepudding

Am besten eignen sich die getrockneten großen saftigen Pflaumen aus Agen (Gascogne, Südwestfrankreich), da sie das beste Aroma haben. Die Sauce wird lauwarm zu kaltem Vanillepudding oder zu warmen Fruchtsoufflés serviert.

> 300 g entsteinte Backpflaumen
> (in grobe Stücke geschnitten)
> 0,6 l kräftiger trockener Rotwein
> (am besten Burgunder)
> 3 EL brauner Rohrzucker
> 1 Zimtstange (in Stücke gebrochen)
> 4 Nelken
> 2 Sternanis
> 1 EL Kartoffelstärke
> 2 EL kaltes Wasser

Falls erforderlich zunächst die Backpflaumen entsteinen. In eine Sauteuse den Rotwein, den Rohrzucker sowie die Backpflaumen geben. Langsam erhitzen und die Zimtstücke, die Nelken sowie den Sternanis zufügen und das Ganze 20 Min. köcheln lassen. Die Gewürze herausnehmen.
In einer kleinen Schüssel die Kartoffelstärke mit dem Wasser verrühren und mit dem Schneebesen nach und nach in die heiße Sauce einschlagen. Einmal kurz aufkochen, etwas abkühlen lassen und dann servieren.

Zimtsauce

Diese cremige Sauce schmeckt ausgezeichnet zu Schokoladenkuchen oder auch zu Mousse au chocolat.

> 4 Eigelb
> 60 g Zucker
> 0,3 l Vollmilch
> 1 Zimtrinde
> ½ TL Zimtpulver
> 0,2 l süße Sahne

In einer großen Metallschlagschüssel die Eigelb mit dem Zucker schaumig schlagen. Währenddessen die Milch mit der Zimtrinde aufkochen und 5 Min. köcheln, damit der Zimtgeschmack auf die Milch übergeht. Die Zimtrinde dann herausnehmen und die sehr heiße Milch langsam mit dem Schneebesen unter die Eigelbmasse mischen. Zum Schluß das Zimtpulver unterrühren.
Die Sauce in eine Sauteuse gießen und dabei mit dem Schneebesen ständig schlagen. Das Ganze stark erhitzen, aber nicht kochen. Dabei so lang bearbeiten, bis sich eine cremig dickflüssige Sauce ergibt. Den Topf in kaltes Wasser stellen und weiterrühren, bis die Sauce abgekühlt ist.
Die Sahne sehr steif schlagen und mit einem Kochlöffel unter die Sauce heben. Zum Schluß nochmals kurz mit dem Schneebesen verquirlen und sofort servieren.

Mandelsauce zu Schokoladenschaum

Diese kalte Sauce paßt ausgezeichnet zu einem Nachspeisenteller, z. B. Mousse au chocolat mit frischen Früchten.

> 300 g Mandeln
> 220 g Zucker
> 0,2 l Wasser
> 0,3 l Milch
> 4 Eigelb
> 0,2 l süße Sahne

Falls erforderlich die Mandeln in kochendes Wasser geben und nach etwa 1 Min. herausnehmen und schälen. Die Mandeln gleich fein reiben. In einen Mixer die Mandeln, 120 g Zucker und das Wasser geben. Das Ganze kräftig durchmixen und in einer Schüssel mindestens 6 Std. stehen lassen. Nach dieser Zeit die Mandelmasse in ein Passiertuch füllen und sehr kräftig die „Mandelmilch" ausdrücken und in einer Schüssel auffangen. Die ausgedrückte Mandelmasse wird nicht mehr weiterverwendet.
In einer Schlagschüssel die Eigelb und 80 g Zucker mit dem Schneebesen kräftig schlagen, damit sich die ganze Masse verbindet. In einem anderen Topf die Milch aufkochen und diese nach und nach in die Eimasse einschlagen. Dabei auf dem Herd leicht erhitzen, bis die Masse dickflüssig wird.
In einer weiteren Schüssel die Sahne mit dem restlichen Zucker cremig schlagen und dann die Mandelmilch hinzugießen. Kräftig weiterschlagen, damit auch diese Masse dickflüssig wird. Nun die Mandelmilchmasse unter die Eigelbmilchmasse mischen, gut verrühren und kalt zu der Nachspeise servieren.

Erdbeerlikörsauce zu Eis

Wichtig für die Herstellung dieser Sauce ist ausgezeichneter Erdbeerlikör von frischen Erdbeeren (also nicht Likör mit Erdbeergeschmack). Dazu eignet sich vor allem hochwertiger Elsässer Likör, der aus frischen Früchten hergestellt wird. Diese kalte Sauce paßt sowohl zu frischen in Stücken geschnittenen Früchten, zu Vanilleeis oder zu Vanillepudding.

> 300 g sehr reife Erdbeeren
> 0,1 l Wasser
> 80 g brauner Rohrzucker
> 3 EL Erdbeerlikör

Die Erdbeeren putzen (also den Stielansatz entfernen), halbieren und pürieren. In einer großen Sauteuse das Wasser aufkochen, den Zucker darin so lange köcheln, bis er sich vollständig aufgelöst hat. Das Erdbeerpüree durch ein Püriersieb streichen und in das Zuckerwasser geben, mit dem Schneebesen durchschlagen und 5 Min. bei mäßiger Hitze köcheln. Von der Platte ziehen und den Erdbeerlikör mit dem Schneebesen unterrühren.
Die Sauce im Kühlschrank abkühlen lassen und dann servieren.

Holunder-Ingwer-Sauce zu Eis

> 0,2 l kräftiger trockener Rotwein
> 200 g frische Holunderbeeren
> ½ EL frisch geriebener Ingwer
> 4 EL Zucker
> 0,1 l Passionsfruchtsaft

Den Rotwein in einer Sauteuse kräftig auf mindestens die Hälfte einkochen, abkühlen lassen und die Holunderbeeren zugeben. Langsam erhitzen (nur mäßige Wärme, auf keinen Fall kochen!) und anschließend die Holunderbeeren mit dem Pürierstab gut durchpürieren. Den Ingwer hinzufügen und einarbeiten.
Das Ganze durch ein Haarsieb streichen und wieder leicht erhitzen. Den Zucker und den Passionsfruchtsaft zugeben und mit dem Schneebesen durchschlagen. Die Sauce in den Kühlschrank stellen und kalt zu Fruchteis oder Vanilleeis servieren.

Melonensauce zu Eis

Diese Sauce ist sehr einfach herzustellen. Wichtig dabei ist nur, daß vollreife Honigmelonen vorhanden sind. Die Sauce paßt ausgezeichnet zu allen Arten von Fruchteis.

> 0,15 l Wasser
> 120 g brauner Rohrzucker
> 300 g Fruchtfleisch von vollreifen Honigmelonen (am besten Cavaillon-Melonen aus der Provence)

In einer großen Sauteuse das Wasser aufkochen und den Zucker darin so lange köcheln, bis er sich vollständig aufgelöst hat. In einer Porzellanschüssel das Melonenfleisch mit dem Pürierstab gut zermusen, mit dem Schneebesen unter den Zuckersirup schlagen und 5 Min. bei geringer Hitze köcheln. Anschließend durch ein sehr feines Haarsieb streichen und im Kühlschrank abkühlen lassen.

Orangen-Cognac-Sauce zu Obstsalat

> 0,3 l frisch gepreßter Orangensaft
> 100 g brauner Rohrzucker
> 1 unbehandelte Orange
> 1 unbehandelte Limone
> 2 EL Cognac

In einer Sauteuse den Orangensaft aufkochen und den Zucker mit einem Kochlöffel unterrühren, bis er sich auflöst. Die Schale der Orange und Limone mit einem scharfen Messer sehr fein abschälen und in kleine Stücke schneiden, in die Flüssigkeit geben und 10 Min. bei mittlerer Hitze kochen. Zum Schluß den Cognac mit dem Schneebesen unterschlagen und die Sauce kalt stellen.

Grenadine-Portwein-Sauce zu Sorbet und Früchten

Diese rote sirupartige und sehr aromatische Sauce paßt sehr gut zu frischen Fruchtstücken (z. B. geschälte und entkernte saftige Pfirsiche in Scheiben, ausgestochene Kugeln aus Honigmelonen, frische Waldheidelbeeren oder auch Himbeeren, Brombeeren und schwarze Johannisbeeren).

> 1 unbehandelte Limone
> 1 unbehandelte Zitrone
> 1 EL Butter
> 1½ EL brauner Rohrzucker
> 0,3 l Grenadinesaft
> (Saft von den Kernen des Granatapfels, im Feinkostgeschäft erhältlich)
> 1 Orange
> 0,3 l roter süßer Portwein
> 0,1 l Saft von einer vollreifen Honigmelone
> 1 TL zimmerwarme Butter
> 1 TL Kartoffelstärke

Von der Limone und der Zitrone mit einem Zestenschneider ganz feine Streifen abziehen. In einer Sauteuse die Butter zerlassen, den Rohrzucker dazugeben und karamelisieren. Die Zitronen- und Limonenschalenstreifen untermischen. Das Ganze stark reduzieren und 2 EL Grenadinesaft beimengen. Abkühlen lassen und beiseite stellen. Die Zitrone, die Limone und die Orange auspressen, den Saft durch ein feines Haarsieb in eine Schüssel seihen. In einer Sauteuse den Portwein mit Grenadinesaft aufkochen und auf die Hälfte reduzieren. Den Zitronen-, Limonen- und Orangensaft hinzufügen und 5 Min. weiterkochen. Den Melonensaft zugießen. Nochmals etwa 2 Min. weiterköcheln. Die zimmerwarme Butter mit dem Stärkemehl verkneten und nach und nach unter die Sauce schlagen. Dabei soll die Sauce nur leicht abbinden und nicht zu dickflüssig werden. Die Sauce lauwarm zu dem frischen Obst servieren und die vorher in Zuckerkaramel gekochten Limonen- und Zitronenschalen auf die Sauce legen.

Mandarinensauce zu Quarkeis

Diese fruchtig säuerliche Sauce schmeckt vor allem zu einem milden Quarkeis oder auch zu warmem Quarkstrudel oder Quarksoufflé. Es empfiehlt sich, dazu auch einige Fruchtstückchen (Orangen- oder Mandarinenfilets) und in einer beschichteten Pfanne angerösteten Mandelstückchen zu reichen. Die Sauce wird lauwarm serviert.

> 1 kg frische Mandarinen
> 1 Blutorange
> 2 EL brauner Rohrzucker
> 1 TL Kartoffelstärke
> 1 Limone (zuerst die Schale abreiben und dann auspressen)

Die Mandarinen und die Blutorange auspressen. Die Hälfte des Saftes durch ein Haarsieb in eine Sauteuse geben und mit dem Rohrzucker auf ein Drittel reduzieren. Anschließend in einer kleinen Schüssel die Kartoffelstärke mit 2 EL des eingekochten Saftes verrühren und nach und nach mit dem Schneebesen in die Sauce unterheben. Danach den restlichen Saft durch ein Haarsieb zugeben, leicht erhitzen und mit dem Schneebesen aufschlagen. Den Limonensaft und ½ TL Limonenschale hinzutun, kräftig aufschlagen und kalt oder, noch besser, lauwarm mit Orangen- oder Mandarinenfilets servieren.

Haselnußsauce zu frischem Obst

Diese sahnige Nußsauce ist sehr schnell herzustellen und schmeckt besonders gut, wenn die nicht zu fein gemahlenen Haselnußkerne vorher in einer beschichteten Pfanne angeröstet werden. Die Sauce paßt gut zu gemischtem frischem in Würfel geschnittenem Obst (vor allem zu exotischen Früchten, wie Mangos, Ananas, Kiwis usw.).

> 3 EL Haselnußkerne (grob gemahlen)
> 0,2 l süße Sahne
> 2 EL brauner Rohrzucker
> 1 Vanillestange
> 200 g Magermilchjoghurt

Am besten ist es, ganze Haselnußkerne selbst frisch, aber nicht zu fein zu mahlen. 3 EL davon in einer beschichteten Pfanne bei nicht zu starker Hitze anrösten und abkühlen lassen.
Die Sahne mit dem Zucker steif schlagen. Aus der Vanillestange das Mark herauskratzen und ebenfalls unter die Schlagsahne montieren.
In einer anderen Schüssel den Magermilchjoghurt mit dem Schneebesen cremig schlagen und unter die Sahne heben. Zum Schluß die gerösteten Haselnüsse mit einem Löffel unterheben und sofort servieren.

Kaffee-Schokoladen-Sauce zu frischem Obst

Diese Kaffee-Schokoladen-Sauce ist ein etwas abgewandeltes Rezept aus der mexikanischen Küche. Sie schmeckt lauwarm sehr gut zu frischem Obst (z. B. Ananas, Mangos, Passionsfrucht oder auch zu saftigen Apfelstücken, die zuvor kurz in Zitronensaft mariniert wurden).

> 0,2 l Milch
> 0,2 l süße Sahne
> 1 große Zimtstange
> (in Stücke gebrochen)
> 2 El Kaffeepulver (sehr fein gemahlener kräftiger Arabicakaffee)
> 4 Eigelb
> 70 g brauner Rohrzucker
> 70 g Bitterschokolade (nach Möglichkeit mit 70 % Kakaoanteil)
> 0,1 l kräftiger brauner Rum

In eine Sauteuse die Milch, die süße Sahne und die Zimtstücke geben und erhitzen. Kurz vor dem Kochen das Kaffeepulver hinzufügen und aufkochen. Das Ganze von der Platte nehmen und durch ein Haarsieb gießen. In einem Schlagkessel die Eigelb und den Rohrzucker mit dem Schneebesen aufschlagen. Dann die Milch-Sahne-Mischung in feinem Strahl dazugießen und mit dem Schneebesen immer weiterschlagen. Den Schlagkessel in ein heißes Wasserbad setzen und weiterrühren, bis die Sauce cremig wird. Danach nochmals durch ein feines Sieb passieren und beiseite stellen. Anschließend die Bitterschokolade bei ganz geringer Hitze schmelzen lassen und sofort in die Sahnemasse rühren. Dabei sollte die Sauce noch gut warm sein. Zum Schluß den Rum beimischen und nochmals mit dem Schneebesen umrühren. Leicht abkühlen lassen und zu frischem Obst servieren.

Preiselbeer-Orangen-Sauce zu gebackenem Obst

Für diese Sauce werden frische Preiselbeeren benötigt. Am besten schmeckt die Sauce zu gebackenem Obst, das wie folgt hergestellt wird: Vollreife Birnen und Äpfel halbieren und das Kerngehäuse ausstechen. Mit der Schnittfläche nach oben in eine Backform oder auf ein Kuchenblech legen und mit frisch gepreßtem Zitronensaft beträufeln. Dann dick braunen Rohrzucker darüberstreuen und bei 220 °C in den Backofen schieben. So lange backen, bis der Zucker zerlaufen ist. Zum Schluß noch einige Tropfen Birnenlikör darüberträufeln und mit der Preiselbeer-Orangen-Sauce servieren.

> 1 Orange
> 0,2 l Wasser
> 100 g brauner Rohrzucker
> 1 Messerspitze Zimtpulver
> 2 Gewürznelken
> 1 Messerspitze gemahlener Sternanis
> 300 g frische Preiselbeeren

Die Orange auspressen, den Orangensaft durch ein feines Haarsieb streichen und beiseite stellen. In einer Sauteuse das Wasser mit dem Rohrzucker aufkochen, rühren, bis sich der Zucker auflöst. Das Zimtpulver, die Nelke sowie den Sternanis hinzufügen und 5 Min. bei nicht zu starker Hitze kochen. Die Sauce durch ein Haarsieb wieder in eine Sauteuse durchseihen, den Orangensaft zugießen sowie die vorher gründlich gewaschenen Preiselbeeren zugeben und bei nicht zu starker Hitze etwa 10 Min. köcheln. Dabei müssen die Preiselbeeren sehr weich werden, aber nicht zerfallen.
Die Sauce dann beiseite stellen und auf Zimmertemperatur abkühlen lassen. Zu dem gebackenen Obst sofort servieren.

Zimtschaum zu Eis

0,4 l Wasser
3 EL Zucker
2 Zimtstangen (in Stücke gebrochen)
3 Eigelb
1 Ei
2 EL Elsässer Birnenlikör
(mit 35 Vol.-% Alkoholgehalt)
0,5 l Muskat-Spätlese aus dem Elsaß

In einer Sauteuse das Wasser mit dem Zucker und dem Zimt langsam zum Kochen bringen. Dann die Hitze zurückschalten und bei mäßiger Hitze 30 Min. köcheln, damit der Zimtgeschmack aufgenommen wird. Dabei die Flüssigkeit um die Hälfte reduzieren. Eine Schlagschüssel in das Wasserbad stellen und das Wasser erhitzen. Die Eigelb und das Ei hineingeben und mit dem Schneebesen schlagen. Nun den Birnenlikör zugießen und weiterschlagen, bis die Masse cremig wird. Danach den Muskatwein beigeben und mit dem Schneebesen kräftig weiterschlagen, bis die Masse wieder schaumig wird. Das Wasser (in dem der Zimt gezogen hat) durch ein feines Sieb ebenfalls nach und nach in die Flüssigkeit geben und kräftig weiterschlagen. Die Masse muß sehr schaumig und cremig werden. Anschließend lauwarm zu Eis servieren.

Sauce von getrockneten Kirschen

Dieses Rezept entstand in der Zeit um 1890. Die warme Sauce kann man zu Süßspeisen oder auch zu Rinder- oder Wildbraten servieren. Man könnte sie auch mit frischen Kirschen zubereiten, sie hat aber mit getrockneten Kirschen einen intensiveren Geschmack. Verwendet werden getrocknete Sauerkirschen mit Kernen.

500 g getrocknete Sauerkirschen
(mit Kernen)
0,7 l Wasser
1 unbehandelte Zitrone
(in dünne Scheiben geschnitten)
3 EL Zucker
1 TL gemahlener Zimt
2 Nelken (im Mörser fein zerstoßen)
1 EL Kartoffelstärke
1 EL Arrak

Bei den Sauerkirschen die Steine entfernen. Dann die Sauerkirschen sowie 5 Kirschkerne in einen Steinmörser geben und grob zerstoßen. Die Masse mit dem Wasser in einen Topf gießen. Die Zitronenscheiben ebenfalls zufügen. Das Ganze dann 20 Min. kochen lassen und durch ein feines Sieb streichen.
Anschließend die Sauce wieder aufkochen und den Zucker, den Zimt und die Nelken untermischen. Dann die Kartoffelstärke mit 3 EL der heißen Sauce anrühren und mit dem Schneebesen nach und nach einschlagen. Zum Schluß den Arrak unterrühren. Die Sauce muß abbinden, also cremig werden, aber noch flüssig bleiben. Wenn diese Kirschsauce zum Rinder- oder Wildbraten gereicht wird, dann nicht die Stärke am Schluß einrühren, sondern eine „Mehlschwitze" herstellen: In 1 EL Butter 2 EL Mehl braun rösten und dann die Kirschmasse dazugeben.

Orangen-Mango-Sauce zu frischen Früchten

Diese durch den Ingwer leicht scharf-fruchtige Sauce paßt am besten zu Salat aus frischen Früchten, aber auch zu Schokoladensoufflé oder sogar zu in Brühe gar gezogenem Geflügelfleisch. Wichtig für die Herstellung sind frischer Ingwer und vollreife frische Mangos.

1 EL frische Ingwerwurzel
3 Orangen
2 große reife Mangos
1 Limone

Den frischen Ingwer schälen und in sehr feine Würfel hacken. Die Orangen auspressen, den Ingwer hinzufügen, durchrühren und 30 Min. stehen lassen. Die Mangos schälen, das Fruchtfleisch in groben Stücken vom Kern abschneiden. Die Limone auspressen und den Limonensaft mit den Mangostücken im Mixer sehr fein pürieren.
Den Orangensaft mit dem Ingwer durch ein feines Haarsieb in eine Schüssel seihen und die pürierte Mango hinzufügen. Mit dem Pürierstab kräftig aufmixen und im Kühlschrank abgedeckt abkühlen.

Kiwisauce zu Fruchtsalat

10 Kiwis
3 EL frisch gepreßter Zitronensaft
3 EL brauner Rohrzucker
2 EL frische Minze (fein gehackt)
100 g Mandeln (fein gehackt)
2 EL Mandellikör (z. B. Amaretto)
2 EL Orangenlikör
(z. B. Grand Marnier)
½ TL feines Meersalz
frisch gemahlener weißer Pfeffer

Die Kiwis schälen und in grobe Stücke schneiden. Den Zitronensaft darüberträufeln sowie 2 EL Rohrzucker beifügen. Mit dem Pürierstab die ganze Masse sehr fein mixen. Die Minze unter fließendem kaltem Wasser abwaschen, abtrocknen und sehr fein hacken. Die Minze und die Mandelstückchen zu den Kiwis geben, den Likör dazugießen und alles mit Salz, Pfeffer und dem restlichen Rohrzucker kräftig verrühren. Die Sauce in einer Porzellanschüssel im Kühlschrank kalt stellen und dann zu den frischen Früchten servieren.

Karamelcreme zu Orangensorbet

Diese sehr kalorienhaltige, leuchtend gelbe und cremige Sauce paßt sehr gut zu Fruchteis (Sorbet), wobei sie am besten mit Orangen-, Zitronen- oder Passionsfruchteis harmoniert. Die Menge der Sauce reicht für etwa 8 Portionen Eis.

15 Eigelb
15 EL weißer Kristallzucker
15 EL Vollmilch
5 EL brauner Rohrzucker
2 EL Wasser

In einer großen Metallschlagschüssel die Eigelb mit dem weißen Kristallzucker cremig schlagen.

Dabei zum Beispiel immer 3 Eigelb und 3 EL Zucker hinzufügen (also nach und nach aufschlagen). Zum Schluß die Milch in kleinen Mengen unterschlagen. In einem schweren Edelstahl- oder Kupfertopf den braunen Rohrzucker bei nicht zu starker Hitze schmelzen und so lang rühren, bis er eine kupferbraune Farbe annimmt. Anschließend das Wasser unterrühren und sofort die vorher zubereitete Eigelbmasse hineinschütten. Das Ganze bei mittlerer Hitze köcheln und ständig mit dem Schneebesen rühren. Der Zuckerkaramel muß dabei vollständig von der Creme aufgenommen werden.
Den Topf dann von der Platte ziehen und in eiskaltes Wasser stellen. Weiter ständig mit dem Schneebesen rühren, bis die dickflüssige Creme kalt geworden ist. Sofort zu dem Eis servieren.

Quitten-Champagner-Sauce zu Sorbet

Diese Sauce wird eiskalt serviert und schmeckt besonders erfrischendspritzig, da direkt vor dem Servieren der Champagner zugegeben wird.

1 kg frische Quitten
0,7 l trockener Elsässer Muskatwein
1 Vanillestange (in Stücke geschnitten)
100 g brauner Rohrzucker
0,2 l trockener weißer Champagner

Die Quitten schälen, die Kerne entfernen und in kleine Würfel schneiden. In einen säurefesten Topf den Wein, die Vanillestücke, den Rohrzucker, und die Quittenstücke geben und bei mäßiger Hitze in etwa 1 Std. weich kochen. Die Flüssigkeit abkühlen lassen und mit dem Pürierstab pürieren.
Das Ganze durch ein Haarsieb streichen und im Kühlschrank stark abkühlen lassen. Kurz vor dem Auftragen den Champagner sehr kalt untermischen und sofort zu Sorbet servieren.

Ingwersirup zu Früchtesalat

2 unbehandelte Orangen
1 l Wasser
2 EL frischer Ingwer
(in kleine Würfel geschnitten)
250 g Zucker

Von den Orangen die Schale mit einem scharfen Messer ganz dünn abschneiden und in sehr dünne Streifen schneiden (es müssen sich etwa 3 EL ergeben). In einer Sauteuse das Wasser mit den Orangenschalen, den Ingwerwürfeln und dem Zucker langsam zum Kochen bringen. Die Hitze herunterschalten und etwa 1 Std. langsam köcheln, so daß die Flüssigkeit auf die Hälfte einkocht.
Diesen Sirup dann durch ein feines Sieb (damit die Ingwerwürfel zurückbleiben) in eine Porzellanschüssel gießen und abkühlen lassen. Das frische Obst in diesen Sirup geben und mindestens 2 Std. kühl stellen.

Hinweis: Als Früchte eignen sich vor allem Äpfel, Birnen, große gelbe Pflaumen oder Pfirsiche (alles in kleine Würfel geschnitten).

Holundersauce

Diese Sauce kann nur im Spätsommer oder Herbst zubereitet werden, da vollreife frische Holunderbeeren benötigt werden. Sie paßt gut zu frisch ausgebackenen kleinen Krapfen oder einfach zu Fruchteis.

> 200 g frische, gut gewaschene Holunderbeeren
> 0,1 l Wasser
> 80 g brauner Rohrzucker
> 1 Zitrone

Die Holunderbeeren von den Stielen streifen und nur die großen vollreifen Beeren verwenden. In einer Sauteuse das Wasser und den Zucker aufkochen, rühren, bis sich der Zucker auflöst. Dann die Holunderbeeren hinzufügen und 2 Min. bei mäßiger Hitze kochen. Die Zitrone auspressen und den Saft zu der Sauce gießen. Das Ganze 5 Min. bei nicht zu starker Hitze köcheln. Mit dem Pürierstab kräftig aufmixen und anschließend durch ein sehr feines Haarsieb streichen.
Die Sauce dann auf Zimmertemperatur abkühlen und zu den Krapfen oder zu dem Eis servieren.

Kirsch-Rotwein-Sauce

Zur Herstellung dieser Sauce werden frische Sauerkirschen und ein frisch gepreßter Orangensaft benötigt. Die Sauce schmeckt ausgezeichnet zu ausgebackenen Grießschnitten.

> 0,1 l trockener kräftiger Rotwein
> 0,1 l frisch gepreßter Orangensaft
> 100 g brauner Rohrzucker
> 250 g Sauerkirschen (entsteint)
> 1/2 TL Zimtpulver
> 1 Messerspitze Nelkenpulver
> 1 Messerspitze gemahlener Sternanis
> 1/2 TL Kartoffelstärke
> 2 EL Wasser

In einer Sauteuse den Rotwein mit dem Orangensaft aufkochen und den Zucker unterarbeiten. Alles 2 Min. kochen lassen, bis der Zucker vollständig aufgelöst ist. Dann die Kirschen, das Zimt- und Nelkenpulver sowie Sternanis hinzufügen und das Ganze bei geringer Hitze 10 Min. köcheln.
In einer kleinen Schüssel die Stärke mit dem Wasser vermischen und in die kochende Fruchtsauce einrühren. Zum Schluß mit dem Pürierstab aufmixen, durch ein Haarsieb streichen und auf Zimmertemperatur abkühlen lassen. Zu den frisch ausgebackenen Grießschnitten servieren.

Maracujasauce

Diese Sauce schmeckt hervorragend zu Eis, Schokoladencreme oder zu Quarktörtchen.

> 0,25 l frisch gepreßter Orangensaft
> 5 Maracujas
> 0,1 l trockener Riesling
> 100 g brauner Rohrzucker

Den ausgepreßten Orangensaft durch ein Haarsieb in eine Sauteuse streichen und bei starker Hitze um die Hälfte reduzieren. Die Maracujas halbieren und mit einem Löffel das Fruchtfleisch und die Kerne herauskratzen.
Das Fruchtfleisch mit den Kernen zu dem kochenden Orangensaft geben und den Riesling sowie den Rohrzucker hinzufügen. Anschließend bei mittlerer Hitze in etwa 20 Min. um ein Drittel einkochen. Mit dem Pürierstab kräftig durchmixen und abkühlen lassen. Die Sauce kalt zu dem Gericht servieren.

Ananassauce

Zur Herstellung dieser Sauce ist frische Ananas erforderlich. Die Sauce ist sehr einfach herzustellen und wird am besten zu lauwarmem Schokoladensoufflé serviert.

> 2 kleinere frische Ananas (es müssen
> 500 g Fruchtfleisch übrigbleiben)
> 1 Vanillestange
> 0,1 l Wasser
> 100 g brauner Rohrzucker
> 3 EL Weinbrand

Die Ananas schälen und das Fruchtfleisch von dem inneren nicht verwendbaren Kern abschneiden. Es müssen 500 g Fruchtfleisch erhalten bleiben. Nun 350 g Fruchtfleisch (dabei den sich beim Schneiden ergebenden Saft auffangen) in einem Mixer sehr fein pürieren. Das restliche Fruchtfleisch in ganz feine Würfelchen schneiden und beiseite stellen.
Die Vanillestange halbieren und längs aufschneiden. In einer Sauteuse das Wasser mit dem Zucker und den Vanillestückchen aufkochen. Das vorbereitete Ananaspüree hinzufügen und 2 Min. bei nicht zu starker Hitze köcheln. Mit dem Schneebesen ständig durchrühren. Anschließend die Sauce durch ein feines Haarsieb streichen und die vorbereiteten Ananasstückchen untermischen.
Das Ganze nochmals 2 Min. bei nicht zu starker Hitze köcheln und zum Schluß den Weinbrand einarbeiten. Die Sauce abkühlen und im Kühlschrank kalt stellen.

Kalte Punschsauce

Diese kalte Sauce ist cremiger und hat einen intensiveren Geschmack als die „Weiße Schaumsauce". Sie paßt vor allem gut zu kaltem Schokoladenpudding.

> 4 Eigelb
> 0,25 l trockener Riesling
> 1 TL Weizenmehl
> 1 unbehandelte Zitrone
> (der Saft ausgepreßt und die Schale
> mit dem Zestenmesser
> in feine Streifchen abgeschält)
> 3 EL Zucker
> 2 EL Arrak

In einem Schlagkessel auf dem Wasserbad die Eigelb mit dem Schneebesen aufschlagen und nach und nach den Riesling untermischen. Anschließend das Weizenmehl unterschlagen. Dann die Zitronenschale, den Zitronensaft und den Zucker einarbeiten.
Den Schlagkessel vom Wasserbad nehmen und kurz weiterschlagen. Mit dem Arrak vollenden.

Orangensauce

Diese sirupartige lauwarme Sauce paßt sehr gut zu in Fett ausgebackenem kleinem Gebäck (z. B. Brandteig, Krapfen).

> 0,15 l frisch gepreßter Orangensaft
> 180 g brauner Rohrzucker
> 1 unbehandelte Orange

In einer Sauteuse den Orangensaft bei mäßiger Hitze 3 Min. köcheln. Den Zucker hinzufügen und unter ständigem Rühren auflösen. Mit einer feinen Stahlreibe die Schale der Orange abreiben und zu dem Orangensaft geben.
Das Ganze noch einmal 15 Min. bei mäßiger Hitze kochen, so daß die Flüssigkeit sirupartig eindickt. Abkühlen lassen, bis die Sauce nur noch lauwarm ist, und dann sofort über das frische Schmalzgebäck gießen.

Aprikosensauce

Für diese Sauce werden sehr reife aromatische Aprikosen verwendet. Außerdem wird Flüssigzucker benötigt, das heißt, daß 0,1 l Wasser mit 5 EL Zucker aufgekocht (so daß sich der Zucker auflöst) und dann abgekühlt wird. Diese Sauce paßt ausgezeichnet zu Quarksoufflé, zu gebackenen Bananen oder auch einfach zu Eis.

> 300 g frische Aprikosen
> 0,1 l Flüssigzucker
> 2 EL Limonensaft
> 3 EL Aprikosenlikör
> 1 Messerspitze Zimtpulver
> 1 EL alter Armagnac

Mit einem scharfen Messer die Haut der Aprikosen kreuzweise einritzen und für $\frac{1}{2}$ Min. in kochendes Wasser halten. Anschließend unter fließendem kaltem Wasser abkühlen und die Haut abziehen. Die Früchte entsteinen und in einen hohen Topf geben. Mit einem Pürierstab kräftig durchmixen und dann durch ein feines Haarsieb streichen.
In einer Sauteuse den Flüssigzucker, den Limonensaft sowie den Aprikosenlikör erhitzen und das Aprikosenpüree sowie den Zimt mit dem Schneebesen unterschlagen. Die Flüssigkeit aufkochen und bei mäßiger Hitze etwa 3 Min. köcheln.
Den Armagnac in einer Schöpfkelle erhitzen, anzünden und über die Sauce gießen. Sofort mit dem Schneebesen unterrühren, vom Herd ziehen und in eine Schüssel umfüllen. Abkühlen und zu dem Gericht servieren.

Erdbeersauce

Diese Sauce paßt ausgezeichnet zu einem Eis, zu Obstsalat oder auch zu gratinierten frischen Früchten.

300 g Erdbeeren
1 unbehandelte Orange
1 unbehandelte Limone
0,1 l kaltes Wasser
80 g brauner Rohrzucker
3 EL guter brauner Rum

Die Erdbeeren putzen (also den Stielansatz entfernen) und pürieren. Von der Orange und Limone die Schale auf einer feinen Stahlreibe ganz dünn abreiben. Dann das Wasser mit dem Zucker aufkochen und die abgeriebenen Schalen dazugeben. 5 Min. bei nicht zu starker Hitze einkochen lassen, von der Platte ziehen und den Rum mit dem Schneebesen darunterschlagen. Die Flüssigkeit kalt werden lassen und mit dem vorbereiteten Erdbeerpüree mit einem Löffel verrühren. Kalt stellen und dann servieren.

Grenadinesauce

Diese Sauce paßt ausgezeichnet zu Schokoladentörtchen bzw. zu Schokoladensoufflé.

5 Granatäpfel
100 g brauner Rohrzucker
0,15 l trockener Rotwein
(am besten Burgunder)
1 unbehandelte Limone

Die Granatäpfel mit einem scharfen Messer halbieren, mit einem Löffel die Kerne herauslösen und in eine Sauteuse geben. Den Zucker und den Rotwein hinzufügen und bei mäßiger Hitze langsam aufkochen. Die Schale der Limone mit einem sehr scharfen Messer ganz fein abschälen und in feine Würfelchen schneiden. Die Limone auspressen und den Saft durch ein Sieb in die Sauce streichen. Die Limonenschale hinzutun und bei nicht zu starker Hitze um ein Drittel reduzieren. Mit dem Pürierstab kräftig durchmixen und durch ein feines Haarsieb pressen. Die Sauce abkühlen lassen und servieren.

Hagebuttensauce

Es handelt sich hier um eine äußerst schmackhafte und gesunde warme Sauce (viel Vitamin C!), die cremig gekocht und zu Süßspeisen gereicht wird. Das Rezept stammt aus der Zeit um 1900.

200 g frische Hagebutten
0,5 l Wasser
0,2 l trockener Riesling
2 EL Zucker
1 Zimtstange (in Stücke gebrochen)
1 EL Kartoffelstärke

Die Hagebutten in dem Wasser etwa 40 Min. kochen. Die Masse anschließend durch ein feines Sieb streichen und wieder auf die Platte stellen. Mit dem Schneebesen kräftig schlagen und den Riesling, den Zucker sowie die Zimtstücke einrühren. Die Masse bis kurz vor das Kochen bringen. Danach die Kartoffelstärke mit 3 EL der warmen Sauce anrühren und nach und nach in die Sauce mit dem Schneebesen einschlagen. Sie muß cremig werden, aber noch flüssig bleiben. Die Sauce sofort servieren.

Schokolade-Rum-Sauce

Für die Qualität dieser Sauce ist vor allem auch der verwendete Rum ausschlaggebend, der natürlich von erstklassiger Qualität sein sollte.
Diese ausgezeichnet schmeckende Sauce wird kalt zu frischen Fruchtstückchen serviert, die in Weinteig getaucht in heißem Öl ausgebacken werden.

400 g Zartbitterschokolade
(in kleine Stückchen gebrochen)
0,2 l Vollmilch
1 unbehandelte Limone
1 EL brauner Rohrzucker
2 EL Tannenhonig
0,4 l süße Sahne
0,1 l erstklassiger brauner Rum

In einer großen Sauteuse die Schokolade bei sehr geringer Hitze auflösen. Gleichzeitig die Milch in einen Topf schütten und bis kurz vor das Kochen erhitzen. Von der Limone mit einem scharfen Messer die Schale dünn abschälen und in sehr kleine Stücke schneiden. Die Limonenschalenstücke, den Zucker und den Honig mit der Milch kräftig verrühren. Anschließend 0,3 l Sahne untermischen und das Ganze aufkochen. Die Hitze zurückschalten und 2 Min. unter ständigem Rühren köcheln.
Die heiße Milch nach und nach in die aufgelöste Schokolade einfüllen, den Topf von der Platte ziehen und bei ständigem Durchschlagen mit dem Schneebesen leicht abkühlen lassen. Den Rum dazugeben und nochmals kräftig rühren.
Die restliche Sahne sehr steif schlagen und mit einem Löffel unter die jetzt abgekühlte Sauce heben. Sofort zu den frisch ausgebackenen Fruchtstückchen servieren.

Mandelsauce zu Rohrnudeln

Diese Sauce wird kalt serviert. Sie paßt auch sehr gut zu Dampfnudeln.

0,6 l Milch
50 g brauner Rohrzucker
1 Vanillestange (längs aufgeschnitten)
3 Eigelb
1 EL Kartoffelstärke
170 g Marzipan
(in kleine Stücke gebrochen)
2 EL Mandellikör

In einer Sauteuse die Milch mit dem Zucker und der Vanille aufkochen. In der Zwischenzeit in einer Porzellanschüssel die Eigelb mit der Kartoffelstärke kräftig verrühren. 5 EL der heißen Sauce unter die Eigelbmasse einarbeiten und anschließend mit dem Schneebesen das Ganze nach und nach in die sehr heiße Milch einschlagen. Die Sauce aufkochen, damit sie durch die Stärke cremig dickflüssig wird. Die Marzipanstücke ebenfalls unter die Sauce heben, so daß sich die Masse gut miteinander verbindet. Zum Schluß den Mandellikör dazugießen, nochmals kräftig verquirlen und durch ein feines Haarsieb in eine Sauciere seihen. Sofort zu den heißen Rohr- oder Dampfnudeln servieren.

Schaumsauce von Himbeersaft

Dieses Rezept stammt aus der Zeit um 1890. Die Sauce kann mit frischem Himbeersaft oder auch Johannisbeersaft hergestellt werden.
Als Abwandlung wird 0,1 l trockener weißer Riesling dazugegeben.

4 Eier
1 TL Mehl
0,5 l Himbeersaft
(oder roter Johannisbeersaft)
3 EL Zucker
0,1 l trockener Riesling

Einen Topf für das Wasserbad auf den Herd stellen. Die Eier hineingeben und mit dem Schneebesen schaumig rühren. Dann das Mehl und den Himbeersaft (oder Johannisbeersaft) hinzufügen, das Ganze mit dem Schneebesen kräftig verquirlen und mit dem Zucker süßen. Alles weiterschlagen, bis die Masse schaumig wird und bis kurz vor das Kochen kommt. Danach vom Herd nehmen und sofort servieren.
Als Variante kann man zum Schluß (also wenn die Masse fast kocht) nach und nach Riesling unterrühren.

Hinweis: Wenn die Sauce länger steht, fällt sie in sich zusammen. Sie sollte deshalb sofort serviert werden. Sie schmeckt am besten zu Pudding oder Grieß- und Apfelauflauf.

Zabaione
(italienische Weinschaumcreme)

Dies ist eine der berühmtesten italienischen Nachspeisen, die sowohl heiß als auch kalt gegessen werden kann.
Am besten schmeckt diese Creme zu Löffelbiskuits.

6 Eigelb
60 g Zucker
10 EL Marsalawein
1 EL brauner Rum

Einen Wasserbadtopf (mit Schlagschüssel) mit heißem Wasser aufsetzen. Die Eigelb und den Zucker mit dem Schneebesen schaumig rühren. Nach und nach in kleinen Mengen den Marsala zugießen. Wichtig ist dabei, daß das Wasser im Wasserbad nicht kocht!
Mit dem Schneebesen ständig schlagen, bis sich eine dickflüssige schaumge Masse ergibt. Dann die Schüssel aus dem Wasserbad nehmen und den Rum mit dem Schneebesen einschlagen. Sofort heiß servieren oder langsam abkühlen lassen und zu Löffelbiskuits reichen.

Rote Schaumsauce

Diese Sauce hat einen sehr fruchtigen angenehmen Geschmack und kann, wenn sie zu süß wird, mit etwas Zitronensaft abgeschmeckt werden. Sie wird am besten zu Vanillepudding oder zu Makronen gereicht.

4 Eier
0,25 l trockener Rotwein
1 TL Weizenmehl
2 EL Zucker
1 Zimtstange (fein zerbröselt)
2 EL Johannisbeergelee
(von roten Johannisbeeren)
1 Vanillestange

In einem Schlagkessel auf dem Wasserbad die Eier mit dem Schneebesen stark verquirlen. Dann nach und nach den Rotwein unterarbeiten.
Anschließend das Weizenmehl und den Zucker zugeben. Das Ganze auf dem Wasserbad stark schlagen, bis es schaumig und cremig wird. Nun den Zimt und das Johannisbeergelee daruntermischen. Die Vanillestange auskratzen und das Mark unterheben. Alles mit dem Schneebesen immer so lange behandeln, bis es cremig und schaumig wird. Dann vom heißen Wasserbad nehmen und auf ein kaltes Wasserbad setzen, dabei mit dem Schneebesen weiterschlagen, da sonst die Masse gerinnt. Die Sauce lauwarm servieren.

Weiße Schaumsauce

Diese lauwarme süße Sauce kann zu Gebäck oder Kuchen serviert werden.

> 4 Eier
> 0,25 l trockener Riesling
> 1 TL Weizenmehl
> 2 EL Zucker
> 1 Zimtstange (fein zerbröselt)
> 1 Vanillestange
> 4 dünne Scheiben Zitrone (von 1 unbehandelten Zitrone; die Scheiben in kleine Stücke geschnitten)

In einer großen Schlagschüssel auf dem Wasserbad die Eier mit dem Schneebesen stark schlagen. Dann den Riesling langsam nach und nach zugießen und unterschlagen. Anschließend das Weizenmehl und den Zucker zugeben. Die Masse auf dem Wasserbad immer weiterschlagen, bis sie cremig wird. Das Mark aus der Vanillestange herauskratzen. Unter den Weinschaum dann den Zimt, das Vanillemark sowie die Zitronenscheiben unterheben. Wichtig ist, daß das Wasser im Wasserbad nicht zu heiß wird, da sonst das Ganze gerinnt. Dann immer weiterschlagen und vom Feuer bzw. aus dem Wasser nehmen und noch 3 bis 4 Min. rühren, um das Gerinnen zu vermeiden. Es muß eine cremige luftige Masse entstehen.

Weiße Schaumsauce mit Rum

Diese lauwarme süße Sauce kann zu Gebäck oder Kuchen serviert werden.

> 2 Eier
> 0,25 l trockener Riesling
> 1 TL Weizenmehl
> 1 unbehandelte Zitrone
> (den Saft ausgepreßt; die Schale der
> 1/2 Zitrone mit dem Zestenmesser in
> feine Streifchen schneiden)
> 3 EL Zucker
> 2 EL echter dunkler Rum

Eine große Metallschlagschüssel auf das Wasserbad setzen. Die Eier hineingeben und mit dem Schneebesen aufschlagen. Dann nach und nach den Riesling zugießen und dabei immer weiterschlagen. Anschließend das Weizenmehl einarbeiten. Das Wasser muß dabei sehr heiß sein. Den Zitronensaft, die Zitronenschale sowie den Zucker zu der Sauce geben und mit dem Schneebesen alles immer kräftig weiterbearbeiten. Die Masse muß dabei sehr schaumig werden. Dann die Schlagschüssel aus dem heißen Wasserbad nehmen und auf ein kaltes Wasserbad setzen, kurz weiterschlagen und den Rum hineingießen. Nochmals kurz durchmischen und sofort servieren.

Rote Weinsauce

Das Rezept entstand in der Zeit um 1890. Die heiß zu servierende Sauce eignet sich sehr gut zu warmem im Wasserbad gegartem Pudding.

> 0,5 l trockener Rotwein
> 130 g Zucker
> 1 Zimtstange (in Stücke gebrochen)
> geriebene Schale von
> 1 unbehandelten Zitrone
> 2 EL Himbeergelee
> 2 EL Stärkemehl
> etwas kaltes Wasser

In einer Sauteuse den Rotwein mit dem Zucker und der Zimtstange erwärmen. Dann die Zitronenschale und das Himbeergelee dazugeben. Das Ganze zugedeckt bis kurz vor das Kochen bringen. Danach das Stärkemehl mit etwas kaltem Wasser anrühren und mit dem Schneebesen einschlagen.
Die Sauce soll nur leicht gebunden sein und nicht dickflüssig. Anschließend sofort servieren.

Karibische Passionsfruchtsauce

Diese fruchtige süß-säuerliche Sauce wird sehr kalt zu Fruchtsalat aus frischen Früchten serviert. Dabei werden die Früchte mit der Sauce vermischt und nochmals sehr kalt gestellt.

> 8 Passionsfrüchte
> 3 Orangen
> 2 Limonen
> 150 g Zucker
> 1 EL Orangenlikör (Grand Marnier)
> 0,1 l trockener Riesling
> 1 EL frische Ingwerwurzel
> (sehr fein gewürfelt)

Die Passionsfrüchte halbieren, das gesamte Fruchtfleisch mit einem Löffel herauskratzen und in kleine Würfel schneiden. Die Orangen und Limonen auspressen und den Saft beiseite stellen. In einer Sauteuse den Zucker bei nicht zu starker Hitze schmelzen und hellbraun karamelisieren. Dann sofort den Orangen- und Limonensaft durch ein feines Haarsieb dazugießen und mit dem Schneebesen kräftig verrühren. Die Ingwerwürfelchen und die Passionsfrüchtestücke hinzufügen. Das Ganze bei nicht zu starker Hitze etwa 8 Min. köcheln.
Zum Schluß den Orangenlikör unterrühren, die Sauteuse von der Platte nehmen und alles durch ein feines Haarsieb wieder in eine andere Sauteuse passieren. Die Sauce aufkochen und dabei den Weißwein zugießen. Nochmals 2 Min. bei mittlerer Hitze köcheln, damit die Sauce noch etwas einkocht. Von der Platte ziehen und abkühlen lassen.
Erst wenn die Sauce kalt ist, frische Obststücke unter die Sauce mischen und im Kühlschrank mindestens 1 Std. abkühlen lassen.

Rote Weinsauce mit Korinthen

Diese lauwarm servierte Sauce, sie entstand in der Zeit um 1900, paßt vor allem gut zu Vanillepudding oder auch zu einem warmen Pudding, der im Wasserbad gegart ist.

50 g Korinthen
0,25 l Wasser
½ unbehandelte Zitrone
(in Scheiben geschnitten und entkernt)
1 Zimtstange
(in grobe Stücke gebrochen)
0,25 l trockener Riesling
2 EL Zucker
1 EL Kartoffelstärke
etwas kaltes Wasser

Die Korinthen unter fließendem Wasser in einem Sieb gut auswaschen. Das Wasser in einen Topf gießen. Die Korinthen, die Zitronenscheiben und die Zimtstücke zufügen. Das Ganze etwa 20 Min. bei nicht zu starker Hitze leicht kochen, damit die Korinthen weich werden. Anschließend nach und nach den Riesling und den Zucker untermischen und alles verrühren, bis sich der Zucker aufgelöst hat.
Danach die Kartoffelstärke mit etwas kaltem Wasser anrühren. Die Sauce bis kurz vor das Kochen bringen und die aufgelöste Kartoffelstärke langsam mit dem Schneebesen darunterschlagen. Einmal aufkochen lassen und dann sofort servieren.

Birnen-Karamel-Sauce zu karamelisierten Birnen

Zu dieser Sauce werden karamelisierte Birnen gereicht. Dazu 5 nicht zu weiche Birnen halbieren, mit Wasser bedecken, mit 1 EL Zitronensaft beträufeln und nicht zu weich kochen. Die Birnen dann herausnehmen und das Birnenwasser für die Sauce verwenden. Die Birnen schälen und die Schale für die Sauce aufbewahren. In einer großen Edelstahlpfanne 2 EL Butter zerlassen und die Birnen hineingeben. 100 g Zucker darüberstreuen und so lange rühren, bis der Zucker sich auflöst und sich braunes Karamel bildet. Ständig rühren bzw. das Karamel mit einem Löffel über die Birnen geben. Das Ganze so lange rühren, bis die Birnen vollständig vom Karamel überzogen sind. Mit der Karamelsauce (siehe nachstehendes Rezept) servieren.

Birnenschalen
(siehe Vorbemerkung)
3 EL Zucker
0,25 l Kochflüssigkeit der Birnen
3 EL klarer Birnenschnaps
1 EL frisch gepreßter Zitronensaft

In eine breite und hohe Edelstahlpfanne die Birnenschalen geben und zunächst mit 3 EL Zucker überstreuen. Das Ganze rösten, bis der Zucker aufgelöst ist und die Birnenschalen mit dem Karamel überzogen sind. Zu den Birnenschalen die Kochflüssigkeit der Birnen zugießen. Das Ganze 10 Min. bei nicht zu starker Hitze kochen. Danach die Sauce durch ein feines Haarsieb seihen und den Birnenschnaps sowie den Zitronensaft mit dem Schneebesen untermischen.
Nochmals 2 Min. kochen und auf Zimmertemperatur abkühlen lassen.

Kalte rote Weinsauce mit Rum

Diese Sauce wird kalt serviert, ähnelt jedoch in der Zubereitung der „Roten Weinsauce mit Korinthen".

50 g Korinthen
0,25 l Wasser
½ unbehandelte Zitrone (in feine Scheiben geschnitten und entkernt)
1 Zimtstange
(in grobe Stücke gebrochen)
0,25 l trockener Riesling
3 EL Zucker
1 EL Kartoffelstärke
etwas kaltes Wasser
0,1 l dunkler echter Rum

Die Korinthen unter fließendem kaltem Wasser in einem Sieb gut auswaschen. Das Wasser in einen Topf gießen und die Korinthen, die Zitronenscheiben sowie die Zimtstücke untermischen. Das Ganze 20 Min. ganz langsam kochen. Anschließend den Riesling und den Zucker hinzufügen. So lange rühren, bis sich der Zucker aufgelöst hat. Dann die Kartoffelstärke mit Wasser anrühren. Die Sauce bis kurz vor das Kochen bringen und die angerührte Kartoffelstärke langsam mit dem Schneebesen einschlagen. Einmal aufkochen und sofort von der Platte ziehen.
Die Sauce abkühlen lassen, bis sie nur noch lauwarm ist, und dann den Rum langsam mit dem Schneebesen unterschlagen. Abkühlen lassen und servieren.

Sahne-Birnenlikör-Sauce

Für die Herstellung dieser Sauce eignet sich am besten ein sehr fruchtiger Elsässer Birnenlikör mit 35 Vol.-% Alkoholgehalt. Die Sauce wird kalt serviert und paßt ausgezeichnet zu Schokoladensoufflé.

> 200 g Vollmilchschokolade
> mit hohem Kakaoanteil
> (in kleine Stücke gebrochen)
> 0,1 l Vollmilch
> 0,15 l süße Sahne
> 3 EL sehr heller flüssiger Honig
> (z. B. Kleehonig)
> 3 EL Birnenlikör

In einer Sauteuse bei sehr geringer Hitze die Schokolade langsam schmelzen lassen. In einer weiteren großen Sauteuse die Milch mit der Sahne bis kurz vor das Kochen erhitzen. Den Honig hinzufügen, auflösen und unter ständigem Schlagen mit dem Schneebesen aufkochen.
Diese Masse dann nach und nach mit dem Schneebesen in die geschmolzene Schokolade einrühren. Kräftig schlagen, damit sich alle Zutaten gut vermischen, und zum Schluß den Birnenlikör einarbeiten.
Die Sauce vor dem Servieren abkühlen lassen.

Schokolade-Honig-Sauce

Diese lauwarme Sauce paßt ausgezeichnet zu warmem Vanillepudding oder auch zu schwäbischem Pfitzauf.

> 0,3 l süße Sahne
> 2 EL Tannenhonig
> 300 g Zartbitterschokolade
> (70 % Kakaoanteil, in kleine Stücke gebrochen)
> 1 Vanillestange (längs aufgeschnitten und das Mark herausgekratzt)

In einer Sauteuse die Sahne bei nicht zu starker Hitze langsam aufkochen, den Honig untermischen und so lange rühren, bis sich dieser aufgelöst hat. Dabei ist es wichtig, daß die Sahne nicht zu heiß wird. In der Zwischenzeit in einem anderen Topf die Schokolade bei sehr geringer Hitze schmelzen. Das Vanillemark unter die Schokolade mischen. Das Sahne-Honig-Gemisch langsam zu der Schokolade gießen und mit dem Schneebesen kräftig verrühren. Wichtig ist, daß die Sahne nicht kocht, sondern nur gerade so heiß ist, daß sich alle Zutaten gut miteinander verbinden. Die Sauce dann auf Zimmertemperatur abkühlen lassen, mit dem Schneebesen nochmals durchrühren und servieren.

Mandelsauce

> 30 g süße Mandeln (geschält)
> 1 bittere Mandel
> (kann auch weggelassen werden)
> 0,1 l Milch
> 2 Vanillestangen
> 0,5 l frische süße Sahne
> 2 TL Mehl
> 2 TL Zucker
> 3 Eigelb

Die süßen Mandeln und die bittere Mandel in einem Mörser ganz fein zerstoßen. Die Mandeln können auch in einem Mixer gemahlen werden; der Geschmack ist jedoch wesentlich besser, wenn dies im Mörser geschieht, da damit auch das in den Mandeln enthaltene Mandelöl besser miteinander verbunden wird. In einen emaillierten Topf die Milch, das ausgekratzte Mark der Vanillestangen und die Mandeln geben.
Das Ganze 20 Min. langsam kochen und durch ein feines Haarsieb streichen. Auf mäßige Hitze erhitzen und die süße Sahne sowie das Mehl zufügen (das Mehl vor dem Einschlagen mit etwas heißer Milch anrühren), mit dem Zucker vermischen, nach und nach mit dem Schneebesen in die heiße Masse einschlagen und aufkochen lassen. Danach die Eigelb mit 2 EL der heißen Sauce verquirlen und langsam mit dem Schneebesen in die Mandelsauce einschlagen. Dabei bis kurz vor das Kochen bringen, damit die Sauce cremig wird und abbindet.
Leicht abkühlen lassen und lauwarm zu Süßspeisen oder Pudding servieren.

Sauce von echtem Sago

Dieses Rezept stammt aus der Zeit um 1900. Wichtig ist das Verwenden von echtem Sago, der allerdings gut 2 Std. kochen muß, damit er gar wird und bindet. Wenn echter Sago nicht zu bekommen ist, kann auch sogenannter „Perlsago" genommen werden, der allerdings nur 30 Min. kochen muß.

70 g echter Sago (ersatzweise Perlsago)
1 l Wasser
1 unbehandelte Zitrone (den Saft ausgepreßt und die Schale in feine Streifchen geschnitten)
1 Zimtstange (in Stücke gebrochen)
1 EL Zucker
0,1 l trockener Riesling
1 EL nicht zu süßes Himbeergelee (oder ersatzweise Gelee von roten Johannisbeeren)

Den Sago unter fließendem kaltem Wasser kräftig auswaschen. Dann das Wasser in einen Topf gießen. Den Sago, die Zitronenstreifchen sowie den Zimt ins Wasser geben und bei mäßiger Hitze 2 Std. kochen.
Nach 1 Std. den Zucker, den Zitronensaft und den Riesling hinzufügen. Dabei abschmecken (falls zu säuerlich etwas Zucker, falls zu süß etwas Zitronensaft oder Wein zugeben). Die restliche Zeit simmern lassen und am Schluß kräftig aufkochen.
Das Ganze durch ein feines Haarsieb streichen und anschließend das Himbeer- oder Johannisbeergelee darunterrühren. Die Sauce sofort servieren.
Sie paßt am besten zu kaltem Pudding.

Süße Zitronencremesauce

Dieses Rezept aus der „herrschaftlichen Küche" stammt aus der Zeit um 1900. Diese cremige Sauce kann zu Mandelpudding oder Schokoladenpudding serviert werden.

1 l kalte Vollmilch
2 TL Kartoffelmehl
2 unbehandelte Zitronen
4 Eier
120 g Zucker

Die kalte Milch zu dem Kartoffelmehl geben und glatt verrühren. Diese Mischung unter ständigem Rühren einmal aufkochen. Anschließend die Schalen der Zitronen mit einer sehr feinen Reibe abreiben und 1½ Zitronen auspressen.
Dann in einem weiteren Topf die Eier mit dem Zucker kräftig vermischen. Die Zitronenschalen und den Zitronensaft einarbeiten. Nun die kochend heiße Milch nach und nach in kleinen Mengen mit dem Schneebesen kräftig unterschlagen und dabei die Sauce bis kurz vor das Kochen erhitzen (in keinem Fall mehr aufkochen, da sie sonst gerinnt).
Sofort von der Platte ziehen, durch ein feines Haarsieb gießen. Nochmals mit dem Schneebesen kräftig verquirlen und nicht zu heiß servieren.

Karamel-Orangen-Sauce zu Pfirsichen

Diese Sauce ist sehr schnell herzustellen. Sie schmeckt ausgezeichnet zu in Wein pochierten Pfirsichen, Aprikosen oder Nektarinen. Dazu wird bei den Früchten die Schale mit einem scharfen Messer eingeritzt, kurz in kochendes Wasser gehalten und abgeschält. Dann halb Wasser, halb Weißwein nehmen und Zucker sowie eine unbehandelte Orange (in Stücke geschnitten) dazugeben. Aufkochen und die pochierten Früchte zufügen. Die Flüssigkeit 5 Min. köcheln lassen, herausheben und kühl stellen. Dann diese Früchte in der Karamel-Orangen-Sauce servieren.

150 g brauner Rohrzucker
1 EL frisch gepreßter Zitronensaft
4 EL Wasser
0,2 l frisch gepreßter Orangensaft
0,2 l Sahne

In einer Sauteuse den Zucker, den Zitronensaft und das Wasser zum Kochen bringen und 10 Min. leicht köcheln lassen. Die Flüssigkeit muß dabei fast dunkelbraun werden.
Dann den Topf von der Platte ziehen und den Orangensaft langsam zugießen und mit dem Schneebesen unterrühren. Wieder auf die Herdplatte stellen (bei mäßiger Hitze) und die Sahne mit dem Schneebesen unterschlagen. Das Ganze bei geringer Hitze leicht simmern lassen (etwa 7 Min.).
Nun die Flüssigkeit durch ein feines Sieb in eine Porzellanschüssel streichen und im Kühlschrank kalt werden lassen. Die gut gekühlte Sauce dann über die pochierten Früchte gießen.

Türkischer Zuckersirup

Dieser Sirup nach dem Originalrezept wird für türkische Süßspeisen verwendet. Dabei wird das türkische Schmalzgebäck oder sehr süßer Blechkuchen in den Sirup getaucht bzw. der Sirup darübergegossen.

8 Würfelzucker aus braunem
Rohrzucker
2 unbehandelte Zitronen
0,7 l Wasser
600 g Zucker

Mit dem Würfelzucker die Zitronen kräftig abreiben, so daß das Aroma der Zitronenschale auf den Zucker übergeht. Anschließend die Zitronen auspressen und den Saft beiseite stellen. In einer Sauteuse das Wasser mit dem braunen Würfelzucker erhitzen und so lange köcheln, bis sich der Zucker aufzulösen beginnt. Dann den Zitronensaft und die 600 g Zucker hinzufügen und aufkochen. Bei nicht zu starker Hitze weiterköcheln, bis sich der Zucker vollständig aufgelöst hat.
Den Topf vom Herd nehmen und den Sirup abkühlen lassen. Den frischen Blechkuchen bzw. das Schmalzgebäck noch heiß in den Sirup tauchen und servieren.

Rezeptregister
nach Gruppen

Brühen, Fonds und Grundsaucen

Butter, Mayonnaisen und Sabayons

Dips, Brotaufstriche und Senf

Exotische und besondere Saucen

Ketchups und Chutneys

Salatsaucen

Saucen zu Fisch und Krustentieren

Saucen zu Fleisch

Saucen zu Geflügel

Saucen zu Wild

Würzsaucen, Würzmischungen und Marinaden

Alphabetisches Rezeptregister

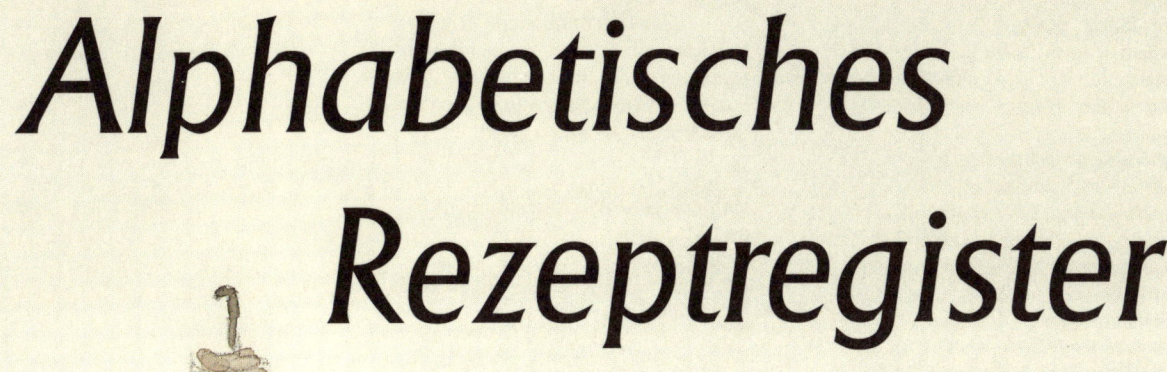